A QUEDA DO CÉU

DAVI KOPENAWA E BRUCE ALBERT

A queda do céu

Palavras de um xamã yanomami

Tradução
Beatriz Perrone-Moisés

Prefácio
Eduardo Viveiros de Castro

19ª reimpressão

COMPANHIA DAS LETRAS

Este livro foi publicado com o apoio do Instituto Socioambiental e do Instituto Arapyaú

Cet ouvrage, publié dans le cadre du Programme d'Aide à la Publication 2011 Carlos Drummond de Andrade de la Médiathèque de la Maison de France, bénéficie du soutien de l'ambassade de France au Brésil.

Este livro, publicado no âmbito do programa de apoio à publicação 2011 Carlos Drummond de Andrade da Mediateca da Maison de France, contou com o apoio da Embaixada da França no Brasil.

Edição apoiada pelo Goethe-Institut no âmbito do projeto "Amazônia — Teatro música em três partes".

Grafia atualizada segundo o Acordo Ortográfico da Língua Portuguesa de 1990, que entrou em vigor no Brasil em 2009.

Título original
La Chute du ciel: Paroles d'un chaman yanomami

Capa
Alceu Chiesorin Nunes

Foto de capa
Sem título, da série Identidade, Claudia Andujar, 1976. Técnica fotografia: gelatina de prata sobre papel Ilford Multigrade peso duplo com banho de selênio. Cortesia Galeria Vermelho

Preparação
Ana Cecília Agua de Melo

Índices
Luciano Marchiori

Revisão
Jane Pessoa
Isabel Jorge Cury

Dados Internacionais de Catalogação na Publicação (CIP)
(Câmara Brasileira do Livro, SP, Brasil)

Kopenawa, Davi; Albert, Bruce,
A queda do céu : Palavras de um xamã yanomami / Davi Kopenawa e Bruce Albert ; tradução Beatriz Perrone-Moisés; prefácio de Eduardo Viveiros de Castro — 1ª ed. — São Paulo : Companhia das Letras, 2015.

Título original: La Chute du ciel : Paroles d'un chaman yanomami.
ISBN 978-85-359-2620-0

1. Índios da América do Sul 2. Índios Yanomami — Brasil Biografia 3. Índios Yanomami — Brasil — Século 20 4. Kopenawa, Davi 5. Xamanismo — Brasil — Século 20 6. Xamãs — Brasil — Biografia I. Albert, Bruce. II. Título.

15-05316 CDD-980.41

Índice para catálogo sistemático:
1. Xamanismo Yanomami : Povos indígenas : Cultura : América do Sul 980.41

EDITORA SCHWARCZ S.A.
Rua Bandeira Paulista, 702, cj. 32
04532-002 — São Paulo — SP
Telefone: (11) 3707-3500
www.companhiadasletras.com.br
www.blogdacompanhia.com.br
facebook.com/companhiadasletras
instagram.com/companhiadasletras
twitter.com/cialetras

[...] *Antes mesmo da chegada dos brancos, a mitologia ameríndia dispunha de esquemas ideológicos nos quais o lugar dos invasores parecia estar reservado: dois pedaços de humanidade, oriundos da mesma criação, se juntavam, para o bem e para o mal. Essa solidariedade de origem se transforma, de modo comovente, em solidariedade de destino, na boca das vítimas mais recentes da conquista, cujo extermínio prossegue, neste exato momento, diante de nós. O xamã yanomami — cujo testemunho pode ser lido adiante — não dissocia a sina de seu povo da do restante da humanidade. Não são apenas os índios, mas também os brancos, que estão ameaçados pela cobiça de ouro e pelas epidemias introduzidas por estes últimos. Todos serão arrastados pela mesma catástrofe, a não ser que se compreenda que o respeito pelo outro é a condição de sobrevivência de cada um. Lutando desesperadamente para preservar suas crenças e ritos, o xamã yanomami pensa trabalhar para o bem de todos, inclusive seus mais cruéis inimigos. Formulada nos termos de uma metafísica que não é a nossa, essa concepção da solidariedade e da diversidade humanas, e de sua implicação mútua, impressiona pela grandeza. É emblemático que caiba a um dos últimos porta-vozes de uma sociedade em vias de extinção, como tantas outras, por nossa causa, enunciar os princípios de uma sabedoria da qual também depende — e somos ainda muito poucos a compreendê-lo — nossa própria sobrevivência.*

Claude Lévi-Strauss (1993, p. 7).

A floresta está viva. Só vai morrer se os brancos insistirem em destruí-la. Se conseguirem, os rios vão desaparecer debaixo da terra, o chão vai se desfazer, as árvores vão murchar e as pedras vão rachar no calor. A terra ressecada ficará vazia e silenciosa. Os espíritos xapiri, *que descem das montanhas para brincar na floresta em seus espelhos, fugirão para muito longe. Seus pais, os xamãs, não poderão mais chamá-los e fazê-los dançar para nos proteger. Não serão capazes de espantar as fumaças de epidemia que nos devoram. Não conseguirão mais conter os seres maléficos, que transformarão a floresta num caos. Então morreremos, um atrás do outro, tanto os brancos quanto nós. Todos os xamãs vão acabar morrendo. Quando não houver mais nenhum deles vivo para sustentar o céu, ele vai desabar.*

Davi Kopenawa

Sumário

A FUMAÇA DO METAL

A QUEDA DO CÉU

ANEXOS

ÍNDICES

Prefácio

O recado da mata

Eduardo Viveiros de Castro

Mas, como eu relutasse em responder
a tal apelo assim maravilhoso,
[…] *a máquina do mundo, repelida se foi miudamente recompondo,*
enquanto eu, avaliando o que perdera,
seguia vagaroso, de mãos pensas.
Carlos Drummond de Andrade

Enfim vem à luz, na elegante tradução de Beatriz Perrone-Moisés, a edição em português de *A queda do céu*. Cinco anos se passaram desde sua publicação em francês, na sexagenária e prestigiosa coleção Terre Humaine, em que este livro brilha com uma intensidade talvez só comparável à do segundo volume da coleção, *Tristes trópicos* —* do qual, aliás, *A queda do céu* pode ser visto como uma variante forte, no sentido que a mitológica estrutural professada pelo autor de *Tristes trópicos* dá a essa noção. Ou, melhor ainda, o livro de Kopenawa e Albert é, relativamente a seu ilustre predecessor, um exemplo daquela 'transformação canônica' que Lévi-Strauss entendia ser o princípio dinâmico da mitopoese, a "dupla torção" pela qual se *complicam* (e se coimplicam) a necessidade semiótica e a contingência histórica, a razão analítica e a razão dialética.** Se isso torna *A queda do céu* muito diferente de *Tristes trópicos*, também o co-

* Lévi-Strauss, 1955.

** Ver o texto fundamental de Mauro Almeida, "A fórmula canônica do mito", 2008. (Neste prefácio, as aspas duplas indicam citações ou expressões criadas por outros autores, mencionados ou não, inclusive, bem entendido, Kopenawa e Albert; as aspas simples, exceto quando 'embutidas' em citações, indicam expressões aproximativas ou intenção irônica ['*scare quotes*'] de minha parte.)

necta estrategicamente com ele, e por diversos caminhos. Mas nenhum deles é circular; menos ainda é caminho batido, como nos casos de emulação ou de epigonia despertados por *Tristes trópicos*. *A queda do céu*, antes que meramente completando, ainda que com chave de ouro, o projeto aberto pela obra revolucionária de 1955 — o da invenção de uma narrativa etnográfica ao mesmo tempo poética e filosófica, crítica e reflexiva —, relança-o em uma vertiginosa trajetória espiral (uma espiral logarítmica, não arquimediana) que desloca, inverte e renova o discurso da antropologia sobre os povos ameríndios, redefinindo suas condições metodológicas e pragmáticas de enunciação. "Caminhamos."

Tardou, alguns dirão, a publicação de *A queda do céu* em nosso país,* onde nasceu o autor principal, onde o livro foi quase inteiramente elaborado e ao qual ele privilegiadamente se refere. Mas para uma obra de mais de setecentas páginas, que levou vinte anos sendo gestada, que tem atrás de si trinta de convivência entre os signatários de um "pacto etnográfico" (em cujas entrelinhas se firma um pacto xamânico) sem precedentes na história da antropologia e cerca de quarenta de contato do etnólogo-escritor com o povo do xamã-narrador, cinco anos não chega a ser muito tempo. E a hora é boa.

Este é um livro sobre o Brasil, sobre um Brasil — decerto, ele é ostensivamente 'sobre' a trajetória existencial de Davi Kopenawa, em que o pensador e ativista político yanomami, falando a um antropólogo francês, discorre sobre a cultura ancestral e a história recente de seu povo (situado tanto em terras venezuelanas quanto em brasileiras), explica a origem mítica e a dinâmica invisível do mundo, além de descrever as características monstruosas da civilização ocidental como um todo e de prever um futuro funesto para o planeta —, mas, de um modo muito especial, é um livro sobre nós, dirigido a nós, os brasileiros que não se consideram índios. Pois com a *A queda do céu* mudam-se o nível e os termos do diálogo pobre, esporádico e fortemente desigual entre os povos indígenas e a maioria não indígena de nosso país, aquela composta pelo que Davi chama de "Brancos" (*napë*).** Nele aprendemos algo de

* A Harvard University Press publicou a tradução em inglês, *The Falling Sky: Words of a Yanomami Shaman*, em 2013.

** O termo yanomami *napë*, originalmente utilizado para definir a condição relacional e mutável de 'inimigo', passou a ter como referente prototípico os 'Brancos', isto é, os membros (de qualquer cor) daquelas sociedades nacionais que destruíram a autonomia política e a suficiência econômica do povo nativo de referência. O Outro sem mais, o inimigo por excelência e por essência, essencial sobre o estatuto ontológico e 'antropológico' dessa maioria — são espectros canibais que esqueceram suas origens e sua cultura —, onde ela vive — em altas e cintilantes casas de pedra amontoadas sobre um chão nu e estéril, em uma terra fria e chuvosa sob um céu em chamas —, e com o que ela sonha, assombrada por um desejo sem limites — sonha com suas mercadorias venenosas e suas vãs palavras traçadas em peles de papel. Essa maioria, como eu disse, somos, entre outros, *nós*, os brasileiros 'legítimos', que falam o português como língua materna, gostam de samba, novela e futebol, aspiram a ter um carro bem bacana, uma casa própria na cidade e, quem sabe, uma fazenda com suas tantas cabeças de gado e seus hectares de soja, cana ou eucalipto. A maioria dessa maioria acha, além disso, que vive "num país que vai pra frente", como cantava o jingle dos tempos daquela ditadura que imaginamos pertencer a um passado obsoleto.

Do ponto de vista, então, dos povos autóctones cujas terras o Brasil 'incorporou', os brasileiros não índios — tão vaidosos como nos sintamos de nossa singularidade cultural perante a Europa ou os Estados Unidos, isso quando não nos envaidecemos justo do contrário — são apenas "Brancos/inimigos" como os demais *napë*, sejam estes portugueses, norte-americanos, franceses. Somos representantes quaisquer desse povo bárbaro e exótico proveniente de além-mar, que espanta por sua absurda incapacidade de compreender a floresta, de perceber que "a máquina do mundo" é um ser vivo composto de incontáveis seres vivos, um superorganismo constantemente renovado pela atividade vigilante de seus guardiões invisíveis, os *xapiri*, imagens 'espirituais' do mundo que são a razão suficiente e a causa eficiente daquilo que chamamos Natureza — em yanomami, *hutukara* —, na qual os humanos estamos imersos por natureza (o pleonasmo se autojustifica). A 'alma' e seus avatares leigos

é o 'Branco'. Outras línguas indígenas do país conheceram deslocamentos análogos, em que palavras designando o 'inimigo' ou 'estrangeiro' — e normalmente especificadas por determinativos distinguindo as diferentes etnias indígenas (ou comunidades da mesma etnia) em posição de hostilidade/alteridade — passaram a ser usadas sem maiores especificações para designar o Branco, que passou assim a ser 'o Inimigo'. A possibilidade de que essa sinonímia 'Branco = Inimigo = Outro' contraefetue uma identidade genérica "Índio" e uma sinonímia etnopolítica 'Índio = "Parente" = Eu' é algo explorado de modo variável, instável e, como se pode imaginar, problematicamente estratégico pelos povos indígenas (ver, por exemplo, a reflexão irônica de Krenak, 2015, pp. 55-6).

modernos, a 'cultura', a 'ciência' e a 'tecnologia', não nos isentam nem nos ausentam desse comprometimento não desacoplável com o mundo,* até porque o mundo, segundo os Yanomami, é um *plenum* anímico, e porque uma verdadeira cultura e uma tecnologia eficaz consistem no estabelecimento de uma relação atenta e cuidadosa com "a natureza mítica das coisas" —** qualidade de que, justamente, os Brancos carecemos por completo. Pode-se dizer de nós, então, o que o narrador diz dos maus caçadores yanomami, aqueles que costumam guardar para si as presas que matam (e por isso os animais se furtam a eles) — que "apesar de terem os olhos abertos, não enxergam nada" (p. 474). Com efeito, se as profecias justificadamente pessimistas de Davi se concretizarem, só começaremos a enxergar alguma coisa quando não houver mais nada a ver. Aí então poderemos, como o poeta, "avaliar o que perdemos".

Uma expressão feliz de Patrice Maniglier, pela qual esse filósofo define o que chamou de mais alta promessa da antropologia, a saber, "devolver-nos uma imagem de nós mesmos na qual não nos reconheçamos",*** ganha em *A queda do céu* um sentido simétrico e inverso ao sentido visado, o que, longe de desmentir, enriquece a definição com uma inesperada dobra irônica adicional. Impossível, de fato, não nos reconhecermos nessa caricatura fielmente disforme de nós 'mesmos' desenhada, para nosso escarmento, por esse 'nós' outro, esse outro que entretanto insiste em nos advertir que somos, ao fim e ao cabo (mas talvez apenas ao fim e ao cabo), todos os mesmos, uma vez que, quando a floresta acabar e as entranhas da terra tiverem sido completamente destroçadas pelas máquinas devoradoras de minério, as fundações do cosmos ruirão e

* Para um documento que afirma precisamente o contrário, e que vem assim servir de prova da estupidez incurável dos Brancos — ou pelo menos da fração mais agressiva de seu segmento modernizador —, veja-se o "An Ecomodernist Manifesto" (<www.ecomodernism.org/manifesto>), lançado recentemente pelo Breakthrough Institute, um *think tank* antiambientalista e pró-nuclear californiano, onde se defende a viabilidade de um "desacoplamento" (*decoupling*) entre uma desejada hiperaceleração tecnológica e qualquer impacto ambiental. Tudo para maior glória de um "capitalismo pós-industrial [?] e vibrante", como dizem os executivos do BI em outro texto (cf. Danowski e Viveiros de Castro, 2015, p. 67).

** Expressão que consta do poema "A máquina do mundo", de Carlos Drummond de Andrade, reproduzido na epígrafe deste prefácio.

*** "[*N*]*ous renvoyer de nous-mêmes une image où nous ne nous reconnaissons pas*", Maniglier, 2005, pp. 773-4.

o céu desabará terrível sobre todos os viventes. Isso já aconteceu antes, lembra o narrador. O que é o modo índio de dizer que acontecerá de novo.

A queda do céu é um acontecimento científico incontestável, que levará, suspeito, alguns anos para ser devidamente assimilado pela comunidade antropológica. Mas espero que todos os seus leitores saibam identificar de imediato o acontecimento político e espiritual muito mais amplo, e de muito grave significação, que ele representa. Chegou a hora, em suma; temos a obrigação de levar *absolutamente* a sério o que dizem os índios pela voz de Davi Kopenawa — os índios e todos os demais povos 'menores' do planeta, as minorias extranacionais que ainda resistem à total dissolução pelo liquidificador modernizante do Ocidente. Para os brasileiros, como para as outras nacionalidades do Novo Mundo criadas às custas do genocídio americano e da escravidão africana, tal obrigação se impõe com força redobrada. Pois passamos tempo demais com o espírito voltado para nós mesmos, embrutecidos pelos mesmos velhos sonhos de cobiça e conquista e império vindos nas caravelas, com a cabeça cada vez mais "cheia de esquecimento",* imersa em um tenebroso vazio existencial, só de raro em raro iluminado, ao longo de nossa pouco gloriosa história, por lampejos de lucidez política e poética. Davi Kopenawa ajuda-nos a pôr no devido lugar as famosas "ideias fora do lugar", porque o seu é um discurso *sobre* o lugar, e porque seu enunciador sabe qual é, onde é, o que é o *seu lugar*. Hora, então, de nos confrontarmos com as ideias desse lugar que tomamos a ferro e a fogo dos indígenas, e declaramos "nosso" sem o menor pudor; ideias que constituem,

* Esta é uma expressão recorrente nos discursos de Kopenawa para designar a deficiência mental-espiritual mais marcante dos Brancos. Recordo que Lévi-Strauss deu enorme importância ao motivo do esquecimento na mitologia indígena, a ponto de defini-lo como "uma verdadeira categoria do pensamento mítico" (Lévi-Strauss, 1973, p. 231; 1983, p. 253). Ao longo do livro, Davi repassa por diversas daquelas "patologias da comunicação" que o autor das *Mitológicas* identifica como centrais no dramatismo dos mitos, todas elas, no caso presente, afetando 'privilegiadamente' os Brancos — olvido, surdez, cegueira, "língua de espectro" (incompreensível), palavras mentirosas, narcisismo metafísico. Mas essas patologias semióticas, justo como as patologias biológicas *xawara*, podem acabar por contaminar aqueles Yanomami que, cegos ao mundo dos *xapiri*, passam a desejar as mercadorias dos Brancos e literalmente *perdem o rumo*, pois seu pensamento se torna emaranhado e sombrio como as trilhas ruins da floresta (ver o parágrafo final do capítulo 14).

antes de mais nada, uma *teoria global do lugar*, gerada localmente pelos povos indígenas, no sentido concreto e etimológico desta última palavra.* Uma teoria sobre o que é *estar* em seu lugar, no mundo como casa, abrigo e ambiente, *oikos*, ou, para usarmos os conceitos yanomami, *hutukara* e *urihi a*: o mundo como floresta fecunda, transbordante de vida, a terra como um ser que "tem coração e respira" (p. 468), não como um *depósito* de 'recursos escassos' ocultos nas profundezas de um subsolo tóxico — massas minerais que foram *depositadas* no inframundo pelo demiurgo *para serem deixadas lá*, pois são como as fundações, os sustentáculos do céu —; mas o mundo também como aquela outra terra, aquele 'suprassolo' celeste que sustenta as numerosas moradas transparentes dos espíritos, e não como esse 'céu de ninguém', esse sertão cósmico que os Brancos sonham — incuráveis que são — em conquistar e colonizar. Por isso Davi Kopenawa diz que a ideia-coisa "ecologia" sempre fez parte de sua teoria-práxis do lugar:

> Na floresta, a ecologia somos nós, os humanos. Mas são também, tanto quanto nós, os *xapiri*, os animais, as árvores, os rios, os peixes, o céu, a chuva, o vento e o sol! *É tudo o que veio à existência na floresta, longe dos brancos; tudo o que ainda não tem cerca.* As palavras da ecologia são nossas antigas palavras, as que *Omama* [o demiurgo yanomami] deu a nossos ancestrais. Os *xapiri* defendem a floresta desde que ela existe. Sempre estiveram do lado de nossos antepassados, que por isso nunca a devastaram. Ela continua bem viva, não é? Os brancos, que antigamente ignoravam essas coisas, estão agora começando a entender. É por isso que alguns deles inventaram novas palavras para proteger a floresta. Agora dizem que são a gente da ecologia porque estão preocupados, porque sua terra está ficando cada vez mais quente. [...] Somos habitantes da floresta. *Nascemos no centro da ecologia e lá crescemos.* (p. 480. Eu sublinho.)

O mundo visto então — melhor, vivido — *a partir daqui*, do 'centro da

* "Indígena — ETIM lat. *indigena,æ*, 'natural do *lugar* em que vive, *gerado dentro da terra que lhe é própria*'" (Houaiss e Villar, 2009. Eu sublinho). Essa 'propriedade', permito-me interpretar, é um atributo imanente ao sujeito, não uma relação extrínseca com um objeto apropriável. Não são poucos os povos indígenas do mundo a afirmar que a terra não lhes pertence, pois são eles que pertencem à terra.

ecologia', do coração indígena dessa vasta e ilimitada Terra cosmopolítica onde se distribuem nomadologicamente as inumeráveis gentes terranas,* e não como uma esfera abstrata, um globo visto de fora, cercado e dividido em territórios administrados pelos Estados nacionais, épuras da alucinação euroantropocêntrica conhecida pelos nomes de "soberania", "domínio eminente", "projeção geopolítica" e fantasmagorias do mesmo quilate. Talvez seja mesmo chegada a hora de concluir que vivemos o fim de *uma* história, aquela do Ocidente, a história de um mundo partilhado e imperialmente apropriado pelas potências europeias, suas antigas colônias americanas e seus êmulos asiáticos contemporâneos. Caberia a nós portanto constatar, e tirar daí as devidas consequências, que "*o nacional não existe mais; só há o local e o mundial*".** Dir-se-á que tal declaração é conversa de europeu decadente, fantasia de 'localista' romântico, mantra de anarquista irresponsável, isso se não for, Deus nos proteja, um arroto do 'libertarianismo' à americana, aquele sinistro fascismo supremacista do indivíduo macho branco armado que grassa em nosso Grande Irmão do Norte. O que cabe a nós, brasileiros — dizemos com a cabeça erguida —, é construir a Pátria Socialista do Porvir, o prometido país de classe média e feliz, sustentado por um Estado forte capaz de defendê-lo contra a cobiça internacional,*** ou, para sermos 'proativos', capaz de fazê-lo ingressar no clube seleto dos patrões deste mundo. Mas, se o nacional vai *de fato* — aguardemos — deixando de existir lá fora (só que nunca houve lá fora, pois o aqui dentro sempre foi, e continua sendo, uma das 'dependências' do lá fora), é provável que o conceito do nacional acabe mudando mundialmente de lugar, isto é, de sentido, e isso até mesmo 'aqui dentro'. No mínimo, talvez comecemos a nos dar conta de que se continuarmos a destruir obtusamente o local, este local do mundo que chamamos de 'nosso' — mas quem detém, para além do mero di-

* O conceito de "nomadologia" é tomado aqui de Deleuze e Guattari (1997 [1980], cap. 12), que interpretam a raiz grega *-nem* (da qual deriva o polissêmico *nomos*) em sentido rigorosamente antipodal ao consagrado por Carl Schmitt, ou seja, como distribuição-dispersão *dos* homens e demais viventes *sobre* a terra, antes que como distribuição-repartição *da* terra *entre* os homens com seus rebanhos (ver Sibertin-Blanc, 2013) — e, portanto, analogiza Schmitt, como repartição da Terra inteira entre os Estados-nação europeus. Para o conceito de "terrano", tomado de Bruno Latour, ver a exposição de Danowski e Viveiros de Castro, 2014.

** "Appel de la Destroika", 2015.

*** Sem abrir mão de algumas 'parcerias estratégicas', é claro. *La Cina è vicina*...

reito pronominal, o fato brutalmente proprietarial deste possessivo? —,* não sobrarão nem fundos nem fundamentos para construirmos qualquer nacional que seja, anacrônico ou futurista. O Brasil é grande, mas o mundo é pequeno.

A queda do céu é rico em lições, entre outras, sobre a incompetência eficaz, a irrelevância maligna, o ufanismo bufão da teoria e prática da governamentalidade 'nacional', esse *nomos* antinômico que estria e devasta simultaneamente um espaço que ele imagina instituir quando é, na verdade, literalmente suportado por ele. O Estado nacional? Muito bem, muito bom; mas, muito antes dele, há os espíritos invisíveis da floresta, as fundações metálicas da terra, a fumaça diabólica das epidemias e a doença degenerativa do céu — e nada disso tem fronteira, porteira ou bandeira. Os xamãs e seus *xapiri*** não carecem de passaporte nem de *visto* dado por gente; são eles que *veem*, se forem *bem-vistos* pela onividente gente invisível da floresta... O Brasil? — O Brasil, na imagem tão bela e melancólica de Oswald de Andrade, já foi "uma república federativa cheia de árvores e gente dizendo adeus". Hoje, ele está mais para uma corporação empresarial coberta a perder de vista por monoculturas transgênicas e agrotóxicas, crivada de morros invertidos em buracos desconformes de onde se arrancam centenas de milhões de toneladas de minério para exportação, coberta por uma espessa nuvem de petróleo que sufoca nossas cidades enquanto trombeteamos recordes na produção automotiva, entupida por milhares de quilômetros de rios barrados para gerar uma energia de duvidosíssima 'limpeza' e ainda mais questionável destinação, devastada por extensões de floresta e cerrado, grandes como países, derrubadas para dar pasto a 211 milhões de bois (hoje mais numerosos que nossa população de humanos).*** Enquanto isso, a gente... Bem, a gente continua dizendo adeus — às árvores. Adeus a elas e à República, pelo menos em seu sentido original de *res publica*, de coisa e causa do povo.

* Ver "Quem são os proprietários do Brasil", 2015.

** As noções são praticamente sinônimas em yanomami: "xamã" se diz *xapirit t^hë pë*, "gente-espírito".

*** Como disse recentemente Davi Kopenawa em um encontro no Rio de Janeiro, "o governo quer transformar o Brasil em um campo de futebol". Somos o segundo maior produtor de carne bovina do planeta, perdendo apenas para a Índia, país que parece estar se convertendo rapidamente de uma religião em outra no que tange a suas vacas, a saber, passando da veneração hinduísta ao massacre capitalista.

* * *

O depoimento-profecia de Kopenawa aparece, assim, em boa hora; porque a hora, claro está, é péssima. Neste momento, nesta República, neste governo, assistimos a uma concertada maquinação política que tem como alvo as áreas de preservação ambiental, as comunidades quilombolas, as reservas extrativistas e em especial os territórios indígenas. Seu objetivo é consumar a 'liberação' (a desproteção jurídica) do máximo possível de terras públicas ou, mais geralmente, de todos aqueles espaços sob regimes tradicionais ou populares de territorialização que se mantêm fora do circuito imediato do mercado capitalista e da lógica da propriedade privada, de modo a tornar 'produtivas' essas terras, isto é, lucrativas para seus pretendentes, os grandes empresários do agronegócio, da mineração e da especulação fundiária, vários deles aboletados nas poltronas do Congresso, muitos apenas pagando a seus paus-mandados para ali 'operarem'. Na verdade, são os Três Poderes da nossa República Federativa que vêm costurando uma ofensiva criminosa contra os direitos indígenas,* conquistados a duras penas ao longo da década entre 1978, ano do 'Projeto de emancipação' da ditadura (o qual deu espetacularmente com os burros n'água), e 1988, ano da 'Constituição cidadã' que reconheceu os direitos originários dos povos indígenas sobre suas terras, consagrando e perenizando o instituto fundamental do indigenato. Esse acolhimento dos índios como uma categoria sociocultural diferenciada de pleno e permanente direito dentro da nação suscitou uma feroz determinação retaliativa por parte do sistema do latifúndio, que hoje ocupa vários ministérios, controla o Congresso e possui uma legião de serviçais no Judiciário. Chovem, de todas as instâncias e níveis dos poderes constituídos, tentativas de desfigurar a Constituição que os constituiu, por meio de projetos legislativos, portarias executivas e decisões tribunalícias** que convergem no

* Ver a entrevista de Henyo Barretto a Clarissa Presotti, "Três poderes contra os direitos indígenas". Disponível em: <www.portalambiental.org.br/pa/noticias?id=134>. Acesso em: 1 jun. 2015.
** Vide a famigerada lista das "condicionantes" e a contestação do princípio do indigenato pela tese do "marco temporal", emergidas da decisão pelo STF relativa ao caso da terra Raposa-Serra do Sol (Roraima). Ambas, condicionantes e tese, embora de questionável efeito vinculante, já tiveram um preocupante impacto anti-indígena nas diversas instâncias do Judiciário. Ver também Capiberibe e Bonilla, 2014, para uma cobertura exaustiva, mas já desatualizada (pois a ofensiva

propósito de extinguir o espírito dos artigos da Lei Maior que garantem os direitos indígenas.*

O presente governo, e refiro-me aqui ao Executivo, desde sua comandante até seus ordenanças ministeriais, vem se mostrando o de pior desempenho, desde a nossa tímida redemocratização, no tocante ao respeito a esses direitos, agravando a já péssima administração anterior sob a mesma gerência: procedimentos de demarcação e homologação de terras indígenas praticamente nulos; políticas de saúde mais que omissas, desastrosas para as comunidades indígenas; uma indiferença quase indistinguível da cumplicidade diante do genocídio praticado continuadamente e às escâncaras sobre os Guarani-Kaiowá, ou periodicamente e 'por descuido' sobre os Yanomami e outros povos nativos, bem como diante do assassinato metódico de lideranças indígenas e ambientalistas pelo país afora — quesito no qual o Brasil é, como se sabe, campeão mundial.

Veja-se, por fim, mas não por menos lamentável, a joia da coroa da suprema mandatária da República, a saber, a construção a toque de caixa, por megaempreiteiras de capital privado a serviço do poder público e/ou vice-versa, ao arrepio insolente da legislação e às custas de 'financiamentos' de dimensões obscenas, feitos com o chamado dinheiro do povo, de dezenas de hidrelétricas na bacia amazônica, que trarão gravíssimos danos à vida de centenas de povos indígenas e de milhares de comunidades tradicionais —** para não falarmos

---

é uma *Blitzkrieg*), dos projetos de lei ou emenda constitucional em tramitação no Congresso cujo objetivo é reduzir os direitos indígenas, quando não reverter seus efeitos já consolidados.

* Há quem entenda ou defenda — estou entre eles — que o estatuto próprio dos índios seria bem mais que o de uma categoria sociocultural especial de cidadão. Ele definiria uma multiplicidade política diferenciada, inserida por autoconsentimento em um Estado com vocação 'plurinacional'. E, se formos aos finalmentes, como se diz, suspeito que a visão oficial antiga (ainda viva na cabeça de tanta gente), pré-Constituição de 1988, sobre os índios no Brasil — segundo a qual a condição indígena era transitória, votada inexoravelmente à assimilação pela "comunhão nacional", ao passo que esta última era subentendida ser permanente, em outras palavras, *eterna* — poderá ser objetivamente virada de ponta-cabeça em um futuro não muito remoto. Pois não é impossível que os povos indígenas, com sua "máquina territorial primitiva" que antecede milênios ao "aparelho de captura" dos Estados nacionais implantados nas Américas, perdurem após o colapso de muitos, senão de todos, nossos orgulhosos Entes Soberanos, em um mundo que promete ser materialmente muito diferente daquele em que vivemos hoje — o qual, como se sabe, foi construído graças à invasão, ao saque e à limpeza étnica das Américas.

** Chamam-se "populações tradicionais" ("ribeirinhas", "caboclas") aquelas comunidades camnas dezenas de milhares* de outras espécies de habitantes da floresta, que vivem nela, dela e com ela; que são, enfim, a floresta ela própria, o macrobioma ou megarrizoma autotrófico que cobre um terço da América do Sul e cuja estrutura lógico-metafísica, se me permitem a expressão, se encontra claramente exposta por Kopenawa em *A queda do céu*. Mas de que vale tudo isso perante as leis inexoráveis da Economia Mundial e o objetivo supremo do Progresso da Pátria? A entropia crescente se transfigura dialeticamente em antropia triunfante. E ainda se diz que são os índios que creem em coisas impossíveis.

Em suma, o que a ditadura empresarial-militar não conseguiu arrasar, a coalizão comandada pelo Partido dos... Trabalhadores! vai destruindo, com eficiência estarrecedora. Seu instrumento material para tanto são as mesmas forças político-econômicas que apoiaram e financiaram o projeto de poder da ditadura. Tal 'eficiência' destrutiva, note-se bem, anda longe da "destruição criadora" marxista e schumpeteriana, valha o que esta ainda valer nos sombrios tempos que correm. Não há absolutamente nada de criador, e menos ainda de criativo, no que a classe dominante e seu órgão executivo fazem na Amazônia. O que falta em inteligência e descortino sobra em ganância e violência.

As invasões das terras dos Yanomami por garimpeiros — e suas conse-

---

ponesas e extrativistas da bacia amazônica cuja consciência da relação com os povos indígenas que as precederam parece ter sido, em alguns casos, abolida. A cultura trazida pelos imigrantes 'brancos' (de origem principalmente nordestina) que se fundiram com o 'substrato' autóctone recalcou toda memória nativa e se orientou mimeticamente para o Brasil oficial. Na maioria dos casos, porém, a relação apenas entrou em situação de latência, exprimindo-se 'vestigialmente' por automatismos práticos e idiomatismos simbólicos. Essa aparente perda de consciência, assim, tem se mostrado cada vez mais frequentemente como sendo não tanto uma ruptura definitiva mas antes um longo desmaio — uma espécie de *coma étnico* do qual a Amazônia 'cabocla' começa a despertar, como atesta o fato de que, hoje, apenas no Médio Solimões, cerca de *duzentas* comunidades tradicionais reivindicam sua "passagem para indígena", isto é, sua condição de titulares dos direitos reconhecidos no artigo 231 da Constituição Federal (Deborah Lima et al., 2015, citando dados de Rafael Barbi para os rios Copacá, Tefé, Uarini, Jutaí, Caiambé e Mineruá; as Reservas de Mamirauá e Amanã respondem por cinquenta comunidades desse total). O fenômeno é geral no 'Brasil profundo', e parece ainda mais paradoxal quando se constata que ele vai se tornando mais intenso à medida que esse Brasil profundo 'vem à superfície', isto é, se moderniza, inserindo-se nas redes por onde circulam os fluxos semiótico-materiais que atravessam o planeta, do dinheiro à internet.

* Ou seriam centenas de milhares? Nem sequer sabemos ao certo quantas espécies existem — e quantas vão desexistindo — na região.

quências em termos de epidemias, estupros, assassinatos, envenenamento dos rios, esgotamento da caça, destruição das bases materiais e dos fundamentos morais da economia indígena — se sucedem com monótona frequência, seguindo a oscilação das cotações do ouro e de outros minerais preciosos no mercado mundial. No dia mesmo em que escrevo este parágrafo (7 de maio de 2015), leio a notícia de que uma "organização criminosa de extração de ouro" em território yanomami, que movimentou cerca de 1 bilhão de reais nos últimos dois anos, foi desmantelada pela Polícia Federal (em um acesso inédito de eficiência que deve ter lá seus motivos). O esquema tinha a participação de servidores públicos locais — entre eles, funcionários da Funai —, intermediação de joalherias das grandes cidades da Amazônia e financiamento por "empresários do ramo localizados, principalmente, em São Paulo".* Davi Kopenawa vem sendo ameaçado repetidamente de morte, desde pelo menos 2014, por ter denunciado a situação. E como se lerá neste livro (ver especialmente o cap. 15), foi sua consternação atônita ao testemunhar a sucessão de catástrofes desencadeadas pela corrida do ouro na terra yanomami, entre os anos 1975 e 1990 — desde a construção mal-inacabada da rodovia Perimetral Norte, na primeira metade da década de 1970, até a maciça invasão garimpeira, estimulada pelos militares, a partir da implantação do Projeto Calha Norte no governo Sarney, em 1985 —,** foram essa raiva e essa perplexidade, transformadas em convicção militante,*** que levaram Kopenawa a se engajar na dupla posição de xamã e de diplomata (trata-se, como veremos, de uma só e mesma posição). Ele inverteu assim a polaridade de sua função de intérprete a serviço dos Bran-

* Disponível em: <amazoniareal.com.br/pf-desarticula-organizacao-criminosa-de-extracao-de-ouro-na-reserva-yanomami/>.

** Lembremos ainda que, em 1987-9, com a transição para nossa 'plena democracia' praticamente completada, os militares interditavam formalmente o território yanomami aos antropólogos e outros pesquisadores, enquanto facilitavam a entrada dos garimpeiros.

*** "Ao ver os cadáveres sendo arrancados da terra, também eu chorei. Pensei, com tristeza e raiva: 'O ouro não passa de poeira brilhante na lama. No entanto, os brancos são capazes de matar por ele! Quantos mais dos nossos vão assassinar assim? E depois, suas fumaças de epidemia vão comer os que restarem, até o último? Querem que desapareçamos todos da floresta?'. *A partir daquele momento, meu pensamento ficou realmente firme. Entendi a que ponto os brancos que querem nossa terra são seres maléficos.* Sem isso, talvez tivesse continuado como muitos dos nossos que, na ignorância, fazem amizade com eles apenas para pedir arroz, biscoitos e cartuchos!" (p. 344. Eu sublinho.)

cos, que desempenhou por algum tempo como funcionário da Funai, para se tornar o intérprete e o defensor permanente de seu povo contra os Brancos, como descreve perspicazmente Albert.*

O sistema do garimpo é semelhante ao do narcotráfico, e, em última análise, à tática geopolítica do colonialismo em geral: o serviço sujo é feito por homens miseráveis, violentos e desesperados, mas quem financia e controla o dispositivo, ficando naturalmente com o lucro, está a salvo e confortável bem longe do front, protegido por imunidades as mais diversas. No caso do garimpo nos Yanomami, o dispositivo, como é de notório conhecimento nos meios especializados, envolve políticos importantes de Roraima, alguns deles defensores destacados, no Congresso, de reformas 'liberalizantes' da legislação minerária relativa às terras indígenas. Esses próceres não aparecem na notícia sobre o desmantelo da operação criminosa mais recente. Duvido que apareçam. Quem sabe, nem sequer existam. O povo inventa muito...

Mas não temos a exclusividade do ruim; nossa estupidez etnocida, ecocida, e em última análise suicida, não é sequer original. A concorrência internacional é fortíssima. O diagnóstico e o prognóstico contidos em *A queda do céu* não concernem apenas aos brasileiros. Neste momento, assistimos a uma mudança do equilíbrio termodinâmico global sem precedentes nos últimos 11 mil anos da história do planeta, e, associada a ela, a uma inquietação geopolítica inédita na história humana — se não em intensidade (ainda), certamente em extensão, na medida em que ela afeta literalmente 'todo (o) mundo'. Neste momento, portanto, nada mais apropriado que venha dos cafundós do mundo, dessa Amazônia indígena que ainda vai resistindo, mesmo combalida, a sucessivos assaltos; que venha, então, dos Yanomami, uma mensagem, uma profecia, um recado da mata alertando para a traição que estamos cometendo contra nossos conterrâneos — nossos co-terranos, nossos co-viventes —, assim como contra as próximas gerações humanas; contra nós mesmos, portanto. O que

* Além de toda a massa de informações e esclarecimentos que se encontram dispersos, ou antes, organizados no minucioso aparelho de notas, podemos ler nos anexos finais do livro, compostos por Bruce Albert, um resumo conciso da história de vida de Davi Kopenawa e da interação do povo yanomami com os diversos agentes da civilização que os assedia, dos missionários americanos da New Tribes Mission até os funcionários da Funai, da malfadada Perimetral Norte até as sucessivas invasões garimpeiras. Os números registrados pelo autor — de invasores brancos, de índios mortos, de terras arrasadas — são assustadores; deixo ao leitor a tarefa de constatá-los.

lemos em *A queda do céu* é a primeira tentativa sistemática de "antropologia simétrica", ou "contra-antropologia",* do Antropoceno, a época geológica atual que, na opinião crescentemente consensual dos especialistas, sucedeu ao Holoceno, e na qual os efeitos da atividade humana — entenda-se, a economia industrial baseada na energia fóssil e no consumo exponencialmente crescente de espaço, tempo e matérias-primas — adquiriram a dimensão de uma força física dominante no planeta, a par do vulcanismo e dos movimentos tectônicos. Ao mesmo tempo uma explicação do mundo segundo outra cosmologia e uma caracterização dos Brancos segundo outra antropologia (uma contra-antropologia), *A queda do céu* entrelaça esses dois fios expositivos para chegar à conclusão de uma iminência da destruição do mundo, levada a cabo pela civilização que se julga a delícia do gênero humano — essa gente que, liberta de toda 'superstição retrógrada' e de todo 'animismo primitivo', só jura pela santíssima trindade do Estado, do Mercado e da Ciência, respectivamente o Pai, o Filho e o Espírito Santo da teologia modernista.** Tal credo fanático, de resto, é costumeiramente empurrado goela baixo dos índios por um estranho instrumento, ao mesmo tempo arcaico e modernizador, o *Teosi* (Deus) dos missionários evangélicos norte-americanos que Davi conheceu tão bem, esses insuportáveis operadores de telemarketing do Capital.

Uma outra razão para saudarmos a boa hora em que *A queda do céu* se torna acessível ao leitorado brasileiro é que ele vem compensar, melhor, desmoralizar a aparição por aqui do último rebento de um personagem lamentável da antropologia amazônica. Refiro-me ao livro recente de Napoleon Chagnon, protagonista de episódios 'controversos' da história da relação entre os Yanomami e a ciência ocidental, dos quais o mínimo que se pode dizer é que certos protocolos éticos básicos da pesquisa foram ali violados. Como o sensacionalismo, a burrice reacionária e o preconceito racista vendem bem, o livro

* Falo em "antropologia simétrica" em sentido próximo mas não idêntico àquele em que Bruno Latour (1994) emprega esse conceito. Poderia também ter convocado a noção de "antropologia reversa" de Roy Wagner (2010), que se aplicaria bastante bem ao 'ecologismo xamânico' de Kopenawa. Albert fala em uma "contra-antropologia histórica do mundo branco" (p. 542) contida na narrativa de Davi, em sentido talvez análogo àquele que proponho em *Métaphysiques cannibales*, quando caracterizo o perspectivismo indígena como uma "contra-antropologia multinaturalista" (Viveiros de Castro, 2009, p. 61).

** Viveiros de Castro, 2011, p. 318.

de Chagnon, publicado nos Estados Unidos em 2013, não demorou a ser traduzido no Brasil e posicionado com a devida fanfarra pela empresa responsável.* As reminiscências de Chagnon, antropólogo que, ao contrário do coautor de *A queda do céu*, cessou todo contato relevante com os Yanomami já lá vão décadas, consistem essencialmente em uma longa e ressentida autojustificação, um acerto de contas cheio de acusações de "esquerdismo" contra seus críticos, e em uma reapresentação salmodiada de seus dogmas teóricos, cujas supostas evidências etnográficas e estatísticas foram refutadas por uma quantidade de pesquisadores. Campeão de uma das versões menos sofisticadas da sociobiologia humana, disciplina (?) que não chega a impressionar, em geral, nem pela sofisticação teórica nem pela fecundidade de suas conjecturas, Chagnon difundiu uma imagem dos Yanomami como "povo feroz" (título de seu livro mais famoso), uma tribo de gente suja, primitiva e violenta, verdadeiros figurantes de um grand-guignol hobbesiano. Tal clichê etnocêntrico foi repetidas vezes usado contra os Yanomami pelos muitos agentes dos Brancos — burocratas, missionários, políticos — interessados em lhes roubar a terra e/ou as almas. O pesquisador norte-americano defende, entre outras ideias bizarras, a tese de que o povo de Davi Kopenawa é constituído por autômatos genéticos movidos pelo imperativo de maximização do potencial reprodutivo dos grandes 'matadores', os homens que teriam na sua conta o maior número de inimigos mortos em combate. Isso foi demonstrado ser um equívoco grotesco de interpretação das práticas guerreiras yanomami, diretamente ligadas não a condicionamentos genéticos, mas a um sistema sociopolítico sofisticado e a um dispositivo ritual funerário de forte densidade simbólica, ambos por sua vez associados a uma visão da vida e da morte, do espaço e do tempo, da fisiologia humana e da escatologia cósmica da qual podemos ter uma ideia lendo a esplêndida exposição feita em diversos capítulos de *A queda do céu*.** Os livros de Chagnon são muito populares nos cursos de introdução à antropologia das universidades dos

* A editora do livro de Chagnon pertence ao grupo Folha, que edita o jornal *Folha de S.Paulo*. O mesmo encontra-se à venda no site do jornal. Não o referimos na bibliografia deste prefácio por motivos de higiene.

** O leitor de formação ou vocação antropológica não pode deixar de completar a exposição de Davi Kopenawa com um estudo da tese inédita de Bruce Albert (1985) sobre a organização social e ritual dos Yanomami sul-orientais, focada no complexo funerário e na teoria da periodicidade fisiológica, sociológica e escatológica nele implicada.

Estados Unidos — não por acaso, já que seus 'Yanomami' se parecem muito mais com certos modelos masculinos dominantes naquele país do que com os índios homônimos. O autor tornou-se também uma espécie de mascote da vertente mais obtusamente cientificista (não confundir com científica) da academia norte-americana, onde, entre defensores da *Big Science* e saudosistas da Guerra Fria, pontificam psicossociobiólogos de credenciais duvidosas, vulgarizadores especializados na distorção da teoria darwinista de modo a transformá-la em uma apologia do individualismo *rugged*, uma justificação da dominação masculina e, mais ou menos disfarçadamente, do racismo. Resta-nos esperar que o presente livro de Kopenawa e Albert, já traduzido nos Estados Unidos, possa servir de antídoto a esse festival de boçalidade reacionária. E que esta edição brasileira dificulte um pouco sua proliferação por aqui, no país dos Pondés, dos Narloch, dos Reinaldos Azevedos e dos Rodrigos Constantinos.

A queda do céu será um divisor de águas, como eu já disse, na relação intelectual e política entre índios e não índios nas Américas. Verdade que não faltam livros de memórias indígenas, nos sentidos lato ou estrito do termo, tanto auto como heterobiografias, especialmente de membros dos povos situados na América do Norte.* Os próprios compatriotas de Davi Kopenawa contam com um relato autobiográfico importante, o de Helena Valero, uma jovem do povo Baré raptada por uma comunidade dos Yanomami em 1936, junto aos quais viveu por vários anos.** Registrem-se ainda os vários depoimentos preciosos que vêm se acumulando, como os relatos que o Instituto Socioambiental publicou sobre as visões indígenas a respeito da origem e natureza dos Brancos (Ricardo, Org., 2000), ou o recentíssimo livro de entrevistas de Ailton Krenak (2015), outro destacado líder e pensador indígena, cuja trajetória biográfica apresenta diferenças significativas em relação à de Kopenawa, o que não os

* Várias dessas biografias de índios norte-americanos estão publicadas na coleção Terre Humaine, da editora Plon. Na verdade (ver Calavia, 2012, nota 4), os testemunhos autobiográficos provenientes de povos colonizados antecedem de muito a antropologia como disciplina, e o mesmo se diga das autoetnografias (pense-se em Guamán Poma de Ayala, por exemplo).

** Valero, 1984. A história de Helena Valero foi contada pela primeira vez, de forma algo truncada, em um livro publicado em 1965, em italiano, pelo médico Ettore Biocca. A versão francesa do livro de Biocca foi publicada na coleção Terre Humaine em 1968.

impediu de formarem lado a lado na mesma frente de combate durante as últimas décadas.

Mas *A queda do céu* é um 'objeto' inédito, compósito e complexo, quase único em seu gênero. Pois ele é, ao mesmo tempo: uma biografia singular de um indivíduo excepcional, um *sobrevivente* indígena que viveu vários anos em contato com os Brancos até reincorporar-se a seu povo e decidir tornar-se xamã; uma descrição detalhada dos fundamentos poético-metafísicos de uma visão do mundo da qual só agora começamos a reconhecer a sabedoria; uma defesa apaixonada do direito à existência de um povo nativo que vai sendo engolido por uma máquina civilizacional incomensuravelmente mais poderosa; e, finalmente, uma contra-antropologia arguta e sarcástica dos Brancos, o "povo da mercadoria",* e de sua relação doentia com a Terra — conformando um discurso que Albert (1993) caracterizou, lapidarmente, como uma "crítica xamânica da economia política da natureza".

O livro se destaca de seus aparentes congêneres, antes de mais nada, pela densidade e solidez inauditas de seu contexto de elaboração, que pôs frente a frente, em um diálogo 'entrebiográfico' que é também a história de um projeto político convergente, um pensador indígena com uma longa e dolorosa experiência 'pragmática' (mas também intelectual) do mundo dos Brancos, observador sagaz de nossas obsessões e carências, e um antropólogo com uma longa experiência 'intelectual' (mas também prática, e não isenta de dificuldades) do mundo dos Yanomami — autor que chegou a esta obra a quatro mãos já de posse de um saber etnográfico que conta entre as mais importantes contribuições ao estudo dos povos amazônicos, e cuja biografia é quase tão 'anômala' em sua recusa a se deixar capturar pela carreira acadêmica quanto a do xamã-narrador. Recorrendo a uma distinção que me foi sugerida por Vinciane Despret para pensar um problema semelhante, pode-se dizer que nem Kopenawa nem Albert são exatamente *representativos* de seu meio e repertório sociocultural originais — Amazônia e xamanismo yanomami, Europa e antropologia universitária francesa —, mas que é justamente essa condição de enunciadores em posição atípica, fronteiriça ou ex-centrada, que os torna *representantes* ideais de suas respectivas tradições, capazes de mostrar do que elas

* Que melhor nome se poderia cunhar para a civilização capitalista? *O capital* inteiro em um simples etnônimo...

são capazes, uma vez libertas de seu ensimesmamento e de seu 'monolinguismo' cosmológico; quando essas tradições são *forçadas*, em outras palavras — pelas circunstâncias históricas e pela força de caráter do protagonista, em um caso, pelo compromisso existencial e pela disciplina intelectual do seu colaborador, no outro —, a negociarem a diferença intercultural até o ponto de uma mútua e imensamente valiosa 'entretradução', tanto mais valiosa quanto mais ciente de suas imperfeições, suas aproximações equívocas, suas equivalências impossíveis e, contas feitas (conclusão que é de minha exclusiva responsabilidade), sua incompatibilidade metafísica e antropológica absoluta, que só será superada, temo, com a destruição material ou espiritual da civilização de origem de um ou outro dos interlocutores. E como já sugeri em uma nota mais acima, não está claro qual das duas cederá primeiro, diante das condições materiais inimagináveis que nos aguardam no "tempo das catástrofes", na "barbárie por vir".*

Este livro é excepcional, em segundo lugar, pela felicidade das decisões propriamente tradutivas, tanto aquelas que procuram superar a grande distância entre a 'enciclopédia' e a 'semântica' das respectivas línguas-culturas como aquelas que dizem respeito às convenções de textualização de um discurso oral, ao seu agenciamento enunciativo e às dimensões pragmáticas e metapragmáticas do texto. Essas decisões são exaustivamente discutidas no *Postscriptum* de Albert, parte de *A queda do céu* que mereceria um estudo especial por seu conteúdo crítico-reflexivo e sua perspectiva 'em abismo', metatextual — aspectos que interpelam diretamente os etnógrafos e, de modo geral, todos aqueles cujo ofício é transmitir, isto é, transformar, a palavra alheia. O *Postscriptum* retraça a história do pacto entre o coautor e Davi Kopenawa que desembocou neste livro; rememora (memorializa) as peripécias de uma vocação e as vicissitudes de uma pesquisa de campo realizada, em larga medida, durante os negros tempos de nossa ditadura militar, quando antropólogos — essa gente comunista e maconheira — vivendo entre selvagens binacionais não eram na-

* Ver Stengers, 2009; Danowski e Viveiros de Castro, 2014. Recordem-se aqui as palavras de Russel Means, o célebre ativista Oglala Lakota, pronunciadas nos longínquos idos de 1980, o que lhes dá um caráter quase profético: "E quando a catástrofe tiver terminado, nós, os povos indígenas americanos, ainda estaremos aqui para povoar o hemisfério. Pouco importa se estivermos reduzidos a um punhado de gente vivendo no alto dos Andes. O povo indígena americano sobreviverá; a harmonia será restabelecida. É isso a revolução".

da bem-vindos, ainda mais se fossem estrangeiros; e tece reflexões altamente pertinentes sobre as condições de uma escrita etnográfica pós-colonial, tanto do ponto de vista político-diplomático de sua possibilidade e pertinência como daquele retórico-epistêmico de seu estilo, em todos os sentidos possíveis dessa última palavra.

Prevejo que os críticos 'sociológicos', os que escrevem sem parar e sem temer o paradoxo sobre os perigos da textualização — da inscrição e tradução engessadoras de uma oralidade fluida, vibrátil, 'autêntica' (a qual, suponho, deveria idealmente ser capaz de se transmitir por telepatia para uma audiência também monolíngue) —, verão uma boa dose de 'artificialidade' neste livro, visto que a narrativa de Kopenawa aqui publicada é o resultado de um cuidadoso trabalho de composição — como o é, surpresa!, toda escritura etnográfica, biográfica, ficcional ou qualquer outra. O que temos diante de nós é uma edição, explicitamente reconstruída, resumida e homogeneizada, de milhares de folhas de transcritos de diversos ciclos de entrevistas, gravadas ao longo de doze anos, em situações as mais diversas; um texto em francês (em português) que procurou manter os torneios e maneirismos característicos da língua de origem, mas recusando qualquer 'primitivização' pitoresca da língua de destino — ao contrário, inovando poeticamente e renovando ritmicamente a prosa-padrão dessa língua. Destaque-se, por fim, uma organização capitular que obedece a uma rigorosa simetria, criando uma ressonância interna entre vários capítulos e desdobrando o livro em um tríptico cujo quadro central — que conta a catastrófica colisão dos Yanomami com os Brancos e o modo como esse malencontro determinou a vida e a vocação do narrador — é ladeado por uma seção inicial, que descreve a formação xamânica de Davi Kopenawa por seu sogro, bem como situa os parâmetros cosmológicos nativos, e por outra seção, final, em que o narrador comenta a experiência antropológico-xamânica adquirida nas viagens àquela parte do hemisfério norte que os brasileiros ainda chamamos de 'Primeiro Mundo' (Estados Unidos, França, Inglaterra), lugar dos ancestrais dos *napë* canibais que vieram comer a terra dos Yanomami depois de terem devorado a sua própria. Para ainda maior simetria, o tríptico é emoldurado por uma dupla introdução (assinada uma por Albert, a outra por Kopenawa) e uma dupla conclusão (idem) — sem falar na dupla epígrafe geral, uma de Lévi-Strauss, a outra ainda de Kopenawa —, em um dualismo que marca insistentemente (já ia escrevendo "obsessivamente"...) a dualidade das vozes entrelaçadas.

Ali então onde aqueles que acreditam em uma naturalidade imanente do discurso do Outro — mas só se são eles que o repercutem; os críticos da Presença costumam tornar-se seus campeões quando estão presentes a ela — irão ver, suspeito, artifício arquitetônico, artefato textual, quiçá contrafação ideológica piedosa em *A queda do céu*, ali eu vejo, ao contrário, uma mostra do mais alto "engenho e arte" de que é capaz a escritura antropológica. Vejo um dos raríssimos exemplos recentes de verdadeira invenção reflexiva no plano das técnicas de textualização etnográfica, por um lado (talvez só comparável, mutatis mutandis, ao que fez Marilyn Strathern para a Melanésia),* e de renovação radical de um gênero distintivo da tradição francesa, a cavaleiro entre a etnologia e a literatura, por outro lado.** O coautor antropólogo está ciente dos riscos das decisões tomadas — o escrúpulo é talvez a atitude mais marcante nas intervenções do escritor branco deste livro, desde o meticuloso aparelho de notas que acompanham a narrativa de Davi até o paradigmático *Postscriptum*, e dele aos Anexos, aos glossários, aos diversos índices, à conscienciosa bibliografia. Albert está perfeitamente a par das controvérsias acesas pela crise pós-modernista em torno da (auto)biografia como gênero, da tensão entre o Eu do narrador e o do escritor, da "economia da pessoa" implicada na etnografia e do processo de "delegação ontológica" que veio renová-la (Salmon, 2013), da alteridade 'própria' a toda autoria e sobretudo da assimetria inerente à "situação etnográfica" e suas consequências epistêmicas (Zempléni, 1984; Viveiros de Castro, 2002), assimetria irredutível que o escriba/escritor de *A queda do céu* procura compensar, sem jamais pretender escondê-la, por um conjunto de soluções narrativas postas sob o signo do "menor dos males" (p. 536). Esta última expressão me parece particularmente feliz para caracterizar a essência do gênero etnográfico — "conhecimento aproximado" por natureza, diria Bachelard (ou antes, 'por cultura') —, e, mais geralmente, para designar a sensação de *perda inevitável* suscitada por todo trabalho de tradução, seja esta interlinguística, intercultural, intersemiótica, ou mesmo, como constatamos

* Ver, naturalmente, Strathern, 2006, mas também o importante artigo "O efeito etnográfico" em Strathern, 2014 (cap. 12).

** Ver Debaene, 2010.

dolorosamente em nossa própria vida, interpessoal — para não falar naquela obscura, incessante e equívoca tradução intrapessoal que se estabelece no tumulto de nossas múltiplas vozes 'internas', sob a pressão implacável do inconsciente. E como pouco importa, no final das contas, que a perda seja de fato puramente imaginária. Mais um equívoco (inevitável?) sobre o equívoco.

Pelo que precede, suspeita-se que o livro terá muita coisa a ensinar aos antropólogos e a outros estudiosos ou hermeneutas das vozes indígenas, seja sob o modo do exemplo dado pela narrativa de Davi Kopenawa, seja sob o modo da reflexão que nos é apresentada nesse *Postscriptum*. O autor deste último, retomando um artigo que publicou anos atrás (Albert, 1997), define ali o que chama de *pacto etnográfico*. O "pacto" começa pelo respeito aos três imperativos básicos de todo engajamento do antropólogo com um povo indígena:

> Em primeiro lugar, evidentemente, fazer justiça de modo escrupuloso à imaginação conceitual de [seus] anfitriões; em seguida, levar em conta com todo o rigor o contexto sociopolítico, local e global, com o qual sua [deles] sociedade está confrontada; e, por fim, manter um olhar crítico sobre o quadro da pesquisa etnográfica em si (p. 520).

A habilidade — o gosto e o talento — que mostra cada etnógrafo no cumprir igualmente bem as três exigências é, como se sabe, muito variável.* Mas, de qualquer forma, elas não são o bastante. Como prossegue Albert, o etnógrafo deve estar preparado para compreender que o objetivo principal dos seus

* O fato de que Albert coloque como primeiro e óbvio ("evidentemente") imperativo o respeito escrupuloso à "imaginação conceitual" de seus anfitriões não é, penso, acidental, exprimindo uma determinada concepção da antropologia (Viveiros de Castro, 2009, p. 7) que está longe de ser compartilhada por todos os praticantes da disciplina (id., 1999). Muitos deles entendem, ao contrário, que o segundo imperativo é o alfa e o ômega do trabalho etnográfico — a sociedade do nativo é reduzida a seus "contextos sociopolíticos", que o observador textualizará segundo sua própria 'imaginação conceitual'. Outros, por fim, preferem dedicar-se com exclusividade a obedecer ao terceiro imperativo — e com isso a crítica ao quadro da pesquisa etnográfica (de preferência a pesquisa de outros etnógrafos) vem tomar o lugar da pesquisa etnográfica ela mesma, ignorando assim a advertência de Marilyn Strathern: "As etnografias são construções analíticas de acadêmicos; os povos que eles estudam não o são" (Strathern, 2006, p. 23).

interlocutores indígenas — e o fundamento de sua cooperação — é o de converter o pesquisador em um aliado político, em seu representante diplomático ou intérprete junto à sociedade de onde ele provém, invertendo assim, tanto quanto possível, os termos da "troca desigual subjacente à relação etnográfica" (p. 521) . Os nativos aceitam se objetivar perante o observador estrangeiro na medida em que este aceite (e esteja tecnicamente preparado para isso) *representá-los adequadamente* perante a sociedade que os acossa e assedia — tal é o "pacto etnográfico", mediante o qual os sentidos político e científico da ideia de 'representação' são levados por força (pela força das coisas) a coincidir. Isso supõe, entretanto, que o pesquisador, ao assumir a função de enviado diplomático dos nativos junto a seu próprio 'povo', possa e deva fazê-lo "sem por isso abrir mão da singularidade de sua própria curiosidade intelectual (da qual dependem, em grande parte, a qualidade e a eficácia de sua mediação)" (p. 522).

Esta última ressalva me parece extremamente importante. Não basta compadecer-se da sorte do colonizado. Não é suficiente mostrar generosas disposições emancipatórias para com o nativo, nem imaginar-se dotado dos instrumentos teórico-políticos capazes de libertá-lo de sua sujeição — instrumentos de libertação que, o mais das vezes, vêm da mesma caixa de ferramentas que os instrumentos de sujeição, como diversos 'nativos' já observaram (Means, 1980; Nandy, 2004; Rivera Cusicanqui, 2014). Os numerosos trechos do depoimento de Kopenawa nos quais somos confrontados a ações (ou inações) abomináveis dos Brancos, nos quais assistimos à tragédia de famílias ou aldeias inteiras dizimadas por epidemias trazidas por supostos benfeitores dos Yanomami, à súbita redução a uma mendicância abjeta de comunidades que, havia pouco, eram íntegras e orgulhosas, às invasões sucessivas por agentes da destruição material e moral de um povo — nada disso soa, em *A queda do céu*, apenas como mais uma daquelas litanias dilacerantes que muitos Brancos, sejam eles acadêmicos, teólogos da libertação, jornalistas, militantes da causa indígena, todos eles, insisto, *obviamente* bem-intencionados (mesmo os que conseguiram sua *tenure* graças à desgraça alheia), repetem à exaustão. E se nada nas palavras de Kopenawa soa assim — *apenas* assim —, é porque elas se inscrevem em um livro composto a partir de um ponto de vista teoricamente preparado para dar sentido a essas catástrofes, situando-as nos quadros conceituais de um 'mundo vivido' *singular*, o que as dota de uma significação infinitamente mais rica que a de um exemplo entre outros da miséria humana.

Em poucas palavras, sem a "curiosidade intelectual" que moveu o antropólogo escritor, e sem a curiosidade (contra-)antropológica que moveu o xamã-narrador, não haveria este livro, ou ele seria *ininteligível.*

Cabe aqui ser direto, e marcar um ponto. Por muito que tenham ajudado o escritor antropólogo de *A queda do céu* a entender a situação neocolonial e hipercapitalista que enfrentam as minorias étnicas no Brasil, inspirando-o a formular o instigante programa teórico de um "trabalho de campo pós-malinowskiano" (Albert, 1997), a verdade é que a escola do chamado "contato interétnico" (ou "fricção", idem) e seus desdobramentos em uma doutrina da "etnicidade" — tendências hegemônicas na antropologia brasileira durante todo o último quartel do século passado —, como, igualmente ou sobretudo, os escritos de etnógrafos militantes de… concedamos, 'esquerda', cujo exemplo mais destacado é Terence Turner, autor de uma laboriosa teoria paramarxista de uma passagem "de cosmologia a ideologia" que teria miraculado os Kayapó — a verdade é que nenhum dos autores representativos dessas posições 'radicais' (mas quem não se considera radical?) chegou nem sequer *perto* de abrir a fenda na muralha dialógica erguida entre índios e brancos que *A queda do céu* teve a capacidade de abrir. É evidente que a formação teórica de Albert, sua "curiosidade intelectual" de base 'estruturalista',* é responsável pela sintonização do ouvido analítico do antropólogo na frequência de onda da imagi-

* *A queda do céu* está firmemente alicerçada na etnografia contida na tese do coautor francês (Albert, 1985) sobre as representações da doença, o espaço político e o sistema ritual dos Yanomami, onde as influências da antropologia lévi-straussiana, em particular das *Mitológicas*, são transparentes. Que a voz da epígrafe "branca" escolhida como abertura do livro tenha sido a de Lévi-Strauss antes que a de Albert ele mesmo, ao contrário das metades "indígenas" das duas epígrafes, dos dois prólogos e das duas conclusões, sempre de Kopenawa, marca duas coisas: primeiro, que o livro é 'de Davi' — são suas *palavras* que (se) contam, como indica o subtítulo do livro —, mas ele foi *escrito* por Bruce, a quem não caberia obviamente epigrafar-se a si mesmo; segundo, que o personagem 'totêmico' maior da formação teórica e da sensibilidade etnológica de Bruce Albert é, já o dissemos, Claude Lévi-Strauss. Como ele o é, aliás, do autor deste prefácio; o generoso convite a escrevê-lo, tenho a veleidade de imaginar, talvez seja um sinal de reconhecimento dessa fraternidade clânica. Os numerosos 'estigmas de estruturalismo' dispersos no aparelho de notas e comentários de *A queda do céu* não deixarão de intrigar, e muito possivelmente irritar, certos leitores antropólogos que permanecem incapazes de entender a afinidade profunda entre a concepção e a prática da antropologia por Lévi-Strauss, de um lado, e o projeto etno(bio)gráfico, o engajamento existencial e o ativismo político do coautor francês do presente livro, de outro.

nação conceitual de Kopenawa, o qual, por sua vez, coproduziu com seu 'pactário' francês um discurso que vai muito além da denúncia e da lamentação — pois a condenação irrevogável do narrador sobre o que se pode esperar de nossa "civilização" é precedida (e derivada) de uma ampla exposição filosófica dos fundamentos de um *mundo* indígena, em seu triplo aspecto ontológico, cosmológico e antropológico. Registre-se, por fim, que o engajamento vital com os Yanomami — traduzido em um dos trabalhos de campo de mais longa duração na história da etnologia amazônica —, que incluiu a montagem de serviços emergenciais de saúde, levantamentos epidemiológicos, projetos de proteção ambiental, estudos das dimensões etnoecológicas e etnogeográficas da economia indígena, denúncias insistentes e penosamente documentadas à imprensa, uma exaustiva atividade nas ONGs de apoio à causa indígena, nada disso impediu o coautor branco deste livro de fazer apostas ambiciosamente criativas, fora do diapasão assistencialista ou ativista, como a do encontro entre os xamãs yanomami e um grupo de artistas ocidentais de vanguarda patrocinado pela Fundação Cartier, em 2003 (Albert e Kopenawa, 2003). Recusar aos índios uma interlocução estética e filosófica radicalmente 'horizontal' com nossa sociedade, relegando-os ao papel de objetos de um assistencialismo terceirizado, de clientes de um ativismo branco esclarecido, ou de vítimas de um denuncismo desesperado, é recusar a eles sua *contemporaneidade absoluta*. Nosso tempo é o tempo do outro, para glosarmos, e invertermos, a bandeira que Johannes Fabian agitava em 1983.* Pois os tempos são outros. E o outro, mais ainda.

Não caberia, em todos os sentidos, resumir aqui a narrativa de Davi Kopenawa, cujo interesse extravasa em muito as questões e querelas 'antropológicas' acima expostas. Pois o que realmente importa é como este livro pode dar a pensar aos *não* antropólogos; o que conta é o que Davi Kopenawa tem a dizer, a quem souber ouvir, sobre os Brancos, sobre o mundo e sobre o futuro. Que seu repertório conceitual e seu universo de referências sejam muito estranhos ao nosso só torna mais urgente e inquietante sua 'profecia xamânica', cada vez menos 'apenas' imaginária e cada vez mais parecida com a realidade. Como

* Fabian, 1983.

observou Bruno Latour, falando da crise da ontologia dos Modernos e da catástrofe ambiental planetária a ela associada, assistimos hoje a um "[r]etorno progressivo às cosmologias antigas e às suas inquietudes, as quais percebemos, subitamente, não serem assim tão infundadas" (Latour, 2012, p. 452). Ressalve-se apenas o "antigas" na frase acima — pois o que "percebemos, subitamente", é que elas são nossas contemporâneas; se precederam as nossas, nunca deixaram de coexistir com elas e, como já dissemos, não é impossível que sobrevivam a elas. Não faltam indícios da pertinência, cujo 'localismo' poético só torna mais inquietantes, das previsões do xamã yanomami. Para quem estiver interessado, tomemos apenas um exemplo entre muitos, em uma tradução científica (isto é, culturalmente 'normal' para os Brancos) das observações de Davi a respeito dos "comedores de terra", os "queixadas monstruosos" ou os "tatus gigantes" que devoram a substância do planeta, uma leitura do estudo recente de Ugo Bardi (2014) sobre o esgotamento das reservas minerais mundiais é altamente recomendável.

Há, entretanto, duas pequenas passagens de *A queda do céu* que me tocam especialmente, por resumirem de modo epigramático o que eu chamaria a *diferença indígena*. A primeira é uma citação, em epígrafe ao capítulo 17, "Falar aos Brancos", de um diálogo havido no dia 19 de abril de 1989 (o "Dia do Índio") entre o general Bayma Denys, ministro-chefe da Casa Militar durante o governo Sarney — sempre ele —, e Davi Kopenawa. Quase conseguimos ouvir o tom arrogante e complacente com que o dignitário militar, provavelmente obrigado a jogar conversa fora com um índio qualquer durante aquela tediosa efeméride, pergunta a Davi:

O povo de vocês gostaria de receber informações sobre como cultivar a terra?

Ao que o impávido xamã replica:

Não. O que eu desejo obter é a demarcação de nosso território.

Pano rápido... O que me fascina nesse diálogo, além, naturalmente, da soberba indiferença à farda demonstrada por Kopenawa, é a presunção do general, que imagina poder ensinar aos senhores da terra como cultivá-la — convicto de que, povo da natureza, os índios não entendiam nada de *cultura*,

Bayma Denys devia pensar que os Yanomami eram 'nômades' ou algo assim —; que acredita, ademais, que os pobres índios estavam sequiosos de beber dessa ciência agronômica possuída pelos Brancos, a ciência que nos abençoa com pesticidas cancerígenos, fertilizantes químicos e transgênicos monopolistas, enquanto os Yanomami se empanturram com o produto de suas roças impecavelmente 'agrobiológicas'. Mais fascinante ainda, porém, é a total inversão de conceitos proposta por Davi em sua réplica, verdadeiro contragolpe de mestre espadachim. O general fala em "terra", quando deveria estar falando é em "território". Fala em ensinar a *cultivar a terra*, quando o que lhe compete, como militar a soldo de um Estado nacional, topográfico e agronomocrático, é *demarcar o território*. Bayma Denys não sabe do que sabem os Yanomami; e, aliás, o que sabe ele de *terra*? Mas Kopenawa sabe bem o que sabem os Brancos; sabe que a única linguagem que eles entendem não é a da terra, mas a do *território*, do espaço estriado, do limite, da divisa, da fronteira, do marco e do registro. Sabe que é preciso garantir o território para poder cultivar a terra. Faz tempo que ele aprendeu a regra do jogo dos Brancos, e nunca mais esqueceu. Veja-se esta sua entrevista ao Portal Amazônia, concedida *exatamente* 26 anos após o colóquio com o general:

> Quem ensinou a demarcar foi o homem branco. A demarcação, divisão de terra, traçar fronteira é costume de branco, não do índio. Brasileiro ensinou a demarcar terra indígena, então a gente passamos a lutar por isso. Nosso Brasil é tão grande e a nossa terra é pequena. Nós, povos indígenas, somos moradores daqui antes dos portugueses chegarem.
>
> Lutei pela terra Yanomami para que o meu povo viva onde eles nasceram e cresceram, mas o registro de demarcação da terra Yanomami não está comigo, está nas mãos do governo. Mesmo diante das dificuldades, o tamanho da nossa terra é suficiente para nós, desde que seja mesmo somente para nós e não precisamos dividir com os garimpeiros e ruralistas.*

A segunda passagem, e aqui transcrevo diretamente (não conseguiria fazer melhor...) três parágrafos do comentário que Déborah Danowski e eu tecemos

* Pontes, 2015.

sobre ela em *Há mundo por vir?*,* equivale a um tratado inteiro de contra-antropologia dos Brancos:

> Os brancos nos chamam de ignorantes apenas porque somos gente diferente deles. Na verdade, é o pensamento deles que se mostra curto e obscuro. Não consegue se expandir e se elevar, *porque eles querem ignorar a morte*. [...] Ficam sempre bebendo cachaça e cerveja, que lhes esquentam e esfumaçam o peito. É por isso que suas palavras ficam tão ruins e emaranhadas. Não queremos mais ouvi-las. *Para nós, a política é outra coisa*. São as palavras de *Omama* e dos *xapiri* que ele nos deixou. São as palavras que escutamos no tempo dos sonhos e que preferimos, pois são nossas mesmo. Os brancos não sonham tão longe quanto nós. *Dormem muito, mas só sonham consigo mesmos*. (p. 390. Eu sublinho.)

O vão desejo de *ignorar a morte* está ligado, segundo Kopenawa, à *fixação* dos Brancos na relação de propriedade e na forma-mercadoria. Eles são "apaixonados" pelas mercadorias, às quais seu pensamento permanece completamente "aprisionado". Recordemos que os Yanomami não só valorizam ao extremo a liberalidade e a troca não mercantil de bens como destroem todas as posses dos mortos.**

E então, a volta do parafuso: "[Os Brancos] dormem muito, mas só sonham consigo mesmos" (p. 390). Esse é, talvez, o juízo mais cruel e preciso até hoje enunciado sobre a característica antropológica central do "povo da mercadoria". A desvalorização epistêmica do sonho por parte dos Brancos vai de par com sua autofascinação solipsista — sua incapacidade de discernir a humanidade secreta dos existentes não humanos — e sua avareza 'fetichista' tão ridícula quanto

* Ver Danowski e Viveiros de Castro, 2015, pp. 98 ss. Esse livro, como tantos outros textos recentes de minha (co)autoria, faz largo uso das palavras de Davi Kopenawa e do apoio de Bruce Albert. Apenas por isso os cito de modo tão imodestamente abundante neste prefácio.

** A morte é o fundamento, no sentido de *razão*, da "economia da troca simbólica" dos Yanomami. Tudo isso se acha desenvolvido no artigo seminal de Albert (1993) sobre a "crítica xamânica da economia política da natureza" veiculada no discurso de Kopenawa, crítica essa que inclui uma apreciação sarcástica do fetichismo da mercadoria próprio dos Brancos, bem como de sua relação intrínseca com o canibalismo.

incurável, sua crisofilia. Os Brancos, em suma, sonham com o que *não tem sentido*.* Em vez de sonharmos com o outro, sonhamos com o ouro.

É interessante notar, por um lado, que há algo de profundamente pertinente do ponto de vista psicanalítico no diagnóstico de Kopenawa sobre a vida onírica ocidental — sua *Traumdeutung* é de fazer inveja a qualquer pensador freudo-marxista —, e, de outro lado, que seu diagnóstico nos paga com nossa própria moeda falsa: a acusação de uma projeção narcisista do Ego sobre o mundo é algo a que os Modernos sempre recorreram para definir a característica antropológica dos povos "animistas" — Freud foi, como se sabe, um dos mais ilustres defensores dessa tese. No entender desses que chamamos animistas, ao contrário, somos nós, os Modernos, que, ao adentrarmos o espaço da exterioridade e da verdade — o sonho —, só conseguimos ver reflexos e simulacros obsedantes de nós mesmos, em lugar de nos abrirmos à inquietante estranheza do comércio com a infinidade de agências, ao mesmo tempo inteligíveis e radicalmente outras, que se encontram disseminadas pelo cosmos. Os Yanomami, ou a política do sonho contra o Estado: não o nosso "sonho" de uma sociedade contra o Estado, mas o sonho tal como ele é sonhado em uma sociedade contra o Estado.

Começamos este prefácio evocando a relação complexa de *A queda do céu* com *Tristes trópicos*. Voltemos então a este último, recordando um episódio célebre em que Lévi-Strauss conta seu diálogo com Luís de Sousa Dantas, o embaixador brasileiro em Paris, às vésperas de embarcar para São Paulo, nos idos de 1934. No decorrer de um jantar de cerimônia, o jovem futuro professor da USP indaga do embaixador do país para onde se dirigia sobre os índios do Brasil. É então que ouve, perplexo e consternado, da boca do diplomata:

> Índios? *Hélas*, meu caro senhor, há muitos lustros que eles desapareceram, todos. Esta é uma página muito triste, muito vergonhosa da história de meu país. [...]

* O sonho, particularmente o sonho xamânico induzido pelo consumo de alucinógenos, é a via régia do conhecimento dos fundamentos invisíveis do mundo, tanto para os Yanomami como para muitos outros povos ameríndios. Ver Viveiros de Castro, 2007.

> Como sociólogo, o senhor irá descobrir coisas apaixonantes no Brasil, mas índios, nem pense nisso, o senhor não encontrará um só… (Lévi-Strauss, 1955, p. 51.)

Estou convencido de que o sr. Luís de Sousa Dantas *realmente* não sabia que ainda havia índios no país que representava — uma ignorância tão vergonhosa quanto a história dos massacres evocada pelo pobre embaixador.* E naturalmente que Lévi-Strauss, como se sabe, encontrou índios no Brasil. Se chegasse hoje, encontraria muitos mais; pois eis que agora, oitenta anos mais tarde, não só há *cada vez mais índios no Brasil* como estes constituíram *seus próprios embaixadores*, nas figuras de Raoni, Mário Juruna, Ailton Krenak, Alvaro Tukano, Marçal de Sousa, Angelo Kretã e tantos outros — entre os quais, *il va sans dire*, Davi Kopenawa.

A queda do céu é, de fato, um documento exemplarmente diplomático. O pacto etnográfico de que fala Albert é indistinguível do 'pacto xamânico' que transparece em todas as páginas da narrativa de Davi. "*Para nós, a política é outra coisa*" — recordemos a frase, tirada da citação de Davi mais acima. Como registra Albert em seu *Postscriptum*, a estrutura enunciativa deste livro altamente complexo envolve uma pluralidade de posições: a do narrador, que adota diferentes registros em diferentes momentos de sua narrativa; a de seu sogro indígena, que de certa forma o salvou dos Brancos, ao iniciá-lo no xamanismo; a dos *xapiri* de quem fala o narrador e que falam pela sua boca; a do intérprete branco que, falando em yanomami, procura navegar entre a língua do narrador, as numerosas expressões em português que pontuam seu discurso e o francês em que traduz a narrativa… Na verdade, essas "palavras de um xamã yanomami" — subtítulo de *A queda do céu* — são mais que isso: são palavras *xamânicas* yanomami, são uma performance xamânico-política, por outras palavras, uma performance cosmopolítica ou cósmico-diplomática ("para nós a política é outra coisa"), em que pontos de vista ontologicamente heterogêneos são comparados, traduzidos, negociados e avaliados. O xamanismo, aqui, é a continuação da política pelos *mesmos* meios. *A queda do céu* é uma sessão xamânica, um tratado (no duplo sentido) político e um compêndio de filosofia yanomami, a qual — como talvez se possa dizer de toda a filosofia amazôni-

* Massacres postos na conta exclusiva dos portugueses, em um distante e brutal século XVI, como se lê na passagem integral acima resumida.

ca — é essencialmente um onirismo especulativo, em que a imagem tem toda a força do conceito, e em que a experiência ativamente 'extrospectiva' da viagem alucinatória ultracorpórea ocupa o lugar da introspecção ascética e meditabunda.

Muitos estudos antropológicos ganhariam insuspeitos sentido e relevância ao serem 'tratados' pela sessão xamânica encenada em *A queda do céu*. Mas tomo a liberdade de sugerir ao leitor que a mais alta significação poética deste livro excepcional, significação que em nada diminui, muito pelo contrário, sua verdade histórica, etnográfica, ecológica e filosófica, talvez se torne ainda mais *comovente* — isto é, capaz de nos pôr em movimento junto com ela — se, ao fechá-lo, abramos o conto "O recado do morro", que está no *Corpo de baile* de Guimarães Rosa. O título deste prefácio, "O recado da mata", foi-nos, de resto, inspirado por uma alusão de José Miguel Wisnik (2014) ao conto de Rosa. Todos se recordarão que naquela narrativa desfila uma caravana de personagens literalmente *excêntricos*, exteriores, nômades ou eremitas, trogloditas, loucos, profetas, andarilhos, uma gente que ouve inquietantes mensagens da natureza a que permanecemos surdos — esquecidos, diria Davi. O recado do morro (a mensagem foi originalmente emitida pelo Morro da Garça, marco geográfico central na paisagem do conto), ouvido primeiro pelo bizarro eremita Gorgulho, avisa de sinistra conspiração, anuncia uma morte à traição; mas tudo vem vazado em uma linguagem mítica e apocalíptica (constantemente deformada e transformada à medida que vai circulando pelo sertão) que parece puramente delirante a todos os demais personagens, entre os quais um padre e um naturalista — exceto a um poeta-cantador, que percebe epifanicamente a transcendental importância do que é transdito naquela algaravia heráldica e hieroglífica, e a sublima em um 'romance' cantado. As palavras do romance finalmente penetram no espírito um tanto "curto e obscuro" da vítima da morte anunciada, Pedro Orósio, um camponês livre, geralista de pura e poderosa cepa, um terrano dos pés à cabeça, que acaba por entender o recado e escapa, no último segundo, da cilada assassina movida por seus rivais amorosos. Imagine então o leitor que o xamã-narrador d'*A queda do céu* seria como uma síntese algo improvável do Gorgulho e de Nominedômine; que Pedro Orósio fosse o brasileiro — o caboclo terrano — que todos, no fundo, somos quando sonhamos, tão raramente, com um outro 'nós-mesmos', e que o antropólogo-

-escriba fosse como um análogo do cantador Laudelim, o único a penetrar não a *referência* da mensagem cifrada, mas, muito mais importante, seu *sentido*.

Davi é o elo crucial da rede, o ponto final da série de personagens 'excêntricos' de "O recado do morro" — com efeito, quem mais fora do centro e do Um, da fumaça das cidades e do brilho assassino do metal, do que um índio, um homem do fundo do mato que firmou um pacto xamânico com as legiões de duplos invisíveis da floresta —, com os *xapiri* que transmitem o recado cifrado da mata. Um recado, recordemos, ominoso. Um aviso. Uma advertência. Uma última palavra.

Prólogo

Este livro, ao mesmo tempo relato de vida, autoetnografia e manifesto cosmopolítico, convida a uma viagem pela história e pelo pensamento de um xamã yanomami, Davi Kopenawa. Nascido há seis décadas no norte da Amazônia brasileira, no alto rio Toototobi (AM), num mundo ainda muito afastado dos brancos, Davi Kopenawa viu-se confrontado desde a infância, no decorrer de uma existência muitas vezes épica, com os sucessivos protagonistas do avanço da fronteira regional (agentes do Serviço de Proteção aos Índios [SPI], militares da Comissão Brasileira Demarcadora de Limites [CBDL], missionários evangélicos, trabalhadores de estradas, garimpeiros e fazendeiros). Seus relatos e reflexões, que coletei e transcrevi em sua língua, antes de reordená-los e redigi-los em francês, propiciam uma visão inédita, tanto por sua intensidade poética e dramática como por sua perspicácia e humor, do malencontro histórico entre os ameríndios e as margens de nossa "civilização".

Davi Kopenawa quis, desde o início de nossa colaboração, que seu testemunho atingisse a maior audiência possível. Este prólogo se propõe, portanto, a oferecer alguns elementos de referência, indispensáveis para orientar minimamente os leitores interessados na aventura de sua leitura. Apresenta inicialmente um brevíssimo apanhado a respeito dos Yanomami do Brasil e sua história; em seguida, um resumo da biografia de Davi Kopenawa, autor das palavras que constituem a fonte viva deste livro, bem como algo do percurso do autor destas linhas, que buscou restituir seu saber e o sabor em forma escrita. Trata enfim, muito rapidamente, de nosso encontro e de nossa colaboração, bem como da produção deste texto e de seu conteúdo. Todos esses temas são desenvolvidos de modo mais consistente nos Anexos e no *Postscriptum* do livro, para os leitores cuja curiosidade mova para além desta sucinta apresentação.

OS YANOMAMI DO BRASIL

Os Yanomami[1] constituem uma sociedade de caçadores-coletores e agricultores de coivara que ocupa um espaço de floresta tropical de aproximadamente 230 mil quilômetros quadrados, nas duas vertentes da serra Parima, divisor de águas entre o alto Orinoco (no sul da Venezuela) e a margem esquerda do rio Negro (no norte do Brasil).[2] Formam um vasto conjunto linguístico e cultural isolado, subdividido em várias línguas e dialetos aparentados. Sua população total é estimada em mais de 33 mil pessoas repartidas em cerca de 640 comunidades,[3] o que faz deles um dos maiores grupos ameríndios da Amazônia que conservam em larga medida seu modo de vida tradicional.

No Brasil, o território yanomami, homologado em 1992 com o nome de Terra Indígena Yanomami, estende-se por 96 650 quilômetros quadrados no extremo norte da Amazônia, ao longo da fronteira com a Venezuela. Conta com uma população de aproximadamente 21 600 pessoas, repartidas em pouco menos de 260 grupos locais. Cada uma dessas comunidades é em geral formada por um conjunto de parentes cognáticos cujas famílias estão idealmente unidas por laços de intercasamento repetidos por duas ou mais gerações, e que reside em uma ou várias casas comunais de forma cônica ou troncônica.[4]

Os primeiros contatos, esporádicos, dos Yanomami do Brasil com os brancos, coletores de produtos da floresta, viajantes estrangeiros, militares das expedições de demarcação de fronteiras ou agentes do SPI datam do início do século XX. Entre as décadas de 1940 e 1960, algumas missões (católicas e evangélicas) e postos do SPI se instalaram na periferia de suas terras, abrindo assim os primeiros pontos de contato regular, fontes de obtenção de bens manufaturados e também de vários surtos de epidemias letais. No início da década de 1970, esses primeiros avanços da fronteira regional seriam bruscamente intensificados, primeiro pela abertura de um trecho da Perimetral Norte ao sul das terras yanomami em 1973 e, passados dez anos de trégua, com a irrupção de uma corrida pelo ouro sem precedentes em sua região central, em 1987. A construção da estrada foi abandonada em 1976, e a invasão dos garimpeiros, relativamente contida a partir de meados da década de 1990. Entretanto, intensas atividades de garimpo foram retomadas nestes últimos anos e, além disso, a integridade da Terra Indígena Yanomami vem sofrendo novas ameaças, tanto de companhias mineradoras como da frente agropecuária local, interessadas em expandir suas atividades no oeste do estado de Roraima.

DAVI KOPENAWA, XAMÃ E PORTA-VOZ YANOMAMI

Davi Kopenawa nasceu por volta de 1956, em *Marakana*, grande casa comunal de cerca de duzentas pessoas, situada na floresta tropical de piemonte do alto rio Toototobi, no extremo norte do estado do Amazonas, próximo à fronteira com a Venezuela. Desde o final da década de 1970, reside na comunidade de seus sogros, no sopé da "Montanha do Vento" (*Watoriki*), na margem direita do rio Demini, a menos de cem quilômetros a sudeste do rio Toototobi.

Quando criança, Davi Kopenawa viu seu grupo de origem ser dizimado por duas epidemias sucessivas de doenças infecciosas propagadas por agentes do SPI (1959-60) e, depois, por membros da organização norte-americana New Tribes Mission (1967). Foi submetido por algum tempo ao proselitismo desses missionários, que se estabeleceram no rio Toototobi a partir de 1963. Deve a eles seu nome bíblico, a aprendizagem da escrita e um apanhado pouco atraente do cristianismo. Apesar da curiosidade inicial, não demorou a se indignar com seu fanatismo e obsessão pelo pecado. Rebelou-se finalmente contra sua influência no final da década de 1960, após ter perdido a maior parte dos seus durante uma epidemia de varíola transmitida pela filha de um dos pastores.

Adolescente e órfão, revoltado por sucessivos lutos devidos às doenças dos brancos, mas ainda intrigado pelo seu poderio material, Davi Kopenawa deixou sua região natal para trabalhar num posto da Fundação Nacional do Índio (Funai),[5] no baixo rio Demini, em Ajuricaba. Lá se esforçou, em suas próprias palavras, para "virar branco". Tudo o que conseguiu foi contrair tuberculose. Essa desventura lhe valeu uma longa permanência no hospital, onde aproveitou para aprender alguns rudimentos de português. Uma vez curado, pôde voltar a sua casa no rio Toototobi, mas só por algum tempo. Em 1976, após a abertura da Perimetral Norte, foi contratado como intérprete da Funai. Assim, durante alguns anos, percorreu quase toda a terra yanomami, tomando consciência de sua extensão e de sua unidade cultural, para além das diferenças locais. A experiência lhe deu também um conhecimento mais preciso da obsessão predatória dos que ele chama de "Povo da Mercadoria", e da ameaça que ela representa para a permanência da floresta e a sobrevivência de seu povo.

Finalmente, cansado de suas peregrinações de intérprete, Davi Kopenawa se instalou definitivamente em *Watorikɨ*, no início da década de 1980, depois de ter se casado com a filha do "grande homem" (*pata t^hë*) da comunidade. Este, xamã renomado, iniciou-o em sua arte e, tradicionalista convicto, tem sido desde então seu mestre de pensamento. Essa iniciação foi, para Davi Kopenawa, a ocasião de uma volta às origens, graças à qual pôde retomar uma vocação xamânica manifestada desde a infância mas interrompida pela chegada dos brancos. Posteriormente, serviu-lhe de alicerce para desenvolver uma reflexão cosmológica original a respeito do fetichismo da mercadoria, da destruição da floresta amazônica e das mudanças climáticas.[6]

No final da década de 1980, mais de mil Yanomami morreram no Brasil, vítimas das doenças e da violência que acompanharam a invasão de seu território por cerca de 40 mil garimpeiros. Davi Kopenawa ficou transtornado com esse drama, que reavivou nele velhas lembranças do extermínio dos seus pelas epidemias (*xawara*) dos brancos quando era criança. Depois de anos engajado para conseguir a legalização das terras yanomami, ele então se envolveu numa campanha internacional em defesa de seu povo e da Amazônia. Sua experiência inédita dos brancos, sua incomum firmeza de caráter e a legitimidade decorrente de sua iniciação xamânica rapidamente fizeram dele um porta-voz destacado da causa yanomami. Ao longo das décadas de 1980 e 1990, visitou vários países da Europa e os Estados Unidos. Em 1988, recebeu o prêmio Global 500 das Nações Unidas, por sua contribuição à defesa do meio ambiente. Em 1989, a ONG Survival International o convidou a receber em seu nome o prêmio Right Livelihood, considerado o prêmio Nobel alternativo, por atrair a atenção internacional sobre a situação dramática dos Yanomami no Brasil. Em maio de 1992, durante a Conferência das Nações Unidas sobre o Meio Ambiente e Desenvolvimento, no Rio de Janeiro (ECO-92 ou Rio-92), obteve finalmente a homologação da Terra Indígena Yanomami por parte do governo brasileiro. Em 1999, foi condecorado com a Ordem de Rio Branco, pelo então presidente Fernando Henrique Cardoso, "por seu mérito excepcional".

Davi Kopenawa é um homem de personalidade complexa e carismática, ora tenso e pensativo, ora caloroso e bem-humorado. Todos os episódios de sua trajetória pessoal evidenciam sua curiosidade intelectual fora do comum, sua determinação inabalável e sua admirável coragem. Ele tem seis filhos, entre os quais uma menininha adotada há poucos anos, e quatro netos que ele e a esposa, Fátima, cobrem de carinho e atenção. Vive com a mulher e os filhos menores num setor da grande casa coletiva de *Watoriki* igual a todos os demais. Apesar da fama, cultiva um altivo desprezo pelas coisas materiais, e só sente algum orgulho quando perturba a arrogante surdez dos brancos. Suas atividades preferidas são, na floresta, responder aos cantos dos espíritos e, nas cidades, falar em defesa de seu povo. É hoje uma liderança yanomami muito influente e um xamã respeitado. Defensor incansável da terra e dos direitos dos Yanomami, continua zelando com rigor pela tradição de seus maiores, em particular de seu saber xamânico. Desde 2004, é presidente fundador da associação Hutukara, que representa a maioria dos Yanomami no Brasil.[7] Em dezembro de 2008, recebeu uma menção de honra especial do prestigioso prêmio Bartolomé de Las Casas, concedido pelo governo espanhol pela defesa dos direitos dos povos autóctones das Américas e, em 2009, foi condecorado com a Ordem do Mérito do Ministério da Cultura brasileiro.

BRUCE ALBERT, ETNÓLOGO

Nascido em 1952 no Marrocos, doutor em antropologia pela Université de Paris X-Nanterre (1985) e pesquisador sênior do Institut de Recherche pour le Développement (IRD, Paris), comecei a trabalhar com os Yanomami do Brasil em março de 1975. Tinha acabado de completar 23 anos e de me formar numa Paris de ciências humanas efervescentes. Ainda embriagado de leituras etnográficas, me vi de repente mergulhado no faroeste amazônico dos confins do Brasil com a Venezuela, na região do alto rio Catrimani. Esgueirando-se por entre os caminhões e escavadeiras gigantes dos canteiros da Perimetral Norte, ou desarmando com humor as boas intenções invasivas de um pitoresco padre italiano, os Yanomami me seduziram imediatamente pela elegância jovial e irônica. Revoltado com o espetáculo lastimável das megalomaníacas obras viárias rasgando a floresta a esmo, com seu cortejo de doenças e devastação, entendi que para mim nenhuma etnografia seria possível sem um envolvimento duradouro ao lado do povo com quem tinha resolvido trabalhar. Minhas inclinações pessoais certamente me predispunham mais à busca de um saber vivido e ao engajamento social do que às ambições acadêmicas. Assim, o trabalho de etnólogo apresentou-se imediatamente a mim como um misto de busca intelectual e modo de vida; isso antes de se tornar uma profissão — profissão cujos ritos institucionais, aliás, nunca me atraíram. Desde então, minha existência assumiu as consequências desse primeiro encontro com os Yanomami na forma de uma aventura de "participação observante" de (muito) longo prazo, sem que o engajamento pessoal afetasse o gosto pela reflexão antropológica.

Paralelamente ao meu trabalho de pesquisa sobre vários aspectos da sociedade e do pensamento yanomami, participei em 1978 da fundação, em São Paulo, da ONG Comissão Pró-Yanomami (CCPY),[8] que conduziu com Davi Kopenawa uma campanha de catorze anos até obter, em 1992, a homologação da Terra Indígena Yanomami. Durante quase trinta anos, a CCPY levou adiante programas de saúde, de educação bilíngue e de proteção ambiental, de cuja implementação participei diretamente.[9] Acabei conseguindo aprender razoavelmente uma das línguas yanomami; justamente a que é falada na região onde nasceu e hoje reside Davi Kopenawa. Viajo à terra yanomami praticamente todos os anos há quatro décadas e, como terá ficado claro, estou ligado a Davi Kopenawa por uma longa história de amizade e lutas compartilhadas.

O ENCONTRO E A COLABORAÇÃO

Encontrei Davi Kopenawa pela primeira vez em 1978, em circunstâncias ao mesmo tempo ambíguas e divertidas, às quais voltarei no *Postscriptum* deste livro. Ambos tínhamos vinte e poucos anos. Eu estava começando uma segunda etapa de trabalho de campo etnográfico entre os Yanomami. Já tinha convivido durante um ano com os Yanomami do alto Catrimani, entre 1975 e 1976. Davi Kopenawa era intérprete nos postos abertos pela Funai ao longo da Perimetral Norte, cuja construção tinha sido interrompida dois anos antes. Mais tarde, em 1981, passei seis meses em sua região natal, nas proximidades do rio Toototobi, e nos encontramos mais uma vez. Pude então conhecer os lugares e personagens importantes de sua infância e adolescência. Finalmente, a partir de 1985, sua atual aldeia, *Watoriki*, tornou-se o destino preferencial de minhas visitas às terras yanomami. Além disso, conheço seu sogro e mentor xamânico, bem como os demais habitantes da comunidade em que ele se casou, desde minha primeira viagem em 1975 pelo alto rio Catrimani, região de que são originários.

Desde 1985, minhas relações de amizade com Davi Kopenawa foram se estreitando cada vez mais, no decorrer de minhas longas estadias em sua casa de *Watoriki* e também como resultado da cumplicidade gerada pelo engajamento compartilhado contra a corrida do ouro, que então devastava as terras yanomami. O projeto deste livro, que Davi Kopenawa me pediu que escrevesse para divulgar suas palavras, só pôde se concretizar graças a essa confiança e parceria. Deita raízes na revolta e na angústia de Davi Kopenawa diante do extermínio de seu povo pelos garimpeiros, no final da década de 1980. As gravações que serviram de base para as sucessivas versões do manuscrito começaram em dezembro de 1989 e prosseguiram, no ritmo de minhas viagens à terra yanomami ou de eventos indigenistas nas cidades, até o início da década de 2000. Trata-se, portanto, de um conjunto de falas, narrativas e conversas, gravadas em yanomami, em geral sem roteiro, ao longo de mais de dez anos, a respeito de sua vida, de seu saber xamânico e de sua experiência do mundo dos brancos. Como todos terão desconfiado, recompor esse vasto e complexo arquipélago de palavras yanomami no conjunto de capítulos de um texto destinado à publicação em francês (e depois em português) não foi tarefa das mais simples: as vicissitudes dessa redação serão igualmente relatadas em detalhes no *Postscriptum* que encerra este volume.

O LIVRO

O depoimento de Davi Kopenawa é o primeiro relato interno sobre a sociedade, a história recente e a cultura dos Yanomami desde a publicação de *Yanoama. Dal racconto di una donna rapita dagli Indi*, a biografia de Helena Valero, cativa dos Yanomami durante 24 anos, editada pelo biólogo italiano Ettore Biocca em 1965. Sinal dos tempos: ainda que esses dois livros tratem de experiências situadas em épocas sucessivas, um na Venezuela e o outro no Brasil (Helena Valero volta à sociedade dos brancos em 1956, ano do nascimento de Davi Kopenawa), a identidade e a trajetória dos narradores se invertem.

Yanoama reconstituía as atribulações de uma menina brasileira capturada pelos índios aos treze anos, em 1932, numa época em que os guerreiros yanomami do interflúvio entre o alto rio Negro e o canal de Cassiquiare lutavam para expulsar os coletores de produtos da floresta que estavam invadindo suas terras.[10] A narrativa de Davi Kopenawa, por sua vez, descreve o itinerário pessoal e as meditações sobre os brancos de um xamã e porta-voz yanomami contemporâneo. Cobre um período que vai de sua primeira infância, antes do estabelecimento, em 1963, do primeiro posto missionário em sua região natal, até sua singular odisseia pelo mundo dos brancos a partir da década de 1970.

Contudo, este livro não é uma etnobiografia clássica. Não se trata de um relato de vida solicitado e reconstruído por um "redator fantasma", a partir de seu próprio projeto de registro documental, à moda dos clássicos norte-americanos do gênero no começo do século passado.[11] Tampouco é uma autobiografia pertencente a um gênero narrativo tradicional, transcrita e traduzida por um antropólogo fazendo as vezes de mero secretário etnográfico. Os registros do depoimento de Davi Kopenawa não cabem nos cânones autobiográficos clássicos (nossos ou dos Yanomami).[12] Os relatos dos episódios cruciais de sua vida mesclam inextricavelmente história pessoal e destino coletivo. Ele se expressa por intermédio de uma imbricação complexa de gêneros: mitos e narrativas de sonho, visões e profecias xamânicas, falas reportadas e exortações políticas, autoetnografia e antropologia simétrica. Além disso, este livro nasceu de um projeto de colaboração situado na interseção, imprevisível e frágil, de dois universos culturais. Sua produção, oral e escrita, foi portanto constantemente atravessada pelas visadas discursivas cruzadas de seus autores, um xamã yanomami versado no mundo dos brancos e um etnógrafo com longa familiaridade com o de seus anfitriões.

Num momento crítico de sua vida e da existência de seu povo, Davi Kopenawa resolveu, em função de meu envolvimento intelectual e político junto aos Yanomami, confiar-me suas palavras. Pediu-me que as pusesse por escrito para que encontrassem um caminho e um público longe da floresta. Desejava desse modo não apenas denunciar as ameaças que sofrem os Yanomami e a Amazônia, mas também, como xamã, lançar um apelo contra o perigo que a voracidade desenfreada do "Povo da Mercadoria" faz pesar sobre o futuro do mundo humano e não humano. Os dizeres de Davi Kopenawa constroem, assim, um complexo hipertexto cosmológico e etnopolítico, tecido num esforço inédito de auto-objetivação e de persuasão, resultante de uma história e de um engajamento pessoal que conferem a seu relato uma singularidade radical, inclusive no universo yanomami.

De minha parte, me esforcei por restituir a sensibilidade poética e a densidade conceitual de suas palavras, numa tradução tão próxima quanto possível, mas evidentemente usando uma forma de escrita e de composição capaz de torná-las mais facilmente acessíveis a um público de não especialistas. Além disso, afora este breve prólogo e alguns outros elementos de peritexto ("Notas", "*Postscriptum*" e "Anexos"), postos tão discretamente quanto possível a serviço de sua melhor compreensão, evitei deliberadamente soterrar as falas e narrativas de Davi Kopenawa num quadro interpretativo redutor, ou entrecortá-las com lembretes complacentes de minha presença ou dos meus estados de espírito. É oferecendo-as ao leitor assim, antes de qualquer comentário, em toda a potência de sua alteridade singular, que espero ter honrado o melhor que pude a tarefa de que ele me incumbiu, de fazer com que suas palavras fossem ouvidas e tivessem efeito em nosso mundo.

Este livro é composto de três partes. A primeira ("Devir outro") relata os primórdios da vocação xamânica e, em seguida, a iniciação de Davi Kopenawa sob a orientação do sogro. Descreve ainda sua concepção da cosmologia e do trabalho xamânico yanomami, com base no saber adquirido graças à escuta dos antigos xamãs que o iniciaram. A segunda parte ("A fumaça do metal") trata do encontro — seu e de seu grupo, e depois de seu povo — com os brancos. Abre com os rumores xamânicos que precederam os primeiros contatos e termina com a irrupção mortífera dos garimpeiros, depois de passar pela chegada dos missionários e pela abertura da estrada Perimetral Norte. A terceira parte ("A queda do céu") evoca, ao contrário, o périplo realizado por Davi Kopenawa para denunciar o extermínio dos seus e a devastação da floresta, saindo da sua comunidade para visitar grandes cidades, primeiro no Brasil, depois na Europa e nos Estados Unidos. Este último relato, construído na forma de uma série de viagens xamânicas, é entremeado com meditações comparativas a partir de uma etnografia crítica de certos aspectos de nossa sociedade, e desemboca numa profecia cosmoecológica sobre a morte dos xamãs e o fim da humanidade.

GRAFIA, PRONÚNCIA E GLOSSÁRIOS

Para ter uma ideia da pronúncia das palavras e expressões yanomami presentes neste livro, basta que o leitor tenha em mente algumas indicações elementares (os sons não mencionados aqui correspondem aproximadamente aos do português). No registro das vogais: *ë* equivale ao *e* mudo do francês e do português europeu e *ɨ* (*i* tachado) é pronunciado entre *i* e *u*. Quanto às consoantes: h^w é pronunciado como um *h* aspirado, com os lábios em forma de círculo, t^h é pronunciado como um *t* seguido de um leve sopro. Para maiores informações sobre a língua falada por Davi Kopenawa e sua grafia, veja-se o anexo I no final deste volume.

Todas as palavras e expressões yanomami citadas no texto estão em itálico, enquanto as palavras que Davi Kopenawa às vezes diz em português, nas gravações a partir das quais trabalhamos, estão assinaladas em negrito em sua primeira ocorrência. A transcrição das onomatopeias, tão saborosas e finamente codificadas em yanomami, foi limitada ao máximo para tornar o texto mais leve. Por outro lado, foram mantidas algumas interjeições utilizadas de modo recorrente para introduzir falas citadas. São elas: *asi!*, que indica raiva; *awei!*, que marca aprovação; *haixopë!*, que denota a recepção (com aprovação) de uma informação nova; *ha!*, que marca a surpresa (satisfeita e/ou irônica); *hou!*, que denota irritação; *ma!*, que expressa reprovação; e, finalmente, *oae!*, que marca uma súbita lembrança.

A numeração atribuída aos 35 mitos (M4 a M362) citados nas notas corresponde à da compilação de Wilbert e Simoneau, na qual eu os publiquei em 1990 (ver referências bibliográficas). Os leitores mais curiosos poderão consultar essa coletânea para aprofundar seu conhecimento da mitologia e da cosmologia yanomami. A identificação das espécies vegetais e animais mencionadas no texto é fornecida nos glossários reunidos no fim da obra, onde se encontram também observações relativas a etnônimos e topônimos e às notas explicativas, numeradas por capítulo. Todos os desenhos inseridos no texto foram feitos por Davi Kopenawa.

B.A.

MAPAS

Terra Indígena Yanomami no Brasil

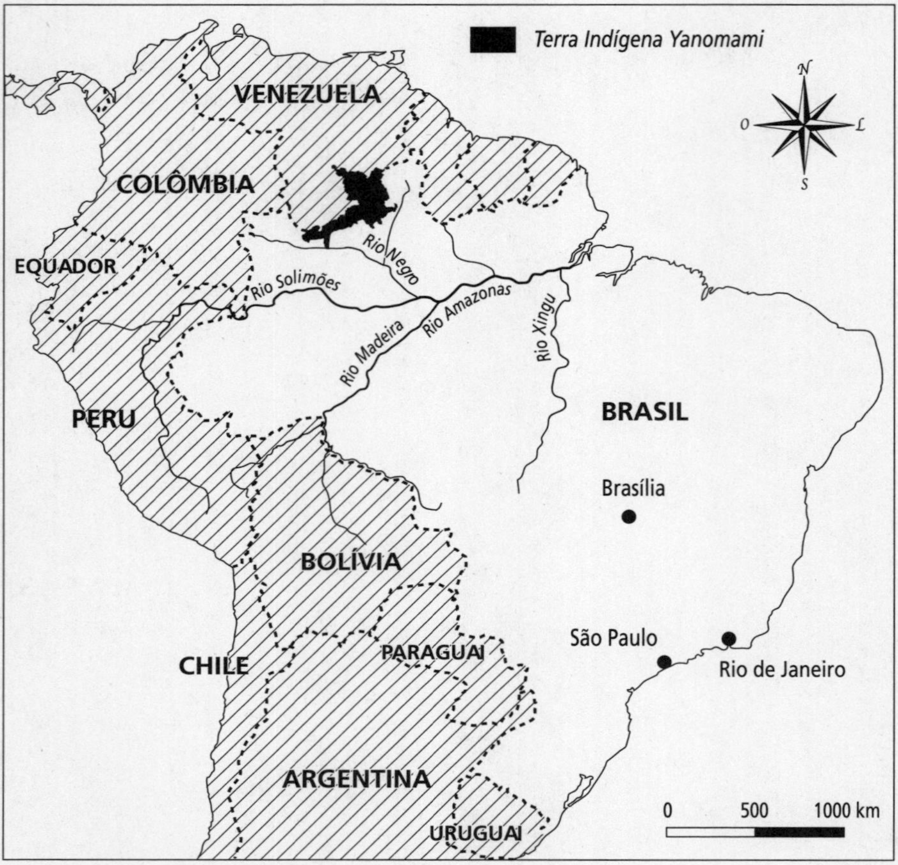

Situação da Terra Indígena Yanomami

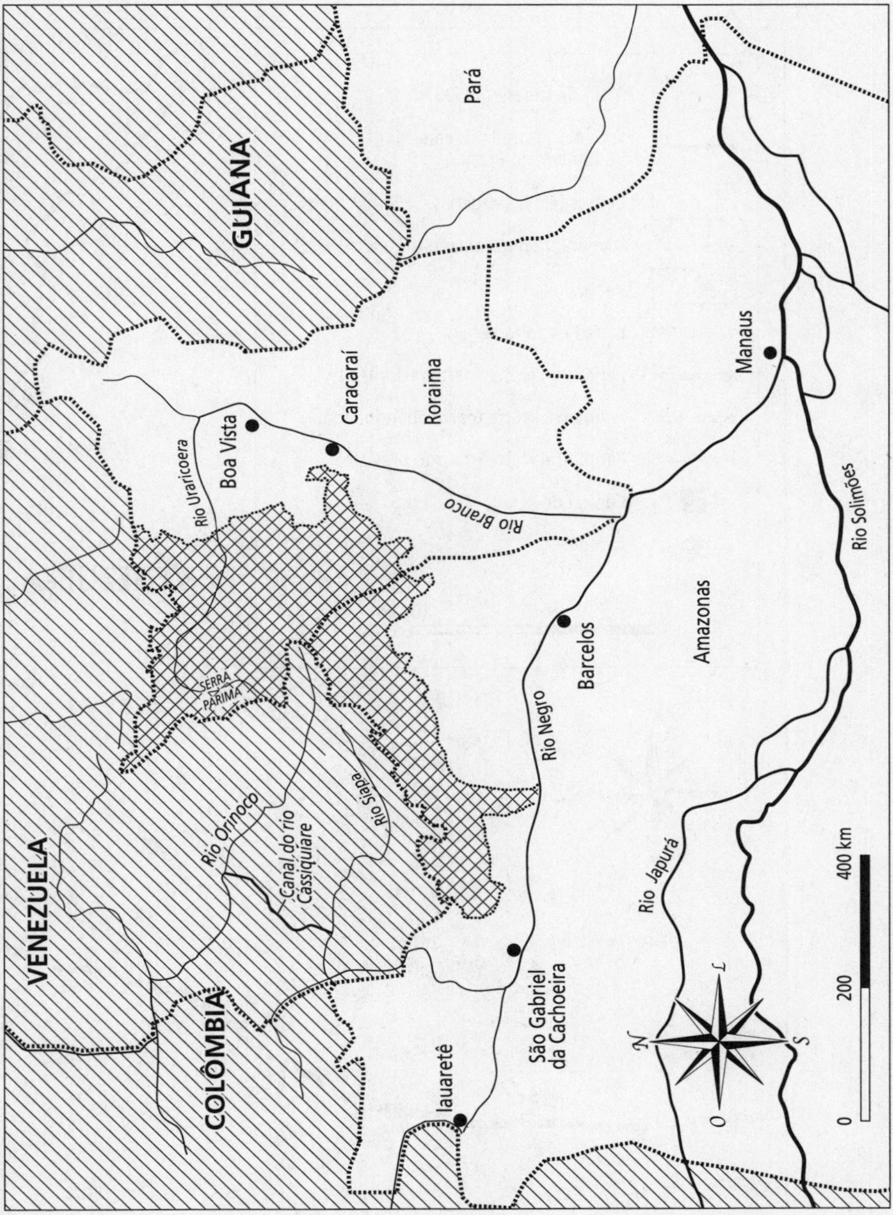

© F.-M. Le Tourneau/P. Mérienne

Mapa detalhado da Terra Indígena Yanomami
(topônimos em português)

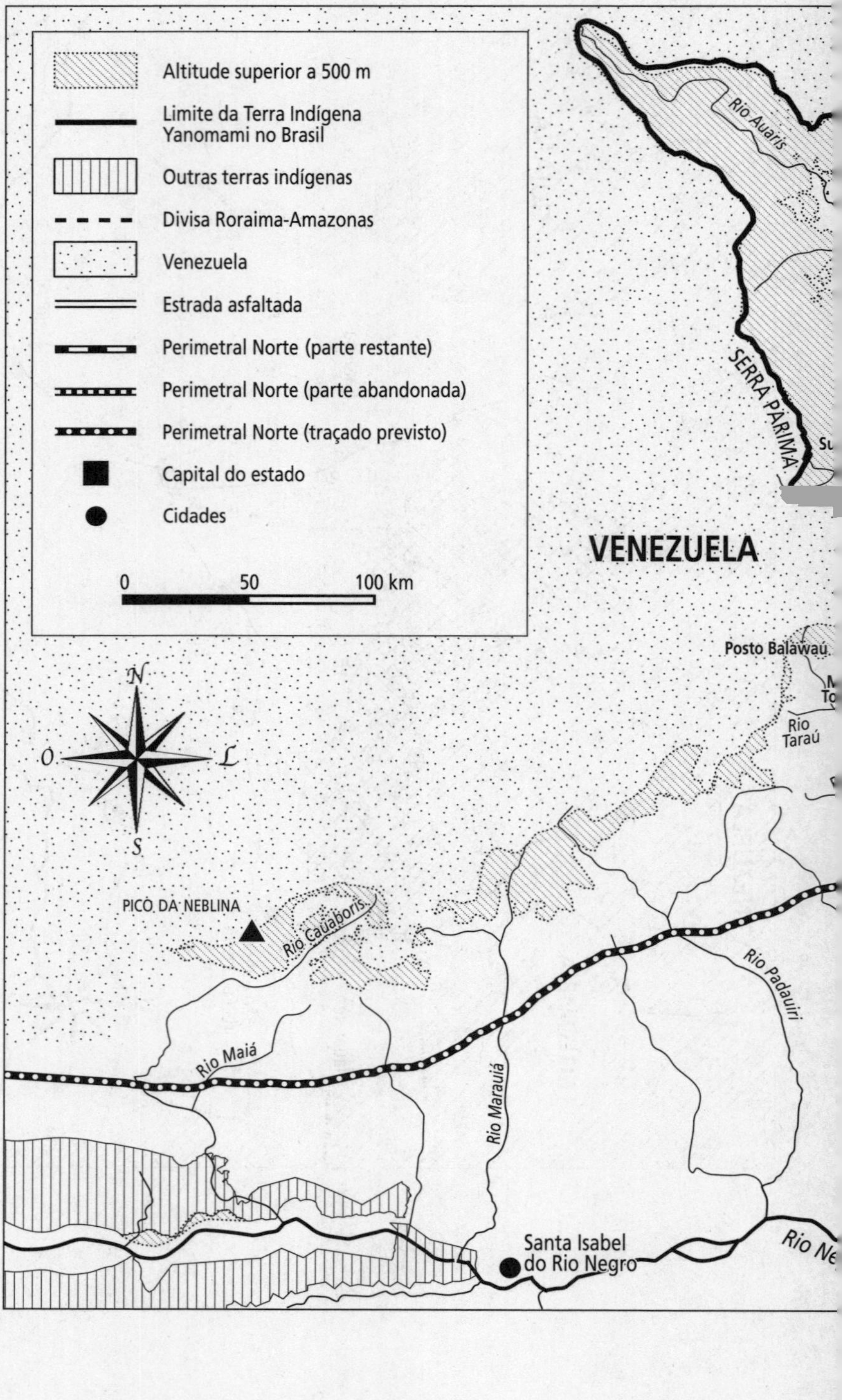

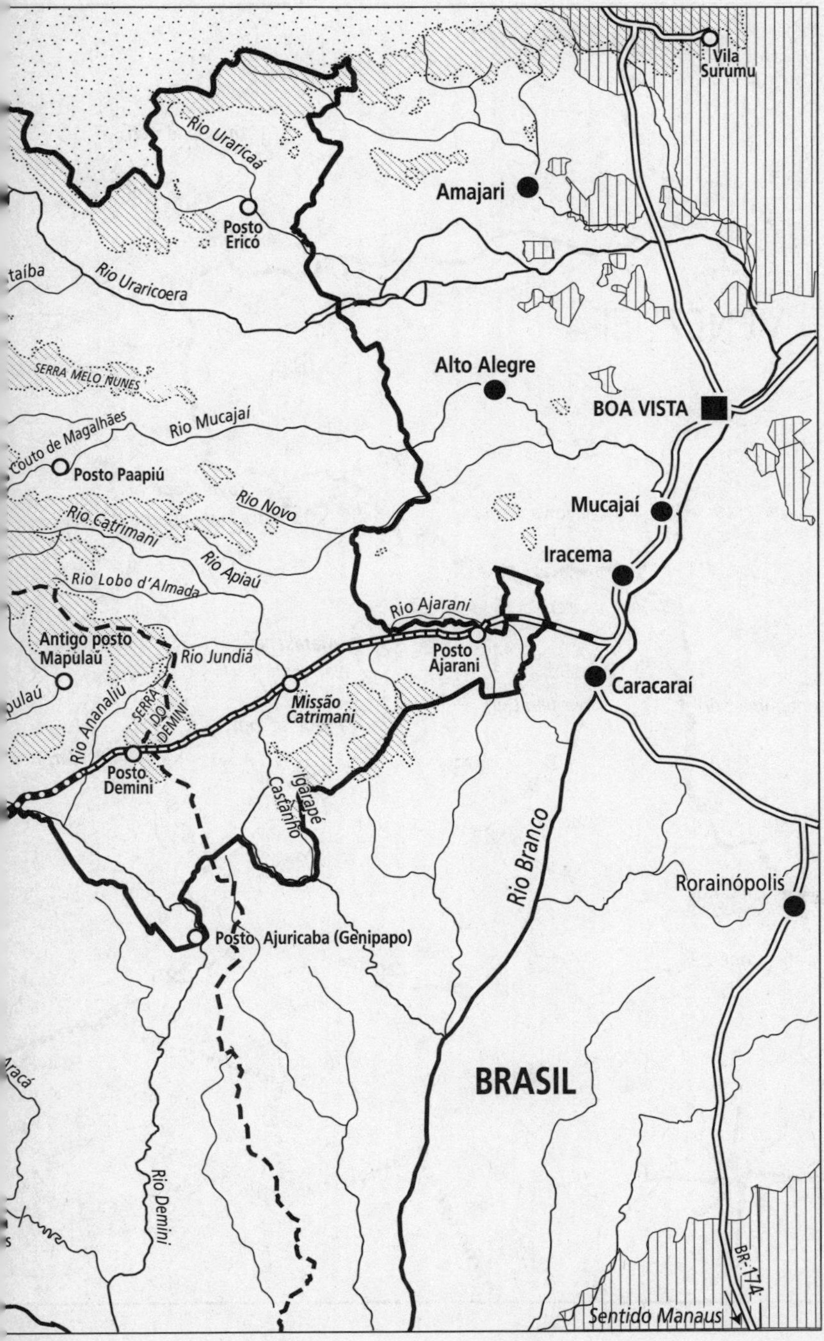

Vila Surumu
Rio Uraricaá
Amajari
Posto Ericó
taíba
Rio Uraricoera
SERRA MELO NUNES
Alto Alegre
BOA VISTA
Couto de Magalhães
Rio Mucajaí
Posto Paapiú
Rio Novo
Mucajaí
Rio Catrimani
Rio Apiaú
Iracema
Rio Lobo d'Almada
Rio Ajarani
Antigo posto Mapulaú
Rio Jundiá
Posto Ajarani
Caracaraí
pulaú
Missão Catrimani
Rio Ananaliú
SERRA DO DEMINI
Posto Demini
Igarapé Castanho
Rio Branco
Rorainópolis
Posto Ajuricaba (Genipapo)
racá
BRASIL
Rio Demini
BR-174
Sentido Manaus

Mapa detalhado dos principais topônimos citados em yanomami

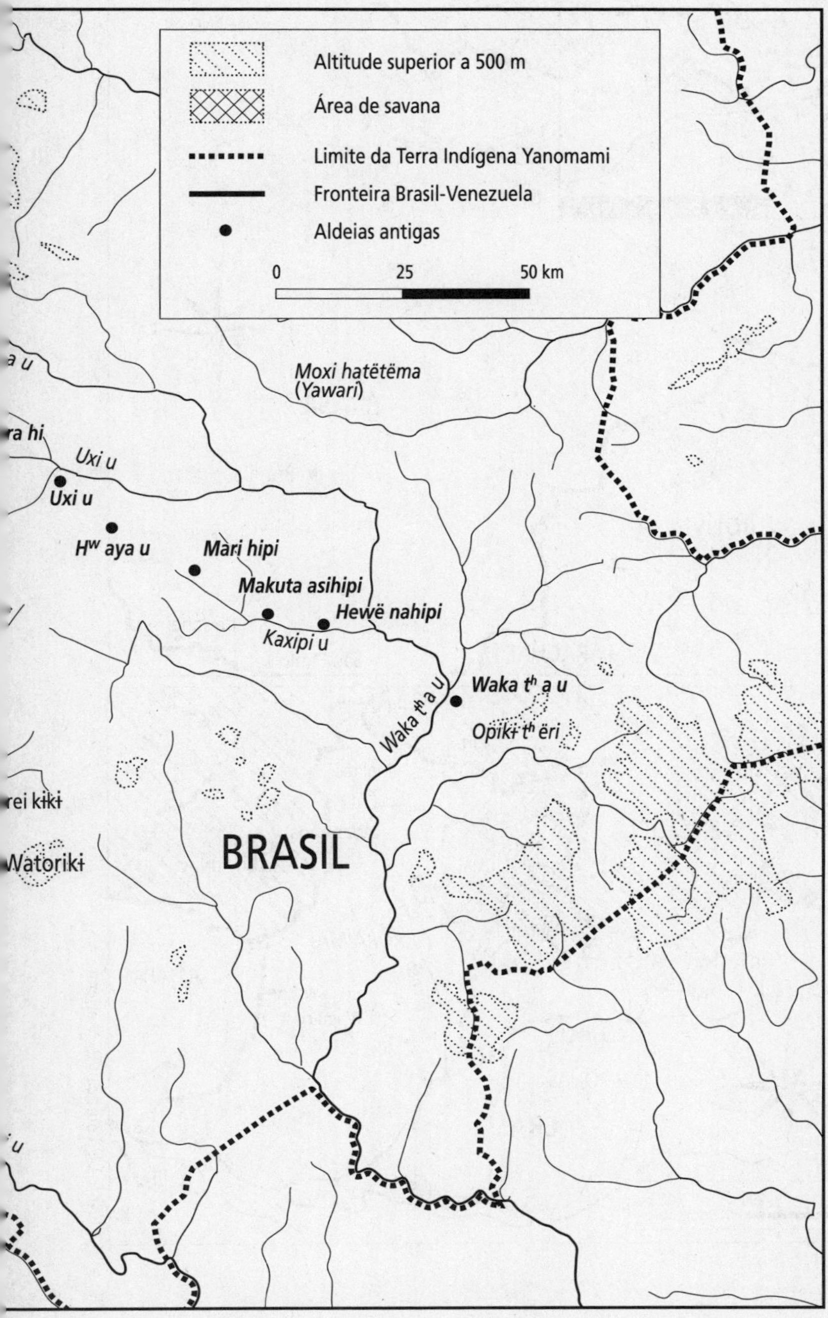
Altitude superior a 500 m
Área de savana
Limite da Terra Indígena Yanomami
Fronteira Brasil-Venezuela
Aldeias antigas
0
25
50 km
Moxi hatëtëma
(Yawari)
Uxi u
Uxi u
Hʷ aya u
Mari hipi
Makuta asihipi
Hewë nahipi
Kaxipi u
Waka tʰ a u
Waka tʰ a u
Opikɨ tʰ ëri
BRASIL
Watorikɨ

Localização das etnias citadas

© F.-M. Le Tourneau/P. Mérienne

Palavras dadas

Gosto de explicar essas coisas para os brancos, para eles poderem saber.

Davi Kopenawa*

Faz muito tempo, você veio viver entre nós e falava como um fantasma.[1] Aos poucos, você foi aprendendo a imitar minha língua e a rir conosco. Nós éramos jovens, e no começo você não me conhecia. Nossos pensamentos e nossas vidas são diferentes, porque você é filho dessa outra gente, que chamamos de *napë*.[2] Seus professores não o haviam ensinado a sonhar, como nós fazemos. Apesar disso, você veio até mim e se tornou meu amigo. Você ficou do meu lado e, mais tarde, quis conhecer os dizeres dos *xapiri*, que na sua língua vocês chamam de espíritos.[3] Então, entreguei a você minhas palavras e lhe pedi para levá-las longe, para serem conhecidas pelos brancos, que não sabem nada sobre nós. Ficamos muito tempo sentados, falando, em minha casa, apesar das picadas das mutucas e piuns. Poucos são os brancos que escutaram nossa fala desse modo. Assim, eu lhe dei meu histórico, para você responder aos que se perguntam o que pensam os habitantes da floresta. Antigamente, nossos maiores[4] não contavam nenhuma dessas coisas, porque sabiam que os

* Turner & Kopenawa, 1991, p. 63. Entrevista de Davi Kopenawa a Terence Turner, representante da comissão especial da American Anthropological Association, formada em 1991 para investigar a situação dos Yanomami no Brasil

brancos não entendiam sua língua. Por isso minha fala será algo de novo, para aqueles que a quiserem escutar.

Mais tarde, eu disse a você: "Se quiser pegar minhas palavras, não as destrua. São as palavras de *Omama*[5] e dos *xapiri*. Desenhe-as primeiro em peles de imagens,[6] depois olhe sempre para elas. Você vai pensar: "*Haixopë!* É essa mesmo a história dos espíritos!". E, mais tarde, dirá a seus filhos: "Estas palavras escritas são as de um Yanomami, que há muito tempo me contou como ele virou espírito e de que modo aprendeu a falar para defender a sua floresta". Depois, quando essas fitas em que a sombra das minhas palavras está presa ficarem imprestáveis, não as jogue fora.[7] Você só vai poder queimá-las quando forem muito velhas e minhas falas tiverem já há muito tempo sido tornadas desenhos que os brancos podem olhar. *Ɨnaha tʰa?* Está bem?

Como eu, você ficou mais experiente com a idade. Você desenhou e fixou essas palavras em peles de papel, como pedi. Elas partiram, afastaram-se de mim. Agora desejo que elas se dividam e se espalhem bem longe, para serem realmente ouvidas. Eu lhe ensinei essas coisas para que você as transmita aos seus; aos seus mais anciãos, aos seus pais e sogros, aos seus irmãos e cunhados, às mulheres que você chama de esposas, aos rapazes que irão chamá-lo de sogro. Se lhe perguntarem: "Como você aprendeu essas coisas?", você responderá: "Morei muito tempo nas casas dos Yanomami, comendo sua comida. Foi assim que, aos poucos, sua língua pegou em mim. Então, eles me confiaram suas palavras, porque lhes dói o fato de os brancos serem tão ignorantes a seu respeito".

Os brancos não pensam muito adiante no futuro. Sempre estão preocupados demais com as coisas do momento. É por isso que eu gostaria que eles ouvissem minhas palavras através dos desenhos que você fez delas; para que penetrem em suas mentes. Gostaria que, após tê-las compreendido, dissessem a si mesmos: "Os Yanomami são gente diferente de nós, e no entanto suas palavras são retas e claras. Agora entendemos o que eles pensam. São palavras verdadeiras! A floresta deles é bela e silenciosa. Eles ali foram criados e vivem sem preocupação desde o primeiro tempo. O pensamento deles segue caminhos outros que o da mercadoria. Eles querem viver como lhes apraz. Seu costume é diferente. Não têm peles de imagens, mas conhecem os espíritos *xapiri* e seus cantos. Querem defender sua terra porque desejam continuar vivendo nela como antigamente. Assim seja! Se eles não a protegerem, seus filhos não terão lugar para viver felizes. Vão pensar que a seus pais de fato faltava inteligência, já que só terão deixado para eles uma terra nua e queimada, impregnada de fumaças de epidemia e cortada por rios de águas sujas!".

Gostaria que os brancos parassem de pensar que nossa floresta é morta e que ela foi posta lá à toa. Quero fazê-los escutar a voz dos *xapiri*, que ali brincam sem parar, dançando sobre seus espelhos resplandecentes. Quem sabe assim eles queiram defendê-la conosco? Quero também que os filhos e filhas deles entendam nossas palavras e fiquem amigos dos nossos, para que não cresçam na ignorância. Porque se a floresta for completamente devastada, nunca mais vai nascer outra. Descendo desses habitantes da terra das nascentes dos rios, filhos e genros de *Omama*. São as palavras dele, e as dos *xapiri*, surgidas no tempo do sonho, que desejo oferecer aqui aos brancos. Nossos antepassados as possuíam desde o primeiro tempo. Depois, quando chegou a minha vez de me tornar xamã, a imagem de *Omama* as colocou em meu peito. Desde então, meu pensamento vai de uma para outra, em todas as direções; elas aumentam em mim sem fim. Assim é. Meu único professor foi *Omama*. São as palavras dele, vindas dos meus maiores, que me tornaram mais inteligente. Minhas palavras não têm outra origem. As dos brancos são bem diferentes. Eles são engenhosos, é verdade, mas carecem muito de sabedoria.

Eu não tenho velhos livros como eles, nos quais estão desenhadas as histórias dos meus antepassados.[8] As palavras dos *xapiri* estão gravadas no meu pensamento, no mais fundo de mim. São as palavras de *Omama*. São muito antigas, mas os xamãs as renovam o tempo todo. Desde sempre, elas vêm protegendo a floresta e seus habitantes. Agora é minha vez de possuí-las. Mais tarde, elas entrarão na mente de meus filhos e genros, e depois, na dos filhos e genros deles. Então será a vez deles de fazê-las novas. Isso vai continuar pelos tempos afora, para sempre. Dessa forma, elas jamais desaparecerão. Ficarão sempre no nosso pensamento, mesmo que os brancos joguem fora as peles de papel deste livro em que elas estão agora desenhadas; mesmo que os missionários, que nós chamamos de "gente de *Teosi*",[9] não parem de dizer que são mentiras. Não poderão ser destruídas pela água ou pelo fogo. Não envelhecerão como as que ficam coladas em peles de imagens tiradas de árvores mortas. Muito tempo depois de eu já ter deixado de existir, elas continuarão tão novas e fortes como agora. São essas palavras que pedi para você fixar nesse papel, para dá-las aos brancos que quiserem conhecer seu desenho. Quem sabe assim eles finalmente darão ouvidos ao que dizem os habitantes da floresta, e começarão a pensar com mais retidão a seu respeito?

[redacted] yanomami yane ipa
utupayasiki hÿptai kahonapewamaki
ha.

Eu, um Yamomani, dou a vocês, os brancos,
esta pele de imagem que é minha.

DEVIR OUTRO

1. Desenhos de escrita

Pintura corporal.

Sem que soubéssemos, forasteiros decidiram subir os rios e entraram em nossa floresta. Não sabíamos nada a seu respeito. Nem sequer sabíamos por que queriam se aproximar de nós. Certo dia, chegaram até nossa casa grande de *Marakana*, no alto Toototobi. Eu era bem pequeno. Quiseram me dar um nome, "Yosi".[1] Mas achei-o muito feio e não aceitei. Soava como o nome de *Yoasi*, o irmão mau de *Omama*. Pensei que tal nome levaria os meus a zombarem de mim. *Omama* tinha muita sabedoria. Ele soube criar a floresta, as montanhas e os rios, o céu e o sol, a noite, a lua e as estrelas. Foi ele que, no primeiro tempo, nos deu a existência e estabeleceu nossos costumes. Ele também era muito bonito. Seu irmão *Yoasi*, ao contrário, tinha a pele coberta de manchas esbranquiçadas e só fazia coisas ruins.[2] Por isso eu fiquei bravo. Mas esses primeiros forasteiros logo foram embora e seu nome ruim foi junto.

Depois de algum tempo, outros brancos chegaram. Esses ficaram. Construíram casas para viver perto de nós. Repetiam sem parar o nome daquele que os criou. Por isso, para nós, tornaram-se a gente de *Teosi*. Foram eles que me nomearam "Davi", antes mesmo de os meus familiares me darem um apelido, conforme o costume dos nossos antigos. Os brancos me disseram que esse nome vinha de peles de imagens em que estão desenhadas as palavras de *Teosi*. É um nome claro, que não se pode maltratar.[3] Fiquei com ele desde então.

Antes de os brancos aparecerem na floresta, distribuindo seus nomes a esmo,[4] tínhamos os apelidos que nos davam nossos familiares. Porém, entre nós, não são nem as mães nem os pais que dão nome às crianças. Estes só se dirigem a seus filhos pequenos com o termo "*õse!*" [filho/filha], os quais chamam ambos de "*napa!*" [mãe]. Mais tarde, quando crescerem, chamarão ao pai de outro modo: "*h^{w}apa!*" [pai!].[5] São os membros da *família*,[6] tios, tias ou avós, que atribuem o apelido à criança. Em seguida, as outras pessoas da casa que o escutaram começam a usá-lo. Depois, a criança cresce com esse apelido e aos poucos ele se espalha de casa em casa. Quando se torna adulta, o nome acaba ficando associado a ela.[7] Assim, chamaram a um dos irmãos de minha mulher de *Wari*, porque quando era pequeno resolveu plantar de brincadeira uma árvore *wari mahi* atrás de sua casa. Minha mulher foi apelidada *Rããsi*, "Doentia", pois ficava enferma a maior parte do tempo. Outros de nós se chamam *Mioti*, "Dorminhoco", *Mamoki prei*, "Olhos grandes", ou *Nakitao*, "Fala alto".[8]

Contudo, na idade adulta, gente de longe, por maldade, às vezes acrescenta outros apelidos aos da infância.[9] Mas essas são palavras muito feias. Fazem isso só para maltratar as pessoas que designam, pois entre nós é um insulto pronunciar o nome de alguém em sua presença ou diante dos seus.[10] Assim é. Não gostamos de ouvir nosso nome, nem mesmo nosso apelido de criança. Isso nos deixa furiosos de verdade. E se alguém o pronunciar em voz alta, vingamo-nos em seguida, fazendo o mesmo. É assim que trocamos insultos, expondo nossos nomes aos ouvidos de todos. De modo que aceitamos ter nomes, contanto que fiquem longe de nós. São os outros que os usam, sem que saibamos. Mas acontece às vezes de apelidos de infância serem pronunciados na presença das crianças. Porém, assim que elas começam a crescer, isso deve acabar. Na adolescência, ninguém quer mais ouvir esses apelidos. A pessoa fica furiosa de ouvir seu nome ser pronunciado; tem vontade de se vingar e fica muito brava.

Quando me tornei homem, outros brancos resolveram me dar um nome mais uma vez. Dessa vez, era o pessoal da Funai. Começaram a me chamar de Davi "Xiriana". Mas esse novo nome não me agradou. "Xiriana" é como são chamados os Yanomami que vivem no rio Uraricaá, muito distante de onde eu nasci.[11] Eu não sou um "Xiriana". Minha língua é diferente da dos que vivem naquele rio. Apesar disso, tive de mantê-lo. Tive inclusive de aprender a desenhá-lo quando fui trabalhar para os brancos, porque já o tinham desenhado numa pele de papel.[12]

Meu último nome, Kopenawa, veio a mim muito mais tarde, quando me tornei mesmo um homem. Esse é um verdadeiro nome yanomami. Não é nem nome de criança nem um apelido que outros me deram. É um nome que ganhei por conta própria.[13] Na época, os garimpeiros tinham começado a invadir nossa floresta. Tinham acabado de matar quatro grandes homens yanomami, lá onde começam as terras altas, a montante do rio *Hero u*.[14] A Funai me enviou para lá para encontrar seus corpos na mata, no meio de todos aqueles garimpeiros, que bem teriam gostado de me matar também. Não havia ninguém para me ajudar. Tive medo, mas minha raiva foi mais forte. Foi a partir de então que passei a ter esse novo nome.

Só os espíritos *xapiri* estavam do meu lado naquele momento. Foram eles que quiseram me nomear. Deram-me esse nome, Kopenawa, em razão da fúria que havia em mim para enfrentar os brancos. O pai de minha esposa, o grande homem de nossa casa de *Watoriki*, ao pé da montanha do vento, tinha me feito beber o pó que os xamãs tiram da árvore *yãkoana hi.*[15] Sob efeito do seu poder vi descer em mim os espíritos das vespas *kopena*. Disseram-me: "Estamos com você e iremos protegê-lo. Por isso você passará a ter esse nome: Kopenawa!". Esse nome vem dos espíritos vespa que beberam o sangue derramado por *Arowë*, um grande guerreiro do primeiro tempo. Meu sogro fez suas imagens descerem e as deu a mim com seu sopro de vida.[16] Foi então que eu pude ver esses espíritos vespa dançarem pela primeira vez.[17] E quando contemplei também a imagem de *Arowë*, de quem só tinha ouvido o nome até então, disse a mim mesmo: "*Haixopë!* Então foi esse antepassado que pôs em nós a coragem guerreira! Esse é o verdadeiro rastro daquele que nos ensinou a bravura!".[18]

Arowë nasceu nas terras altas, na floresta daqueles a quem chamamos Gente da Guerra.[19] Era muito agressivo e destemido.[20] Atacava sem trégua as casas próximas à sua. A cada vez, os parentes de suas vítimas cercavam-no e, por vingança, flechavam-no, um após o outro. Depois, quando seu sopro parecia ter parado e ele aparentava estar mesmo morto, abandonavam seu cadáver coberto de sangue no chão da floresta. Então, os guerreiros matadores[21] diziam a si mesmos: "Está bom, ele vai apodrecer aqui e nosso rancor será apaziguado!", e iam embora, satisfeitos com a vingança. A uma dada altura, exaustos, faziam uma parada na mata e, despreocupados, tomavam banho num igarapé. Contudo, o cadáver de *Arowë* sempre voltava à vida depois de ter sido abandonado. Era tão resistente que ninguém podia acabar com ele. Voltava a si e saía no encalço de seus agressores, alcançava-os e flechava-os, até o último. Acontecia sempre do mesmo modo. Ninguém conseguia matar *Arowë*. Ele era mesmo muito tenaz e belicoso.

Com o passar do tempo, seus inimigos, perplexos, perguntavam-se: "O que faremos? Como conseguiremos fazer com que morra para sempre?". Alguém propôs: "Vamos decapitá-lo!". Todos concordaram e se puseram logo a caminho para tentar acabar com ele. Crivaram de novo o corpo de *Arowë* de flechas e, dessa vez, não se contentaram em deixá-lo por morto no chão da floresta. Cortaram-lhe a cabeça e, assim, apesar de todos os seus esforços, *Arowë* não foi mais capaz de escapar da vingança de seus inimigos. Recobrou um sopro de vida e tentou recolocar a própria cabeça no pescoço várias vezes, mas em vão. Acabou morrendo mesmo. Então, seu fantasma se dividiu e se propagou para longe, em todas as direções. Foi assim que ele nos ensinou a coragem guerreira. Que os brancos não pensem que os Yanomami são valentes à toa. Devemos nossa valentia a *Arowë*.[22]

O cadáver decapitado de *Arowë* jazia sobre as folhas secas que cobriam o solo. Todo o seu sangue tinha se esparramado pelo chão, aos poucos. Então, as vespas da floresta se reuniram com as formigas *xiho* e *kaxi* nas folhas ensanguentadas para se fartarem. Foi assim, sorvendo o sangue de *Arowë*, que elas ficaram agressivas, e sua picada, tão dolorosa. Quando vemos um ninho de vespas numa árvore, não ousamos chegar perto. São muitas as vespas na mata, e outras tantas suas imagens. Por isso também as fazemos descer como espíritos *xapiri*, para atacar os seres maléficos[23] ou flechar os *xapiri* guerreiros dos xamãs distantes. Passei a ter o nome de Kopenawa porque se parece com o dos espíritos vespa cujas imagens vi beber o sangue do grande guerreiro *Arowë* quando tomei o pó de *yãkoana*. Assim recebi esse nome para defender os meus e proteger nossa terra, pois foi *Arowë*, no primeiro tempo, que ensinou a bravura a nossos antepassados.

Se os brancos não tivessem entrado em nossa floresta quando eu era criança, com certeza eu teria me tornado um guerreiro e, tomado pela raiva, teria flechado outros Yanomami por vingança. Cheguei a pensar nisso. Mas nunca matei ninguém. Sempre contive meus maus pensamentos acima de mim e fiquei quieto, lembrando-me dos brancos. Dizia a mim mesmo: "Se eu flechar um dos nossos, esses forasteiros que cobiçam a floresta dirão que sou mau e não tenho nenhuma sabedoria. Não farei isso, porque são eles que nos matam com suas doenças e suas espingardas. Hoje, é contra eles que devo dirigir meu rancor".

Assim, pouco a pouco, meu nome foi ficando mais longo. Primeiro foi Davi, o nome que os brancos me atribuíram na infância, depois foi Kopenawa, o que me deram mais tarde os espíritos vespa. E por fim acrescentei Yanomami, que é palavra sólida que não pode desaparecer, pois é o nome do meu povo. Eu não nasci numa terra sem árvores. Minha carne não vem do esperma de um branco.[24] Sou filho dos habitantes das terras altas da floresta e caí no solo da vagina de uma mulher yanomami. Sou filho da gente à qual *Omama* deu a existência no primeiro tempo. Nasci nesta floresta e sempre vivi nela. Hoje, meus filhos e netos, por sua vez, nela crescem. Por isso meus dizeres são os de um verdadeiro yanomami. São palavras que me ficaram na solidão, depois da morte de meus antigos. São palavras que os espíritos me deram em sonho e também palavras que vieram a mim escutando as maledicências dos brancos a nosso respeito. Estão enraizadas com firmeza no fundo de meu peito. São essas as palavras que eu gostaria de fazer ouvir, agora, com a ajuda de um branco que pode fazer com que sejam escutadas por aqueles que não conhecem nossa língua.

Vocês não me conhecem e nunca me viram. Vivem numa terra distante. Por isso quero que conheçam o que os nossos antigos me ensinaram. Quando eu era mais jovem, não sabia nada. Depois, pouco a pouco, comecei a pensar por conta própria. Hoje, todas as palavras que os antigos possuíam antes de mim são claras em minha mente. São palavras desconhecidas pelos brancos, que guardamos desde sempre. Desejo, portanto, falar-lhes do tempo muito remoto em que os ancestrais animais se metamorfosearam e do tempo em que *Omama* nos criou, quando os brancos ainda estavam muito longe de nós. No primeiro tempo, o dia não acabava nunca. A noite não existia. Para copular sem serem vistos, nossos ancestrais tinham de se esconder na fumaça de suas fogueiras. Afinal flecharam os grandes pássaros da noite, os *Titi kiki*, que choravam nomeando os rios, para que a escuridão descesse sobre eles.[25] Além disso, eles se transformavam em caça sem parar. Assim, foi depois de todos terem virado animais, depois de o céu ter caído, que *Omama* nos criou tais como somos hoje.[26]

Nossa língua é aquela com a qual ele nos ensinou a nomear as coisas. Foi ele que nos deu a conhecer as bananas, a mandioca e todo o alimento de nossas roças,[27] bem como todos os frutos das árvores da floresta. Por isso queremos proteger a terra em que vivemos. *Omama* a criou e deu a nós para que vivêssemos nela. Mas os brancos se empenham em devastá-la, e, se não a defendermos, morreremos com ela.

Nossos antepassados foram criados nesta floresta há muito tempo. Ainda não sei muito a respeito desse primeiro tempo. Por isso penso muito nele. Assim meus pensamentos, quando estou só, nunca são calmos. Busco no fundo de mim as palavras desse tempo distante em que os meus vieram a existir. Pergunto-me como seria a floresta quando era ainda jovem e como viviam nossos ancestrais antes da chegada das fumaças de epidemia[28] dos brancos. Tudo o que sei é que, quando essas doenças ainda não existiam, o pensamento de nossos maiores era muito forte. Viviam na amizade entre os seus e guerreavam para se vingar de inimigos. Eram como *Omama* os havia criado.

Hoje, os brancos acham que deveríamos imitá-los em tudo. Mas não é o que queremos. Eu aprendi a conhecer seus costumes desde a minha infância e falo um pouco a sua língua. Mas não quero de modo algum ser um deles. A meu ver, só poderemos nos tornar brancos no dia em que eles mesmos se transformarem em Yanomami. Sei também que se formos viver em suas cidades, seremos infelizes. Então, eles acabarão com a floresta e nunca mais deixarão nenhum lugar onde possamos viver longe deles. Não poderemos mais caçar, nem plantar nada. Nossos filhos vão passar fome. Quando penso em tudo isso, fico tomado de tristeza e de raiva.

Os brancos se dizem inteligentes. Não o somos menos. Nossos pensamentos se expandem em todas as direções e nossas palavras são antigas e muitas. Elas vêm de nossos antepassados. Porém, não precisamos, como os brancos, de peles de imagens para impedi-las de fugir da nossa mente. Não temos de desenhá-las, como eles fazem com as suas. Nem por isso elas irão desaparecer, pois ficam gravadas dentro de nós. Por isso nossa memória é longa e forte. O mesmo ocorre com as palavras dos espíritos *xapiri*, que também são muito antigas. Mas voltam a ser novas sempre que eles vêm de novo dançar para um jovem xamã, e assim tem sido há muito tempo, sem fim. Nossos xamãs mais antigos nos dizem: “Agora é sua vez de responder ao chamado dos espíritos. Se pararem de fazê-lo, ficarão ignorantes. Perderão seu pensamento e por mais que tentem chamar a imagem de *Teosi* para arrancar seus filhos dos seres maléficos, não conseguirão”.

As palavras de *Omama* e as dos *xapiri* são as que prefiro. Essas são minhas de verdade. Nunca irei rejeitá-las. O pensamento dos brancos é outro. Sua memória é engenhosa, mas está enredada em palavras esfumaçadas e obscuras. O caminho de sua mente costuma ser tortuoso e espinhoso. Eles não conhecem de fato as coisas da floresta. Só contemplam sem descanso as peles de papel em que desenharam suas próprias palavras. Se não seguirem seu traçado, seu pensamento perde o rumo. Enche-se de esquecimento e eles ficam muito ignorantes. Seus dizeres são diferentes dos nossos. Nossos antepassados não possuíam peles de imagens e nelas não inscreveram leis. Suas únicas palavras eram as que pronunciavam suas bocas e eles não as desenhavam, de modo que elas jamais se distanciavam deles. Por isso os brancos as desconhecem desde sempre.

Eu não aprendi a pensar as coisas da floresta fixando os olhos em peles de papel. Vi-as de verdade, bebendo o sopro de vida de meus antigos com o pó de *yãkoana* que me deram. Foi desse modo que me transmitiram também o sopro dos espíritos que agora multiplicam minhas palavras e estendem meu pensamento em todas as direções. Não sou um ancião e ainda sei pouco. Entretanto, para que minhas palavras sejam ouvidas longe da floresta, fiz com que fossem desenhadas na língua dos brancos. Talvez assim eles afinal as entendam, e depois deles seus filhos, e mais tarde ainda, os filhos de seus filhos. Desse modo, suas ideias a nosso respeito deixarão de ser tão sombrias e distorcidas e talvez até percam a vontade de nos destruir. Se isso ocorrer, os nossos não mais morrerão em silêncio, ignorados por todos, como jabutis escondidos no chão da floresta.

A imagem de *Omama* disse a nossos antepassados: "Vocês viverão nesta floresta que criei. Comam os frutos de suas árvores e cacem seus animais. Abram roças para plantar bananeiras, mandioca e cana-de-açúcar. Deem grandes festas *reahu*![29] Convidem uns aos outros, de diferentes casas, cantem e ofereçam muito alimento aos seus convidados!". Não disse a eles: "Abandonem a floresta e entreguem-na aos brancos para que a desmatem, escavem seu solo e sujem seus rios!". Por isso quero mandar minhas palavras para longe. Elas vêm dos espíritos que me acompanham, não são imitações de peles de imagens que olhei. Estão bem fundo em mim. Faz muito tempo que *Omama* e nossos ancestrais as depositaram em nosso pensamento e desde então nós as temos guardado. Elas não podem acabar. Se as escutarem com atenção, talvez os brancos parem de achar que somos estúpidos. Talvez compreendam que é seu próprio pensamento que é confuso e obscuro, pois na cidade ouvem apenas o ruído de seus aviões, carros, rádios, televisores e máquinas. Por isso suas ideias costumam ser obstruídas e enfumaçadas. Eles dormem sem sonhos, como machados largados no chão de uma casa. Enquanto isso, no silêncio da floresta, nós, xamãs, bebemos o pó das árvores *yãkoana hi*, que é o alimento dos *xapiri*. Estes então levam nossa imagem para o tempo do sonho. Por isso somos capazes de ouvir seus cantos e contemplar suas danças de apresentação enquanto dormimos. Essa é a nossa escola, onde aprendemos as coisas de verdade.

Omama não nos deu nenhum livro mostrando os desenhos das palavras de *Teosi*, como os dos brancos. Fixou suas palavras dentro de nós. Mas, para que os brancos as possam escutar, é preciso que sejam desenhadas como as suas. Se não for assim, seu pensamento permanece oco. Quando essas antigas palavras apenas saem de nossas bocas, eles não as entendem direito e as esquecem logo. Uma vez coladas no papel, permanecerão tão presentes para eles quanto os desenhos das palavras de *Teosi*, que não param de olhar.[30] Isso talvez os faça dizer: "É verdade, os Yanomami não existem à toa. Não caíram do céu. Foi *Omama* que os criou para viverem na floresta". Por enquanto, os brancos continuam mentindo a nosso respeito, dizendo: "Os Yanomami são ferozes. Só pensam em fazer guerra e roubar mulheres. São perigosos!". Tais palavras são nossas inimigas e nós as odiamos. Se fôssemos ferozes de verdade, forasteiro algum jamais teria vivido entre nós.[31] Ao contrário, tratamos com amizade os que vieram à nossa terra para nos visitar. Moraram em nossas casas e comeram nossa comida. Essas palavras torcidas são mentiras de maus convidados. Ao retornarem a suas casas, poderiam ter dito a todos, ao contrário: "Os Yanomami amarraram minha rede em sua casa e com generosidade me ofereceram sua comida. Que vivam na floresta como seus antepassados antes deles! Que seus filhos sejam muitos e sempre saudáveis! Que continuem caçando, dando festas *reahu* e fazendo dançar seus espíritos *xapiri*!".

Em vez disso, nossas palavras foram enredadas numa língua de fantasma, cujos desenhos tortos se espalharam entre os brancos, por toda parte. E acabaram voltando para nós. Foi doloroso e revoltante para nós, pois tornaram-se palavras de ignorância. Não queremos mais ouvir essas velhas palavras a nosso respeito. Pertencem aos maus pensamentos dos brancos. Tampouco quero ouvi-los repetir: "As palavras dos Yanomami para defender a floresta são mentira. Ela logo estará vazia. Eles são poucos e vão todos virar brancos!". Por isso quero fazer com que essas palavras ruins sejam esquecidas e substituídas pelas minhas, que são novas e direitas. Ao escutá-las, os brancos não poderão mais pensar que somos como seres maléficos ou caça na floresta.

Quando seus olhares acompanharem o traçado de minhas palavras, vocês saberão que estamos ainda vivos, pois a imagem de *Omama* nos protege. Então, poderão pensar: "Eis aí belas palavras! Os Yanomami continuam vivendo na floresta como seus antepassados. Residem em grandes malocas, onde dormem em suas redes, perto de suas fogueiras. Comem banana e mandioca de suas roças. Flecham os animais na floresta e pescam peixes em seus rios. Preferem sua comida aos alimentos mofados dos brancos, fechados em caixinhas de ferro ou estojos de plástico. Convidam uns aos outros, de casas diferentes, para dançar durante suas grandes festas *reahu*. Fazem descer seus espíritos *xapiri*. Falam sua própria língua. Seus cabelos e olhos continuam semelhantes aos de *Omama*. Não viraram brancos. Continuam vivendo nas mesmas terras que, do alto de nossos aviões, parecem vazias e silenciosas. Nossos pais já causaram a morte de muitos de seus maiores. Não devemos continuar nesse mau caminho".[32]

Longe de nossa floresta, há muitos outros povos além de nós. Contudo, nenhum deles tem um nome semelhante ao nosso. Por isso devemos continuar vivendo na terra em que *Omama* nos deixou no primeiro tempo. Somos seus filhos e genros. Mantemos o nome que nos deu. Desde que nos encontraram, os brancos não param de nos perguntar: "Quem são vocês? De onde vêm? Como se chamam?". Querem saber o que nosso nome, Yanomami, significa. Por que tamanha insistência? Alegam que é para pensar direito. Achamos que, ao contrário, isso é ruim para nós. Que resposta lhes daremos?[33] Queremos proteger nosso nome. Não nos agrada repeti-lo a torto e a direito. Seria maltratar a imagem de *Omama*. Não é assim que falamos. Por isso, ninguém quer responder às suas perguntas.

Somos habitantes da floresta. Nossos ancestrais habitavam as nascentes dos rios muito antes de os meus pais nascerem, e muito antes do nascimento dos antepassados dos brancos. Antigamente, éramos realmente muitos e nossas casas eram muito grandes. Depois, muitos dos nossos morreram quando chegaram esses forasteiros com suas fumaças de epidemia e suas espingardas. Ficamos tristes, e sentimos a raiva do luto demasiadas vezes no passado. Às vezes até tememos que os brancos queiram acabar conosco. Porém, a despeito de tudo isso, depois de chorar muito e de pôr as cinzas de nossos mortos em esquecimento,[34] podemos ainda viver felizes. Sabemos que os mortos vão se juntar aos fantasmas de nossos antepassados nas costas do céu, onde a caça é abundante e as festas não acabam. Por isso, apesar de todos esses lutos e prantos, nossos pensamentos acabam se acalmando. Somos capazes de caçar e de trabalhar de novo em nossas roças. Podemos recomeçar a viajar pela floresta e a fazer amizade com as pessoas de outras casas. Recomeçamos a rir com nossos filhos, a cantar em nossas festas *reahu* e a fazer dançar os nossos espíritos *xapiri*. Sabemos que eles permanecem ao nosso lado na floresta e continuam mantendo o céu no lugar.

2. O primeiro xamã

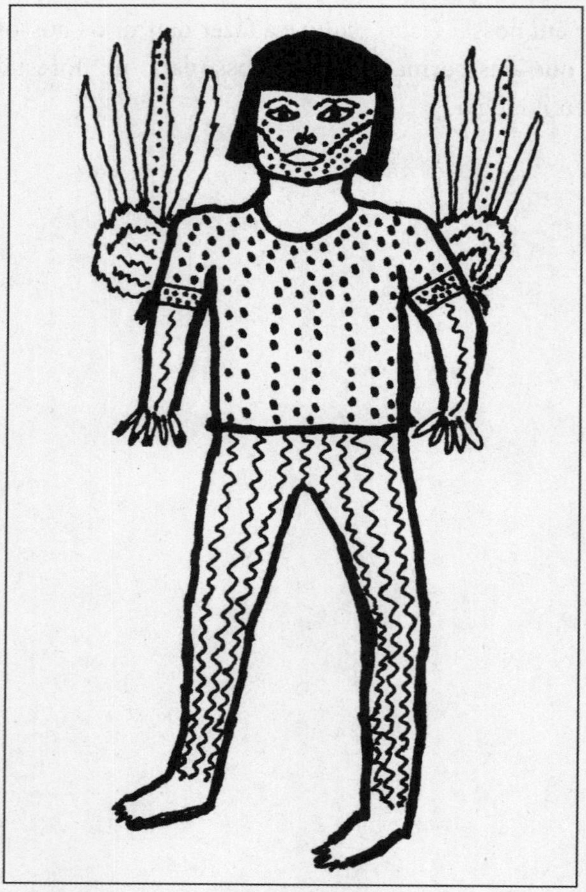

O filho de Omama.

Foi *Omama* que criou a terra e a floresta, o vento que agita suas folhas e os rios cuja água bebemos. Foi ele que nos deu a vida e nos fez muitos. Nossos maiores nos deram a ouvir seu nome desde sempre. No começo, *Omama* e seu irmão *Yoasi* vieram à existência sozinhos. Não tiveram pai nem mãe. Antes deles, no primeiro tempo, havia apenas a gente que chamamos *yarori*.[1] Esses ancestrais eram humanos com nomes de animais e não paravam de se transformar. Assim, foram aos poucos se tornando os animais de caça que hoje flechamos e comemos. Então, foi a vez de *Omama* vir a existir e recriar a floresta, pois a que havia antes era frágil. Virava outra sem parar, até que, finalmente, o céu desabou sobre ela. Seus habitantes foram arremessados para debaixo da terra e se tornaram vorazes ancestrais de dentes afiados a quem chamamos *aõpatari*.[2]

Por isso *Omama* teve de criar uma nova floresta, mais sólida, cujo nome é *Hutukara*. É também esse o nome do antigo céu que desabou outrora. *Omama* fixou a imagem dessa nova terra e esticou-a aos poucos, cuidadosamente, do mesmo modo como espalhamos o barro para fazer placas de cerâmica *mahe*.[3] Em seguida, cobriu-a com pequenos traços apertados, pintados com tintura de urucum, parecidos com desenhos de palavras. Depois, para evitar que desabasse, plantou nas suas profundezas imensas peças de metal, com as quais também fixou os pés do céu.[4] Sem isso, a terra teria ficado arenosa e quebradiça e o céu não teria permanecido no lugar. Mais tarde, com o metal que ficou, depois de fazer com que ficasse inofensivo, *Omama* também fabricou as primeiras ferramentas de nossos ancestrais.[5] Finalmente, assentou as montanhas na superfície da terra, para evitar que as ventanias de tempestade a fizessem tremer e assustassem os humanos. Também desenhou o primeiro sol, para nos dar luz. Mas era por demais ardente e ele teve de rejeitá-lo, destruindo sua imagem. Então, criou aquele que vemos até hoje no céu, bem como as nuvens e a chuva, para poder interpô-los quando esquenta demais. Isso ouvi os antigos contarem.

Omama criou também as árvores e as plantas, espalhando no solo, por toda parte, as sementes de seus frutos. Os grãos germinaram na terra e deram origem a toda a floresta em que vivemos desde então. Foi assim que cresceram as palmeiras *hoko si*, *maima si* e *rioko si*, as árvores *apia hi*, *komatima hi*, *makina hi*, *oruxi hi* e todas as outras de que tiramos nosso alimento. No início, seus galhos eram nus. Depois, frutos se formaram. Então, *Omama* criou as abelhas, que vieram morar nelas e sorver o néctar das flores com que produzem seus vários tipos de mel.

No início, também não existiam os rios; as águas corriam debaixo da terra, bem fundo. Só se ouvia seu ronco, ao longe, como o de fortes corredeiras. Formavam um enorme rio que os xamãs nomeiam *Motu uri u*. Certo dia, *Omama* trabalhava em sua roça com o filho, que começou a chorar de sede. Para matar-lhe a sede, ele perfurou o solo com uma barra de metal.[6] Quando a tirou da terra, a água começou a jorrar violentamente em direção ao céu e jogou para longe o menino que se aproximara para bebê-la. Lançou também para o céu todos os peixes, raias e jacarés. Subiu tão alto que um outro rio se formou nas costas do céu, onde vivem os fantasmas de nossos mortos. Em seguida, a água foi se acumulando na terra e começou a correr em todas as direções, formando os rios, os igarapés e os lagos da floresta.

No início, nenhum ser humano vivia ali. *Omama* e seu irmão *Yoasi* viviam sozinhos. Nenhuma mulher existia ainda. Os dois irmãos só vieram a conhecer a primeira mulher muito mais tarde, quando *Omama* pescou a filha de *Tëpërësikɨ* num grande rio.[7] No início, *Omama* copulava na dobra do joelho de seu irmão *Yoasi*. Com o passar do tempo, a panturrilha deste ficou grávida, e foi assim que *Omama* primeiro teve um filho.[8] Porém, nós, habitantes da floresta, não nascemos assim. Nós saímos, mais tarde, da vagina da esposa de *Omama*, *T^{h}uëyoma*,[9] a mulher que ele tirou da água. Os xamãs fazem descer sua imagem desde sempre. Chamam-na também *Paonakare*. Era um ser peixe que se deixou capturar na forma de uma mulher. Assim é. Se *Omama* não a tivesse pescado no rio, talvez os humanos continuassem a copular atrás do joelho!

Mais tarde, *Omama* ficou furioso com seu irmão *Yoasi*, porque este, contra a sua vontade, tinha feito surgir na floresta os seres maléficos das doenças, os *në wãri*,[10] e também os da epidemia *xawara*, que, como eles, são comedores de carne humana. *Yoasi* era mau e seu pensamento, cheio de esquecimento. *Omama* era quem tinha criado o sol que não morre nunca. Não falo aqui do sol *mot^{h}oka*, cujo calor cobre a floresta, e que é visto pelas pessoas comuns, mas da imagem do sol.[11] Assim é. O sol e a lua têm imagens que só os xamãs são capazes de fazer descer e dançar. Elas têm a aparência de humanos, como nós, mas os brancos não são capazes de conhecê-las.

Omama queria que fôssemos imortais, como o ser sol chamado de *Mot^{h}okari*[12] pelos xamãs. Queria fazer bem as coisas e pôr em nós um sopro de vida realmente sólido. Por isso, buscou na floresta uma árvore de madeira dura para colocá-la de pé e imitar a forma de sua esposa. Escolheu para tanto uma árvore fantasma *pore hi*, cuja pele se renova continuamente. Queria introduzir a imagem dessa árvore em nosso sopro de vida, para que este permanecesse longo e resistente.[13] Assim, quando envelhecêssemos, poderíamos mudar de pele e esta ficaria sempre lisa e jovem. Teria sido possível rejuvenescer continuamente e não morrer nunca. Era o que *Omama* desejava. No entanto, *Yoasi*, aproveitando-se da ausência do irmão, tratou de colocar na rede da mulher de *Omama* a casca de uma árvore de madeira fibrosa e mole, a que chamamos *kotopori usihi*. Então, a casca acabou se dobrando num lado da rede e começou a pender para o chão. Imediatamente, os espíritos tucano começaram a entoar seus pungentes lamentos de luto.[14] *Omama* ouviu-os e ficou furioso com o irmão. Mas era tarde demais, o mal estava feito. *Yoasi* tinha nos ensinado a morrer para sempre. Tinha introduzido a morte, esse ser maléfico, em nossa mente e em nosso sopro,[15] que por esse motivo se tornaram tão frágeis. Desde então, os humanos estão sempre perto da morte. Também por isso às vezes chamamos os brancos de *Yoasi tʰëri*, Gente de Yoasi. Suas mercadorias, suas máquinas e suas epidemias, que não param de nos trazer a morte, também são, para nós, rastros do irmão mau de *Omama*.

Foi também *Yoasi* que criou o ser lua *Poriporiri*. Por isso este também não para de morrer. *Poriporiri* é um homem que viaja todas as noites através da imensidão do céu, sentado em sua canoa, como uma espécie de avião. No começo, é um rapaz, mas, dia após dia, vai envelhecendo. Quando termina sua viagem, está seco e seus cabelos ficaram brancos. Ele acaba morrendo. Então, suas filhas começam a chorar por ele sem descanso, junto com os espíritos tucano. Suas lágrimas se tornam fortes chuvas que caem longamente na floresta. Depois de algum tempo, quando o corpo do pai já se decompôs, elas recolhem seus ossos com cuidado. Então eles desabrocham novamente e *Poriporiri* volta à vida. Assim é. O ser lua é também coisa da morte. *Yoasi* quis assim porque lhe faltava sabedoria. *Omama*, ao contrário, queria realmente que fôssemos eternos. Se tivesse estado só, não morreríamos jamais e nosso sopro de vida sempre teria o mesmo vigor. Mas não foi assim e, infelizmente, *Yoasi* fez nossos ancestrais se tornarem outros.

Por isso *Omama* finalmente criou os *xapiri*, para podermos nos vingar das doenças[16] e nos proteger da morte a que nos sujeitou seu irmão mau. Então ele criou os espíritos da floresta *urihinari*, os espíritos das águas *mãu unari* e os espíritos animais *yarori*. Depois, escondeu-os, até que seu filho se tornasse xamã, no topo das montanhas e nas profundezas do mato. Antes, eu achava que os *xapiri* tinham vindo a existir por si sós, mas estava enganado. Mais tarde, quando pude vê-los e ouvir seus cantos, realmente entendi quem eram. O pai de minha esposa conta também que foi a esposa de *Omama*, a mulher das águas, quem primeiro pediu que os *xapiri* fossem trazidos à existência. Somos seus filhos e nossos antepassados tornaram-se numerosos a partir dela. Por isso, depois de ter procriado, perguntou ao marido: "O que faremos para curar nossos filhos se ficarem doentes?". Era essa a sua preocupação. O pensamento do marido, *Omama*, continuava no esquecimento. Por mais que seu espírito buscasse, ele se perguntava em vão o que poderia ainda criar. A mulher das águas lhe disse então: "Pare de ficar aí pensando, sem saber o que fazer. Crie os *xapiri*, para curarem nossos filhos!". *Omama* concordou: "*Awei!* São palavras sensatas. Os espíritos irão afugentar os seres maléficos. Arrancarão deles a imagem dos doentes e as trarão de volta para seus corpos!". Foi assim que ele fez aparecer os *xapiri*, tão numerosos e poderosos quanto os conhecemos hoje.

Mais tarde, o filho de *Omama* tornou-se um rapaz e seu pai quis que ele aprendesse a fazer dançar os *xapiri* para poder tratar os seus. Buscou uma árvore *yãkoana hi* na floresta e disse ao filho: "Com esta árvore, você irá preparar o pó de *yãkoana*! Misture com as folhas cheirosas *maxara hana* e as cascas das árvores *ama hi* e *amat*^{h}*a hi* e depois beba! A força da *yãkoana* revela a voz dos *xapiri*. Ao bebê-la, você ouvirá a algazarra deles e será sua vez de virar espírito!".

Depois, soprou *yãkoana* nas narinas do filho com um tubo de palmeira *horoma*.[17] *Omama* então chamou os *xapiri* pela primeira vez e disse: "Agora, é sua vez de fazê-los descer. Se você se comportar bem e eles realmente o quiserem, virão a você para fazer sua dança de apresentação e ficarão ao seu lado. Você será o pai deles. Assim, quando seus filhos adoecerem, você seguirá o caminho dos seres maléficos que roubaram suas imagens para combatê-los e trazê-las de volta! Você também fará descer o espírito japim *ayokora*[18] para regurgitar os objetos daninhos que você terá arrancado de dentro dos doentes. Assim você poderá realmente curar os humanos!". Foi desse modo que *Omama* revelou a seu filho — o primeiro xamã — o uso da *yãkoana* e lhe ensinou a ver os espíritos que acabara de trazer à existência. Nossos maiores continuaram a seguir o rastro de suas palavras até hoje. Por isso, continuamos a beber *yãkoana* para fazer os *xapiri* dançar. Não fazemos isso à toa. Fazemos porque somos habitantes da floresta, filhos e genros de *Omama*.

O filho de *Omama* escutou atentamente as palavras do pai e concentrou seu pensamento nos *xapiri*. Entrou em estado de fantasma e tornou-se outro.[19] Então pôde contemplar a beleza da dança de apresentação dos espíritos. Tornou-se xamã depressa, porque soube demonstrar amizade a todos. Os *xapiri* já tinham o olhar fixado nele desde que era bem pequeno e seu pai tinha falado a respeito deles muitas vezes. Agora, tinha crescido e eles finalmente tinham vindo em grande número. Podia vê-los descer, resplandecentes de luz, e escutar seus cantos melodiosos. Então, exclamou: "Pai! Agora conheço os espíritos e eles se juntaram do meu lado! De agora em diante, os humanos vão poder se multiplicar e combater as doenças!". *Omama* era o único a conhecer os *xapiri* e os deu ao filho porque, se morresse sem ter ensinado suas palavras, jamais teria havido xamãs na floresta. Não queria que os humanos ficassem sem nada e causassem dó. Por isso, fez de seu filho o primeiro xamã. Deixou-lhe o caminho dos *xapiri* antes de desaparecer. Foi o que ele quis.

Disse a ele estas palavras: "Com estes espíritos, você protegerá os humanos e seus filhos, por mais numerosos que sejam. Não deixe que os seres maléficos e as onças venham devorá-los. Impeça as cobras e escorpiões de picá-los. Afaste deles as fumaças de epidemia *xawara*. Proteja também a floresta. Não deixe que se transforme em caos. Impeça as águas dos rios de afundá-la e a chuva de inundá-la sem trégua. Afaste o tempo encoberto e a escuridão. Segure o céu, para que não desabe. Não deixe os raios caírem na terra e acalme a gritaria dos trovões! Impeça o ser tatu-canastra *Wakari* de cortar as raízes das árvores e o ser do vendaval *Yariporari* de vir flechá-las e derrubá-las!". Essas foram as palavras que *Omama* deu ao filho. Por isso, até hoje os xamãs continuam defendendo os seus e a floresta. Mas também protegem os brancos, apesar de serem outra gente, e todas as terras, até as mais imensas e distantes.

O filho de *Omama* primeiro tomou *yãkoana* com o pai. Depois continuou a bebê-la sozinho, mais e mais, para chamar cada vez mais espíritos e poder conhecer todos os seus cantos. Era deslumbrante quando fazia dançar suas imagens. Era um rapaz muito bonito, tinha a pele coberta de urucum bem vermelho e desenhos de um negro brilhante. Suas braçadeiras de crista de mutum prendiam muitas caudais de arara-vermelha, pingentes de rabo de tucano e buquês de penas *paixi*.[20] Tinha os olhos escuros, e os cabelos cobertos de penugem *hõromae*, de um branco resplandecente.[21] Tinha também uma pele de rabo de macaco cuxiú-negro em torno da cabeça.[22] Dançava lentamente, com as costas bem curvadas para trás. Ver a beleza dos *xapiri* o enchia de felicidade. Chamava-os e os fazia descer sem parar. Trazia-os no pensamento, de verdade. Era assim porque tinha sido gerado pelo esperma de *Omama*, que é o criador dos *xapiri*.

Acho que o filho de *Omama*, hoje, está morto. Sua imagem, porém, ainda existe, muito longe daqui, onde os rios deságuam, do lado do nascer do sol, ou talvez no céu. Eu a vi no tempo do sonho, junto com a de nossa floresta, aos prantos. Esta, doente e transformada em fantasma pelas fumaças de epidemia, pedia aos *xapiri* para curá-la e acabar com o sofrimento causado pelo furor dos brancos. Implorava-lhes que limpassem as árvores e tornassem suas folhas brilhantes de novo; que fizessem crescer suas flores e lhe devolvessem a fertilidade. Dizia a eles: "Vocês são meus, devem vingar-me!". Vejo tudo isso em sonho porque, tornado fantasma com a *yãkoana* durante o dia, o meu interior se transformou.[23] Senão, eu não poderia falar assim.

O filho de *Omama* foi o primeiro a virar espírito, antes de qualquer outro. Foi o primeiro a estudar e a ver as coisas com a *yãkoana*. Depois dele, muitos de nossos ancestrais se tornaram xamãs. Ele lhes mostrou como fazer dançar os espíritos. Disse a eles, como *Omama* lhe havia ensinado: "Quando os seres maléficos da floresta capturarem a imagem de seus filhos para devorá-la,[24] os *xapiri* irão recuperá-la e vingá-los!”. Foi seguindo essas palavras que os nossos maiores se puseram a beber pó de *yãkoana* e a admirar o esplendor dos espíritos. É isso que fazemos até hoje. Por isso é tão comum ver os xamãs trabalhando em nossas casas.[25] Sem eles, seriam vazias e silenciosas. Assim é. Essas palavras são antigas mas nunca vão desaparecer, porque são muito bonitas e o valor delas é muito alto.

3. O olhar dos *xapiri*

Espírito xapiri.

Quando eu era bem pequeno, meu pensamento ainda estava no esquecimento. Entretanto, costumava ver em sonho seres assustadores que chamamos *yai tʰë*.[1] Por isso era comum me ouvirem falar e chorar durante a noite. Vivíamos então em *Marakana*, uma antiga casa no alto rio Toototobi.[2] Só alguns meninos de nossa casa sonhavam assim. Não sabíamos o que nos atrapalhava o sono, mas eram já os *xapiri* que vinham a nós. Por isso, mais tarde, uma vez adultos, quisemos beber o pó de *yãkoana* para nos tornarmos xamãs. As outras crianças cresceram sem jamais ter entendido o que nos amedrontava tanto.

Foi nessa época que vi os espíritos pela primeira vez. Era noite, e o calor do fogo me adormecia aos poucos na rede de minha mãe. Passado algum tempo, as imagens dos *xapiri* começaram a descer em minha direção. Faziam com que eu me tornasse fantasma e me enviavam o sonho.[3] Um caminho de luz se estendia então diante de meus olhos, e seres desconhecidos vinham ao meu encontro. Pareciam surgir de muito longe, mas eu conseguia enxergá-los. Pareciam humanos minúsculos, com os cabelos cobertos de penugem branca e uma faixa de rabo de macaco cuxiú-negro amarrada ao redor da testa.

Aproximavam-se bem devagar, mergulhados numa luz ofuscante, agitando folhas de palmeira *hoko si* amarelas. Com enfeites de caudais de arara-vermelha e uma profusão de buquês de penas *paixi* brilhantes e coloridas nos braços, cobertos de urucum, lançavam gritos ensurdecedores, como um grupo de convidados chegando a uma festa *reahu*. Eram muitos, e fixavam seus olhos sobre mim. Era bonito, mas assustador, pois eu jamais tinha visto espíritos até então.

Quando eles por fim se aproximavam de mim, meu ventre caía de medo. Eu não entendia o que estava acontecendo comigo. Começava a chorar e gritar, chamando minha mãe. Depois, acordava em sobressalto e ouvia sua voz doce dizendo: "Não chore. Você não vai mais sonhar, não tenha medo. Agora, durma sem chorar. Acalme-se". Muito mais tarde, já xamã, compreendi que os seres inquietantes que tinha visto em meus sonhos eram espíritos de verdade. Então, pensei: "Eram os *xapiri* mesmo que vinham a mim! Por que não respondi a eles antes?".[4]

Naquele tempo, os espíritos vinham me visitar o tempo todo. Queriam mesmo dançar para mim; mas eu tinha medo deles. Esses sonhos duraram toda a minha infância, até eu me tornar adolescente. Primeiro, eu via a claridade cintilante dos *xapiri* se aproximando, depois eles me pegavam e me levavam para o peito do céu. É verdade, eu costumava sobrevoar a floresta em meus sonhos! Meus braços se transformavam em asas, como as de uma grande arara--vermelha. Eu podia então contemplar o topo das árvores abaixo de mim, como de um avião. Mas às vezes, de repente, começava a despencar no vazio e entrava em pânico. Então meu sonho era interrompido e eu acordava aos prantos.

Não era à toa que eu sonhava que voava com tanta frequência. Os *xapiri* não paravam de carregar minha imagem para as alturas do céu com eles. É o que acontece quando eles observam com afeto uma criança adormecida para que se torne um xamã. Dizem a si mesmos: "Mais tarde, quando ela crescer, dançaremos ao seu lado!"; e continuam prestando atenção. Assim, não param de fazê-la sonhar, e de assustá-la. Por isso ela vira fantasma quando dorme. Não está doente, mas se agita na rede, chorando e gritando. A ponto de alguns adultos da casa ficarem irritados por serem acordados pela choradeira. Mas não é manha. Só as crianças que veem os *xapiri* em sonho gritam durante a noite. Não fosse por isso, dormiriam sossegadas, como as outras crianças.

Em meus sonhos, os espíritos amarravam as cordas de minha rede bem alto no céu. Era como se longas antenas de rádio fossem esticadas ao meu lado e funcionassem como caminhos para os *xapiri* e seus cantos chegarem até mim, assim como o caminho das palavras do telefone dos brancos. Eu ficava deitado, bem calmo, mas sentia minha rede crescendo e crescendo. Depois, era como se eu também estivesse ficando cada vez maior, junto com ela. Apesar de eu não passar de um menino, tinha a sensação de ficar imenso. Olhava ao meu redor, mas tudo o que via era um grande vazio. Dava vertigem. O peito do céu parecia estar perto, ao alcance de minhas mãos. Vinha de lá um rumor, como o da gritaria dos grupos de dançarinos nas festas *reahu*: "*Aõ! Aõ! Aõ!*". Eram os *xapiri* que vinham na minha direção, dançando, mas eu não conseguia distingui-los ainda muito bem. Depois de algum tempo, tudo cessava. Eu começava a acordar, com dificuldade, ainda me sentindo enorme. Então, quando eu voltava ao tamanho normal, pensava, aflito: "Continuo pequeno! Como é que eu pude ficar tão enorme?", e acabava voltando a dormir.

Em outros momentos, eu via de novo a floresta a partir do peito do céu. Porém, dessa vez, uma grande montanha de pedra aparecia de repente, tão alta quanto a que se vê de nossa casa de *Watoriki*. Elevava-se em silêncio, perto de mim. Na verdade, estava bem distante, mas sua imagem quase tocava em mim. Eu não tirava os olhos de suas encostas. Tinha medo, e me perguntava:

"O que é isso? O que está acontecendo comigo?". Bem mais tarde, compreendi por que costumava ver essa serra de pedra em sonho. *Omama* criou as montanhas para esconder o caminho que tomou ao fugir. Elas não estão na floresta à toa. Embora pareçam ser impenetráveis aos olhos de quem não é xamã, na verdade são casas de espíritos.[5] Contudo, naquele tempo, eu era bem pequeno, e não sabia nada a esse respeito. Não sabia ainda quem são os *xapiri*, nem mesmo sabia de verdade que existiam!

Também costumava sonhar que animais me atacavam na floresta. O primeiro que me lembro de ter visto foi uma grande anta. Parecia muito ameaçadora e começou a me perseguir. Eu tive medo de ser pisoteado, por isso subi depressa numa árvore, para escapar. Mas ela começou a crescer cada vez mais e, por fim, me alcançou nas alturas. Agachado num galho, imóvel, eu a observava se aproximando, morto de medo. Então, no momento exato em que ia me pegar, gritei e acordei de repente. Mais tarde entendi que era a imagem do ancestral Anta, *Xamari*, que queria dançar para mim.[6]

Também costumava ser aterrorizado em sonho por uma enorme onça. Ela seguia minhas pegadas na floresta e se acercava cada vez mais. Eu corria o mais rápido possível, mas não conseguia despistá-la. Acabava tropeçando na vegetação emaranhada e caía diante dela, que então pulava sobre mim. Mas bem no instante em que ela ia me comer eu acordava, chorando. Às vezes, eu tentava fugir dela trepando numa árvore. Mas ela vinha atrás de mim, subindo pelo tronco com suas garras afiadas. Amedrontado, eu me escondia nos galhos mais altos. Não tinha mais para onde escapar. A única coisa que eu podia fazer para me salvar era me jogar do alto da árvore na qual eu tinha me refugiado. Desesperado, eu agitava os braços no vazio, como asas, e, de repente, conseguia voar! Planava em círculos, bem alto acima da floresta, como um urubu. No final, me via de pé, numa outra floresta, noutra margem, e a onça temida não podia mais me alcançar.

Às vezes eu era perseguido, em meus sonhos, por um bando de queixadas. Eles me perseguiam para me pisotear e me morder. Eu podia ouvir suas temíveis presas batendo atrás de mim, na mata. Mas conseguia me livrar delas, subindo numa árvore e, ao chegar ao topo, voava mais uma vez no peito do céu. Em outros sonhos, me via perto de um olho-d'água, preso na lama por uma enorme sucuri, que tentava me sufocar e me engolir. Ou ainda pescava na beira de um rio quando dele saía de surpresa um enorme jacaré preto, que se arrastava em minha direção. Eu saía correndo, mas ele me perseguia, e eu não conseguia deixá-lo para trás, apesar da dificuldade que ele tinha em se movimentar pelo mato rasteiro.

Acontecia também de eu sonhar que inimigos atacavam nossa casa. Eram gente das terras altas, moradores do lugar chamado *H*^{w}*axi t*^{h}*a*, nas nascentes do Orinoco e do Parima. Esses guerreiros, cobertos de pintura preta,[7] surgiam de repente no meio de nossa casa de *Marakana* e começavam a disparar suas flechas em todas as direções. Eu sentia muito medo. As cordas de seus arcos estalavam sem parar e meus maiores, atingidos pelas flechadas, iam caindo um após o outro. Então, eu tentava fugir, esgueirando-me para fora da casa. Mas um grupo de guerreiros começava a me perseguir. Eu corria com todas as minhas forças pela floresta para escapar deles. Subia um morro e em seguida escalava uma montanha íngreme. Chegando ao topo, saltava e, mais uma vez, conseguia alçar voo. Os guerreiros então ficavam parados em cima de um rochedo e me acompanhavam com os olhos, sem poder fazer nada. Então eu saía do meu sono.

Outras vezes, sonhava que trepava numa grande árvore *rapa hi* de flores amarelas. Subia com cuidado, me agarrando ao tronco. Passava além dos seus galhos principais e prosseguia até o topo. De lá, podia avistar a floresta longe, em todas as direções. Via outras casas, um grande rio, montanhas e colinas. Via também macacos-aranha pulando de árvore em árvore, papagaios voando e bandos de queixadas fuçando o solo. Era muito bonito. Depois de algum tempo, ficava com vontade de descer. Então olhava para baixo e, de repente, todos os galhos pelos quais tinha subido pareciam estar fora de alcance. Preocupado, pensava: "Como vou descer? Em que vou me apoiar?". Não sabia o que fazer. Tentava abraçar o tronco, mas sua casca ficava cada vez mais escorregadia. De repente, minhas mãos se soltavam. Eu então despencava no vazio bem depressa, direto para o chão. Nesse instante eu acordava de repente. Aterrorizado, perguntava a mim mesmo: "O que aconteceu comigo?".

Outras vezes ainda, eu respondia ao chamado das mulheres das águas que chamamos de *mãuyoma*.[8] São as filhas de *Tëpërësikɨ*, o sogro de *Omama*; as irmãs da esposa que este pescou no primeiro tempo. Eu mergulhava nas profundezas de um grande rio para me juntar a elas. Para minha grande surpresa, sem me molhar nem um pouco, chegava ao interior de uma grande casa. Tudo ali era seco e via-se tão bem como no exterior. O sol refletido acima na superfície da água iluminava-lhe a praça central. Eu ficava de pé, sem mover um dedo, olhando com calma ao meu redor. Várias portas davam para caminhos abertos na floresta. Eu observava o movimento das filhas e noras de *Tëpërësiki*, que entravam e saíam da casa com seus filhos. Achava-as muito bonitas. Apesar de morrer de medo do pai delas, não podia parar de admirá-las. Mas assim que tentava segui-las, acordava de sobressalto. Às vezes, bastava eu me virar em direção à porta pela qual tinha entrado para o sonho acabar. Então, lamentava muito não ter podido ficar na casa da gente das águas.

No dia seguinte, perguntava a meu padrasto:[9] "De quem é a casa debaixo do rio que eu vi no meu sono? Era tão bonita, gostaria de ter ficado admirando-a por mais tempo". Ele então me explicava com gentileza: "Você foi à casa onde o sogro de *Omama* vive com os espíritos peixe, os espíritos jacaré e os espíritos sucuri. Os *xapiri* estão começando a querê-lo de verdade. Mais tarde, quando você se tornar adolescente, se quiser conhecer o poder da *yãkoana*, abrirei de verdade os caminhos deles para você". Esse sonho se repetia muito, pois quando eu era criança passava bastante tempo pescando nos rios. Por isso a gente das águas não parava de capturar minha imagem, para me fazer sonhar.

Às vezes, eram imagens de outros seres desconhecidos que se apresentavam a mim durante o sono, como a do japim *ayokora*. Os enfeites deles eram deslumbrantes, de muitas cores reluzentes. Sua dança de apresentação e seus cantos eram magníficos. Ao contrário dos demais, esse espírito não me dava medo. Sentia-me feliz por poder admirá-lo. Acontecia também de eu ver o espírito lua, que parece um humano envolto por um halo de claridade intensa. Voava em minha direção e chegava bem perto de mim, e de repente começava a dar gargalhadas. Mostrava seus caninos proeminentes, enquanto sua barba e seus cabelos luminosos tremulavam na escuridão. Depois, desaparecia de repente, do lado da jusante do céu, onde o sol se levanta.[10] Ainda me lembro dessa imagem que me apavorava tanto! Os seres desconhecidos que apareciam em meus sonhos de criança eram espíritos *xapiri* que me olhavam e se interessavam por mim. Naquela época, eu ainda não sabia disso. Todas as imagens que via em sonho me deixavam muito apreensivo. Só bem mais tarde, quando meus antigos me deram de beber o poder da *yãkoana*, compreendi que, desde aquele tempo, tinham vindo ao meu encontro para que eu me tornasse um xamã.

Quando eu chorava ou gritava durante a noite, as pessoas de nossa casa costumavam ficar irritadas. Então, meu padrasto, com paciência, explicava a eles: "Os espíritos olham esse menino e ele se comporta como um fantasma. Por isso geme e fala durante o sono". Assim como minha mãe, ele cuidava muito bem de mim. Era um homem de sabedoria, um grande xamã. Quando eu acordava aos prantos, à noite, ele me tranquilizava, dizendo: "Saia desse sonho, volte desse estado de fantasma! Não tenha medo! São os ancestrais animais *yarori* que você está vendo. Quando você crescer, se quiser, farei com que beba pó de *yãkoana* e eles construirão sua casa junto de você. Então será sua vez de poder chamá-los".[11] Depois, fazia passes sobre mim com as duas mãos, enquanto soprava. Eu ia me acalmando aos poucos. Porém, alguns dias depois, tudo recomeçava. Os *xapiri* voltavam a mim, incontáveis. Retomavam sua dança de apresentação numa luz ofuscante e desapareciam assim que eu acordava. Meu padrasto me consolava de novo: "Não tema! Você vai crescer e, quando for adulto, será um grande xamã, deveras capaz de fazer dançar os espíritos. Protegerá seus filhos e as pessoas de sua casa contra os seres maléficos e saberá curá-los quando adoecerem". Ao escutar essas palavras, eu me acalmava e voltava a dormir.

Como eu, meu filho mais velho se inquietou muito durante a infância. Nunca teve o sono tranquilo. Os espíritos também tinham posto os olhos nele. Sonhava que caçava, que viajava. Costumava ver os espíritos dançando à noite. Então, eu dizia a mim mesmo que, mais tarde, seria a minha vez de fazê-lo beber *yãkoana*. Mas agora que ele se tornou adulto, não sei se ainda vê os *xapiri* durante o sono. Tornou-se professor e está sempre muito ocupado com as palavras dos brancos. Talvez tenha medo de esquecer os desenhos de palavras que aprendeu[12] se concentrar seu pensamento nos espíritos. Talvez tenha sido enfraquecido por pensar demais nas mulheres. Não sei. Quando eu era criança, meu padrasto sempre me manteve longe das mulheres. Cuidou de mim para que eu pudesse me tornar xamã de verdade.

Minha mãe, ele, minha irmã e eu vivíamos afastados dos outros. Costumávamos morar numa casinha no lugar chamado de *$T^{h}oot^{h}ot^{h}opi$*, longe das pessoas da casa grande de *Marakana*.[13] De modo que eu não vivia na companhia de suas filhas e irmãs. Por isso, quando criança, eu temia as mulheres. Quando acontecia de eu me encontrar perto delas, dizia: "Não se aproximem! Não quero sentir o cheiro das folhas de mel *puu hana* que enfeitam seus braços! Eu viraria a cabeça e ficaria enjoado". É verdade, o perfume dessas folhas afugenta os espíritos, que temem aquelas que as usam como se fossem seres perigosos. Se os rapazes começarem a copular cedo demais, os espíritos não virão dançar para eles. Ficam enojados com o seu cheiro de pênis e os consideram sujos. Não vêm mais visitar seus sonhos. Do mesmo modo, detestam os jovens caçadores que comem suas próprias presas. Estes também não sonham.[14] Assim é. Os *xapiri* preferem os meninos que crescem sem olhar para as mulheres.

Quando se é jovem, o bom é andar sempre na floresta. É ruim ficar pensando o tempo todo em mulheres e em comer suas vulvas.[15] É deplorável passar as noites a desejá-las a ponto de atravessar a casa engatinhando para encontrá-las às escondidas em suas redes.[16] Melhor preocupar-se em ser bom caçador, sempre ficando atento à caça na floresta. Só desse modo um rapaz pode agradar aos espíritos, que então virão a ele por pensar que ele lhes pertence. Assim, mais tarde, estarão dispostos a dançar para fazer dele um xamã.

Foi o que me aconteceu quando era menino. Cresci passando meu tempo na floresta e foi assim que comecei, pouco a pouco, a ver os *xapiri*. Ficava concentrado na caça e, durante a noite, as imagens dos ancestrais animais se apresentavam a mim. Seus enfeites e pinturas brilhavam de modo cada vez mais nítido em meus sonhos. Podia também escutá-los quando falavam e quando gritavam. Esse tipo de coisa acontecia muito às crianças dos nossos maiores, no tempo em que os brancos ainda estavam longe da nossa floresta. Mas, desde que eles se aproximaram de nós, os meninos e os rapazes não são mais como éramos antigamente. Hoje, é comum terem medo do poder da *yãkoana*. Temem morrer e às vezes chegam a mentir para si mesmos, pensando que um dia poderão virar brancos.[17]

Quando eu era menino, também costumava adoecer. Era muito frágil. Os seres maléficos da floresta e os da epidemia não paravam de implicar comigo. Com o tempo, os xamãs começaram a se cansar de trabalhar tanto para me curar. Então, estenderam minha imagem numa tipoia *yaremaxi*[18] e a esconderam na casa do espírito morcego. A salvo, na escuridão, ficava fora do alcance dos predadores. Por mais que eles procurassem por toda parte, não conseguiam mais encontrá-la. Assim faziam os antigos xamãs. Para protegerem as criancinhas das doenças, eles às vezes também as escondiam na canoa do espírito anta.[19] Sua própria filha cuidava dos pequenos: lavava-os, ninava-os, brincava com eles enquanto navegava pelas águas, longe dos seres famintos de carne humana. Foi assim que eu finalmente parei de ficar doente com tanta frequência.

Conforme tiravam as doenças de meu corpo com seus passes, os xamãs mais velhos de nossa casa iam também colocando em mim, aos poucos, as imagens de enfeites preciosos que são dos *xapiri*.[20] Amarraram em meus braços braçadeiras de crista de mutum e botaram nelas penas caudais de arara. Colocaram penas de papagaio nos lóbulos de minhas orelhas. Cobriram meus cabelos de penugem branca e amarraram uma faixa de rabo de macaco cuxiú-negro em torno de minha testa. Nenhum desses enfeites era visível aos olhos de fantasma da gente comum. Mas suas imagens estavam lá, presas a mim com firmeza, e protegiam o menininho que eu era. Alertavam os espíritos quando seres maléficos se aproximavam. Eles então tinham tempo de avisar seus pais, os xamãs, que assim podiam afugentá-los a tempo.

Os xamãs daquele tempo também me adornaram com os enfeites do espírito anta, para que eu me tornasse um grande caçador.[21] Pois quando um rapaz usa esses objetos preciosos, as antas se apaixonam por ele. Preferem-no a qualquer outro. Quando o veem andando na floresta, pensam: “Que caçador magnífico! Está à minha procura, devo ir em sua direção!”. Sem isso, nenhuma anta iria se deixar flechar com tanta facilidade, só para aplacar a fome de carne dos anciãos! Assim, acho que os xamãs amarram esses enfeites no braço dos meninos para que, mais tarde, cacem para eles, e não lhes falte carne de caça na velhice.

Graças a todos esses enfeites, os *xapiri* me olhavam com carinho e eu sempre via suas imagens em sonho. A vinda dessas imagens coloca as crianças em estado de fantasma durante o sono, como acontecia comigo. Isso também aconteceu com a mais velha de minhas três filhas. Penachos de penas *paixi* dos espíritos foram colocados nela também quando era ainda bebê! Ela sonhava muito e muitas vezes gritava de medo durante a noite. Entrava com facilidade em estado de fantasma. Poderia ter se tornado xamã.[22] Os espíritos olhavam para ela com interesse, como haviam feito comigo. Quando ainda era uma menininha, antes de sua primeira menstruação, ela às vezes me dizia: "Pai! Mais tarde, quando eu for mais forte, eu gostaria muito de ver a beleza dos espíritos como você. Você vai me dar *yãkoana* para beber!". Mas, agora, é adulta e está casada. Talvez ainda sonhe com os espíritos, mas não fala mais nisso. Seu pensamento está ocupado com muitas outras coisas.

Às vezes, os *xapiri* fixam seu olhar nas crianças só porque bebem mel demais.[23] Nós o preparamos diluindo-o em água; as crianças gostam dessa bebida. Um de meus cunhados, que também era um grande xamã, me dava bastante quando eu era pequeno. Dizia: "Beba este mel que acabo de preparar para você! Quando você crescer, poderá fazer dançar os espíritos, como eu!". Era bem doce, eu gostava e tomava muito mesmo. Em seguida, satisfeito, eu caía no sono. Entrava logo em estado de fastasma e começava a sonhar. Via tudo com tanta clareza quanto em pleno dia. Ouvia gritos, vozes e silvos agudos. Via os animais correndo na floresta e, ao longe, os *xapiri*, dançando com alegria. Depois os espíritos abelha se aproximavam de mim para brincar. Eu ficava então mergulhado numa luz tão intensa que me assustava e eu acabava em prantos. Assim era. O mel é o alimento preferido dos espíritos e, quando as crianças tomam muito mel, os *xapiri* aparecem muito em seus sonhos, mesmo que elas ainda não sejam capazes de reconhecê-los.

Quando fiquei maior, às vezes o irmão de minha mãe, meu padrasto e outros xamãs de nossa casa me ofereciam um pouco de pó de *yãkoana*.[24] Assim, quando se reuniam para afastar os espíritos maléficos e eu estava brincando nas proximidades, eles me chamavam: "Venha cá! Experimente o poder da *yãkoana*! Entre em estado de fanstasma e, mais tarde, você se tornará xamã!". Eu ficava um tanto intimidado, mas mesmo assim aceitava algumas pitadas que eu tomava sozinho, ou então me aproximava deles para soprarem um pouco em minhas narinas. Ficava muito curioso quanto ao que poderia ver. Deitava em minha rede e ficava assim, parado. Aos poucos ia virando fantasma e, quando anoitecia, sonhava sem parar. Então, podia ver as magníficas imagens dos ancestrais animais, dos espíritos do céu e dos rios. Isso me acontecia muitas vezes, pois quando eu era pequeno, gostava de experimentar o pó de *yãkoana*. Foi assim que me fizeram crescer.

Meus parentes mais velhos também me davam um pouco no final de festas *reahu*, quando os homens a tomam juntos, no centro da casa, antes de darem início aos seus diálogos *yãɨmuu*.[25] Faziam-me cheirar um pouco, duas ou três vezes. Aí, a força da *yãkoana* me pegava e em seguida me fazia morrer.[26] Eu rolava e me debatia no chão, como um fantasma. Não via mais nada à minha volta, nem a casa, nem seus moradores.[27] Gemia e chamava minha mãe: "*Napaaa! Napaaa!*". Minha pele permanecia estirada no chão, enquanto os *xapiri* pegavam minha imagem e a levavam para longe, muito ligeiros. Eu voava com eles até as costas do céu, onde vivem os mortos, ou para o mundo subterrâneo dos ancestrais *aõpatari*. No final, me traziam de volta ao lugar onde jazia minha pele e eu recobrava consciência. Nessa época, eu estava mais crescido e já não tinha nenhum medo do poder da *yãkoana*. Sem ela, eu não teria visto todas essas coisas em meus sonhos. Não foi mingau de banana nem mingau de pupunha que me fez sonhar quando criança![28] Menos ainda o perfume inebriante das folhas de mel usadas pelas mulheres!

Se os xamãs mais velhos de minha casa não me tivessem feito beber o pó de *yãkoana*, eu não teria sido capaz de matar minha primeira anta quando ainda era bem novo e, uma vez adulto, não teria jamais vindo a ser bom caçador. Sim, é verdade, matei minha primeira anta sozinho, e mal tinha chegado à adolescência![29] Tudo porque eu já tinha visto em sonho a imagem desse ancestral animal. Assim foi. Eu tinha saído para caçar sozinho. Meu padrasto me havia emprestado sua espingarda, recém-trocada com os brancos.[30] Já tinha caminhado durante bastante tempo na floresta quando, de repente, percebi uma forma escura na beira do caminho. Tive medo e pensei, inquieto: "O que pode estar assim deitado no mato?". Então, reconheci a sombra de uma anta. Vi seus olhos fitando-me na penumbra. Fiquei apavorado. Meu coração batia no peito e pensei: "E se de repente ela me atacar? As antas são perigosas! Se eu atirar nela, ela vai se virar para me morder ou me pisotear". Então recuei e comecei a tomar o caminho de volta correndo. Eu já tinha sonhado com antas ou outros animais — queixadas, veados e jacarés — que me perseguiam na floresta para me machucar. Por isso saí correndo daquele modo!

Não fui muito longe, porém. Parei de correr e esperei que meu pensamento voltasse a ficar calmo. Voltei sem fazer barulho para a anta, que continuava deitada no mesmo lugar. Olhou para mim de novo. Dessa vez, fiquei calmo. Olhei com o canto dos olhos e localizei uma árvore na qual poderia subir se ela decidisse me atacar. Em seguida, fabriquei uma peconha de cipó *masi* e encaixei meus pés nela.[31] Depois, devagar, mirei e atirei. Assim que o estrondo do cartucho soou, joguei a espingarda no chão depressa e subi na árvore. Mas a anta, apesar de ferida, não quis me atacar como eu achei que fosse. Rolou no chão soltando um grunhido de dor e logo tentou fugir na direção oposta. Ao ver isso, perdi todo o medo, desci de meu refúgio, e enfiei outro cartucho em minha espingarda. A anta continuava deitada, exposta, e ainda tentando se levantar. Mirei de novo, me aproximando dela, e atirei. Dessa vez, ela morreu no ato.

Aí voltei para nossa casa correndo e, assim que cheguei, me precipitei até meu padrasto para anunciar a novidade: "*Xoape!*[32] Acabo de matar uma anta com a sua espingarda!". Ele parecia mesmo surpreso e, na hora, não acreditou: "Você não está mentindo? É verdade? Onde ela está?". Respondi orgulhoso: "É verdade! Não está longe daqui, rio abaixo, onde está o tronco tombado de uma árvore *rapa hi*!". Ele ainda não parecia estar convencido: "Está morta mesmo?". Insisti, com energia: "*Awei!* Está caída na beira do caminho! É verdade!". Afinal, ele resolveu exortar nossos familiares: "Vamos trinchar a anta que meu enteado acaba de matar!". Depois fomos todos juntos buscar a carne do animal, que é muito pesado.

Meu padrasto aproveitou para me dizer que eu tinha feito bem em abandonar minha presa na floresta. Ensinou-me que, quando se mata uma anta, é melhor não tocá-la e nem mesmo respirar seu cheiro. Deve-se deixá-la onde caiu e voltar depois com parentes para trazer a carne. Caso contrário, o caçador que a matou corre o risco de ficar panema para sempre. Depois dessa, matei muitas outras antas. Mas essa foi a primeira mesmo. Eu sonhava sem parar naquela época, por isso me tornei bom caçador. Agora, já não sou tão bom. Trabalhei demais com os brancos na floresta e eles me fizeram comer minhas próprias presas muitas vezes. Isso me fez perder a habilidade na caça.

Quando se é criança, aprende-se a pensar direito aos poucos. Vamos nos dando conta de que os *xapiri* existem mesmo e de que as palavras dos maiores são verdadeiras. Compreendemos pouco a pouco que os xamãs não agem como fantasma à toa. Depois de um tempo, o pensamento se concentra nas palavras dos espíritos e a vontade de vê-los fica muito grande. Nos apegamos à ideia de que um dia vamos poder pedir aos xamãs mais experientes para soprarem pó de *yãkoana* em nosso nariz e eles nos darão os cantos de seus espíritos.[33] Foi assim que aconteceu comigo antigamente. Os *xapiri* vinham muito me visitar em sonho. Desse modo, começaram a me conhecer bem. Diziam para mim: "Como você responde ao nosso chamado, vamos dançar para você e pendurar nossas redes na sua casa de espíritos". Durante toda a minha infância, nunca parei de ouvir seu chamado. Mais tarde, tornei-me adolescente, e então jovem adulto, e isso continuou. Nunca dormia sem vê-los descer para mim. Deixaram de me amedrontar e parei de chorar durante a noite. Mas eu continuava falando e gritando durante o sono. De manhã, meus familiares me perguntavam: "O que está acontecendo? Você está se tornando xamã?". Eu apenas respondia que não sabia.

Entre nós, é assim. Primeiro os *xapiri* olham com afeto para a pessoa, quando é criança. Então ela fica sabendo que estão interessados nela e que vão esperar até ficar adulta para se revelarem de verdade. Depois, conforme cresce, eles continuam a observá-la e a testá-la. Por fim, se a pessoa quiser, pode pedir aos xamãs mais velhos de sua casa para lhe darem *yãkoana* para beber. Eles então abrirão para ela os caminhos pelos quais os espíritos virão dançar e construir sua casa. Durante a infância, vira-se fantasma de vez em quando, nada mais. Só se pode conhecer os *xapiri* de verdade depois de ter bebido *yãkoana* por muito tempo. A partir daí, eles não saem mais de seu sonho. É assim que alguém se torna de fato um homem espírito! Então, durante o tempo do sonho, os xamãs veem apenas a dança de apresentação dos *xapiri*. Não pensam mais em seus filhos, sua roça, nos que visitam sua casa ou na vulva de sua mulher, como fazem os homens comuns.

Com os filhos de xamã as coisas se passam de outro modo. Eles nasceram do esperma dos espíritos.[34] Assim, tornam-se outros antes mesmo de começar a beber o pó de *yãkoana*. São os *xapiri* que seu pai tinha que copularam com sua mãe para fazê-los nascer. Por isso, na verdade, eles não provêm do esperma de seu pai humano. É mesmo o xamã quem come a vulva de sua esposa, sim, mas, por intermédio dele, são seus *xapiri* que a engravidam. Assim é. Os filhos de xamã nascem e tornam-se espíritos sozinhos. Seguem o caminho de seus pais. As mulheres da gente das águas *yawarioma* apoderam-se deles assim que ficam adolescentes para levá-los para sua casa no fundo dos rios. Contudo, isso só ocorre se tiverem mesmo a floresta no pensamento e passarem a maior parte do tempo caçando, sem prestar atenção nas mulheres. Os espíritos olham os hábeis caçadores com bons olhos. Sabem que eles gostam da caça, que seguem sem descanso as pistas de suas presas e as flecham com habilidade. Assim, andando o tempo todo pela floresta, os rapazes acabam tornando-se outros durante o sono. Começam a sonhar com os *xapiri* sem parar. Estes os olham e se apaixonam por eles. Dizem a si mesmos: "Queremos descer e instalar nossa casa junto dele! Ele gosta da caça, vamos mostrar a ele nossa dança de apresentação. Quem sabe ele nos quer?".

A gente das águas são grandes caçadores. É por essa razão que se afeiçoam aos rapazes cujo pensamento se concentra na caça. Consideram-nos como verdadeiros habitantes da floresta.[35] Por isso suas irmãs gostam de se apoderar de suas imagens para fazê-los se tornar espíritos. Quando são pegos desse modo, os rapazes entram em estado de fantasma. Começam a correr pela floresta e ficam gritando, exaltados: "*Aë! Aë! Aë!*". É desse modo que as mulheres das águas os atraem para longe, até sua casa. Apaixonados, ficam lá muito tempo. Afinal, quando elas os deixam voltar para casa, eles recuperam a consciência e se veem de repente sozinhos, perdidos numa floresta desconhecida. Então dizem a si mesmos: "*Oae!* Minha verdadeira casa fica bem longe daqui!" e retornam para junto dos seus.

A gente das águas são os filhos, genros, filhas e noras de *Tëpërësiki*, o sogro de *Omama*, que lhe trouxe as plantas que cultivamos em nossas roças. São os donos da floresta e dos cursos d'água. Parecem com humanos, têm mulheres e filhos, mas vivem no fundo dos rios, onde são multidões. São mesmo excelentes caçadores! Percorrem sem trégua seus caminhos na floresta, flechando araras, tucanos, papagaios, pássaros *hëima si* e todos os outros tipos de caça.[36] Porém, jamais comem suas próprias presas. Acham que seria uma coisa assustadora, como nós também pensamos. Antes as oferecem a suas irmãs, que são muitas e muito bonitas. Essa gente das águas mora junto com o pai, *Tëpërësikɨ*, e também com os espíritos poraquê, sucuri e jacaré. Suas redes ficam penduradas umas ao lado das outras, no seco, como as nossas em nossas casas. São eles que os olhos de fantasma das pessoas comuns veem como peixes. No entanto, suas imagens também se tornam *xapiri* que os xamãs fazem dançar.

Omama pegou pelo braço uma dessas mulheres das águas, a filha de *Tëpërësikɨ* que chamamos *Tʰuëyoma*. Mas não a pescou como um peixe. Foi o pai de minha esposa que me contou isso.[37] *Omama* foi até o rio com um feitiço amoroso na ponta de um cipó. Quando chegou à beira, lançou a linha e sua isca. A mulher das águas o viu aproximar-se e o achou bonito. Então, se agarrou ao cipó e se deixou tirar para fora da água. *Omama* cheirava bem, pegou seu braço e a içou para a beira. Depois se casou com ela e é dela que nós viemos.

Hoje, são essas mesmas filhas de *Tëpërësikɨ* que fazem os rapazes cheirar feitiços amorosos *xõa* para capturar suas imagens e fazê-los se tornar outros. À tarde, quando caçamos longe na floresta, podemos ouvir seus murmúrios. E se um jovem caçador as encontra, apoderam-se dele. Mas, antes de aparecer para ele, indagam-se: "Ele é mesmo bonito e bem cuidado?". Sem que ele saiba, cheiram sua pele. Inspecionam sua língua, seu peito e seu pênis. Examinam suas unhas. Perguntam-se: "Será que é bom caçador? Não come as próprias presas?". Só decidem levá-lo consigo se ele for de seu agrado. Se gostarem mesmo dele, depois o levam para sua casa debaixo d'água.

É assim que acontece. Os rapazes começam perdendo consciência de tanto perseguir a caça na floresta. Sentem-se muito fracos e vão se tornando fantasma pouco a pouco. Os animais de que se aproximam olham bem para eles e começam a rir, como humanos. Os que são flechados por eles gemem de dor. As árvores falam com eles e as folhas tocam neles como mãos.[38] Então, as mulheres das águas, aproveitando-se de sua fraqueza, chamam-nos e levam suas imagens até sua casa, onde os retêm por muito tempo. É durante essa estadia nas profundezas dos rios que eles começam a se tornar outros. Elas os mantêm deitados em suas redes, os abraçam e assim os fazem esquecer tudo. Riem deles quando lhes fazem perguntas e nunca respondem. Finalmente, quando conseguem escapar e voltar para suas casas, elas os seguem até lá. Escondem-se no fundo, atrás de suas redes, e permanecem ainda por algum tempo ao lado deles. É assim que, depois, os rapazes pedirão aos xamãs mais antigos de suas casas que lhes deem pó de *yãkoana* para beber.

Os filhos de xamãs, como eu disse, são também filhos de espíritos. É por isso que a gente das águas *yawarioma* os reconhece como genros e suas filhas se apoderam deles tão depressa. Eu sou só um filho de ser humano. Meu pai não era xamã, não conhecia os *xapiri*. Assim, eu não sabia nada disso quando era adolescente. As mulheres das águas nunca me levaram para sua casa, nunca me deitaram em suas redes. Preferem os filhos de xamãs. Assim é. Apesar disso, eu nunca deixei de ver os *xapiri* em sonho, desde que era pequeno, mesmo sem saber quem eram. Foi só muito mais tarde, já adulto, que apresentei meu nariz aos xamãs mais velhos para que me dessem seus espíritos. Senti vontade disso por conta própria. Achei que seria bonito poder ver as coisas de verdade e assim, aos poucos, fui me afeiçoando aos *xapiri*.

A única coisa que me aconteceu na floresta quando era adolescente foi ser atacado pelos espíritos dos queixadas.[39] Naquela época, eu não parava de caçar com os homens de minha casa. Certa vez, tínhamos perseguido um bando desses porcos-do-mato[40] por bastante tempo. Era um final de tarde. Tínhamos conseguido cercá-los. Eles tinham desacelerado e estavam ao nosso alcance. Preparamo-nos para flechá-los, cada qual de um lado. Como os outros caçadores, escolhi uma presa e retesei meu arco com calma. Porém, de repente, os queixadas se dispersaram para todos os lados. Parte do bando deu meia-volta e veio correndo na minha direção. De repente, me vi cara a cara com aqueles animais, correndo enfurecidos para cima de mim. Aterrorizado, tentei escapar subindo numa árvore jovem, mas acabei tropeçando e caí. O choque com o solo foi violento e desmaiei por um instante. Foi tudo muito rápido. Apesar disso, os queixadas tiveram tempo de saltar por cima de mim, como se eu fosse só um tronco caído no chão. Passaram por cima de meu peito, um depois do outro, muito depressa, sem me tocar. Eram muitos, e cheiravam muito mal.

O ranger de suas presas era aterrorizante. Foi nesse momento, acho, que suas imagens me atacaram. Na hora, porém, não percebi nada.

Depois de passarem, me levantei, ainda tremendo de medo, e me juntei a meus companheiros, que tinham conseguido flechar vários deles. Não disse nada acerca de minha desventura. Trinchamos a caça abatida e colocamos os pedaços em jamaxins trançados com folhas de palmeiras *maima si* e *kõanari si*. Anoitecia, e estávamos muito longe de nossa casa. Decidimos acampar em plena floresta, e cozinhar tripas de queixada em embrulhos de folhas, para acalmar nossa fome de carne.[41] Uma vez satisfeito, adormeci com tranquilidade. Mas no meio da noite comecei a me sentir muito mal. Acordei sobressaltado e, de repente, vi tudo à minha volta com olhos de fantasma. Comecei a vomitar. Então, pensei: "Os queixadas são ancestrais mesmo![42] Fui atacado por suas imagens e são elas que me deixam doente!". No dia seguinte, voltamos para a nossa casa. Eu estava muito fraco, não podia carregar nada. Na noite seguinte, continuava doente. Dormi de novo em estado de fantasma. Foi nesse momento que os espíritos queixada começaram a me aparecer em sonho. Um número incontável deles escapava de um enorme buraco na terra, do qual saía também um vendaval. Dançavam devagar com seus enfeites de penas, sobre um espelho que refletia uma luminosidade ofuscante. Isso durou muito tempo e, de repente, desapareceram. Então, acordei e pensei: "O que está acontecendo comigo? Como eu vou poder sarar?".

Algum tempo depois, o marido da irmã de minha mãe, que também era um grande xamã, tentou expulsar o mal que estava em mim. Mas assim que ele começou sua cura, desmaiei. Fiquei inerte, largado em minha rede. Então, a mãe de meu padrasto, que era uma mulher muito velha, pegou uma panela cheia de água e derramou-a aos poucos sobre mim. Acabei recobrando a consciência. Meu fantasma retornou à minha pele e voltei a mim. Quando abri os olhos, vi minha mãe, sua irmã, uma filha de seu irmão[43] e minha avó chorando perto de minha rede, como se eu já estivesse morto! Em seguida, o xamã prosseguiu seu trabalho por um longo tempo e, por fim, fiquei curado.

Foi só o que aconteceu comigo quando eu era apenas um adolescente. Eu nunca fui levado pelas mulheres das águas. Contudo, no tempo dos antigos, era comum elas se apoderarem da imagem dos rapazes. Por isso eles de repente saíam correndo pela floresta e desapareciam, e foi assim que muitos deles se tornaram xamãs. Meu padrasto, que me criou em *Marakana*, me contou isso várias vezes, pois ele mesmo tivera essa experiência no passado. Agora eu gostaria de relatar suas palavras, para que os brancos possam ouvi-las. Eis o que ele me contou:[44]

"Quando eu era adolescente, meu pensamento começou a virar outro e foi assim que eu me tornei xamã. Um dia, eu estava caçando papagaios na floresta. Podia ouvir o tumulto de suas brincadeiras nas árvores, acima de mim. De repente, vi um ser das águas andando em minha direção. Era imponente. Tinha muitas caudais de arara, rabos de tucano e despojos multicolores de pássaros *wisawisama si* fixados em suas braçadeiras de cristas de mutum. Via-se, pelos enfeites, que era um grande caçador. Aproximou-se devagar de mim e declarou: 'Tente flechar os papagaios de onde está!'. Surpreso e temeroso, perguntei: 'Quem é você?'. Só respondeu: 'Eu? Eu quero comer os papagaios que você flechar. Vá mais para lá e tente! Mas não fleche o corpo, mire na goela, justo abaixo do bico!'. Fiz o que me dizia. Flechei um primeiro papagaio, depois um outro, bem como ele havia indicado. Então, segurou meu braço e disse: 'Cunhado! Está bom, basta! Vou mandar minha irmã vir buscar suas presas!'.[45] Eu sentia muito calor e suava muito. Meu pensamento ia se perdendo aos poucos. Fiquei no mesmo lugar, calado e imóvel, de pé ao lado dos papagaios mortos caídos no chão. Algum tempo depois, uma mulher das águas abriu caminho na floresta até onde eu estava.

"As folhas das árvores começaram a tremular ao vento e a floresta se encheu de uma luz tremulante. Ela se aproximou de mim a pequenos passos. Seus lábios sorriam, pois ela queria fazer sua magia amorosa agir sobre mim. Era belíssima. Tinha olhos lindos e a vulva bem curta, sem pelos pubianos. Recomecei a flechar papagaios para ela. Mas assim que começavam a cair rodopiando, seus gritos se transformavam em cantos de espíritos *xapiri*: '*Arerererere!*'. A mulher das águas então recolhia seus despojos um por um, aprovando com alegria: '*Awei!* Muito bem! Você é um ótimo caçador! Continue flechando esses papagaios!'. E os pássaros continuaram caindo, conforme eu os atingia, um por um: '*Arerererere! Arerererere! Arerererere!*'. Mas, assim que tocavam o solo, minhas flechas, enfiadas em seus corpos, se transformavam em cobras! E quando eu tentava pegá-los, elas me picavam! Minha visão ia se turvando cada vez mais e eu mal distinguia as coisas ao meu redor. Eu sentia que estava perdendo a consciência.

"A cada vez, a mulher das águas chegava bem perto de mim rindo, com uma vozinha doce: '*He he he he!*'. Depois, recolhia as flechas e as entregava para mim: 'Tome, pegue, eis o que você está procurando!'. Assim que eu tentava pegá-las, no entanto, saíam voando, emitindo o mesmo canto de espírito: '*Arerererere!*'. Conforme o tempo passava, fui me tornando outro de verdade e foi meu arco que eu senti sair voando: '*Arerererere!*'. Estava cada vez mais inquieto e ficava me perguntando o que ia acontecer comigo. Estava por inteiro dominado pela magia amorosa daquela filha de *Tëpërësikɨ*. Então, de repente, os espíritos da floresta começaram a afluir em minha direção! As imagens das folhas e das raízes de todas as árvores desceram primeiro, lançando gritos de alegria e assobiando com suas flautas de bambu *purunama usi*.[46] Tinham os cabelos cobertos de penugem branca, faixas de rabo de macaco cuxiú-negro em torno da cabeça e braçadeiras de cristas de mutum guarnecidas com muitas caudais de arara-vermelha. Chegaram em seguida as imagens dos cupins, que me carregaram nas costas, correndo para todos os lados. Depois foi a vez das imagens das pedras, que quase me derrubaram e esmagaram, e então a do céu, que veio me arrancar a língua. E então, outros *xapiri* levaram meus olhos para longe e foi assim que eu mesmo comecei a me tornar espírito.[47]

"Afinal, a irmã do ser das águas agarrou meu pulso e me arrastou pela floresta. Comecei a correr ao lado dela, destroçando os galhos do mato rasteiro conforme passava. Estava muito exaltado e não parava de gritar: '*Aë! Aë! Aë!* Uma mulher *yawarioma* está me levando! A luz me cega! Tenho medo! *Aë! Aë! Aë!*'. Ninguém além de mim podia vê-la e, no entanto, eu estava mesmo correndo com ela! Seu caminho era muito quente e eu estava molhado de suor. Não via mais nada ao meu redor. Não teria sido capaz de reconhecer meus familiares nem minha própria casa. Tinha virado outro. Corri assim por muito tempo, atravessando florestas desconhecidas. No final, esgotado, parei numa clareira, bem longe de onde morava. A mulher das águas então me tranquilizou, sempre com uma voz doce: 'Não tenha medo! Falta pouco agora. Estamos perto da casa de meu pai'. Depois desse breve descanso, recomeçamos a correr, ainda mais depressa, em seu caminho sinuoso através da mata.

"De repente, ouvi o rugido de uma onça com seu filhote. Amedrontado, alertei logo minha companheira: 'Vamos embora deste caminho, ele vai nos devorar!'. Ela não parecia preocupada e tentou de novo me acalmar: 'Não tenha medo! Essa onça é minha, não vai nos atacar'. Mas isso não me tranquilizava nem um pouco, e eu insisti: 'Estou com muito medo! Vamos dar a volta, mesmo assim'. Ela voltou a responder com doçura: 'Não, ela não vai devorá-lo. É mansa. Não há o que temer'. Como eu teimava, nos afastamos um pouco. Porém, por mais que eu tratasse de me desviar do animal, ele estava sempre no nosso caminho. Assim é. As onças são os cães de caça da gente das águas.

"Por fim, chegamos a uma vasta extensão de água escura no meio da floresta. Permaneci de pé na beira, imóvel. Continuava muito inquieto. Aí, a mulher das águas designou com os lábios a superfície do lago e me disse: 'Chegamos à casa de meu pai. Vamos! Entremos!'. Protestei com energia: 'Não! Não quero mergulhar nesse lago! É fundo demais! Jacarés-açus vão me devorar! Vou me afogar!'. Ela respondeu sorrindo: 'Não tenha medo! Você não vai se afogar e não há jacarés-açu aqui. Esta água é só a parte de fora de nossa casa. A porta fica logo ali'. Apesar dessas palavras, eu continuava resistindo. Então ela mergulhou na minha frente, depois voltou à superfície me mostrando um punhado de terra e disse: 'Veja! Está seca! Vem do chão de nossa casa. A porta está bem aqui, pertinho! Atravesse-a e verá com seus próprios olhos. É verdade!'. Eu ainda hesitava, então ela me agarrou pelo pulso e me levou para debaixo da água.

"Aterrorizado, eu achava que ia afundar direto para o fundo do lago. Mas logo me vi no seco, dentro de uma casa imponente, cercada de grandes roças de banana, mandioca, cará, taioba, batata-doce e cana-de-açúcar. Parecia com nossas casas, mas era bem maior. O pai da moça, *Tëpërësikɨ*, estava deitado em sua rede de um lado, e todos os seus filhos instalados do outro lado. Olhei de longe para ele, mas sua filha me alertou: 'Nem pense em chegar perto de meu pai, senão ele irá engoli-lo no mesmo instante!'. Suas várias irmãs, em compensação, nos receberam com alegria. Cercaram-me assim que cheguei e demonstraram muita amizade. A moça que tinha me atraído à floresta era a mais velha. Além dessas meninas, só havia dois rapazes, que eram seus irmãos. Um deles disse às moças: 'Parem de fazer tanto barulho! Pai vai acordar!'. Então, a mulher de *Tëpërësikɨ*, cuja rede estava pendurada abaixo da do marido, disse em voz baixa: 'Filha! Você chegou?'. E, sem olhar para mim, acrescentou: 'Dê esses carás de comer a esse aí que está agachado ao seu lado! Ofereça-lhe mingau de banana para beber! E também batata-doce! Não o deixe com fome!'.[48] A gente das águas pratica o serviço da noiva *turahamuu* e nós seguimos seu exemplo.[49] Por isso, quando um adolescente se torna xamã, chama de "sogro" e "sogra" os pais da mulher *yawarioma* que o raptou. Assim é.

"Depois de eu ter comido à vontade, as moças vieram, uma por uma, rindo, deitar na minha rede para brincar comigo. Um dos irmãos as avisou de novo para não levantarem a voz. Mas seu pai acabara acordando e já se ouvia sua voz grave ressoando pela casa toda. As filhas, no entanto, não pareciam preocupadas. Continuaram vindo a mim, uma depois da outra, para brincar e namorar. Eu estava seduzido por sua magia amorosa. Por isso fiquei assim com elas por muito tempo. Pouco a pouco, fui me transformando para me tornar xamã. Enquanto isso, *Tëpërësiki* tinha começado a entoar seus cantos, para que eu os conhecesse. Salmodiava-os e, de tempos em tempos, cuspia no chão os objetos que acabara de nomear: pontas de flecha de bambu, grandes frutos oblongos da árvore *aro kohi* e até queixadas e antas, pois sua boca era mesmo enorme![50] Desse modo eu aprendi as palavras que permitem regurgitar as substâncias de feitiçaria, as armas dos espíritos e o algodão ardente dos seres maléficos que estão no corpo dos doentes. *Tëpërësiki* assim me deu a boca dos espíritos japim *ayokora*.

"Porém, passado algum tempo, começou a ficar cansado. Parou de cantar e de expectorar objetos. Exausto, suspirava fundo. Aí, exclamou: 'Façam o visitante se agachar perto de mim! Tenho mesmo muita fome!'. Ele queria me engolir! Seus filhos, que haviam permanecido na casa para fabricar pontas de flecha, o impediram de me pegar. Para enganá-lo, responderam: 'Ele não pode ir agora. Ainda está ocupado fazendo amizade com nossas irmãs'. Apesar disso, *Tëpërësiki* mandou me chamar diversas vezes. Mas os rapazes sempre contavam a mesma mentira. Desistiu, acabou retomando seus cantos. Então seus filhos disseram baixinho a uma de minhas companheiras: 'Irmã! Agora volte para a floresta com nosso cunhado! Leve-o até sua casa!'.

"Foi assim que por fim voltei para casa. A mulher das águas que tinha me acompanhado dormiu a noite toda em minha rede, colada em mim. Depois, quando amanheceu, levou-me de volta para junto dos seus. E tudo recomeçou. A mãe dela me deu de comer, suas irmãs brincaram comigo e seu pai me deu a escutar seus cantos. Depois, uma outra moça levou-me de volta para casa e, ao amanhecer, parti de novo com ela, correndo e gritando na floresta. Isso tudo se reproduzia dia após dia. Cada vez era uma mulher das águas diferente que me levava para longe e me trazia para casa. Eu estava mesmo cativo de sua magia amorosa, e foi desse modo que me tornei xamã. É assim que acontece. Quando a imagem de um rapaz é capturada pelas filhas de *Tëpërësiki*, ele foge de casa todos os dias, para só retornar após o anoitecer. Mas já não reconhece ninguém ali. Tornado outro, parte ao raiar do dia em sua corrida pela floresta. Por mais que seus familiares tentem mantê-lo à força em sua rede, não conseguem. Ele não é capaz de resistir ao chamado dessas mulheres *yawarioma*. Ninguém mais as vê, mas elas estão sempre a seu lado. Suas corridas pela floresta levam-no para bem longe de sua casa. Pode até mesmo entrar e sair de casas de desconhecidos sem se dar conta, pois o intenso brilho do caminho da gente das águas na floresta o deixa cego. Assim, as mulheres *yawarioma* podem mantê-lo em seu poder por muito tempo. No fim, os xamãs de sua casa terão de trazer sua imagem de volta para que ele volte a si."

Foi desse modo que, antigamente, meu padrasto se tornou xamã, no tempo em que era jovem. Naquela época, flechava muitas antas, era um grande caçador. Por isso as irmãs da gente das águas o pegaram. Para virar outro, ele não se contentou em pedir aos mais velhos que o fizessem beber o pó de *yãkoana*. Não se tornou xamã à toa. Dizem que seu pai também era um grande xamã, cuja boca sabia regurgitar os objetos maléficos.[51] Seguiu-lhe as pegadas. Eu não fui seduzido pelas mulheres *yawarioma*. Apenas sonhei com elas algumas vezes. Não nasci do esperma dos espíritos, como os filhos de xamãs. Os *xapiri* somente dançaram em meus sonhos quando eu era pequeno, sem que eu os reconhecesse. Isso aconteceu muito antes de o pai de minha esposa abrir os caminhos deles para mim. De fato, foi ele que me enfraqueceu com a *yãkoana* e o pó de *paara*, para que os espíritos aceitassem instalar sua casa junto de mim.[52] Antes, eles deviam me achar muito feio e sujo. Deviam hesitar em chegar perto de mim! Mas, a partir do momento em que meu sogro me fez beber *yãkoana*, pude enfim admirar sua real beleza.

4. Os ancestrais animais

Dança dos espíritos.

Os *xapiri* são as imagens dos ancestrais animais *yarori* que se transformaram no primeiro tempo. É esse o seu verdadeiro nome. Vocês os chamam "espíritos" mas são outros.[1] Vieram à existência quando a floresta ainda era jovem. Os nossos antigos xamãs os faziam dançar desde sempre e, como eles, nós continuamos até hoje. Quando o sol se levanta no peito do céu, os *xapiri* dormem. Quando volta a descer, à tarde, para eles o alvorecer se anuncia e eles acordam. Nossa noite é seu dia. De modo que, quando dormimos, os espíritos, despertos, brincam e dançam na floresta. Assim é. São muitos mesmo, pois não morrem nunca. Por isso nos chamam "pequena gente fantasma" — *pore* t^h*ë pë wei!* — e nos dizem: "Vocês são fantasmas estrangeiros[2] porque são mortais!". Assim é. Em seus olhares, já somos fantasmas, porque, ao contrário deles, somos fracos e morremos com facilidade.

Os *xapiri*, no entanto, se parecem com os humanos. Mas seus pênis são muito pequenos e suas mãos só têm alguns dedos. São minúsculos, como poeira de luz, e são invisíveis para a gente comum, que só tem olhos de fantasma. Só os xamãs conseguem vê-los. Os espelhos sobre os quais dançam são imensos. Seus cantos são magníficos e potentes. Seu pensamento é direito e trabalham com empenho para nos proteger. Porém, se nos comportarmos mal com eles, podem também ficar muito agressivos e nos matar. Por isso às vezes nos dão medo. Também são capazes de devastar as árvores da floresta em sua passagem e até de cortar o céu, por mais imenso que seja.[3] Os verdadeiros *xapiri* são muito valentes! Apenas alguns deles se mostram fracos e covardes. Estes têm medo dos seres maléficos e da epidemia *xawara*.

Os espíritos se deslocam por toda a floresta, como nós, quando caçamos. Mas eles não andam sobre as folhas podres e na lama, eles voam. Também se banham nos rios, como nós quando sentimos calor, mas o fazem em águas puras que só eles conhecem. Também têm filhos, mas os seus são tantos e tantos que acham que os brancos têm muito poucos. Além disso, mesmo que fiquem muito velhos e cegos, os *xapiri* permanecem imortais. Por isso eles aumentam sem parar na floresta. Os que dançam para os xamãs não passam de uma pequena parte deles.

Para vê-los de verdade, é preciso beber o pó de *yãkoana* durante muito tempo e que os nossos xamãs mais velhos abram os caminhos deles até nós.

Isso leva muito tempo. Tanto quanto os filhos de vocês levam para aprender os desenhos de suas palavras. É muito difícil. Contudo, quando faço dançar meus *xapiri*, às vezes os brancos me dizem: "Não se vê nada! Só se vê você cantando sozinho! Onde é que estão seus espíritos?". São palavras de ignorantes. O pó da árvore *yãkoana hi* não fez morrer seus olhos, como os dos xamãs. Então, por não poderem ver os *xapiri*, seu pensamento permanece fechado. Assim é. Os *xapiri* só dão a ouvir suas vozes se seu pai, o xamã, morrer com a *yãkoana*. Quando têm fome eles a bebem através dele. Só então podem descer sobre seus espelhos. Eles também morrem com a *yãkoana*, como seu pai, e assim começam a dançar e cantar para ele. Sem isso, não poderiam ser vistos.

A imagem dos *xapiri* é muito reluzente. Estão sempre limpos, porque não vivem na fumaça das casas e não comem carne de caça como nós fazemos. Seus corpos nunca ficam cinzentos, sem pintura nem enfeites, como os nossos. Eles são cobertos de tinta fresca de urucum e enfeitados com pinturas de ondulações, linhas e manchas de um preto brilhante. São muito perfumados. Quando brincam com as mulheres dos seres do vento, às vezes se pode sentir no ar da floresta o cheiro do urucum e dos feitiços de caça que trazem ao redor do pescoço. A brisa de seu voo espalha odores tão intensos quanto os dos perfumes dos brancos. Mas a pintura dos *xapiri* é um de seus bens preciosos. Provém dos odores misturados das coisas da floresta e não tem o cheiro acre e perigoso do álcool dos perfumes da cidade.

Seus braços são enfeitados com muitos penachos de penas de papagaio e caudais de arara fincadas em braçadeiras de belas miçangas lisas e coloridas,[4] com muitas e muitas caudas de tucano e despojos multicolores de pássaros *wisawisama si* pendurados. Têm um porte muito imponente! Foi *Omama* que os ensinou a se enfeitar assim. Quis que fossem magníficos para vir nos mostrar sua dança de apresentação. Entretanto, existem também *xapiri* muito velhos, que já dançavam para nossos ancestrais. Estes têm cabelos brancos e barba. Alguns têm o crânio quase todo sem cabelo. Até os seres maléficos os temem! São verdadeiros antepassados. Todos os outros, mais jovens, têm os cabelos pretos e lisos e faixas de rabo de macaco cuxiú-negro em torno da cabeça, que realçam a abundância de sua cabeleira. Seus olhos não são avermelhados nem claros demais. Negros e límpidos, veem muito longe. Suas cabeças são cobertas de penugem branca; emana deles uma luminosidade deslumbrante que os precede por onde forem. É um ornamento que só eles possuem. Por isso os *xapiri* cintilam como estrelas que se deslocam pela floresta.

Os lóbulos de suas orelhas são também enfeitados com caudais de papagaio e despojos de pássaros *hëima si*. Seus dentes são imaculados e brilhantes como estilhaços de vidro. Quando são pequenos demais ou se falta algum, eles os substituem por pedaços de espelho que pedem a *Omama* para se embelezar. Alguns chegam a enfeitá-los com penas multicolores de pássaros *sei si*, como fazem os brancos com seus dentes de ouro. Outros possuem longos caninos, afiados e amedrontadores, com os quais dilaceram os espíritos maléficos. Outros ainda têm olhos atrás da cabeça! São espíritos das florestas longínquas. São mesmo outros! Assim é. Não se deve pensar que todos os espíritos são belos!

Em suas danças de apresentação, os *xapiri* agitam jovens folhas desfiadas de palmeira *hoko si*, de um amarelo intenso e brilhante. Movem-se em ritmo lento, flutuando com leveza no mesmo lugar, acima do solo, como num voo de beija-flor ou de abelha. Sopram em tubos de bambu *punurama usi*, gritam de alegria e cantam com uma voz poderosa. Seus cantos melodiosos são inumeráveis. Não param de entoá-los, um após o outro, sem interrupção. Alguns deles também possuem dentes que emitem um som modulado: "*Arerererere!*". E outros têm unhas compridas, que usam como apitos de silvo agudo: "*Kriii! Kriii! Kriiii!*". Ficam muito satisfeitos de mostrar sua dança de apresentação para nós! Seus movimentos são mesmo magníficos! Eles dançam com fervor, como jovens convidados que entram na casa de seus anfitriões.[5] Mas são ainda muito mais belos!

Os cantos dos espíritos se sucedem um após o outro, sem trégua. Eles vão colhê-los nas árvores de cantos que chamamos *amoa hi*. *Omama* criou essas árvores de línguas sábias no primeiro tempo, para que os *xapiri* possam ir lá buscar suas palavras. Param ali para coletar o coração de suas melodias, antes de fazerem sua dança de apresentação para os xamãs. Os espíritos dos sabiás *yõrixiama* e os dos espíritos japim *ayokora*[6] — e também os dos pássaros *sitipari si* e *taritari axi* — são os primeiros a acumular esses cantos em grandes cestos *sakosi*.[7] Colhem-nos um a um, com objetos invisíveis, parecidos com os gravadores dos brancos. Mas são tantos que nunca conseguem esgotá-los!

Entre esses espíritos pássaro, os dos sabiás *yõrixiama* são de fato os sogros dos cantos, seus verdadeiros donos. Esses *xapiri* são a imagem dos pássaros cujo canto melodioso ouvimos pela manhã e à noite na floresta. Assim é. Cada *xapiri* possui seus próprios cantos: os espíritos tucano e araçari, os espíritos papagaio, os espíritos da ararinha *weto mo*, os dos pássaros *xotokoma* e *yõriama* e todos os outros. Os cantos dos *xapiri* são tão numerosos quanto as folhas de palmeira *paa hana* que coletamos para cobrir o teto de nossas casas, até mais do que todos os brancos reunidos. Por isso suas palavras são inesgotáveis.

Omama plantou essas árvores de cantos nos confins da floresta, onde a terra termina, onde estão fincados os pés do céu sustentado pelos espíritos tatu-canastra e os espíritos jabuti. É a partir de lá que elas distribuem sem trégua suas melodias a todos os *xapiri* que correm até elas. São árvores muito grandes, cobertas de penugem brilhante de uma brancura ofuscante. Seus troncos são cobertos de lábios que se movem sem parar, uns em cima dos outros. Dessas bocas inumeráveis saem sem parar cantos belíssimos, tão numerosos quanto as estrelas no peito do céu. Mal um deles termina, outro continua. Assim, proliferam sem fim. Suas palavras não se repetem jamais. Por isso os *xapiri*, mesmo sendo tantos, podem obter delas todos os cantos que desejarem, sem nunca esgotá-los. Eles escutam essas árvores *amoa hi* com muita atenção. O som de suas palavras penetra neles e se fixa em seu pensamento. Capturam-nos como os gravadores dos brancos, nos quais *Omama* também colocou uma imagem de árvore de cantos.[8] É assim que conseguem aprendê-los. Sem eles, não poderiam fazer sua dança de apresentação.

Todos os cantos dos espíritos provêm dessas árvores muito antigas. Desde o primeiro tempo, é delas que obtêm suas palavras. Seus pais, os xamãs, não fazem senão imitá-los para permitir que sua beleza seja ouvida pela gente comum. Não se deve pensar que os xamãs cantam por conta própria, à toa. Eles reproduzem os cantos dos *xapiri*, que penetram um depois do outro em suas orelhas, como em microfones. Assim é. Mesmo os cantos *heri*, que se cantam quando há comida em abundância nas festas *reahu*, são imagens de melodias que vieram das árvores *amoa hi*.[9] Os convidados que gostam deles os guardam então no peito para poderem cantá-los depois, quando derem festas em suas casas. É assim que esses cantos se espalham de casa em casa.

Há dessas árvores de cantos em todos os limites da floresta, para além de nossa terra, e ainda além da dos *Xamatʰari*, e das montanhas onde vivem os *Horepë tʰëri*.[10] Mas são outras. Assim, há tantos tipos de árvores *amoa hi* quanto nossos modos de falar.[11] De modo que os *xapiri* que descem na floresta possuem uma infindável quantidade de cantos diferentes. É por isso que os xamãs visitantes de casas distantes podem nos dar a ouvir cantos desconhecidos. Há muitas dessas árvores *amoa hi* também nos confins da terra dos brancos, para além da foz dos rios.[12] Sem elas, as melodias de seus músicos seriam fracas e feias. Os espíritos sabiá levam a eles folhas cheias de desenhos que caíram dessas árvores de canto. É isso que introduz belas palavras na memória de sua língua, como ocorre conosco. As máquinas dos brancos fazem delas peles de imagens que os seus cantores olham, sem saber que nisso imitam coisas vindas dos *xapiri*. Por isso os brancos escutam tanto rádios e gravadores! Mas nós, xamãs, não precisamos desses papéis de cantos. Preferimos guardar a voz dos espíritos no pensamento.[13] Assim é. Transmito estas palavras pois eu mesmo vi, após nossos maiores, os inumeráveis lábios moventes das árvores de cantos e a multidão dos *xapiri* se aproximando delas. Eu as vi de perto, em estado de fantasma, depois de meu sogro ter me dado de beber o pó de *yãkoana*. Eu ouvi mesmo suas melodias infinitas se entrelaçando sem parar!

Os *xapiri* nunca se deslocam na floresta como nós. Descem até nós por caminhos resplandecentes de luz, cobertos de penugem branca, tão fina quanto os fios das teias de aranha *warea koxiki* que flutuam no ar. Esses caminhos se ramificam para todos os lados, como os que saem de nossas casas. Sua rede cobre toda a nossa floresta. Eles se bifurcam, se cruzam e até se superpõem, para muito além dela, por toda a vasta terra a que chamamos *urihi a pree* ou *urihi a pata*, e que os brancos chamam de mundo inteiro. Foram abertos pelos antigos xamãs que os fizeram dançar muito antes de nós, desde o primeiro tempo.

Os *xapiri*, para quem tudo é perto, vêm por esses caminhos um atrás do outro, com muita leveza, suspensos nas alturas. Então é possível vê-los cintilar numa luminosidade lunar, na qual seus enfeites de penas tremulam, flutuando devagar, no ritmo de seus passos. Suas imagens são mesmo magníficas! Alguns desses caminhos são bem largos, como suas estradas à noite, salpicadas de luzes de faróis de carros, e os mais reluzentes são os dos espíritos mais antigos. Ficam vindo em nossa direção sem parar, acumulados em filas sem número. Suas imagens são as de todos os habitantes da floresta que descem do peito do céu, um depois do outro, com seus filhotes. As araras-vermelhas, amarelas e azuis, os tucanos, papagaios, jacamins, mutuns, cujubins, gaviões *herama*, *wakoa* e *kopari*, morcegos e urubus são muitos na floresta, não é? E os jabutis, tatus, antas, veados, jaguatiricas, onças-pintadas, suçuaranas, cutias, queixadas, macacos-aranha e guaribas, preguiças e tamanduás? E os pequenos peixes dos rios, poraquês, piranhas, peixes pintados *kurito* e arraias *yamara aka*, então?

Todos os seres da floresta possuem uma imagem *utupë*. São essas imagens que os xamãs chamam e fazem descer. São elas que, ao se tornarem *xapiri*, executam suas danças de apresentação para eles. São elas o verdadeiro centro, o verdadeiro interior dos animais que caçamos. São essas imagens os animais de caça de verdade, não aqueles que comemos! São como fotografias[14] destes. Mas só os xamãs podem vê-las. A gente comum não consegue. Em suas palavras, os brancos diriam que os animais da floresta são seus representantes.[15] O guariba *iro* que flechamos nas árvores, por exemplo, é outro que sua imagem *Irori*, o espírito do guariba, que os xamãs podem chamar a si. Essas imagens de animais tornados *xapiri* são muito bonitas mesmo quando fazem suas danças de apresentação para nós, como os convidados no começo de uma festa *reahu*. Os animais da floresta, em comparação com elas, são feios. Existem, sem mais. Não fazem senão imitar suas imagens. Não passam de comida para os humanos.

No entanto, quando se diz o nome de um *xapiri*, não é apenas um espírito que se nomeia, é uma multidão de imagens semelhantes. Cada nome é único, mas os *xapiri* que designa são sem número. São como as imagens dos espelhos que vi em um dos hotéis onde dormi na cidade. Eu estava sozinho diante deles mas, ao mesmo tempo, tinha muitas imagens idênticas espalhadas neles. Assim, há um só nome para a imagem da anta *xama* enquanto *xapiri*, mas existem muitíssimos espíritos anta que chamamos de *xamari pë*.[16] É assim com todos os *xapiri*. Há quem pense que cada um é único, mas suas imagens sempre são muito numerosas. Apenas seus nomes não o são. São como eu, de pé diante dos espelhos do hotel. Parecem únicos, mas suas imagens se justapõem ao longe sem fim.

As imagens de animais que os xamãs fazem dançar não são dos animais que caçamos. São de seus pais, que passaram a existir no primeiro tempo. São, como disse, as imagens dos ancestrais animais que chamamos *yarori*.[17] Há muito e muito tempo, quando a floresta ainda era jovem, nossos antepassados, que eram humanos com nomes animais, se metamorfosearam em caça. Humanos-queixada viraram queixadas; humanos-veado viraram veados; humanos-cutia viraram cutias. Foram suas peles que se tornaram as dos queixadas, veados e cutias que moram na floresta.[18] De modo que são esses ancestrais tornados outros que caçamos e comemos hoje em dia. As imagens que fazemos descer e dançar como *xapiri*, por outro lado, são suas formas de fantasma.[19] São seu verdadeiro coração, seu verdadeiro interior. Os ancestrais animais do primeiro tempo não desapareceram, portanto. Tornaram-se os animais de caça que moram na floresta hoje. Mas seus fantasmas também continuam existindo. Continuam tendo seus nomes de animais, mas agora são seres invisíveis. Transformaram-se em *xapiri* que são imortais. Assim, mesmo quando a epidemia *xawara* tenta queimá-los ou devorá-los, seus espelhos sempre voltam a desabrochar. São verdadeiros maiores. Não podem desaparecer jamais.

É verdade. No primeiro tempo, quando os ancestrais animais *yarori* se transformaram, suas peles se tornaram animais de caça e suas imagens, espíritos *xapiri*. Por isso estes sempre consideram os animais como antepassados, iguais a eles mesmos, e assim os nomeiam. Nós também, por mais que comamos carne de caça, bem sabemos que se trata de ancestrais humanos tornados animais. São habitantes da floresta, tanto quanto nós. Tomaram a aparência de animais de caça e vivem na floresta porque foi lá que se tornaram outros. Contudo, no primeiro tempo, eram tão humanos quanto nós. Eles não são diferentes. Hoje, atribuímos a nós mesmos o nome de humanos, mas somos idênticos a eles. Por isso, para eles, continuamos sendo dos seus.

Os *xapiri*, apesar de serem sem número, habitam todos no topo dos morros e das montanhas. É sua morada. Não pensem que a floresta é vazia. Embora os brancos não os vejam, vivem nela multidões de espíritos, tantos quantos animais de caça. Por isso suas casas são tão grandes. Tampouco pensem que as montanhas estão postas na floresta à toa, sem nenhuma razão. São casas de espíritos; casas de ancestrais. *Omama* as criou para isso. São muito valiosas para nós. É do topo delas que os *xapiri* descem para as terras baixas, por onde andam e se alimentam, como os animais que caçamos. É também de lá que eles vêm a nós quando bebemos *yãkoana* para chamá-los e fazê-los dançar.

A casa do pai de minha esposa fica aos pés de um maciço rochoso que chamamos *Watoriki*, a Montanha do Vento. Essa montanha é também a casa de *xapiri* antigos, que lá vivem em grande número: espíritos do vendaval *Yariporari*, espíritos arara, espíritos japim *ayokora*, espíritos galo-da-serra, espíritos macaco-aranha e macaco-prego, espíritos anta, espíritos veado e espíritos suçuarana e onça-pintada. Graças a esses *xapiri*, o vento e a chuva descem das alturas para espalhar-se por toda a floresta, tornando-a fresca e úmida. Aqueles de nós que não são xamãs, do mesmo modo que os brancos, não percebem nada disso. Os espíritos são invisíveis para seus olhos de fantasma e eles só veem os animais de caça de que se alimentam. Apenas os xamãs são capazes de contemplar os *xapiri*, pois, tornados outros com a *yãkoana*, podem também vê-los com olhos de espíritos.[20]

Foi *Omama* que criou as montanhas, como a de *Watoriki*. Fincou-as no chão da floresta para que a terra fique no lugar e não trema. Aconteceu assim. Uma certa manhã, seu filho flechava passarinhos nas roças próximas da casa com seu arco de criança. De repente, escutou um chamado ecoando na floresta: "*Si ekeke! Si ekeke!*". Amedrontado, pensou que o que ouvia era a voz de um ser maléfico que se gabava de esfolar os humanos, cantando para quem quisesse ouvir: "Rasgar a pele! Rasgar a pele!".[21] E foi correndo alertar *Omama*: "Pai! alguém está vindo, dizendo que vai nos esfolar vivos!". Aflito, *Omama* perguntou a ele: "O que diz mesmo esse ser maléfico?". Seu filho imitou o canto que acabara de ouvir: "*Si ekeke! Si ekeke! Si ekeke!*". Na verdade, era apenas o canto de um passarinho *si ekekema!* Mas *Omama*, enganado pelo que o filho dizia, ficou também com medo e exclamou: "*Aaaaa!* É verdade! Um ser maléfico está vindo para nos esfolar vivos!". Ele temia o retorno de *Xinarumari*, o dono do algodão que, outrora, esfolara um caçador que havia encontrado em seu caminho.[22] Por isso, tomado de pânico, fugiu logo na direção do sol nascente. Além disso, para não ser seguido, cuidou de apagar suas pegadas, plantando atrás de si grandes folhas de palmeira *hoko si*. Foram essas palmas que se transformaram, uma depois da outra, em picos rochosos espalhados por nossa terra e pela terra dos brancos, nos lugares onde faz muito frio. *Omama* assentou essas montanhas sobre a terra para firmá-la e para os *xapiri* nelas morarem.[23] Foi assim que ele deixou nossa floresta e aqui abandonou nossos ancestrais. Tudo isso por causa do grito de um passarinho! Ele foi para tão longe em direção ao nascente que chegou até a terra de vocês e para além da Europa e do Japão, lá onde o caminho do sol sai de debaixo da terra. Depois de ter lá criado os brancos, morreu; e, hoje, apenas sua imagem, na forma de fantasma, continua existindo. É ela que os grandes xamãs fazem descer bebendo *yãkoana*.

Os *xapiri* nunca se deslocam pela terra. Acham-na suja demais, coberta de detritos e excrementos. O solo sobre o qual dançam parece vidro e brilha com uma luz deslumbrante. É feito do que nossos maiores chamavam *mireko* ou *mirexi*. São objetos preciosos que só eles têm. São resplandecentes e transparentes, mas muito sólidos. Os brancos diriam que são espelhos. Mas não são espelhos para se olhar, são espelhos que brilham.[24] *Omama* também os colocou acima da terra no primeiro tempo, para que os espíritos pudessem ali executar suas danças de apresentação. Enfeitou-lhes a superfície fulgurante com desenhos de peles de onça. Com o urucum dos *xapiri*, traçou também fileiras apertadas de pontos e traços pequenos, linhas sinuosas e círculos.[25] Por fim, adornou-a de penugem branca. Esses espelhos cobrem a floresta desde o primeiro tempo, e os espíritos se deslocam sobre eles sem parar, brincando, dançando ou guerreando. Foi nesses espelhos que vieram à existência e é deles que descem em nossa direção. É também neles que depositam nossa imagem quando nos fazem xamãs.

Grandes espelhos estão dispostos onde o filho de *Omama* e, depois dele, nossos ancestrais se tornaram xamãs pela primeira vez. Estão colocados bem no centro de nossa terra, nos campos que se estendem para além das terras altas do rio Parima.[26] Foi ali que os *xapiri* foram criados. Lá se encontram os espelhos dos espíritos que imitam as palavras dos habitantes das terras altas e os dos espíritos de língua *xamat^h^ari* que bebem o pó *paara* e, mais adiante, os dos espíritos que imitam o falar *waika* de nossos antigos.[27] Assim, há vastos espelhos-pais no meio, com outros menores ao redor, espalhados como clareiras, onde os *xapiri* fazem paradas para se enfeitarem, antes de começar suas danças de apresentação.

Os espelhos dos *xapiri* são muitos ao longo de seus caminhos na floresta, pois pertencem a todos os espíritos das folhas, dos cipós, das árvores, bem como aos dos ancestrais animais. Eles sempre param nesses lugares abertos, como fazem os convidados, para descansar, comer e, sobretudo, se arrumar. Cobrem-se de tintura de urucum, colocam tufos de penas *paixi* e de caudais de arara em suas braçadeiras de crista de mutum, colam penugem branca sobre os cabelos, fabricam apitos de bambu *purunama usi* e desfiam as folhas novas de palmeira *hoko si* que vão agitar enquanto dançam. Uma vez prontos, organizam-se em longas filas e, em altos brados, começam, alegres, a vir em nossa direção.

Quando bebemos *yãkoana*, seu poder cai em nós com força, bate de repente na nuca. Então, morremos e logo viramos fantasmas. Enquanto isso, os espíritos se alimentam de seu pó através de nós, que somos seus pais. Depois, se aproximam devagar, cantando e dançando nos espelhos, descendo de suas casas presas no peito do céu.[28] Neles se movem com ânimo, sem tocar jamais o nosso chão, cobertos de enfeites de penas e brandindo seus facões, machados e flechas, prontos para combater os seres maléficos. Das alturas, avistam ao longe toda a floresta e nos avisam dos males que nos ameaçam: "Vem vindo a epidemia *xawara*! Um ser *në wãri* se aproxima para devorá-los! Os trovões e o vendaval estão enfurecidos!". Depois, quando seu pai não quer mais imitá-los, regressam com seus espelhos para suas casas, levando seus cantos para o peito do céu. O xamã então volta a usar sua língua de fantasma.

Watoriki, a Montanha do Vento, perto da qual vivemos, é, como eu disse, uma casa de espíritos. Os *xapiri* que nela vivem são os verdadeiros donos da floresta à sua volta. É o espaço externo de sua casa. Por ela andam, folgueiam e descansam de suas brincadeiras. Muitos espelhos cercam esse maciço rochoso. Lá estavam bem antes de nossa chegada. Por isso, no momento de construir nossa casa, nossos antigos xamãs tiveram de afastá-los com cuidado e gentileza, informando os espíritos de sua intenção. O sítio de *Watoriki* também é cercado de muitos caminhos, pertencentes a todos os espíritos dos animais, das árvores e das águas. Gente comum não vê os espelhos, mas para os *xapiri* eles são tão visíveis quanto é para nós a praça central de nossa casa! Cobrem a floresta em toda a sua extensão, e nós, humanos, vivemos no meio deles. Sem nos darmos conta, os espíritos estão o tempo todo indo e voltando e correndo com alegria por eles, produzindo uma brisa fresca. Assim é. O vento não surge do nada na floresta, como pensam os que ignoram a existência dos *xapiri*. Vem do movimento da corrida invisível dos espíritos que nela vivem.

Em todos os lugares onde vivem humanos, a floresta é assim povoada de espíritos animais. São as imagens de todos os seres que andam pelo solo, sobem pelos galhos ou possuem asas, as imagens de todas as antas, veados, onças, jaguatiricas, macacos-aranha e guaribas, cutias, tucanos, araras, cujubins e jacamins. Os animais que caçamos só se deslocam na floresta onde há espelhos e caminhos de seus ancestrais *yarori* que se tornaram espíritos *xapiri*. Quando olham para a floresta, os brancos nunca pensam nisso. Mesmo quando a sobrevoam em seus aviões, não veem nada. Devem pensar que seu chão e suas montanhas estão ali à toa, e que ela não passa de uma grande quantidade de árvores. Entretanto, os xamãs sabem muito bem que ela pertence aos *xapiri* e que é feita de seus inúmeros espelhos. Os espíritos que vivem nela são muito mais numerosos do que os humanos e todos os demais habitantes da floresta os conhecem!

Omama multiplicou-os e espalhou-os em todas as direções de nossa terra e muito além, do outro lado das águas, até a terra dos brancos.[29] Os *xapiri* que vêm dessas terras distantes são mesmo magníficos! Outrora, seguiram *Omama* em sua fuga e ele os tem mantido junto de si desde então. Esconde-os, pois são os mais belos e poderosos dos espíritos. São, por exemplo, as lindas imagens dos japins *ayokora*, cuja boca é capaz de regurgitar os objetos dos seres maléficos e as plantas de feitiçaria que extraem do corpo dos doentes. Os *xapiri* de nossa floresta são os que *Omama* aqui deixou. São muitos, e ele considerou que nos bastariam. Contudo, são mais fracos e menos sagazes do que os que levou consigo para a terra dos brancos, onde são tão numerosos quanto na nossa. Os brancos, porém, não os veem. Seus antepassados talvez os conhecessem? Mas hoje seus filhos e netos os esqueceram. É verdade, *Omama* é ciumento de seus espíritos! É seu verdadeiro pai. É seu dono, como dizem os brancos, e não quer que sejam maltratados. Se os enviasse com generosidade a jovens de pênis malcheiroso, que comem sal demais e respondem a eles numa língua torta, eles fugiriam logo, furiosos e enojados. *Omama* não quer isso. Por essa razão os mantém ao seu lado e só os manda um por um, apenas quando são xamãs já instruídos que os chamam. Não cede tão fácil seus mais belos *xapiri*! Só os deixa partir para junto de xamãs que reconhece e cujo porte aprecia. Começa por identificar seus ornamentos e diz a si mesmo: "*Haixopë!* Esses humanos são os meus de verdade!". Depois deixa partir alguns espíritos em direção a eles: "Muito bem! Podem levá-los e fazê-los dançar longe de mim!".

É desse modo que devemos pedir nossos espíritos mais poderosos à imagem de *Omama*, e apenas os xamãs experientes podem fazê-lo. Se um jovem iniciando paramentado com desleixo tentasse, *Omama*, furioso, iria rejeitá-lo na hora, declarando: "Você está muito feio! Onde estão suas caudais de arara? Seus braços estão nus! Onde está sua faixa de rabo de macaco cuxiú-negro? Seus cabelos são ralos! Onde estão seus brincos de papagaio e de pássaro *hëima si*? Você não os quer? Então, não é dos nossos! Você só sabe se embrulhar em roupas de branco! Você é vazio! Não me peça nada!". Assim é. Se *Omama* não nos enviasse seus mais belos *xapiri*, eles não viriam a nós por conta própria! No começo, quando a pessoa ainda é ignorante, só chegam espíritos das folhas, dos cupinzeiros, da lenha, dos tições e da poeira! São *xapiri* que falam língua de fantasma e se aproximam apenas para testar o iniciando, para preparar sua boca e varrer a clareira onde os verdadeiros espíritos virão se instalar mais tarde. *Omama* só nos envia espíritos realmente capazes de enfrentar as doenças e as fumaças de epidemia quando nos tornamos xamãs experientes. No final, quando ficamos mais velhos e temos o peito mais robusto, ele faz chegar a nós os poderosos espíritos dos japins *ayokora*.

Vindo de muito longe, os poucos *xapiri* que *Omama* nos concede no início vão chamando outros de casa em casa ao longo de todo o seu caminho e os atraem com eles. São muito poucos no começo, mas devagar suas vozes se juntam umas às outras e vão aumentando conforme avançam em nossa direção. Enfeitados com ornamentos luminosos, juntam-se numa vasta tropa que emite altos clamores. Quando passam diante da casa de outros espíritos, estes são contagiados por sua empolgação e perguntam: "Aonde vão tão animados?". Então, são convidados a se juntar ao grupo, que vai crescendo cada vez mais:

"Vamos dançar na casa dos fantasmas, venham conosco! Vamos lá, todos juntos!". É assim que acontece. Quando respondemos com empenho aos cantos dos *xapiri* que vêm a nós, eles vão ficando cada vez mais numerosos, e cada vez mais eufóricos; no final, é uma multidão que chega para fazer sua dança de apresentação.

Minha esposa, a quem eu falava sobre isso, certo dia me perguntou: "Mas, se *Omama* não gosta de dar seus espíritos mais belos, como você diz, os *xapiri* que vocês costumam fazer dançar são fracos e feios?". Protestei logo, explicando: "Não! Não é isso! São os humanos que são medonhos comparados aos espíritos! Os *xapiri*, que são nossos filhos, ao contrário, são belíssimos! No entanto, os mais bonitos deles só vêm aos poucos, com trabalho. Assim é!". Ela então respondeu: "*Awei!* Entendi. São como você diz! Se eu fosse xamã, também poderia vê-los!". É verdade. Algumas mulheres se tornam xamãs do mesmo jeito que os homens. Acontece quando o pai é xamã e elas nascem do esperma de seus espíritos, pois, como eu disse, quando um xamã copula com sua mulher, seus espíritos fazem o mesmo. Então, quando essas moças chegam à puberdade, os *xapiri* manifestam sua vontade de dançar para elas. Se elas não tiverem medo de responder aos seus cantos, eles irão se instalar com elas para valer.

Era assim que ocorria com as filhas de nossos maiores. Elas não se tornavam xamãs à toa! Seguiam os passos de seus pais e, como eles, tratavam dos doentes e afugentavam os seres maléficos. No começo, elas não deviam se deixar sujar pelos homens. Porém, mais tarde, quando seus espíritos estivessem bem assentados, podiam tomar marido. Hoje ainda existem algumas mulheres xamãs, sobretudo nas terras altas. Quando essas moças têm juízo, não se dão aos rapazes cedo demais. Crescem sem homens e, desse modo, os espíritos continuam dançando para elas por muito tempo. São seus pais que chamam os *xapiri* para elas e fazem com que suas casas sejam construídas junto delas. Entre nós, nas terras baixas, isso também acontece, mas não dura. Os rapazes acabam copulando cedo demais com essas moças e elas logo param de responder aos espíritos. Foi o que aconteceu com a filha que meu padrasto teve com uma mulher *xamat*^{h}*ari*, no rio *Parawa u*. Seu pai era um grande xamã e ela começou a ver e fazer dançar os *xapiri* como ele. Mas era muito bonita, os homens a desejavam demais e o cheiro de pênis deles os espantou. Se não fosse por isso, ela teria se tornado xamã de verdade.

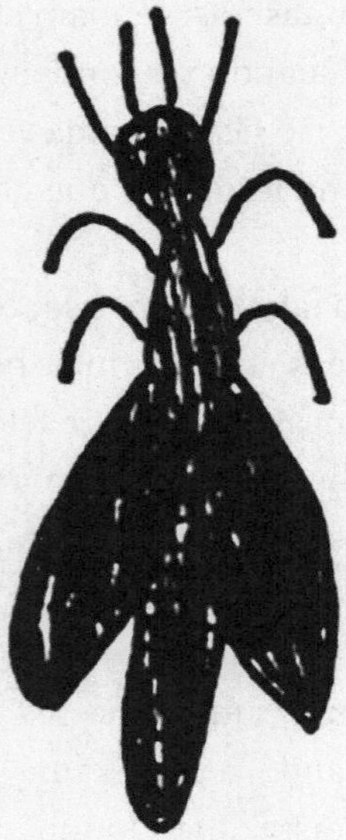

Embora as imagens dos ancestrais animais sejam de fato muito numerosas na floresta, não são as únicas que vivem nela.[30] Os xamãs também fazem descer como *xapiri* as imagens de todos os seus outros habitantes: das árvores, das folhas e dos cipós, e ainda dos méis, da terra, das pedras, das águas, das corredeiras, do vento ou da chuva. Não são menos numerosas e, quando chegam juntas para fazer sua dança de apresentação, são mesmo magníficas! Os xamãs podem ainda fazer dançar a imagem dos seres maléficos *në wãri*, que nos devoram como caça na mata.[31] É assim a imagem do ser da seca, *Omoari*, que ataca os humanos quando pescam com timbó no verão,[32] e do ser do anoitecer, *Weyaweyari*, ladrão de imagem das crianças que ficam brincando fora de casa até tarde. Podem chamar também o espírito sucuri *Õkarimari*, que mata as mulheres fazendo-as abortar, e o espírito do antigo fantasma *Poretapari*, que nos atinge com suas pontas de flecha com curare.[33] São espíritos perigosos e ferozes, que ficam com raiva quando estão com fome ou lhes falta tabaco.

No entanto, nem todos os *xapiri* são habitantes da floresta. Alguns deles são imagens dos seres que moram nas costas do céu ou mais além. Também são temíveis, como o espírito gavião *Koimari*, que talha as crianças com seu facão afiado,[34] o espírito borboleta *Yãpimari*, que leva embora suas imagens, ou o espírito raio *Yãpirari*, que se faz descer com raiva num estrondo de luz para assustar os inimigos. Há ainda o espírito sol *Mot^h^okari*, da boca cheia de sangue, que provoca febre nas crianças amarrando-as com o algodão escaldante fiado por sua esposa, antes de devorá-las. E também as imagens dos seres do céu novo que chamamos *tukurima mosi*.[35] Esse céu, transparente e frágil, fica muito além do que podemos ver com nossos olhos. É habitado por seres moscas *prõõri*, seres insetos *warusinari* e seres urubu *watupari* e *h^w^akoh^w^akori*.[36] No mundo debaixo da terra, onde reinam a escuridão e uma chuva sem fim, tudo é podre. No entanto, muitos outros *xapiri* vêm de lá! Esses são as imagens dos ancestrais *aõpatari*, que devoram as substâncias de feitiço e os seres maléficos jogados pelos xamãs em suas curas. Há ainda o ser do caos, *Xiwãripo*,[37] com seus espíritos queixada, *Titiri*, o espírito da noite, *Ruëri*, o espírito do tempo encoberto, e *Motu uri*, o das águas subterrâneas.

Os *xapiri* costumam ser magníficos de ver, como o espírito do vendaval, *Yariporari*, que dança com leveza em meio a turbilhões de penugem branca, agitando imensas folhas de palmeira *hoko si* desfiadas, que ondulam em seu sopro poderoso. Por outro lado, as imagens dos seres maléficos *në wãri* podem ser apavorantes![38] Como, por exemplo, a do espírito onça *Iramari*, que brande seu facão afiado espalhando fagulhas, ou a do espírito algodão *Xinarumari*, com suas garras, seus ornamentos candentes e sua longa cauda venenosa. Há também as imagens espantosas do fantasma de xamã morto *Poreporeri*, com seu crânio careca e seu rosto descarnado, e a do espírito lua *Poriporiri*, com sua barba rala e seus caninos afiados. Há ainda a do ser das cheias, *Riori*, de corpo peludo e purulento, a da sucuri *Õkarimari*, cuja rede exala um fedor apimentado e que dança em seu caminho de brasa com seu enorme pênis em ereção, ou a do grande ser gavião *Ara poko*, de olhos vidrados, que balança um longo algodão incandescente com que amarra suas presas. Quando alguém se torna xamã e os vê dançar pela primeira vez, esses *xapiri* maléficos são mesmo muito assustadores! Porém, depois que amarram suas redes em nossa casa de espíritos, acabamos nos acostumando com eles, apesar de continuarem sendo muito ferozes e briguentos.

Assim é. As imagens que os xamãs fazem dançar são sem número e suas palavras são mesmo infindáveis! Existem ainda muitos outros *xapiri* dos quais não falei. Como os espíritos do céu, *hutukarari*, que vêm e vão numa claridade ofuscante, com as cabeças cobertas de penugem imaculada. E as mulheres espíritos *waikayoma*, que flecham as miçangas,[39] e os espíritos das árvores de cantos, *amoa hiri*. E a imagem do menino vingador *Õeõeri*, que nos ensinou a guerra no primeiro tempo, e a de *Remori*, o espírito zangão que deu aos brancos sua língua emaranhada. Há ainda os *xapiri* dos ancestrais dos brancos, criados por *Omama*, que chamamos *napënapëri*. E ainda o antigo espírito guerreiro *Aiamori*, e *Wixiari*, o espírito de morte que engole o sopro de vida dos inimigos. Existem inclusive espíritos dos cães, *hiimari*, das panelas, *hapakari*, e do fogo, *wakëri*! Essas palavras sobre os seres cujas imagens fazemos dançar não acabam nunca! Nenhum gravador jamais poderá esgotar a multidão de suas palavras!

Os *xapiri* de um xamã o chamam de "pai" porque permanecem junto dele, que os alimenta de pó de *yãkoana*. Não o chamam de nenhum outro modo. Se o pai não os incomodar com o cheiro das folhas de mel que enfeitam as braçadeiras das mulheres, se imitar seus cantos com acerto e se beber *yãkoana* frequentemente para fazê-los dançar, os espíritos, satisfeitos, ficam com ele. Bem alimentados, exclamam com alegria: "Nosso pai nos trata bem! Sabe responder a nossas palavras!". Se, ao contrário, ficam com fome e irritados, se sentem maltratados e acabam fugindo de volta para o lugar de onde vieram, para nunca mais voltar. A *yãkoana* é seu verdadeiro alimento. Quando seu pai a bebe, fartam-se dela através dele. Morrem sob seu efeito, do mesmo modo que ele. Então, ficam muito felizes e seus cantos se tornam esplêndidos!

Quando eu era mais novo, ficava me perguntando se os *xapiri* podiam morrer, como os humanos. Hoje sei que, apesar de minúsculos, são poderosos e imortais. Assim, os espíritos que nossos antepassados faziam dançar continuam vivos, mesmo muito tempo após a morte dos xamãs que os tinham. É verdade. Depois da morte daquele a quem chamavam "pai", os *xapiri* reconhecem seu filho ou genro e se interessam por ele. Quando ele morrer, descem para junto de seus filhos que, por sua vez, vão beber *yãkoana* para alimentá-los. Assim é desde sempre. A esses *xapiri* dos antigos xamãs que voltam para dançar para os vivos chamamos de espíritos órfãos, *xapiri hapara pë*.[40] O pai que os fazia dançar outrora já não existe. Porém, apesar da morte deste, as casas e espelhos de seus espíritos seguem existindo. Seus olhos, seus adornos de plumas e sua pintura de urucum são sempre magníficos. Eles continuam gostando dos humanos e persistem em descer para perto de nós. Assim, quando um antigo xamã ainda em vida indica um rapaz aos olhos de seus *xapiri*, estes o reconhecerão e descerão para junto dele quando seu pai morrer. Eu tenho poucos desses espíritos órfãos, pois, no tempo em que nossos antigos ainda viviam, eu ainda não bebia *yãkoana*. Não puderam me dar seus *xapiri* antes de morrerem e portanto eles não se lembram de mim. Na verdade, um único grande xamã, que morreu entre nós há algum tempo, me apresentou a seus espíritos em vida. Eles reconhecem em mim os ornamentos de seu falecido pai: os tufos de penas *paixi* de suas braçadeiras, suas faixas de rabo de macaco cuxiú-negro e os rastros de seu urucum. Por isso continuam descendo a mim. Esses espíritos *hapara pë* se parecem muito com seus finados pais. Assim, quando vêm dançar em forma de fantasma, vemos através deles os antigos xamãs que os tinham, e sua lembrança volta a nós com muita saudade.

Não pensem que os *xapiri* são apenas espíritos homens. Numerosas mulheres espíritos também fazem sua dança de apresentação para os xamãs! Nós as chamamos de *yaroriyoma pë*, as mulheres espíritos animais, e também as mulheres espíritos *tʰuëyoma pë*.[41] São as filhas, irmãs, noras e esposas dos *xapiri*. Dentre elas, muitas são belíssimas jovens mulheres espíritos quati, mas sobretudo mulheres espíritos cipó *kumi*, hábeis no preparo de encantamentos amorosos.[42] Os espíritos homens só executam suas danças de apresentação depois de terem sido atraídos por esses espíritos mulheres, que os precedem sempre. Seus feitiços alegram-nos e assim elas conseguem fazer com que as sigam, mesmo os que estão com preguiça ou emburrados.

Nossas esposas, e até nossas filhas moças, parecem bem feiosas em comparação com as mulheres espíritos, que são capazes de fascinar e provocar ciúmes em todos os *xapiri*! Elas são de fato maravilhosas! Têm lindos olhos puxados e seus cabelos negros são muito finos. Suas franjas são realçadas por uma linha de penugem de um branco luminoso. Os bastonetes que enfeitam suas bocas são decorados com pequenas penas pretas de crista de mutum.[43] Os lóbulos de suas orelhas são enfeitados com flores brancas das árvores *weri nahi* ou flores vermelhas das árvores *ata hi*, com caudais verdes de papagaio *werehe* e penas multicolores do pássaro *wisawisama si*. Sua pele macia é pintada com urucum brilhante. Dançam com muita graça, às vezes com seus bebês nas costas dormindo na tipoia.

Os *xapiri* homens se apaixonam por elas sem dificuldade! Por isso essas mulheres espíritos sempre os precedem. Eles se juntam com muita pressa para segui-las, vindos de todos os lados, cada vez mais numerosos. Nunca dançam sozinhos, entre eles. Seu olhar é atraído pela grande beleza dessas mulheres espíritos, que os seduz e os apaixona. Eles avançam dando gritos de alegria e incentivam uns aos outros a dançar. Os espíritos homens só ficam mesmo felizes de fazer sua dança de apresentação quando se juntam com as mulheres *xapiri*! É por isso que são sempre elas as primeiras a dançar, como nossas mulheres, nas festas *reahu*. Os espíritos homens respondem ao seu chamado e seguem seus movimentos. Elas então fingem rejeitá-los, mas eles não param de tentar se aproximar. São mesmo muito apaixonados por elas! Não fosse isso, os *xapiri* não se apressariam tanto para dançar!

Os espíritos não são como os animais nem como os humanos. São outros. Não bebem água dos rios nem comem carne de caça. Detestam tudo o que é salgado ou grelhado e só gostam de coisas doces. Os espíritos abelha se alimentam do néctar de flores, como as das árvores *pahi hi, hotorea kosihi, xitopari hi* e *masihanari kohi*. Os espíritos vespa preferem suco de bananas maduras. Os espíritos macaco-aranha, tucano, mutum e jacamim bebem o suco das frutas das palmeiras *hoko si* e *maima si*, ou das árvores *hayi hi*, *xaraka ahi* e *apia hi*. Já os espíritos anta obtêm a imagem de sua gordura a partir dos frutos da árvore *oruxi hi*. Não se pode pensar que os alimentos dos espíritos animais são iguais aos nossos. Eles se alimentam das imagens do que chamamos *në rope*, a riqueza da floresta.[44] São alimentos de verdade, ao mesmo tempo saborosos e livres de qualquer sujeira. Bebem apenas a água perfumada que vem das montanhas altas. É por essa razão que até seus excrementos perfumam. Os nossos empesteiam porque a caça que comemos se decompõe em nós. Já o corpo dos *xapiri* não contém nenhuma carne podre, de modo que mesmo seus peidos espalham um perfume agradável! Aliás, eles costumam cheirá-los nas mãos em concha. É, para eles, uma energia que não querem perder. Os odores de nossos alimentos e a fumaça de nossas casas lhes parecem sujos e malcheirosos. Até a fragrância das folhas de mel nos braços de nossas mulheres os enoja. Entre eles, apenas os espíritos onça devoram caça, ao passo que os dos seres maléficos,[45] como o espírito gavião *Koimari*, são também comedores de homem. Assim como os espíritos urubu, que vêm de além do céu e têm um apetite insaciável por gordura humana. Esses *xapiri* são perigosos e podem voar muito longe para devorar as crianças de casas desconhecidas. Às vezes chegam a atacar adultos, e até xamãs. São cruéis; não se alimentam de flores; longe disso!

Os *xapiri* apreciam o tabaco tanto quanto nós. Seus rolos de tabaco, porém, não se parecem nada com os nossos.[46] São minúsculos e de uma brancura resplandecente. Fabricam-nos com folhas de tabaco celeste do espírito lagarta *Yoropori*.[47] Os espíritos do jupará, do guariba, das abelhas, das borboletas e dos lagartos, todos usam esse mesmo tabaco. Assim como o espírito lua *Poropori-ri* e o espírito trovão *Yãrɨmari*. Mas é sempre o espírito do grande caracol *warama aka* que tem a brejeira mais grossa e mais úmida.[48] Assim é. Quando falta tabaco aos velhos *xapiri*, o tempo fica encoberto. Ficam irritados e param de trabalhar para segurar a chuva e o vento, que vão ganhando força. Mas, quando ficam satisfeitos e apaziguados por um bom rolo de folhas de tabaco debaixo do lábio, acalmam-se e o tempo clareia.

Os *xapiri* são também guerreiros valentes, e suas armas são muito perigosas. Possuem bordunas pesadas e lâminas de ferro imensas, que chamamos *siparari*, como as que são agitadas pelos espíritos cobra *karihirima kɨkɨ* e pelos espíritos jacaré durante suas danças de apresentação.[49] São como sabres de poder.[50] Não se parecem em nada, porém, com as espadas que os brancos conhecem. Altas como o céu, são luminosas e brilhantes como espelhos. São feitas de outro aço, afiado e cortante, que é o pai do metal. Por isso suas feridas são tão mortais para os seres maléficos *në wãri*. Outros espíritos, como os dos escorpiões e os das vespas, também disparam sobre eles flechas com pontas embebidas em curare — a picada desses insetos por acaso não é dolorosa? Certos *xapiri*, como o espírito preguiça, possuem espingardas vindas dos espíritos ancestrais dos brancos, os *napënapëri*. Ameaçam com elas os trovões para silenciá-los e abrem fogo sobre os *në wãri* e seus cães de caça. Outros *xapiri* lutam com lanças, como o espírito da arraia *yamara aka* — o ferrão desse peixe é perigoso, não? Outros ainda, como os espíritos morcego, utilizam zarabatanas para soprar plantas de feitiçaria sobre seus adversários. Outros, enfim, como o espírito do escaravelho *maika*, lançam sobre os seres maléficos bolas de piche *mai koko*[51] em chamas ou, como o espírito pedra *Maamari*, esmagam-nos com seu próprio peso.

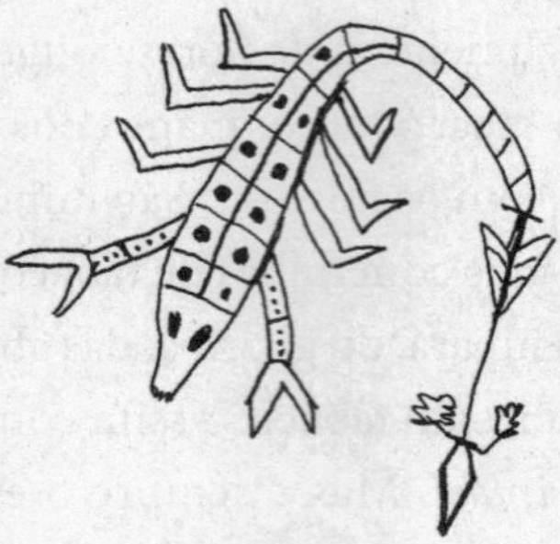

É com essas armas que os *xapiri* se esforçam para nos curar. É com suas presas afiadas que os espíritos queixada despedaçam os seres maléficos que se apoderam das imagens das crianças, e com suas mãos habilidosas que os espíritos macaco-aranha desfazem os nós dos laços de algodão que as mantêm presas. Do mesmo modo, são as mandíbulas dos espíritos dos peixes pequenos *yaraka si* que retalham os rastros de doença,[52] como os peixinhos disputam os restos de caça abatida jogados nos igarapés. Depois, os espíritos abelha e formiga os devoram aos poucos, do mesmo modo que esses insetos se juntam sobre o sangue dos animais que estão sendo trinchados.[53] Os espíritos poraquê, por fim, são capazes de fulminar a epidemia *xawara* com seus raios, ao passo que o espírito lua a dilacera com suas presas afiadas.

Acontece também, muitas vezes, de os *xapiri* guerrearem para nos proteger de outros espíritos hostis, enviados por xamãs inimigos distantes. Eis o que ocorre. Na direção do poente, vivem os espíritos dos xamãs *xamat^hari*, enquanto do lado das terras altas estão os dos *Parahori*. Para esses *xapiri*, os nossos são espíritos *waika*.[54] Todos são muito valentes e dispostos a lançar ataques para se vingarem. Em comparação com eles, somos todos covardes! Muitas vezes, trocamos insultos e ameaças, mas é raro nos flecharmos para valer. Já os *xapiri* nunca se contentam com palavras. Guerreiam com ferocidade e para matar mesmo! Os espíritos dos gaviões-tesoura *witiwitima namo,* dos pequenos gaviões *teateama* e das andorinhas *xiroxiro*, por exemplo, combatem entre si com pedaços de pedra que arrancam das montanhas! São tão rápidos que ninguém consegue seguir sua pista. Atacam de repente e logo desaparecem nos ares, para reaparecerem de novo noutro lugar, atacar e sumir mais uma vez, bem depressa.

Os *xapiri* guerreiros colocam em suas flechas pontas de lascas celestes, de um brilho ofuscante, como um metal luminoso.[55] Vão buscá-las nos confins da floresta, onde o céu se aproxima da terra e o sol desaparece. Com essas pontas muito poderosas, nunca erram seus alvos, mesmo a enormes distâncias. Podem também pegar seus adversários e prendê-los em grandes caixas de metal parecidas com prisões, ou colá-los no peito do céu com piche, e deixá-los lá até morrerem. Às vezes dançam brandindo imensos braseiros vindos de terras distantes, a que chamam *mõruxi wakë*. Esses fogos se parecem com o que os brancos chamam de vulcão. Queimam e devastam tudo em sua passagem. Os espíritos os usam para aterrorizar seus inimigos e incendiar suas casas. Assim é. Quando *xapiri* enviados por xamãs inimigos se aproximam de nós, nossos próprios espíritos os combatem com uma valentia implacável.

5. A iniciação

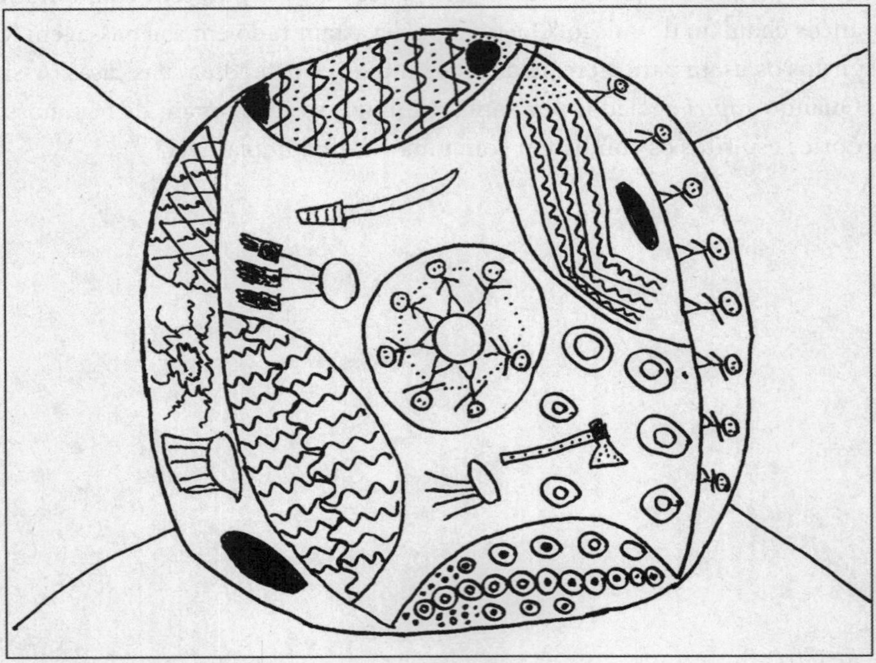

Espelhos dos espíritos.

Já adulto, os *xapiri* ainda me amedrontavam durante o sono, do mesmo modo que antes, durante a minha infância em *Marakana*. Contudo, eu ainda não tinha bebido o pó de *yãkoana* e não os conhecia de verdade. Eu continuava sendo uma pessoa comum, meu peito era oco. Em meus sonhos, só os percebia na forma de penugens de um branco ofuscante, como um enxame luminoso ao longe. Não fazia ideia do que eram de fato! Eu só me tornava fantasma durante a noite, e nunca dormia tranquilo. Por isso o meu padrasto sempre quis fazer de mim um xamã. Quando eu era criança, ele costumava me dizer: "Assim que você crescer, vou lhe dar meus espíritos mais bonitos! Abrirei seus caminhos! Vou chamá-los e abrir uma clareira para que venham a você!".

Na época, isso me assustava e eu respondia: "Ainda sou muito pequeno, não quero!". Apesar disso, não parei de virar outro quando dormia e os *xapiri* sempre visitavam meus sonhos. Mantinham os olhos fixos em mim. Só assim alguém pode sonhar como se também fosse um espírito. Senão, sonha apenas com as coisas que viu durante o dia, como as pessoas comuns. Certos rapazes viram outros porque os *xapiri* chegam a eles quando caçam na floresta. Não foi o meu caso. Eles sempre me visitaram durante o tempo do sonho. Olhavam para mim com afeto e queriam se aproximar porque reconheciam em mim as marcas de seus enfeites, que eu trazia desde bem pequeno.

Quando fui trabalhar para os brancos no posto da Funai de Demini, no sopé da Montanha do Vento, meus sonhos assustadores não tinham parado.[1] Algumas luas após minha instalação, o pai de minha futura esposa e seus familiares decidiram vir morar na região.[2] Construíram ali uma nova casa. Assim, me acostumei a deixar o posto Demini depois do meu trabalho com os brancos para ir dormir lá. A casa era muito menor do que a nossa atual em *Watoriki* e mais distante do posto do que estamos agora. Quando dormia lá, meu sono era muito agitado. Meus antigos pesadelos recomeçavam, ainda mais frequentes, e eu virava outro quase todas as noites. De manhã, quando acordávamos, as pessoas da casa costumavam me dizer: "Você não para de se comportar como um fantasma enquanto dorme!". E mesmo quando eu, de vez em quando, ia para a cidade com o pessoal da Funai, isso continuava. Eles também me diziam que eu não parava de falar e de me agitar durante a noite.

Mais tarde, acabei falando a respeito de tudo isso com o meu sogro, que é um grande xamã. Perguntei a ele: "Por que eu durmo tão mal? Que visões são essas que tanto me assustam durante o sono?". Ele me escutou com atenção, e depois explicou: "Você fica falando e gritando durante o sono? E se agita como um fantasma na noite? São os *xapiri* que o fazem virar outro e o assustam quando você dorme. Não se preocupe! Eles só querem lhe mostrar sua dança de apresentação, para virem morar com você. Para isso fazem você virar espírito como eles. Quando o curaram, ainda pequeno, há muito tempo, nossos antigos xamãs puseram em você enfeites de espírito. Por isso os *xapiri* o reconhecem e vêm a você com tanta vontade agora! Você não vira fantasma à toa!". Ao escutá-lo, meu pensamento vacilava e eu não sabia o que dizer de tudo aquilo. Acabei respondendo apenas: "Não sei!". Então, ele me perguntou: "Isso acontece com você quando está acordado?".[3] Disso eu tinha certeza: "*Ma!* Só vejo os espíritos virem a mim quando estou dormindo". Então, ele acrescentou: "Bom! Pare de gritar à toa durante a noite! Não aja mais como fantasma sem motivo! Beba *yãkoana* comigo e responda aos espíritos que o querem. Assim você poderá tratar sua gente. Se quiser, apresente-me suas narinas para que eu lhe dê o sopro de vida dos *xapiri*. Vou fazê-lo virar espírito mesmo!".

Preocupado e indeciso, fiz perguntas a respeito dos *xapiri*: "Como eles são? São muito belos mesmo? São poderosos? Podem nos matar? Se não conseguirmos responder a eles, ficam perigosos?". Ele me respondeu apenas: "Se você não se tornar xamã, ficará desamparado quando tiver filhos e eles adoecerem!". Então eu disse a mim mesmo: "*Haixopë!* Entendi! É minha vez de imitar nossos maiores, que viram espíritos desde sempre! Não conheci nossos avós, mas sei que foram grandes xamãs. Devo seguir seus passos e fazer dançar os espíritos que eles tiveram antes de mim!". Desde a infância, eu costumava ver os *xapiri* em sonho e já tinha pensado que seria bom tornar-me xamã para saber curar. Mas, como ainda não podia conhecê-los de fato, me sentia perdido. Avaliava que, se os meus ficassem doentes, eu não poderia fazer nada para vingá-los dos seres maléficos e das fumaças de epidemia.

Então, finalmente tomei uma decisão e respondi: "*Awei!* Quero tentar beber *yãkoana*. Não sei nada dessas coisas, mas quero mesmo conhecer a beleza e a força dos *xapiri*! Quero virar espírito!". Meu sogro olhou para mim sorrindo e replicou: "É mesmo? Você não vai ter medo?". Eu retruquei: "*Ma!* Quero mesmo seguir o caminho dos nossos maiores! Quero poder continuar a fazer descer os espíritos quando eles não estiverem mais aqui! Quero beber *yãkoana* para que meus olhos morram por sua vez!". Foi depois disso que ele começou a me dar seus espíritos, soprando pó de *yãkoana* em minhas narinas pela primeira vez. É um ancião, um grande xamã. Seus *xapiri* são muitos e fortes. Seu pensamento vai muito longe e sua casa de espíritos é muito alta.

Foi generoso da parte dele me dar assim o sopro de vida de seus próprios *xapiri*, pois ele quis mesmo fazer de mim um xamã! Foi na casa dele, a primeira casa dos habitantes da floresta da Montanha do Vento perto do posto de Demini, que eu fui iniciado.[4] Na época, eu ainda trabalhava como intérprete da Funai. Mas o branco que era então chefe do posto não tentou me impedir de beber *yãkoana* e de me tornar xamã. Ele não gostava de mim e mantinha distância. Não estava interessado no que eu podia fazer. Na maior parte do tempo, ele só me ignorava.

Foi assim que aconteceu. Comecei a beber *yãkoana* num certo dia no tempo da seca. A casa estava quase vazia. Não era um período de festa *reahu*, porque os *xapiri* preferem o silêncio. Não gostam de descer quando a casa daquele que os chama está cheia, barulhenta e enfumaçada. No dia anterior, na floresta, meu sogro tinha cortado e colocado no fogo tiras de casca da árvore *yãkoana hi*. Tinha recolhido sua resina vermelha e cozinhado num pote de cerâmica. Na manhã seguinte, se pôs a pulverizá-la com muito cuidado. Quando terminou, me chamou e me disse para eu me agachar diante dele. O sol já estava bem alto no céu. A *yãkoana* recém-preparada tinha um cheiro muito forte.[5] Então ele começou a soprar grandes quantidades de pó em cada uma de minhas narinas, com um tubo de madeira de palmeirinha *horoma*. Soprava com força e recomeçou várias vezes. Era a primeira vez que eu inalava tanta *yãkoana* assim!

Eu estava muito ansioso, porque estava longe de conhecer todo o poder dela! Então, de repente, sua imagem, *Yãkoanari*, bateu em minha nuca com força e me jogou para trás, no chão. Desmaiei logo e fiquei estirado na praça central, em estado de fantasma. Durou bastante tempo. A *yãkoana* tinha me matado mesmo! Depois de um tempo voltei a mim um pouco e comecei a gemer. Meu ventre caía de medo e eu fiquei imóvel, prostrado na poeira. Devia mesmo dar pena de ver! Minha cabeça doía muito! Achei que não iria sobreviver. Eu estava cada vez mais apavorado. No entanto, apesar do medo, me agachei de novo na frente do meu sogro e continuei aproximando as narinas, deixando escapar um lamento a cada nova dose de *yãkoana*: "*Aaaa!* Estou virando outro! *Aaaa!*".

Não nos tornamos xamãs comendo carne de caça ou plantas das nossas roças, e sim graças às árvores da floresta. É o pó de *yãkoana*, tirado da seiva das árvores *yãkoana hi*, que faz com que as palavras dos espíritos se revelem e se propaguem ao longe. A gente comum é surda a elas mas, quando nos tornamos xamãs, podemos ouvi-las com clareza. A *yãkoana*, como eu disse, é o alimento dos *xapiri*. Eles a chamam *raxa yawari u*, o mingau de pupunha da gente das águas. Bebem-na sem descanso, com avidez. Assim que sua força aumenta, eles a absorvem através do seu pai, o xamã, pois a *yãkoana* penetra nele pelo nariz, que é a entrada de sua casa de espíritos.[6] Então, são muitos os *xapiri* a alimentar-se dela. Por isso o xamã não desaba no chão. Ao beber *yãkoana*, ele só entra em estado de fantasma e seus espíritos, uma vez satisfeitos, descem em seus espelhos, alastrando por toda parte o cheiro suave de suas pinturas de urucum.

O poder da *yãkoana* é forte e dura muito tempo. Apesar de ser menos luminoso e violento do que o do pó de *paara*, tirado das sementes chatas da árvore *paara hi*, que os *Xamatʰari* usam. Existem várias *yãkoana*. Dentre elas, é o pó de *yãkoana haare a* o mais poderoso.[7] Se alguém a beber sem cautela, a imagem dessa *yãkoana* atingirá seu crânio com um violento golpe de machado e o jogará no chão. Desmaiará logo, e não voltará a si tão cedo, sobretudo se for misturada com pó de *paara*! Logo depois de beber *yãkoana*, os *xapiri* se apoderam da imagem de seu pai, o xamã, e levam-na consigo para longe em seus voos, enquanto a pele dele fica estirada no chão. Por mais que as distâncias pareçam ser longas a nossos olhos de fantasma, não o são de modo algum para os espíritos, que são muito ligeiros. Quando descem a nós, mal temos tempo de escutar um zumbido e eles já pegaram nossa imagem, para perdê-la muito longe dali.

Yãkoanari é o nome do pai da *yãkoana*. Sua imagem continua morando onde *Omama*, há muito tempo, deu de beber desse pó a seu filho, que foi o primeiro xamã. *Yãkoanari* é um antepassado de verdade, um espírito muito poderoso. Nas palavras dos brancos, é o dono da *yãkoana*. O poder de seu pó é tamanho que faz explodir na pessoa uma luz deslumbrante, que cega. Por isso, quando a pessoa não o conhece, ela é logo derrubada com muita força e despenca no chão. Fica se debatendo para todos os lados, com o ventre tomado de terror. Depois fica lá, na poeira, sem consciência, por bastante tempo. Foi o que aconteceu comigo na primeira vez. Mais tarde, porém, quando a pessoa se acostuma ao uso da *yãkoana*, isso passa, e ela já não cai mais no chão gemendo e se contorcendo. Apesar da força intensa e repentina da *yãkoana*, ela consegue ficar de pé e aí pode virar *xapiri* de verdade, dançando e cantando sem trégua. Os espíritos da *yãkoana*, chamados *yãkoanari* e *ayukunari*,[8] ficam ao nosso lado. Ajudam-nos a pensar direito e nossas palavras não param de aumentar e esticar graças a eles. É a *yãkoana* que nos permite, guiados pelos xamãs mais experientes, ver os caminhos dos espíritos e os dos seres maléficos. Sem ela, seríamos ignorantes.

Tornados fantasmas durante o dia ou durante o tempo do sonho, é com ela que estudamos. Sem tomar *yãkoana*, como eu disse, não se sonha de verdade. Ao contrário, quem dorme sob o poder dela continua vendo dançar e cantar os espíritos durante o sono. O corpo fica deitado na rede, mas os *xapiri* levantam voo com a imagem e fazem ver coisas desconhecidas. Levam a memória da pessoa consigo, em todas as direções da floresta, do céu e debaixo da terra. Se não fosse assim, no sonho veríamos apenas humanos, como nós. Só veríamos nossos próximos, gente caçando ou trabalhando na roça. Assim é. Não pensem que os *xapiri* se manifestam apenas durante o dia, quando se bebe *yãkoana*! Ao contrário, continuam cantando para nós durante a noite. O tempo todo exigem que o pai os escute: "Não adormeça! Responda, não seja preguiçoso! Senão, vamos abandoná-lo!". Se o xamã ficasse com o nariz grudado nas cinzas da sua fogueira a roncar, seus *xapiri* ficariam muito descontentes. Sairiam de sua casa de espíritos sem ele saber, um por um, e jamais voltariam. É por isso que, em nossas casas, sempre se ouvem os xamãs cantando durante a noite.

Durante todo o tempo em que meu sogro soprou *yãkoana* em minhas narinas, nunca deixou ninguém se aproximar de mim. Eu ficava deitado numa rede de casca. Até minha esposa devia manter distância. Ela vinha apenas de tempos em tempos, para alimentar minha fogueira com lenha, com muito cuidado. Tudo devia permanecer silencioso ao meu redor. Não se pode fazer barulho ao andar, nem deixar cair um fardo de lenha perto de alguém que está tomando *yãkoana* pela primeira vez! Os *xapiri* podem fugir no mesmo instante. Eles são muito ariscos e desaparecem assim que os humanos fazem muito

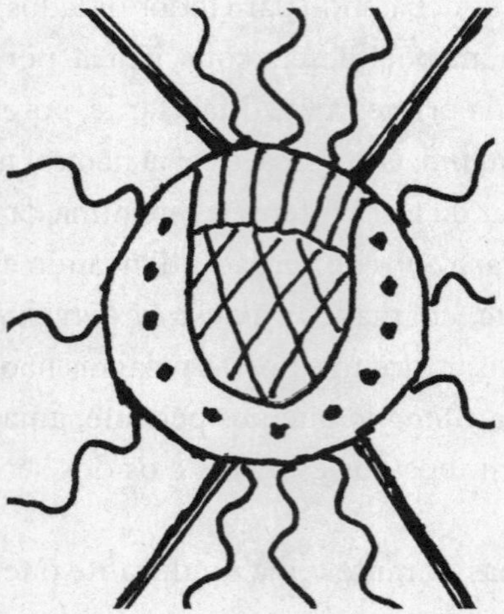

barulho. Não estão acostumados a isso. Suas casas são muito silenciosas. Por isso, os xamãs tomam muito cuidado para não assustá-los.

Eu tinha de evitar me movimentar demais. Os espíritos também se recusam a vir dançar junto a quem não para de se mexer. Eles só se aproximam com muita cautela, e só depois de os antigos xamãs terem limpado bem o chão ao redor, recobrindo-o de penugem branca. Meu sogro me alertava: "Os *xapiri* detestam água fria. Lave-se só com água morna na casa! Não vá à floresta tomar banho na água do rio! Os espelhos dos espíritos vão se quebrar. Os caminhos deles vão arrebentar". É verdade. Os caminhos dos *xapiri*, finos e transparentes como fios de aranha, são muito frágeis. Dizia-me também: "Quando as pessoas assarem carne no fogo, deixe-as comer sozinhas, não peça nada a elas! Você não deve comer caça. Os espíritos detestam fumaça e cheiro de grelhado. Eles não têm fome de carne, como nós, humanos. Eles só comem alimentos doces. Também não beba água do rio! Não se preocupe, logo sua vontade de comer e de beber vai sumir!".

No começo, passei mesmo muita fome, a ponto de chorar! Mas é assim, não se pode ver os *xapiri* e tornar-se xamã cochilando com a barriga cheia de carne e mandioca! Eu também tinha muita sede. Minha língua ficou toda seca. No entanto, alguns dias depois, minha fome e minha sede acabaram. Os espíritos as jogaram para longe de mim. Eu não sentia mais nada. Via uma cuia cheia de água, mas já não tinha vontade nenhuma de beber. As pessoas ao meu redor comiam queixada mas eu também não tinha mais vontade de comer. Bastava-me inalar o pó de *yãkoana*, dose após dose, mais e mais. Os *xapiri* não paravam de dançar em volta de mim, e eram eles que me alimentavam. Virando outro, eu começava a absorver uma comida invisível que eles colocavam na minha boca enquanto eu dormia. Em meu sonho, os espíritos ficavam repetindo: "Coma, essa é a nossa comida! Recuse carne e não use mais tabaco! Tampouco tome banho! Você não deve chegar perto das mulheres! O cheiro de seus enfeites de folhas de mel é perigoso. Se você nos quer mesmo, escute nossa voz e repita as palavras de nossos cantos!". Então eu sentia o perfume de sua pintura de urucum e de suas plantas mágicas se espalhando em volta de mim. Eu estava muito fraco, mas, enquanto dormia, comia com prazer o que me davam.

Isso durou um bom tempo, uns cinco dias ou mais. Durante todo esse tempo, meu sogro não parou de soprar *yãkoana* em minhas narinas. Fui ficando cada vez mais magro e minhas costelas começaram a aparecer. Estava muito sujo, e tinha os olhos fundos de fome e de sede. Quase não comi nem bebi durante esse período, só uns poucos alimentos doces: um pouco de mingau de banana ou garapa de cana. Não comia carne, nem banana-da-terra assada na brasa, nem mandioca, nem batata-doce, nem nada. E não usava brejeira de tabaco. De outro modo, eu teria dito palavras de fantasma em vez de responder direito aos cantos dos espíritos. Eu só bebia *yãkoana*, sem parar. Os espíritos das vespas *kopena* e das abelhas *xaki* iam pouco a pouco devorando toda a gordura de meu corpo. Já quase nada restava de minha carne. Minha aparência era de dar pena e eu só conseguia emitir um fiozinho de voz, quase inaudível. Fiquei muito fraco, de dar dó. Já não tinha sopro de vida. Todos os restos de comida e carne apodrecidos tinham desaparecido de minhas entranhas. Os *xapiri* tinham me enfraquecido de fome e de sede. Tinham me feito emagrecer de verdade. Eu estava limpo e cheiroso como devia. Assim é. Os espíritos nos observam e nos cheiram de longe antes de se aproximarem. Se nos acharem gordos e fedidos, saem correndo. O fedor esfumaçado dos caçadores que comem da própria caça os faz vomitar. Se o aprendiz de xamã for um deles, cospem nele e exclamam: "Ele tem o peito de quem devora as próprias presas.[9] Que imundo! A carne dele é amarga e malcheirosa! Tem gosto de carne queimada! Seu peito cheira a mulher, empesteia com o cheiro das folhas de mel delas!". Por isso a primeira coisa que fazem os xamãs mais velhos que nos dão seus espíritos é nos limpar. Devem nos livrar de todos os restos de caça, de todos os cheiros de carne queimada e apodrecida que ficam em nós. Devem também nos lavar de todo cheiro de pênis. Então podem nos fazer virar espíritos, como eles próprios há muito tempo. Enquanto estivermos sujos e fedorentos, os *xapiri* se recusarão a vir dançar para nós.

Durante todo o tempo em que eu bebia *yãkoana*, minha mulher ficou apreensiva e um pouco descontente comigo. Perguntava-se por que eu queria beber *yãkoana* e ver os *xapiri*, se era para sofrer tanto. Quando me viu fraco, só pele e osso, acabou chorando. Depois me disse: "Antes de meu pai tê-lo feito inalar *yãkoana*, eu estava enfurecida com a sua decisão. Mas agora sinto muita pena de você!". Os demais habitantes da casa estavam tão preocupados quanto ela, vendo-me naquele estado inquietante. Mas eu não sentia sofrimento nenhum, porque queria muito me tornar xamã! Assim é. Para receber os espíritos do xamã mais velho que nos dá a beber *yãkoana*, é preciso estar de estômago vazio. No começo, seu pó deve ser nosso único alimento. Quando, por fim, nossas entranhas ficam bem limpas, então os *xapiri* podem vir a nós.

Então pode-se recomeçar a comer um pouquinho, mas apenas comida que não tenha sido grelhada, nem tenha sal, nem seja ácida. Só se pode ingerir alimentos brancos e sem gosto, como mingau de banana-da-terra ou filés de peixinhos cozidos numa folha, e também garapa de cana, mamão e, sobretudo, mel diluído em água. Essa bebida é, de fato, capaz de nos pôr em estado de fantasma e de nos fazer virar espíritos. O mel é mesmo o alimento preferido dos *xapiri*, que se nutrem de flores e frutas da floresta. Assim que o jovem xamã o engole, seus espíritos se fartam de mel através dele e ficam muito contentes. Por isso, os *xapiri* dizem ao iniciando: "Viremos a você, mas você deve comer como nós, comida doce! Não fique impaciente para devorar carne!". Assim, quando vemos abelhas nas árvores, já não podemos mais achar que são meras abelhas. Sabemos que são também *xapiri*, que só gostam de sabores açucarados e perfumados. Como eu disse, os espíritos não comem mandioca e carne como nós. Tampouco bebem da água dos igarapés da floresta. São bebedores de néctar de flores. Por isso eles só ficam felizes em descer para nós quando apenas nos nutrimos dos alimentos que eles apreciam. Mais tarde, porém, depois de os espíritos onça, suçuarana e jaguatirica terem vindo a nós, podemos voltar a comer carne. Aí, os xamãs mais velhos nos dizem: "*Awei!* Seu espírito onça dançou, você agora pode matar a sua fome de caça! Mas se temperar com pimenta, vai precisar lavar muito bem a boca!".

É desse modo que eles protegem os *xapiri* que fazem descer para nós. Hoje, é minha vez de alertar os rapazes que querem se tornar xamãs: "Não vão ao rio atrás das mulheres! Não fiquem comendo sem parar! Se vocês não se contiverem, não serão capazes de ver os *xapiri*! Nunca vão ouvir seus cantos! Eles não vão querer dançar para vocês!". Se xamãs mais experientes não ficassem atentos, junto conosco, quando bebemos *yãkoana* pela primeira vez, correríamos o risco de não ter nenhum cuidado e maltratar os espíritos. Furiosos diante dessa falta de respeito, eles poderiam nos golpear com seus facões e nos matar. Mas apesar de temermos o poder deles, nosso desejo de fazê-los dançar como nossos ancestrais é mais forte. É assim porque somos habitantes da floresta.

É verdade que os *xapiri* às vezes nos apavoram. Podem nos deixar como mortos, desabados no chão e reduzidos ao estado de fantasmas. Mas não se deve achar que nos maltratam à toa. Querem apenas enfraquecer nossa consciência, pois se ficássemos apenas vivos, como a gente comum, eles não poderiam endireitar nosso pensamento. Sem virar outro, mantendo-se vigoroso e preocupado com o que nos cerca, seria impossível ver as coisas como os espíritos as veem. Por isso os *xapiri* dizem do iniciando: "Se continuar robusto, não ouvirá nossa voz!". Então, os espíritos morcego sopram em nós suas plantas de feitiçaria, para nos enfraquecer e nos manter em estado de fantasma. Os *xapiri* também se aplicam em tirar de nós o menor cheiro de restos de comida, pois são muito preocupados com limpeza. Por isso, quando encontram qualquer pedaço de carne em putrefação sobrando em nossas entranhas, reduzem-no a pedacinhos e jogam longe. Também lavam cuidadosamente nossa boca e peito, para acabar com todo o cheiro de carne queimada. Friccionam nossa pele até apagar dela tanto as fragrâncias das mulheres como os cheiros de fumaça, os odores da cópula e fedores de excrementos. Se a pele estiver contaminada pela epidemia *xawara*, não hesitam em arrancá-la como a de um sapo venenoso *yoyo*, para jogá-la no rio. Depois, nos esfregam com vigor, usando água dos igarapés das montanhas. E por fim nos recobrem com uma nova pele, enfeitada com penugem branca e pintura de urucum. São os espíritos das folhas, dos cipós e das árvores que vêm nos limpar primeiro. São eles também que rasgam nosso peito e aumentam seu tamanho para que os outros *xapiri* possam nele construir sua casa. Assim é. Quem ainda tem alguma sujeira fica com língua de fantasma e não consegue responder aos *xapiri*.

Outros espíritos nos fazem renascer como crianças. Assim voltamos a ser recém-nascidos, ainda vermelhos do sangue do parto. Então as mulheres espíritos cortam nosso cordão umbilical e nos lavam com água límpida. Colocam-nos sobre um leito de penugem branca, no qual gesticulamos como bebês! Quando choramos, as mulheres espíritos dos macacos cairara e das ariranhas *proro* nos embalam em seus braços.[10] Amamentam-nos e cuidam de nós. E mais tarde, quando largamos o seio e crescemos, elas nos ensinam os cantos dos *xapiri*: "*Arerererere!*". Então, é a vez de os espíritos da árvore *wari mahi* e da águia *mohuma* nos cobrirem o corpo e o rosto com uma penugem de um branco luminoso e brilhante.[11] Depois a imagem de *Omama* e as dos demais *xapiri* nos oferecem seus enfeites. Amarram uma faixa de rabo de macaco cuxiú-negro em torno de nossas testas e prendem em nossas braçadeiras tufos de penas de papagaio e caudais de arara. E finalmente enfeitam nossos corpos com desenhos de urucum vermelho e preto.

Quando ficamos assim arrumados, carregam-nos para as costas do céu e lá nos depositam no meio de uma clareira, onde fazem sua dança de apresentação. O chão dessa clareira é um grande espelho salpicado de penugem branca que cintila com uma luminosidade ofuscante. É tudo ao mesmo tempo magnífico e apavorante. É nossa imagem que os *xapiri* levam desse modo, para consertá-la. Primeiro a extraem de dentro de nosso corpo, para depositá-la em seus espelhos celestes. Enquanto isso nossa pele, muito enfraquecida, queda-se estendida na praça de nossa casa, na floresta. Então os espíritos extraviam nosso pensamento e nossa língua, para nos ensinar a sua. Depois nos dão a conhecer o desenho da floresta, para que possamos protegê-la. Os *xapiri* são estupendos e resplandecentes. Parecem muito pequenos e frágeis, mas são muito poderosos. A partir de seus espelhos, revelam-nos a aproximação das fumaças de epidemia, dos seres maléficos da floresta ou dos espíritos do vendaval. Os brancos não conhecem isso. No entanto, é assim que, desde sempre, nossos maiores têm se tornado xamãs. Apenas seguimos seus passos.

Quando o pai de minha esposa me fez virar outro, tudo ocorreu como acabo de descrever. Com a *yãkoana*, ele primeiro tirou de mim todo o vigor. O seu espírito, que chamamos *Yãkoanari*, foi comendo minha carne aos poucos. Fiquei tão fraco que dava dó! Os *xapiri* então lavaram do meu peito todo cheiro ácido e salgado. Limparam também minhas entranhas de todos os restos de carne putrefata. Fizeram-me perder toda a força e fizeram-me voltar a ser um bebê. Depois de algum tempo, meu sogro chamou outros espíritos para virem se instalar comigo. Disse a eles: "Este rapaz, a quem dou de beber *yãkoana*, deseja-os e quer virar espírito por sua vez! Vocês aceitam fazer sua dança de apresentação para ele?". E os *xapiri* lhe responderam: "*Awei!* É um dos seus. Dançamos para os seus ancestrais desde sempre. Conhecemos vocês. Já que é a vez dele de nos querer, viremos dançar para ele!".

Encorajado por essas palavras, meu sogro continuou a me fazer beber *yãkoana* com firmeza, para que eu pudesse pensar direito. É assim que estudamos para nos tornarmos xamãs. O maior que chama os espíritos por nós deve, ao longo do dia, soprar o alimento deles em nossas narinas. Então, pouco a pouco, durante a noite, acabamos por vê-los se aproximando, dançando com alegria, e isso não para mais. Foi o que meu sogro fez por mim. Revelou-me o caminho dos *xapiri*, fez com que descessem e os deu para mim. É um grande xamã, um homem muito sábio. Ele não queria que pudessem me chamar de mentiroso. Assim é. Seguimos desde sempre as palavras que *Omama* deu a seu filho: "Se você quer mesmo ver os *xapiri* e ser capaz de responder a eles, precisa beber *yãkoana* muitas vezes. Precisa ficar sem se mexer na sua rede e parar de comer e de copular a qualquer hora. Nesse caso, os *xapiri* ficarão satisfeitos. Senão, vão achá-lo sujo e fugirão". Por isso o pai de minha esposa me alertou: "Agora vai ser preciso que seus pensamentos permaneçam calmos e que você responda aos *xapiri* com atenção, ou eles ficarão enfurecidos e poderão maltratá-lo!".

Sob o efeito da *yãkoana*, fiquei muito tempo estendido no chão, inconsciente. Então, os espíritos onça e veado se aproximaram e começaram a me lamber a pele com a ponta de suas línguas ásperas. Assim provaram minha carne, para saber se ainda estava ácida ou salgada. Perguntavam-se: "Como ele está? Vamos conseguir limpá-lo e consertá-lo?". Os *xapiri* começam a nos avaliar desse modo. Assim, se constatarem que nosso peito está enfumaçado demais, contaminado pelos restos de nossas próprias presas ou fedendo a pênis, rejeitam-nos logo, golpeando-nos com violência. Em seguida, os espíritos dos carrapatos *pirima ãrixi* agarraram minha imagem com a boca, enquanto os espíritos do céu a levaram nas alturas, para depositá-la sobre seus espelhos. Depois, bebi mais e mais *yãkoana*. Aí foi a vez de as imagens das mulheres das águas me assustarem. Antes de *Omama* ter feito jorrar os rios da terra, elas viviam no mundo subterrâneo. São as irmãs de sua esposa. São seus feitiços de amor que fazem os rapazes se tornar xamãs.

Essas imagens só descem a nós se tivermos o corpo esvaziado de carne de caça; depois de termos também parado de comer bananas e mandioca, e até de beber água. Não descem enquanto a *yãkoana* não tiver consumido nossa carne a ponto de ficarmos esqueléticos mesmo. São muito belas e de valor muito alto. Apenas os xamãs mais experientes podem chamá-las para nós. Assim que chegam, elas também tratam de nos examinar com cuidado. Então, se nos considerarem aceitáveis, levam-nos consigo. Quando isso acontece com um jovem iniciando, ele se precipita de repente para fora de sua casa, como um fantasma. E começa a correr para longe, na floresta, fora das trilhas, gemendo e chamando a mãe aos berros: "*Aaa! Napaaa! Aaa! Napaaa!*". Só voltará para junto dos seus bem mais tarde, quando um xamã mais velho sair em busca dele para trazê-lo de volta. Foi isso que me aconteceu! De tanto beber *yãkoana*, as imagens dos espíritos da floresta e das mulheres das águas vieram a mim durante o dia e me levaram consigo. Saí correndo, em estado de fantasma, seguindo suas luzes, que se afastavam ao longe, à minha frente. Segui seus caminhos na floresta por muito tempo, sem parar de gritar: "*Aë! Aë! Aë!*". Corri muito, até o limite de minhas forças! Mas o pai de minha esposa, temendo que eu me perdesse para sempre, me protegeu. Interveio para evitar que as mulheres espíritos me levassem para a casa delas, debaixo d'água. Então, elas me largaram no chão da floresta, inconsciente, e meu sogro enviou seus próprios *xapiri* para me levarem de volta para casa.

No começo, quando a pessoa ainda não conhece o poder da *yãkoana*, não fica de pé muito tempo. Foi também o que aconteceu comigo. Sua força me fez morrer e me jogou para trás na hora. Então rolei no chão, me contorcendo de pavor e gemendo: "*Akaaa! Akaaa!*". Apesar de eu ter virado fantasma, os *xapiri* ainda permaneciam invisíveis. Isso me deixava muito ansioso! Não parava de perguntar a mim mesmo: "Por que ainda não vejo nada?". Assim se passaram vários dias sem que os espíritos se manifestassem aos meus olhos. Eu transpirava muito e minha pele estava coberta de poeira. Estava atormentado e muito agitado. Bebia *yãkoana* sem descanso e tinha medo. Quanto mais fraco eu me sentia, mais o seu poder me parecia apavorante. É por isso que poucos rapazes ousam apresentar o nariz aos xamãs experientes! E quando o fazem, muitas vezes desistem logo, com medo de morrer. Eu, no entanto, quis continuar, porque apesar do pavor que sentia, eu queria mesmo conhecer os *xapiri*.

Foi por isso que, no começo, tive muito medo de não conseguir vê-los. É verdade! Tomava *yãkoana* sem parar, mas não via nada. Isso costuma acontecer, mas eu não sabia. Quando se começa a beber *yãkoana*, de fato, não se vê nada. A cabeça dói muito e o pensamento continua fechado. A pessoa vai enfraquecendo cada vez mais e desmaia o tempo todo. Só isso. Os *xapiri* não se revelam de imediato a quem bebe *yãkoana* pela primeira vez e, se a pessoa não for vigilante, fica por isso mesmo. Os espíritos começam a fazer sua dança de apresentação só depois de terem estendido o iniciando sobre seus espelhos. De modo que é preciso passar várias noites em estado de fantasma e ficar muito fraco antes de os *xapiri* se manifestarem.

Primeiro nos contemplam, das alturas do céu. Veem-nos estirados e expostos, na forma de uma pequena mancha clara no chão. Depois começam a descer em nossa direção, porque nos querem de verdade. Nós, no começo, apenas ouvimos suas vozes vindo das lonjuras. Aí, de repente, se aproximam de nós e pegam nossa imagem antes mesmo de os termos avistado. Assim é. No primeiro dia, a pessoa não vê nada mesmo. No dia seguinte, já não é capaz de distinguir o dia da noite, nem de dormir. No outro dia, vai ficando cada vez mais fraca. Mais um dia e, finalmente, os *xapiri* começam a aparecer. O iniciando não sente mais fome nem sede. Não sabe mais o que é dor nem sono. Os espíritos da *yãkoana* devoraram sua carne e seus olhos morrem. É nesse momento que começa a ver despontar uma claridade imensa e ofuscante. Distingue-se a tropa dos *xapiri* que cantam vindo em nossa direção. Chamados pelos xamãs mais velhos, dos confins do céu, eles se aproximam de nós devagar, dançando em seus caminhos luminosos. Os que vêm à frente, ainda poucos, vão chamando os demais por onde passam. Vão se juntando assim, aos poucos, até formarem uma multidão barulhenta.

Foi assim que aconteceu comigo, e fiquei apavorado, porque nunca tinha visto nada igual. Os sonhos que tinha desde pequeno eram pouca coisa comparados àquilo! Quando vi pela primeira vez os *xapiri* descendo para mim, aí sim, entendi o que é medo! O que comecei a ver, antes de distingui-los com nitidez, era de fato aterrorizante. Primeiro, a floresta se transformou num imenso vazio que ficava rodopiando em torno de mim. Depois, de repente, a luz explodiu num estrondo. E tudo ficou impregnado de uma claridade ofuscante. Eu só via a terra e o céu de muito longe, semeados de penugem branca cintilante. Essas pequenas penas luminosas cobriam tudo, flutuando leves no ar. Não havia mais sombra em lugar algum. Eu via tudo de cima, de uma altura assustadora. Então compreendi que estava começando a me tornar outro de verdade. Disse a mim mesmo: "O meu sogro sabe mesmo dos espíritos! Por isso conhece tão bem a floresta! Ele não estava mentindo!".

Quando os espíritos querem nos pôr à prova, arrancam nossa imagem e vão depositá-la bem longe, nas costas do céu. São os espíritos das árvores do pó *paara*, o pai da *yãkoana*, e os espíritos da floresta *urihinari* que levam assim nossa imagem e nosso sopro, para estendê-los sobre seus espelhos. É desse modo que nos tornamos xamãs de verdade. Foi o que me aconteceu, e foi mesmo muito doloroso! Meu pensamento estava preso no esquecimento e minha pele jazia no chão, inerte. Os meus se diziam: "Dá pena vê-lo assim, largado como um morto jogado na poeira!". Mas não era isso. Meu corpo de fato estava derrubado no chão, mas os *xapiri* seguravam minha imagem sobre seus espelhos, no mais alto do céu. Por isso, eu sentia vertigens e tinha tanto medo de cair! Estava suspenso acima de um enorme abismo, deitado em um amontoado de penugem branca. Já não distinguia as pessoas da casa ao meu redor. Só podia ouvir suas vozes, como grunhidos roucos e desarticulados. Pareciam vozes de seres maléficos. Era tudo muito apavorante!

Aí, de repente, tudo à minha volta começou a ficar coberto de flores amarelas e brancas, como as das árvores *masihanari kohi* e *weri nahi*. Então, vários caminhos luminosos foram se desenrolando desde os confins do céu. Ondulavam em minha direção e ouvia-se uma algazarra confusa vindo deles. Apreensivo, eu me perguntava o que podia ser aquilo. Dizia a mim mesmo: "O que são esses seres desconhecidos que se aproximam? O que farão de mim?". Eu era ainda tão ignorante! Perguntei a meu sogro: "Já são coisas de espíritos?". E ele confirmou: "*Awei!* Os *xapiri* estão começando a se aproximar de você. Vão chegando aos poucos, mas você ainda não pode enxergá-los. Só irá mesmo vê-los quando ficar muito fraco e tiver mesmo virado outro!". É o que acontece quando o iniciando começa a virar espírito e seu pensamento ainda está na busca.

Então, agachado ao meu lado, o pai de minha esposa começou a me ensinar a ouvir os cantos dos espíritos. Dizia: "Se você quer mesmo tornar-se xamã, deve responder à voz deles imitando seus cantos e falando com eles. É claro que no começo você não vai conseguir. Mas, aos poucos, eles vão lhe revelar suas palavras. Sua boca não deve ter medo! Mesmo que você ainda não cante bem, eles ficarão satisfeitos só por você responder. Pensarão: 'Muito bem! Ele nos quer mesmo!'. Caso contrário, se você não fizer nenhum esforço e não se comportar como eles esperam, vão maltratá-lo. Se você magoar os espíritos, eles vão matá-lo e fugirão para bem longe!". Tendo escutado essas palavras, um tanto aflito, me esforcei para ouvir a voz dos *xapiri* e tentar responder-lhes direito!

Quando se começa a beber *yãkoana*, não se percebe nada do canto dos espíritos. É preciso que eles antes tirem de nossas orelhas tudo o que as entope e nos impede de ouvi-los. Em seguida, eles começam a se manifestar enquanto dormimos, dando a escutar, aos poucos, sua cantoria. Bem no começo, eu não sabia nada dos *xapiri*. Apesar de ficar tomando *yãkoana* o tempo todo, não os via e ainda nem sequer ouvia suas vozes! Isso me atormentava, e eu dizia a mim mesmo: "O que está contecendo comigo? Morro e ajo como um fantasma, mas não adianta! Inspiro pena rolando na poeira, tudo isso por nada! O que fazer? Se eu não vir os *xapiri*, será que devo fingir?". Mas eu não queria mentir! Todos os resíduos de comida tinham desaparecido de minhas entranhas e eu estava muito fraco mesmo. Minha própria carne tinha virado carne de fantasma. Assim, antes de ser capaz de ver os espíritos, comecei me esforçando muito para ouvir suas palavras. Como me havia recomendado meu sogro, fui tentando, aos poucos, imitar seus cantos.

Foi ele que começou a ensiná-los a mim. Apresentou-me aos *xapiri*, como sempre fizeram nossos ancestrais com seus filhos e genros. Então, de tanto prestar atenção, comecei a poder ouvir as palavras dos espíritos. Eles trocaram minha língua e minha garganta pelas deles. E assim, aos poucos, seus cantos foram se revelando a mim e se tornando claros. Comecei a cantar como eles. Mas foi tudo muito devagar. Não se pode ser impaciente nesse caso. Deve-se tentar pouco a pouco imitar a última parte das palavras do canto dos espíritos.[12] É assim que se consegue começar a escutá-los de verdade, e foi o que eu fiz. E finalmente eles livraram minhas orelhas de tudo o que as entupia.

Meu ouvido explodiu com um ruído surdo. Depois comecei, ainda sem ver nada, a perceber uma melodia bem fraca. Algo como o zumbido de um enxame de pernilongos. Era o sibilo das flautas de bambu *purunama usi* que os espíritos sopram enquanto dançam. Seu som agudo vinha de muito longe e ia se aproximando devagar. De repente, espalhou-se um outro som, dessa vez grave, como um vento rodopiando por toda a extensão da floresta. Foi então que comecei a distinguir ao longe, vindos dos confins do céu, os gritos e cantos dos *xapiri* que se aproximavam de mim. Apesar da distância, suas vozes iam ficando cada vez mais precisas. As pessoas comuns não podiam ouvi-las, mas para quem tinha se tornado fantasma eram perfeitamente claras.

No momento em que, finalmente, os *xapiri* revelam suas vozes, o medo desaparece e, mesmo largado na poeira, sente-se uma intensa alegria! Aí é preciso se esforçar para responder, para que fiquem felizes de nos escutar e nos incentivem com seus clamores. Foi assim que, apesar de todo o medo, comecei a cantar. Ainda só percebia sonoridades muito fracas. Apesar disso, decidi responder à voz dos *xapiri*, ecoando-a. Então comecei a ouvir de volta suas exclamações de alegria: "*Awei!* Dessa vez ele está respondendo como se deve!". Suas vozes me pareciam muito nítidas. Satisfeito, me apliquei a imitá-los, repetidas vezes, sem descanso. Diante de meus esforços, eles vieram me ajudar. Disseram a si mesmos: "Ele não deve estar nos ouvindo bem. Recomecemos! Como fazer para que nossas palavras sejam audíveis para ele?". Então retomavam seus cantos, subindo o tom de suas vozes mais e mais. Foi assim que, por fim, consegui ouvi-los de verdade e cantar como eles. Quando o iniciando se aplica a responder aos *xapiri*, as imagens do sabiá *yõrixiama* e da árvore de cantos *reã hi* descem rapidamente a ele.[13] Essas imagens nos emprestam suas gargantas e reforçam nossa língua. Desse modo, as palavras do canto dos espíritos aumentam depressa em nós, como num gravador. Bebemos *yãkoana* com os olhos cravados em sua dança de apresentação e perdemos todo o receio de cantar diante das pessoas de nossa casa. Foi isso mesmo o que aconteceu comigo!

Depois de tanto tempo, eu metia medo de tão magro. Tinha o rosto coberto de muco e de pó de *yãkoana*. Estava morto sob o seu poder e meus olhos eram os de um fantasma. Os espíritos tinham limpado todo o interior de meu corpo. Vários dias haviam passado antes de eu, por fim, começar a vê-los dançar. Eu mesmo tinha me tornado um deles. As vozes e danças dos espíritos haviam se tornado as minhas. Agora eles estavam satisfeitos de verdade. Assim é. Os *xapiri* ficam felizes quando lhes respondemos fazendo vibrar a língua: "*Arerererere!*". Assim que nos escutam imitando seus cantos, gritam de satisfação e afluem de todos os lados com clamores de júbilo, como convidados a uma festa *reahu*: "*Aë! Aë! Aë!*". Caso contrário, se a resposta de nossos cantos tem pouca energia, eles se irritam logo por não serem desejados. Então começam a nos insultar: "*Hou!* Sua voz é feia e tremida! Você está muito sujo! Fede a pênis e é um covarde! Se tem medo de nós, não nos chame!". Ficam furiosos se o iniciando fica só se contorcendo na poeira e proferindo palavras de fantasma, sem responder como esperam. Dizem a si mesmos: "*Hou!* E contudo, nosso canto é claro! Esse fantasma é mesmo surdo! Não nos vê? Será que está dormindo? Não nos quer? Insiste em nos fazer vir de longe para dançar para ele e, agora, fica mudo!".

Se não bebermos *yãkoana* com aplicação e não cantarmos para eles, os *xapiri* se recusam a vir se instalar junto de nós. Nunca chegam perto das pessoas comuns, que se contentam em viver deitadas em suas redes. Consideram-nas sujas e acham que são incapazes de ouvir suas vozes. Se um iniciando chamar os espíritos à toa, dirão que tem gosto amargo, e irão zombar de sua voz de fantasma. Será chamado de preguiçoso e censurado por não fazê-los dançar. Exasperados, eles acabarão por cuspir nele e cobri-lo de cinzas, antes de fugirem para longe. Quando isso acontece com um jovem aprendiz xamã, ele começa a definhar. Fica magro e feio logo em seguida. Em vez de virar espírito, corre o risco de morrer.

A pessoa que quer se tornar xamã também não deve deixar seus olhos se moverem demais de um lado para outro, observando os habitantes da casa ou mesmo olhando para o chão. Por isso eu me esforçava para manter o olhar sempre voltado para o céu. Sem isso, eu jamais teria podido ver os espíritos descerem. Meus olhos eram os de um fantasma e eu já não via nada à minha volta. Minha visão e meu pensamento estavam concentrados nos *xapiri*. E assim, com o passar do tempo, eles acabaram se manifestando. Finalmente pude vê-los vindo em minha direção das alturas do céu, numa imensa luminosidade pulsante. Desciam muito devagar e se juntavam, mais e mais numerosos, numa chuva ofuscante de penugem branca. A vibração poderosa de seus cantos ia se aproximando aos poucos: "*Arerererere!*". Puseram-se a turbilhonar ali mesmo nos ares, como uma multidão de colibris. Fui aos poucos conseguindo distinguir seus ornamentos resplandecentes: braçadeiras de crista de mutum e peitos de jacamim, faixas de rabo de macaco cuxiú-negro e cabelos recobertos de penugem de gavião e de urubu-rei. Seus dentes imaculados cintilavam e sua pele brilhava de desenhos de urucum vermelho e preto. Giravam em redor de mim, dançando e lançando gritos exaltados. A partir desse instante, meu sono fugiu. Eu estava deitado na praça central de nossa casa e a floresta à minha volta havia desaparecido. Só fazia contemplar a dança dos *xapiri*.

Eles me fizeram outro para que eu não minta.

Quiseram mesmo me fazer virar espírito.

Fizeram desaparecer a floresta e a substituíram por uma terra coberta de penugem branca. Deitaram minha imagem no peito do céu, no centro de seu espelho. Era apavorante, mas meu medo se dissipou logo, pois tudo o que eu via era magnífico. Apesar da distância, eu distinguia com nitidez os *xapiri* e seus adornos coloridos e brilhantes. Olhavam todos para mim. A sua tropa descia dos confins do céu, carregada por milhares de trilhas reluzentes que ondulavam nos ares. Eram tão velozes quanto aviões, e produziam uma ventania poderosa. Aquela distância imensa não era nada para eles. Afluíam sem parar, inumeráveis, vindo de todas as direções, como imagens de televisão. Depois iam pouco a pouco se juntando diante de mim, como convidados a uma festa *reahu* amontoados na porta da casa de seus anfitriões, ansiosos para fazer sua dança de apresentação.

Seus caminhos, até então quase imperceptíveis, iam ficando cada vez mais nítidos e brilhantes. Finos como teias de aranha, flutuavam cintilando nos ares e vinham se prender junto de mim, um após o outro. Assim é. Os *xapiri* sempre são precedidos pelas imagens de seus caminhos. Eles vão se colando, um por um, na borda do espelho em que o jovem xamã está deitado. Fixam-se ali como as imagens de fotografia dos brancos. Deve-se então ficar esticado bem reto, para que os caminhos não quebrem e os espíritos possam chegar até nós. Depois, usam nossos braços e pernas como caminhos, nos quais nossos cotovelos e joelhos são clareiras, onde param para descansar. Por fim, entram pela boca para dentro do peito, que é a casa na qual farão sua dança de apresentação.

Os *xapiri* chegam bem apertados uns contra os outros em fileiras deslumbrantes, cobertos de pinturas de urucum e de enfeites de penas de todas as cores. O som de suas vozes é poderoso e seus cantos são melodiosos. Quando finalmente se consegue vê-los, são de uma grande beleza. Evitam a sujeira do chão ficando sempre suspensos nos ares. *Omama*, que é quem os envia, torna-os capazes de voar com velocidade graças a uma imagem de avião que lhe pertence.[14] Essa imagem é muito poderosa, carrega todos os *xapiri* em seu voo, apesar de serem tantos. Assim eles se deslocam acima da floresta, além do céu e debaixo da terra. Chegam até nós sobre vastos espelhos resplandecentes que amarram nas alturas. Ali dançam, como os convidados a uma festa *reahu* na praça central da casa à qual foram chamados. As mulheres dos ancestrais animais e as da gente das águas entram primeiro, agitando folhas jovens de palmeira *hoko si* desfiadas. Avançam e recuam devagar, bem alinhadas, batendo os pés no chão em ritmo. São magníficas! Em seguida, os espíritos masculinos se lançam e dançam por sua vez, percorrendo um grande círculo com clamores jubilosos.

Os *xapiri* são grandes dançarinos, e muito divertidos. Os ancestrais animais *yarori* até conseguiram fazer Jacaré rir com suas danças, a ponto de deixar o fogo cair de sua boca, não é mesmo?[15] Por isso nos esforçamos para seguir-lhes o exemplo, quando é nossa vez de nos tornarmos espírito. Imitamos os ancestrais tamanduá, macaco-aranha, veado e anta; imitamos também o espírito lua *Poriporiri*, o espírito raio *Yãpirari*, o espírito do céu *Hutukarari* e muitos outros! Os modos de dançar dos espíritos são tão diversos quanto são diferentes seus cantos. Quando seguimos seus movimentos, são suas imagens que nos pegam pelo braço e nos ensinam a seguir seus passos com segurança. Se ficarmos envergonhados, com as pernas duras, eles ficam impacientes e nos repreendem: "Siga-me! Olhe! Esse é o meu modo de dançar! Preste atenção!". E nos levam com seus movimentos, para que nossos gestos sejam tão graciosos quanto os deles. Percorrem o círculo de seu espelho, indo e vindo, com uma impressionante agilidade. Deslocam-se devagar, avaliando o interior da nova casa de espíritos na qual estão prestes a se instalar: "Será bela o suficiente? Seu chão é liso e brilhante como deve?".

Porém, apesar de toda a sua beleza, a dança de apresentação dos *xapiri* é também apavorante. Eles evoluem em volta de nosso corpo estendido em seus espelhos e agitam imensas lâminas de metal brilhante. Ficam nos observando, julgando nossa força e nossa aparência. Quando completam o giro voltam ao seu ponto de partida, passando ao nosso lado. Então, de repente, um deles se vira e nos golpeia nas costas com o gume afiado de seu enorme facão. O golpe nos atinge sem que ele levante a arma. É o balanço da lâmina amarrada em suas costas que nos machuca com violência. A dor é intensa e nos faz cair desmaiados em seguida. Então os *xapiri* desaceleram o passo, param e, imóveis, ficam nos observando.

Os *xapiri* que nos ferem desse modo são os espíritos agressivos da cobra grande *waroma kiki* e do jacaré gigante *poapoa*. Como eu disse, certos *xapiri* podem ser muito perigosos. É o caso de *Ara poko*, o chefe dos seres maléficos gavião *koimari*. Quando um xamã faz descer sua imagem, os outros devem se interpor, para evitar que o sopro de sua cauda venenosa atinja as crianças da casa. Quando o fazemos dançar pela primeira vez, esse espírito nos fere com crueldade. Assim é. Aos espíritos não basta dançar para nós. Ao chegarem, nos machucam e recortam nosso corpo. Cortam-nos o tronco, as pernas e o pescoço. Cortam também nossa língua, jogando-a longe, pois só emite palavras de fantasma. Arrancam nossos dentes, que consideram sujos e cariados. Jogam fora nossas entranhas cheias de resíduos de carne de caça que os enojam. Então, substituem tudo isso pela imagem de suas próprias línguas, dentes e vísceras. É desse modo que nos põem à prova.

Foi o que me aconteceu e eu tive muito medo! Esses *xapiri* antigos são muito aterrorizantes! Aproximaram-se de mim em silêncio, no final de sua dança de apresentação. Não pareciam ameaçadores. Mas de repente senti suas lâminas me atingindo com toda a força. Partiram-me o corpo de um só golpe, no meio das costas! Sob o choque, lancei um longo gemido de dor. Mas nem por isso pararam! Depois de me terem talhado em dois, cortaram-me a cabeça. Então vacilei, e desabei em prantos. Meu pensamento estava desviado e eu tinha ficado cego, como um cão morto no chão. Fiquei assim prostrado por muito tempo, sem nenhuma sensação. Enquanto isso, os espíritos continuavam dançando ao meu redor sem que eu percebesse nada.

Recobrei a consciência algum tempo depois. Parei de beber *yãkoana* e meu pensamento se acalmou. Comecei então a sentir o sofrimento lancinante dos ferimentos que os *xapiri* me haviam infligido. Sentia dores terríveis na nuca e nas costas, onde eles me haviam atingido. Só conseguia andar curvado, como se tivesse me tornado um ancião! No começo, tudo isso é aterrorizante, pois a pessoa se pergunta se os espíritos não têm, afinal, a intenção de matá-lo! É verdade! Porém, com o passar do tempo, as dores intensas das feridas vão diminuindo aos poucos, embora a pessoa continue dolorida. Foi o que eu senti e dava mesmo pena me ver! De fato, meu sogro não me poupou quando me deu seus espíritos!

Sempre que novos *xapiri* vêm a nós, golpeiam-nos do mesmo modo com suas grandes lâminas de metal. Fazem isso já no começo, antes mesmo de podermos distinguir suas imagens. Depois recomeçam, quando já estamos estendidos em seu espelho e começamos a vê-los dançando à nossa volta. Contudo, não se deve pensar que isso acontece somente quando se bebe *yãkoana* pela primeira vez. Acontece de novo mais tarde, mesmo depois que temos uma grande casa de espíritos e nos tornamos xamãs experientes! Assim, a cada vez que chegam a nós, novos espíritos nos ferem com a mesma violência. É isso que vai deixando as costas e a nuca dos xamãs tão doloridas! São essas as partes do corpo que os *xapiri* atingem de preferência, e o sofrimento que nos causam é sempre muito forte. Não pensem que estou mentindo! É mesmo pavoroso! Sentimo-nos retalhados por toda parte e trespassados por dores agudas e profundas!

Todavia, quando os fazemos descer para curar os nossos, os *xapiri* não nos atacam assim. Ao contrário, chegam com valentia para atacar os espíritos maléficos da epidemia *xawara*. Tampouco nos retalham quando os chamamos apenas para fazê-los dançar. De modo que não são os *xapiri* já instalados em nossa casa de espíritos que nos ferem. São aqueles que, vindos das lonjuras, fazem pela primeira vez sua dança de apresentação para nós. São os novos espíritos, que vão chegando a nós aos poucos, com o passar do tempo. São muito numerosos, e por isso os velhos xamãs trazem tantas feridas. Quando se tornam idosos, suas costas vão ficando cada vez mais frágeis e doloridas!

Depois de me cortarem, os *xapiri* fugiram depressa com as partes de meu corpo que tinham acabado de trinchar, para longe da nossa floresta, muito além da terra dos brancos. Eu tinha perdido a consciência e foi minha imagem que eles desmembraram, enquanto minha pele permanecia no chão. Voaram para um lado com meu torso e para o outro com meu ventre e minhas pernas. Carregaram minha cabeça numa direção, e minha língua em outra. Foram as imagens dos sabiás *yõrixiama*, dos japins *ayokora* e dos pássaros *sitipari si*, todos donos dos cantos, que arrancaram minha língua. Pegaram-na para refazê-la, para torná-la bela e capaz de proferir palavras sábias. Lavaram-na, lixaram-na e alisaram-na, para poder impregná-la com suas melodias. Os espíritos das cigarras a cobriram com penugem branca e desenhos de urucum. Os espíritos do zangão *remoremo moxi*[16] a lamberam para livrá-la aos poucos de suas palavras de fantasma. Por fim, os espíritos sabiá e japim puseram nela as de seus magníficos cantos. Deram-lhe a vibração de seu chamado: "*Arerererere!*". Tornaram-na outra, luminosa e brilhante como se emitisse raios. Foi assim que os *xapiri* prepararam minha língua. Fizeram dela uma língua leve e afinada.[17] Tornaram-na flexível e ágil. Transformaram-na numa língua de árvore de cantos, uma verdadeira língua de espírito. Foi então que eu pude enfim imitar suas vozes e responder a suas palavras com cantos direitos e claros.

Mais tarde, os *xapiri* vieram juntar novamente os pedaços de meu corpo que haviam desmembrado. Porém recolocaram meu torso e a minha cabeça na parte de baixo de meu corpo e, ao inverso, minha barriga e minhas pernas na parte de cima. É verdade! Reconstruíram-me às avessas, colocando meu posterior onde era meu rosto e minha boca onde era meu ânus! Depois, na junção das duas partes de meu corpo recolado, puseram um largo cinturão de penas multicoloridas de pássaros *hëima si* e *wisawisama si*. Também trocaram minhas entranhas por vísceras de espíritos, menores e de um branco deslumbrante, enroladas com delicadeza e cobertas de penugem luminosa. Depois substituíram minha língua pela que tinham consertado, e fixaram em minha boca dentes tão belos quanto os deles, coloridos como a plumagem dos pássaros *sei si*. Também trocaram minha garganta por um tubo, que chamamos *purunaki*, para eu poder aprender a cantar seus cantos e a falar com clareza. Esse tubo é a laringe dos espíritos. É dele que vem o sopro de suas vozes. É uma porta pela qual nossas palavras podem sair belas e direitas.

Tudo aconteceu exatamente como eu contei até agora. Eu tinha acabado de tomar *yãkoana* com um grande xamã, meu sogro, pela primeira vez. Os espíritos tinham me posto à prova antes mesmo de eu conhecê-los de verdade. Porém, apesar dos ferimentos dolorosos que me haviam infligido, eu continuava vivo. Meu sangue não tinha escoado e eu nem conseguia ver as feridas que tinham me obrigado a suportar! Então, assim que eles recompuseram as partes de meu corpo, meu pensamento começou a desabrochar de novo. Senti-me acordar, imerso no perfume forte da tinta de urucum com que me tinham pintado e na fragrância de suas plantas mágicas *yaro xi* e *aroari*. A tropa dos *xapiri* recém-chegados permanecia junto a mim, todos imóveis, no brilho de seus adornos magníficos. Tinham concluído sua dança de apresentação. Agora estavam ansiosos para construir uma casa nova na qual pudessem se instalar!

6. Casas de espíritos

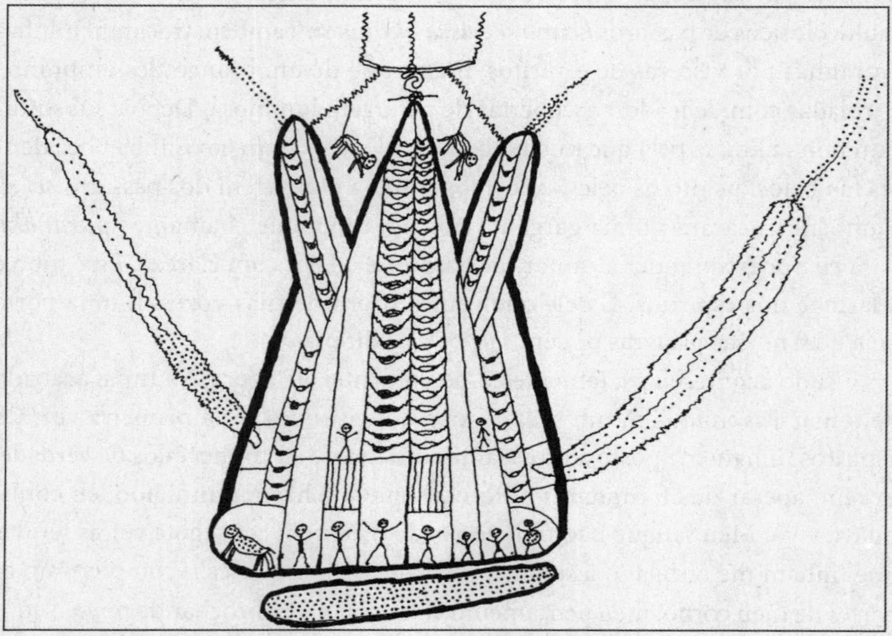

Habitação, espelhos e caminhos dos espíritos.

Quando se morre pela primeira vez sob efeito da *yãkoana*, os *xapiri* que vieram fazer sua dança de apresentação para nós ainda não têm casa onde possam se instalar. Depois de terem cantado e dançado por muito tempo, ficam de pé, ou agachados, pensando: "*Hou!* Se este lugar continuar vazio, se não houver habitação para receber-nos, não ficaremos aqui!". Por isso nossos xamãs mais velhos fazem dançar em primeiro lugar os *xapiri* que vêm abrir a clareira onde será erguida a casa de espíritos do iniciando. Vêm primeiro as imagens das aves que sabem varrer o solo da floresta para buscar alimento: espíritos dos jacamins, dos cujubins, dos mutuns, dos inhambuaçus, e também das perdizes *pokara*, bem como das aves formigueiras *makoa hu* e *maka watixima*. Em seguida, para limpar os detritos e a poeira da clareira que acabou de ser aberta, chegam os espíritos das folhas, dos cipós, das árvores e das raízes, e depois os do vento *iprokori*, da brisa *wahariri* e das águas. Ao final, os *xapiri* das pedras e dos cupinzeiros espalham penugem branca por toda parte. Todos esses primeiros espíritos se sucedem assim, dançando de modo desajeitado, um após o outro, em grande número. Acotovelam-se e atropelam-se numa grande confusão. Não possuem verdadeiros cantos, só têm língua de fantasmas. Não conhecem as verdadeiras palavras da floresta, pois estão próximos demais dela. Esses primeiros *xapiri* vêm apenas preparar o terreno para a nova casa de espíritos a ser edificada. Por isso, assim que termina sua dança de apresentação, desaparecem logo nas alturas do céu.

Os xamãs mais velhos que nos fazem beber o pó de *yãkoana* devem então afastar do lugar vários espíritos ruins. Devem primeiro espantar os espíritos repugnantes das lesmas *warama aka*. Mas devem também repelir os espíritos de casa, como os das cinzas *yupu uxiri*, dos tições *wakoxori*, das redes de algodão *rio kohiri*, dos cestos de carga *wɨɨri*[1] e dos aventais pubianos *pesimari*. De fato, se todos esses espíritos de casa viessem dançar para o iniciando, os verdadeiros *xapiri* se recusariam a chegar perto dele e fariam fracassar sua vontade de se tornar xamã, pois tais espíritos são incapazes de combater os seres maléficos e suas mãos não têm habilidade para curar. Assim é.

Logo que a clareira é aberta e seus entornos estão protegidos, outros *xapiri* começam a descer das lonjuras, trazendo consigo a nova casa de espíritos do iniciando, já toda construída. Os espíritos macaco-aranha seguram e puxam a ponta de seu teto, para engenchá-la no peito do céu. Os espíritos celestes *hutukarari* sustentam todo o seu peso, enquanto os espíritos do vendaval *ya-*

riporari a empurram em direção ao zênite. Todos esses *xapiri* trabalham duro, todos juntos, pois os postes de uma casa de espíritos são feitos de árvores comparadas às quais as da floresta parecem bem mirradas! Seus troncos são imensos, inteiriços, e seu peso é enorme. Não se trata de meros postes de madeira cuja base acaba apodrecendo, como os de nossas casas. São resistentes como barras de metal. São estacas do céu, e pesam tanto quanto ele.

Os *xapiri*, apesar de serem minúsculos, conseguem levá-los nos braços erguidos acima da cabeça. Vão se juntando, cada vez mais numerosos, dançando devagar, de frente para trás, na clareira em que irão depositar a nova casa. Soltam volumosos clamores de esforço e alegria, acompanhados pelas estridulações agudas de suas flautas de bambu.[2] Depois vão pouco a pouco aproximando do céu a cumeeira das estacas que formam o teto, e os espíritos macaco-aranha, já pendurados naquelas alturas, içam-na para junto de si. É muito difícil, porque essas imensas estacas balançam na violenta ventania celeste. Oscilam, pesadamente, de um lado para o outro. Os *xapiri* têm de se esforçar muito para diminuir seu movimento. Lançam gritos de alerta no meio do tumulto: "*Aë! Aë!* Vamos derrubar, vamos cair, cuidado!". Tudo isso é muito apavorante. Só os espíritos são capazes de fazer algo assim.

Por fim conseguem enfiar a ponta das estacas do teto no peito do céu com tal vigor que o perfuram com um enorme estalo. Nesse momento, os espíritos macaco-aranha pegam suas extremidades e as torcem, para amarrá-las juntas, com cordas besuntadas de piche celeste. Os espíritos preguiça enfiam ali pregos, atirados com suas espingardas, enquanto os espíritos dos ancestrais brancos *napënapëri* as mantêm imobilizadas, com longos espetos de metal. Quando terminam o seu trabalho, a nova casa de espíritos está firmemente presa no peito do céu pelo teto. Seus postes não podem mais balançar com estrondo no vazio. Os espíritos da aranha *warea koxiki* então a cobrem rapidamente com folhas trazidas em grandes fardos pelos espíritos tamanduá-bandeira. Por fim, toda ela é enfeitada com motivos desenhados pelos espíritos da jiboia. É assim que acontece. Os *xapiri* que trabalham para trazer uma nova casa de espíritos são poucos, e eles partem assim que terminam seu trabalho. Mais tarde, são outros *xapiri*, vindos de todos os lados da floresta, do céu e do mundo debaixo da terra, que virão nela dançar e se instalar.

Essas casas de espíritos não são erguidas na terra como as nossas, e tampouco são construídas da mesma maneira. São mesmo outras! Os *xapiri*, enviados por *Omama*, trazem-nas consigo de muito longe, já prontas, com seus postes e o seu teto já amarrados. Porém, como temem poeira e sujeira, não dançam no chão dessas casas, como fazemos nas nossas. A praça central delas parece uma vasta superfície de vidro limpo, liso e cintilante. Os ancestrais dos brancos há muito tempo resolveram imitar esse vidro dos espíritos, por isso seus filhos e genros continuam a fabricá-lo. Em sua língua, dizem que é transparente. Nós dizemos que possui valor de brilho, *në mirexi*. Os espelhos dos *xapiri* também são muito frágeis. Por isso os xamãs protestam se alguém bate o pé com muita força ao lado deles, perto do lugar onde estão fazendo dançar os espíritos. Os *xapiri* detestam esses ruídos surdos, que lhes dão a impressão de que se quer afugentá-los. Eles podem se irritar e ferir quem se encontrar nos arredores. Eles têm também horror da imundície do chão, como eu disse, e por isso só se deslocam sobre espelhos cobertos de penugem resplandecente e perfumados de tinta de urucum. Quando os chamamos para repelir os seres maléficos ou a epidemia *xawara*, não são suas casas inteiras que descem a nós. Somente seus espelhos, que ficam suspensos nos ares, sobre os quais fazem sua dança de apresentação.

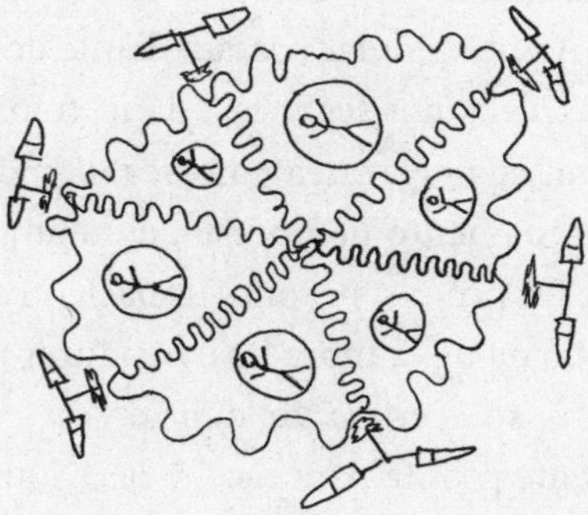

Os *xapiri* que virão morar na nova casa de espíritos trazida para um jovem xamã não vêm se instalar sozinhos, por iniciativa própria. Os xamãs mais velhos que sopram o pó de *yãkoana* nas narinas do iniciando devem primeiro mandar seus próprios *xapiri* chamá-los. Para esse fim despacham as imagens do galo-da-serra, da pomba e do pássaro *tãrakoma*.[3] Só elas sabem como convidar os demais *xapiri*, que não respondem a nenhum outro chamado. Esses emissários viajam para longe, passando de uma casa de espíritos a outra, para convidar seus moradores e animá-los a virem com eles. Partem ao seu encontro cheios de ânimo, em todas as direções onde possam encontrá-los. Intrigados, os outros *xapiri* que os veem passar lhes perguntam: "O que estão fazendo? Para onde vão assim tão alegres?". Os espíritos mensageiros aproveitam então para estimulá-los a se juntar a eles, e descer até o rapaz que está bebendo *yãkoana*. Fazem diálogos de convite *hiimuu*[4] com seus grandes homens, para convencê-los a se instalar em grande número na nova casa de espíritos do iniciando. Louvam a beleza da habitação e os incitam a acompanhá-los: "Venham todos! Não estão ansiosos para vir conosco? Venham fazer sua dança de apresentação na casa de nosso pai! É a vez dele de se tornar xamã!". Os *xapiri* convidados então respondem alegremente: "*Awei!* Belas palavras, essas! Vamos todos com eles!". E vão formando um grupo cada vez maior.

São as mulheres *xapiri* que incentivam os espíritos masculinos a dançar na nova casa de espíritos, assim como são nossas mulheres que, muitas vezes, nos convencem a comparecer a uma festa *reahu*. Quando as mulheres se entusiasmam, os homens, mesmo que sejam preguiçosos ou rabugentos, acabam também se alegrando! Acontece o mesmo com os *xapiri*. Eles só se animam quando seguem as mulheres-espírito, como eu disse. Por isso o xamã mais velho que inicia um jovem faz descer essas mulheres *xapiri* primeiro, com seus feitiços amorosos e perfumes inebriantes. Assim que elas passam diante dos homens *xapiri*, eles se apaixonam por elas e começam a segui-las, dançando com todo o ardor. Os demais espíritos escutam sua algazarra eufórica, como os convidados a uma festa *reahu*, em seu acampamento na floresta, escutam de longe a vozearia de seus anfitriões.[5] Como eles, ficam sem sono, impacientes para fazer sua entrada dançando sobre o espelho da nova moradia e pendurar nela suas redes. As mulheres *xapiri*, no entanto, só aceitam vir dançar se a casa de espíritos de um iniciando estiver realmente pronta para recebê-las. Como as esposas de nossos convidados, elas são muito prevenidas! Não querem se arriscar a tomar chuva numa clareira recém-aberta nem pisar no solo lamacento de uma construção em andamento! Se a habitação destinada a acolhê-los ainda estiver inacabada, ou se se sentirem apertados nela, os *xapiri* ficam muito desgostosos e se retiram sem mais tardar. Furiosos por terem sido enganados, desaparecerão para sempre.

Em compensação, se a nova casa for ampla e bela, ficam ansiosos para dançar e morar nela. Então afluem por inúmeros caminhos que descem de onde o céu se aproxima da terra. São as trilhas que nossos grandes xamãs de outrora abriram para eles. Os espíritos se deslocam por eles com muito barulho, cortando tudo em sua passagem com fúria. A terra voa em pedaços e as árvores tombam com estrondo atrás deles. A força e a violência de sua marcha fazem nosso ventre cair de pavor. Porém, apesar desse tumulto, começa-se a perceber a aproximação de sua algazarra e depois, cada vez com mais nitidez, o som melodioso de suas vozes. Pode-se então distinguir os cantos magníficos dos espíritos dos sabiás *yõrixiama*, dos japins *ayokora* e dos pássaros *sitipari si*. Então os *xapiri* acabam se revelando a nossos olhos aterrorizados. Brandem imensos sabres, projetando raios de luz em todas as direções, como se agitassem espelhos à sua volta. Avançam numa luminosidade ofuscante, como a dos faróis dos carros à noite. É por isso que muitos rapazes ficam com medo e desistem para sempre de se tornarem xamãs.

Por fim, os espíritos se agrupam em torno da nova casa do iniciando e vão entrando, um a um, pela porta onde desemboca seu caminho, como fazem visitantes por ocasião de uma festa *reahu*. Começam então sua apresentação no espelho da praça central, com movimentos muito lentos. Cada um dança e canta a seu modo. São enfeitados como convidados, o corpo pintado de urucum e decorado com desenhos pretos, braçadeiras cheias de caudais de arara-vermelha e cabelos cobertos de penugem branca reluzente. Dançam numa luz resplandecente, agitando graciosamente palmas novas desfiadas, de um amarelo brilhante. Entoam sem parar, um depois do outro, cantos muito bonitos. Sopram com energia em suas finas flautas de bambu e soltam gritos de alegria. O ritmo poderoso de seus passos bate no chão com golpes surdos. No tumulto e na luz cintilante, sua pintura de urucum exala um perfume inebriante. Depois, de repente, tudo para e volta o silêncio.

Uma vez acabada sua dança de apresentação, os *xapiri* começam a se instalar em sua nova casa, amarrando suas redes nas estacas. Alguns, no entanto, só encostam nelas, enquanto outros se penduram na parte mais alta ou se instalam no chão mesmo. Continuam usando seus adornos de penas e suas faixas de rabo de macaco cuxiú-negro ao redor da testa. Mas depositam a seus pés suas flautas de bambu, seus facões, os cestos *sakosi* que contêm seus cantos e as folhas de palmeira que agitavam em suas danças. Quando a casa é espaçosa, eles se instalam primeiro na base dos postes, depois vão se amontoando em fileiras cerradas, incontáveis, até o topo. Contudo, mais tarde, conforme novos espíritos, cada vez mais numerosos, continuarem a chegar, essa primeira casa não será suficiente. Será preciso ampliá-la sempre, para que os novos possam se instalar. Assim, pouco a pouco, outras habitações anexas serão acrescentadas, em cima dela ou coladas nas laterais, empilhadas umas sobre as outras, como vespeiros.[6] Por isso as casas de espíritos dos grandes xamãs chegam a ser tão altas e vastas, escoradas em incontáveis postes, altos como árvores *komatima hi* e *aro kohi*.

No começo, quando os *xapiri* de um jovem xamã ainda são recém-chegados, sua primeira casa é baixa e estreita. Não podem juntar-se nela em grande número, e nem vale a pena chamar outros. Contudo, foi o que eu fiz! No começo, eu era ignorante e impaciente. Queria obter *xapiri* demais de uma só vez. Por isso, vários dos que vieram a mim naquele momento logo fugiram, dizendo: "Espere! Você ainda é jovem! Voltaremos para dançar mais tarde! Não seja tão impaciente!". Assim é. Conforme vai ganhando idade, um xamã continua chamando novos *xapiri* e, com isso, sua casa de espíritos não para de crescer. Aos poucos outras habitações vão se juntando a ela, arrimadas umas nas outras de todos os lados. Por isso, com o tempo, a casa de espíritos de um xamã antigo se parece com os edifícios de uma cidade grande e pode ultrapassar as costas do céu.

Nessas habitações, os *xapiri* não se misturam. Na casa dos espíritos da anta, só moram espíritos desse animal, acompanhados de seus genros, os espíritos dos pássaros *herama* e *xoapema*. Os espíritos do vendaval *yariporari* e os dos trovões *yãrimari* também moram juntos. Mas na moradia dos espíritos sapo *yoyo*, só há espíritos *yoyori*. Numa vasta casa de espíritos, feita de várias habitações coladas umas às outras, há muitas portas: a dos espíritos zangão *remoremo moxi*, a dos espíritos sucuri e, na parte de baixo, a dos espíritos do caos *Xiwãripo*. No alto ficam as dos espíritos gavião *koimari* e dos espíritos raio *yãpirari*. Quando essas portas são muito estreitas, os *xapiri* logo se põem a aumentá-las a golpe de facão, para poder entrar em maior número!

Cada uma dessas habitações tem um único nome de espírito, mas os que nela vivem, todos semelhantes, são inúmeros. Esse nome é o nome da casa e do espelho dos *xapiri*, é o enfeite deles.[7] São tantos quantos os nomes de espíritos. Assim, têm nome o espelho do espírito jiboia, o do espírito onça, o do espírito tatu e o do espírito cutia. Existem também os dos espíritos japim *ixaro* e *napore*, os dos espíritos tucano e morcego, do espírito abelha *koxoro* e do espírito cigarra, bem como os dos espíritos lagarto ou minhoca. E ainda o espelho do espírito da noite *Titiri*, o da gente das águas *yawarioma*, do espírito fantasma dos xamãs, *Poreporeri*, do espírito guerreiro *Aiamori*. Mas existem além disso todas as moradias de espíritos que nos deram os nossos vizinhos *Xamat^{h}ari*.[8] Antigamente, nossos maiores conheciam os *xapiri* deles mas não os imitavam. Foi só depois de terem experimentado seu pó *paara*, quando eu ainda era criança, que nossos pais finalmente escutaram os cantos desses novos *xapiri*. Por isso eles agora instalam suas habitações ao lado das nossas casas de espíritos. Ocorre o mesmo com os *xapiri* da gente das terras altas, que nossos ancestrais conheciam, ao contrário, desde o tempo de *Omama*.

Numa casa de espíritos, as habitações dos espíritos maléficos de um grande xamã ficam penduradas no ponto mais alto do teto, para além das costas do céu, ao passo que as de seus espíritos bons estão situadas na parte de baixo, no peito da casa. Os *xapiri* famintos de carne humana devem ser mantidos à distância, pois são muito perigosos e ferozes. Poderiam atacar os parentes de seu pai. Nossos mais antigos xamãs, que são os únicos a tê-los, só os fazem descer para vingar a morte de nossos filhos que são devorados por xamãs inimigos de longe.[9] São as imagens do gavião *Koimari*, da sucuri, da cobra *waroma kiki* e da onça; e também as do ser da seca, *Omoari*, de seus genros, os espíritos cigarra e borboleta, e de seus cães de caça, os espíritos lagarta.[10] E ainda as imagens do ser sol *Omamari*, do vendaval, do raio e da lua; dos fantasmas dos xamãs mortos, dos espíritos mosca e urubu e das lagartas venenosas *kraya*. Contudo, nem todos os espíritos do topo da casa são maléficos. Lá se encontram também os espíritos das abelhas *koxoro* e *õi* e o de seu dono, o pássaro *maihiteriama*, que viaja com elas bem alto no céu para guerrear contra os seres das doenças e das epidemias. As habitações dos demais ancestrais animais que sabem curar ficam todas a meia altura. Em compensação, embaixo de tudo estão as habitações dos *xapiri* que chegaram primeiro: são as imagens dos sapos, árvores, folhas e cipós. Finalmente, as dos espíritos macaco-aranha, dos macacos cuxiús-pretos, das araras-azuis e dos gaviões *kopari* ficam um pouco afastadas da casa, acima dela, pois estes estão encarregados de vigiar as redondezas para protegê-la de ataques de *xapiri* inimigos.

Os tetos das casas de espíritos, como eu disse, não são feitos de palmas *paa hana* como as nossas. São cobertas com folhas sólidas, brilhantes como espelhos e salpicadas de penugem luminosa. Foi assim que *Omama* as criou no primeiro tempo. Por isso são tão esplêndidas! Todavia, sua cobertura também se estraga. Suas folhas murcham, enegrecem e se desmancham, como as de nossas casas. Se não forem trocadas, e os *xapiri* tiverem de viver numa casa arruinada, em silêncio e famintos, seu pai acaba adoecendo. Então os outros xamãs deverão tratá-lo e consertar o teto danificado de sua casa de espíritos. Do mesmo modo, quando um xamã fica muito velho, eles precisam arrancar os antigos postes da casa de seus *xapiri*, cujas bases estão podres, para substituí-los por peças de madeira nova.

Nunca é bom para um xamã descuidar de sua casa de espíritos. Quando fica deteriorada e enegrecida pela fumaça, ou o chão em volta dela fica coberto de cipós de cabaça *pora axi*, como o local de uma casa abandonada, ele pode ficar muito doente. Alguns de nossos maiores chegaram a morrer por causa desse abandono. Sabemos disso e estamos atentos. A morte sabe se aproximar com prontidão do xamã que deixa a sua casa de espíritos envelhecer sem motivo. Por isso, ele deve se dedicar o tempo todo a cuidar de sua manutenção. Para manter boa saúde, deve renovar seu teto de folhas e limpar bem sua clareira quando é preciso. Mas isso não é tudo. É também necessário que ele dê de beber *yãkoana* com frequência aos espíritos que a habitam. Caso contrário, eles fugirão e sua moradia, uma vez abandonada, envelhecerá por si só, vazia e silenciosa. Os *xapiri* não permanecem na sua casa se seu pai não cuidar bem deles. Não basta chamá-los e deixar que se instalem sem se preocupar com eles. Se são abandonados sem comer, se não puderem dar a ouvir seus cantos ou forem incomodados pelo barulho, pelo cheiro de podre e de fumaça, não demoram a partir, deixando para trás apenas redes vazias. Assim é. Deve-se também cuidar de fazer descer e dançar os *xapiri* jovens depois dos mais velhos que, no começo, quando de nossa iniciação, foram os primeiros a chegar. Assim o xamã também evita envelhecer depressa demais.

No começo, como outros, eu pensava que os *xapiri* moravam no peito dos xamãs. Mas estava errado, não é verdade. Suas casas não podem se situar tão perto da terra, ao alcance de nossa fumaça e de nossos fedores! Ficam noutro lugar, penduradas bem alto no peito do céu. Por isso os *xapiri* podem contemplar a floresta toda, por maior que seja. Das alturas em que estão, nada escapa a seus olhos, nem nos confins da terra e do céu. Na verdade, são as imagens deles, e as de seus espelhos, que moram no peito dos xamãs.[11] Assim é. Uma casa de espíritos nada se assemelha a uma casa comum. Seus esteios imitam o interior do peito do xamã, o pai dos *xapiri*.[12] As clavículas de seu torso são as vigas que sustentam o círculo do teto. Seus quadris são a base dos postes que a assentam no chão. Sua boca e garganta são a porta principal. Seus braços e pernas são os caminhos que conduzem a ela. Seus joelhos e cotovelos são clareiras-espelhos, onde os espíritos fazem uma parada antes de entrar.

Assim, se um xamã for muito magro e seu peito estreito demais, a casa de seus espíritos será apertada. Não poderão aumentar. Será preciso ampliá-la, rasgando-a para que novos *xapiri* possam nela se instalar. Casa de espíritos pequena demais não dá nada de bom. Precisa ser grande como uma montanha.[13] Por isso, quando uma pessoa enfurecida quer insultar um xamã, dispara: "Seu peito é oco! Você diz que tem muitos *xapiri* mas é mentira. Você é fraco e sua casa de espíritos é estreita demais, atulhada e sombria!". É também por isso que, quando o peito de um rapaz é amargo, salgado e enfumaçado, os *xapiri* o consideram sujo e se recusam a mudar-se para lá. Quando, ao contrário, o torso de um iniciando é largo, assim será sua casa de espíritos e os *xapiri* serão muito numerosos para vir dançar nela. E se o novo xamã for mesmo corpulento, ela será imensa, como o edifício das Nações Unidas.[14]

Quando a pessoa é jovem e quer beber *yãkoana* pela primeira vez, ainda não sabe nada dos *xapiri*. Os xamãs mais velhos dizem apenas: "Venha se agachar do meu lado! Os espíritos virão a você, farão sua dança de apresentação!". Depois, sopram o pó que prepararam em suas narinas. Então, com muito medo de virar fantasma, a pessoa se pergunta, aflita: "O que vai acontecer comigo?". Depois, os iniciadores chamam os *xapiri* para ela e, derrubada pela força da *yãkoana*, com o olhar fixo nas alturas, de repente seu pensamento se abre. Começa enfim a ouvir os cantos dos espíritos e, pouco depois, eles começam a se revelar a seus olhos. Foi desse modo que os grandes xamãs de minha casa me deram seus *xapiri* e os fizeram construir sua casa para mim. Foram mesmo muito generosos! É bem verdade que senti muito medo, às vezes. Apesar disso, continuei, sem nunca querer desistir. Bebi *yãkoana* sem trégua. Meu pensamento estava concentrado em seu poder, pois tudo o que eu queria era ver os espíritos. E quando finalmente pude admirar sua dança de apresentação, isso me encheu de alegria! Disse a mim mesmo: "Eis aí então, os *xapiri* que nossos ancestrais faziam descer desde o primeiro tempo! Agora eu realmente os vi, com meus próprios olhos!".

Após terminar de beber *yãkoana* com meu sogro, meu corpo foi lavado com água quente e coberto de pintura de urucum. Enquanto isso, os espíritos continuavam a me visitar dançando, e eu falava com eles em silêncio. Conhecia ainda muito pouca coisa, e não sabia como fazer. Perguntava a mim mesmo: "Como devo cantar? É assim mesmo?". Não estava nem um pouco seguro de mim! No começo, como eu disse, não se enxergam bem os espíritos, e é bebendo *yãkoana* mais e mais que se consegue vê-los com nitidez. E assim fui continuando a aprender, do mesmo modo que os brancos estudam, de aula em aula, para meu pensamento ficar de fato direito. Comecei a tomar *yãkoana* sozinho, durante a tarde, e depois recomeçava no dia seguinte, e nos outros ainda. Continuava assim sem trégua, dias inteiros. Foi desse modo que, aos poucos, fui começando a entender as palavras dos *xapiri* e que meu pensamento pôde aprender a se estender em todas as direções. Desde então, os espíritos da floresta e do céu não pararam mais de vir a mim.

Depois de ter bebido *yãkoana* pela primeira vez, é preciso seguir se comportando sem desvios para continuar a ver os *xapiri*. De modo que principiantes imprudentes logo os espantam, pondo-se a comer com gula carne de caça assada ou querendo recomeçar a namorar de imediato. Então, os espíritos que tinham vindo a eles alegres e dispostos lhes darão as costas, enjoados e furiosos: "*Hou!* Como ele é nojento! Está pensando que vamos morar no meio desse fedor horrível!". Também é preciso sempre alimentar os *xapiri* com zelo. Se ficarem sem comida, protestam enraivecidos contra o jovem xamã: "Ele nos mata de fome! Nunca bebe *yãkoana*! Deve ser porque não nos quer de verdade!". E assim desaparecem logo, à revelia daquele que os tinha chamado. O xamã iniciante fica pensando que eles ainda moram em sua casa de espíritos, mas não é nada disso. As redes dos *xapiri* que tinha recebido já ficaram vazias. Deles só restam palavras em sua boca! Por mais que continue fingindo evocar seus nomes, fala apenas de redes rejeitadas e enfeites abandonados. Os verdadeiros espíritos já estarão muito longe, de volta às montanhas de onde haviam descido. O xamã mais velho que os dera sabe muito bem que eles deixaram o iniciando. Repreende-o: "*Hou!* Você espantou meus *xapiri*! O que você fez?

Não sabe? Seu peito fede a queimado e pênis, é por isso!". Assim ninguém pode fingir ignorância e se perguntar: "Como é possível que meus espíritos tenham fugido?".

Depois de ter sido posto à prova pela força da *yãkoana*, aquele que quer se tornar xamã deve continuar a bebê-la sozinho, sem parar. Caso contrário, não conseguirá. Mesmo quem tem um pai xamã que lhe dá seus próprios espíritos, se não responder a eles com empenho, não dá em nada. Se eu não tivesse continuado a tomar *yãkoana* com determinação, sem o apoio de meus parentes mais velhos, tudo estaria terminado para mim. Logo teria voltado à minha fala de fantasma! Não teria mais sido capaz de responder aos cantos dos espíritos. Então, as pessoas de minha casa teriam começado a pensar: "Que mentiroso! Nunca revela nenhuma palavra das terras distantes de onde descem os *xapiri*! A boca dele fala sem saber nada. Só faz imitar o poder da *yãkoana*! Seria melhor calar a boca e ficar cochilando na rede!". Quando um jovem xamã só consegue balbuciar seus cantos, é o que as pessoas acham. E se apenas cantarolar sem dizer uma palavra, não tardarão a caçoar dele: "Ele só tem espíritos de folhas e de cupinzeiros! Só sabe chamar *xapiri* de brasa de fogueira ou de cesto de mulher! Não sabe nos dar a ouvir a língua dos ancestrais animais!". Em compensação, se for capaz de trazer em seus cantos falas de lugares distantes, quem o escutar ficará mais sábio por isso e pensará: "É verdade! Ele faz mesmo dançar os espíritos, ele os conhece de verdade! Traz até nós dizeres vindos de outras terras, que desconhecemos!".

Gente comum tem medo do poder da *yãkoana* e não pode ver os *xapiri* dançando e trabalhando. Ouvem somente as palavras de seus cantos. É por isso que quando viramos espíritos, os moradores de nossa casa e os nossos hóspedes prestam atenção. Parecem estar concentrados em suas ocupações, mas não ficam indiferentes ao que ouvem. Pensam: "*Haixopë!* É assim mesmo! Se eu fosse xamã, trabalharia como eles! Eles veem e falam de coisas que nós não conhecemos!". Até quem está comendo presta atenção nos cantos dos xamãs. Todos querem escutar as palavras dos espíritos que carregaram suas imagens para os confins da floresta e do céu, ou para além das águas até a terra dos ancestrais dos brancos.[15] Esses lugares parecem estar fora do alcance da visão de fantasma dos humanos. Mas os *xapiri*, que de lá descem num instante, não param de descrevê-los em seus cantos.

É assim que os xamãs revelam aos que as desconhecem as coisas que viram em estado de fantasma, acompanhando o voo de seus espíritos. Suas palavras, inumeráveis, possuem valor muito alto. É por isso que eles as dão a ouvir por tanto tempo, uma após a outra. Ao verem suas imagens, evocam as palavras dos ancestrais tornados animais no primeiro tempo, as da gente do céu e do mundo subterrâneo e as palavras de *Omama*, que deu os *xapiri* ao seu filho, o primeiro xamã. Essas falas dos espíritos se parecem com as palavras das rádios, que dão a ouvir relatos vindos de cidades remotas, do Brasil e de outros países. Quem as escuta pode então pensar direito e dizer a si mesmo: "É verdade! Esse homem virou mesmo espírito! Desconhecemos realmente as palavras que seus cantos revelam!".

Assim é. Não viramos espíritos sozinhos, para nós mesmos! Todos escutam com muita atenção as palavras dos *xapiri*: adultos, jovens e até crianças. As pessoas comuns não sabem nada dos lugares que os espíritos evocam. Seu entendimento é curto demais. Por falta de ver os espíritos em sonho, seus pensamentos não são muitos e nunca se afastam muito delas. Ficam gravados em suas caçadas, nos objetos de troca ou nas mulheres que desejam. Só conhecem os lugares que eles mesmos visitaram ou nos quais viveram. Assim, quando bebem o pó de *yãkoana* no fim das festas *reahu*, os rapazes que não são xamãs rolam de medo na poeira, chamando as mães! Em lugar de cantos, só se ouvem deles lamentos e gemidos: "Mãe! Mãe! Jogue água na minha cabeça! Estou virando outro, estou com medo!". Os xamãs, ao contrário, se esforçam sem trégua para responder aos *xapiri*. Os cantos dos espíritos sempre estão atrás deles, e nunca os deixam mudos.

A pessoa que quer que nossos xamãs mais experientes lhe façam beber *yãkoana* e lhe deem seus próprios espíritos, precisa querer muito e não mentir.

Precisa pedir com muita vontade. No começo, a casa que abriga os primeiros *xapiri* de um iniciando não é nada imponente. Mas, aos poucos, seus iniciadores fazem vir outros, cada vez mais numerosos, de todas as direções da floresta e do céu. Suas habitações coladas umas nas outras vão formando com o tempo uma morada cada vez maior e mais alta. É nesse momento que o jovem xamã começa a ter sabedoria e a ser capaz de curar os seus. Assim é. Tudo o que eu contei até agora é o que me aconteceu quando, ficando adulto, eu quis fazer dançar os espíritos e pensar direito graças às palavras deles. Disse aos xamãs mais antigos da minha casa: "Quero mesmo fazer descer os *xapiri*! Ensinem-me seus caminhos!". Então eles aceitaram me dar de beber o pó de *yãkoana* e fazer descer os *xapiri* até mim. Ninguém chama os espíritos sozinho, do nada. Eles jamais chegariam a nós se não tivessem sido convidados por quem os conhece muito bem. Primeiro é preciso pedir àqueles que os tinham bem antes de nós para abrir seus caminhos. Quando esse pedido é feito, aquele que nos dá seus espíritos nos deixa escolher os que preferimos. Depois os vai passando para nós, um por um. Mas se não pedirmos com determinação, demonstrando muita vontade, os *xapiri* pensam que não os queremos de verdade e se recusam a chegar perto.

É desse modo que estudamos para fazer descer e dançar os espíritos. Nossos xamãs mais experientes são nossos professores. Fazem-nos beber *yãkoana* e estão sempre ao nosso lado. São eles que nos dão nossos primeiros *xapiri*: os espíritos do galo-da-serra, dos tucanos e queixadas; os da preguiça, do jupará e das borboletas. Fazem isso só por generosidade. No entanto, se tiverem vontade de nos testar, podem nos fazer penar por muito tempo antes de nos permitirem ver mesmo os espíritos! Quando nos dão seus *xapiri*, sopram pó de *yãkoana* em nossas narinas com seu próprio sopro de vida. De modo que a *yãkoana* que bebemos não é um mero pó. Com ela os espíritos se lançam para dentro de nós como se fossem grãos de poeira. É assim que obtemos nossos primeiros *xapiri*. Quando bebe o sopro de vida de um xamã mais velho, a pessoa sente uma fraqueza súbita e o choque a faz cambalear! E quando se trata de um guerreiro valente, seu sopro de vida nos faz corajosos também. O mesmo ocorre quando é um bom caçador.[16]

No meu caso, foram o pai de minha esposa e, logo depois, outros antigos xamãs de nossa casa de *Watorikɨ* e dos rios *Wayahana u* e *Parawa u* que, no começo, se alternaram para me fazer beber *yãkoana*. Vários deles se foram há muito tempo. Para virar outro, preferi pedir o sopro de vida de grandes xamãs. Não quis apresentar meu nariz a moleques que falam dos *xapiri* sem nem ao menos conhecê-los. Se tivesse feito isso, eu, como eles, só poderia mentir. Eram grandes homens mesmo os que me fizeram ver os espíritos pela primeira vez. Deram-me os seus *xapiri* com seu sopro de vida e, desde então, guardo esse sopro em mim. Nunca me enganaram. É por isso que os espíritos que me deram sempre descem quando os chamo. Continuam cantando e dançando durante meu sono, e outros *xapiri*, órfãos dos antigos xamãs mortos, que os seguem, vão aos poucos vindo a mim. E assim minha casa de espíritos continua crescendo.

Os xamãs que me iniciaram nada me pediram em troca de seus *xapiri*. Se o tivessem feito, eu lhes teria oferecido facões, redes, panelas e muitas outras mercadorias. Eu estava mesmo decidido a beber *yãkoana* para poder virar espírito como eles. Queria que meu pensamento ficasse direito e se estendesse ao longe por múltiplos caminhos. Queria ganhar conhecimento. Não queria ficar sozinho, desamparado em minha ignorância, depois da morte de nossos mais velhos xamãs. Se os meus parentes mais experientes não tivessem insuflado *yãkoana* nas minhas narinas, se não tivessem feito entrar em mim o sopro de seus espíritos, eu nunca teria podido virar outro realmente. Se eu tivesse comido e copulado sem medida, não teria podido tornar-me xamã como eles. Meu pensamento teria permanecido entupido e eu jamais teria visto os espíritos. Apresentei meu nariz para beber o pó de *yãkoana* para que meus pensamentos pudessem viajar em todas as direções da floresta e do céu. Queria mesmo ver os ancestrais animais de que meus avós me haviam falado tantas vezes. Assim é. Se eu não tivesse tido essa vontade tão firme, hoje ficaria o tempo todo deitado na rede, como tantos outros.

Contudo, ao me fazer beber *yãkoana*, meu sogro me meteu muito medo. Não é um homem corpulento, mas sua valentia é grande e seus espíritos são muito numerosos. Quando, há muito tempo, seus pais e avós morreram, os *xapiri* deles não foram embora. Instalaram-se todos na casa de espíritos dele. Por isso ela ficou tão grande. Sua ponta ultrapassa de muito as costas do céu! Até mesmo os demais xamãs sentem medo e dizem dele: "É um verdadeiro antigo, um xamã muito poderoso!". Os espíritos dele me deixaram apavorado. Fizeram-me atravessar o peito do céu de lado a lado, envolvido numa claridade ofuscante. Apesar disso, quis voar com eles ainda mais longe. Acabei chegando tão alto que pensei que fosse morrer. De repente, tive receio de não poder mais voltar à floresta e de cair longe, num local desconhecido. Ao me fazer beber *yãkoana*, o pai de minha esposa quis evitar que eu pensasse que os *xapiri* são mentira. Ele me pôs à prova mesmo!

Fez com que eles cortassem a floresta a meus pés me dando a sensação de cair sem fim. Também os fez retalhar o céu e depois ocultá-lo quase que por completo. Ele não passava então de um pontinho brilhante muito distante, do tamanho de uma mera penugem branca. Cheguei a chorar de pavor! Os espíritos podem ser muito aterrorizantes! São seres desconhecidos, por isso. Os *xapiri* das mulheres das águas e os das mulheres das miçangas *waikayoma* carregaram minha imagem para bem longe. Fizeram-me correr com elas até o limite de minhas forças, tropeçando na floresta durante dias a fio. Perderam-me na vegetação emaranhada e só me deixaram voltar para casa depois de anoitecer. Assim foi.

Meu sogro não mentiu e não quis fazer de mim um mentiroso. Deu-me realmente o conhecimento dos *xapiri*. No começo, quando eu ainda não sabia nada a respeito deles, às vezes pensava: "Será que ele está mentindo e nos enganando?". No entanto, depois de ter visto os espíritos com meus próprios olhos, quando ele os fez dançar para mim, minhas dúvidas se foram. Hoje, apenas penso com nostalgia no quanto os nossos maiores eram mesmo grandes xamãs! Por isso eu continuo a querer imitá-los, virando espírito como eles faziam antes de mim. Assim, quando meus familiares adoecem, bebo *yãkoana* para expulsar seus males. Para curá-los, ataco os seres maléficos que tentam devorá-los, extraio as pontas de flecha de seus duplos animais e afasto as fumaças de epidemia *xawara* que os queimam.

Um xamã sempre quer fazer crescer sua casa de espíritos. Se ela ficar estreita e baixa demais, ele nunca vai ser capaz de curar ninguém. Somente aqueles que possuem uma casa de espíritos muito alta sabem curar, porque seus *xapiri* são muitos e poderosos. Porém, para que isso aconteça, não basta apresentar o nariz aos xamãs mais velhos uma vez só. É preciso recomeçar muitas vezes e isso leva muito tempo. A cada vez, esses grandes xamãs têm de despachar novamente seus espíritos mensageiros para convidar novos *xapiri*, que, felizes por serem chamados, virão por sua vez se instalar na casa de espíritos do jovem iniciando. Conhecer bem os espíritos nos exige tanto tempo quanto aos brancos é necessário para aprender em seus livros. Cada vez que bebemos pó de *yãkoana*, os *xapiri* descem de suas casas fincadas no peito do céu. Vêm a nós dançando sobre seus espelhos, como imagens de televisão. Seguem caminhos invisíveis à gente comum, delicados e luminosos como os que os brancos chamam de eletricidade. É por isso que seu brilho deslumbrante desaparece assim que se rompem. Esses incontáveis caminhos de espíritos vêm de muito longe, mas chegam perto dos xamãs num instante, como as palavras no telefone.

Depois de já termos bebido *yãkoana* muitas vezes com os xamãs mais experientes, e se eles tiverem sido generosos, muitos outros *xapiri* vêm a nós sem dificuldade, cada vez mais numerosos. Um deles começa a descer sozinho, de muito longe. Depois, vai chamando outros ao longo do caminho, e estes exclamam alegremente: "Nosso pai nos chama! Ele nos quer! Vamos fazer nossa dança de apresentação para ele!". É assim que os *xapiri* de um jovem xamã vão aumentando aos poucos. Quanto mais ele bebe *yãkoana* e vai virando outro, sua língua vai ficando mais firme e ele para de falar como um fantasma. É então que as palavras dos espíritos realmente se revelam a ele. Eles não param de entoar seus cantos, um após o outro, conforme ouvem o iniciando responder a seus chamados. Assim que um *xapiri* termina a sua melodia, recua enquanto outro começa a fazer soar a sua, e assim por diante, sem descanso. Suas palavras, vindas das árvores de cantos dos confins da terra, nunca têm fim. Porém, para que o jovem xamã possa obter tão belos cantos é preciso, como eu disse, que os *xapiri* substituam aos poucos sua garganta pela deles. De outro modo o iniciando continuaria cantando tão mal quanto os brancos. Tudo isso é tão difícil quanto aprender a desenhar palavras em peles de papel. A mão fica dura no começo, o traço muito torto. É mesmo medonho! Por isso, é preciso afinar a língua para os cantos dos espíritos tanto quanto é preciso amolecer a mão para desenhar letras.

Depois, conforme vamos ficando mais velhos, os *xapiri* continuam vindo, cada vez em maior número, para nossas casas de espíritos. Nas dos xamãs mais antigos, chegam a descer sozinhos, enquanto eles dormem, depois de terem bebido *yãkoana* durante todo o dia. Vêm para dançar por conta própria, só porque sentem saudade; já não precisam ser chamados. São espíritos desconhecidos, vindos de muito longe, que grandes xamãs mortos fizeram dançar antigamente. Os xamãs de hoje os recebem em suas casas de espíritos e os fazem dançar de novo, como haviam feito seus pais e seus avós antes deles. É assim que, desde o primeiro tempo, os *xapiri* nunca pararam de vir para perto de nós.

7. A imagem e a pele

Espíritos guerreiros.

Os brancos costumam me perguntar por que, um dia, eu decidi pedir aos xamãs mais velhos de nossa casa que me dessem seus espíritos. Respondo que me tornei xamã como eles para ser capaz de curar os meus. É a verdade. Se os *xapiri* não nos vingassem, afastando os seres maléficos e as fumaças de epidemia, ficaríamos sempre doentes. *Omama*, no primeiro tempo, advertiu nossos ancestrais: "Se vocês beberem *yãkoana*, poderão trazer de volta a imagem de seus filhos capturados por seres maléficos. Se não forem capazes de chamar os *xapiri* para protegê-los, darão pena diante do sofrimento deles e chorarão sua morte em vão!". Só os espíritos sabem arrancar o mal do mais profundo de nós e jogá-lo para longe.[1] São imortais e muito hábeis em nos curar. É por isso que os apreciamos tanto e os fazemos dançar até hoje. Há muito tempo, antes de os remédios dos brancos chegarem até nós, nossos antigos xamãs contavam apenas com eles para vingar seus familiares, crianças, mulheres ou velhos. Bebiam pó de *yãkoana*, faziam descer seus espíritos, armavam tocaia com eles para atacar o mal e afugentá-lo.[2] É verdade que nem sempre tinham sucesso e, apesar de tudo, algumas crianças acabavam sendo devoradas pelos seres maléficos das doenças.[3] Não era diferente dos médicos dos brancos, que às vezes tentam tratar as pessoas com remédios que não prestam! Depois do trabalho dos xamãs, as esposas de nossos maiores, que eram muito sábias, também usavam plantas de cura da floresta.[4] Com elas esfregavam ou banhavam os corpos dos doentes que tinham acabado de escapar da devoração por seres maléficos ou espíritos da epidemia.[5] Hoje, é uma pena, são poucas as mulheres que ainda sabem usar essas plantas. As pessoas continuam pensando que só os *xapiri* podem mesmo curar os doentes, mas contam também com a ajuda dos remédios dos brancos.

Antigamente, antes de os brancos chegarem à nossa floresta, morria-se pouco. Um ou outro velho ou velha desapareciam, de tempos em tempos, quando seus cabelos já tinham ficado bem brancos, seus olhos cegos, suas carnes secas e flácidas. Seu peito virava outro, acometido pelo mal da fumaça. Extinguiam-se assim aos poucos, pela simples razão de que já não comiam nem bebiam mais. Morriam como deve ser, em idade muito avançada. Acontecia de feiticeiros inimigos *oka* matarem um idoso, um rapaz ou uma mulher. Por vezes, mulheres velhas, já querendo morrer, faleciam também dos ferimentos de seu duplo animal *rixi*, flechado por caçadores distantes. Outras vezes, um convidado enraivecido pegava a terra do rastro dos passos de um de seus anfitriões, a esfregava com plantas de feitiçaria *hʷëri kɨkɨ* e a dava à mordida de uma cobra ou, então, vertia à noite, em sua comida, veneno de pelos queimados de macaco-aranha *paxo uku*.[6] Outras vezes ainda, guerreiros inimigos surgiam e matavam uma ou duas pessoas ao alvorecer, em casa. Mas eram sobretudo os seres maléficos da floresta que tentavam capturar as imagens dos humanos para devorá-las. Eram eles que os xamãs deviam atacar sem trégua para curar os seus. Por mais que os nossos maiores se maltratassem de uma casa a outra com substâncias de feitiçaria, acabavam sempre sarando, pois os xamãs conseguiam tirá-las de seus corpos e arremessá-las para debaixo da terra. Eram de fato poucas as pessoas pelas quais se ouviam prantos funerários. Os *xapiri* eram os médicos de nossos antigos, desde sempre. Por isso eu quis por minha vez conhecê-los e possuí-los.

Outrora, na floresta não existiam todas as epidemias gulosas de carne humana que chegaram acompanhando os brancos. Hoje, os *xapiri* só conseguem conter a epidemia *xawara* quando ainda é muito jovem, antes de ela ter quebrado os ossos, rasgado os pulmões e apodrecido o peito dos doentes. Se os espíritos a detectarem a tempo, e vingarem suas vítimas sem demora, elas podem se recuperar. Esses novos males que os brancos chamam malária, pneumonia e sarampo, porém, são outros. Vêm de muito longe e os xamãs nada sabem a seu respeito. Por mais que se esforcem para enfrentá-los, nada os atinge. Seus esforços são inúteis e morremos logo, um depois do outro, como peixes envenenados por timbó.[7] Os *xapiri* só sabem combater as doenças da floresta, que conhecem desde sempre. Quando tentam atacar os espíritos da epidemia *xawara*, que chamamos de *xawarari*, eles acabam por devorá-los também, como aos humanos.[8] Por isso, apesar de os *xapiri* saberem curar, hoje em dia os xamãs também precisam contar com o auxílio dos remédios dos brancos para manter essas doenças longe de nós.

Nós, xamãs, continuamos bebendo *yãkoana* para que os *xapiri* se alimentem por nosso intermédio. Se não comem *yãkoana*, esfomeados e enfurecidos, não dançam mais para nós. Para que o façam, é preciso que, como nós, seus pais, possam morrer e virar fantasmas. Eles só vêm a nós depois de terem se fartado de *yãkoana*. Então, seus espelhos descem devagar do peito do céu, antes deles. Aí, param de repente, suspensos nos ares, e assim ficam. Os *xapiri* vão descendo sobre eles, uns após os outros, fazendo sua bela dança de apresentação. São as imagens dos ancestrais animais, de *Omama*, de sua esposa

Tʰuëyoma e de todas as outras mulheres das águas. São os espíritos do céu, dos trovões e do sol; os dos antigos brancos, os *napënapëri*, e muitos outros. Então, seus pais, os xamãs, imitam-nos um a um, cantando e dançando. Eles mesmos viram espíritos.

Os *xapiri* se deslocam flutuando nos ares a partir de seus espelhos, para vir nos proteger. Ao chegarem, nomeiam em seus cantos as terras distantes de onde vêm e as que percorreram. Evocam os locais onde beberam a água de um rio doce, as florestas sem doenças onde comeram alimentos desconhecidos, os confins do céu onde não há noite e ninguém jamais dorme. Quando o espírito papagaio termina seu canto, o espírito anta começa o dele; depois é a vez do espírito onça, do espírito tatu-canastra e de todos os ancestrais animais. Cada um deles primeiro oferece suas palavras, para então perguntar por que seu pai os chamou e o que devem fazer.

Aí os *xapiri* ficam empenhados em curar as doenças. Os espíritos cutia, cutiara e paca arrancam o mal fincado nas imagens dos humanos por seres maléficos. Os espíritos dos tucaninhos *aroaroma koxi* o picotam e os dos pássaros *kusãrã si* o despedaçam.[9] Os espíritos dos girinos e dos sapos *yoyo* o resfriam em suas bocas. Os espíritos das mulheres das águas dançam enquanto embalam as crianças com febre e as banham com suas mãos delicadas, antes de os espíritos da noite as colocarem ao abrigo, na escuridão. As mulheres espíritos das miçangas *waikayoma* lavam as queimaduras das plantas de feitiçaria e os ferimentos de flecha. As mulheres espíritos arco-íris *hokotoyoma* refrescam o corpo dos doentes com água e os espíritos anta lambem suas feridas. Os espíritos da árvore *masihanari kohi* lhes dão novas forças. Assim que um espírito acaba seu trabalho, volta para seu espelho e aguarda até os outros terminarem o deles. Pode demorar muito, mas é desse modo que os doentes podem mesmo conseguir sarar. Depois de todos os *xapiri* terem cantado, uns depois dos outros, e de seu pai tê-los imitado, chega por fim o espírito do anoitecer, *Weyaweyari*, que encerra as danças e permite ao xamã parar de virar outro. Então, todos os seus espíritos voltam para o peito do céu com seus espelhos, levando consigo todos os magníficos cantos dos quais têm tanto ciúme.

Quando nos encontram na floresta, os seres maléficos *në wãri* nos consideram como suas presas.[10] Veem-nos como macacos-aranha e a nossos filhos como papagaios. É verdade! É o nome que nos dão. De modo que nunca poderíamos sobreviver sem a proteção dos *xapiri*, que os *në wãri* temem como inimigos ferozes. Quando o tempo está encoberto e, de manhã, a escuridão demora a levantar, se um desses seres avista um caçador na floresta, logo tenta pegar sua imagem. Leva-a para casa e a guarda numa caixa de madeira ou num grande saco, para devorá-la mais tarde.

As casas dos *në wãri* são abarrotadas de mercadorias ardentes e impregnadas de vertigem, depositadas ou penduradas de todos os lados. São tantas que dão medo. Essas habitações se parecem com os barracões dos garimpeiros na floresta e com as casas dos brancos na cidade. Quando um desses seres maléficos resolve nos atacar, começamos de repente a gemer de dor em nossas redes. Porém, não é o corpo que ele dilacera com suas garras, e sim a imagem, que mantém presa, escondida em seu antro distante. Então, se os *xapiri* não forem depressa arrancá-la dele, ele a devora por completo e o doente logo morre. Por isso os xamãs tratam de nos vingar sem demora! Sob o comando de um deles, mais experiente, enviam rapidamente seus *xapiri* em busca das pegadas do ser maléfico. Quando chegam à sua casa, remexem tudo à procura da imagem da vítima. Derrubam todas as mercadorias que encontram. Quando finalmente acham a imagem cativa, eles a libertam e fogem com ela. Quando voltam para casa, recolocam a imagem dentro do corpo do doente, que acaba se recuperando. É desse modo que os espíritos trabalham para nos curar!

No entanto, para eles custa muito perseguir os seres maléficos, que têm caminhos estreitos, emaranhados e bem escondidos no mato. É preciso ter paciência para procurá-los e ir atrás de seus rastros. Por isso, são vários *xapiri* que se dedicam a rastrear os *në wãri*, como os espíritos dos cães de caça e os dos caititu *poxe*, que farejam suas pegadas e, principalmente, os espíritos gavião *koimari*, capazes de seguir as pistas mais complicadas, nos ares ou debaixo da terra, no vento e na noite. Mas os *xapiri* mais habilidosos na perseguição aos seres maléficos são seus próprios genros! Conhecem bem suas trilhas e, como não temem sua hostilidade, são os únicos que podem se aproximar deles facilmente. Por isso, esses *xapiri* tomam a frente das expedições lançadas nessas buscas. Tão logo avistam os seres maléficos, fingem começar com eles um diálogo de convite *hiimuu*, só para ganhar sua confiança. Porém, de repente, começam a golpeá-los com seus facões, seguidos sem demora por todos os outros espíritos que os acompanham.

De modo que são os genros de *Omoari*, o ser maléfico da seca, que se aproximam do sogro primeiro: os *xapiri* cigarra, borboleta e lagarto, e também os espíritos do zangão *remoremo moxi*, dos pássaros *hãtãkua mo*, *kõõkata mo* e *õkraheama*, bem como do grande lagarto teiú *wasikara*.[11] Mas a trilha de *Omoari* queima como uma senda de brasas e os espíritos dos sapos *yoyo*, *hwatʰupa* e *prooma koko* têm de ficar jogando nela panelas de água, para os *xapiri* enviados na perseguição não queimarem os pés. Os espíritos cachoeira *porari* e os das ariranhas *proro* e *kana*, por sua vez, devem também ficar molhando os espíritos sapo, para protegê-los do calor. Por fim, quando os *xapiri* batedores se aproximam da casa de *Omoari* a ponto de ficar ao alcance da voz, param e se atocaiam na beira dos caminhos próximos. Então, mal seus genros começam a conversar com o ser maléfico, atacam-no de surpresa, protegidos pelo espírito fantasma *Porepatari*, que lhes dá suas pontas de curare.[12] Golpeiam com força a boca de *Omoari* e quebram seus dentes, para que largue a imagem do humano que capturou. Se ele a tiver escondido, os espíritos macaco-de-cheiro e quati a procuram por toda parte e destroem ruidosamente o interior da casa do raptor. Os demais *xapiri* agarram e seguram o ser maléfico, torcendo-lhe os braços. Apertam-lhe o pescoço e, por fim, o derrubam no chão. Então, os espíritos jacaré o golpeiam com seus poderosos facões. Os espíritos macaco-prego o flecham de todos os lados. Os espíritos dos grandes bichos-preguiça disparam sobre ele com suas espingardas. Os espíritos jupará o esfolam vivo. O espírito do grande escaravelho *simotori* o cega com um líquido fervente e lhe corta a garganta. Os espíritos maléficos onça o queimam e os espíritos dos lagos *yokotori* o afogam. É somente ao cabo de todos esses esforços que os *xapiri* conseguem, finalmente, fazer com que solte a imagem de sua vítima.

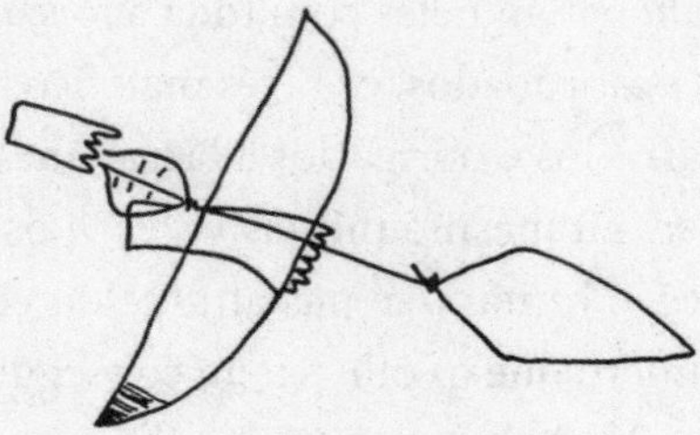

Então, os espíritos raio rompem as amarras que a prendem, e a libertam. Os espíritos dos pequenos bichos-preguiça e do araçari *aroaroma koxi* a sustentam pelo torso e enxotam as filhas de *Omoari* que chegam vociferando para acudir o pai. Também quebram as garras de seus cães, e afugentam os seus demais animais de estimação, lagartas *kraya* e cobras gigantes. Os *xapiri* saem então correndo, fugindo com a imagem do doente em estado de fantasma. Depois de ela ser levada de volta à sua morada, os espíritos da rã *hraehraema* a limpam e os espíritos da irara *Hoari* a banham em água misturada com mel. Os espíritos das mulheres das águas a enfeitam com tufos de penas e os espíritos do urucum a cobrem com sua tintura vermelha. Os espíritos veado e onça lambem seus olhos e peito com suas línguas ásperas, para que o doente recobre a consciência. Os espíritos abelha umedecem sua boca ressecada e amarga com água de cura, para que sua saliva volte e ele possa comer de novo. É desse modo que os xamãs devem trabalhar para curar as crianças raptadas pelos seres maléficos *në wãri*. Precisam ser mesmo muito valentes e rápidos. Se seus *xapiri* demorarem a se pôr a caminho, os *në wãri* já terão começado a devorar a imagem da vítima e será impossível para eles trazê-la de volta incólume. A doença da criança se agrava muito e com certeza ela acaba morrendo.

Os *xapiri* que, com bravura, descem ao nosso chamado para enfrentar os seres maléficos e nos vingar são mesmo muito numerosos! Além daqueles de que falei, há também os espíritos morcego, que têm fogos para se guiar na escuridão e sopram flechinhas nos olhos dos *në wãri*, para cegá-los. Os espíritos estrela *pirimari* mordem seus rins e ventre com os dentes afiados, antes de cortarem seus braços. Os espíritos vespa os flecham, os espíritos do gavião *witiwitima namo* os dilaceram com suas lâminas afiadas e os espíritos quati os golpeiam com suas bordunas. Os espíritos onça os rasgam em pedaços e os espíritos tamanduá os perfuram com suas presas potentes.[13] Os espíritos das árvores *aro kohi, apuru uhi, komatima hi* e *oruxi hi* os empurram e derrubam. Os das árvores *wari mahi* batem neles com toda a força. Com o crânio aberto, cobertos de ferimentos e atordoados, os seres maléficos acabam vacilando. Os *xapiri* então podem agarrá-los e obrigá-los a largar suas presas. Assim é e não digo tudo isso sem saber. Eu mesmo muitas vezes vi os espíritos dançar antes de ir combater os *në wãri*. Juntam-se nas alturas do céu antes de atacar, tão alto e em tão grande número que os olhos nem conseguem abarcar! São aguerridos e muito valorosos. Por isso só eles são capazes de trazer de volta as imagens de nossas crianças capturadas por *Omoari*, o ser do tempo seco, e também de extrair da vagina de nossas mulheres que ardem em febre o pênis peludo e purulento de *Riori*, o ser do tempo das cheias. Só eles podem curar aqueles que foram flechados pelo ser verme *Moxari*[14] por comer seus restos de frutas podres, e correm o risco de ser degolados por seus cães. Só eles, finalmente, podem afastar para longe todos esses seres de doença, como faz o espírito da ventania *Watorinari*, que os varre com seu sopro violento.

Contudo, não são apenas os seres maléficos que nos atacam e nos fazem adoecer. Também podemos morrer quando gente muito distante, como os *Parahori* das altas terras, flecham nossos duplos animais, que chamamos *rixi*.[15] O animal *rixi* das mulheres é o cachorro do mato *hoahoama*, e o dos homens o gavião-real *mohuma*. Esses duplos animais, que são também os de nossos antepassados, vivem na floresta junto de gente desconhecida, no alto rio Parima, perto de uma grande cachoeira chamada *Xama si pora*, protegida por incontáveis vespeiros e pelas borrascas de ventos poderosos. Então, se caçadores desse lugar flecharem um animal *rixi*, o ferimento chega logo até nós e pode matar um morador de nossa casa. Assim é. Só nossa pele fica aqui, deitada na rede. Nosso verdadeiro interior está lá, muito longe dela. Quando o animal *rixi* de uma pessoa daqui é atingido e tenta fugir correndo ou voando na distante floresta das altas terras, a pessoa fica doente e logo entra em estado de fantasma. Sente de repente uma dor muito aguda no local em que a ponta de flecha entrou no animal, seja ponta de bambu, seja ponta de osso de macaco.[16] É por isso que, quando inimigos distantes flecham nossos duplos animais, logo ficamos doentes.

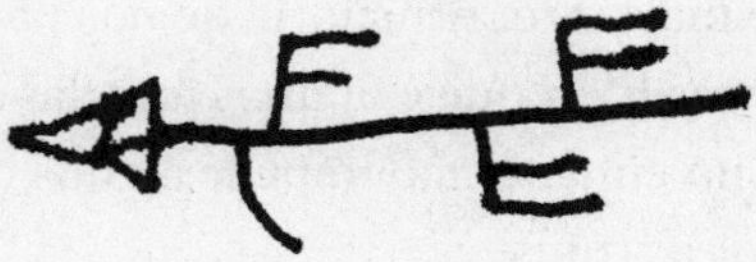

Quando isso acontece, os xamãs de nossa casa despacham rapidamente seus *xapiri* para socorrer o duplo animal que acaba de ser flechado. Seu espírito do vendaval se lança sobre os caçadores inimigos para que percam o rumo na floresta, enquanto seus espíritos gavião *koimari* os atacam sem piedade. Então, os espíritos dos macacos *purupuru namo* acorrem para ajudar e esconder o animal *rixi* ferido. Quando fica fora de perigo, arrancam a ponta de flecha de seu corpo e tentam recolocá-lo em sua toca ou ninho. Quando os *xapiri* vêm socorrer um animal *rixi*, tratam de levá-lo de volta para junto da grande cachoeira de águas turbilhonantes, onde vivem seus semelhantes. Mas depois disso ainda é preciso tratar o ser humano que o ferimento do duplo colocou em estado de fantasma. São então os espíritos macaco-aranha e guariba que se encarregam de extrair a ponta de flecha que atingiu o animal *rixi*. Em seguida a entregam aos espíritos do japim *ayokora* que por fim a fazem ser cuspida pelos xamãs, à vista de todos. Só assim o doente poderá realmente sarar. Contudo, se o duplo não for logo tirado do alcance dos caçadores, pode ser que o encontrem. Se isso acontecer e derem cabo dele com uma bordunada, o doente morre de repente e em seguida seus parentes começam a chorá-lo.

Alguns de nós, poucos, querem ser donos de coisas de feitiçaria que chamamos *hʷëri*.[17] É gente cuja mão quer deixar um rastro de raiva.[18] Quando um deles é convidado a uma festa *reahu*, esconde essas substâncias em seu estojo de pontas de flechas de bambu. Ao chegar, faz sua dança de apresentação e, depois do anoitecer, começa a revelar sua hostilidade, provocando os anfitriões no decorrer dos diálogos *wayamuu*.[19] Mais tarde, resolve brigar com a esposa de um deles, porque teria rejeitado seus avanços. Então tenta se vingar, tornando-a estéril, usando plantas *manaka kɨ* e *xapo kikɨ*. Pode ainda acontecer que, por despeito, jogue outras feitiçarias sobre um de seus anfitriões, que lhe recusou um facão, ou sobre outro, que julgou sovina demais com a comida. Antigamente, os maiores maltratavam uns aos outros desse modo com bastante frequência. Hoje em dia é mais raro. A maioria de nós não conhece realmente o uso dessas coisas maléficas *hʷëri*. Até evitamos tocá-las com medo de adoecermos nós mesmos! Isso no entanto não impede alguns de nós de querer saciar seu rancor com essas coisas ruins.

Assim que um convidado projeta ou esfrega uma feitiçaria *hʷëri* em um de seus anfitriões às escondidas, ele começa a se sentir mal. Quando acaba a festa *reahu*, ele sente uma violenta dor de cabeça e em seguida é queimado por uma febre alta. Sua visão fica amarelada, e ele vê a floresta girar diante de seus olhos. Fica tonto e suas orelhas começam a apitar. Então, mesmo que ele não consulte logo os xamãs de sua casa, eles entendem por conta própria a gravidade da doença e vão querer começar a vingá-lo imediatamente, para destruir o mal que o atingiu.[20] Quando isso ocorre, o próprio doente não diz nada. Fica apenas deitado na rede, em estado de fantasma. São os parentes que falam por ele. De modo que quando a mãe ou a irmã de um homem declara, em voz alta, "*Osema* está muito doente![21] Jogaram nele uma coisa de feitiçaria *h^wëri*!", os xamãs que a ouvem prestam atenção e reúnem-se logo para começar a beber pó de *yãkoana* juntos.

Então, assim que seus olhos morrem sob efeito dela, põem-se a procurar o mal dentro do corpo do doente. Quando o encontram, arrancam-no para retalhá-lo, queimá-lo e lançar seus detritos longe, embaixo da terra. Só assim o paciente poderá se restabelecer. O mal dos *h^wëri* é muito poderoso. Emite um zumbido intenso. Os olhos dos xamãs os veem como enxames de abelhas ou de pernilongos; como uma nuvem amarela e laranja pregada à imagem do doente. Avistam ao mesmo tempo a planta de feitiçaria de que eles provêm, na forma de brotos novos saindo do chão da floresta. Seus *xapiri* devem então tratar de arrancá-los, apesar do cheiro nauseabundo que têm. Os espíritos tatu-canastra e queixada os desenraízam e queimam. Os espíritos abelha *repoma* cavam um buraco no chão,[22] pelo qual os espíritos jupará, macaco-aranha e macaco cuxiú-negro jogam seus restos calcinados no chão, para alimentar os vorazes ancestrais *aõpatari* que caíram embaixo da terra com o céu do primeiro tempo. Esses restos de coisas de feitiçaria são vistos como caça pelos *aõpatari*, bem como os cadáveres de seres maléficos ou da epidemia destroçados pelos espíritos dos xamãs. Quando os devoram, vingam-nos de todas essas coisas ruins que nos atormentam. Assim, logo que escutam os *xapiri* trabalhando, gritam: "O que vocês vão nos mandar? É caça! Joguem rápido! Estamos muito famintos! É bem gorda, pelo menos?". Os espíritos então atiram essa comida para debaixo da terra, e os *aõpatari* seguem sua queda com os olhos, exclamando com avidez: "Caça! *Aaa!* Olhem só essa carne! *Aaa!*". Assim que cai na floresta deles, a cortam e comem gulosamente em meio a uma agitação confusa. São mesmo insaciáveis, e não compartilham nada entre eles. Tanto que é comum ouvirmos uma de suas velhas, *Okosioma*, chorando de fome porque não lhe deram tripas de caça! Seus dentes são afiados como lâminas de ferro. Não são humanos mesmo! No entanto dizem que somos seus antigos parentes que ficaram acima deles. Do mundo de baixo, ouvem os discursos *hereamuu* de nossos grandes homens como se fossem trovoadas vindo do céu,[23] do mesmo modo que ouvimos as arengas dos seres trovão saudando a chegada dos fantasmas às costas do céu como estrondos de tempestade.

Também pode haver, entre os convidados a uma festa *reahu*, gente vingativa que realmente deseja fazer sofrer as pessoas que a recebem, por mais que lhe ofereçam comida e a tratem com amizade. Acontece às vezes, pois, de um visitante coletar a terra da pegada de um dos seus anfitriões e esfregá-la com coisas de feitiçaria, para que morra de doença.[24] Isso pode ocorrer quando um homem é convidado a uma casa da qual um dos antigos guerreiros flechou seu pai. Assim, tão logo ele põe os olhos sobre o homem em estado de homicida, a raiva do luto volta e ele pensa: "*Asi!* Foi ele mesmo que matou meu pai quando eu era criança!". Então recolhe sua pegada às escondidas, para poder se vingar, mesmo depois de tanto tempo. Às vezes, porém, um convidado malvado pode fazer o mesmo movido apenas pela raiva que sente, por ciúme de uma mulher ou em reação à avareza de quem o convidou. É verdade! O visitante hostil recolhe a terra dos passos de sua vítima, embrulha-a com cuidado em folhas e esconde o embrulho em seu estojo de pontas de flecha. Quando volta para casa, depois da festa *reahu*, espera algum tempo antes de entregar o embrulho a visitantes de uma floresta distante, convidados em sua casa. É essa gente que, no final, vai esfregá-lo com coisas de feitiçaria, pois são inimigos do homem a quem ele quer prejudicar, gente de muito longe que jamais visita sua casa.[25]

Mais tarde, os inimigos primeiro dividem a terra da pegada em vários pacotinhos de folhas que chamamos *mae haro*, pacotes de pegadas. Escondem a maior parte deles no chão, atrás de sua casa ou na floresta. Em seguida, esfregam um deles, rolando-o na palma da mão, com argila, coisas de feitiçaria e plantas *hore kiki*, que tornam covarde. A vítima adoece sem tardar e começa a arder em febre, enquanto a perna que corresponde à pegada começa a inchar. Então, se os inimigos quiserem matá-lo logo, amarram o embrulhinho de terra num bastão e o dão a picar várias vezes por uma cobra jararaca, que chamamos *karihirima kiki*. Assim faziam os nossos antigos e algumas pessoas ruins fazem ainda hoje. Nesse caso, assim que o pacote de folhas é desfeito pelas mordidas da jararaca e ela recua, os feiticeiros exclamam: "Cobra! Fuja logo! Vá se esconder num buraco na terra ou nas folhas do chão! Fique de tocaia!". Assim, ela acabará mordendo a pessoa visada e a matará. Um dia, enfraquecida, a vítima irá cambaleando até a floresta para defecar. Tornada fantasma sob efeito da feitiçaria, andará sem tomar cuidado. Então, uma jararaca escondida não tardará a mordê-la e, dessa vez, ela falecerá logo. Ninguém poderá mais curá-la!

Em compensação, se os pacotes de pegadas forem apenas esfregados com coisas de feitiçaria e enterrados, os xamãs podem recuperá-los e curar o doente. Porém, para isso precisam encontrar todos eles e desfazê-los, um por um. Só então a vítima deixa o estado de fantasma e pode sarar. São os espíritos da cutia, da cutiara e do rato *paho* que procuram os pacotes de pegadas, farejando e arranhando o chão. Quando os acham, desamarram-nos e rasgam-nos com suas facas afiadas, capazes de vencer os barbantes mais resistentes. Depois, espalham seu conteúdo na floresta. Às vezes, porém, os dão, ainda amarrados, aos espíritos japim *ayokora*, que os fazem ser regurgitados pelos xamãs à vista de todos os moradores da casa do doente.

Quem está trabalhando sozinho na roça também pode ser atacado por feiticeiros inimigos *oka* chegando das terras altas ou da floresta dos *Xamat^{h}ari*. Eles vêm de casas distantes, viajam à noite, e podem se emboscar na borda da floresta para soprar em nós suas feitiçarias *h^{w}ëri*. Possuem zarabatanas de madeira de palmeira *horoma*, com as quais lançam flechinhas que levam amarrada uma bola de algodão contendo plantas maléficas.[26] Esses projéteis atingem a nuca da pessoa visada e as substâncias ruins que contêm logo se espalham por todo o seu corpo. Em seguida ela começa a se sentir muito fraca. Tomada de tonturas, para de trabalhar e se agacha em sua roça, desnorteada, lançando um suspiro profundo. Os feiticeiros *oka* então saem de seus esconderijos e se jogam sobre ela. Aproveitando-se de sua fraqueza, arrastam-na para a floresta próxima. Quebram seus membros, as costas e a nuca, torcendo-os ou usando como apoio um pedaço de pau. Depois a abandonam, agonizante, no chão da floresta. Muitas vezes, eles ainda tratam de apagar as marcas de sua agressão, com passes sobre o corpo da vítima, para que ela possa voltar para casa sem revelar o ataque. Depois, colocam-na de pé e lhe dizem: "Volte para casa e não pronuncie uma palavra a nosso respeito! Não revele nossa presença! Apenas diga aos seus:

'Senti-me mal enquanto estava trabalhando na roça! Deve ter sido *Omoari*, o ser do tempo seco, que me golpeou!'".

A vítima dos *oka* então volta para casa. Reaviva sua fogueira e, em estado de fantasma, deita na rede. Depois repete as palavras dos feiticeiros, atribuindo seu mal-estar a *Omoari*. Então seu estado se agrava de repente. Nesses casos, mesmo que os xamãs comecem logo a combater seu mal, não há o que fazer. Nada conseguirão. O doente morre muito depressa, pois seus ossos já foram todos quebrados dentro do corpo. Não há nada mesmo a fazer! Só é possível tratar uma vítima de feiticeiros *oka* se ela tiver sido atingida apenas por suas substâncias *h*ʷ*ëri*, antes de terem tempo de quebrar seus ossos. Mas isso só acontece com pessoas precavidas, que fogem assim que sentem o impacto das flechinhas dos *oka* na nuca. Nesse caso, os xamãs ainda podem destruir o poder das substâncias maléficas que afetaram a pessoa e curá-la.[27]

Gente comum não vê a imagem dos doentes para além de suas peles. Só os *xapiri* conseguem. Por isso são capazes de arrancar do corpo deles as presas e os algodões em brasa deixados pelos seres maléficos, as pontas de flecha que feriram seus animais *rixi*, as armas dos *xapiri* inimigos, as plantas de feitiçaria. Podem, do mesmo modo, extrair o mal *Kamakari*, que devora os ossos e os dentes,[28] e rasgar as teias de aranha que escurecem a visão, ou recuperar os pacotes de terra das feitiçarias de pegadas. Os *xapiri* também sabem fazer sair todos esses objetos maléficos pela boca de seu pai, o xamã, à vista de todos. Assim permitem que ele nos livre de todas as coisas ruins que nos deixam doentes, mesmo as que estão mais fincadas no fundo de nosso corpo. Não é por nada que dizemos que os *xapiri* são poderosos! São sobretudo os espíritos do japim *ayokora* e da anta que têm o poder de fazer os xamãs regurgitarem,[29] e também o espírito do tucano, o do urutau *wayohoma* e outros, que vão se revezando quando os primeiros ficam exaustos.[30]

Contudo, de todos esses *xapiri*, os mais habilidosos em extrair doenças e aplacar dores são mesmo os espíritos dos japins *ayokora*. Os espíritos cutia e paca no começo ajudam a localizar o mal no corpo do doente, para poder arrancá-lo e expulsá-lo para longe de nós. Quem tem esses espíritos fica menos preocupado quando os filhos adoecem. São nossos verdadeiros médicos. Os dos brancos abrem barrigas e peitos com lâminas de ferro, muitas vezes sem saber o que procuram, e acabam só deixando grandes cicatrizes. Já os nossos espíritos *ayokorari* tratam os doentes por dentro, sem derramar sangue. Sei disso porque eu mesmo já fui curado por esses espíritos, quando um ser maléfico *Poreporeri*, espectro de antigos xamãs, me atacou. Um de meus olhos tinha virado outro e, de repente, não podia mais se mexer. Ficava parado e minha pálpebra não fechava mais. Minha boca também tinha se transformado em boca de fantasma, dormente e torta nos cantos. Foram dois grandes xamãs de *Watoriki*, hoje falecidos, que me curaram com seus espíritos japim *ayokora*. Esses *xapiri* extraíram as coisas ruins colocadas em mim pelo ser maléfico espectro. Desamarraram os cordões de algodão com os quais ele puxava os lados de meu rosto e permitiram aos pais regurgitá-los. Depois, lavaram seus rastros com água de cura. Foi assim que eu me recuperei; não precisei ir à cidade para isso.[31]

Apenas alguns dos mais antigos xamãs têm esses *xapiri*, e só os transmitem com parcimônia. Quando eles querem mesmo se instalar na casa de espíritos de um xamã, costumam vir por conta própria. Se alguém tentar chamá-los sozinho, aproximam-se desconfiados e fogem num piscar de olhos, logo que são incomodados por barulho, fumaça ou cheiro de carne queimada. Desaparecem para nunca mais voltar. Por isso os xamãs cuidam muito bem deles. São também protegidos com muito zelo por seus genros, os *xapiri* das vespas *kurira*. Só vêm com vontade àqueles que já os têm há tempos.[32]

Aconteceu de esses espíritos descerem a mim enquanto eu dormia. Pude assim contemplar em meu sonho as imagens cintilantes dos japins *ayokora*, *ixaro* e *napore* dançando em tropa barulhenta e, em seguida, as dos pássaros *wayohoma* e *taritari axi*. Vinham acompanhadas pelo espírito onça, que regurgita os pacotes de terra de pegadas pesados demais para eles, e espíritos jacaré, arara, tucano e queixada. Todos esses *xapiri* estavam cobertos de soberbos adornos de plumas. Os espíritos do japim *ayokora* eram porém os mais belos. Sobressaíam mesmo entre todos os outros. Vivem muito longe, numa floresta magnífica, junto de um grande rio a que os xamãs chamam de rio das vespas *kurira*, protegidos pelos gigantescos ninhos desses espíritos guerreiros. São incontáveis e entoam cantos esplêndidos sem parar, um após o outro. Meu sogro levou-me até lá, com seus próprios *xapiri*, para eu poder conhecê-los. São meus espíritos preferidos, e sempre guardo seu caminho em meu pensamento. Gostaria mesmo de conhecê-los mais e instalá-los em minha casa de espíritos como meus antepassados fizeram muito antes de mim!

A maior parte dos *xapiri* se comporta de modo amigável. Alguns deles, no entanto, se mostram muito agressivos e vagam pela floresta só para matar; eu já falei disso. Grandes xamãs de muito longe podem assim viajar na forma de espíritos maléficos e roubar as imagens de nossas crianças para comer.[33] Anciãos das distantes casas *Xamat^hari* de *Iwahikaropë* ou de *Konapuma* às vezes nos agridem desse modo![34] Chegam a enviar onças e cobras perto de nossa casa para nos atacar. Seus espíritos guerreiam sem trégua contra os nossos e nos crivam de flechas com pontas afiadas que nos causam fortes dores. Essa gente distante não nos conhece. Porém basta um de seus filhos falecer por ter sido desmamado cedo demais[35] para verem aí o rastro de nossas mãos e nos acusarem com rancor. Então, enraivecidos, enviam até nós *xapiri* hostis em busca de vingança. Mas estão enganados, nossos espíritos nunca vão à guerra na casa deles para devorar suas crianças.[36] Enfrentam apenas os seres maléficos e as fumaças de epidemia dos brancos. Deixa-nos furiosos que essa gente sem juízo fique tentando matar nossas crianças sem razão! Nunca tomamos a iniciativa de atacar outras casas desse modo, pois tememos que as represálias não acabem nunca. Mas quando seus moradores vêm agredir nossos familiares, também não hesitamos em nos vingar. Mandamos até eles nossos *xapiri* famintos de carne humana. Assim é. Quando um grande xamã de uma aldeia distante mata um de nossos filhos, respondemos a sua agressão da mesma maneira. Nossos espíritos maléficos voam logo até sua casa e lá também devoram uma criança, como se fosse um papagaio. E quando queremos pôr fim à malevolência de um desses xamãs de longe, são os mesmos espíritos que enviamos para matá-lo. Enveredam por caminhos tortos, surpreendem os *xapiri* deles, cercam-nos e acabam com os mais valentes. Depois destroem furiosamente sua casa de espíritos, incendeiam-na e jogam n'água seus restos calcinados. E, por fim, atacam o próprio xamã, golpeando-o com seus facões antes de derramar seu sangue no rio, para não deixar nenhuma pista de quem o matou.

Esses *xapiri* agressivos são imagens de seres maléficos *në wãri*, que fazemos descer só para nos vingar. Além de suas armas assustadoras, possuem várias coisas de doença.[37] O espírito do céu *Hutukarari*, por exemplo, enfia na imagem de suas vítimas lascas brilhantes de estrela, de que ninguém pode ficar curado. O espírito do ser maléfico *Herona*[38] despeja nelas uma urina tão perigosa quanto o curare, enquanto *Mõeri*, o espírito da tontura, golpeia sua nuca violentamente, fazendo a floresta rodar em torno delas. Quando guerreiam, esses *xapiri* são muito perigosos mesmo! Os espíritos gavião *koimari* vão na frente, conduzidos pelo mais terrível deles, *Ara poko*. Brandem cordas incandescentes e lâminas de ferro afiadas para amarrar e trinchar suas vítimas. Ferozes espíritos onça *iramari* os acompanham, com seus facões cortantes, e também espíritos do dono do algodão, *Xinarumari*, que aprisiona as crianças em seus enfeites ardentes. Também há entre eles espíritos sucuri, que copulam com as mulheres grávidas sem elas saberem, fazendo aprodrecer os fetos dentro delas, ou que sodomizam os homens, cujas vísceras começam então a inchar até explodir. Mas existem ainda muitos outros *xapiri* de seres maléficos, como os espíritos peixe *yurikori*, que retalham a língua e a garganta das crianças, e os espíritos estrela *pirimari*, que as dilaceram com seus dentes afiados. Esses *xapiri* perigosos só atacam gente de outras casas bem distantes. Aqui na nossa, ao contrário, ficam empenhados em nos curar, como os demais espíritos. São muito valentes no combate aos seres maléficos. São seus semelhantes; por isso os conhecem bem! Assim, os espíritos gavião *koimari* sabem rastreá-los até suas habitações, altas como montanhas, e os espíritos sucuri são capazes de amarrá-los para ficarem quietos. Os espíritos do dono do algodão *Xinarumari* também sabem renovar a pele das crianças quando fica coberta de feridas infeccionadas e não para de apodrecer. Assim é.

Os *xapiri* inimigos estão sempre tentando burlar a vigilância dos xamãs da casa que vão atacar. Voam muito depressa, mas nunca se deslocam em linha reta, nem em plena vista. Tratam de dissimular e embaralhar seus caminhos com desvios constantes, para passar despercebidos. Quando querem capturar uma criança em nossa casa, primeiro vão para muito longe na direção oposta, até a terra dos brancos. Depois, voltam em segredo por uma trilha tortuosa, mas agora voando nas profundezas do mundo subterrâneo. Assim, primeiro parecem sumir ao longe, tão longe que o próprio xamã que os envia acaba por perdê-los de vista. Porém, quando já foram até esquecidos, surgem de repente do chão da casa na qual vêm buscar sua presa. Sopram coisas de feitiçaria por toda a casa, para atordoar os xamãs que poderiam ameaçá-los. Depois escolhem como vítima uma bela criança, forte e alegre, que estiver brincando.

Os espíritos gavião e onça então se lançam sobre a criança para esquartejá-la ferozmente com seus facões. Ela imediatamente começa a gemer de terror e cai no chão. Em seguida, os espíritos do dono do algodão cobrem sua cabeça, peito e ventre com seus enfeites de doença em brasa. Os olhos da criança começam a revirar, e ela começa a arder em febre. Alguém pode pensar que foi atingida por uma planta de feitiçaria *waka moxi*.[39] Mas não é nada disso. É, com certeza, sinal desses *xapiri* inimigos! Sem demora levam embora a imagem ferida da vítima, enquanto a pele dela, vazia, jaz no chão da casa. Então, a criança desmaia e entra em estado de fantasma. A essa altura, se os espíritos lua começarem a cortá-la em pedaços para devorá-la junto com os demais espíritos maléficos, é tarde demais para curá-la. Ela morre em pouco tempo, apesar de todos os esforços dos xamãs da casa para vingá-la dos *xapiri* hostis que capturaram sua imagem. Nada mais podem fazer. Contudo, se os xamãs forem precavidos e beberem *yãkoana* assim que a criança desmaiar, ainda será possível encontrar a pista dos agressores. Poderão enviar seus próprios espíritos maléficos para resgatar a imagem dela, antes de os *xapiri* inimigos a devorarem. Se a criança ferida, amarrada com laços de algodão em fogo, ainda não tiver sido lacerada, pode sarar. Depois de trazê-la de volta para junto dos seus, os xamãs limpam depressa o interior de seu corpo, até ela voltar a si e se recuperar.

As pessoas que devoram assim a imagem das crianças são sempre xamãs antigos, inimigos poderosos e ferozes, cujas casas de espíritos estão lotadas de *xapiri* muito perigosos. Apesar disso, os espíritos maléficos de um xamã também podem sair em busca de presas por conta própria, independentemente do pai. Voam então até casas distantes, para caçar, impelidos por sua fome de carne humana. Chegam para devorar as crianças, que tomam por caça, e só voltam para casa depois de se fartar com sua gordura. Quando o xamã percebe a malvadeza, lamenta, contrariado: "*Hou!* O que meus *xapiri* foram fazer? Não os mandei para a guerra! Eu não disse nada a eles!". Quando os espíritos de um xamã matam, dizemos que ele está *õnokae*, pois está farto de carne humana. A testa dele fica úmida, gordurosa e grudenta, como a dos guerreiros que comeram inimigos com suas flechas ou a de alguém que matou o animal *rixi* de um morador de uma casa distante.[40] Então, devem ficar deitados ao lado de sua fogueira, imóveis, e devem jejuar, para o estado de *õnokae* secar, depois de um certo tempo. Assim é. Tememos muito esses xamãs distantes que enviam seus espíritos guerreiros até nós, mas quando eles nos atacam, nos vingamos deles da mesma maneira!

É assim que morrem os humanos. Os fantasmas de nossos maiores falecidos sempre querem levar os vivos para junto deles, nas costas do céu.[41] É verdade. Os mortos sentem saudade daqueles que deixaram, sozinhos, na terra. Dizem a si mesmos: "Os meus são tão poucos, têm tanta fome, nessa floresta infestada de epidemia *xawara* e de seres maléficos! Sinto muita pena deles! Tenho de ir depressa buscá-los!". Por isso os vemos em sonho, com a mesma aparência de antes de morrerem. Mas se eles não pararem de descer para chamar os vivos, estes vão ficar cada vez mais afetados pela saudade. Alguns podem até acabar morrendo por isso. Nesse caso, os xamãs devem despachar seus *xapiri,* para repelir os fantasmas de volta para as costas do céu. Os *xapiri* lhes dizem: "*Ma!* Parem de descer! Fiquem longe de nós! Deixem-nos viver por um tempo aqui nesta floresta! Mais tarde vamos nos juntar a vocês! Não tenham tanta pressa em nos chamar para perto!".[42] Ao que os fantasmas retrucam: "*Ma!* Vocês deveriam é ter pressa de voltar a nós!". E novamente os *xapiri*: "*Ma!* Não estamos sofrendo! Voltaremos a vocês, é claro! Mas sem pressa! Retornem para o lugar de onde vieram!".

É assim que os *xapiri* e os fantasmas se falam. Ouvi-os depois de ter bebido *yãkoana*, e durante o tempo do meu sonho. Se os *xapiri* não intercedessem assim, os fantasmas saudosos logo levariam todos os parentes consigo para as costas do céu e os humanos não parariam de morrer, um depois do outro, depressa demais. Não seria boa coisa! Os fantasmas, ao contrário de nós, vivem por muito tempo. Mas, mesmo assim, até eles acabam morrendo. Então, depois de virarem seres mosca e urubu, vão morar ainda mais longe nas alturas, debaixo de um céu novo, ainda jovem e transparente, que está acima desse cujo peito avistamos da terra.

8. O céu e a floresta

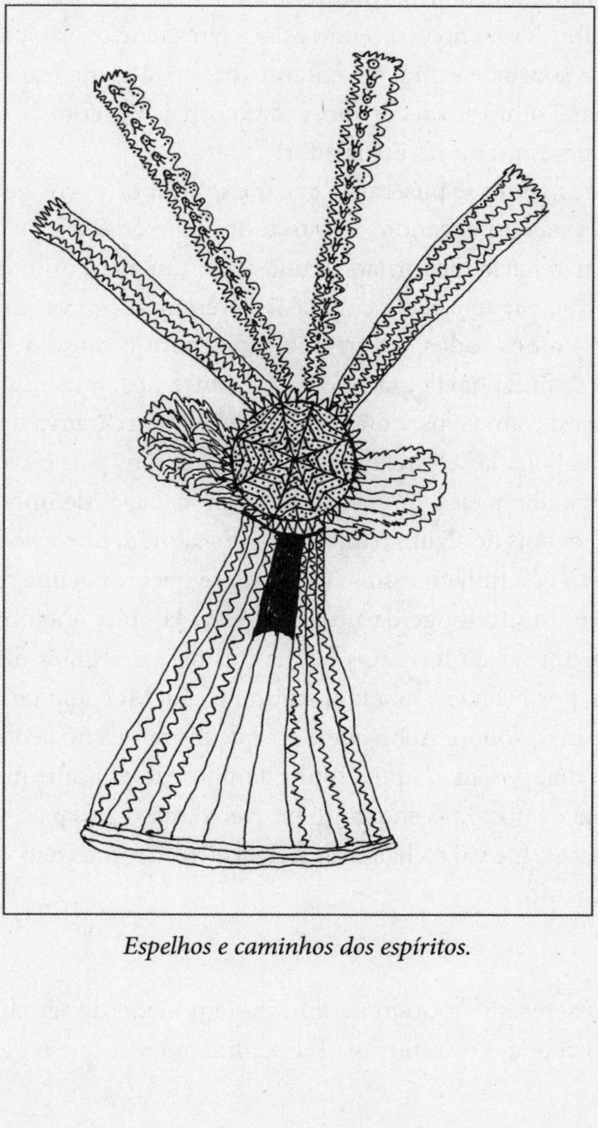

Espelhos e caminhos dos espíritos.

Quando, às vezes, o peito do céu emite ruídos ameaçadores, mulheres e crianças gemem e choram de medo. Não é sem motivo! Todos tememos ser esmagados pela queda do céu, como nossos ancestrais no primeiro tempo. Lembro-me ainda de uma vez em que isso quase aconteceu conosco. Eu era jovem na época.[1] Estávamos acampados na floresta, perto de um braço do rio Mapulaú. Tínhamos saído, com alguns homens mais velhos, à procura de uma moça do rio *Uxi u* que tinha sido levada por um visitante de uma casa das terras altas, a montante do rio Toototobi. Anoitecia. Não havia nenhum ruído de trovão, nenhum raio no céu. Tudo estava em silêncio. Não chovia, e não se sentia nenhum sopro de vento. No entanto, de repente, ouvimos vários estalos no peito do céu. Foram se sucedendo, cada vez mais violentos, e pareciam bem próximos. Era mesmo muito assustador!

Aos poucos, todos se puseram a gritar e soluçar de pavor no acampamento: "*Aë!* O céu está despencando! Vamos todos morrer! *Aë!*". Eu também tinha medo. Ainda não havia me tornado xamã, e perguntava a mim mesmo, muito inquieto: "O que vai acontecer conosco? Será que o céu vai mesmo cair em cima de nós? Vamos todos ser arremessados para o mundo subterrâneo?". Naquela época, ainda havia grandes xamãs entre nós, pois muitos de nossos maiores ainda estavam vivos. Então, vários deles começaram a trabalhar juntos para segurar a abóbada celeste. No tempo antigo, seus pais e avós haviam ensinado esse trabalho a eles, que por isso foram capazes de impedir mais essa queda. Assim, depois de algum tempo tudo se acalmou. Mas estou certo de que, uma vez mais, o céu tinha mesmo ameaçado se quebrar acima de nós. Sei que isso já ocorreu, muito longe da nossa floresta, lá onde a abóbada celeste se aproxima das bordas da terra. Os habitantes dessas regiões distantes foram exterminados, porque não souberam segurar o céu. Mas aqui onde vivemos ele é muito alto e mais sólido. Acho que é porque moramos no centro da vastidão da terra.[2] Um dia, porém, daqui a muito tempo, talvez acabe mesmo despencando em cima de nós. Mas enquanto houver xamãs vivos para segurá-lo, isso não vai acontecer. Ele vai só balançar e estalar muito, mas não vai quebrar.[3] É o meu pensamento.

Todos os seres que moram na floresta têm medo de ser eliminados pela imensidão do céu, até os espíritos. É isso, finalmente, que a gente de nossas casas receia, é isso que a faz chorar. Todos bem sabem que o céu já caiu sobre os antigos, há muito tempo. Conheço um pouco dessas palavras a respeito da queda do céu. Escutei-as da boca dos homens mais velhos, quando era criança. Foi assim. No início, o céu ainda era novo e frágil. A floresta era recém-chegada à existência e tudo nela retornava facilmente ao caos. Moravam nela outras gentes, criadas antes de nós, que desapareceram. Era o primeiro tempo, no qual os ancestrais foram pouco a pouco virando animais de caça. E quando o centro do céu finalmente despencou, vários deles foram arremessados para o mundo subterrâneo. Lá se tornaram os *aõpatari*, ancestrais vorazes de dentes afiados que devoram todos os restos de doença que os xamãs jogam para eles, embaixo da terra. Continuam morando lá, junto do ser do vendaval, *Yariporari*, e do ser do caos, *Xiwãripo*. Vivem ali também na companhia de seres queixadas, vespas e vermes tornados outros.

As costas desse céu que caiu no primeiro tempo tornaram-se a floresta em que vivemos, o chão no qual pisamos. Por esse motivo chamamos a floresta *wãro patarima mosi*, o velho céu, e os xamãs também a chamam *hutukara*, que é mais um nome desse antigo nível celeste. Depois, um outro céu desceu e se fixou acima da terra, substituindo o que tinha desabado. Foi *Omama* que fez o projeto, como dizem os brancos. Pensou no melhor modo de torná-lo sólido e introduziu em todo o céu varas de seu metal, que enfiou também na terra, como se fossem raízes.[4] Por isso, este novo céu é mais sólido do que o anterior, e não vai desmanchar com tanta facilidade. Nossos xamãs mais antigos sabem tudo isso. Sempre que o céu começa a tremer e ameaça arrebentar, enviam sem demora seus *xapiri* para reforçá-lo. Sem isso, o céu já teria desabado de novo há muito tempo!

A gente do primeiro tempo não era tão sabida. Mas se esforçaram muito tentando impedir a queda do primeiro céu. Transtornados de medo, cortaram estacas frágeis demais, na madeira mole e nos troncos esburacados das árvores *tokori* e *kahu usihi*. A maior parte desses ancestrais foi esmagada ou lançada para debaixo da terra, a não ser num lugar, onde o céu se apoiou num cacaueiro, que vergou sob o peso mas não quebrou. Isso foi no centro de nossa floresta, onde estão as colinas que chamamos *horepë a*.[5] Um papagaio *werehe* foi mordiscando o retalho de céu preso no cacaueiro e aos poucos abriu nele um buraco, por onde essas gentes do primeiro tempo conseguiram escapar. No final, saíram na floresta das costas do céu, onde continuaram vivendo. Os xamãs chamam-nos *hutu mosi horiepë tʰeri pë*, a gente que saiu do céu. Mas esses ancestrais acabaram desaparecendo. Viraram outros e foram levados pelas águas, ou foram queimados quando a floresta toda se incendiou, há muito tempo.[6] Isso é o que sei. Viemos à existência depois deles, e foi nossa vez de existir e aumentar. De modo que somos os fantasmas da gente que saiu do céu.

Quando um xamã muito velho fica doente por um longo período e acaba se extinguindo por si só, seus *xapiri*, em silêncio, vão aos poucos deixando sua casa de espíritos. Abandonada, ela começa a desabar. Não acontece nada além disso. Por outro lado, se um xamã ainda jovem tiver uma morte violenta, flechado por guerreiros ou comido por feiticeiros inimigos, seus espíritos ficam enfurecidos. O céu escurece e chove sem parar. A ventania bate com força nas árvores da floresta, os seres trovão berram com violência, enquanto os seres raio explodem com estrondo. A chuva não para e os espíritos do céu despejam incontáveis cobras sobre a terra. Os espelhos dos espíritos onça se despregam e essas feras começam a rondar por toda a floresta. Tudo isso acontece quando morre um xamã que tinha uma casa de espíritos muito alta.[7] Então seus *xapiri* ficam furiosos por terem ficado órfãos, e querem quebrar o céu por vingança. Os espíritos dos pica-paus *ëxama* e *xotʰetʰma*, e depois os dos pássaros *yõkihima usi*, golpeiam o peito dele com toda a força de seus machados e facões afiados. Pedaços inteiros da abóbada celeste começam a quebrar, com estrondos tão fortes que até os xamãs sobreviventes ficam apavorados![8] Então eles devem despachar depressa seus próprios espíritos, para consertá-la e conter a fúria dos *xapiri* órfãos.

O céu se move, é sempre instável. O centro ainda está firme, mas as beiradas já estão bastante gastas, ficaram frágeis. Ele se torce e balança, com estalos aterrorizantes. Os pés que o sustentam nos confins da terra tremem tanto que até os *xapiri* ficam apreensivos! Um deles, porém, o espírito macaco-aranha, mostra ser de todos o mais corajoso. Vindo de muito longe, ele é sempre o primeiro a segurar os pedaços de céu que se desgarram e a tentar reforçá-lo. Não é um macaco da floresta, é um ser celeste, um espírito antigo e poderoso de mãos muito habilidosas. Ele no entanto não conseguiria fazer esses consertos sozinho. Muitos outros espíritos o auxiliam, como os do macaco-da-noite, do jupará, da irara *hoari* e do esquilo *wayapaxi*. Mas ele também chama como reforço os espíritos celestes *hutukari*, os espíritos raio *yãpirari* e os espíritos trovão *yãrimari*.

Todos esses *xapiri* chegam em grande número. Arrancam os machados e facões das mãos dos espíritos órfãos enfurecidos. Abraçam-nos, fazem com que se agachem e procuram acalmá-los. Depois, juntando forças, procuram impedir que o céu danificado desabe. Os espíritos preguiça atiram varetas de metal com suas espingardas, para preencher as brechas. Os espíritos formiga *ahõrõma asi* despejam visgo nas rachaduras para vedá-las. Então, os estalos vão parando aos poucos. No fim, quando o silêncio retorna à floresta, a gente de nossas casas — e até quem costuma duvidar dos xamãs — diz a si mesma: "Não é mentira! Eles viram espíritos mesmo e sabem conter a queda do céu!". Nossos ancestrais sabem fazer esse trabalho desde o primeiro tempo. Se não o tivessem feito, a abóbada celeste já teria despencado sobre nós há muito tempo. Mas apesar de todos esses esforços o céu continua instável e frágil, à mercê dos espíritos dos xamãs mortos que sempre querem recortá-lo.

Os *xapiri* também trabalham sem descanso para impedir a floresta de retornar ao caos. Quando a chuva cai sem parar e o céu fica coberto de nuvens baixas e escuras durante dias, a um dado momento, não aguentamos mais. Ficamos sem poder caçar nem abrir roças novas para plantar bananeiras. Temos pena de nossas mulheres e crianças, que ficam com fome de carne de caça. Ficamos cansados da umidade e também temos vontade de comer peixe.[9] Então, acabamos pedindo ajuda aos xamãs mais antigos, conhecedores do ser da chuva *Maari*, para que o convençam a parar. Então, logo bebem *yãkoana* e começam a trabalhar. Seus espíritos limpam o peito do céu, e depois vão chamar o ser sol *Mot^{h}okari* e *Omoari*, o do tempo seco. Depois, viram a chave das águas de chuva e trazem de volta a claridade do céu. Quando eu era criança, muitas vezes vi meu sogro trabalhar assim para fazer a chuva recuar e alegrar a floresta. Chamamos isso de fazer *payëmuu*.

Durante o tempo da cheia, as filhas e filhos do ser da chuva, *Maari*, e do tempo encoberto, *Ruëri*, dançam alegremente acima da floresta, agitando folhas novas de palmeira *hoko si*, como os convidados durante a dança de apresentação. Se as palmas estiverem muito úmidas, a chuva não acaba mais! Então, os espíritos das cigarras *rõrõkona*, *kutemo*, *kreemo* e *tãitãima*, bem como os dos

japins *kori*, *ixaro* e *napore*, têm de pegá-las e levantá-las para perto do calor do sol. Enquanto as sacodem para secá-las, começa a soprar uma brisa. É o vento de verão, que chamamos *iproko*. Todos esses *xapiri* são as filhas e genros do ser do tempo seco, *Omoari*. Por isso sabem fazer esse trabalho tão bem. Mas, para que o aguaceiro termine mesmo, ainda é preciso que os espíritos do pica-pau *ëxama* e do lagarto *roha* levantem o pênis do ser da chuva e o amarrem em torno de sua cintura.[10] A outros *xapiri* caberá, em seguida, deitá-lo na rede e lhe oferecer tabaco para aplacar sua ira. Depois, com muito cuidado, devem tirar de sua cabeça o grande cocar de plumas úmidas, para pô-lo a secar também. É assim que a luz do sol e o calor podem enfim voltar à floresta. A estação seca se instala e as águas começam a baixar. Os brancos não conhecem as imagens do ser da chuva e de seus filhos. Com certeza acham que a chuva cai do céu à toa! Eu, ao contrário, as contemplei muitas vezes em meu sonho, do mesmo modo que meus maiores as viram antes de mim. Assim é. As palavras da gente da floresta são outras.

A estiagem tampouco pode voltar enquanto as filhas de *Motu uri*, o ser das águas subterrâneas, continuarem brincando eufóricas nos rios. Os xamãs então devem enviar seus espíritos para acabar com suas brincadeiras e levá-las de volta para o seco. São os espíritos das cigarras e borboletas que se encarregam disso, em companhia da mulher, das filhas e das noras do ser sol *Mot*^{h}*okari*. Depois, o espírito do fogo celeste *T*^{h}*orumari* ainda tem de flechar o próprio *Motu uri*, puxá-lo pelos braços e queimá-lo.[11] Por último, o espírito do pássaro *kõromari* perfura o solo com sua barra de ferro, para que as águas escorram para debaixo da terra; só então o nível dos rios começa a baixar. Mas, para fazer cessar a chuva e a cheia, os *xapiri* também podem lidar com a árvore da chuva, *Maa hi*. É gigantesca, e de suas folhas escorre água o tempo todo. Os xamãs antigos a conhecem bem; meu sogro me contou que cresce nos confins da terra e do céu. É a morada dos seres da noite *titiri* e dos seres minhoca *horemari*.

Quando a árvore *Maa hi* floresce, começa a chover na floresta e as águas dos rios sobem. Para fazê-la parar de escorrer, os espíritos dos japins *napore* e dos macacos guariba devem sacudir sua ramagem com força para fazer cair as flores. Depois, os espíritos arara devem cortar os seus galhos, auxiliados pelo espírito anta, que os acompanha com sua grande canoa. Quando isso ocorre, a árvore da chuva é rodeada de calor e ouvem-se as cigarras. Os espíritos genro do ser do tempo seco vão buscar o sogro e, para chamá-lo de volta à floresta, entoam com ele um diálogo de convite *hiimuu*. Recolhem para ele os peixes mortos dos igarapés, que vão secando. Ao final, ele concorda em começar a voltar do lugar distante em que tinha se refugiado. Assim é. *Omoari*, o ser da seca, não responde nem aos espíritos das folhas e das árvores nem aos ancestrais animais. Se os *xapiri* que conhece não fossem buscá-lo, ele não viria por conta própria. Então, a umidade e a escuridão tomariam toda a floresta para sempre e, com o tempo, ela acabaria retornando ao caos.

Quando querem acabar com a gritaria dos seres trovão, os *xapiri* vão à casa deles, nas costas do céu. Agacham-se perto deles e os repreendem: “Sua voz nos incomoda! O que vocês estão fazendo? Por que não ficam calados?”. Os trovões, furiosos, logo ameaçam golpeá-los. Porém, para aquietá-los e demonstrar amizade, os espíritos se deitam em suas redes, como se faz com um cunhado.[12] Oferecem-lhes alimento e tabaco. Às vezes, também sopram um pouco de pó de *yãkoana* em suas narinas, para acalmá-los. Assim, aos poucos, os trovões acabam se calando. Se não fosse isso, o estrondo da tempestade não cessaria nunca, como acontecia no primeiro tempo.

Trovão era então um animal;[13] parecia uma grande anta que vivia num rio, perto de uma cachoeira. No começo, nossos ancestrais não o conheciam. Mas ficavam exasperados de tanto ouvir sua voz potente ressoando na floresta. Cansados, resolveram fazê-lo ficar quieto e o flecharam. Depois cortaram seus despojos, tomando muito cuidado para não espalhar seu sangue pelo chão. Cozinharam suas carnes com cuidado e as comeram com gosto. No final dessa refeição, um dos caçadores, satisfeito e brincalhão, propôs insistentemente um pedaço de fígado cru que havia sobrado ao genro de Trovão, o ancestral do pássaro *h*^{w}*ãih*^{w}*ãiyama*. Ele, furioso, deu um golpe repentino na mão do inconveniente e o pedaço de carne foi projetado para as costas do céu, onde reviveu e se multiplicou por toda parte, como milhares de trovões de voz retumbante. São eles que ouvimos hoje em dia, acima da floresta, e que os xamãs têm de convencer a ficar em silêncio.

Os seres raio, por sua vez, parecem araras cobertas de faíscas de luz que, quando batem estrondosamente as asas, projetam reflexos deslumbrantes. São muito poderosos, e quando sentem fome, logo demonstram toda a sua raiva. Seus pés de fogo caem do peito do céu na floresta, com um barulho horrível. Por isso os xamãs também tratam de conter sua fúria. Para amansá-los, fazem dançar suas próprias imagens e as enviam de volta a eles na forma de *xapiri*. Esses espíritos então agarram os seres raio, para tentar chamá-los à razão: "*Ma!* Não sejam tão raivosos! Não destruam a floresta dessa maneira! Outras gentes moram nela! Os humanos têm filhos lá!". Depois, brincam com eles, fazem-lhes cócegas; ou, se não ficarem quietos, acabam batendo neles, e os repreendem com severidade. Então eles se acalmam e voltam a ficar em silêncio; e a tempestade se cala na floresta.

O ser do vendaval, *Yariporari*, também é muito perigoso.[14] Cultiva em sua imensa roça muitas canas-de-flecha. Quando parte em guerra, vai atirando flechas por toda a floresta com muita raiva. Sua força é tão aterradora que até os *xapiri* têm medo a cada vez que ele passa, revirando tudo. Sacode nossas casas e derruba as grandes árvores sobre nossos acampamentos. Destroça as ramadas, emaranha o mato rasteiro e bate violentamente contra os troncos. O ser tatu-canastra *Wakari* sempre o acompanha, cortando as raízes com seu enorme facão. *Yariporari* é um vendaval terrível, que caiu debaixo da terra no primeiro tempo. Fica escondido num buraco fundo, coberto por uma tampa pesada, que às vezes é levantada pelos *xapiri* por vingança quando estão em luto pelo pai, ou por xamãs enfurecidos contra seus inimigos. Então ele surge com toda a sua força, devastando com violência a floresta e aterrorizando seus habitantes. Quando isso acontece, os espíritos dos pássaros *witiwitima namo*, *xiroxiro* e *teateama*, acompanhados dos espíritos gavião *koimari*, tentam agarrá-lo e amarrá-lo. Em seguida, tratam de destruir suas plantações de canas-de-flecha antes de prendê-lo de novo no mundo subterrâneo. De outro modo, sua fúria acabaria aniquilando tudo na floresta e nos varrendo para longe. Antes de meus iniciadores me fazerem conhecer o espírito do vendaval *Yariporari*, eu não pensava que pudesse existir um ser maléfico tão poderoso debaixo da terra! Apesar de ele ser tão perigoso, os xamãs experientes são capazes de fazer dançar também a imagem dele como *xapiri*. Mas então é seu espírito antigo, seu espírito pai, que fazemos descer para espantar as fumaças de epidemia com que os brancos enchem a floresta. Assim é. Sem o trabalho dos xamãs, voltaria ao caos depressa. A chuva e a escuridão, a raiva dos trovões, dos raios e do vendaval não cessariam nunca. Só os *xapiri* podem protegê-la e fortalecê-la. Por isso seguimos as pegadas de nossos ancestrais, virando espíritos com a *yãkoana*. Isso deixa os *xapiri* felizes e, assim, eles continuam cuidando de nós. Os brancos não sabem nada dessas coisas. Se contentam em pensar que somos mais ignorantes do que eles, apenas porque sabem fabricar máquinas, papel e gravadores!

As pessoas também se queixam junto aos xamãs quando o tempo seco dura demais, quando as bananeiras e a cana-de-açúcar definham nas roças e os cursos d'água na floresta se esgotam. Então, para pôr fim à seca, eles tratam de trazer de volta para a floresta o ser maléfico do tempo úmido,[15] *Toorori*, que é também o dono da chuva. Para convidá-lo a retornar, enviam até ele os *xapiri* das cheias, das chuvas e do caos, que são as imagens dos seres maléficos *Riori*, *Maari* e *Xiwãripo*. Depois juntam a eles, como reforço, as imagens dos seres do tempo encoberto e da noite, *Ruëri* e *Titiri*. Então, *Toorori*, calcinado e encarquilhado, consegue arrancar-se da barriga do ser sol, *Mot^h^okari*, que o tinha engolido. Joga água sobre a própria cabeça e, aos poucos, vai voltando à vida. Aí começa a se vingar, passando ele a ocupar toda a floresta. Quando isso ocorre, a chuva finalmente volta a cair.

Sem conhecer o trabalho dos antigos xamãs, assim mesmo tentei, certa vez, fazer voltar o tempo das chuvas. Foi aqui, em *Watoriki*, já faz algum tempo.[16] A seca não terminava. O calor ia aumentando. O ser sol *Motʰokari* tinha descido do peito do céu e tinha realmente baixado os pés na floresta. *Omoari*, o ser do tempo seco, parecia querer se instalar nela para sempre. Tinha secado todos os cursos d'água e se fartado de peixes e jacarés. Tinha torrado as árvores e assado a terra. As pedras ficaram em brasa. Os animais e os humanos passavam sede. Era o tempo de queimar as roças, como de costume. Mas o vento carregou fagulhas para o mato, que estava muito seco, com o chão coberto de folhas mortas. Então, a floresta à nossa volta começou a queimar. Depois, o incêndio foi aos poucos se propagando para todos os lados. Quando o fogo é assim tão poderoso, vira um outro ser, muito perigoso, que se apropria de todas as árvores à sua volta para construir sua casa. Chegou até mesmo a subir as encostas da Montanha do Vento, perto da nossa casa, onde os seres maléficos da floresta cultivam suas plantas de feitiçaria. Ficamos muito preocupados, temendo que as chamas as queimassem, espalhando sobre nós uma epidemia *xawara*. A fumaça só aumentava, sem parar. Primeiro, elevou-se bem alto, no peito do céu. Depois recaiu sobre nós, cada vez mais baixa e densa, e cobriu toda a floresta. Nossos olhos estavam irritados e o peito muito seco. Não enxergávamos mais nada à nossa volta e tossíamos sem parar. Era muito difícil respirar. Tínhamos medo de tudo pegar fogo e acabarmos morrendo sufocados. Temíamos por nossos filhos, nossa casa e nossas roças.

Então, com meu sogro e todos os xamãs de *Watoriki*, e alguns outros que avisamos por rádio,[17] bebemos pó de *yãkoana* e começamos a trabalhar para atrair a chuva. Primeiro fizemos dançar a imagem de *Omama*, para bater no fogo e esmagá-lo. Depois, chamamos os espíritos dos trovões e os de seus genros, para despejarem as águas do céu sobre o braseiro. Fizemos também dançar a imagem do ser do vendaval, para que ela empurrasse a fumaça no céu e a expulsasse para longe de nós. Assim, pouco a pouco, o fogo começou a diminuir. Nossos espíritos então afugentaram o ser do tempo seco, *Omoari*, com palavras hostis: "Volte para a sua casa! Não vá querer se instalar aqui, senão toda a floresta vai queimar, e seus habitantes junto!". Em seguida, começaram a chamar de volta o ser do tempo das chuvas, *Toorori*, para limpar a floresta.

Trabalhamos assim durante dias, até que, finalmente, a chuva começou a cair. Se não tivéssemos feito isso, todas as árvores teriam sido incendiadas, até na terra dos brancos, porque aquele não era um fogo qualquer. Era um ser maléfico muito perigoso, um espírito fogo comedor de gente que chamamos *naikiari wakë*. Era o espírito do fogaréu *mõruxi wakë,* que saiu da terra, o mesmo que consumiu toda a floresta no primeiro tempo. Esse fogo vem de onde mora o sol e, no lugar em que vive, as águas estão sempre fervendo. Seu representante é o que os brancos chamam de vulcão. É tão poderoso que queima até a areia e as pedras. Em seus discursos, à noite, nossos mais velhos xamãs nos falaram várias vezes do incêndio que, no tempo de *Omama*, devastou as terras altas da floresta. Contaram-nos que, em certos lugares, as árvores jamais voltaram a crescer. As terras sem árvores nas nascentes dos rios, que chamamos *purusi*, são as marcas do caminho desse antigo incêndio. Não apareceram ali sozinhas, à toa![18] Noutros lugares, ao contrário, a floresta cresceu de novo, porque o ser da riqueza da terra, que chamamos *Huture* ou *Në roperi*, trabalhou sem parar para replantá-la. É um trabalhador incansável. Repovoou o solo calcinado com todas as suas árvores e plantas da roça — mandioca, bananeiras e pupunheiras *rasa si* — para nossos ancestrais, seus filhos e netos poderem comer. Se ele não tivesse existido, teríamos ficado famintos para sempre e daríamos muita pena!

Antigamente, nossos maiores, quando se tornavam xamãs sob efeito das folhas de feitiçaria *hayakoari hana*,[19] eram capazes de chamar as imagens dos queixadas e, assim, de atrair essa caça para perto de suas casas. Um dos antigos xamãs de nossa casa, que eu chamava de cunhado, sabia fazer dançar esses espíritos queixada, mas já não vive. Quando morreu, vi sua casa de espíritos desabar e, na queda, rasgar os frágeis caminhos desses *xapiri*. Ele nos havia prevenido: "Assim que meu fantasma tiver partido para as costas do céu, vocês não verão mais queixadas na floresta. Ficarão se lamentando de fome de carne!". Mas ninguém pensou em dizer a ele, enquanto estava vivo: "*Awei!* Quero eu também saber como cuidar dos caminhos dos espíritos queixada para impedir que fujam!". Eu mesmo não disse nada. Na época, ainda era ignorante. Se eu tivesse feito isso, quem sabe essa caça não teria desaparecido de nossa floresta durante tanto tempo?[20] Mas na época ninguém teve a sabedoria de segurar os caminhos desses espíritos!

Só os antigos xamãs sabiam fazer os queixadas saírem da terra, chamando sua imagem. Antigamente, essas folhas *hayakoari hana* eram muito usadas como planta de feitiçaria. Mas são folhas que pertencem aos espíritos do céu. Por isso quem era atingido por elas virava outro e logo via dançar a imagem do ser *Hayakoari*, que parece uma anta. Os doentes então começavam a gesticular e a gritar, e então disparavam para fora de suas casas. Mas não era na floresta que corriam tão exaltados. Sem que seus próximos pudessem vê-la, era sua imagem que fugia, montada no ser anta *Hayakoari*, que a levava para casa. Ficavam assim perdidos na floresta por muito tempo e lá viravam outros. Era então que começavam a realmente ver dançar as imagens dos ancestrais queixada. No final, acabavam deixando o caminho de *Hayakoari* e iam se acalmando aos poucos. Retornavam a suas casas, guiados pelos *xapiri* dos xamãs que tinham vindo socorrê-los. Sem isso, teriam morrido de fome e de cansaço, esquecidos sobre o espelho de *Hayakoari*.

Mais tarde, quando eles mesmos se tornaram xamãs experientes, eram capazes de abrir os caminhos dos ancestrais queixada *worëri* e fazer suas imagens descerem novamente até eles. Para chamá-las, mandavam primeiro os espíritos do pássaro *xotokoma*,[21] que são seus genros. Esses emissários cortavam as árvores para abrir uma entrada na floresta para seus sogros. Nela penduravam magníficos adornos de miçanga para atraí-los. Depois faziam ressoar o chamado de suas flautas de bambu *t^h^ora*, para que os espíritos queixada viessem dançar junto do xamã que os enviara. Então, os queixadas também se aproximavam de nossas casas para serem caçados. Era assim que nossos maiores trabalhavam para saciar a fome de carne dos seus. Os caminhos dos espíritos queixada são, no entanto, muito frágeis. Assim que morre o pai deles, os caminhos arrebentam e voltam para debaixo da terra. Então, por mais esforço que os outros xamãs façam para trazê-los de volta, não conseguem. Os ancestrais queixada ficam no mundo subterrâneo, até que outro rapaz se torne xamã sob efeito das folhas *hayakoari hana* e reaprenda a chamá-los.

As antas, por sua vez, só aparecem na floresta ao alcance dos caçadores quando os xamãs fazem vir a imagem do seu ancestral, que chamamos de *Xamari*. Para isso, devem enviar primeiro seus espíritos jaguatirica e cão de caça para rastreá-lo e, em seguida, os espíritos dos pássaros *xoapema*, dos gaviões *herama* e dos pica-paus *ëxëma*, para chamá-lo. Sem isso, *Xamari* continuaria navegando em sua canoa por rios distantes e as antas não apareceriam na floresta. As antas gostam de passar muito tempo folgando na água, não é? Os espíritos de todos os pássaros de que falei são seus genros.[22] Por isso ele atende ao chamado de suas flautas e aceita seu convite: "Sogro! Venha a nós! Temos fome de carne! Temos desejo de você!". Assim, logo depois de terem feito amizade com seu sogro *Xamari*, eles amarram uma corda em sua canoa e o rebocam até a margem, com a ajuda do espírito da ariranha *kana*. O ancestral anta então desce de sua embarcação, e volta a entrar na floresta. Seus genros, solícitos, indicam a ele onde encontrar seu alimento preferido, as frutas das palmeiras *rio kosi* e *ëri si*, e também as das árvores *apia ki*, *oruxi hi*, *makina hi*, *hapakara hi* e *pirima ahit^{h}ot^{h}o*. É desse modo que os xamãs atraem as antas para a terra firme, para podermos caçá-las na floresta.

Mesmo assim, elas só podem ser achadas por caçadores muito especiais; os que em nossa língua chamamos *xama xio*.[23] São caçadores que têm neles as imagens do espírito anta e de seus genros, mesmo sem serem xamãs. Elas descem a eles e amarram suas redes em seus peitos, porque os pais deles já eram grandes rastreadores de antas. Não fosse a grande habilidade desses caçadores *xama xio*, nós jamais comeríamos carne dessa caça. É verdade. Quem vai caçar preocupado com outras coisas, sem muito empenho, nunca avista uma anta. Encontra apenas jabutis no chão da floresta! Ao contrário, um caçador apaixonado pela imagem do ancestral Anta, que realmente sente saudade dela,[24] logo depara com um desses animais, longe na floresta ou perto de casa.

Era assim que nossos xamãs antigos traziam para nossa floresta os queixadas e as antas, e também os macacos-aranha, os papagaios, os mutuns e os veados. Bebiam *yãkoana* e faziam dançar as imagens dos ancestrais animais *yarori*. E quando faziam descer a si os espíritos arara, logo víamos esses pássaros surgindo perto de nossa casa. Era assim mesmo. Os animais só ficam felizes quando ouvem os cantos dos *xapiri*, e estes não gostam que seus pais fiquem preguiçando na rede, sem beber *yãkoana*. Assim é. A caça só fica fácil de matar se os xamãs fizerem descer as imagens de seus ancestrais. Nossos maiores tinham muito conhecimento e sabiam fazer bem esse trabalho. Não ficavam cantando à toa, como costumam pensar os brancos, pois se os xamãs não trabalharem sem descanso, os animais de caça ficam irritados e muito ariscos. Se é assim, as presas não param de se queixar dos caçadores: "*Ma!* São outras gentes. Tratam-nos sem nenhum respeito. Despejam de uma maneira suja o caldo de nosso cozimento para fora de suas casas! Atiram sem consideração nossas ossadas e peles na floresta! É de dar dó! Vamos ficar longe deles!". Os animais também são humanos. Por isso se afastam de nós quando são maltratados. No tempo do sonho, às vezes ouço suas palavras de desgosto quando querem se negar aos caçadores. Quando se tem mesmo fome de carne, é preciso flechar a presa com cuidado, para que morra na hora. Assim, ela ficará satisfeita por ter sido morta com retidão. Caso contrário, fugirá para bem longe, ferida e furiosa com os humanos.

Quando as árvores da floresta não carregam frutos, os japins *kori* e *napore* e as gralhas *piomari namo* não se reúnem nelas. Nenhuma outra ave tampouco se aproxima. Assim é. Os papagaios, tucanos, araras, mutuns, jacamins, cujubins e perdizes *pokara* costumam vir comer nas árvores logo depois dos japins e das gralhas. Alimentam-se dos restos destes, das frutas que seus bandos barulhentos bicam no topo das árvores ou fazem cair no chão. Por isso os xamãs fazem dançar os espíritos japim e gralha, para que as outras caças aladas voltem a ficar abundantes na floresta. As imagens dessas aves fazem amadurecer os frutos das árvores para alimentar todos os outros espíritos pássaros que as seguem de perto. Quem nunca bebeu *yãkoana* não se dá conta disso. Apenas ouve o canto dos xamãs durante a noite, sem entender o que estão fazendo. Porém, se não há comida nas árvores e a floresta tem valor de fome, eles enviam seus *xapiri* japim e gralha para bem longe, em direção ao poente, para de lá trazerem a imagem de seus frutos. Quando retornam, os demais espíritos pássaros exclamam, alegres e ansiosos: "*Awei!* Finalmente vamos comer! Vamos pedir a eles nossa parte da comida que trazem! Parece gostosa! Estamos famintos e sofridos!". Depois, todos se precipitam sobre a tão desejada comida, num enorme bando, eufórico e voraz. Só assim a caça alada começa a reaparecer na floresta! Volta para bem longe de nós, no começo, e depois vai pouco a pouco se aproximando de nossas casas. Então, os caçadores, animados, espalham a notícia: "A caça está comendo perto de tal rio, e lá perto daquele grupo de árvores, e também naquele outro lugar!".

Era esse, antigamente, o trabalho de nossos grandes xamãs para atrair a caça para a nossa floresta. Hoje, perdemos esse conhecimento e muitos de nossos pais já o tinham esquecido antes de nós. Só os nossos verdadeiros maiores tinham capacidade para isso. Conseguiam juntar uma multidão de papagaios e araras nas palmeiras *hoko si* e *õkarasi si*, onde brincavam, pouco desconfiados; e ficavam ali parados, ao alcance dos caçadores, mordiscando as folhas novas. É verdade! Meus avós, quando viviam, há muito tempo, na nascente do rio Toototobi, tinham mesmo esse poder. Às vezes faziam uso dele, para as pessoas de sua casa poderem se fartar da carne dessas aves e se enfeitar com suas penas. Sua preocupação era manter sua gente feliz. E quando os seus ficavam com muita fome de carne, chegavam até a trazer caça da floresta dos fantasmas, que fica nas costas do céu! Mandavam então seus *xapiri* espantarem as presas lá em cima, para fazê-las cair na terra. Os xamãs sabem: a floresta dos fantasmas é coberta de árvores sempre carregadas de frutos e os queixadas, os macacos-aranha, os mutuns e os cujubins são nela muito mais numerosos do que aqui embaixo!

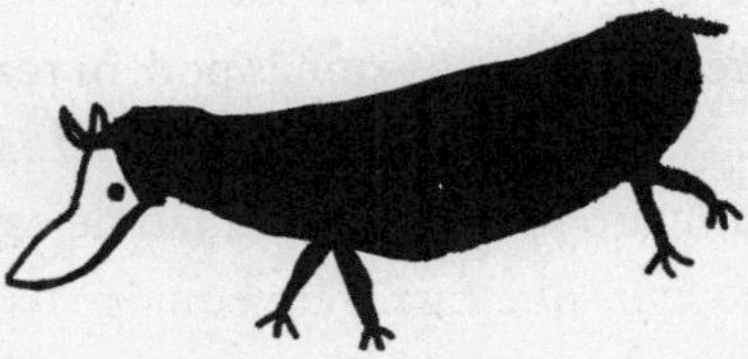

As árvores da floresta e as plantas de nossas roças também não crescem sozinhas, como pensam os brancos. Nossa floresta é vasta e bela. Mas não o é à toa. É seu valor de fertilidade que a faz assim. É o que chamamos *në rope*.[25] Nada cresceria sem isso. O *në rope* vai e vem, como um visitante, fazendo crescer a vegetação por onde passa. Quando bebemos *yãkoana*, vemos sua imagem que impregna a floresta e a faz úmida e fresca. As folhas de suas árvores aparecem verdes e brilhantes e seus galhos ficam carregados de frutos. Vê-se também grande quantidade de pupunheiras *rasa si*, cobertas de pesados cachos de frutos, pendurados na parte de baixo de seus troncos espinhosos, e imensas plantações de bananeiras e pés de cana-de-açúcar. Esse valor de fertilidade da terra está ativo por toda parte. É ele que faz acontecer a riqueza da floresta e que, desse modo, alimenta os humanos e a caça. É ele que faz sair da terra todas as plantas e frutos que comemos.[26] Seu nome é o de tudo o que prospera, tanto nas roças como na floresta.[27]

No primeiro tempo, *Omama* colocou esse valor de fertilidade dentro de nossa terra e sua imagem foi se espalhando por toda a sua extensão, antes de chegar à terra dos brancos. Seu verdadeiro centro se encontra onde moramos, onde *Omama* veio a ser. É verdade. Na floresta, habitamos no lugar onde vive o pai da fertilidade *në rope*, o lugar de sua origem. É por isso que a imagem dele, que chamamos *Në roperi*, dança com os espíritos dos ancestrais animais que os xamãs fazem descer. Assim, quando a floresta tem valor de fome, eles podem beber *yãkoana* para trazer de volta a imagem de seu valor de fertilidade. Em nossa casa de *Watorikɨ*, porém, não precisamos fazer esse trabalho. Nossa terra é bela e impregnada de riqueza.[28] O ser maléfico da fome, que chamamos de *Ohinari*, permanece longe dela e a imagem da fertilidade dança junto a nós desde que viemos morar aqui. Faz crescer as frutas das árvores e as plantas das roças com muita generosidade, após cada período de chuva. Tudo cresce com fartura, e a caça se alimenta de abundância, nas árvores, no chão e na água.

Në roperi, a imagem da riqueza da floresta, se parece com um ser humano, mas é invisível à gente comum. Só deixa aparecer para seus olhos de fantasma o alimento que faz crescer, e apenas os xamãs podem realmente contemplar sua dança de apresentação. Na frente dela vem um bando barulhento de espíritos japim e gralha, acompanhado por uma multidão de espíritos arara, papagaio, tucano e mutum. Esses *xapiri* que carregam consigo os demais pássaros são os companheiros da imagem da fertilidade, são seus ajudantes. Ela nunca dança sem eles. Os xamãs os fazem descer quando as pessoas de sua casa têm fome, pois onde seus chamados não são ouvidos não cresce alimento algum. Foram esses ancestrais animais que, no primeiro tempo, descobriram e espalharam por toda parte a fertilidade da terra. É por isso que os pássaros de hoje, que são seus fantasmas, continuam comendo os frutos da floresta. São representantes deles. É o que dizem os nossos mais velhos xamãs. Porém, são também riqueza da floresta as imagens das abelhas *yamanama*, que fazem desabrochar as flores das árvores e espalham o açúcar por seus frutos, assim como pelos do mamoeiro e da cana-de-açúcar. São ainda as imagens das mulheres bananeiras e das árvores *aro kohi* e *wari mahi*, de folhagem tão densa.[29] Nas terras altas, são as imagens dos gaviões *witiwitima namo* que tornam abundantes as lagartas *kaxa*, as frutas das árvores *momo hi* e das palmeiras *xoo mosi*, bem como as flores comestíveis das árvores *nãɨ hi*.

Assim que o chamado estridente dos espíritos japim e gralha ecoa de todos os lados, começa também a se fazer ouvir o canto grave de *Në roperi*, o espírito da fertilidade. Ele chega dançando alegremente, trazendo nas costas todos os alimentos da floresta. Parece um ser humano, mas é outro. É muito mais lindo. Seus olhos são bonitos e seus cabelos são como uma cascata de flores amarelas e brancas. Seu corpo é recoberto de penugem luminosa e ele tem em torno da testa uma faixa de rabo de macaco cuxiú de um preto intenso. Evolui devagar, seguido por um cortejo de imagens de árvores, cipós e folhas. Vem envolto numa nuvem ruidosa de espíritos de pássaros multicoloridos: *sei si*, *hutureama nakasi*, japins *ayokora* e araçaris. Acompanha-o uma multidão de ancestrais animais *yarori* e de espíritos da floresta *urihinari*, agitando palmas novas desfiadas, num inebriante perfume de flores. Dança no meio deles agitando os frutos da floresta que traz consigo, eles também cobertos de penugem de um branco resplandecente. Eu já vi dançar essa imagem da riqueza da floresta no tempo do sonho, depois de ter bebido o pó de *yãkoana* durante o dia todo. É mesmo esplêndida! Cheguei até a sentir na minha boca o sabor macio e doce de suas frutas maduras!

Assim é. Uma vez terminada sua dança de apresentação, o espírito *Në roperi* alimenta o xamã que o chamou e vem instalar seu espelho na casa de espíritos dele, numa habitação à parte, como os demais *xapiri*. A partir desse momento, o xamã saberá trazer de volta a fertilidade da floresta para junto dos seus. Sem ninguém saber, ele fará crescer todas as plantas e curará sua esterilidade. Assim que faz dançar *Në roperi*, as flores começam a desabrochar nas árvores. Em seguida, os galhos ficam férteis e carregados de frutas. Se o espírito da fertilidade não descesse com seus espíritos japim e gralha, nossa floresta permaneceria com valor de fome e a caça não andaria nela. São as imagens desses pássaros que fazem crescer os alimentos, os dos animais e os nossos. Depois, é *Omoari*, o ser do tempo seco, com o calor que deposita no solo, que ajuda a amadurecer as frutas da floresta, pois ele também as come.

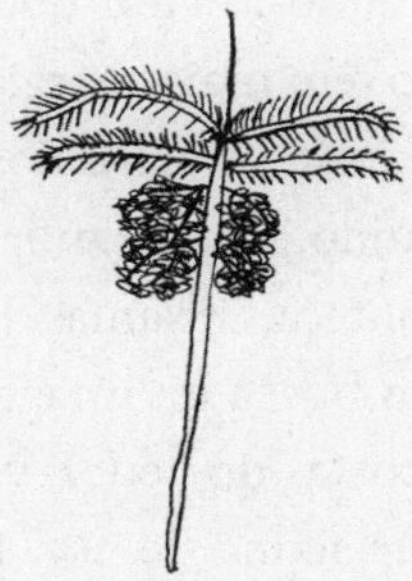

Nossos maiores bebiam o pó de *yãkoana* e exortavam seus espíritos dizendo: "Nossas mulheres e crianças estão esfomeadas! Façam crescer novamente os alimentos da floresta!". Então os enviavam em busca da imagem da fertilidade *në rope*, muito longe, onde vive o dono dela, o ser *Huture*, e eles a traziam de volta. Aí, nas pegadas de retorno dos *xapiri*, as plantas cresciam nas roças e as árvores floresciam. A imagem da fertilidade chegava à nossa floresta e depois prosseguia para além dela. Hoje, não temos tanto conhecimento quanto nossos antigos xamãs, mas apesar disso tentamos seguir o caminho deles. Antes de morrerem, não nos ensinaram a trazer de volta a fertilidade da floresta. Mesmo assim aprendemos a virar espíritos por nossa vez, e também chegamos a conhecer sua imagem, fazendo-a dançar no tempo do sonho. Assim é. Quando a riqueza da floresta se afasta de nossas casas, não retorna por conta própria. Os xamãs têm de se esforçar muito para trazer de volta sua imagem, pois sem ela os frutos das árvores e as plantas das roças param de crescer. Depois disso, precisam continuar trabalhando muito para retê-la, pois ela pode fugir a qualquer momento e nunca mais voltar.

Quando isso acontece, é porque *Ohinari*, o ser da fome, instalou-se na floresta no lugar dela. Vindo de muito longe, de onde os brancos não têm nada mais o que comer, ele fica de tocaia para nos maltratar. Por mais que plantemos e trabalhemos duro, nada cresce em nossas roças, nem bananeira, nem mandioca, nem cana-de-açúcar! Todas as plantas cultivadas definham e, na floresta, os galhos das árvores continuam vazios. A caça vai rareando. Então, dizemos: "*Urihi a në ohi!* A floresta tem valor de fome!". *Ohinari* é o que os brancos chamam de pobreza. É um ser maléfico que mata aos poucos. Quando decide se instalar na floresta, pode permanecer muito tempo no mesmo lugar. Aí as pessoas logo ficam sem nada para comer. Dia após dia, ele sopra seu pó de *yãkoana* nas narinas delas, fazendo-as virar outras. Então, elas ficam cada vez mais fracas. Seus membros não têm mais energia e elas sentem fortes tonturas. Seus ouvidos entopem, sua voz seca e seus olhos vazios causam dó. Definham aos poucos, e acabam desmaiando. Depois morrem, só pele e osso.

Para evitarem que isso aconteça, os xamãs devem beber mais e mais *yãkoana*, para enviar seus *xapiri* em busca da imagem da fertilidade em florestas distantes, ou até mesmo nas costas do céu. É verdade. Como eu disse, existe um valor de fertilidade *në rope* acima de nós. É o dos fantasmas e dos seres trovão, que também se alimentam de plantas de suas roças e de frutas de sua floresta, cheia de árvores *oruxi hi*, *mõra mahi*, *yawara hi* e muitas outras. Sua fertilidade é muito grande mesmo, e os espíritos japim e gralha são capazes de trazê-la para nós. Mas os fantasmas podem, também, por conta própria, resolver fazer cair um pouco dessa riqueza entre os humanos. Isso às vezes acontece, durante suas festas, quando, depois de saciados, entoam seus cantos *heri* e ouvem as mulheres dos vivos se queixar de fome, pedindo a eles um pouco de seus restos. Nos lugares em que eles se mostram generosos, os frutos das árvores da floresta e das pupunheiras *rasa si* ficam muito abundantes mesmo, e os humanos, felizes, podem fartar-se deles à vontade.

No primeiro tempo, foi *Koyori*, o ancestral Saúva, que, quando a floresta ainda estava se transformando, descobriu nela o valor de fertilidade das roças e o transmitiu a nós.[30] Mas não é ele quem faz crescer as árvores. É *Omama*. *Koyori* trabalhava sozinho na floresta durante o dia todo, tanto que suas longas ausências intrigavam seus próximos. Ele os despistava, afirmando que andava derrubando árvores à cata de mel selvagem. Mas estava mentindo! Na verdade, sem que ninguém soubesse, ele passava o tempo todo abrindo uma roça, cada vez mais imensa. Naquele tempo ainda não existia, porém, nenhuma planta cultivada. Para fazer com que surgissem da terra, Saúva apenas batia com o pé no chão repetindo: "Que se espalhem as raízes destas plantas! O milho vai sair aqui! As bananeiras aqui!". Então, os pés de milho e as bananeiras logo começavam a crescer diante dos olhos. A sogra de Saúva se chamava *Poomari*. Tinha um gênio difícil e reclamava do genro sem parar. Ficava enfurecida com o fato de ele passar tanto tempo na floresta em vez de lhe trazer comida. Certo dia, exasperada, insultou-o, fazendo piadas a respeito de seu traseiro arqueado. Ele então resolveu se vingar. Mandou-a ir buscar milho cada vez mais longe em sua roça, para que acabasse se perdendo em suas vastas plantações. Foi o que aconteceu. Desamparada, transformou-se em pássaro *poopoma*. Até hoje seu canto pode ser ouvido nas roças: "*Pooo! Pooo! Pooo!*". Quanto ao genro, metamorfoseou-se em saúva *koyo*.

Desde então, os xamãs sabem fazer descer as imagens de *Koyori* e de sua sogra *Poomari*. Ouvi seus cantos quando o pai de minha esposa as fazia dançar e as vi muitas vezes quando sonhava, depois de ter bebido *yãkoana*. Essas imagens também possuem o valor de fertilidade da terra. Foi desse modo que ela apareceu. No tempo em que *Koyori* veio a ser, ainda não existiam roças. As pessoas só comiam frutos da floresta. Foi ele que pediu as plantas cultivadas ao ser da fertilidade *Në roperi*. Foi ele o primeiro a fazer crescer milho, bananeiras, mandioca, taioba e cará. Ele nos ensinou esse trabalho. De modo que se um homem tem em si a imagem de *Koyori*, mesmo não sendo xamã, ela vai ajudá-lo a trabalhar em sua roça sem descanso, com saúde ou doente. Jamais será visto cochilando na rede. Ela lhe dará vontade de abrir cada vez mais parcelas, para plantar todos os tipos de alimento. Assim é. Para o trabalho de roça, imitamos também a imagem do lagarto gigante *wãsikara*, que nos torna capazes de trabalhar debaixo de sol, sem esmorecer. Essas imagens passam de pai para filho, pelo esperma, pelo sangue que vem do esperma.[31] Elas não podem ser vistas. Ficam fundo dentro da gente, no nosso pensamento, dentro de nosso fantasma, no interior de nossa própria imagem.[32]

Nas roças, são os espíritos da juriti *horeto* que cuidam das bananeiras. Plantam-nas com os humanos, e acompanham seu crescimento, pois também são mulheres espíritos de fertilidade *në ropeyoma*. Entretanto, são os espíritos morcego e macaco-aranha que brincam e copulam com os brotos de bananeira quando ainda são moças.[33] Fecundam-nas com seu valor de fertilidade e elas então começam a ficar carregadas de cachos volumosos.[34] É verdade. As bananas não nascem sozinhas à toa! As bananeiras são mulheres-plantas. Seus frutos nascem porque elas ficam grávidas e parem. É assim com tudo o que cresce nas roças e na floresta. As mulheres-plantas primeiro ficam grávidas. A gravidez dura algum tempo, e depois elas dão à luz. É então que seus frutos aparecem. Eles nascem como os humanos e os animais. É por isso que os moradores de uma casa costumam recorrer aos xamãs quando suas bananeiras custam a crescer ou quando precisam dispor logo de uma grande quantidade de bananas para dar uma festa *reahu* e suas roças ainda são novas. Pedem a eles que façam dançar seus espíritos morcego e macaco-aranha, para que engravidem as mulheres-bananeiras e seus frutos se desenvolvam depressa. Então, esses *xapiri* colocam seus filhos e o sabor do açúcar nos brotos novos das bananeiras,[35] como os humanos com seu esperma nas suas mulheres. É desse modo que procedem; muitas vezes os vi copular no tempo do meu sonho.

Por sua vez, os espíritos do tatu-canastra *waka* são os donos dos tubérculos de mandioca e de sua fertilidade.[36] Plantam-nos junto com os humanos e são eles que os fazem crescer. Assim, o homem que possui dentro dele a imagem desse animal com certeza terá uma bela plantação de mandioca. Essa imagem irá ajudá-lo quando trabalhar na roça e seus braços estarão impregnados de valor de fertilidade. Os tubérculos de seus pés de mandioca ficarão longos e firmes. Assim é. Se pedirmos a eles, os xamãs podem também chamar e fazer dançar o espírito tatu-canastra e seu valor de fertilidade, para engrossar os tubérculos de uma plantação de mandioca que não está produzindo bem. No caso das pupunheiras *rasa si*, os xamãs também podem fazer descer o espírito do pássaro *marokoaxirioma*,[37] que fecunda a imagem das mulheres-palmeiras *raxayoma* passando em volta de seus pescoços o ovo de seus frutos. Estes então se põem a crescer em profusão e, para que seus cachos pesados não caiam antes da hora, o espírito japim *napore* deve dar tipoias às mães, que os levam nelas como recém-nascidos.[38] Finalmente, são os espíritos arara que se encarregam de fazer com que amadureçam.

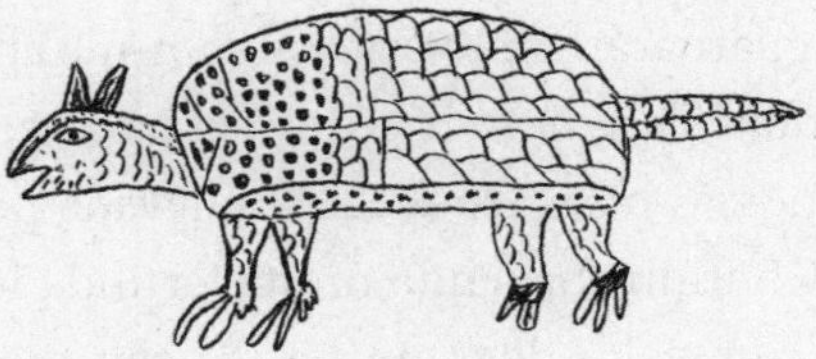

É o espírito do turiri *yõriama*, por sua vez, que faz crescer as taiobas *aria si*. Os xamãs também podem chamar sua imagem e fazer dançar seu valor de fertilidade para aumentar seus tubérculos. Por outro lado, é simplesmente a terra da floresta que faz crescer os carás; a terra à qual o ancestral saúva *Koyori* deu fertilidade no primeiro tempo.[39] É também a imagem dele que faz crescer os pés de milho, como ele fez outrora, batendo o pé no chão. Nossos maiores, há muito tempo, costumavam dar suas festas *reahu* oferecendo milho a seus convidados.[40] Hoje, porém, já não o cultivamos muito. O ancestral saúva *Koyori* é o verdadeiro dono da fertilidade do solo da floresta. A cana e a batata-doce também crescem graças a ele. Não precisamos ficar regando a terra, como os brancos, para que haja muito alimento em nossas roças! O valor de fertilidade da floresta basta. Sem ele, as plantas ficariam feias e mirradas.

* * *

Quando o que plantamos em nossas roças não cresce mesmo, chegamos a pensar, às vezes, que xamãs inimigos podem ter desviado o valor de fertilidade da floresta para longe de nós. Mas também pode acontecer de algum xamã de uma casa amiga levá-lo embora sem querer. Assim, numa festa *reahu*, algum convidado empanturrado pode roubar em sonho a imagem da fertilidade da floresta de seus anfitriões. Tornado fantasma sob o efeito da enormidade de mingau de banana que estes o fizeram beber,[41] pode levar para sua própria casa os espíritos morcego que fizeram crescer aquelas frutas, para que passem a dançar na sua roça. Assim é. Quem bebe muito mingau de banana ou de pupunha numa festa vira outro e, à noite, as imagens da fertilidade dessas frutas vêm visitá-lo. Ocorreu comigo, certa vez, numa festa *reahu* na casa dos *Xamatʰari* do rio *Kapirota u*. Tinha tomado tanto mingau de pupunha que trouxe de lá a imagem do pássaro *marokoaxirioma* que as tinha feito crescer! Apareceu de repente enquanto eu dormia, e me seguiu no caminho de volta, para fazer crescer minhas próprias plantações, em *Watorikɨ*. Meus anfitriões perceberam, mas não guardaram rancor. Disseram-me apenas: "Pode ficar com a fertilidade dessas frutas! Faremos vir outra às nossas roças!". Porém, mesmo quando a riqueza de nossas plantações é assim levada por um xamã visitante, isso não dura muito. Continua havendo muita fertilidade *në rope* na floresta, e se nossas roças ficam com valor de fome, basta bebermos *yãkoana* para trazê-la de volta para junto de nossa casa. Por fim, se for preciso, é também possível emprestar a fertilidade da floresta de uma casa amiga. Nesse caso, dizemos aos seus moradores: "Os meus estão passando fome, porque minhas plantações não estão crescendo bem. Gostaria de conseguir o valor de fertilidade que vocês têm! Mas não sei como fazer!". Então, os xamãs daquela casa, para mostrar sua generosidade, farão dançar sua imagem para dá-la a nós.

Os animais são como os humanos. Nós ficamos satisfeitos quando nossas roças se enchem de cachos de bananas e de pupunhas; eles ficam felizes quando há muitos frutos nas árvores da floresta.[42] Estes são o alimento deles assim como aqueles são os nossos, pois os animais que caçamos são os fantasmas de nossos ancestrais transformados em caça no primeiro tempo. Uma parte desses antepassados foi arremessada no mundo subterrâneo quando o céu desabou. Outra ficou na floresta, na qual nós também viemos a ser criados, e virou caça. Damos a eles o nome de caça, mas o fato é que somos todos humanos. Assim é. Quando a riqueza da floresta vai embora, os animais ficam esqueléticos e vão rareando, pois é ela que costuma fazer a caça prosperar. Com ela, os animais encorpam e fazem filhotes, que por sua vez crescem e se multiplicam porque comem seus frutos maduros e doces.[43] Para viver, suas imagens devem se alimentar da imagem do valor de fertilidade da floresta. Por isso os xamãs também fazem descer a imagem da gordura da caça, junto com a da fertilidade da terra. Essa gordura das antas, dos queixadas e dos macacos-aranha vem de para além da terra dos ancestrais dos brancos. É ela que engorda também o gado deles e faz alguns ficarem tão enormes! Nós a chamamos *yarori pë wite*, a gordura dos espíritos animais.

Para trazê-la até sua floresta, os xamãs têm de despachar para longe os *xapiri* dos pássaros *napore* e *hutuma*.[44] Ela vem de um ser muito antigo que, aos olhos dos xamãs, parece um macaco-aranha gigante. Este ser fica escondido a montante do céu, onde nasce o sol. É muito barrigudo, porque guarda em si toda a gordura da caça, que só cede aos poucos, com avareza.[45] De modo que, quando ele demora a distribuí-la, os animais podem continuar magros e fracos demais para serem caçados. Porém, quando sua imagem resolve dançar na floresta, todos eles começam a engordar novamente: macacos, veados, antas, queixadas, mutuns, cujubins, araras e papagaios, e também jabutis e peixes. Assim, quando dormimos em estado de fantasma, saciados de caça gorda, somos nós que encorpamos por efeito da imagem dessa gordura! Bebendo *yãkoana*, só uma vez vi esse ser macaco-aranha gigante. Quando ele quer fazer engordar a caça que lhe pertence, apenas sua imagem anda pela floresta. Pelo caminho, ele vai repartindo a gordura por todos os animais, por conta própria. Somente os mais antigos xamãs são capazes de chamá-lo para engordar a caça. Eu ainda não sei fazer isso, e não quero fingir. Tentarei quando tiver certeza de conhecê-lo de verdade. Não quero ser como esses xamãs que querem enganar quem os ouve, e ficam se gabando de fazer descer *xapiri* que mal viram e de quem não sabem quase nada!

Os *xapiri* se movimentam e trabalham na floresta, nas costas do céu e na terra, em todas as direções, inumeráveis e potentes, para nos proteger. Atacam sem trégua os seres maléficos e as epidemias que querem nos devorar. Limpam o útero das mulheres esterilizadas por substâncias de feitiçaria *xapo kiki*, e copulam com elas para que voltem a ter filhos de seus maridos.[46] Eles reforçam a floresta quando ela vira outra e quer se transformar de novo. Sem eles, as plantas das roças não cresceriam, as árvores não dariam frutos e a caça ficaria magra. A floresta só teria valor de fome. Eles seguram o céu quando ameaça desabar, contêm a ira dos trovões, afastam as filhas do ser da chuva e prendem os ventos de tempestade; advertem o ser do tempo encoberto e atrasam o do anoitecer. Afastam o espírito da noite e chamam o orvalho, para que a aurora desponte mais depressa. Eles contêm o ser do caos *Xiwãripo*, que quer emaranhar a floresta quando cheira o sangue menstrual das moças que saíram cedo demais da reclusão. Mandam de volta para as costas do céu as cobras e os escorpiões que de lá caíram. Mantêm fechado o espelho dos espíritos onça, para impedi-los de sair da terra, do lugar em que nossos ancestrais encontraram o ovo que lhes deu origem. É verdade, as onças nasceram de um ovo! No primeiro tempo, foi encontrado boiando na água, por velhas que tinham ido coletar caranguejos e camarões num igarapé. Curiosas, aproximaram-se dele e ouviram que emitia um rugido surdo. Carregaram-no num cesto até sua casa, onde nossos ancestrais, perplexos, por fim o cozinharam e comeram. Porém, sem pensar, jogaram os pedaços da sua casca na floresta, que se transformaram e se espalharam por toda a floresta como onças!

Assim é. Os *xapiri* nos protegem contra todas as coisas ruins: a escuridão, a fome e a doença. Afastam-nas e combatem-nas sem descanso. Se não fizessem esse trabalho, nós daríamos dó! O vendaval, os raios e a chuva não nos deixariam um momento de trégua; a cheia dos rios inundaria a floresta continuamente. Ela ficaria infestada de cobras, escorpiões e onças, invadida pelos seres maléficos das epidemias. A noite envolveria tudo. Teríamos de ficar escondidos em nossas casas, esfomeados e apavorados. Começaríamos, então, a virar outros, e o céu acabaria caindo novamente. Por isso nossos ancestrais começaram a fazer dançar os *xapiri* no primeiro tempo. Sua preocupação, desde sempre, foi proteger os seus, como *Omama* havia ensinado ao seu filho. Nós apenas seguimos suas pegadas. Os xamãs yanomami não trabalham por dinheiro, como os médicos dos brancos. Trabalham unicamente para o céu ficar no lugar, para podermos caçar, plantar nossas roças e viver com saúde. Nossos maiores não conheciam o dinheiro. *Omama* não lhes deu nenhuma palavra desse tipo.

O dinheiro não nos protege, não enche o estômago, não faz nossa alegria. Para os brancos, é diferente. Eles não sabem sonhar com os espíritos como nós. Preferem não saber que o trabalho dos xamãs é proteger a terra, tanto para nós e nossos filhos como para eles e os seus.

A FUMAÇA DO METAL

9. Imagens de forasteiros

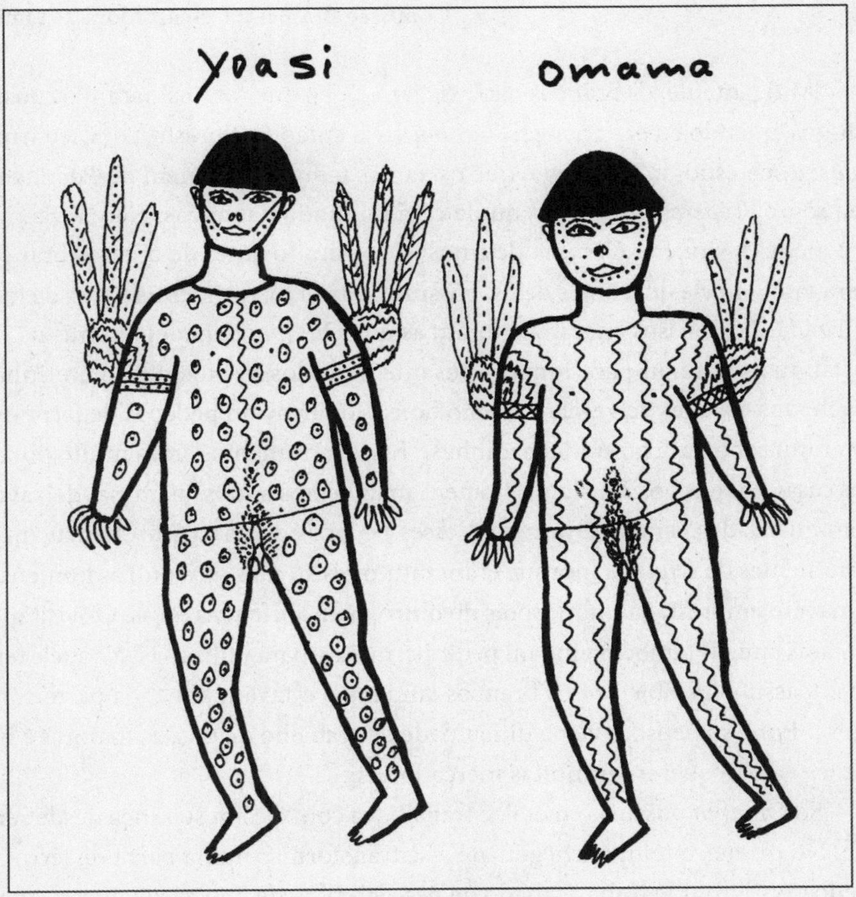

Enganador e demiurgo.

Eu acredito, junto daqueles que conhecem essas regiões distantes, misteriosas e desertas, que, contanto que elas permaneçam no estado atual, ou seja, desprovidas de recursos e dominadas pelas ferozes hordas de Marakanãs, de Kirishanas [*Yanomami*] *e de tantos outros que as infestam, as solidões da Parima permanecerão inacessíveis aos homens civilizados e envoltas nos mistérios que a cercam até os dias de hoje.*

F. X. Lopes de Araujo, 1884
Comissão Brasileira Demarcadora de Limites

Antigamente, os brancos não existiam. Foi o que me ensinaram os nossos antigos, quando eu era criança. *Omama* vivia então na floresta, com seu irmão *Yoasi* e sua esposa, *Tʰuëyoma*, que os xamãs também chamam de *Paonakare*. Seu sogro, *Tëpërësikɨ*, morava numa casa no fundo das águas. Não havia mais ninguém. Assim era. *Omama* deu-nos a vida muito antes de criar os brancos, e era também ele que, antes deles, possuía o metal. As primeiras peças de ferro utilizadas por nossos ancestrais foram as que *Omama* deixou para trás na floresta, quando fugiu para longe, a jusante de todos os rios. Eles não tinham machados e facões de verdade, como hoje.[1] Amarravam pedaços de ferro usados num cabo para fazer machadinhas.[2] Essas ferramentas eram muito poucas nas casas dos antigos. Só alguns homens mais velhos as possuíam e as deixavam bem guardadas. Trabalhavam com esses pedaços de ferro que chamavam de ferramentas de *Omama*, porque eram muito resistentes.[3] Os outros homens as tomavam emprestadas, um depois do outro, para abrir suas roças. Os visitantes de casas amigas também vinham pedir permissão para utilizá-las. Naquele tempo era assim. Os objetos dos brancos ainda não estavam por toda parte como agora! Por isso penso hoje na dificuldade do trabalho de nossos maiores e isso me leva a não querer ter muitas mercadorias.

Só *Omama* possuía o metal, e trabalhava com ele em sua roça desde sempre. No primeiro tempo, chegou até a se transformar numa barra de ferro, de medo do sogro! Ele tinha acabado de pescar a filha de *Tëpërësikɨ* no rio, quando este resolveu lhe fazer uma visita. No caminho levava um enorme e pesado saco de folhas de palmeira trançadas, cheio de brotos de bananeira, manivas de mandioca, cará, taioba e batata-doce, cana-de-açúcar, sementes de tabaco, mamão e milho. Vinha ensinar *Omama* a cultivar plantas de roça. Porém, de longe, ele fazia um barulho amedrontador, como de furacão ou de trator. Com pavor de encontrar o sogro, *Omama* se transformou num instante em peça de metal e se fincou no chão de sua casa.[4] Seu irmão *Yoasi* logo quis imitá-lo, mas transformou-se numa simples cavadeira de madeira de palmeira.[5] Por fim, o sogro *Tëpërësiki* entrou na casa e, ao ver apenas a filha, perguntou: "Onde está seu marido?". Ela indicou com os lábios a barra de ferro. "Onde está seu cunhado?" Ela apontou o pedaço de madeira. *Tëpërësiki* então declarou: "Vocês vão plantar as coisas que eu trouxe e multiplicá-las. Quando tiverem filhos, e os humanos forem muitos, eles poderão se alimentar delas!". Depois dessas palavras, retornou à sua casa debaixo d'água. Assim foi. São esses os alimentos que comemos até hoje. Mas não foi o sogro que deu o metal a *Omama*, ele já o possuía. Bebendo *yãkoana*, eu já o vi se transformar em ferramenta de aço. Sua imagem continua fincada lá onde isso ocorreu, nas terras altas, nas nascentes de todos os rios. Depois disso, voltou à forma humana e ensinou nossos ancestrais a trabalhar com esse metal em suas roças.

Os nossos maiores não usavam facas. Destrinchavam a caça com lâminas de bambu. Esmagavam os ossos das presas com pedaços de madeira dura. Também pescavam com anzóis feitos de osso de tatu ou com os espinhos encurvados de cipó *ërama* t^hot^ho amarrados com a fibra das folhas da planta *yãma asi*. As mulheres ralavam mandioca em pedras ou na casca rugosa da árvore *operema axihi*.[6] Os homens faziam fogo esfregando brocas de cacaueiro entre as mãos. As pessoas cortavam o cabelo com lascas de taboca afiadas ou com dentes de piranha. Não havia pente. Ajeitavam os cabelos com o caroço espinhoso das frutas da árvore *ruapa hi*. Tampouco havia espelhos. Quando alguém queria depilar as sobrancelhas ou se pintar, tinha de pedir a outra pessoa para fazê-lo. No final das festas *reahu*, trocavam arcos, flechas, estojos de bambu, pontas de flecha, adornos de plumas, tabaco, tinta de urucum, cabaças, cães, redes de algodão e potes de cerâmica. Nossos maiores, no rio Toototobi, tinham um banco de argila. Eram as mulheres que faziam a cerâmica que os homens trocavam com gente de outras casas. Assim era a vida naquele tempo. Ouvi meu padrasto falar de tudo isso muitas vezes, quando era criança. Naquela época, não havia quase nenhuma coisa dos brancos. Não havia ainda nenhuma de suas redes, nem panelas de alumínio, nem chapas de beiju feitas de tampas de barril de metal. Os homens dormiam em redes de entrecasca[7] ou de algodão. As mulheres cozinhavam em panelas de barro e assavam os beijus em placas de argila.

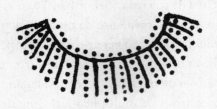

No primeiro tempo, os brancos estavam muito longe de nós. Ainda não tinham trazido o sarampo, a tosse e a malária para nossa floresta.[8] Nossos ancestrais não adoeciam tanto quanto nós, hoje. Gozavam de boa saúde a maior parte do tempo e, quando morriam, as fumaças de epidemia não sujavam seus fantasmas. Agora, quando alguém morre de doença de branco, até seu espectro é infestado, e volta para as costas do céu com febre. Seu sopro de vida e sua carne ficam contaminados até lá! Antes, tampouco ficávamos doentes todos ao mesmo tempo. As pessoas não morriam tanto! Os espíritos maléficos *në wãri* comiam a imagem de um homem aqui, ou de uma mulher ali. Uma moça falecia quando um caçador distante flechava seu duplo animal *rixi*. Uma criança era devorada pelos espíritos de xamãs inimigos. Por vezes, um ancião morria de repente, antes da hora. Então a gente das outras casas próximas era convidada e todos choravam juntos. Quando achavam que feiticeiros inimigos *oka* tinham soprado no falecido um pó de feitiçaria e tinham quebrado seus ossos, um grupo de guerreiros logo partia para vingá-lo. Chorava-se um ancião que morrera desse modo; depois, mais tarde, podia ser uma mulher. Também acontecia de alguém ser flechado por inimigos. De tempos em tempos alguém morria de picada de cobra, ou um velho começava a tossir sem parar e acabava falecendo. Assim era. As pessoas só morriam de vez em quando.

Naquele tempo, os Yanomami amavam de verdade a beleza e o frescor da floresta. Os mais idosos se extinguiam como brasas de fogueira, quando tinham a cabeça branca e os olhos cegos. Ficavam então secos como árvores mortas e se quebravam. Havia muitos xamãs naquela época. Costumavam fazer dançar seus espíritos, para curar os doentes. Depois as mulheres mais velhas esfregavam remédios da floresta em seus corpos. Quando as pessoas se sentiam mal, também bebiam mel selvagem, e isso as curava. Nossos maiores conheciam bem todas essas coisas. Hoje já não é mais assim. Os garimpeiros sujaram a floresta para valer. Ela ficou impregnada de fumaça de epidemia e fomos pegos num frenesi de morte. No rio Toototobi, onde vivi na infância, éramos muito numerosos. Havia três grandes casas perto umas das outras. Eram muitos anciãos. Depois os brancos chegaram, com suas febres e seu sarampo, e muitos dos nossos morreram. Hoje quase não há mais grandes xamãs, nossas casas ficaram muito menores e morremos jovens.

Quando *Omama* criou nossos ancestrais e ensinou a eles as coisas deste mundo, eles tinham o pensamento tranquilo. Abriam novas roças na floresta e trabalhavam nelas com dedicação. Plantavam bananeiras, mandioca, cana, cará, taioba, batata-doce, milho e tabaco. Tinham também muitas pupunheiras. Sua preocupação era ter grandes roças, para que os convidados de suas festas *reahu* fossem muitos e, satisfeitos, lembrassem sua generosidade com belas palavras. E quando as roças começavam a produzir, partiam todos juntos para caçar longe na floresta. Então flechavam grandes quantidades de macacos, antas e queixadas, e os moqueavam antes de trazê-los de volta para casa. Depois se convidavam entre as casas, durante toda a estação seca.

Os convidados enfeitavam o cabelo com penugem de urubu branco e colocavam em volta da testa faixas de rabo de macaco cuxiú-negro. Cobriam o rosto e o corpo com tinta fresca de urucum e sobre ela traçavam ondas, círculos ou pontilhados em preto. Usavam brincos de penas de papagaio e peitos turquesa de pássaro *hẽɨma si* nas orelhas. Punham em suas braçadeiras de algodão longas caudais de arara-vermelha e tufos de penas brancas e pretas de cujubim. Prendiam nelas rabos de tucano e despojos alaranjados de galo-da-serra. Ficavam muito bonitos, e dançavam com muita animação, para fazer boa figura na casa de seus anfitriões. Depois, uns e outros se ofereciam comida: enormes quantidades de mingau de banana, de pupunha ou de macaxeira. À noite, homens e mulheres entoavam cantos *heri* em sequência e faziam brincadeiras, enquanto dançavam com alegria. Às vezes, formavam-se casais. Os convidados homens pegavam pelo pulso parceiras escolhidas entre as filhas e esposas de seus anfitriões. É o que os antigos chamavam de *hakɨmuu*.[9] Mas não era raro os pais ou maridos se irritarem! Então, começavam brigas e os adversários se alternavam dando socos no peito um do outro com o punho fechado, para acabar com a raiva. Se estivessem muito furiosos mesmo, e não conseguissem se acalmar, então davam bordunadas na cabeça um do outro. Era o único jeito de pôr fim à sua raiva!

O pensamento dos maiores só ficava realmente sofrido quando morria um dos seus familiares. E, se tivesse sido comido por inimigos, a raiva de seu luto só podia ser aplacada quando o tivessem vingado. Então bebiam as cinzas de seus ossos com mingau de banana numa festa *reahu* e partiam para a guerra. O pensamento dos xamãs estava sempre fixado em seus *xapiri*. Quando ficavam velhos, transmitiam-nos aos mais jovens, fazendo-os beber o pó de *yãkoana* por seu turno. Assim davam a eles seu sopro de vida e palavras de verdade. Diziam: "Estes são os espíritos que *Omama* criou para ficarem ao nosso lado. São seres poderosos e imortais!". Eram essas coisas que ocupavam a mente dos antigos. Seu pensamento ainda não estava obscurecido pelas mercadorias dos brancos e por suas epidemias.

Nossos maiores amavam suas próprias palavras. Eram muito felizes assim. Suas mentes não estavam fixadas noutro lugar. Os dizeres dos brancos não tinham se intrometido entre eles. Trabalhavam com retidão e falavam do que faziam. Possuíam seus próprios pensamentos, voltados para os seus. Não ficavam o tempo todo repetindo: "Um avião vai pousar amanhã! Visitantes brancos vão chegar! Vou pedir facões e roupas!" ou então "Garimpeiros estão se aproximando! A malária deles é perigosa, vai nos matar!". Hoje, todas essas falas a respeito dos brancos atrapalham nossos pensamentos. A floresta perdeu seu silêncio. Palavras demais nos vêm das cidades. Vários de nós foram até elas, para tratar de doenças ou defender nossa floresta.[10] Brancos visitam sempre nossas casas. Suas palavras entram em nossa mente e a tornam sombria. Esses forasteiros não param de nos preocupar, mesmo quando estão longe de nós.

Nosso pensamento fica emaranhado com palavras sobre os garimpeiros que comem a terra da floresta e sujam nossos rios, com palavras sobre colonos e fazendeiros que queimam todas as árvores para dar de comer a seu gado, com palavras sobre o governo que quer abrir nela novas estradas e arrancar minério da terra.[11] Tememos a malária, a gripe e a tuberculose. Nossa mente fica o tempo todo centrada nas mercadorias. Os nossos passam muito tempo ansiosos em obter mercadorias: facões, machados, anzóis, panelas, redes, roupas, espingardas e munição. Os jovens passam o tempo todo jogando futebol na praça central da casa, enquanto os xamãs estão trabalhando ali ao lado. Eles não prendem mais o pênis com um barbante de algodão amarrado em torno da cintura, como os nossos maiores faziam. Usam bermudas, querem escutar rádio e acham que podem virar brancos. Esforçam-se muito para balbuciar a língua de fantasma deles e às vezes até pensam em deixar a floresta. Mas não sabem nada a respeito do que os brancos realmente são. O pensamento desses jovens ainda está obstruído. Por mais que tentem imitar os forasteiros que encontram, isso nunca vai dar nada de bom. Se continuarem nesse caminho escuro, vão acabar só bebendo cachaça e se tornando tão ignorantes quanto eles.

Os maiores não pensavam nem um pouco nessas coisas de branco. Hoje, nossos olhos e ouvidos passam muito tempo dirigidos para longe da floresta, alheios a nossos próximos. As palavras sobre os brancos emaranham as nossas e as deixam esfumaçadas, confusas. Isso nos deixa aflitos. Tentamos então afrouxar nosso pensamento e tranquilizá-lo. Dizemos a nós mesmos que os xamãs irão nos vingar contra as doenças dos brancos e que não morreremos todos. Pensamos que nossas festas *reahu* vão continuar, apesar de tudo. Mas sabemos também que as palavras dos brancos só iriam sumir mesmo de nossa mente se eles parassem de se aproximar de nós e de destruir a floresta. Tudo então voltaria a ser silencioso como antigamente e ficaríamos de novo sozinhos na floresta. Nosso espírito se aquietaria e voltaria a ser tão tranquilo quanto o de nossos ancestrais no primeiro tempo. Mas é claro que isso não vai mais acontecer.

Bem antes de encontrarem brancos na floresta, nossos maiores já sabiam fazer dançar a imagem de seus ancestrais. Vinham de uma terra muito distante, a jusante dos rios, onde *Omama* fez os brancos virem à existência. Desde tempos muito antigos os xamãs chamam tais imagens de *napënapëri*.[12] Eles já as conheciam quando os avós dos atuais brancos ainda nem tinham nascido e a terra deles ainda era só uma floresta sem caminhos. Esses espíritos dos antigos brancos até hoje descem a nós das alturas do céu do levante. Vêm de lá onde os pés do céu se apoiam na terra; vêm da floresta longínqua para a qual a imagem de *Omama* fugiu após sua morte. Mas essa distância não é nada para esses *xapiri* forasteiros, que voam muito ligeiro. Seus caminhos são fios de luz brilhante, como o risco dos fogos *t^{h}oru wakë* que atravessam o peito do céu durante a noite. Quando outros espíritos chamam por eles, escutam seus cantos com prazer e ficam ansiosos para segui-los. É assim que chegam até nós. No começo são poucos, mas devagar vão formando uma tropa cada vez maior.

Os primeiros forasteiros cujas imagens os antigos xamãs faziam descer chamavam-se *Watata si*. Não eram brancos, de que ainda mal tinham ouvido falar e que chamavam então de *napë kraiwa pë*.[13] Os *Watata si* moravam num braço do curso médio do rio Parima.[14] Os homens desse povo tinham o cabelo cortado como o nosso. Usavam tangas de tecido vermelho e, nos pulsos, muitos fios apertados de miçangas. Também usavam brincos feitos de estilhaços de espelho e rabos de tucano. As mulheres escondiam o púbis com longos aventais de contas coloridas. Bebiam caxiri. Era deles que, havia já muito tempo, vinham os pedaços de metal usado, retalhos de tecido, miçangas e raladores de mandioca que nossos maiores usavam. Eles iam também buscar esses bens de troca nos *Mait*^{h}*a*, outra gente, que estavam mais perto deles.[15] Em compensação, levavam para eles grandes novelos de algodão. Era uma viagem muito longa, e muitos deles voltavam com a doença da tosse.

Hoje, esses povos não existem mais e já faz muito tempo que os nossos xamãs não fazem mais descer os espíritos dos seus antigos. Em lugar deles, chamam os *xapiri* dos ancestrais dos forasteiros da cidade. Nós os conhecemos bem, e sabemos também fazer dançar suas imagens. Possuem aviões, e são guerreiros muito valentes. São parecidos com os brancos mas, comparados a eles, são muito bonitos. Não são humanos. Esses espíritos *napënapëri* são muito altos. São também muito diferentes dos espíritos da floresta e dos ancestrais animais. Vêm vestidos com uniformes brancos, como camisas bem compridas. Seus olhos são cobertos por peles de metal brilhante. São óculos, semelhantes a espelhos, que lhes permitem enxergar de muito longe os seres maléficos. Trazem na cabeça chapéus de ferro em brasa, que assustam as fumaças de epidemia. Têm a barba cerrada como rabos de macaco cuxiú-negro, e cabelos negros como os de *Omama*, que os envia a nós. Carregam pesadas lâminas de metal, para ferir seus inimigos. São espadas de ferro muito compridas e resistentes. Ficam amarradas em torno de seus braços e cinturas. Quando uma delas quebra, trocam-na logo por uma nova e, quando são atacados, essas pesadas peças de aço cintilante rebatem os golpes de seus inimigos.[16]

Esses espíritos dos brancos são as imagens dos *Hayowari t*^{h}*ëri*, um grupo de ancestrais yanomami levados pelas águas e transformados por *Omama* em forasteiros.[17] Vieram a existir no primeiro tempo, na terra em que seus pais

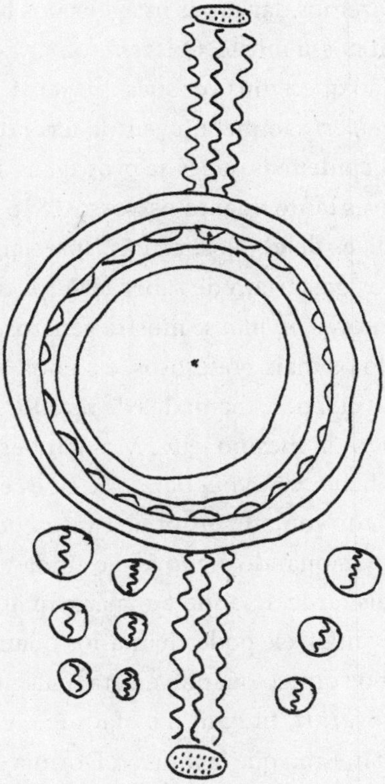

haviam sido criados antes deles. São os fantasmas dos primeiros brancos; são ancestrais brancos tornados outros que agora dançam para nós como espíritos *xapiri*. São eles os verdadeiros donos do metal de *Omama*. Foram eles que ensinaram os brancos de hoje a fabricar aviões, objetos para captar os cantos e as peles de imagens. São capazes de limpar a floresta inteira, espantando as fumaças de epidemia *xawara*. Só eles a conhecem realmente, porque ela também vem dos brancos. Por isso sabem tão bem fazê-la largar a imagem dos que ela quer devorar e arrancá-la dela. Os outros *xapiri* são fracos e despreparados diante dela. Ficam sem saber como curar. Assim é. Nossos antigos xamãs possuíam palavras sobre os brancos desde sempre. Já tinham contemplado sua terra longínqua e ouvido sua língua emaranhada muito antes de encontrá-los. Conheciam bem as imagens de seus ancestrais que ferviam o metal e costumavam fazê-las descer quando estudavam, bebendo *yãkoana*. Depois, seus filhos e netos continuaram fazendo o mesmo. E nós também as chamamos, até hoje.

Mas não pensem que fazemos dançar as imagens dos brancos que estão perto de nós. Estes só querem nossa morte. Querem tomar nosso lugar na floresta e são nossos inimigos. Não queremos ver suas imagens!

Os espíritos *napënapëri* são incontáveis na terra dos brancos. Protegem-nos com empenho das epidemias que lá se propagam. Por isso seus familiares não morrem vítimas delas tanto quanto os nossos! São esses espíritos que dão conhecimento aos médicos deles. Nós, xamãs, apreciamos bastante a valentia desses espíritos e muitos gostariam de saber fazê-los descer. Mas não é fácil. Como eu disse, nem sempre *Omama* se mostra generoso com seus *xapiri*. Costuma guardar a seu lado os mais poderosos, e só nos cede os mais fracos! Os brancos curandeiros das cidades, chamados de rezadores,[18] sabem fazer descer a imagem dos *napënapëri* do mesmo jeito. Mas também são avarentos em relação a eles. Não basta beber *yãkoana* para que esses espíritos dos ancestrais brancos venham a nós por vontade própria. Tanto que meu sogro, que é um grande xamã, nunca os viu quando era jovem e ainda vivia nas terras altas. Só desceram a ele bem mais tarde, quando a malária quase o matou. Foram eles que o curaram e, desde então, ele pode chamá-los quando quiser.

Aconteceu o mesmo comigo quando eu era mais novo. Os seres da epidemia, que chamamos *xawarari*, tinham me atacado e eu estava muito ferido. Fiquei péssimo e achava mesmo que ia morrer. Dormia em estado de fantasma. Tinha muita dificuldade para respirar e de meu peito só saía um sopro fraco e ruidoso. Foi então que eu vi os espíritos dos ancestrais dos brancos descerem a mim pela primeira vez. Chegaram de repente, para combater os seres *xawarari* prestes a me devorar. Traspassaram-nos com suas lâminas de ferro, depois cortaram seus braços e furaram seus olhos! Foi assim que eu pude, finalmente, escapar da morte. Desde então, continuo fazendo descer a imagem desses espíritos *napënapëri* que me vingaram da doença com tanta valentia. O espelho de dança deles está instalado na minha casa de espíritos e sempre respondo a seus cantos enquanto bebo o pó de *yãkoana*. Às vezes, são eles que vêm me visitar por conta própria, no tempo do sonho. Então, faço-os dançar em silêncio. Não canto em voz alta durante a noite porque tenho receio de as pessoas reclamarem: "Fique quieto! Está perturbando o nosso sono! Queremos dormir! Você está nos incomodando com sua cantoria!". Esses espíritos dos antigos brancos se dirigem a mim na fala de fantasma deles. Apesar disso, posso compreendê-los, porque com o tempo, a partir da adolescência, acabei aprendendo um pouco dessa linguagem de branco. Posso então transmitir suas falas aos que me ouvem quando viro espírito. Nossos avós nada sabiam dos brancos. Quando os antigos xamãs faziam dançar esses espíritos estrangeiros, apenas imitavam sua fala emaranhada, sem entender nada.

Foi *Omama* que nos criou, mas foi também ele que fez os brancos virem à existência. Há apenas um único e mesmo céu acima de nós. Só há um sol, uma lua apenas. Moramos em cima da mesma terra. Os brancos não foram criados por seus governos. Eles vêm da fábrica de *Omama!* São seus filhos e genros, tanto quanto nós. Ele os criou há muito tempo, da espuma do sangue de nossos ancestrais, os habitantes de *Hayowari*. *Hayowari* é o nome de uma colina, situada entre as nascentes do rio Parima e as do alto Orinoco, que chamamos *H^{w}ara u*. É lá que fica a origem dos rios, onde *Omama* furou o solo de sua roça para aplacar a sede do filho.[19] Quando eu era criança, meu padrasto me falou bastante dessa gente de outrora e hoje, tendo eu mesmo me tornado xamã, me acontece muitas vezes de ver suas imagens e ouvir suas palavras. Por isso posso falar dessas coisas. *Omama* criou os Yanomami depois de ter pescado a filha de *Tëpërësiki*, o ser do fundo das águas. Ele copulou com ela e foi a partir do ventre dela que nos tornamos muitos. As pessoas de *Hayowari* faziam parte dos habitantes da floresta do primeiro tempo. Eram os filhos de *Omama* e de sua mulher, *T^{h}uëyoma*. Tornaram-se forasteiros bem mais tarde, depois de *Omama* ter feito a água jorrar do chão e ter fugido para bem longe, a jusante de todos os rios, em direção à terra dos brancos.[20]

Esses ancestrais de *Hayowari* viraram outros durante uma festa *reahu* à qual tinham convidado seus aliados, para enterrar as cinzas dos ossos de um dos seus. Aconteceu assim: era o último dia, logo antes de os convidados, que eram muitos, irem embora para suas casas. O homem encarregado de distribuir entre eles a caça moqueada das cinzas do morto[21] colocou no centro da casa um montículo de pó de *yãkoana* sobre uma placa de cerâmica. Um grupo de convidados e anfitriões foi se formando em torno dele, conversando, e começou a inalar grandes quantidades desse pó. Era forte, e todos fungavam com sonoras exclamações de aprovação. Passou-se algum tempo, e os homens foram formando pares, agachados cara a cara, para iniciar um diálogo *yãimuu*. Submetidos ao poder da *yãkoana*, todos logo ficaram muito exaltados.[22] Batiam-se nos flancos com a palma da mão para pontuar as palavras. Ao cabo de algum tempo, sua raiva aumentou tanto que começaram a se alternar dando socos no peito uns dos outros. Um grupo de convidados formou-se para atacar um dos anfitriões, que tinha ficado isolado. Do outro lado da casa, a mãe dele, mulher idosa, começou a insultá-los furiosamente, para vingá-lo. Depois, chamou aos berros o marido da filha, para vir acudir o cunhado. O rapaz ainda estava recluso num recinto de folhas *yipi hi* com a esposa, que acabara de ter a primeira menstruação.[23] Ao ouvir o chamado da sogra, saiu correndo para vingar o cunhado, sem pensar no perigo.

A floresta ainda era jovem naquele tempo. Por isso, assim que o rapaz pôs o pé para fora da reclusão, o ser do caos *Xiwãripo* começou a amolecer e a desfazer a terra ao redor dele. Então, de repente, *Motu uri u*, o rio do mundo subterrâneo, irrompeu com toda a força, abrindo um enorme rasgo no chão. Num instante, a violenta torrente cobriu toda a floresta ao redor e despedaçou a casa da gente de *Hayowari*. Foi mesmo aterrador! Todos foram levados pela força das águas, ainda agachados, cantando ou se batendo no peito. Era possível ouvir seus gritos se perdendo ao longe, conforme eram carregados rio abaixo. Alguns tentaram fugir na floresta: viraram veados. Outros tentaram subir nas árvores: se metamorfosearam em cupinzeiros. A maior parte se afogou, ou foi comida por ariranhas *kana* e enormes jacarés pretos *poapoa*. É por isso que, ainda hoje, os xamãs têm de trabalhar para impedir a água de *Motu uri u* de jorrar de debaixo da terra. O enorme buraco de onde ela emergiu em *Hayowari* no tempo antigo ainda é visível nas terras altas, apesar de ter sido coberto pela floresta. É possível vê-lo de avião, nas nascentes do Orinoco e dos rios Catrimani e Parima. Também chamamos esse lugar de *Xiwãripo*.

Essas águas que surgiram com tanta violência do chão em seguida fizeram uma longa curva, descendo as colinas para se espalhar longe pela floresta, em direção ao nascer do sol.[24] Quando atingiram o lugar onde as terras ficam planas e ventosas, começaram a girar com rapidez num enorme redemoinho. Depois foram pouco a pouco perdendo velocidade e o movimento delas foi se acalmando. Ficaram assim desde então, imóveis, formando um lago vasto como o céu. É o que os brancos chamam de mar. Um vendaval *Yariporari* vive no centro dessa imensa extensão de água, em cujas profundezas vivem poraquês gigantes e seres redemoinho *tëpërësiri*,[25] que engolem os humanos. Escondem-se lá também enormes peixes-epidemia, de dentes afiados e cuja cauda lança raios, e seres girinos gigantes enfurecidos, que destroem as embarcações dos brancos.[26]

Dos Yanomami que se afogaram nas águas surgidas do rio *Motu uri u* não restou nada senão vastas manchas de espuma de sangue, levadas pelas correntes para jusante, até onde os rios se tornam muito largos. Foram descendo devagar até o lugar onde *Omama* se instalou depois de ter fugido das terras altas. Assim que ele as viu, aproximou-se para recolher pouco a pouco, num cesto pequeno, a espuma vermelha que flutuava em sua direção. Em seguida, depositou-a com cuidado na margem, e começou a dar-lhe forma com as mãos. Ela se aqueceu, e novos humanos acabaram surgindo dela. Primeiro foi uma espuma quase sem cor que passou boiando. *Omama* juntou-a em montículos, que trouxe à vida colocando-os numa terra distante, do outro lado das águas paradas. É a terra dos ancestrais dos brancos que vocês chamam de Europa. De modo que ele criou primeiro aqueles que nossos maiores nomeavam *napë kraiwa pë*; essa gente de pele tão branca quanto seu papel. Com a espuma avermelhada cada vez mais escura que a corrente carregava, criou depois outros forasteiros. Dessa vez, era gente que se parece conosco. Instalou-os perto de nós, na mesma floresta. Foi assim que ele trouxe a espuma de nossos ancestrais mortos de volta para de onde viera e guardou sua imagem na terra do Brasil, que é para nós a terra de *Omama*. São eles que nossos maiores chamavam *napë pë yai*, os "verdadeiros forasteiros", os outros índios: os Pauxiana, os *Watata si* e as gentes do baixo rio Demini, que foram antigamente nossos vizinhos,[27] e também os Ye'kuana, os Makuxi, os Tukano, os Wajãpi, os Kayapó e muitos outros.[28]

Foi *Remori*, o espírito do zangão alaranjado *remoremo moxi*, que deu aos brancos sua língua emaranhada. A fala deles parece mesmo o zumbido dos zangões, não é? Colocou neles uma garganta diferente da nossa. *Remori* vivia ao lado de *Omama*, nos vastos bancos de areia[29] da jusante dos grandes rios. Foi *Omama* que, querendo dar nova vida à espuma da gente de *Hayowari*, pediu a ele para insuflar uma outra língua nos forasteiros que tinha acabado de criar. Por isso nossos maiores não entendiam nada do que lhes diziam os primeiros brancos que encontraram. Sua fala confusa era para eles realmente horrível de ouvir! Quando lhes dirigiam a palavra, tentavam prestar atenção, mas não conseguiam entender nada. Então pensavam, perplexos: "O que será que eles querem dizer? É só esta a fala que conseguem proferir? Que modo medonho de se expressar! Será essa a língua dos fantasmas? Não; deve ser outro linguajar, a fala de zumbido que *Remori* deu aos forasteiros!".

Por mais que tentassem imitar os brancos, nunca chegavam a nada que fosse compreensível. Só conseguiam pronunciar palavras feias e tortas. As nossas são bem diferentes. São palavras de habitantes da floresta que nos ensinou *Omama*, e os brancos não as podem entender. Assim é. *Omama* e *Remori* resolveram que as gentes diferentes que tinham criado não deviam ter a mesma língua. Acharam que o uso de uma só língua provocaria conflitos constantes entre eles, pois as más palavras de uns poderiam ser ouvidas sem dificuldade por todos os demais. Por isso deram outros modos de falar aos forasteiros, e depois os separaram em terras diferentes. Então, ao fazerem surgir neles todas essas línguas, disseram-lhes: "Vocês não entenderão as palavras dos outros e, assim, só irão brigar entre si. O mesmo acontecerá com eles".

Omama, *Remori* e os habitantes de *Hayowari* desapareceram de nossa floresta há muito tempo. Mas isso só aos olhos da gente comum. Pois os xamãs sabem que seus fantasmas continuam lá. Fazem dançar suas imagens e sempre dão a ouvir seus cantos. Quando eu era mais jovem e escutava os adultos virando espíritos, eu perguntava a mim mesmo: "Como eles fazem? De onde vêm realmente essas palavras do começo do tempo?". Mais tarde, quando foi minha vez de beber *yãkoana*, os xamãs mais velhos fizeram essas imagens descerem para mim. Foi então que eu também pude ver a gente de *Hayowari* carregada pelas águas de *Motu uri u* e os imensos bancos de areia onde vive *Remori*. Desde então, continuo sempre a admirar as imagens do primeiro tempo nos sonhos de meu sono de fantasma.[30]

10. Primeiros contatos

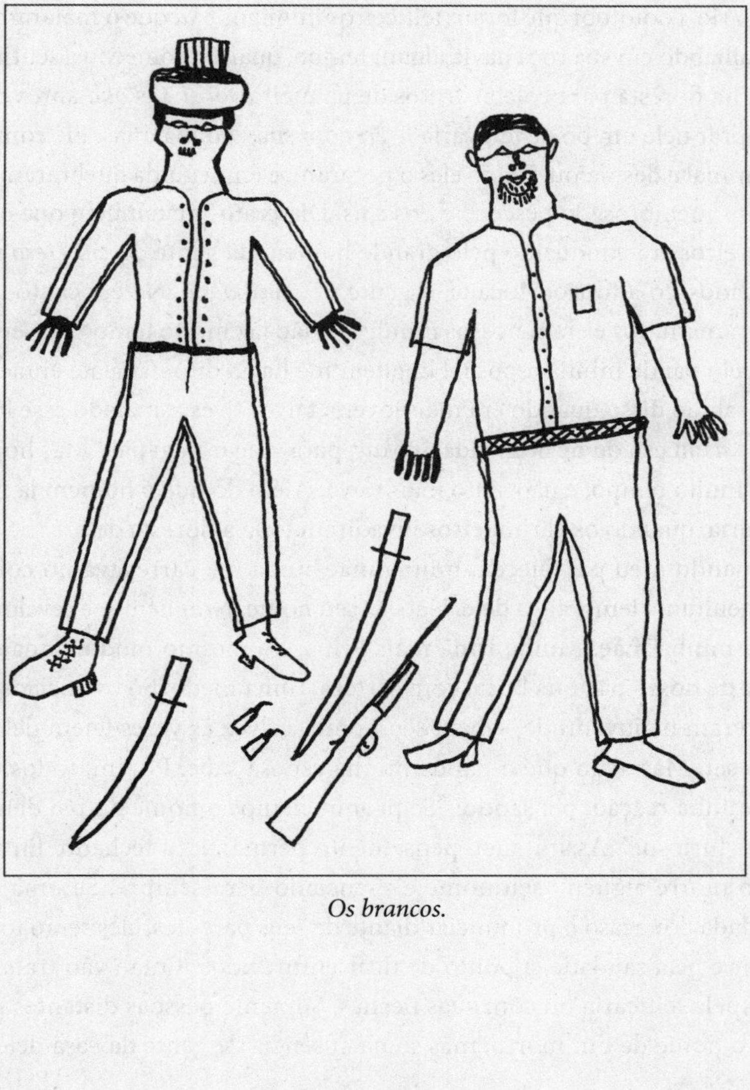

Os brancos.

Nas nascentes do rio Toototobi se encontram casas dos Uaicás [*Yanomami*], *interligadas por numerosos caminhos que se dirigem a leste* [...] *e a oeste* [...]. *Seria difícil calcular o número de Índios que habitam esse rio. Parece, no entanto, que são numerosos.*

M. de L. Jovita, 1948
Comissão Brasileira Demarcadora de Limites

Meu pai morreu quando eu ainda era bem pequeno. Contaram-me os anciãos do rio Toototobi que foram feiticeiros inimigos *oka* que o mataram. Estava trabalhando em sua roça havia algum tempo, quando começou a sentir fome. Entrou na floresta para coletar frutos de palmeira *yoi si*. Os *oka* aproveitaram para soprar nele um pó de feitiçaria *h*^{w}*ëri* com suas zarabatanas. Ele começou a se sentir mal e desmaiou. Então eles o pegaram, e em seguida quebraram-lhe os ossos dos membros, do pescoço e dos rins. Disseram-me também que o grupo de feiticeiros era conduzido pelo grande homem da gente do rio *Hero u*, com seus aliados do alto rio Mucajaí, a gente de *Amikoapë*. Na época, todos eles ainda eram muitos e eram nossos inimigos. Não faz muito tempo que eu soube disso, pelo pai de minha esposa. Ninguém me havia dito nada até então. Se eu tivesse sabido disso quando era mais jovem, talvez tivesse matado esse inimigo do *Hero u* em estado de homicida *õnokae*, para vingar meu pai.[1] Mas hoje, já se passou muito tempo, e não sinto mais raiva. Além do que o homem já morreu de malária, quando os garimpeiros invadiram toda a floresta dele.

Quando meu pai faleceu, minha mãe ainda me carregava no colo; não tenho nenhuma lembrança dele. Não sei seu nome. Ninguém me revelou, nem mesmo minha mãe. Minha irmã mais velha, do mesmo modo, jamais falou comigo de nosso pai. Sua boca, com certeza, tinha medo. Só os anciãos, que o conheceram na juventude, sabem seu nome. Talvez às vezes falem dele entre si. Não sei. Mas acho que o pai de minha esposa sabe. Porém, todos devem temer minha reação, pensando: "Se pronunciamos o nome do pai dele, Davi vai ficar furioso!". Assim, meu pensamento permaneceu fechado. Entre nós, quando morre alguém, seu nome é silenciado para sempre. Se uma pessoa descuidada por acaso o pronunciar diante de seus parentes, eles serão tomados pela dor e pela saudade, a ponto de ficar enfurecidos. Então vão tratar de se vingar, pela feitiçaria ou com suas flechas. Somente pessoas distantes podem evocar o nome de um morto, mas só na ausência de gente da casa dele. Caso contrário, não se diz nada. É por isso que, quando morre o pai de uma criança pequena, nenhum dos adultos que o conheceu jamais lhe revelará seu nome. Ela jamais saberá.

Às vezes falo dessa época de minha infância quando respondo às perguntas dos brancos. Faço-o sem raiva, pois seu pensamento ignora todas essas coisas sobre nossos nomes. Eles não temem proferir os próprios nomes nem os de seus mortos, sem moderação! Não é assim entre nós. Um homem fica logo com raiva se seu nome for pronunciado diante dele e, após sua morte, será proibido por seus familiares com muita cautela.[2] Assim nós somos. Recusamo-nos a revelar os nomes dos nossos mortos porque damos a eles muito valor. Temos muito respeito por eles. De modo que achamos que os brancos gostam de maltratar seus próprios falecidos. Prendem-nos debaixo da terra e insultam-nos, evocando seus nomes o tempo todo! Pergunto-me como podem chorá-los depois de se comportarem assim! Nós pranteamos todos juntos os nossos mortos, durante muito tempo, mas sem jamais nomeá-los.

Após o falecimento de meu pai, outro homem tomou minha mãe como esposa. Eu ainda era bebê, e ele me levou junto com ela. Esse homem me protegeu e me criou. Ele me alimentou e me fez crescer com a carne de sua caça e o mel selvagem que coletava, com as bananas e a mandioca que cultivava. Hoje ele está muito velho e vive longe, numa outra casa. Não o vejo muito, mas o tenho com afeto em meu pensamento. Às vezes vou visitá-lo, levando mercadorias. Também envio enfermeiros brancos, para que cuidem dele, de modo que o protejo como ele fez por mim há muito tempo.[3] É um grande xamã, e gostava muito de nos fazer ouvir suas palavras dos tempos antigos. Quando eu era pequeno, costumava me falar dos ancestrais que viraram caça no primeiro tempo. Contava-me também como *Omama* veio à existência e fez de seu filho o primeiro xamã, e como mais tarde criou os forasteiros. Contava-me tudo isso com zelo, durante a noite, enquanto eu, deitado na minha rede, olhava o fogo em que minha mãe soprava de tempos em tempos. Ele não queria que eu crescesse na ignorância. Ainda hoje, quando vejo os espíritos dançarem em meu sonho, lembro-me de suas palavras, que continuam sempre vivas na minha mente. Ele estava sempre brincando e sorrindo, mas era também um guerreiro muito temido. Tinha em si as imagens de *Aiamori*, o ser da guerra, e de *Õeõeri*, o ancestral que nos ensinou a flechar nossos inimigos. Foi ele que vingou a morte de meu pai, pois eram amigos. Meu pai era mais jovem do que ele, que o chamava de cunhado. Costumavam caçar juntos. Naquele tempo, nossos antigos não hesitavam em comer os inimigos que tivessem matado um dos seus. Eram muito valentes. Não o vingavam às escondidas, soprando de longe pós de feitiçaria sobre quem o tinha matado. Preferiam juntar um grupo de guerreiros e usar suas flechas.

Quando criança, vivi num lugar que era chamado de *Marakana*, na beira do rio Toototobi. Foi lá que meu pai morreu. Na época do meu nascimento, a clareira aberta no local ainda era bem recente. Os nossos parentes tinham aberto novas roças, mas ainda viviam na floresta, num grande acampamento de tapiris.[4] Meu padrasto me contou isso. Eu mesmo não me lembro. Criança assim pequena ainda não tem realmente consciência das coisas. Os adultos falam com os pequenos, mas a mente deles ainda está fechada. As palavras ainda não chegam a se fixar nela de fato. Só mais tarde, conforme crescem, seus pensamentos começam a se juntar uns aos outros e sua consciência se põe a florescer. Ainda guardo algumas lembranças do tempo da casa de *Marakana*. Não me lembro, porém, de ter visto os meus pais e avós plantarem seus esteios nem cobri-la com folhas de palmeira *paa hana*. Só me lembro da casa já construída. Era muito ampla, e morava nela muita gente mesmo. No começo, eram ali dois grupos reunidos, pois estávamos em guerra com a gente do rio Mapulaú e do alto Catrimani, que moravam a uns dias de caminhada.[5]

Voltaram a se separar mais tarde, porque brigavam muito entre si. Depois de *Marakana*, foram construídas três casas, bastante próximas umas das outras.[6] A nossa ficava rio acima, num lugar chamado *Wari mahi*, o lugar da sumaúma. Os outros tinham se instalado um pouco a jusante, também perto da margem do rio Toototobi. Mas logo meu padrasto começou a se distanciar da gente de *Wari mahi*. Passou a viver com eles só de vez em quando. Tinha construído sozinho uma casa menor e aberto uma roça a meio dia de caminhada rio abaixo. Morávamos lá, com minha mãe, minha irmã mais velha e uma outra família. O lugar se chamava *T^{h}oot^{h}ot^{h}opi*, o lugar dos cipós.[7] Passávamos lá a maior parte do tempo, e pouco visitávamos *Wari mahi*. Meu padrasto não gostava de morar lá, porque achava que havia gente demais. Creio que julgava a casa muito barulhenta. Por isso, depois de *Marakana*, cresci sobretudo em *T^h^oot^h^ot^h^opi*.[8]

Lembro-me bem desse período de minha infância. Foi aquele em que minha mente se abriu, graças à carne de caça e aos alimentos da roça que me dava meu padrasto. Levava-me com ele em todas as suas viagens. Íamos sempre a festas *reahu* nas casas de nossos aliados. Partíamos também em expedições de muitos dias na mata, durante as quais morávamos em acampamentos de tapiris. Os nossos antigos acampavam desse modo por longos períodos, para caçar e coletar frutos.[9] Naquele tempo da minha infância, passávamos realmente muito tempo na floresta. Hoje em dia, menos. Os rapazes gastam o seu tempo rondando os postos dos brancos. Eu, ao contrário, cresci na floresta, bebendo mel selvagem o tempo todo. Foi isso que tornou meu pensamento reto e permitiu que ele se ampliasse. Desde muito pequeno, comecei a observar os mais velhos, quando saíam para caçar ou iam trabalhar nas roças. Foi também nessa época que os vi, pela primeira vez, dançando para se apresentar nas festas *reahu* em casas amigas e imitando os espíritos urubu para partir em guerra contra seus inimigos.[10]

Minha mãe costumava também me levar com ela à floresta, para pegar caranguejos-de-água-doce, pescar com timbó ou coletar todos os tipos de frutos. Eu ainda a acompanhava à nossa roça quando ela ia colher mandioca ou banana, ou rachar lenha com o machado. Depois, assim que fiquei um pouco mais crescido, os adultos começaram a me chamar para acompanhá-los nas caçadas. Eu os seguia pela mata, ainda coberta de orvalho, e, quando eles flechavam animais pequenos, os davam a mim dizendo: "Leve esta caça, na volta você vai comê-la!". Éramos, na época, um pequeno grupo de meninos da mesma idade. Os outros eram um pouco mais velhos do que nós. Crescemos indo sempre caçar e pescar juntos. Também ocupávamos nosso tempo imitando tudo o que faziam os adultos. Foi assim que, pouco a pouco, começamos a pensar direito. Flechávamos todos os tipos de passarinhos e lagartos, na floresta ou nas roças vizinhas. E os trazíamos de volta, entrando orgulhosos, como caçadores, em nossa grande casa. Moqueávamos as presas e organizávamos pequenas festas *reahu* com essa "caça", como víamos fazer os mais velhos.[11] Estes nos encorajavam, brincando. Acrescentavam a nossas presas pedaços de caça de verdade. Então entoávamos alegremente cantos *heri*, como se costuma fazer quando a comida de um *reahu* é farta. Também imitávamos a dança de apresentação de nossos convidados. Dançávamos inclusive em pequenos casais, segurando as meninas pelo pulso, como os adultos, em certas noites de festa. Divertíamo-nos muito mesmo!

Tudo isso ocorria na praça central da casa. Os adultos olhavam para nós e riam muito. Divertiam-se em nos ver parodiá-los com tanta ousadia. Não tínhamos medo nenhum! Fingíamos beber o pó de *yãkoana*, como fazem todos os homens no último dia do *reahu*. Imitávamos também sua raiva no decorrer dos diálogos *yãimuu*. Agachados aos pares, maltratávamo-nos segurando uns aos outros pelo pescoço. Como eles, cantávamos gritando nos ouvidos dos nossos parceiros e batendo com a palma da mão em seus flancos. Os únicos adultos que não ousávamos imitar eram os xamãs. Os adultos nos tinham alertado. É perigoso demais, pois seus *xapiri* poderiam se irritar com isso e se vingar. Era assim que vivíamos. Só tomávamos como exemplo as maneiras de nossos maiores. Não queríamos imitar os brancos, como costumam fazer as crianças de hoje, quando fabricam aviõezinhos de madeira e jogam bola. Não escutávamos o barulho dos rádios, nem o dos gravadores. Nossos ouvidos só davam atenção às palavras dos nossos e às vozes da floresta.

Nossos maiores convidavam gente de outras casas a suas festas *reahu* para beber mingau de banana-da-terra e oferecer porções de carne moqueada. Muitas vezes brigavam uns com os outros. Então, desafiavam-se aos gritos, exaltados, e insultavam seus adversários pronunciando seus nomes raivosamente. Depois batiam na cabeça uns dos outros, em alternância, com longas bordunas. Enfrentavam-se assim para vingar roubos de alimento em suas roças, porque tinham ciúmes de mulheres ou apenas porque tinham xingado um ao outro de covarde. Eu os observava de longe, um pouco assustado, e dizia a mim mesmo: "*Haixopë!* É assim que se deve lutar para aplacar a própria ira!". Além disso, às vezes se lançavam em incursões de guerra contra seus inimigos. Na época, guerreavam em direção ao levante, contra os antigos da gente do rio Catrimani — que então viviam no rio Mapulaú —, e, por vezes, em direção ao poente, contra os *Xamat^{h}ari* do alto rio Demini.[12] Como eu disse, meu padrasto era muito valente, sempre pronto para vingar nossos mortos. Naquele tempo, ele flechou um bom número de nossos inimigos do Catrimani, e tirou dos *Xamat^{h}ari* as duas irmãs que são até hoje suas esposas.[13] Eu vivia com ele quando lançou todos esses ataques, junto com outros guerreiros do rio Toototobi. Vi-os muitas vezes se alinharem com seus arcos e flechas na praça central de nossa casa e imitarem os espíritos urubu antes de se pôr a caminho.[14] Meu pensamento se fixava neles e eu pensava: "É assim que devemos nos vingar! Quando for mais velho, vou me juntar a eles!". Eu era jovem demais para isso, e lamentava muito não poder acompanhar os adultos! Mas foi assim, observando-os constantemente, que meu pensamento se tornou mais sabido e que eu cresci.

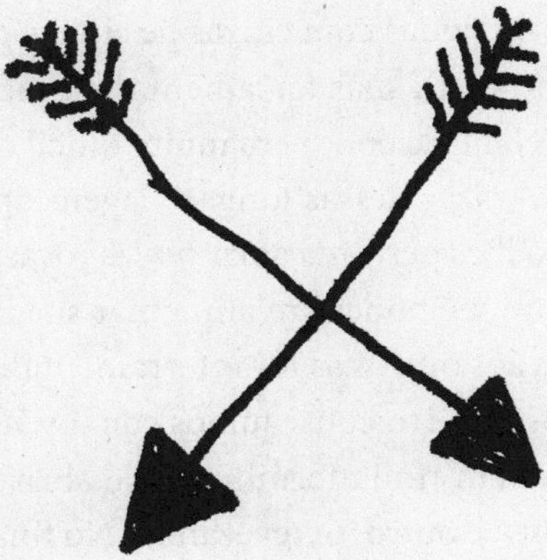

Antes de chegar a *Marakana*, nossos antigos ocuparam muitas outras roças nas terras altas. Moraram muito tempo, por exemplo, no lugar do sapo *yoyo* — que chamanos de *Yoyo roopë*, nas nascentes do rio Toototobi.[15] Meu padrasto costumava falar muito dessa floresta, pois viveu lá muito tempo quando era jovem. De lá, os antigos iam até os *Xamat^h^ari* que moravam no rio *Kapirota u*, em busca de ferramentas de metal, já que os antigos *Watata si* do rio Parima tinham ficado distantes demais.[16] Os *Xamat^h^ari* as obtinham descendo o curso do Demini até os barracos dos brancos que viviam às margens do rio Aracá. Estes pescavam tartarugas e coletavam castanha-do-pará, balata e fibras de piaçava.[17] A gente do *Kapirota u*, embora vivesse longe rio acima, conhecia bem esses brancos do rio. Costumava ir visitá-los e, na estação seca, trabalhava para eles durante várias luas. Conseguia assim objetos manufaturados de todos os tipos.[18] Foi por intermédio deles que nossos maiores encontraram esses ribeirinhos, muito distantes de suas casas, pela primeira vez. Não foi, porém, pelo mero prazer de admirá-los que se aproximaram dos forasteiros.

Na verdade, o que sentiam era mais temor do que outra coisa, e não sem razão. Tanto que um dia essa gente ofereceu a eles comida com veneno, e vários anciãos acabaram morrendo. Isso aconteceu perto das corredeiras do rio Aracá, que os brancos chamam de Cachoeira dos Índios. Escutei essa história da boca do meu padrasto, quando eu era criança. Ele a contava de vez em quando, quando exortava a gente de nossa casa, durante a noite, com seus discursos *hereamuu* sobre os tempos antigos.

Não apenas para obter fósforos, panelas de alumínio ou sal. Sabiam fazer fogo com brocas de cacaueiro, suas esposas cozinhavam em potes de cerâmica e salgavam suas bananas cozidas com cinzas de cipó *yopo una*. O que eles queriam dos brancos do rio eram suas ferramentas de metal novinhas, algo que realmente não tinham. Naquela época era muito difícil consegui-las. Com muito esforço, conseguiam trazer dessas longas viagens apenas alguns facões, às vezes um machado. Isso lhes permitia abrir novas roças, maiores do que antes, e cultivar as plantas com que poderiam alimentar suas famílias. Mas ainda tinham de emprestar uns aos outros as raras ferramentas, como haviam feito no passado com os pedaços de ferro conseguidos com os *Watata si* do rio Parima. Assim, quando um homem tinha terminado de abrir sua roça, outro podia abrir a sua, e depois outro, e outro, se revezando. No final, as ferramentas eram emprestadas para gente de casas vizinhas, como outrora. Os antigos me contaram isso muitas vezes quando eu era criança.

Quanto a mim, encontrei pela primeira vez brancos quando ainda era muito pequeno. Não sabia ainda nada a respeito deles. Na verdade, nem mesmo pensava que tais seres pudessem existir! Era gente da Inspetoria e soldados da Comissão de Limites.[19] Chegaram, certo dia, até nossa casa de *Marakana*. Tinham subido o rio em nossa direção durante dias e dias, amontoados em grandes canoas a motor carregadas de alimento e caixas de mercadorias. Eram muitos. Um grupo deles entrou de repente na nossa casa para pedir ajuda aos nossos parentes. Estavam recrutando homens para acompanhá-los e transportar seus pesados carregamentos pela floresta. Pretendiam chegar até as nascentes dos rios, para lá cavar buracos e plantar grandes pedras retas. Nossos antigos nada compreendiam de sua língua de fantasma. Por fim, um *Xamat^{h}ari* que tinha conseguido uma esposa entre nós falou com eles. Ele já conhecia bem os brancos por ter trabalhado a jusante, no rio Aracá, perto da Cachoeira dos Índios, e tinha aprendido um pouco a língua deles. Esses brancos da Comissão de Limites trabalharam na região das terras altas de nossa floresta durante várias luas, e um dia foram embora, tão de repente quanto tinham chegado.[20]

Não me lembro de tudo o que aconteceu nessa época, porque é muito antigo. Mas não esqueci a chegada desses forasteiros, porque me deixaram apavorado! Aliás, assim que a vinda deles foi anunciada, todas as mães de *Marakana* preveniram seus filhos pequenos: "Os *napë* estão chegando! Escondam-se! Senão, eles podem levá-los embora!". E em seguida os fizeram ficar atrás das redes, encobertos pela lenha encostada na parede da casa.[21] As crianças maiores, como minha irmã mais velha, fugiram por conta própria, para se refugiar na floresta. Minha mãe me fez agachar ao seu lado e depois me cobriu com o grande cesto de cipó que usava para carregar lenha. Eu estava apavorado, mas ela conseguiu me acalmar, me dizendo baixinho: "Não tenha medo, os brancos não vão vê-lo! Só fique quieto!". Uma vez protegido dos olhares, me senti um pouco mais seguro. Então fiquei encolhido, em silêncio, observando o grupo de visitantes brancos que entrava em nossa casa através da malha da cesta. Achava-os de uma feiura terrível e meu coração batia forte no peito. Tinha muita vontade de fugir, como os grandes, mas não queria chamar a atenção. E assim tive de esperar por muito tempo, imóvel, segurando a respiração, até os forasteiros irem embora e minha mãe me libertar!

As mães de nossa casa temiam que os brancos levassem seus filhos pequenos. Tinham muito medo mesmo de que os roubassem! Os antigos se lembravam de que os soldados da Comissão de Limites já tinham levado com eles crianças yanomami, quando, antigamente, subiram o rio Mapulaú pela primeira vez.[22] Naquela época, nossos maiores viviam nas terras altas, em *Yoyo roopë*. Mas gente do Mapulaú tinha contado a eles que os brancos tinham pedido vários de seus filhos. Ninguém queria dar os filhos, é claro! Mas todos receavam o furor das epidemias dos brancos, caso recusassem. Então, o grande homem da gente do Mapulaú acabou dando a eles um menininho e uma menininha, que não eram filhos da gente de sua casa. Eram cativos, trazidos de uma incursão guerreira aos *Yawari*, que então viviam no alto rio Catrimani.[23] Ouvi meus pais e meus avós contarem essa história muitas vezes. Por isso eu tinha tanto medo dos brancos! Temia muito que quisessem levar a mim também! Até agora me pergunto o que aqueles forasteiros queriam fazer com as crianças yanomami. Talvez quisessem criá-las, para mais tarde enviá-las de volta, para pedir aos nossos grandes homens permissão para trabalhar na nossa floresta? Não sei.

Hoje, nossas crianças não têm mais medo dos brancos. Mas eu, antes, tinha pavor deles! Eram mesmo outros. Eu os observava de longe e pensava que pareciam seres maléficos da floresta! Ficava apavorado só de vê-los! Tinham uma aparência horrível. Eram feios e peludos. Alguns eram de uma brancura assustadora. Perguntava a mim mesmo o que podiam ser seus sapatos, relógios e óculos. Esforçava-me para prestar atenção, tentando compreender suas palavras, mas não adiantava nada. Pareciam barulhos soltos! Além do mais, eles manipulavam sem parar vários tipos de coisas que me pareciam tão estranhas e assustadoras quanto eles próprios. Aliás, mesmo muito tempo depois dessa primeira visita, bastava um desses brancos querer se aproximar de mim para eu sair correndo, aos prantos. Eles realmente me apavoravam! Eu tinha medo até da luz que saía de suas lanternas. Mas temia ainda mais o ronco de seus motores, as vozes de seus rádios e os estampidos de suas espingardas. O cheiro de sua gasolina me deixava enjoado. A fumaça de seus cigarros me dava medo de adoecer. Em suma, eu pensava que deviam mesmo ser seres maléficos *në wãri*, famintos de carne humana!

Em *Marakana*, os adultos não tiveram tanto medo dos brancos quanto nós, as crianças. Eles os conheciam um pouco. Muitos já tinham se encontrado com eles durante viagens de troca rio abaixo. O que deixou a todos apavorados, no entanto, foram os aviões que sobrevoaram nossas casas várias vezes. Ninguém jamais tinha visto um avião.[24] Assim que se ouvia o seu zumbido, homens, mulheres e crianças saíam correndo o mais rápido possível para se espalhar e se esconder pela floresta. Os anciãos achavam que aqueles seres voadores desconhecidos podiam cair e incendiar tudo na floresta. Pensavam que iríamos todos morrer, e às vezes tinham tanto medo que choravam quando falavam disso! Foi assim que aconteceu. Nossos pais e avós desconfiavam dos brancos, e sempre temeram suas fumaças de epidemia. No entanto, jamais se preocuparam em saber o que os trouxera à nossa floresta. Não sabiam que tinham vindo para demarcar a fronteira do Brasil no meio de nossa terra. Mostraram-se hospitaleiros e amigáveis. Juntaram-se de bom grado para acompanhá-los, transportando sua comida e suas ferramentas de metal em grandes cestos cargueiros. Apenas observaram os forasteiros com curiosidade, enquanto abriam largas trilhas na mata e plantavam grandes pedras nas nascentes dos rios. Jamais teriam imaginado que, mais tarde, os filhos e netos daquela gente voltariam, tão numerosos, para tirar ouro dos rios e alimentar seu gado na floresta derrubada. Nunca pensaram que esses brancos um dia poderiam querer expulsá-los de sua própria terra. Ao contrário, uma vez passado o receio inicial, nossos antigos ficaram felizes com a visita daquela gente outra. Ao longo dos dias, examinavam atentamente as caixas cheias de facões e machados que tinham subido com eles o rio Demini.[25] Um único pensamento ocupava então suas mentes: "A partir de agora, nunca mais vão nos faltar ferramentas de metal!".

Muito mais tarde, já adulto, comecei a me perguntar o que os brancos tinham vindo fazer em nossa floresta naquele tempo. Acabei entendendo que queriam conhecê-la para desenhar seus limites e, assim, poder se apoderar dela. Nossos antigos não sabiam imitar a língua daqueles forasteiros. Por isso os deixaram chegar perto de suas casas sem hostilidade. Se tivessem entendido as palavras deles tão bem quanto as nossas, com certeza os teriam impedido de entrar em sua floresta com tanta facilidade! Acho, no final, que foram enganados por aqueles *napë* que exibiam seus objetos manufaturados com boas palavras: "Vamos ficar amigos! Vejam, estamos dando uma grande quantidade de nossos bens de presente a vocês! Não estamos mentindo!". Aliás, é sempre assim que os brancos começam a falar conosco! Depois, logo atrás deles, chegam os seres de epidemia *xawarari* e então começamos a morrer um atrás do outro! Nossos antigos ainda não sabiam nada desse perigo. Queriam apenas trocar facões, machados, roupas, arroz, sal e açúcar. Dirigiam-se aos brancos repetindo alegremente algumas palavras deles, como papagaios. Pensavam: "Esses forasteiros são amistosos! Eles são muito generosos!". Mas estavam equivocados! Assim que conseguiram os preciosos objetos e alimentos que tanto desejavam, ficaram doentes e depois começaram a morrer em série, um por um. Dói-me pensar nisso. Foram enganados por essas mercadorias e morreram todos só por isso. Foi assim que desapareceram quase todos os meus maiores, só por querer fazer amizade com os brancos. Depois da morte deles, fiquei só, com minha raiva. Ela nunca mais me deixou desde então. É ela que hoje me dá a força de lutar contra os forasteiros que só pensam em queimar as árvores da floresta e sujar os rios como bandos de queixadas. Sempre fico consternado quando olho para o vazio na floresta em que meus parentes eram tão numerosos. A epidemia *xawara* nunca foi embora de nossa terra e, desde então, os nossos continuam morrendo do mesmo modo.

No começo, os nossos antigos limpavam bem os facões que recebiam dos brancos, antes de levá-los para casa. Mergulhavam na água dos igarapés e esfregavam bastante com areia. De fato, as lâminas dessas ferramentas eram pegajosas e exalavam um inquietante odor adocicado. Vinham besuntadas de gordura e embaladas em peles de papel.[26] Assim que os brancos abriam seus enormes caixotes de madeira para distribuir esses facões, saíam deles volutas de uma fina poeira perfumada. O odor era muito forte e se espalhava por toda parte. Todas as mercadorias deles eram impregnadas desse cheiro: facões, machados e tesouras; e também os tecidos de algodão, as redes. Nossos pais e avós não tinham nariz de branco. Reconheciam de longe o cheiro nauseante das ferramentas de metal. Consideravam-no perigoso e o temiam, porque os fazia tossir e adoecer logo depois que as pegavam.[27] Os velhos, as mulheres e as crianças morriam desse sopro cheiroso muito depressa. Por isso o chamaram *poo pë wakixi*, a fumaça do metal. Pensaram que era essa a origem das epidemias *xawara* que os devoravam.[28] Naquele tempo, nossos antigos sabiam pouco dos brancos. Não conheciam o cheiro deles, nem o de seus objetos. Por isso aqueles odores lhes pareceram tão intensos e assustadores. Era para eles como quando um jovem caçador é surpreendido pela primeira vez pelo cheiro de um bando de queixadas na mata! Eles nunca tinham cheirado nada parecido com aquilo, e isso os deixava muito preocupados.

Naquela época, os brancos também distribuíam grandes quantidades de cortes de tecido vermelho. Os homens faziam tangas com ele. Mas esse tecido de algodão também era muito perigoso. Pouco depois de receber um corte dele, as pessoas começavam a tossir e seus olhos infeccionavam.[29] Por isso os tecidos foram chamados de *tʰoko kɨkɨ*, coisas da tosse. São bens de troca maléficos, produzidos pelos antigos brancos em terras afastadas, com o algodão de árvores de epidemia *xawara hi*.[30] A imagem deles aparecia aos olhos dos antigos xamãs que combatiam sua doença na forma de farrapos de tecido de um vermelho intenso. Hoje, usamos bermudas e outras roupas.[31] Mas ainda desconfiamos das peças de algodão vermelho.[32] O mal delas castigou muito nossos antepassados. Quando os brancos as rasgavam, saía uma fumaça enjoativa que deixava todos doentes. O peito de nossos pais e de nossos avós era fraco demais para resistir a ela, e a tosse os matava depressa. Essa poeira malcheirosa vinha dos armazéns onde os brancos empilhavam as peças de pano para guardá-las; era o cheiro da fumaça do motor das máquinas que o haviam tecido.

O mesmo medo tinham nossos antigos da fumaça dos pedaços de objetos que os brancos jogavam no fogo. Quando os viam queimando revistas, por exemplo, pensavam: "A fumaça dessas peles de imagens, com seus desenhos vermelhos e pretos, é perigosa! Vai nos cortar a garganta e machucar o peito. Sua tosse vai acabar nos matando!". Temiam também a fumaça de tabaco queimado que os forasteiros engoliam sem parar.[33] Na verdade, todos os objetos dos brancos afetavam nossos maiores com seu poder de doença: os facões, os tecidos, os papéis, os cigarros, os sabões e as coisas de plástico. Sua fumaça estranha se espalhava entre eles, e todos os que viessem a respirá-la muito de perto se punham logo a tossir e a vomitar.[34] Sem remédios, os matava muito depressa. Até as coisas de árvores de canto que os forasteiros chamavam de gaita faziam as pessoas adoecerem! Quando as distribuíam, todos os rapazes tentavam soprar nelas por diversão, como se fossem flautas *purunama usi*. Logo em seguida começavam a sentir dor de garganta e os espíritos da tosse passavam a dilacerar-lhes o peito.[35] Assim foi. Os objetos dos brancos eram muito perigosos para os nossos antigos. Eles não os conheciam e jamais tinham visto nada assim. Tinham nascido muito longe das cidades e das fábricas, no meio da floresta. Por dentro, seu corpo era muito vulnerável às fumaças de todas essas mercadorias.

Mais tarde, recebemos em *Marakana* a visita de outros brancos da Inspetoria. Trouxeram várias espingardas para nos dar de presente. Deram uma, novinha, a meu padrasto, que era o grande homem de nossa casa. Foram tratados por nossos maiores como amigos, e ficaram conosco algum tempo, como convidados. Então, seu chefe, que se chamava Oswaldo, começou a querer uma de nossas mulheres. Desejava uma das moças da gente de *Sina t^ha*, cuja casa era um pouco a jusante da nossa.[36] Eu a chamava de irmã. Ela acabara de ter a primeira menstruação. Oswaldo morava numa pequena cabana que a gente de *Sina t^ha* tinha construído para ele nas imediações. Ele começou a oferecer carne de caça e farinha de mandioca aos pais da moça, como nós fazemos para obter uma esposa. A mente dele estava fixada na beleza da menina. Ele queria mesmo copular com ela. Insistia cada vez mais para tê-la. Meu padrasto teria concordado em cedê-la, temendo a ira dele se recusasse, mas as pessoas mais velhas de *Sina t^ha* eram contra. Os pais e avós da jovem não queriam aquilo de jeito nenhum. Sabiam que o branco jamais ficaria com ela na floresta. Tinham receio de que ele a levasse rio abaixo, e que acabasse por abandoná-la na cidade depois de algum tempo.[37] Sabiam que nunca mais iriam revê-la. Além disso, um rapaz de sua casa já a tinha pedido em casamento.

No começo, Oswaldo esforçou-se por demonstrar amizade por todos. Seus lábios sorriam por qualquer razão. Acabou se irritando, porém, com a persistente recusa à sua vontade. Começou a fazer reclamações o tempo todo. Depois, certa vez, surpreendeu a moça deitada na rede do seu jovem prometido. O desejo dele se transformou imediatamente em fúria. Juntou suas coisas e foi embora sem dizer uma palavra. Desceu o rio com a raiva plantada no peito. Ninguém ouviu mais falar dele por um tempo. Certo dia, porém, ele voltou à casa dos *Sina t^ha*. Pediu de novo a moça aos pais. Dessa vez, já não sorria. Tinha o rosto crispado e hostil. Diante de mais uma recusa, pôs-se a ameaçar o pessoal da casa com fúria: "Quero essa mulher já! Se não a derem para mim, faço todos morrerem!". Nossos antigos eram valorosos e não se deixaram impressionar nem um pouco por aquela raiva vinda de seu desejo de copular![38] Não tinham a menor intenção de deixá-lo levar a moça e não cederam. Ninguém desconfiava de que Oswaldo dizia a verdade e tinha mesmo decidido se vingar. Assim foi. A gente de *Sina t^ha* não deu a devida importância às ameaças dele.

Alguns deles me contaram que, cada vez mais enfurecido, ele enterrou perto da casa, durante a noite, uma caixa de metal contendo uma poderosa fumaça de epidemia. No dia seguinte, o calor do sol foi intenso e a caixa esquentou debaixo da terra. Após algum tempo, o veneno fez explodir a tampa e deixou escapar uma fumaça espessa que invadiu tudo. Mas meu padrasto me disse que não tinha acontecido assim. Contou-me que Oswaldo, para se vingar, chamou o namorado da moça a um lugar onde tinha escondido um embrulho no chão. Saía dele uma corda reta comprida, à qual ateou fogo, com folhas secas amarradas numa pequena vara. Assim que o fogo começou a se propagar, Oswaldo correu para um lugar seguro. Pouco depois, o pacote explodiu debaixo da terra, como um enorme tiro de espingarda. Torrões de terra foram lançados em todas as direções e uma densa nuvem de fumaça envolveu de repente a casa de *Sina tʰa*.[39] Apavorados com a explosão, seus moradores, inquietos, se perguntavam o que aconteceria com eles.

Certo tempo depois, Oswaldo fugiu, vociferando em sua língua de fantasma. Ninguém entendeu o que dizia. Porém, pouco tempo após sua partida, todos começaram a morrer em *Sina tʰa*, um atrás do outro. Isso aconteceu durante uma festa *reahu*. As mulheres ainda estavam ralando a mandioca dos beijus que seriam distribuídos aos convidados com carne moqueada. De repente, vários anciãos adoeceram e um deles acabou morrendo. O cadáver foi embrulhado pelos seus num saco de folhas de palmeira e amarrado no tronco de uma pequena árvore na floresta.[40] Choraram o morto e acabaram de preparar as provisões do *reahu*, que distribuíram às pressas entre seus convidados, para sua viagem de retorno. Entretanto, as crianças começaram a arder em febre. Em seguida, foram todos os moradores da casa atingidos pelo mal. Então, tomados de pânico, os que ainda podiam fazê-lo fugiram correndo pela floresta, para todos os lados.

A fumaça de Oswaldo não era uma mera doença da tosse. As vítimas, queimando de febre, tinham coceiras insuportáveis e sua pele se desfazia em pedaços. Elas não ficavam doentes por muito tempo, morriam logo, uma depois da outra.[41] Não demorou para haver cadáveres por todos os lados na casa de *Sina tʰa*, tombados no chão ou encolhidos em suas redes. Muitos também morreram subitamente nas roças, na floresta ou na beira do rio. Os espíritos *xawarari* da epidemia devoraram com voracidade um grande número de mulheres, velhos e crianças, bem como vários xamãs. A moça que Oswaldo tanto desejava tampouco escapou. Foi o que me relataram mais tarde os poucos adultos que tinham conseguido fugir e sobreviver a essa epidemia. Passado algum tempo, voltaram para casa e encontraram os cadáveres em putrefação por toda parte. Então recolheram e incineraram os ossos de seus parentes defuntos e não pararam de chorar durante todo o tempo que passaram enchendo um grande número de cabaças com as cinzas. Mas a fumaça das piras desses mortos de epidemia também era perigosa e vários deles vieram por sua vez a falecer. Era apavorante! Os raros sobreviventes, em prantos, foram tomados por uma profunda raiva de luto. Resolveram se vingar de Oswaldo, que tinha fugido em estado de homicida *õnokae* logo depois de fazer estourar sua fumaça de epidemia.[42] Buscaram-no, para flechá-lo, até no posto dos brancos da Inspetoria, em Ajuricaba, a jusante.[43] Em vão. Ele deve ter se escondido em Manaus e nunca mais retornou à nossa floresta.

Assim nossos maiores foram dizimados pela primeira vez. Antes dessa epidemia, ainda eram muito numerosos. Hoje, restam poucos.[44] Somente a gente de *Yoyo roopë* conseguiu escapar dessa epidemia, liderada por meu padrasto. Oswaldo tinha amizade por ele. Sempre lhe trazia presentes. Contou-me que, quando o pessoal de *Sina tʰa* começou a adoecer e Oswaldo estava a ponto de embarcar em sua canoa a motor para escapar, ele o alertou dizendo: "Vá embora deste lugar! Não chegue perto dessas pessoas, ou ficará contaminado também! Vão todos morrer! Estou muito furioso com eles! Deixe que morram, não volte à casa deles! Alerte os seus e se refugiem na floresta, bem longe, senão vocês também vão desaparecer!". Tendo ouvido essas palavras, meu padrasto logo começou a incentivar as pessoas de nossa casa a fugir: "A epidemia *xawara* está perto! Precisamos abandonar tudo e partir ao alvorecer! Não devemos ir chorar os mortos de *Sina tʰa*, ou morreremos também!". Contudo, no dia seguinte, alguns hesitaram em partir. Para acabar com a indecisão deles, meu padrasto ateou fogo à nossa casa. Era um grande homem, muito valoroso mesmo! Foi assim que deixamos a região de *Marakana*, às pressas. Então ficamos viajando, de acampamento em acampamento, descendo o rio Demini até bem longe. Ficamos escondidos na floresta durante várias luas e, por fim, voltamos a nos instalar em nosso local de *Tʰootʰotʰopi*, a alguma distância de *Marakana*. Se não tivéssemos fugido, a maioria de nós também teria morrido por causa dessa epidemia. Apenas alguns dos nossos morreram, afinal, porque durante a viagem, e contrariando a opinião de meu padrasto, tinham voltado para buscar mandioca em nossas roças velhas, passando por *Sina tʰa*.

Com que Oswaldo fez explodir essa epidemia? Eu não sei, mas os brancos devem saber! Nossos ancestrais desconheciam a febre ardente dessas fumaças de epidemia. Seus corpos eram frescos como a floresta em que sempre viveram, sem remédio nem vacina. Talvez Oswaldo tenha posto fogo no pó que usam para explodir grandes rochas?[45] Seja como for, bastou que nossos antigos inalassem essa fumaça desconhecida para morrerem todos, como peixes que ainda não conhecem o poder letal das folhas do veneno de pesca *koa axihana*. Foi assim, perto de *Marakana*, que tomamos conhecimento da potência da epidemia *xawara* dos brancos. Entendemos então o quanto eram perigosos para nós! Agora, já faz muito tempo. Apesar disso, os sobreviventes ainda se lembram da fumaça que Oswaldo espalhou por vingança. Falam disso até hoje com seus netos. Não queremos mais passar por tamanho sofrimento. Já foram demais os nossos que morreram das epidemias *xawara* espalhadas pelos brancos. Nós, que somos o que resta de nossos maiores, queremos voltar a ser tão numerosos quanto eles foram antigamente. Não queremos mais ficar morrendo antes da idade. Queremos nos extinguir só quando tivermos nos tornado velhos de cabeça branca, já encolhidos, descarnados e cegos. Queremos que o ser da morte, que chamamos *Nomasiri*, e o da noite, *Titiri*, só nos façam desaparecer quando tiver realmente chegado a hora. Então, ficaremos felizes de morrer, pois teremos vivido bastante tempo, como acontecia com nossos antepassados, antes de encontrarem os brancos. Em *Marakana*, os nossos parentes eram muito numerosos e gozavam todos de plena saúde quando foram dizimados de repente — mulheres, crianças e velhos. Por isso suas mortes me enfurecem até hoje. Essas palavras de luto existem em mim desde a minha infância, e é delas também que me vem a força para falar duro com os brancos.

Quando viram aqueles forasteiros pela primeira vez, nossos maiores acharam que fossem fantasmas. Ficaram com muito medo, e disseram a si mesmos: "Devem ser os fantasmas dos mortos que voltam entre nós!".[46] Mais tarde, entenderam que podia tratar-se dos ancestrais de *Hayowari* que *Omama* havia transformado em estrangeiros *napë*. Pensaram então que aqueles habitantes de terras longínquas deviam ter retornado à floresta por generosidade, para trazer suas mercadorias para os Yanomami, que não possuíam nenhuma.[47] Hoje, ninguém mais pensa nada disso! Vimos os brancos espalharem suas epidemias e nos matarem com suas espingardas. Vimo-los destruírem a floresta e os rios. Sabemos que podem ser avarentos e maus e que seu pensamento costuma ser cheio de escuridão. Esqueceram que *Omama* os criou. Perderam as palavras de seus maiores. Esqueceram o que eram no primeiro tempo, quando eles também tinham cultura.[48]

Omama depositou a espuma com a qual criou os antigos brancos muito longe de nossa floresta. Deu-lhes uma outra terra, distante, para nos proteger de sua falta de sabedoria. Mas eles copularam sem parar e tiveram mais e mais filhos. Então, foram tomados de euforia, fabricando um sem-número de mercadorias e máquinas. E acabaram achando sua própria terra apertada. Ainda guardavam de seus avós antigas palavras acerca dos habitantes de *Hayowari* e sua floresta. Então declararam a seus filhos: "Existe, bem longe, uma outra terra, muito bonita, onde há muito tempo *Omama* criou os nossos antepassados. Os habitantes da floresta dos quais se originaram ainda vivem lá. Não são outra gente diferente de nós!". Tais palavras devem ter se espalhado entre os brancos de antigamente, já que acabaram atravessando o grande lago que os separava de nós. Navegaram nele durante várias luas, em grandes canoas. Escaparam do vendaval e dos seres maléficos que povoam o centro dessas águas. E, por fim, conseguiram retornar a esta terra do Brasil.

Contudo, as verdadeiras palavras de *Omama* já não existiam neles havia muito tempo. Foi seu irmão mau, *Yoasi*, criador da morte, que os conduziu até nós, como um pai guia seus filhos. Os ancestrais que os brancos chamam de portugueses eram mesmo filhos de *Yoasi*. Mal haviam chegado, já começaram a mentir aos habitantes da floresta: "Somos generosos, e somos seus amigos! Vamos lhes dar mercadorias e compartilhar nossa comida! Viveremos com vocês e ocuparemos esta terra juntos!". Depois, conversaram entre eles e começaram a vir, cada vez mais numerosos, para a terra do Brasil. No começo, seduzidos pela beleza da floresta, mostraram-se amigos de seus habitantes. Em seguida, começaram a construir casas. Foram abrindo roças cada vez maiores, para cultivar seu alimento, e plantaram capim por toda parte, para o seu gado. Suas palavras começaram a mudar. Puseram-se a amarrar e a açoitar as gentes da floresta que não seguiam suas palavras. Fizeram-nas morrer de fome e cansaço, forçando-as a trabalhar para eles. Expulsaram-nas de suas casas para se apoderar de suas terras. Envenenaram sua comida, contaminaram-nas com suas epidemias. Mataram-nas com suas espingardas e esfolaram seus cadáveres com facões, como caça, para levar as peles para seus grandes homens. Os xamãs conheciam todas essas antigas palavras. Tinham-nas ouvido ao fazerem dançar a imagem desses primeiros habitantes da floresta.[49]

Contam os brancos que um português disse ter descoberto o Brasil há muito tempo.[50] Pensam mesmo, até hoje, que foi ele o primeiro a ver nossa terra. Mas esse é um pensamento cheio de esquecimento! *Omama* nos criou, com o céu e a floresta, lá onde nossos ancestrais têm vivido desde sempre. Nossas palavras estão presentes nesta terra desde o primeiro tempo, do mesmo modo que as montanhas onde moram os *xapiri*. Nasci na floresta e sempre vivi nela. No entanto, não digo que a descobri e que, por isso, quero possuí-la. Assim como não digo que descobri o céu, ou os animais de caça! Sempre estiveram aí, desde antes de eu nascer. Contento-me em olhar para o céu e caçar os animais da floresta. É só. E é esse o único pensamento direito. Antigamente, nossos maiores não ficavam se perguntando "será que os brancos existem?". Como eu disse, seus xamãs já faziam descer a imagem dos ancestrais desses forasteiros muito antes de seus filhos chegarem até nós. As imagens dos antigos brancos dançavam para eles, que cantavam e dançavam imitando suas palavras enroladas. As pessoas comuns escutavam essa língua de fantasma com curiosidade, e pensavam: "Gostaria muito de conhecer essa gente outra! Como serão? Será que vou poder vê-los um dia?".

Nossos espíritos *xapiri* viajam para muito longe, até os confins da terra e do céu. Por isso nossos maiores também conheciam desde sempre o grande lago que os brancos atravessaram. Costumavam fazer dançar sua imagem com as dos seres da tempestade e dos redemoinhos que o povoam. Suas águas provêm do grande rio que irrompeu do mundo subterrâneo em *Hayowari*, que eles chamavam *H^{w}ara u*.[51] Foi com sua espuma que *Omama* criou os forasteiros. De modo que nossos antigos xamãs já falavam dos brancos muito antes de eles nos encontrarem na floresta. Seus antepassados não descobriram esta terra, não! Chegaram como visitantes! Porém, logo depois de terem chegado, não pararam mais de devastá-la e de retalhar sua imagem em pedaços, que começaram a repartir entre si. Alegaram que estava vazia para se apoderar dela, e a mesma mentira persiste até hoje. Esta terra nunca foi vazia no passado e não está vazia agora! Muito antes de os brancos chegarem, nossos ancestrais e os de todos os habitantes da floresta já viviam aqui. Esta é, desde o primeiro tempo, a terra de *Omama*. Antes de serem dizimados pelas fumaças de epidemia, os nossos eram aqui muito numerosos. Naqueles tempos antigos, não havia motores, nem aviões, nem carros. Não havia óleo nem gasolina. Os homens, a floresta e o céu ainda não estavam doentes de todas essas coisas.

11. A missão

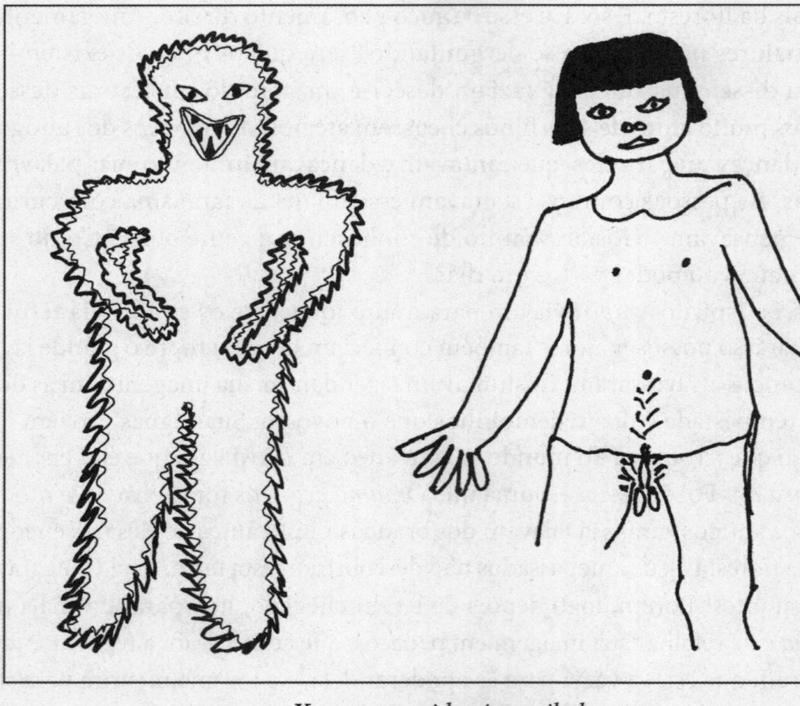

Xawara*: a epidemia canibal.*

Eles são completamente selvagens, não usam nenhuma roupa e estão muito enraizados na bruxaria e na adoração ao demônio [...].

V. Bartlett, 1961
New Tribes Mission

Meus maiores encontraram pela primeira vez a gente de *Teosi* numa visita aos *Xamat^{h}ari* instalados perto do posto Ajuricaba, a jusante, no rio Demini.[1] Esses brancos, que eles nunca tinham visto, disseram que queriam conhecer sua casa de *Marakana*. Começava a estação chuvosa e os rios estavam enchendo. Os forasteiros os convidaram então a entrar num pesado barco a motor e a subir o Demini com eles. Passados alguns dias, chegaram à foz do rio Toototobi. Todos os nossos estavam reunidos num grande acampamento na floresta. Éramos muito numerosos naquela época. Havia tapiris de folhas *ruru asi* espalhados por toda parte. Foi meu padrasto que me contou isso. Os nossos antigos tinham acabado de lançar uma incursão guerreira contra a gente do alto rio Catrimani.[2] Temendo represálias, tinham deixado *Marakana* e se refugiado na floresta por algum tempo.[3] Apesar disso, os brancos insistiram em ir à nossa casa. Alguns homens acabaram concordando em acompanhá-los, para pegar cachos de banana em suas roças. Os brancos foram, assim, visitar *Marakana* e, vários dias depois, retornaram a nosso acampamento.[4] Depois, sem explicação alguma, desceram o rio em direção ao posto Ajuricaba. Várias luas passaram. Foram então os soldados da Comissão de Limites que, por sua vez, vimos aparecer no rio Toototobi. Trabalharam nas terras altas por bastante tempo, para plantar grandes pedras nas nascentes dos rios, e então foram embora eles também, sem uma palavra, rio abaixo.[5]

Foi-se uma estação seca, chegou depois outra. Então, a gente de *Teosi* acabou voltando.[6] No começo, eram somente visitantes. Ainda não tinham aberto o caminho de avião nem construído suas casas em nossa floresta. Os homens mais velhos apenas os convidaram a amarrar suas redes nos esteios de nossa casa. Então, pela primeira vez, deram-nos a ouvir os cantos de *Teosi* numa máquina, e em seguida recitaram por um longo tempo as palavras dele.[7] Assim foi. Naquela época, os missionários ainda moravam longe de nós. Estavam instalados no posto Ajuricaba, junto com o pessoal da Inspetoria e os *Xamat^{h}ari*.[8] Mas o chefe de posto não gostava deles.[9] Por isso resolveram abandonar os *Xamat^{h}ari* e fazer amizade com nossos antigos, dizendo que queriam morar em nossa terra. Porém, desde a primeira visita daquela gente de *Teosi* a *Marakana*, muitos dos nossos tinham sido devorados pela fumaça de epidemia do branco do SPI de que falei, Oswaldo.[10] Nossos maiores tinham quase todos falecido. Tínhamos virado outra gente. Na volta de uma festa *reahu* em *Warëpi u*,[11] em um grupo das terras altas que também tinha sido dizimado pela epidemia, meu padrasto tinha decidido ficar morando em nossa casa de *T^hoo-t^hot^{h}opi*. Todos os sobreviventes de *Wari mahi* o seguiram. Os de *Sina t^ha*, por sua vez, permaneceram um pouco a montante, próximo de um antigo acampamento da Comissão de Limites. Então, após essa nova estadia entre nós, a gente de *Teosi* voltou para Ajuricaba. Dessa vez, no entanto, não demoraram a subir novamente o rio. Escolheram se instalar perto da roça de *T^hoot^{h}ot^{h}opi*, aberta por meu padrasto. Deram ao lugar, em sua língua de branco, o nome de "Toototobi". Acharam a floresta bela ali. Começaram a construir suas casas e a plantar para o próprio sustento.[12] Foi assim que a gente de *Teosi* começou a viver junto de nós.

No começo, só sabiam sua língua de fantasma. Às vezes, bem que tentavam cantar ou falar como nós, mas não compreendíamos grande coisa do que queriam dizer e isso nos fazia rir![13] Contudo, aos poucos, começaram a desenhar nossas palavras em peles de papel para poderem imitá-las. E assim, passado algum tempo, conseguiram falar com a língua mais direita. Foi então que começaram a nos amedrontar com as palavras de *Teosi*, e a nos ameaçar constantemente: "Não masquem folhas de tabaco! É pecado, sua boca vai ficar queimada! Não bebam o pó de *yãkoana*, seu peito ficará enegrecido de pecado! Não riam e não copulem com as mulheres dos outros, é sujo! Não roubem o que lhes é recusado, é errado! *Teosi* só ficará satisfeito com vocês se responderem a ele!".[14] Era assim mesmo. Repetiam sem parar o nome de *Teosi*, em todas as suas falas: "Aceitem as palavras de *Teosi*! Retornemos juntos para *Teosi*! Foi *Teosi* quem nos enviou! *Teosi* nos mandou para proteger vocês! Não recusem, ou queimarão após a morte no grande fogo de *Xupari*![15] Se seguirem *Satanasi*[16] e suas palavras, vão queimar lá com ele e vai ser de dar dó! Se, ao contrário, vocês todos imitarem *Teosi* como nós, um dia, quando ele decidir, *Sesusi*[17] descerá até nós e poderemos vê-lo aparecer nas nuvens!".

Eram palavras muito diferentes das de nossos antigos. Nunca tínhamos escutado tais coisas! Nada sabíamos de *Teosi* nem de *Satanasi*. Nem sequer havíamos jamais ouvido seus nomes ser pronunciados, tampouco o de *Sesusi*. Só conhecíamos as palavras de *Omama* e de *Yoasi*. Contudo, naquele tempo, nossos antigos tinham muito receio dos brancos. Muitos deles tinham acabado de ser devorados pela fumaça de epidemia de Oswaldo. Acharam que a gente de *Teosi* podia estar dizendo a verdade. Ficaram inquietos ao ouvir aquelas palavras desconhecidas. Por isso começaram todos a imitá-los, inclusive os grandes homens e os xamãs. Dava dó de ver! Ainda penso nisso muitas vezes, até hoje. A gente de *Teosi* demonstrava abertamente sua raiva contra os homens que, apesar de tudo, tinham coragem de continuar fazendo dançar os espíritos. Diziam-lhes sem parar que eram maus e que seu peito era sujo. Chamavam-nos de ignorantes. E ameaçavam sempre: "Parem de fazer dançar seus espíritos da floresta, isso é mau! São demônios que *Teosi* rejeitou! Não os chamem, eles são de *Satanasi*! Se continuarem assim ruins e persistirem em não amar *Sesusi*, quando vocês morrerem serão jogados no grande fogo de *Xupari*! Vão dar dó de ver! Sua língua vai ressecar e sua pele vai estourar nas chamas! Parem de beber o pó de *yãkoana*! *Teosi* vai fazê-los morrer! Vai quebrá-los com suas próprias mãos, porque é muito poderoso!".

Essas más palavras, repetidas sem descanso, acabaram assustando os xamãs, que não mais ousaram beber *yãkoana*, nem cantar durante a noite. Apenas se perguntavam quem poderia ser *Teosi* para querer maltratá-los daquele modo. *Omama* nunca tinha dito coisas assim. Nossos maiores só conheciam a beleza e a força dos *xapiri* e preferiam seus cantos a qualquer outra coisa. Não entendiam por que os brancos tinham começado a falar tão mal com eles. As novas palavras que diziam os deixavam confusos e ansiosos. Então, um a um, começaram a rejeitar seus próprios espíritos, que foram embora. Os últimos grandes xamãs não tinham coragem de chamá-los nem mesmo para curar os doentes. Emudeceram eles também. Diante disso, todos os outros moradores de nossas casas, pouco a pouco, acabaram aceitando as palavras de *Teosi*.

Assim que os missionários terminaram de construir suas casas em Tootobi, foram morar lá com suas mulheres e filhos. A partir de então, começamos todos a imitar as palavras de *Teosi* exatamente como eles faziam. Todos os dias, a gente de nossa casa se reunia ao chamado deles, mesmo as crianças e os velhos.

Era de manhã muito cedo. Fazia frio e sentíamos sono, mas tínhamos de ir assim mesmo![18] Cada qual pensava consigo mesmo: "Se eu não imitar *Teosi* com os outros, vou arder sozinho no fogo de *Xupari*!". Assim, apesar do sono, acabávamos descendo de nossas redes. Éramos muito dóceis naquele tempo! Seguíamos tudo o que nos dizia o pessoal de *Teosi*. Quando estávamos todos reunidos, os brancos se punham a cantar: "Quem criou o sol? Não fui eu que o criei! Foi *Teosi* quem o criou! Quem criou a lua? Não fui eu que a criei! Foi *Teosi* quem a criou! Quem criou a floresta? Não fui eu que a criei! Foi *Teosi* quem a criou! Quem criou a caça e os peixes? Não fui eu que os criei! Foi *Teosi* quem os criou!". Cantavam também que *Teosi* havia feito existir a terra e o céu, a luz e a noite, o vento e a chuva. Contavam como havia também dado vida a Adão e Eva: "Foi *Teosi* que nos pôs no mundo. Pegou barro, amassou com as mãos e transmitiu-lhe seu sopro de vida para criar um homem. Seu nome era Adão. Mais tarde, fez com que dormisse e arrancou-lhe uma costela para criar uma mulher. Foi também ele que deu filhos às mulheres. *Teosi* é muito poderoso! Nós o chamamos de Pai! Ele nos faz felizes. Aceitem as palavras dele. Mais tarde, ele virá buscar vocês e os levará consigo".[19]

Perguntávamos a eles: "Mas onde afinal vive esse que vocês chamam de *Teosi*?". Respondiam: "Mora para além do céu. Está construindo lá nossas casas. É por isso que ainda não veio nos buscar em pessoa. Mas já nos enviou seu filho, *Sesusi*, para lavar a sujeira de nosso peito com seu sangue. É com *Teosi* que iremos viver para sempre após a morte. Não morremos de verdade!". Ouvindo isso, dizíamos a nós mesmos: "Está bem! Vamos imitar *Teosi*, como fazem os brancos. Assim nosso peito permanecerá limpo. E, quando desaparecermos, iremos morar com ele!". Os missionários nos falavam de *Teosi*, mostrando-nos imagens, dizendo: "Estas são as palavras da Bíblia!".[20] Então, pensávamos: "Talvez as coisas tenham acontecido como alegam. Estariam dizendo a verdade aqueles forasteiros? Talvez as palavras de *Teosi* sejam mesmo verdadeiras!". Era assim que conseguiam nos enganar. Suas palavras desencaminhavam nosso pensamento e nos deixavam preocupados. Uma vez reunidos, depois de termos cantado e escutado os brancos, tentávamos falar com *Teosi* um de cada vez, como eles. Todo mundo tinha de fazer isso! Os homens e as mulheres, tanto os jovens quanto os mais velhos. Primeiro fechávamos os olhos, com a cabeça entre as mãos.[21] Então, falávamos em voz alta, sem medo. Quando queríamos sucesso na caça, dizíamos: "Pai *Teosi*, você é bom. Só você é generoso. Quero ir caçar hoje. Proteja-me das cobras. Torne suas presas inofensivas. Faça com que fujam quando eu me aproximar. Proteja-me das formigas *xiho*. Tire a dor da picada delas. Foi você que criou os animais de caça. Ponha-os no meu caminho na floresta. Todos temos fome de carne. Faça com que eu encontre uma anta. Vou flechá-la e lhe direi obrigado. Iremos comê-la todos juntos. Ficaremos de barriga cheia e felizes. E se eu comer anta demais, proteja-me da diarreia. Se não, envie-me macacos guaribas e mutuns. Irei flechá-los também. Mostre-me um jacaré, para que eu o golpeie. Torne-o covarde, para que não me morda caso eu pise nele por descuido. Ou então faça com que eu descubra pelo menos um jabuti no chão da floresta. Eu falarei 'obrigado'! Faça isso e poderemos achar que você é realmente bom!".[22]

Os adultos também falavam com *Teosi* a respeito das mulheres. Diziam: "Pai *Teosi*, você é bom. Sou feliz graças a você. Nenhum outro é tão grande. Expulse *Satanasi* para longe de mim quando ele me faz olhar para a mulher de outro. Impeça-me de escutá-lo quando me diz: 'Olhe aquela mocinha, é tão bonita, coma a vulva dela!'. Faça-me copular apenas com minha esposa. Basta querermos fazer amizade com uma mulher, *Satanasi* nos torna lúbricos. É mau! Só você pode fazê-lo recuar. Você tem de me fazer forte!". Os xamãs também pediam a *Teosi* para lavar-lhes o peito: "Pai *Teosi*, meu peito está sujo. Lave-o com o sangue de *Sesusi*. Quando os espíritos *xapiri* se aproximarem de mim, expulse-os, mande-os de volta para de onde vieram. É *Satanasi* que os conduz e me manda fazê-los dançar. *Teosi*, quero fazer descer os seus espíritos em lugar deles. Você, que criou os anjos, envie-os para mim! Só eles são realmente belos e poderosos".

Também costumávamos cantar: "Pai *Teosi*! Amamos seu filho *Sesusi*. Quando ele descer do céu, seguiremos seu caminho. Iremos viver com ele na sua floresta, onde não há feiticeiros inimigos, nem cobras, nem espinhos, nem formigas *kaxi*. Cá embaixo, a floresta é hostil. Por isso queremos nos juntar a você. Assim, não passaremos mais fome, pois na sua casa há pão e café em abundância. Seremos felizes, comeremos à vontade. Nosso pai *Teosi* é generoso. Sua floresta é magnífica. Vou para junto de *Teosi*! Na casa dele, não mais farei o mal. Não comerei a vulva de nenhuma mulher que não seja minha esposa. Junto dele, não ficarei mais doente e não morrerei nunca! Tenho medo de queimar no fogo de *Xupari* com *Satanasi*. Apenas os que ignoram a palavra de *Teosi* nele perecerão. Eu chegarei à floresta de *Teosi*! *Teosi* é muito poderoso. Não temo mais os feiticeiros inimigos. *Teosi* sabe tornar seus malefícios inofensivos. Por mais que tentem soprar em mim com suas zarabatanas, não conseguirão mais me matar. Joguei meus temores para longe de mim. Viverei com meu pai *Teosi*. Seguirei *Sesusi*!".

Essas palavras de *Teosi* são palavras de outra gente. Não são as de nossos antepassados. Apesar disso, naquele tempo, nos esforçávamos por repeti-las sem parar na companhia dos brancos. Às vezes, alguns de nós começavam a rir às escondidas quando alguém enrolava a língua e os imitava desajeitadamente. Eu mesmo zombei assim dos outros muitas vezes! Mas dentro de mim, pensava: "Devemos dar dó de ver! Fechamos os olhos para falar com *Teosi* e não vemos nada. Dirigimo-nos a ele sem nem ao menos saber quem ele é!". É verdade, cada um de nós tentava, no fundo do peito, se dirigir a *Teosi*. Mas por mais que nossos ouvidos estivessem atentos, não ouvíamos nunca suas palavras. Por isso, naquela época, eu costumava me perguntar: "Com que se parece a voz de *Teosi*? Será que um dia vai finalmente responder?".

Algum tempo depois de ter se instalado em Toototobi, a gente de *Teosi* pediu a todos os homens adultos para se reunirem. Então declarou, sem muita explicação: "É preciso que vocês abram uma longa clareira, que será um caminho de avião. Outros brancos que, como nós, possuem as palavras de *Teosi* logo descerão nele!". Nossos antigos então obedeceram, e começaram a trabalhar sob a direção de um novo missionário que acabara de chegar, um brasileiro que se chamava Chico. Os demais eram gente *merikano*.[23] Nossos pais trabalharam duro mesmo para abrir a pista![24] Por mais que fossem resistentes no trabalho, dava dó de vê-los derrubando grandes árvores a machadadas, sob o sol escaldante, dias a fio. Chico era muito agressivo. Repisava as palavras de *Teosi* e só interrompia para dar ordens. Assim que um homem parava para descansar um pouco, ele gritava, com raiva: "Volte ao trabalho! Não fique sem fazer nada! Se você não trabalhar, não vai receber nada!". Era muito penoso. Havia muitas grandes árvores *komatima hi* no lugar que os brancos tinham escolhido para fazer descer seu avião, e o caminho que haviam traçado na floresta era deveras longo. Muitos de nossos antigos chegaram até a se perguntar se não era um lugar para acolher a descida de *Teosi*! Queriam tanto vê-lo com os próprios olhos! Então, trabalharam sem descanso e sem reclamar. Mas os missionários não tinham dito isso, embora não parassem de repetir que um dia *Teosi* baixaria das alturas do céu. Diziam: "*Teosi* logo virá nos buscar. Quando ele chegar, vocês ouvirão o som de uma flauta vindo das nuvens. Por enquanto, ele ainda está preparando nossas casas e mantimentos para nos receber no céu. É preciso aguardar! Ele tem muito trabalho, pois nós, gente de *Teosi*, somos muito numerosos!". Então, nossos antigos pensavam que talvez aquelas palavras fossem verdadeiras. Ficavam pensativos, indagando-se: "*Teosi* vai mesmo descer até nós? Será logo ou daqui a muito tempo?". Assim, no dia em que o primeiro avião da gente de *Teosi* se aproximou no céu, todos se reuniram, temerosos, atrás dos missionários, para vê-lo descer na nova pista de pouso. Eles tinham muito medo, como no tempo dos aviões da Comissão de Limites, bem antes disso. É verdade. Nossos maiores ainda não conheciam muito bem os brancos. Tinham se deixado enganar pelas repetidas palavras dos missionários sobre a vinda de *Teosi*. Que nunca tinham explicado para que servia aquele caminho de avião. Jamais perguntaram a opinião dos nossos. Tinham apenas prometido presentes, para que parassem de ter medo e trabalhassem.[25]

Foi Chico, o brasileiro, que começou a nos fazer duvidar das palavras daqueles brancos. Tínhamos curiosidade, e fazíamos a ele muitas perguntas a respeito de *Teosi*: "Que aparência tem ele? Como é o som de sua voz? Como ele fala?". A todas as perguntas Chico se limitava a responder sempre a mesma coisa: "*Teosi* é Tupã, o Trovão!".[26] Isso nos irritava, pois era uma mentira descarada. Sabíamos muito bem que no primeiro tempo a voz sonora de Trovão tinha exasperado nossos ancestrais, que por fim o flecharam e devoraram![27] Chico se enfurecia com facilidade e falava muito mal conosco. Às vezes, também tentava nos assustar. Como na vez em que ficou furioso porque crianças tinham surrupiado melancias que ele tinha plantado ao longo da pista do avião. Para desencorajar os pequenos, plantou uma estaca na frente de sua plantação e amarrou nela uma espingarda, com o gatilho amarrado a um cipó. E declarou a todos que a arma abriria fogo sobre qualquer um que se aproximasse de suas melancias. Noutra ocasião, mandou-nos segui-lo até sua roça de milho. Então, começou a despejar nervosamente um pó branco sobre as espigas das plantas. Devia ser pó para matar mosquitos e baratas. Depois, ameaçou-nos de novo: "Agora, se vocês continuarem a roubar meu milho, vão morrer!". Na mesma época ele também gritou, cheio de raiva, com um xamã que recusava as palavras de *Teosi*: "Vou matá-lo e beber seu sangue! Gosto de beber sangue de Yanomami!". Mas a bravata, longe de assustar o rapaz, apenas enfureceu a ele e aos seus.[28] Os irmãos dele logo vieram acudi-lo e enfrentaram Chico, gritando tanto quanto ele. E depois o advertiram: "Se você diz possuir as palavras de *Teosi*, não se dirija a nós com palavras tão más. É pecado! E da próxima vez que você ameaçar matar um dos nossos, não hesitaremos em flechá-lo como a um inimigo!".

Certo dia, um grupo de caçadores foi pedir cartuchos a Chico. De má vontade, ele concordou em lhes dar alguns, antes de esconder o restante. Tamanha sovinice irritou os homens, pois os missionários, no tempo de suas primeiras visitas, sempre tinham se mostrado generosos para conquistar sua amizade. Então resolveram esperar que Chico estivesse de costas para surrupiar o resto da munição. Quando ele se deu conta, ficou furioso de novo e começou a berrar: "Vocês todos são maus! Quero que morram!". Diante de tanta raiva, meu padrasto decidiu recuperar o que restava dos cartuchos junto aos caçadores. Devolveu-os ao Chico, que acabou se acalmando. Em seguida, passaram-se várias luas, e a história já tinha quase sido esquecida. Porém, de súbito, ficamos todos doentes, abalados por uma violenta epidemia de sarampo.[29] Sem demora vários dos nossos morreram, mais uma vez. Então, Chico foi embora depressa, para trabalhar em Surucucus, uma outra missão do pessoal de *Teosi*, nas terras altas.[30] Desesperados e furiosos devido a todas aquelas mortes, tão pouco tempo depois das de *Marakana*, os poucos adultos mais velhos sobreviventes quiseram se vingar. Tinham certeza de que Chico tinha feito queimar uma fumaça de epidemia para puni-los pelo roubo dos cartuchos. Achavam que tinha fugido de repente por estar em estado de homicida *õnokae* e ter medo de os sobreviventes quererem flechá-lo. E era mesmo o caso! Mas nenhum daqueles guerreiros jamais tinha matado um branco. Só sabiam flechar seus inimigos na floresta. Hesitaram, e o tempo foi passando. Acabaram desistindo da vingança. Chico deve a isso o fato de estar ainda vivo.

Conhecíamos pouco os brancos naquele tempo, como eu disse. Ainda os temíamos muito. Eles, em compensação, não tinham medo de nós. Com certeza nos achavam bastante dóceis. Deviam mesmo pensar que éramos covardes! Por isso nos tratavam sem cuidado. Naquela época, antes da epidemia, havia

dois americanos na missão. O que chamávamos de Kixi se enfurecia muito rápido, como Chico.[31] Ralhava conosco o tempo todo, repetindo: "Vocês estão sendo enganados por *Satanasi*! É por causa dele que vocês são ladrões! Vocês pertencem a ele e vão todos arder no fogo de *Xupari*!". Toda essa raiva cessou, porém, de repente, num dia em que meu padrasto quase o matou. Exasperado por tantas más palavras de raiva, acabou por golpeá-lo. O missionário ficou com muito medo e, depois disso, parou de falar conosco daquele jeito ruim. Isso aconteceu no começo, quando ainda aceitávamos as palavras de *Teosi*. O filho mais velho de meu padrasto era ainda criancinha.[32] Divertia-se flechando lagartos e passarinhos nas imediações da missão. De repente, uma de suas flechinhas *ruhu masi*[33] foi se fincar no telhado de palha da habitação de um dos brancos. Para recuperá-la, ele foi buscar uma estaca e encostou-a na parede da casa. Subiu por ela com cuidado. Quando chegou em cima do telhado, tentou diversas vezes alcançar a flechinha com a ponta de seu arco, para trazê-la para junto de si. O missionário, que estava chegando, o viu. Achou que tentava entrar em sua casa afastando as palmas do telhado. Correu na direção dele aos berros, e o mandou descer. O menino, assustado, obedeceu, mas nem bem tocou no solo o homem começou a surrá-lo com um pedaço de pau chato que tinha pegado no chão.

Não longe dali, perto do rio, meu padrasto e outros homens preparavam a argila para as paredes de uma nova casa da gente de *Teosi*. Uma de suas filhas apareceu de repente, correu até ele e lhe contou, exaltada, o ocorrido: "O branco acabou de bater no meu irmãozinho! A boca dele está sangrando!". Ao ouvir essas palavras, meu padrasto saiu correndo em direção à missão. Assim que viu o sangue de seu filho pequeno, foi tomado de raiva. Lançou-se imediatamente sobre o missionário, brandindo sua enxada. Ele era muito valente, e as palavras de *Teosi* não lhe tinham tirado a coragem! O branco, apavorado, tentou acalmá-lo: "Espere! Não fique bravo! Devemos conversar juntos com *Teosi*!". Meu padrasto não respondeu. Só tentou bater com a enxada na cabeça dele! Mas ainda estava longe demais, e não acertou. Tentou então atingi-lo de novo, mas o missionário, muito apavorado, conseguiu se esquivar do golpe, repetindo sem parar: "Não bata em mim! Devemos conversar juntos com *Teosi*! Vamos conversar com *Teosi*! Vamos conversar com *Teosi*!". Meu padrasto, ainda enfurecido, acabou jogando a enxada no chão e começou a socar o rosto do missionário com o punho direito. Este tentou se defender. Mas depois de receber um soco muito forte no nariz, não foi mais capaz de resistir ao ímpeto do adversário. A mulher e a filha dele tentaram segurar meu padrasto. Seu filho pequeno tentava bater-lhe nas costas. Em vão. Ele os empurrou para longe, um após o outro. No final, estavam todos aos prantos, amedrontados e sem poder fazer nada. O missionário continuava de pé, em estado de fantasma, e ia desabando aos poucos, gemendo a cada golpe, sem reagir. Por fim, meu padrasto apanhou um pau para acabar com ele, mas a esposa do branco se agarrou à arma desesperadamente, para impedi-lo. Foi nesse momento que Chico chegou. Voltava de uma visita rio acima, à gente de *Sina t^ha*. Quando viu Kixi prestes a desabar e meu padrasto brandindo sua borduna, jogou a mochila e disparou em direção a eles. Segurou meu padrasto pela cintura e gritou: "Não faça isso! Pare! Pare de bater nele! É seu amigo!". Foi assim que finalmente conseguiu conter a raiva dele. Kixi estava em péssimo estado, coberto de sangue e atordoado pelos socos. Tinha escapado da morte por pouco! Sua mulher o arrastou em seguida para dentro de casa, para tratar dele. Lá permaneceram trancados o restante do dia. No dia seguinte, o branco reapareceu, com o rosto inchado e vários dentes quebrados. Logo depois foi a Manaus para colocar outros novinhos.

A epidemia de sarampo nos atingiu na missão algum tempo depois do roubo dos cartuchos de Chico e de meu padrasto ter surrado o missionário. Um avião chegou. Kixi estava voltando de Manaus com a família. Sua filha pequena tinha pegado a doença lá sem ele saber. Só percebeu após chegarem à nossa floresta.[34] Foi o que ele nos disse depois. Mas quem sabe ele também desejou nossa morte, como o Chico? Ele devia estar mesmo furioso depois do que o meu padrasto havia feito com ele! Vários de nós pensamos, então, que ele poderia ter trazido uma fumaça de epidemia dentro de uma caixa de ferro e poderia tê-la aberto entre nós para se vingar. Mas ninguém viu nada explodir como no tempo de Oswaldo, em *Marakana*.[35] Não sei! É também verdade que Kixi nos alertou a respeito da doença da filha. Assim que percebeu que ela estava com febre, começou a nos dizer: "Não se aproximem mais de minha filha! Fiquem longe dela! Ela está doente, tem sarampo! Vai contaminar todos vocês! Vocês vão morrer!". Mas já era tarde demais. Alguns de nós a tinham carregado no colo, outros tinham brincado com ela. Chico, em compensação, nunca disse uma palavra sequer. Jamais tentou nos avisar. É também por esse motivo que, mais tarde, os sobreviventes da epidemia quiseram flechá-lo.

Essa epidemia começou a nos devorar durante uma festa *reahu*. Nossos antigos tinham chamado à nossa casa de Toototobi gente de *Warëpi u*, que vivia rio acima, nas terras altas. Eles não tinham mandioca suficiente em suas roças para a festa que pretendiam dar. Meu padrasto os tinha convidado para se servirem das roças dele. Tinha também proposto que viessem caçar conosco, para juntar a carne necessária.[36] De modo que, assim que os visitantes chegaram, todos os homens da casa partiram para uma caçada de vários dias. Mas os caçadores acabaram voltando muito mais cedo do que o previsto. Só tinham flechado duas antas. Na mata, vários deles tinham começado a arder em febre. O mesmo acontecia em nossa casa. Foi assim que a doença começou a escurecer nossos pensamentos.

Apesar disso, os preparativos para a festa prosseguiram durante alguns dias. Um grupo de mulheres foi para as roças colher mandioca. Descascaram-nas e as empilharam num lado da praça central e depois cobriram com folhas de bananeira. No dia seguinte, começaram a ralar a mandioca para preparar a farinha dos beijus a serem servidos como acompanhamento da carne moqueada. A essa altura, a febre já tinha atingido a maior parte das pessoas da casa. No dia seguinte, só havia um punhado de mulheres que ainda tinham forças para assar os beijus. Muitos pensaram que podia ser uma simples doença da tosse e não se preocuparam muito. Mas estavam enganados. Era sarampo mesmo, que é muito mais perigoso para nós. Nós o chamamos *sarapo a wai*.[37] Quase todos foram contaminados em pouco tempo, tanto os nossos quanto os convidados de *Warëpi u*. Logo depois a doença se espalhou para *Sina tʰa*. Então, mais uma vez, como tinha acontecido em *Marakana*, as pessoas começaram a morrer uma atrás da outra, dentro de casa e na floresta; tanto crianças quanto adultos, homens e mulheres. A pele deles ficava coberta de placas avermelhadas, e eles ficavam se arranhando, tentando acalmar a coceira, já em carne viva. Perdiam todo o cabelo e o rosto ficava inchado. Eram tomados por uma tosse forte e constante; ardiam em febre.

No começo da epidemia, o missionário mandou os que ainda não tinham sido atingidos cortar lenha em grande quantidade, para aquecer os doentes. Assim, com os demais adolescentes ainda saudáveis, passei meu tempo rachando a machadadas troncos de árvores mortas nas roças. Porém, logo fui eu mesmo pego pela doença. Aquela epidemia *xawara* era muito voraz mesmo! Tinha muita fome de carne humana e quase me matou também. Fiquei tão mal que acabei perdendo a consciência. Virei fantasma e a febre me queimava por toda parte. Comecei a ver em sonho o peito do céu desabando sobre a terra.[38] Os xamãs de nossa casa trabalhavam freneticamente para segurá-lo. Mas nada adiantava. O céu balançava com estrondo e continuava rachando e se desmanchando de ponta a ponta. Pedaços enormes se soltavam com estalos ensurdecedores. Depois caíam devagar sobre mim, brilhando num clarão ofuscante. Todos os moradores de nossa casa choravam e até os xamãs gritavam de medo. Eu tinha certeza de que o céu estava desabando sobre a floresta e iria esmagar todos os humanos. Comecei também eu a berrar de pavor. Mas, de repente, voltei a mim. Então, mais calmo, exclamei em voz alta: "Que pavor! Acabo de ver o céu quebrando e caindo sobre nós!". Fiquei de fato muito doente naquela epidemia! Apesar disso, no final consegui escapar da morte. O pessoal de *Teosi* chamou seu avião com um médico e remédios para cuidar de nós.[39] Foi desse modo que minha irmã mais velha e eu conseguimos sarar. Meu padrasto também sobreviveu, embora tenha realmente chegado a agonizar. Todos os nossos parentes já estavam aos prantos em torno dele e tinham preparado um saco de folhas e estacas, para colocar seu cadáver na floresta.[40] Foi o que aconteceu. Eu ainda não conhecia bem os *xapiri* naquela época, mas penso que devem ter me protegido mesmo assim.[41] É certamente graças a eles que ainda estou aqui para contar esta história e é também por isso que, mais tarde, me tornei xamã.

Meu tio,[42] de quem eu gostava muito, foi o primeiro a adoecer em Toototobi, antes de a epidemia se espalhar por toda a nossa casa. O missionário o tinha advertido de que a filha estava doente. Mas ele não lhe deu ouvidos e se aproximou dela para lhe falar com carinho. Assim, foi ele o primeiro contaminado. Depois morreu muito depressa, antes de todos os outros. Ficou tão doente que já tinha virado fantasma. Os xamãs fizeram de tudo para tentar curá-lo. Mas suas mãos tiveram de desistir, e não conseguiram proteger a imagem dele. Enquanto trabalhavam, tentei me aproximar dele várias vezes, porque estava muito aflito com sua doença. Mas os outros adultos me impediram. De modo que eu nunca mais o vi. Só escutei, de longe, a notícia de sua morte. A partir de então, me senti realmente só. Esse tio era muito afetuoso comigo e me protegia. Carregava-me no colo e costumava me dar comida. A morte dele me deixou muito triste mesmo. Eu não parava mais de chorar. Os homens mais velhos da nossa casa acharam, no começo, que feiticeiros inimigos do alto rio Mucajaí, descendentes da gente de *Amikoapë*, tinham soprado nele pós maléficos, antes de lhe quebrarem os ossos.[43] Mas não era isso. Logo depois de seu fantasma ter ido para as costas do céu, outras pessoas da aldeia foram ficando doentes e morreram do mesmo modo que ele. Foi mesmo a epidemia *xawara* que o matou. É por isso que, se eu fosse adulto, acho que teria flechado o missionário para vingar a morte dele. Mas eu não passava de um menino e tinha muito medo dos brancos. Mais tarde, enquanto crescia, nunca deixei de pensar nesse tio. Ele tinha me feito refletir, dizendo: "Quando eu morrer, você deve ir embora para junto dos brancos. Não fique nesta casa, ninguém mais aqui será seu amigo de verdade. São gente outra!". Sempre guardei essas palavras comigo. Foi lembrando delas que, mais tarde, já adolescente, deixei minha aldeia de Toototobi e desci o rio, para trabalhar no posto de Ajuricaba.

Depois de meu tio, foi minha mãe que a epidemia devorou. Começou a arder em febre. Ainda era jovem e muito forte. No entanto, morreu em alguns dias. Aconteceu tão de repente que nem pude cuidar dela. Eu mesmo estava em estado de fantasma, e não a vi morrer. Ainda hoje me recordo disso com uma grande dor. Os missionários, poupados por sua própria epidemia, puseram minha mãe na terra à minha revelia, em algum lugar perto da missão Toototobi. Minha irmã mais velha e nossos demais parentes também estavam muito doentes. Meu padrasto agonizava. Nenhum de nós pôde impedi-los. Enterraram do mesmo modo muitos dos nossos. Eu soube disso bem mais tarde, depois de ficar curado. Mas nunca consegui saber onde minha mãe tinha sido sepultada. O pessoal de *Teosi* nunca disse, para nos impedir de recuperar as ossadas. Por causa deles, nunca pude chorar minha mãe como faziam nossos antigos. Isso é uma coisa muito ruim.[44] Causou-me um sofrimento muito profundo, e a raiva dessa morte fica em mim desde então. Foi endurecendo com o tempo, e só terá fim quando eu mesmo acabar.

Após a morte, nosso fantasma não vai viver junto de *Teosi*, como dizem os missionários. Ele se separa de nossa pele e vai morar noutro lugar, longe dos brancos. Nossos defuntos moram nas costas do céu, onde a floresta é bela e rica em caça. Suas casas lá são muitas e suas festas *reahu* nunca param. Vivem felizes, sem dores nem doenças. Vistos de lá de cima, somos nós que causamos dó! Os mortos ficam tristes por nos terem abandonado na terra, sozinhos, com fome e ameaçados pelos seres maléficos. Por isso minha mágoa é um pouco aplacada quando penso que minha mãe vive feliz na floresta dos fantasmas, na companhia de todos os nossos parentes falecidos. É verdade. Somos nós, os poucos humanos que sobraram, que ficamos sofrendo na floresta, longe de nossos mortos.

Durante essa nova epidemia, os missionários nunca desistiram de nos falar de *Teosi*. Ao contrário, impediram os xamãs ainda saudáveis de nos tratar! Ficavam repetindo: "Não façam descer seus espíritos; eles pertencem a *Satanasi*! É *Teosi* que, ao contrário, vai curar os doentes. E os que morrerem voltarão a viver junto dele. Serão felizes lá! Não se preocupem!". Receosos, os xamãs obedeceram e não fizeram nada. Não combateram os espíritos da epidemia. Não tentaram vingar seus próximos que estavam agonizando. Muitos dos doentes ficaram apavorados diante desse abandono e, com certeza, morreram por esse motivo. Assim penso eu. Dessa vez, a maioria dos poucos adultos que tinham escapado da epidemia de *Marakana* morreu. Esses antigos tinham sabedoria e cuidavam de nós. De repente, já não estavam mais entre nós. Quando volto a pensar naquele tempo, fico mudo e recolhido na minha rede. Tudo isso me atormenta e eu jamais pude esquecer. Meus pensamentos vão seguindo um ao outro melancolicamente, sem parar. Então, para tentar acalmá-los, digo a mim mesmo que aqueles que fizeram desaparecer nossos maiores um dia perecerão por sua vez, causando a mesma tristeza entre seus próximos.

Todas essas mortes, juntando-se às de *Marakana*, encheram de angústia e raiva o peito dos sobreviventes.[45] Começaram a falar duro com os missionários: "Vocês pretendem que *Teosi* cuida de nós. Vocês nos deram o nome dele e, no final, são vocês que nos fazem morrer! Não queremos mais escutar suas palavras! *Teosi* não afastou o mal para longe de nós! Ao contrário, deixou-nos ser devorados pela epidemia de vocês!". Estávamos todos desamparados e furiosos. Foi preciso muito tempo antes de nossos pensamentos conseguirem se acalmar. Os brancos da missão não reagiram à nossa raiva. Apenas repetiam: "Foi *Teosi* que os protegeu! Foi ele que os curou! Falamos com ele o tempo todo! Ele estava do seu lado e é todo-poderoso! Foi ele que fez fugir a epidemia *xawara*. Levou os mortos de vocês para a casa dele. Não fiquem tristes, estão vivendo felizes com ele!".[46] Lembro-me muito bem de tudo isso. Naquela época, eu era rapaz e os missionários queriam muito me convencer. Não paravam de me dizer a mesma coisa: "Escute! Você tem de aceitar *Teosi* e as palavras dele, pois se morrer irá para o céu, e ele cuidará de você!".

Então, depois de todo aquele sofrimento, e diante da insistência dos brancos, voltamos a pensar que talvez o que diziam de *Teosi* fosse verdade. Voltamos, afinal, a ter medo deles como antes, deles e daquele cujo nome invocavam a torto e a direito. Dizíamos a nós mesmos: "Talvez *Teosi* quisesse mesmo que os nossos se juntassem aos fantasmas dos antepassados nas costas do céu? Talvez ele logo desça na floresta para que morramos todos também e nos leve consigo? Será que não deveríamos aceitar suas palavras, para evitar sua raiva e nunca queimar na fogueira de *Xupari*?". Nosso pensamento estava na dúvida e, assim, passamos a escutar com temor e docilidade os discursos dos missionários outra vez.[47] Pouco depois, meu padrasto aceitou até ser mergulhado por eles no rio Toototobi, para ser batizado.[48] Depois todos seguiram seu exemplo e quiseram voltar a ser crentes.[49]

Chico, que tinha deixado Toototobi logo depois da epidemia, voltou então para a missão.[50] Dizia-se homem de *Teosi*, mas era muito diferente dos demais missionários. Não tinha esposa nem filhos. Vivia só e, com o passar do tempo, deve ter pensado: "Por que não arranjo uma mulher yanomami?". Ele empregava uma mocinha para cuidar de sua casa, lavar sua roupa e sua louça. Era uma *moko*, uma menina nova com os seios ainda duros e pontudos. Era muito bonita e ele se pôs a desejá-la. Sempre dava a ela alimentos e roupas.[51] Estava gostando dela e começou a comer sua vulva. Passado algum tempo, quis tomá-

-la por esposa de verdade. Resolveu pedi-la ao meu padrasto sem contar aos outros missionários. Disse a ele: "Vivo sozinho há muito tempo e quero que essa moça seja minha! Eu também preciso de uma esposa!". Pergunto-me por quê, mas meu padrasto acabou se deixando convencer. Por fim, concordou em dá-la a ele. Acho que deve ter pensado que, se recusasse, Chico poderia ficar furioso e querer se vingar com uma nova fumaça de epidemia, como Oswaldo tinha feito em *Marakana*! Eu fiquei muito desgostoso com tudo aquilo. A moça era parente minha e todos sabiam que Chico já tinha engravidado uma jovem mulher casada na aldeia. Enfurecia-me o fato de ele, mesmo assim, continuar pretendendo fazer parte da gente de *Teosi*! Tudo isso era muito ruim. Desde que chegara à missão, Chico não parava de nos dizer: "Não cobicem a mulher dos outros, não as chamem para copular na floresta! É pecado!". Ele nos tinha enganado bem com todas as suas mentiras!

Por causa disso, o pessoal de Toototobi ficou novamente com raiva. Começaram a enfrentá-lo sem medo: "Como é que você pode imitar as palavras de *Teosi* e cometer você mesmo os pecados de que fala? Então você mentiu para nós!". Chico respondia, irritado: "Não estou cometendo pecado, quero me casar com ela. Não desejo a mulher de outro. Sempre obedeço *Teosi*!". Mas nossos antigos retorquiam: "Mentira! Vá pedir uma esposa à sua gente, em Manaus. As mulheres dos brancos são muitas! Se você se casar com uma mulher da sua terra e imitar *Teosi* com retidão, nós o seguiremos! Mas se continuar assim querendo copular com nossas meninas, uma depois da outra, é porque está nos enganando! Você é mau! Se fosse mesmo filho de *Teosi*, ficaria sem mulher em vez de comer a vulva de nossas filhas e esposas! Você costuma dizer que somos falsos e você nos imita! É porque suas palavras de *Teosi* são mentiras e seu pensamento está cheio de esquecimento!".

Nossos antigos achavam que, se os brancos eram portadores das palavras de *Teosi* como afirmavam, não podiam tocar em nossas mulheres. Caso o fizessem, significaria que eram mentirosos e que *Teosi* não existia. Depois da epidemia, estavam todos abalados pela lembrança de seus mortos e atormentados pelas palavras dos missionários. O comportamento de Chico deixou-os mais confusos e furiosos. Perderam então toda a vontade de imitar aqueles brancos que, afinal, não lhes pareciam ser mais do que impostores. Voltaram a se mostrar negligentes em relação às palavras de *Teosi*. Alguns de nós ainda as escutavam de tempos em tempos, é verdade. Porém, aos poucos, todos foram perdendo o interesse por elas. Os missionários ainda tentavam nos falar o quanto podiam de *Sesusi* e do pecado. Mas nossos ouvidos tinham ficado surdos. Chico continuava repetindo suas ameaças: "Se *Teosi* não estiver no pensamento de vocês e se vocês não o amarem, ele os fará morrer!". Mas ele tinha feito coisas ruins demais em Toototobi. Até os outros brancos acabaram percebendo! O chefe do pessoal de *Teosi* mandou-o de volta para Manaus, onde ele, por fim, deixou de ser missionário.[52] Nós também terminamos com as palavras de *Teosi*.[53] As enganações de Chico nos tinham feito refletir e jogamos fora todas aquelas palavras de mentira e medo.

Naquela época, meu padrasto chegou até a ameaçar o pessoal de *Teosi* com sua espingarda! Isso aconteceu porque um xamã reputado, que ele chamava de cunhado, morreu de repente durante uma visita à nossa aldeia. Era um grande homem, vindo de uma casa das nascentes do Orinoco chamada *Maamapi*. Era um grande amigo dele. Certo dia, ele estava limpando o caminho do avião da missão, a pedido dos brancos. Começou a sentir uma dor aguda no ventre. Teria sido flechado pelos *xapiri* de um xamã inimigo? Caçadores distantes teriam ferido seu duplo animal? Não sei. A doença não durou muito. Seu estado logo piorou e ele começou a sentir dores atrozes. No entanto, nenhum de nossos xamãs tentou arrancar de sua imagem as pontas de flecha que tanto o atormentavam. Nem meu padrasto nem nenhum dos outros. Eles já não ousavam chamar seus *xapiri* para curar. Tinham-nos rejeitado e não bebiam mais *yãkoana* para alimentá-los e fazê-los dançar. Temiam as reprimendas dos brancos e só se dirigiam a *Teosi*.

Meu padrasto, que então ainda era crente, tentou curar o visitante com as palavras que tinha recebido dos missionários. Pediu a *Teosi* que deixasse viver seu amigo: "*Teosi*, eu o chamo de Pai. Trago-o em meu pensamento. Você é bom. Só você pode nos curar. Foi você que criou a floresta e o céu. Só você é tão poderoso. Os *xapiri* são fracos. Meu cunhado está agonizando. Tire a dor de seu ventre. Se ele ficar curado, lhe agradecerei. Se voltar à vida como *Sesusi*, ficarei satisfeito com você. Se morrer, ficarei muito triste. E então pensarei, enfurecido, que suas palavras são apenas mentiras!". Passou uma noite inteira ajoelhado junto ao doente, que se contorcia de dor. Manteve a cabeça baixa, o rosto entre as mãos. Imitava com obstinação as palavras de *Teosi*. Dava mesmo dó de ver! O amigo não parava de gemer e repetia: "Dói muito! Eu vou morrer!". De repente, não se ouviu mais sua voz. Parou de respirar. Então, todas as pessoas da casa se aproximaram de sua rede para dar início às lamentações de luto. Meu padrasto permaneceu agachado com a mãe do morto, uma mulher muito velha. Chorou com ela durante muito tempo antes de a dor de seu sofrimento se transformar em raiva. Então, declarou diante de todos os que choravam com ele: "A partir de hoje, não imitarei mais à toa as palavras de *Teosi*, que deixou morrer meu cunhado sem fazer nada!". Era de manhã cedo. O defunto ainda estava na rede. Meu padrasto foi à floresta, nas proximidades, para preparar a armação de estacas sobre a qual o cadáver seria colocado. Depois voltou para casa atravessando a missão, que era perto. Viu de longe o pessoal de *Teosi* concentrado em suas orações. Um deles o chamou: "Venha conosco! Vamos juntos conversar com *Teosi*! Não fique triste. Ele o protege!". Meu padrasto seguiu adiante sem responder, com o ódio de seu luto cravado no peito.

Foi buscar a espingarda. Depois voltou, com a arma na mão, até a casa onde os brancos estavam reunidos. Estavam cantando as palavras de *Teosi* e insistiram mais uma vez para que viesse se juntar a eles. Ainda mudo, ele se ajoelhou entre eles, com a espingarda. Os cantos deles atiçaram sua fúria. Quando pararam de cantar, disseram que era a vez de ele imitar as palavras de *Teosi*. Meu padrasto permaneceu em silêncio. Escutava, ao longe, os choros de luto que continuavam saindo de nossa casa. De repente, ele se pôs a gritar: "*Ma!* Não vou mais cantar para *Teosi*! Não quero mais mentir! Ele não faz nada para nos curar! Só os nossos *xapiri* trabalham realmente para nos defender! O *Teosi* de vocês não passa de um preguiçoso. Dei ouvidos a vocês e me dirigi a ele, pois vocês tinham dito para mim que ele sabia curar. Ele não fez nada por meu cunhado. Agora, acabou! Perdi toda a alegria. Só me resta minha raiva!". Surpresos com o tom exaltado de suas palavras, os missionários o fitaram com olhos amedrontados. Meu padrasto continuou gritando, de pé diante deles, agitando a arma: "Joguei fora as palavras de *Teosi*! Nunca mais vou falar nisso! Não quero mais fazer sofrer os meus com essas mentiras! *Teosi* deixou morrer aquele que estamos chorando. Estou furioso! Agora só tenho uma vontade: matá-los!". Então ele enfiou um cartucho na espingarda e a apontou na direção dos brancos, que fugiram imediatamente. Mas um deles, que chamávamos de Purusi, ficou plantado na entrada da casa, diante de meu padrasto, que continuava gritando: "Vocês fogem como covardes, mas vão morrer assim mesmo! Você, que ficou aí, vou matá-lo primeiro! Estou furioso! *Asi!*".

O americano, apesar de ser adulto, de repente começou a chorar de medo. Achava mesmo que meu padrasto ia atirar nele. Suplicou-lhe, soluçando: "Não me mate! Não quero morrer de uma de suas balas!".[54] Tinha desabado no chão. Meu padrasto o agarrou com uma mão pela camisa para levantá-lo, sem parar de gritar: "Pare de chorar como uma criança! Ponha-se ereto! Quero matá-lo de pé!". Naquele tempo, ele era um bravo e temido guerreiro. Porém, ele não matou o missionário. Deve ter ficado com pena de vê-lo naquele estado. No passado, aquele homem o havia tratado com amizade e lhe dera mercadorias.[55] Por fim, baixou o cano da espingarda e o deixou fugir para junto dos outros brancos, que estavam trancados em outra construção. Então meu padrasto voltou à nossa casa, onde reencontrou o círculo de pessoas que ainda choravam em volta da rede do defunto. Fez um breve discurso *hereamuu* para que o cadáver fosse embrulhado num saco de folhas de palmeira e levado para a floresta ali perto, para ficar exposto. Alguns homens se encarregaram do fardo funerário, seguidos por um grupo de mulheres em prantos. Uma vez cumprida essa tarefa, os lamentos de luto recomeçaram com mais vigor. Todos estavam tomados de tristeza e raiva. Meu padrasto continuou carregando a dor pela morte do amigo por muito tempo depois desse dia. Nunca mais se juntou aos missionários para cantar e parou de dar ouvidos aos discursos e reprimendas deles. Começou a denunciar as palavras de *Teosi* como mentira dos brancos.[56] Mais tarde, ele inclusive se afastou da missão Toototobi e foi viver bem longe, no alto rio *Wanapi u*.

12. Virar branco?

Davi ainda enfrenta alguns problemas mas continua a mostrar progresso espiritual e suas leituras caminham bem.

The Toototobi gang, 1970b
New Tribes Mission

Quando eu era criança, os missionários quiseram a todo custo me fazer conhecer *Teosi*. Não esqueço essa época da missão Toototobi. Às vezes me lembro de tudo. Então digo a mim mesmo que *Teosi* talvez exista, como aqueles brancos tanto insistiam. Não sei. Mas, em todo caso, tenho certeza há muito tempo de não querer mais ouvir suas palavras. Os missionários já nos enganaram o suficiente naquele tempo! Cansei de ouvi-los dizer: "*Sesusi* vai chegar! Vai descer até vocês! Chegará em breve!". Mas o tempo passou e eu ainda não vi nada! Então fiquei farto de escutar essas mentiras. Os xamãs por acaso ficam repetindo essas coisas à toa, sem parar? Não: bebem o pó de *yãkoana* e logo fazem descer a imagem de seus espíritos. E só. Por isso, quando me tornei adulto, decidi fazer dançar os *xapiri* como os antigos faziam no tempo da minha infância. Desde então, só escuto a voz deles. Talvez *Teosi* se vingue de mim e me faça morrer por isso. Pouco importa, não sou branco. Não quero mais saber dele. Ele não é nem um pouco amigo dos habitantes da floresta. Ele não cura nossas crianças. Tampouco defende nossa terra contra os garimpeiros e fazendeiros. Não é ele que nos faz felizes. Suas palavras só conhecem ameaça e medo.

É verdade. Até hoje, a gente de *Teosi* não desistiu de me assustar! Quando os encontro por acaso, continuam me dizendo: "Davi, seu pensamento está escurecido! *Satanasi* se apoderou de você! Se continuar dando ouvido às palavras dele, vai arder no grande fogo de *Xupari*! Pare de responder aos *xapiri*, para que seu pensamento possa se abrir novamente com as palavras de *Teosi*! É ele que vai realmente protegê-lo!". Mas já não sou mais criança, não tenho mais medo de responder a eles: "Já escutei demais suas tapeações, naquele tempo. Basta! Como podem vocês pretender que seu *Teosi* quer nos proteger quando ele fica ameaçando nos jogar numa fogueira? Se pudéssemos vê-lo, talvez temêssemos sua ira a ponto de nos submetermos. Mas só sabemos dele o que vocês dizem e nunca pudemos vê-lo! Então, se vocês querem imitar as palavras dele, façam isso sozinhos, fechados em suas casas. Eu nunca mais quero ouvi-las!". Hoje, essas falas torcidas dos missionários não me inquietam mais. Após minha morte, os dizeres e cantos da gente de *Teosi* não serão mais nada. Meu fantasma estará feliz nas costas do céu, com os de todos os nossos antigos xamãs mortos. Assim é. Os Yanomami são mais numerosos nas costas do céu do que aqui embaixo, na terra!

As palavras de *Teosi* pertencem aos brancos. Antigamente, eram desconhecidas na floresta. Surgiram entre nós há pouco tempo. Nenhum de nós jamais as havia dito antes de os missionários chegarem com elas. Por isso não as compreendemos realmente. Só conhecemos um pequeno trecho delas, a montante.[1] Porém, nosso pensamento é incapaz de desdobrá-las em todas as direções, como fazemos com as dos *xapiri*. Se continuarmos a ouvi-las e segui-las sem razão, acabaremos esquecendo os dizeres de nossos maiores. Aí, os brancos dirão que somos crentes, mas nosso pensamento terá só ficado tão esquecido quanto o da gente da cidade, que não sabe nada da floresta. Hoje, porém, é o contrário que ocorre. Muito poucos de nós ainda imitam *Teosi*, e os xamãs não temem os missionários como antigamente. Os *xapiri* continuam a nos fazer escutar seus cantos, que são nossa verdadeira língua.

Até hoje, mesmo com a *yãkoana*, nunca conseguimos ver dançar a imagem de *Teosi*! Por mais que fechemos os olhos e nos esforcemos muito, como eu cheguei a fazer, é sempre em vão. *Teosi* morreu e seu fantasma desapareceu além do céu. Não é possível vê-lo nem ouvi-lo. No entanto, outrora, quando eu mesmo virei fantasma sob efeito da epidemia *xawara*, vislumbrei um grande pedaço de tecido branco que flutuava no ar, sem pés. Era difícil enxergá-lo com clareza, mas havia em torno dele padres e freiras sentados em volta de uma grande mesa.[2] Então acordei e depois, quando adormeci de novo, nunca mais voltei a vê-lo. Mas talvez a imagem de *Teosi* seja também aquilo que os espíritos chamam de *Wãiwãiri*? É um ser de pele flácida e luminosa que, quando aparece, só fica dançando no mesmo lugar, em tremedeiras moles e assustadoras.[3] Eu nunca o vi, mas o meu sogro me falou dele algumas vezes, quando bebíamos a *yãkoana* juntos. Disse-me que essa imagem, que fazia descer de vez em quando, trazia em torno do pescoço um longo tecido coberto de desenhos de escrita pretos e que talvez fosse essa a imagem de *Teosi*.

Meu sogro, como eu disse, é um grande xamã. Nossos antigos abriram eles mesmos os caminhos de seus *xapiri* para ele. Ele morreu várias vezes e seus espíritos sempre o trouxeram de volta à vida. Foi morrendo desse modo que ele também viu *Omama* e *Teosi* se enfrentarem. Contou-me como ambos surgiram, juntos, quando a floresta começou a existir. Mas *Teosi* logo ficou furioso contra *Omama*, por achá-lo habilidoso demais. Sua capacidade de criar as coisas da floresta o deixava enciumado. De raiva, acabou matando-o. Então *Omama*, tornado fantasma, vingou-se de *Teosi* e, por sua vez, destruiu-o. Depois disso, o fantasma de *Teosi* foi morar além do céu, acima da terra dos brancos. O de *Omama* permaneceu acima de nossa floresta, próximo dos *xapiri*. Desde então, as imagens dos dois ficaram afastadas uma da outra. Tudo isso aconteceu depois que *Omama* fugiu de nossa floresta em direção a jusante dos rios, onde criou os brancos.[4]

Hoje *Teosi* está morto, tanto quanto *Omama*. Deles só restam os nomes, seus valores de fantasma. A imagem de *Teosi* talvez cuide dos brancos. Eles devem saber. Nós, em todo caso, sabemos muito bem que ela não protege nada os habitantes da floresta! Os missionários costumavam repetir que *Teosi* criou a terra e o céu, as árvores e as montanhas. Mas, para nós, suas palavras só trouxeram para a floresta os espíritos de epidemia que mataram nossos maiores, e todos os seres maléficos que, desde então, nos queimam com suas febres e nos devoram o peito, os olhos e o ventre. É por isso que, para nós, *Teosi* é antes o nome de *Yoasi*, o irmão mau de *Omama*, o que nos ensinou a morrer.[5] *Omama*, por outro lado, criou os *xapiri* para nos vingar das doenças, e a *yãkoana* para podermos fazer dançar suas imagens. Quis, com sabedoria, defender os habitantes da floresta de *Nomasiri*, o ser da morte.

No começo, *Omama* não era o único a ter *xapiri*. *Teosi* os criou no mesmo tempo. São eles que os missionários chamam de anjos. No entanto, *Teosi* acabou sendo agressivo com eles, porque não lhe obedeciam. Então, expulsou-os para longe, acusando-os de serem sujos e preguiçosos. Ao ver isso, *Omama* os chamou para perto de si e os transformou em *xapiri*. Deu a eles seus ornamentos resplandecentes e seus cantos magníficos. De modo que eles são muito mais belos do que os humanos; são mesmo como os espíritos deles que os brancos nos disseram ser anjos.[6] A beleza e o poder dos *xapiri* não tardaram a causar inveja em *Teosi*. Por isso, como eu disse, ele acabou matando *Omama*, que era o pai deles. Ele não morreu sem motivo! É também por isso que, até hoje, a gente de *Teosi* guarda tanto rancor contra os xamãs que fazem dançar esses espíritos. É o que eu penso.

Os missionários têm um livro a partir do qual espalham as palavras de *Teosi*. Costumavam dizer, olhando para ele, que *Sesusi* iria clarear nosso peito e lavar nosso pensamento. Não paravam de declarar que *Teosi* não gosta de quem faz descer os espíritos, de quem usa folhas de tabaco, de quem rouba das roças dos outros ou de quem copula com mulheres casadas. Também repetiam sempre que *Teosi* tem aversão pelos que se enfrentam com bordunas, conduzem expedições de feitiçaria ou mostram bravura na guerra. Porém, para nós, tudo isso não passa de um monte de palavras tortas. *Omama* sempre demonstrou amizade por nós, não importa o que façamos. Ele nunca pretendeu lavar o peito de ninguém! Sua imagem não fica nos dizendo sem parar: "Vocês são maus! Se recusarem minhas palavras, farei com que sejam queimados vivos ou carregados pelas águas! Farei tremer a terra da floresta sob seus pés!". Ela apenas nos diz: "Vocês são como eram seus antigos! Continuem seguindo os rastros deles! Um dia, vocês morrerão; por isso, enquanto estão vivos, não devem temer nada!". Assim é. Ignoramos aquilo que a gente de *Teosi*, para nos assustar, chama a todo instante de pecado. Não somos ruins; só não somos brancos! Somos como nossos antepassados sempre foram antes de nós.

Para nós, todas essas palavras de branco a respeito de *Teosi* são sem valor. Se a imagem de um de meus filhos for capturada por um ser maléfico gavião *koimari*, de nada vai adiantar eu esconder o rosto com as mãos para falar com *Teosi* tentando curá-lo, em vez de chamar meus *xapiri*. Se eu apenas fechar as pálpebras como se estivesse dormindo, para dizer "Pai *Teosi*, proteja esta criança!", ninguém vai responder: "*Awei!* Vou cuidar dele!". Meu filho morrerá e só me restará minha dor. É só. Quando se imitam as palavras de *Teosi* não se vê nada: nem os seres maléficos, nem o mal das plantas de feitiçaria, nem os espíritos da epidemia. *Teosi* deve ser preguiçoso, já que não faz esforço algum para nos curar, nem quando estamos agonizando. Morremos à toa, sem ele nem se preocupar. Ao contrário, os *xapiri* demonstram muito empenho em nos vingar. Por isso censuram *Teosi* como faríamos com um xamã indolente: "Os brancos dizem que você é poderoso. Você alega saber curar, mas nunca o vemos trabalhar! Você nunca sai da rede! Você foge da luta contra os seres maléficos! Você só sabe ficar repetindo palavras de medo e de morte!".

No começo, nossos antigos se aproximaram da gente de *Teosi* para conseguir deles algumas mercadorias e medicamentos. Ainda que fosse pouco, naquela época não havia outras coisas dos brancos em nossa floresta. Depois, os missionários não pararam de amedrontá-los com *Satanasi* e o grande fogo de *Xupari*. Então, por medo, muitos de nós acabaram por imitá-los. Contudo, aquelas palavras nunca conseguiram lavar nosso peito como diziam aqueles brancos. Nenhum de nós parou de ficar com raiva nem de querer se vingar. Ninguém parou de mentir ou de desejar as mulheres. Aí, o tempo passou e, pouco a pouco, todos foram voltando às nossas verdadeiras palavras. Foi o que aconteceu com o meu padrasto em Tootototobi. No início, ele se esforçou muito para falar com *Teosi* como os americanos faziam. Ficava repetindo, depois deles: "*Sesusi*, limpe meu peito! Afugente os espíritos para longe de mim!". Apesar disso, os *xapiri* não pararam de querer descer para ele e *Teosi* nunca conseguiu mandá-los embora. Então ele perdeu o medo de voltar a beber *yãkoana*. Assim é. Continuaremos fazendo dançar as imagens dos ancestrais animais para curar os nossos enquanto estivermos vivos, pois somos habitantes da floresta. Não ficamos, como os missionários, fechados o tempo todo em nossas casinhas, fingindo falar com *Teosi* e comendo sozinhos![7]

Contudo, quando eu era pequeno, em Tootototobi, gostava de escutar a gente de *Teosi*.[8] Se eles tivessem se comportado melhor conosco, será que eu teria continuado a imitá-los? Não sei. Eles me ensinaram, como às demais crianças, a desenhar as palavras de nossa língua, e depois a reconhecer os números que os brancos usam para fazer contas.[9] Depois, presentearam-me com várias peles de imagens sobre a gente de Israel e sobre *Sesusi*.[10] Deram-me também um livro grande em que estavam desenhadas as palavras de *Teosi*. Eu gostava de ouvi-los falar daquelas coisas antigas. Teria gostado de falar com *Teosi* e, sobretudo, de poder vê-lo. Pretendia mesmo tornar-me um dos seus, embora de tanto ouvir proferir seu nome eu temesse sua ira. Para dizer a verdade, eu tinha mais curiosidade pelas novas palavras dos brancos do que pelas de nossos antigos! Além disso, naquela época, meu padrasto e meu cunhado tinham rejeitado seus *xapiri* e tinham virado crentes.[11] Nosso pensamento estava fixado em *Teosi* e no fogo de *Xupari*. É claro que quando imitávamos as palavras dos brancos acabávamos por confundi-las um pouco. Mas, de tanto repeti-las, ficavam cada vez mais firmes em nós. Íamos visitar as casas de nossos aliados e falávamos para eles ao modo dos missionários:[12] "Aceitem *Teosi* e recebam suas palavras! Foi ele que criou os homens e as mulheres. Foi ele que criou os alimentos da floresta e das roças. Foi ele que criou os peixes e a caça, os macacos e as antas!". Os americanos estavam satisfeitos conosco. Diziam que éramos realmente gente de *Teosi*, tanto quanto eles. Contudo, não compreendíamos bem aquelas palavras de branco. Não eram as de nossos antepassados, que nunca nos haviam dito: "Pai *Teosi* existe, ele nos protege!". Nem conhecíamos esse nome antes da chegada daqueles forasteiros. Só queríamos palavras diferentes das nossas! Dizíamos a nós mesmos: "Esses brancos são outra gente, têm outros espíritos. Talvez *Teosi* exista mesmo! Será tão poderoso quanto dizem?".

De modo que, no começo, escutei bastante os missionários. Desejava seguir suas palavras e me esforçava para imitá-las. Ficava feliz de ser considerado como um deles. Eles já tinham mergulhado minha cabeça na água do rio Toototobi tapando o meu nariz, como um pastor. Eu tinha mesmo feito amizade com *Teosi*! E no entanto, quando eu ficava só e queria falar com ele, não conseguia; nem mesmo podia vê-lo em meus sonhos. Além disso, os brancos, apesar dos meus esforços, continuavam falando duro comigo: "Davi, você está em pecado, é ruim! Não use brejeira de tabaco! Não deseje mulheres casadas! Não beba o pó de *yãkoana*! *Satanasi* está enganando você! Temos pena de você, vai queimar na fogueira de *Xupari*!". Com o passar do tempo, escutar essas censuras constantes acabou enfraquecendo as palavras de *Teosi* em mim. Elas só pareciam saber falar de pecado e recriminações. Eu estava começando a ficar cansado delas. E, por fim, tudo aquilo me deixou furioso. Dizia a mim mesmo: "Entendi bem as palavras de *Teosi*. Agora sou um dos filhos dele. Meu peito ficou limpo. Apesar disso, esses brancos não param de me acusar de ser mau. Por quê?". Então, comecei a rebater: "Não falem comigo assim! Não quero mais ouvir tantas palavras ruins! Agora chega de me dizer isso tudo! Se tentarem me assustar repetindo essas coisas o tempo todo, vou acabar achando que só querem mentir para mim!".

Eu não tinha meu pai desde a minha primeira infância. Meu padrasto já tinha outras mulheres e filhos pequenos.[13] Os que tinham cuidado mais de mim, minha mãe e meu tio, tinham partido havia pouco. Desesperava-me a ideia de ter de crescer sem nunca mais revê-los. Atormentava-me a dor de seu luto. Agora eu me sentia só em nossa casa de Toototobi. É claro que não estava realmente sozinho, mas já não tinha ali familiares para cuidar de mim e me alimentar. Passava a maior parte do tempo triste ou com raiva. Não pensava em nada a não ser em fugir.[14] Não parava de pensar: "Aqui não tenho mais ninguém. Quero desaparecer, bem longe daqui, na terra dos brancos. Quero viver com eles e virar um deles!". Eu estava mesmo tomado por essa ideia. Não queria mais viver em nossa casa, nem ver nossa floresta. Tinha decidido abandoná-las para sempre. Virar branco — eu não pensava noutra coisa. Não tinha mais vontade nenhuma, entretanto, de imitar *Teosi* como antes. Os missionários tinham me enganado cobrindo-me de recriminações. Eu queria esquecer todas as palavras que haviam me dado. Quando refletia sobre isso, a única coisa que me vinha à mente era que *Teosi* tinha deixado morrer meus parentes. Isso me revoltava. Dizia a mim mesmo: "Pouco importa! Agora não me incomoda morrer. Não sou filho de branco. Que a epidemia devore também a mim e que eu queime com *Satanasi!*". Foi com esses pensamentos que, no final, resolvi deixar nossa casa de Toototobi. Assim que tive a oportunidade, fui trabalhar no posto Ajuricaba da Funai, rio abaixo, na beira do Demini. Lá comecei a viver junto com outros brancos, que não falavam de *Teosi*. Os discursos dos missionários foram se apagando aos poucos de minha memória e acabei por esquecê-los.

Naquela época, o pessoal da Funai, que tinha substituído os antigos da Inspetoria, vinha muitas vezes nos visitar em Toototobi para fazer trocas.[15] Trocávamos com eles castanhas-do-pará e também peles de jaguatirica, de ariranhas *kana*, de veados e queixadas.[16] Eles nos traziam facões, facas e machados, anzóis e linha, redes e algumas roupas, e ainda espingardas e cartuchos. Às vezes nos ajudavam com remédios. E também impediam os brancos que moravam a jusante do rio de entrar em nossa floresta. Por tudo isso, eu achava bom que viessem nos visitar. Eu já tinha crescido, mas ainda frequentava a escola da missão. Achava que seria bom para mim aprender outro costume.[17] Eu já tinha me tornado adolescente e agora podia deixar os meus e viajar longe, para outras terras. Eu queria conhecer outras gentes.[18] Naquele tempo, era nisso que eu ficava pensando sem parar!

Os funcionários da Funai que vinham a Toototobi para comerciar com meus parentes não se interessavam nem um pouco por mim. Para eles, eu ainda era uma criança. Porém, um dia perguntaram a meu padrasto se eu podia ir trabalhar com eles no posto Ajuricaba. Ele recusou logo, pois me considerava jovem demais para partir sozinho com os brancos. Então eles levaram outros rapazes, mais velhos do que eu. Mas parece que não ficaram nada satisfeitos com o trabalho deles, pois logo os mandaram de volta. Mais tarde, durante outras visitas, um homem da Funai insistiu novamente junto a meu padrasto para que eu fosse trabalhar com ele. Prometeu que me traria de volta a Toototobi algum tempo depois. Dessa vez, eu tinha crescido e estava mais sabido. Tinha começado a me acostumar com aqueles novos brancos. Meu padrasto me perguntou se eu queria mesmo ir com eles. Respondi que era isso mesmo que eu queria. Então, dessa vez, ele acabou concordando: "Está bem! Vá trabalhar com esses forasteiros! Mas fique atento! Preste muita atenção nas doenças deles e nas onças na floresta! Não faça besteiras e não se meta em enrascadas!". Ditas essas palavras, acabei partindo com o pessoal da Funai.[19]

O homem que tinha insistido para que eu o acompanhasse pretendia me instalar na casa dele, a jusante do posto Ajuricaba, para que eu trabalhasse para ele. O chefe do posto da Funai, Esmeraldino, percebeu e isso o desagradou. Chamou-me de lado e me disse: "Não vá com esse sujeito. Ele vai fazer você trabalhar para ele sem descanso. Você vai passar fome, vai dar dó de ver! Venha se instalar conosco, no posto. Você pode nos ajudar na cozinha, cuidar da comida e da louça!". Então eu segui o conselho e fiquei com ele em Ajuricaba. Foi assim que eu comecei a trabalhar com a gente da Funai pela primeira vez.[20] Eu era ajudante do cozinheiro do posto. Rachava lenha, acendia o fogo e ia buscar água no rio. Punha a carne de caça para assar. Lavava os pratos, os talheres e as panelas. E ainda pescava e caçava. Eu tinha muito trabalho mesmo e não tinha tempo para a preguiça! Apesar disso, eu gostava de viver junto com os brancos e de realizar as tarefas de que me incumbiam. Eu tinha acabado de ficar adolescente e, com eles, eu aprendia muitas coisas. Tinha muita vontade de conhecê-los melhor e de imitá-los.

No entanto, naquela época, eu ainda não sabia grande coisa a respeito deles. Conhecia um pouco os missionários, mas não os brancos de Ajuricaba, que estavam perto, mas eram muito diferentes. Na verdade, eu até receava ter de falar com eles. Eles não conheciam a minha língua e eu não entendia quase nada do que diziam. Então, no posto da Funai, eu só trabalhava, sem dizer uma palavra, esforçando-me para seguir as ordens que me davam: "Venha cá! Vá para lá! Vá rachar lenha! Vá pescar!". Eu conseguia não me equivocar demais porque os *Xamat^{h}ari* do lugar, que falavam um pouco de português, me ajudavam a entender o que o pessoal do posto me dizia. Eu queria mesmo conhecer os brancos. Por isso eu os escutava com muita atenção. No entanto, minha boca tinha medo de falar com eles. Eu não dizia a mim mesmo: "Vou aprender a língua deles!". Antes me esforçava para capturar suas palavras uma por uma, para fixá-las em mim. Mas não era nada fácil. Custou-me muito reunir algumas delas em minha mente. Mas, pouco a pouco, as que eu conseguia reconhecer aumentaram. Eu continuava mudo, mas estava começando a compreender o que o pessoal do posto me dizia. Aí, minha boca acabou perdendo o medo. Então, me arrisquei a proferir algumas daquelas palavras estranhas com uma língua torcida. Mas o que eu dizia soava muito feio. Era só fala de fantasma mesmo!

O pessoal da Funai tinha me dado uma rede de algodão bem grande e vários tipos de roupa.[21] Tudo aquilo me deixava feliz. Dizia a mim mesmo: "Por que não imitar os brancos e virar um deles?". Eu só queria uma coisa: parecer com eles. Por isso, observava-os o tempo todo em silêncio, com muita atenção. Queria assimilar tudo o que diziam e faziam. Eu já estava acostumado a usar bermudas. A gente de *Teosi* já tinha distribuído várias desde que começaram a morar conosco, para escondermos o pênis. Eu também conhecia chinelos. Contudo, nunca tinha usado calça comprida, nem sapatos fechados, nem camisas, menos ainda óculos! Quando eu via os brancos vestindo suas calças, pensava: "Vou esconder minhas pernas como eles!". Quando calçavam seus sapatos, dizia a mim mesmo: "Vou fechar meus pés do mesmo jeito para andar!". Quando trajavam suas camisas, imaginava: "Eu também vou me embrulhar num belo tecido desses!". Os óculos eram o que mais me impressionava, e eu ficava esperançoso: "Um dia vou poder esconder meus olhos como eles!". Reparava em seus relógios de pulso, que me causavam também muita inveja: "Seria tão bom enrolar essa coisa em torno do pulso para poder seguir o sol, mesmo à noite!". Eram só esses os meus pensamentos naquela época.

Eu não parava de pensar em quando fosse adulto e dizia a mim mesmo: "Um dia, vou ter um motor de popa para correr pelos rios para todos os lados com uma canoa grande, como os brancos!". Meu pensamento estava mesmo fixo em suas mercadorias. Naquela época, eu acreditava que eram capazes de fabricá-las eles mesmos, quando quisessem! Aqueles objetos novos obscureciam meu espírito e me faziam esquecer todo o resto. Eu já não trazia em meu pensamento nem meus parentes nem minha antiga casa de Toototobi. Se os brancos que me levaram com eles tivessem sido moradores do rio, daquela gente que vive rio abaixo, ao longo do rio Demini, acho que nunca teria voltado para a nossa floresta. Teria me tornado homem entre os pescadores de tartarugas ou os coletores de fibra de piaçava. E se tivessem concordado em me dar uma de suas filhas, eu teria tomado esposa entre eles e teria ficado de fato! Se tivesse mesmo desejado virar branco, eu teria me perdido entre os habitantes do rio e com certeza estaria vivendo lá até hoje.

Não digo mentiras. Aconteceu com um dos rapazes de nossa antiga casa de *Marakana*. Para mim, era um cunhado. Era mais velho do que eu. Ele já era adulto quando eu ainda não passava de um menino. Isso foi há muito tempo. Depois da epidemia de Oswaldo, ele tinha ido embora para o posto Ajuricaba, como eu faria mais tarde. Trabalhou lá por algum tempo, e depois seguiu rio abaixo com um branco que já tinha trabalhado para a Inspetoria. Este tinha se instalado no baixo Demini, longe do posto Ajuricaba, perto de um lago. Tinha aberto lá uma roça e vivia da captura de tartarugas para vender.[22] Ele caçava e também vendia peles de animais. Trabalhava só, e por isso chamou o jovem yanomami para vir ajudá-lo. Que acabou ficando por lá. Não queria mais voltar a viver conosco, pois não encontrava esposa entre nós.[23] Quando partiu de *Marakana* rio abaixo, parou em nossa pequena casa de *T^{h}oot^{h}ot^{h}opi* e anunciou a meu padrasto: "*Xoape!*[24] Vou descer de canoa até os brancos!". Este lhe respondeu: "Está bem. Vá, e não se esqueça de nos trazer espingardas!".

Então o rapaz respondeu: "*Xoape!* Só vou voltar quando você estiver cego, quando sua cabeça tiver ficado branca e seus lábios tiverem ficado bem fininhos. Só voltarei para chorar a sua morte!". Aí seguiu viagem. Nunca mais voltou a morar entre nós. No entanto, muito tempo depois, cheguei a revê-lo. De vez em quando ele subia o rio até o posto Ajuricaba, onde eu trabalhava, e também o encontrei mais tarde em Manaus. Sempre que me via, ele me aconselhava a me mostrar dócil com os brancos. Às vezes, me dizia também: "Por que você não vem morar comigo rio abaixo, com os habitantes do rio? Eles vão lhe dar de comer. É verdade!". Ouvindo-o, pensava que um dia, talvez, eu seguisse o seu exemplo. Porém, como eu trabalhava para a gente da Funai, eles não deixaram eu me perder, como ele, entre os ribeirinhos do rio Demini. Foi assim mesmo. Ele começou a beber cachaça sem parar e acho que o peito dele acabou sendo pego pela doença. Nunca mais o vi desde aquela época. Ele morreu entre os brancos, sem jamais ter voltado à nossa floresta. No começo, eu pensava do mesmo modo que ele. Foi só bem mais tarde, quando entendi que os brancos podiam ser maus, que minha mente se afastou de tais pensamentos.

Quando eu trabalhava em Ajuricaba, certo dia o chefe do posto, Esmeraldino, me levou com ele para Manaus. Descemos o rio Demini, depois o rio Negro, de canoa a motor, durante dias e dias.[25] Quanto mais nos aproximávamos, mais eu ficava ansioso para ver pela primeira vez a cidade da qual tanto tinha ouvido falar! Porém, no final, quando chegamos, fiquei um pouco decepcionado. Acostamos num lugar afastado de todas as casas e lá permanecemos durante toda a nossa estadia. Dormíamos no barco, no porto. À noite, eu via vários tipos de luzes passando em todas as direções ao nosso redor: os barcos que se cruzavam no rio, os grandes aviões que nos sobrevoavam[26] e os carros enfileirados ao longe na beira. Eu não me sentia nada tranquilo. Perguntava-me, inquieto, o que haveriam de ser todos aqueles fogos na escuridão. E de dia, havia tanta gente e barulho ao longo do rio! Uma multidão de brancos se agitava de um lado para o outro, gritando nomes de peixes — "Jaraqui! Curimatã! Tambaqui! Surubim! Tucunaré!" — e de frutas de palmeira — "Açaí! Bacaba! Buriti!". Tudo isso para trocá-los por pedaços de papel velho. Naquele tempo, eu não sabia o que era dinheiro e ainda ignorava que sem isso não se podia comer nem beber na cidade. Observava todos aqueles brancos com um certo receio. Eram tantos, e se atropelavam em todos os sentidos, como formigas *xirina*! Dizia a mim mesmo: "Nossos antigos não imaginavam que os brancos fossem tão numerosos e que tivessem tanta fartura de comida! E todas essas máquinas para correr por toda parte, na água, na terra e no ar! É de fato muito assustador!".

Eu não parava de olhar apreensivo para o céu a cada jato que passava sobre nós. É claro que eu conhecia desde criança os aviões pequenos dos missionários, que de tempos em tempos aterrissavam em Toototobi. Mas não imaginava que existissem aviões tão enormes nem que fossem tantos![27] Sobretudo, eu nunca tinha visto um carro. Por isso, sempre ficava muito aflito quando tinha de andar a pé na cidade, para ir até a casa da Funai. Permanecia em alerta constante, vigiando sempre o movimento dos carros, de um lado e do outro. Tinha medo de me atropelarem e me esmagarem em seu caminho. Pareciam tão pesados! Observava-os de longe, e tentava fixar meu olhar nas rodas, que me intrigavam. Ficava me perguntando: "O que será isso? Serão como jabutis de ferro?[28] Será que têm espécies de mãos e de pés? Como podem se movimentar tão depressa?". No começo, eu não me dava conta de que as rodas dos carros giravam. Achava que corriam! Ainda não sabia nada das coisas da cidade! Principalmente, eu nunca tinha visto tantos brancos. Estavam por toda parte! Imaginava que eles não deviam parar de copular, para terem se tornado tão numerosos, e que era por isso que alguns deles queriam vir morar na nossa floresta. Entretanto, nada disso me preocupava muito. Eu apenas pensava: "Os brancos são outra gente, por isso são tão estranhos. Mais tarde, quando os conhecer melhor, vou me sentir mais calmo na presença deles". Na verdade, eu só queria uma coisa: virar um deles. Eu ainda era muito jovem, e bem ignorante! Naquele tempo, ainda estava longe de me perguntar: "Se todos esses brancos continuarem aumentando ao nosso redor, o que vai acontecer conosco mais tarde?".

Por fim, algo ruim aconteceu comigo no posto Ajuricaba. Meu peito foi pego pela tuberculose. A doença me foi transmitida por um jovem *xamat^{h}ari*, que por sua vez tinha sido contaminado em Manaus. Era sua primeira vez lá, como havia sido para mim. Mas ele já trabalhava para os brancos do rio havia um bom tempo. Tinham até lhe dado uma esposa. Então ele acabou ficando na cidade por muito tempo, porque gostava muito de viver na companhia dos brancos. Além disso, tinha se acostumado a beber cachaça, como eles. Passado algum tempo, começou a tossir cada vez mais. Já estava muito doente quando foi ver um médico, que lhe recomendou parar de beber e tomar remédios. Tentou até mandá-lo para o hospital logo. Mas o rapaz se recusava a ser tratado pelos brancos. Foi ficando tão doente que só pensava em morrer. Então resolveu fugir de volta para a sua aldeia. Tinha ficado muito magro e não parava de tossir cuspindo sangue. Apesar disso, quando chegou ao posto Ajuricaba, o pessoal da Funai deixou que ele se instalasse no mesmo quarto que eu. Comíamos na mesma panela. Compartilhávamos os mesmos pratos e canecas. Às vezes, ele me dava seu resto de café. Naquela altura, eu achava que a tosse dele não passava de um tipo de gripe. Ainda não sabia que a tuberculose é uma doença tão perigosa e letal. Tampouco ele sabia. Os brancos não nos disseram nada. Então, eu vivi assim ao lado dele por um bom tempo, e aí, de repente, ele morreu. A doença dele já tinha entrado no meu peito havia muito tempo.

De modo que, certo dia, voltando de uma visita a Toototobi, Esmeraldino, o chefe do posto, me encontrou em Ajuricaba ardendo em febre, prostrado na rede. Eu estava me sentindo péssimo e não parava de tossir. Ele tinha afeto por mim e ficou preocupado ao me ver tão mal. Primeiro tentou me tratar lá mesmo. Mas não deu em nada. Meu estado se agravou e, de qualquer modo, já não havia mais remédio no posto. Acabou achando que seria mais prudente me levar para a cidade. Ele estava realmente decidido a me ajudar. Então, descemos o rio Demini numa canoa com motor de popa, até a foz, para chegar à cidade de Barcelos. Ele me levou logo para o hospital. Mas eu não pude ficar lá, porque o médico nos disse que não tinha nenhum medicamento contra a tuberculose. Aconselhou-nos a ir para Manaus, onde seria mais fácil me tratar. Seguimos viagem, portanto, dessa vez descendo o rio Negro. Outros homens da Funai nos acompanhavam. Havia também Yo, um jovem japonês que viera de muito longe para nos visitar na floresta.[29]

Assim que chegamos a Manaus, Esmeraldino me levou para um hospital[30] e me deixou lá com outro médico. Então, eu me vi sozinho naquela cidade, a me perguntar, apreensivo, o que seria de mim. Naquele tempo, eu nem sempre compreendia muito bem o que os brancos me diziam. Felizmente, logo encontrei no hospital alguém que eu conhecia. Era Chico, o antigo missionário brasileiro que os americanos tinham expulsado de Toototobi! Ele agora trabalhava para a Funai, e também tinha ficado doente. Apesar de tudo o que tinha acontecido, para mim era bom que ele estivesse lá, porque falava a minha língua. Então, o médico disse a ele para me perguntar se havia sangue na minha saliva. Respondi que sim, e que sentia uma dor aguda ao respirar. Além disso, ele estava vendo que eu não parava de tossir. Compreendeu que a tuberculose me comia o peito. Mas não me explicou nada. Só avisou o pessoal da Funai. Foram eles que, mais tarde, me relataram o que o médico havia dito. Ele recomendou também que eu ficasse no hospital por um bom tempo. Ao receber a notícia, eu não me queixei nem tive medo. Aceitei tudo sem discutir, porque realmente queria ficar curado. Não queria por nada levar aquela doença para a floresta, para contaminar os meus.

Acho que fiquei naquele hospital por um ano. Foi demorado, muito demorado mesmo! Se eu quisesse, teria podido fugir, como muitos fazem.[31] Mas nunca tive essa intenção, porque não queria morrer como o rapaz *xamat^{h}ari* de Ajuricaba que tinha passado sua doença para mim. Além disso, as pessoas do hospital me tratavam bem, e eu me acostumei com elas. Então, passei meu tempo deitado num quarto, sem fazer besteiras, tomando remédios todos os dias. Não fiquei irrequieto. Tinha resolvido esperar calmamente até que me dissessem que eu estava curado e que podia deixar o hospital. No começo, como em Ajuricaba, continuei observando os brancos à distância, sem dizer uma palavra, só para conhecê-los. Só que dessa vez tive de ficar confinado com eles por um período muito longo, sozinho e sem nada mais para fazer! Os outros doentes, as enfermeiras e os médicos sempre faziam esforços para falar comigo. Então, caprichei para imitar suas palavras, uma por uma, devagar, como um papagaio *werehe*. Havia também uma escola no hospital. Eu compareci algumas vezes, mas não aprendi grande coisa. O importante é que eu tinha feito um amigo entre os doentes. Foi ele que me ensinou muitas palavras e um pouco de escrita. Era muito melhor para mim ficar livre e aprender com ele. Foi assim que eu perdi o medo de falar com os brancos. Eu lhes pedia água, comida, coisas assim. Seu modo de falar foi ficando cada vez mais claro para mim. Aos poucos, também fui conseguindo me fazer entender melhor. No entanto, eu passava a maior parte do tempo sozinho e sempre pensava na floresta com saudade. Assim o tempo foi passando, devagar, muito devagar mesmo!

Certo dia, porém, o médico deve ter dito ao pessoal da Funai: "Davi não está mais doente. Matamos a tuberculose dele!". Pois de repente vieram anunciar que eu estava curado. Eu não esperava por isso! Fiquei tão feliz de estar de novo em boa saúde e de poder afinal sair do hospital! Então, Esmeraldino, o chefe do posto de Ajuricaba, veio me buscar e me levou para a casa dele. Cuidou de mim, mais uma vez, com amizade. Sem a ajuda dele, com certeza eu teria morrido daquela doença. Porém, quando fiquei curado, não queria mais voltar a trabalhar no posto Ajuricaba. O pessoal da Funai de Manaus também achava que eu devia voltar para casa, em Toototobi. Disseram-me: "Davi, agora você conhece as palavras dos brancos. Você deve voltar para junto dos seus.

Seu lugar é lá. Você vai ajudá-los. E mais tarde, quando você for mesmo adulto, se quiser, poderá vir trabalhar conosco". Essas palavras me pareceram boas. Então, a Funai me levou de volta para Toototobi. Não foram os meus que me chamaram de volta, não. Eu resolvi por conta própria voltar a viver na minha floresta e, assim, a vontade de virar branco foi aos poucos desaparecendo de minha mente.

Hoje, às vezes eu fico acordado no meio da noite e me sinto só no meio das pessoas adormecidas na nossa grande casa de *Watoriki*. Então, meus pensamentos vão escapando para longe, um seguindo o outro, sem que eu consiga detê-los. Fico me agitando na rede, sem conseguir dormir. Penso em nossos ancestrais que, no primeiro tempo, se transformaram em caça. Não paro de me perguntar: "Onde os seres da noite vieram realmente à existência? Como era o céu no primeiro tempo? Quem o criou? Para onde foram os fantasmas de todos os que morreram antes de nós?". Então, por fim, meu espírito se acalma e eu consigo descansar. Muitas vezes, também, pensamentos acerca dos brancos vêm me atormentar. Aí penso: "Quando minha mãe me levava no colo, esses forasteiros ainda estavam muito longe de nós. Não sabíamos nada deles. Nossos maiores não desconfiavam que um dia eles matariam quase todos nós! Hoje compreendo que eles destroem nossa floresta e nos maltratam somente porque somos gente diferente deles. Por isso, se tentarmos imitá-los, as coisas vão ficar mesmo muito ruins para nós!".

Quando penso em tudo isso, o sono foge para longe de mim. O tempo de minha adolescência está muito distante agora. Contudo, ainda me lembro de que outrora me esforcei para parecer com os brancos, em vão. Escondi meus olhos atrás de óculos escuros e meus pés dentro de sapatos. Penteei o cabelo de lado e coloquei um relógio no braço. Aprendi a imitar o modo de falar deles. Mas isso não deu em nada de bom. Mesmo embrulhado dentro de uma bela camisa, dentro de mim eu continuava sendo um habitante da floresta! Por isso costumo repetir aos rapazes de nossa casa: "Talvez vocês estejam pensando em virar brancos um dia? Mas isso é pura mentira! Não fiquem achando que basta se esconder nas roupas deles e exibir algumas de suas mercadorias para se tornar um deles! Acreditar nisso só vai confundir seus pensamentos. Vocês vão acabar preferindo a cachaça às palavras da floresta. Suas mentes vão se obscurecer e, no final, vocês vão morrer por isso!". É verdade. As palavras de *Omama* e as dos *xapiri* são muito antigas. Só elas podem nos fazer felizes. Imitar as de *Teosi* e dos brancos não nos vale de nada. Elas só podem nos atormentar. É por isso que penso que devemos seguir os rastros de nossos antepassados, assim como os brancos seguem os dos deles.

Hoje, é verdade, eu continuo escondendo meu pênis numa bermuda. É um hábito que adquiri com a gente de *Teosi*, quando era pequeno. Também é verdade que conheço um pouco a língua dos brancos. Porém, imito-a de maneira desajeitada, apenas quando vou à cidade ou para conversar com eles na floresta. Então, como antigamente, me esforço para fazer como papagaio, na tentativa de me fazer compreender. Mas assim que fico só entre os meus, minha boca se fecha para essas palavras estranhas. Elas fogem para longe de meu pensamento, minha língua endurece e não pode mais pronunciá-las. A mente dos rapazes que querem virar brancos está cheia de fumaça! É por isso que, quando me tornei adulto, decidi guardar em mim os dizeres de nossos avós, mesmo se eles morreram há muito tempo. É com os cantos dos *xapiri* que meu pensamento pode se estender até as nascentes dos rios ou para florestas distantes e, mais além, até os pés do céu. É com elas que eu posso ver o que os nossos antigos conheceram antes de mim, que posso contemplar as imagens do primeiro tempo, tais como eles as fizeram descer, muito antes de eu nascer. Assim é. Nunca vou querer deixar de imitar nossos antepassados, pois esse é nosso verdadeiro modo de ficar sábio.

13. O tempo da estrada

Um grupo de aproximadamente cinquenta índios, nus, gesticulando e falando muito, mas com demonstrações de amizade, foi encontrado pelos operários que constroem a rodovia Perimetral Norte, perto de Caracaraí. Os índios lhes ofereceram flechas e colares, e receberam redes. O grupo de trabalhadores foi levado ao chefe da comunidade — instalada exatamente no traçado da estrada —, mas não conseguiu compreender coisa alguma do que ele lhes disse. Entenderam, contudo, que os índios não querem violência, embora sejam grandes e fortes.

O Estado de S. Paulo, 29 nov. 1973.

Uma terra tão rica quanto esta não pode se dar ao luxo de deixar meia dúzia de tribos de índios entravar seu desenvolvimento.

Coronel R. Pereira, governador do Território de Roraima
Jornal de Brasília, 1 mar. 1975.

Depois de curado da tuberculose, voltei para junto dos meus e retomei minha vida na floresta. Então o tempo foi passando até que um dia Chico, o antigo missionário que eu tinha encontrado no hospital de Manaus, apareceu de novo em Toototobi para um trabalho da Funai. Tinha subido o rio até nossa casa para recrutar gente para ajudá-lo. Queria fazer contato[1] com Yanomami que nunca tinham visto brancos, no alto rio Catrimani, numa floresta distante e sem caminhos. Era um trabalho para a Funai, pois, naquela época, os brancos tinham decidido abrir uma estrada na nossa terra.[2] Contudo, essas gentes que Chico buscava eram para nós inimigos e mal os conhecíamos. Antigamente, o pessoal do pai de minha esposa costumava guerrear contra eles. Mas só era para vingar a morte de pessoas mais velhas, que os feiticeiros *oka* deles tinham matado. Sempre os chamaram de *Moxi hatëtëma*.[3] Esse grupo nunca os tinha atacado abertamente, com flechas; só às escondidas, com suas zarabatanas de feitiçaria. Nunca tinham feito amizade com os brancos e não possuíam nenhuma de suas mercadorias. Abriam suas roças com machadinhas de pedra.[4]

Vários de nós aceitaram acompanhar Chico nessa viagem:[5] meu padrasto e eu, três outros homens de nossa casa e um *Xamat^h^ari* que morava a jusante, na beira do rio Toototobi.[6] Havia também um outro branco cujo nome esqueci. Da missão, descemos de canoa com motor de popa até a foz do rio Mapulaú.

Depois, subimos esse rio durante algum tempo e chegamos a uma casa habitada pelos antigos de *Watoriki*, o pessoal daquele que, mais tarde, viria a ser meu sogro. Viviam naquele tempo à beira do *Werihi sihipi u*, um pequeno braço do Mapulaú. Paramos lá para pernoitar. Mas logo entendemos que eles acabavam de ser vítimas de uma epidemia. Mal tinham terminado a festa de cremação de seus mortos. Seus convidados eram os moradores de *Sina t^ha* e de *Hero u*, que tinham parentes casados entre eles.[7] Os ossos dos falecidos já tinham sido queimados e pilados. Suas cinzas tinham sido guardadas em cabaças seladas com cera de abelha.[8] Porém, como a fumaça dos mortos de epidemia é perigosa, várias outras pessoas tinham morrido pouco após a cremação, logo antes de nossa chegada. De modo que, quando entramos na casa, todos estavam atormentados pelo luto e ainda em prantos.

Por isso só dormimos lá uma noite. Partimos no dia seguinte, de madrugada. Chico antes nos deu ordem para esconder na floresta parte de nossas provisões e dos objetos de troca destinados aos *Moxi hatëtëma*.[9] Levávamos carga demais. Em seguida, descemos novamente o rio Mapulaú, até dar com o curso principal do rio Demini e, por fim, a jusante, entramos num outro afluente dele, que chamamos *Haranari u*. Mas nossa canoa ainda estava pesada demais para aquele igarapé. De modo que subi-lo foi muito custoso. O leito ia ficando cada vez mais entulhado de troncos de árvore e cipós. Exaustos, acabamos desistindo da navegação. Montamos um acampamento na margem e descarregamos a canoa. De lá, prosseguimos a pé, para montante, atravessando uma floresta desconhecida. Era muito difícil avançar no mato fechado. Apesar de tudo, não desanimamos e continuamos alegres, porque meu padrasto, que abria caminho com seu facão, não parava de nos divertir com suas piadas. Era um homem valente e que gostava de fazer rir. Ao cabo de três dias de caminhada, chegamos enfim ao sopé de um grande pico rochoso que chamamos *Weerei kiki*. Pernoitamos lá e, nos dias que seguiram, procuramos rastros dos *Moxi hatëtëma* na floresta, durante muito tempo. Mas não encontramos nada. A região estava mesmo vazia de qualquer humano. No final, Chico desistiu e voltamos para a missão Toototobi. Tudo aquilo para nada. Eu soube mais tarde que os *Moxi hatëtëma* moravam muito longe dali, no alto rio Apiaú!

Foi nessa viagem que comecei a conhecer melhor o pessoal do pai de minha futura esposa, que eram os moradores da casa de *Werihi sihipi u*, onde tínhamos parado na ida. Quando criança, tinha ouvido falar deles, porque fizeram guerra por muito tempo contra nossos antigos, que os chamavam *Mai koxi*. No entanto, eu só os havia encontrado uma vez, pouco antes de ir trabalhar no posto Ajuricaba. A gente de *Teosi* queria que eles viessem morar mais perto da missão. Para convencê-los a se aproximar, primeiro tinham sobrevoado a casa deles e jogado flechas e objetos de troca na mata. Em seguida, nos mandaram de Toototobi numa expedição para entrar em contato com eles. Mas tínhamos pegado gripe sem saber e, após alguns dias de caminhada, estávamos todos doentes! Então, ardendo em febre, resolvemos voltar. Afinal foram os de *Werihi sihipi u* que, algum tempo depois, vieram nos visitar em Toototobi por iniciativa própria. Chegaram um dia, de repente, sem que os esperássemos. Escutamos suas palavras de amizade e depois abrimos um caminho entre nossa casa e a deles. Foi assim que começamos a nos visitar.[10]

Na volta dessa viagem em busca dos *Moxi hatëtëma*, eu não fiquei em Toototobi. Chico propôs que eu continuasse trabalhando para ele e eu resolvi segui-lo.[11] Depois da minha tuberculose, meu padrasto não queria que eu voltasse para junto dos brancos. Mas eu não lhe dei ouvidos. Eu já tinha esquecido a cidade e meu desejo de virar branco. Porém, nesse meio-tempo, um outro tio meu tinha morrido também. Feiticeiros inimigos das terras altas tinham soprado nele plantas maléficas e quebrado seus ossos. Então, eu voltei a conhecer a ira do luto e da solidão. Por isso fui embora com o Chico. É verdade que ele tinha agido mal em relação a nós no passado, e nossos antigos continuavam ressentidos com ele. Mas eu ainda era uma criança quando ele trabalhou na missão em Toototobi. Fazia muito tempo que ele tinha ido embora. Meu pensamento tinha se aquietado e eu tinha esquecido tudo aquilo. Eu sou assim. Minha raiva não dura muito quando não vejo mais as pessoas que a provocaram. Além disso, Chico tinha me ajudado quando eu estava no hospital. E também tinha prometido que eu iria morar com ele e que me daria comida. Parecia querer cuidar de mim. Então, comecei a ficar amigo dele e fui morar com ele em Manaus.

Ele residia na casa do pai, um pouco afastada da cidade, na mata. Ficamos por lá algum tempo. Porém, para viver entre os brancos, eu precisava daquelas peles de papel velho que chamam de dinheiro. Então, Chico arrumou um trabalho para mim. Pela manhã, eu tinha de encher baldes de água numa fonte e depois ir vendê-los nas vizinhanças. Era assim que eu conseguia ganhar dinheiro para pagar minha comida. À tarde, eu também lavava piscinas em casas grandes. Nesse caso, era para pagar ao Chico por algumas mercadorias que ele comprava para mim, como bermudas, camisas, cuecas, uma rede e sabão. De modo que foi ele quem realmente me ensinou a trabalhar para os brancos. Costumava repetir: "Na cidade, se você for preguiçoso, ninguém terá amizade por você! Os brancos só gostam de gente trabalhadora. Não fique achando que eles dão dinheiro aos folgados!". Algum tempo depois, ele encontrou outra casa e fomos morar nela. Então, graças a ele, o pessoal da Funai resolveu me chamar de volta. Sabiam que eu era trabalhador; e agora que eu conhecia melhor a língua dos brancos, me pediram para servir de intérprete. Foi assim que eu voltei a trabalhar na floresta com o Chico.[12]

Dessa vez, saímos de Manaus num barco grande, de dois andares, em direção ao rio Branco. Era a plena estação seca. As águas estavam muito baixas. Subimos o rio devagar, e depois entramos num de seus afluentes, o rio Catrimani, até a foz de um riozinho chamado Igarapé Castanho. Lá havia uma casa yanomami cujos habitantes trabalhavam para os brancos ribeirinhos.[13] Fizemos ali uma parada. O barco grande nos deixou na beira e depois voltou a descer o rio. Nós então continuamos subindo o Catrimani numa pequena canoa com motor de popa. Foi longo e penoso, porque aquele rio é cortado por muitas cachoeiras. Durante toda a viagem, só cruzamos com um caçador branco que descia para jusante. Paramos, e Chico o chamou para conversar. Ao ver que sua canoa estava carregada de peles de ariranha e de jaguatirica, começou a falar com ele num tom furioso. Aí confiscou sua carga e mandou-o de volta para casa, avisando que era proibido aos brancos caçar na nossa floresta. Depois disso, continuamos subindo o rio, até a residência dos padres da missão Catrimani. Acampamos lá e largamos a canoa, porque é impossível passar pelas cachoeiras rio acima. Prosseguimos nossa viagem a pé pela floresta. Eu estava com Chico e com mais dois homens da Funai, um índio sateré-mawé e um tikuna. Um yanomami da aldeia da missão viera conosco. Caminhamos durante dias a fio em direção ao alto Catrimani. Passamos primeiro pelos moradores de *Makuta asihipi*, depois pelos de *Mani hipi*, de *H^{w}aya u* e de *Uxi u*. A partir de lá, prosseguimos nossa marcha ao longo da margem do rio Lobo d'Almada, até seu curso superior. Chegamos a uma última casa, habitada pela gente do pai de minha futura esposa, que tínhamos visitado com Chico em nossa viagem pelo Mapulaú. Depois de nossa passagem anterior, eles tinham abandonado *Werihi sihipi u* e se refugiado nesse antigo local, que chamavam *Hapakara hi*. Já tinham vivido lá antigamente, antes de tentarem se aproximar da missão Toototobi, respondendo ao chamado da gente de *Teosi*. Quase todos eles tinham sido devorados pela recente epidemia *xawara*, e os sobreviventes tinham ficado amedrontados. Por isso resolveram voltar e ir morar novamente nas terras altas do rio Catrimani, longe dos brancos.

A fumaça de epidemia os atingiu quando estavam terminando a construção de uma grande habitação a jusante do igarapé *Werihi sihipi u*. Foi o que me contaram. O pai de minha futura esposa morava lá com o irmão mais velho, que era o grande homem da casa. Era um ancião, grande xamã. Certa tarde, escutaram o zumbido de um helicóptero dando voltas acima da floresta. Era tempo da seca. As águas estavam baixas. O rio estava cheio de bancos de areia e de praias. Depois de algum tempo, o helicóptero acabou pousando numa dessas praias, longe da casa. Então o silêncio voltou momentaneamente. Aí saiu de novo e desapareceu no céu. Preocupados, os de *Werihi sihipi u* se perguntavam o que aqueles forasteiros tinham vindo fazer na terra deles. Mais tarde, já de noite, ouviram uma forte explosão. Pensaram que os brancos deviam ter deixado na areia uma coisa de fogo desconhecida e perigosa, que tinha provocado a detonação; algo como as bombas que tinham começado a usar para abrir a estrada deles na floresta.[14] No dia seguinte, o grande homem de *Werihi sihipi u* decidiu ir até lá para verificar de que se tratava. Um grupo de rapazes, interessados sobretudo em trazer dessa visita mercadorias abandonadas, juntou-se a ele. Não demoraram a chegar à margem do rio, mas só encontraram, numa praia, papéis sujos, latas, botas de borracha e um chapéu de palha. Viram as pegadas dos pés do helicóptero e dos passos de seus ocupantes. Mas descobriram também vários buracos cavados um ao lado do outro na areia. Perguntavam-se o que os brancos queriam fazer com aquilo. Não havia mais nada. No final, cansados de ficar procurando à toa, os de *Werihi sihipi u* retornaram à sua casa.

Algum tempo depois, seu grande homem adoeceu e morreu de repente. Em seguida, todos os moradores da casa começaram a arder em febre. Tremiam sem parar e sentiam uma sede insaciável. Não entendiam o que estava acontecendo com eles. Não era uma doença da tosse qualquer.[15] Logo várias outras pessoas também morreram. As vítimas tombavam uma depois da outra, cada vez em maior número, sobretudo as mulheres e as crianças. Alguns doentes tentaram fugir para a floresta, mas lá morreram do mesmo modo. Ao final, pouca gente sobreviveu a essa voraz fumaça de epidemia. A casa de *Werihi sihipi u* era grande, mas, em muito pouco tempo, a doença a deixou quase esvaziada de todos os seus moradores.[16] O que tinham vindo fazer os brancos que desceram daquele helicóptero? Será que o que eles queimaram tinha mesmo contaminado a gente de *Werihi sihipi u*? Não sei. Gostaria de ter examinado eu mesmo aqueles buracos na areia. Chico me disse que também tinha procurado na beira do rio, mas não tinha achado mais nada. Será que aqueles brancos tinham feito explodir uma fumaça de epidemia como a de Oswaldo em *Marakana*, quando eu era criança? No entanto, eles não estavam bravos com os habitantes daquela casa.[17] Nem mesmo os tinham encontrado! Talvez quisessem matá-los para esvaziar a floresta e poder vir extrair minérios mais tarde? Nunca pude compreender o que realmente tinha acontecido.

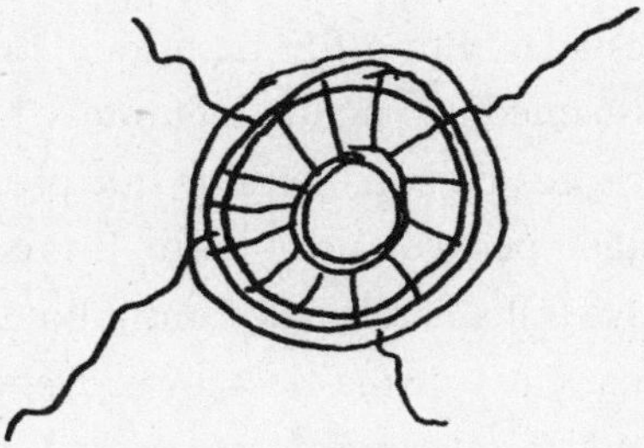

Depois de nossa parada na casa de *Hapakara hi*, no alto rio Lobo d'Almada, continuamos, com Chico e os outros, em direção à foz do rio Mapulaú. Quando chegamos, a floresta estava silenciosa. Só tinha restado, na região, a antiga casa abandonada da gente de *Werihi sihipi u*. Mesmo assim, Chico resolveu construir ali um novo posto da Funai. Queria atrair para lá a gente de todas as casas do rio Lobo d'Almada que acabávamos de visitar.[18] Assim começamos a limpar e queimar um pedaço de floresta a montante, perto da foz de um igarapé chamado *Maima siki u*. Chico queria plantar lá uma roça quando voltássemos para a região, no começo da época das chuvas. Porém, naquele momento, ele tinha muita pressa de ir embora. Por isso tivemos de realizar todo esse trabalho em alguns dias, antes de regressar para Manaus.

Acabamos ficando na cidade apenas o tempo de uma lua nova, antes de voltarmos para o Mapulaú. Dessa vez, não fomos a pé. Para chegarmos até lá, subimos o rio Demini de canoa com motor de popa, desde o posto Ajuricaba.[19] Foi muito mais fácil! Mas tivemos de parar a jusante da roça que tínhamos começado a abrir na vez anterior, por causa das cachoeiras. Então, Chico encontrou um outro lugar para instalar seu posto do Mapulaú. Escolheu um antigo local onde o pessoal da Inspetoria tinha se instalado muito tempo antes, quando a Comissão de Limites subiu o rio Demini pela primeira vez.[20] Limpamos o mato e construímos sem demora duas casinhas de tábuas de madeira *manaka si* cobertas de folhas *paa hana*. Tínhamos pressa, porque a época das chuvas estava chegando.[21] Em seguida voltamos às antigas roças abandonadas pelos de *Werihi sihipi u*. Ficamos tirando a vegetação emaranhada durante vários dias. Queríamos pegar brotos de bananeira para nossa nova roça.

Nem bem tínhamos terminado esse serviço, o pai de minha futura esposa e seus dois cunhados, acompanhados pelas esposas e filhos, chegaram de repente a *Werihi sihipi u*. Vinham do alto rio Lobo d'Almada para colher taioba e bananas em suas antigas roças.[22] Ficaram se perguntando quem teria limpado suas plantações abandonadas! Era o fim da tarde. Dormiram em sua antiga casa e só vieram ao nosso encontro no dia seguinte. Chico perguntou a eles se podíamos arrancar os brotos de bananeira de que precisávamos, e depois os convidou a virem se instalar perto do novo posto. Eles aceitaram. Naquele tempo, com Chico, era preciso trabalhar sem descanso! Então, plantamos às pressas uma boa parcela de bananeiras e cana-de-açúcar. Depois preparamos tudo o que era necessário para nos instalarmos de fato naquele novo lugar. Informados de nossa presença, os de *Werihi sihipi u* que tinham permanecido na casa de *Hapakara hi* abriram um caminho do rio Lobo d'Almada até o Mapulaú. Aí começaram a vir nos visitar com regularidade. Depois, os do rio Toototobi fizeram o mesmo e, por sua vez, começaram a vir buscar mercadorias conosco.

Passei bastante tempo com Chico naquele posto do Mapulaú, mas acabei me cansando. Não sou preguiçoso, não, mas ele me fez trabalhar demais. Não parava de me dar ordens! Mandava-me desmatar, cortar os esteios e rachar as ripas de madeira de palmeira para a construção das casas. Era eu também que tinha de coletar todas as folhas para cobri-las e penar sem trégua para plantar a roça nova. Apesar disso, Chico nunca parecia satisfeito. Ficava irritado comigo por qualquer coisa. Tinha chamado uma jovem de *Werihi sihipi u* para ajudá-lo no posto, e como no tempo da missão, tinha feito dela sua mulher. Essa moça tinha sido casada com meu padrasto de Toototobi, que a tinha rejeitado havia pouco. Então ela tinha voltado a *Werihi sihipi u*, para junto dos seus, solteira. Por isso Chico a chamou para perto dele. Ele tinha muito ciúme. Nenhum homem podia chegar perto dela. Mas a moça às vezes passava diante do lugar em que eu estava trabalhando e conversava comigo. Assim, um dia, Chico nos viu compartilhando comida, junto com outros Yanomami. Estávamos fazendo brincadeiras e rindo. Ele logo me puxou de lado e, muito irritado, me perguntou se eu copulava com ela. Eu neguei. Disse a ele que a tratava apenas com amizade, nada mais. Ele não acreditou em mim e começou a me detestar. Ficou realmente enraivecido de ciúme! Chegou a me ameaçar, aos berros: "Não chegue perto dela! Quero-a só para mim! Tome cuidado!". Essas ameaças me enfureceram. Retruquei, no mesmo tom: "Você é mau e seu pensamento é vazio! Você é branco. Vá buscar uma mulher em Manaus, em vez de pegar as nossas e ainda ficar com ciúme!". Ele acabou me enxotando do posto: "Não quero mais você aqui! Vá, vá embora para a sua casa!". Tudo isso me deixou furioso com ele. Entendi melhor por que os meus não queriam mais saber dele em Toototobi! Então resolvi voltar para a cidade, para contar tudo aquilo ao pessoal da Funai. Assim, fui embora para Manaus com um índio xikrin que trabalhava conosco.

O delegado da Funai de lá,[23] Porfírio, que achava que eu ainda estava no Mapulaú com Chico, ficou muito surpreso de me ver chegar de repente, sozinho, à sua sala. Perguntou-me: "O que você está fazendo aqui? O que aconteceu? Por que o Chico o deixou sair do posto?". Contei tudo a ele: "Foi o Chico que me mandou embora, por ciúme. Tomou por mulher uma moça yanomami e não me deixa nem falar com ela. Mas ela é uma das nossas mulheres, e aquela floresta não é dele!". Porfírio escutou minhas palavras com atenção. Parecia contrariado. Então, respondeu: "Você tem razão, Chico agiu mal! Vocé é um Yanomami, ele não deve maltratá-lo assim!". Era um homem sábio. Mais tarde, chamou Chico de volta e o mandou trabalhar num outro lugar, na região de Surucucus, onde a floresta tinha acabado de ser invadida por garimpeiros em busca de cassiterita.[24] Depois de o Chico ter deixado o Mapulaú, foi um outro homem do posto, um índio tukano, que ficou durante um tempo com a mulher yanomami dele. Depois foi a vez de ele ir embora, deixando-a sozinha no meio do caminho, grávida, longe dos seus. No final, foi um *Xamat^hari* que se casou com ela em Ajuricaba. Ela ainda mora lá. O novo posto que tínhamos aberto no Mapulaú ficou desativado. Nenhum branco jamais voltou lá. Mais tarde, os de *Werihi sihipi u* acabaram pondo fogo nele, com tudo o que tinha ficado dentro, inclusive o rádio. Estavam furiosos por terem sido abandonados, apesar das promessas de Chico. Além disso, uma nova fumaça de epidemia acabava de atingir seus parentes que tinham ficado no alto rio Lobo d'Almada.[25]

Assim terminou meu primeiro trabalho para a Funai. Em seguida, Porfírio, o delegado de Manaus, mandou-me para um outro posto, Iauaretê, que acabara de ser aberto no alto rio Negro, a montante de São Gabriel da Cachoeira, onde vivem os Tukano.[26] Devia ser para me afastar da nossa floresta, já que eu não queria mais trabalhar lá com Chico. Quando chegamos a Iauaretê, o chefe do posto, que tinha vindo comigo de Manaus, resolveu que eu devia ir trabalhar com os Maku. São habitantes da floresta, que viviam muito longe dos brancos, perto de uma montanha chamada de Serra dos Porcos. Ele me acompanhou até lá e depois foi embora depressa, deixando-me sozinho. Fiquei naquele lugar por bastante tempo. Estava um tanto inquieto, porque os Maku são gente outra, que eu não conhecia.[27] Eu não entendia nada da língua deles e eles nada sabiam da língua dos brancos. Ficava preocupado, e dizia a mim mesmo: "Como é que eu vou viver com eles? Eles não entendem uma palavra do que eu digo e falam uma língua como a dos fantasmas!". Mas fiquei contente, porque eles se tornaram meus amigos e, sem me entender, alimentaram-me com generosidade durante todo o tempo que passei com eles.

Nessa época, eu também trabalhei a montante, no rio Negro, com outros habitantes da floresta, perto da fronteira da Venezuela. Acho que se chamavam Warekena. Não sei ao certo. Lembro-me apenas de que falavam mais uma língua outra. Era muito difícil para mim trabalhar no alto rio Negro. Aquela floresta pertence a outras gentes, diferentes da minha. Eles são muito numerosos e cada um tem uma língua diferente.[28] Eu nunca sabia como falar com eles. Por causa disso, sempre me sentia mal fazendo aquele trabalho. Então, decidi não permanecer naquela região. Pedi para ir embora e o pessoal da Funai me chamou de volta a Manaus. Dessa vez, resolveram fazer com que eu estudasse para me tornar agente de saúde.[29] Comecei a aprender como fazer engolir remédios, atar curativos e até dar injeções. Eu era muito aplicado. Queria mesmo saber como curar ao modo dos brancos. Porém, eu tinha dificuldade em entender o que eles me explicavam. Eu era muito jovem e ainda imitava muito mal a fala deles. Além disso, da escrita eu só sabia o pouco que tinha aprendido, ainda criança, na escola da missão Toototobi, em minha própria língua. Eu não conseguia ler as peles de papel dos remédios. A Funai tinha me mandado ir estudar com outros índios, que já viviam com os brancos havia muito tempo. Pensavam que eu fosse como eles. Mas aquelas palavras de forasteiros não eram tão claras para mim quanto para eles. Eu era recém-saído da floresta.[30]

De modo que, assim que terminei o curso, o novo delegado da Funai, que tinha substituído Porfírio, me mandou de volta para casa, em Toototobi, sem explicações. Tudo aconteceu muito depressa. Ele me disse apenas uma coisa: "Volte para trabalhar na sua aldeia, com os seus. Você vai lhes dar remédios para curá-los!". Ele me colocou num avião e, de repente, eu estava de volta em Toototobi. Foi só. Pouco tempo depois, um dos missionários veio até mim e anunciou: "Você não trabalha mais para a Funai, eles o despediram!". Aquele novo delegado da Funai não gostava mesmo de mim. Era ruim e não tinha nenhuma amizade pelos habitantes da floresta. Deve ter pensado: "Não sei o que fazer com esse Davi. Não quero mais vê-lo, que volte para a casa dele, na floresta!". E no entanto eu tinha me esforçado muito em Manaus, para aprender as palavras dos brancos, e poder tratar como eles. Eu tinha me comportado bem e nunca bebi cachaça. Não imagino o que possa ter feito para o delegado me enxotar daquele jeito, sem me dizer nem uma só palavra! Decerto era covarde e não ousou falar comigo olhos nos olhos. Assim é. Quase me tornei agente de saúde! Eu tinha começado a estudar, gostava daquilo. Mas como a Funai tinha me rejeitado daquele modo, fiquei furioso e desisti da ideia. Pensei: "Tanto faz! Esse delegado da Funai não passa de um ignorante!". E decidi voltar a viver em paz entre os meus, em Toototobi, como antes.

Porém, mais uma vez, não durou muito. Algum tempo depois, outros brancos chegaram a Toototobi. Era o pessoal do serviço de combate à malária. Já os conhecíamos, porque às vezes vinham borrifar em nossas casas um remédio para matar os mosquitos. Dessa vez, tinham vindo capturar piuns que chamamos *ukuxi* para pesquisar uma doença que causa cegueira.[31] Tinham ouvido dizer que eu falava a língua dos brancos. Então, pouco depois de chegarem, mandaram me chamar. Pediram-me para ajudá-los: "Não sabemos como nos fazer compreender e não conseguimos trabalhar! Você, que conhece nossas palavras, fique do nosso lado!". Foi o que eu fiz e, pouco a pouco, eles viram que eu me virava bem como intérprete. De modo que, quando terminaram seu trabalho em Toototobi, pediram-me para acompanhá-los: "Venha conosco! Temos amizade por você. Você vai continuar trabalhando para nós e nós lhe pagaremos por isso!". Eles ainda tinham de ir a vários lugares de nossa floresta, aos rios Mucajaí e Catrimani, e depois às altas terras, em Surucucus.

Como a febre da malária ardia em mim, resolvi ir com eles, pelo menos para que me tratassem. Mas eu não estava só nessa viagem. Vinham também conosco alguns parentes idosos de Toototobi vitimados pela doença dos piuns que os brancos estavam procurando. Devíamos todos ser mandados para o hospital. Um aviãozinho veio nos buscar para nos levar até a cidade. Foi assim que conheci Boa Vista pela primeira vez![32] Fazia tempo que eu ouvia falar de lá, mas nunca tinha ido. Quando cheguei, achei que era um lugar bonito. Naquela época, era uma cidade pequena. Não havia ladrões e os brancos ainda não se matavam entre si. Era possível manter o espírito tranquilo. Ninguém lá conhecia os Yanomami ainda. Era bom. Podíamos ir aonde quiséssemos sem medo. Os brancos eram amigáveis. Mas mudou muito desde então. Chegaram muitos garimpeiros e as ruas se encheram de palavras hostis contra nós. Hoje em dia, tenho até medo de andar por lá sozinho. No tempo do pessoal da malária, passei a maior parte do meu tempo em Boa Vista no hospital, como em Manaus! Eu me tratava e cuidava dos mais velhos, que não falavam a língua dos brancos. Depois, quando passamos a nos sentir melhor, começamos a fazer visitas aos missionários de Toototobi, que também têm casas em Boa Vista. Mas não era para imitar *Teosi* junto com eles que íamos até lá, não! O que queríamos mesmo, trabalhando para eles, era ganhar alguns papéis de dinheiro. Gostávamos muito das grandes redes de algodão e das outras mercadorias que tínhamos visto nas lojas da cidade! Para consegui-las, precisávamos capinar os quintais das casas dos brancos, como na missão. Todo o tempo que passamos com eles era dedicado a isso!

Um pouco mais tarde, depois de eu ficar curado, o pessoal da malária voltou a pedir que eu os acompanhasse. Eu tinha gostado de ajudá-los. Tinham me tratado bem, e o serviço que me davam não era difícil. Eu tinha vontade de seguir com eles em outras viagens. Porém, um dia, deixando o hospital para ir trabalhar para os missionários, encontrei na rua um Yanomami que saía da casa da Funai ali perto. Era um *Xamat^h^ari* do rio Cauaboris, do grupo dos *Wawanawë t^h^ëri*. Tinha deixado seus parentes ainda muito jovem. O pessoal da Funai o tinha trazido junto com eles. Chamava-se Ivanildo. Eu já o tinha encontrado em Manaus, no tempo em que trabalhava com Chico. Agora, ele era intérprete na estrada que os brancos tinham começado a abrir em nossa floresta e que chamavam de Perimetral Norte.[33] Depois de ter cruzado comigo, Ivanildo tinha falado de mim a um chefe de posto que eu também conhecera em Manaus, Amâncio. Amâncio estava trabalhando em Boa Vista na época. Ele pediu a Ivanildo para me levar ao escritório da Funai da cidade para encontrá-lo. Eu fiquei curioso, então fui lhe fazer uma visita para conversar um pouco.

Assim que cheguei, Amâncio anunciou que iríamos juntos encontrar o delegado. Então, ambos começaram a me dizer: "Você não deve mais acompanhar o pessoal da malária! Somos nós, a Funai, que cuidamos realmente dos índios, você tem de trabalhar conosco!". Insistiram muito para que eu voltasse a trabalhar na Funai. Isso me surpreendeu e, no começo, eu não queria nem escutar! Não fazia muito tempo que o delegado de Manaus tinha me mandado embora sem explicações. Agora, de repente, o de Boa Vista resolvia me afastar do pessoal da malária, que me tratava tão bem! Dentro de mim, isso me deixou irado. Disse a mim mesmo: "O pensamento desses brancos é mesmo enfumaçado!". Respondi logo, um tanto irritado: "Não! Não quero mais trabalhar para a Funai. Já fiz isso, no posto Ajuricaba e no rio Mapulaú, depois estudei em Manaus para ser agente de saúde. No fim, me jogaram de volta na floresta sem me dizer nem uma palavra! Seus grandes homens não têm nenhuma sabedoria e não gostam de mim. Não me incomodo de trabalhar com os brancos, mas não quero me deixar destratar desse jeito! Prefiro ajudar o pessoal da malária!".

Apesar dessas palavras de recusa, o delegado de Boa Vista continuou insistindo, falando duro comigo. Advertiu-me de que o pessoal da malária só podia me dar trabalho se a Funai permitisse, porque eu era índio.[34] Amâncio acrescentou: "O delegado que o mandou embora de Manaus era ruim. Aqui, é uma outra Funai, é um outro delegado que manda.[35] Ele é um homem de bem e quer mesmo que você trabalhe para nós. Você não pode recusar assim!". Então repetiram tudo isso várias vezes e Amâncio parecia estar mesmo determinado a me ter trabalhando com ele.[36] De modo que acabei falando de tudo isso com o pessoal da malária, e eles me responderam: "A Funai não quer que você trabalhe conosco porque você é um deles. Muito bem. Já que eles o querem tanto, volte para eles!". Foi assim que acabei voltando mais uma vez para a Funai. Foi afinal Amâncio que me convenceu, prometendo que eu iria trabalhar junto aos meus. Disse-me: "Vamos morar no posto Ajarani,[37] é na sua floresta. Vamos ajudar os Yanomami que vivem naquela região. Vamos defendê-los juntos, eles precisam, porque a estrada acaba de chegar até eles!". Sem essas palavras, eu jamais teria aceitado. Naquele tempo, eu não sabia quase nada. Captava um pouco as palavras dos brancos, mas não compreendia seu pensamento. Meu espírito ainda estava hesitante. Eu tinha escutado Amâncio, e pensei que ali talvez estivesse um branco que pensa com retidão. Quando dava ordens, na Funai de Boa Vista, declarava a todo mundo que defendia os Yanomami. Eu acreditei. Nada sabia dele, exceto o que fazia diante de meus olhos ou o que me declarava quanto ao que pretendia fazer.

Assim, ele repetia que não deixaria nossa floresta ser invadida pelos brancos. E, de fato, muitas vezes ele realmente agia em nossa defesa. Naquela época, ele tinha muito dinheiro da Funai. Quando os garimpeiros invadiram a região de Surucucus pela primeira vez, foi ele que os expulsou.[38] Ele também mandava aviões para trazer médicos. Ajudava-nos desse modo. E além disso viajava muito comigo, para conhecer nossa floresta. Assim, subimos juntos o alto rio Demini, bem a montante, perto da fronteira da Venezuela, no rio Taraú. Chegamos juntos até as casas de *Xamat^{h}ari* que nunca tinham visto brancos.[39] Ele apreciava meu trabalho e tinha verdadeira amizade por mim. Estou certo disso. Ele me ajudou, e muitas vezes me apoiou dentro da Funai. Sem isso, eu já não estaria trabalhando lá há muito tempo. Porém, quando eu soube mais tarde que ele tinha ajudado os militares de Brasília a dividir nossa floresta em pequenos pedaços, como cercados para o gado,[40] não gostei. Apesar da amizade, acho que ele me enganou, escondendo de mim essas palavras. Isso me contrariou muito mesmo.

* * *

Assim que concordei em ir com ele, Amâncio me mandou buscar minha carteira de identidade esquecida em Toototobi.[41] Quando retornei, ele logo fez novos papéis da Funai para mim. Depois fomos trabalhar no posto de que ele havia me falado, à beira da Perimetral Norte.[42] Na época, não passava de um casebre perto do rio Ajarani, onde vivem os Yanomami que chamamos Yawari.[43] Foram eles os primeiros a ver os brancos arrancarem o chão da floresta com suas máquinas gigantes, para abrir a estrada.[44] Quando elas entraram na nossa terra, eu ainda estava longe. Acompanhava Chico em sua busca sem rumo pelos *Moxi hatëtëma*, e depois estive na região de Iauaretê, perdido entre os Maku! Só vi o traçado da estrada quando ele já tinha entrado floresta adentro, quase até o rio Demini. Mas Chico já havia me falado um pouco a respeito dela, quando estávamos no Mapulaú. Explicou-me: "Os brancos estão abrindo um grande caminho na floresta. Estão vindo em nossa direção, a partir de sua aldeia de Caracaraí. Depois vão atravessar o Demini e seguir para bem longe, até os Tukano!". Ele também conversava sobre isso às vezes por rádio, com outros homens da Funai. Eu não compreendia tudo o que diziam, mas o que entendia bastava para me deixar preocupado.

Quando eu era criança, os brancos subiram os rios e começaram a fazer morrer nossos antigos em grande número. Depois voltaram, de avião e de helicóptero. Então suas fumaças de epidemia, mais uma vez, fizeram morrer muitos de nós. Agora, eles tinham resolvido abrir uma de suas estradas até o meio de nossa floresta, e suas doenças iriam com certeza devorar os que tinham sobrevivido. Eu ficava pensando em tudo isso, quando estava sozinho no posto da Funai. Isso me atormentava e me entristecia. Dizia a mim mesmo: "Os brancos rasgam a terra da floresta. Derrubam as árvores e explodem as colinas. Afugentam a caça. Será que agora vamos todos morrer das fumaças de epidemia de suas máquinas e bombas?". Eu já sabia que essa estrada só iria nos trazer coisas ruins. Ninguém nos tinha avisado antes de as obras começarem. Chico só tinha dito umas poucas palavras a respeito para a gente de *Werihi sihipi u*, quando abrimos o posto de Mapulaú. Eu tinha tentado alertá-los contra as doenças que iriam, mais uma vez, se espalhar pela nossa floresta. Porém, pouco depois eu iria embora para Manaus, devido à minha briga com Chico. No caminho, vi apenas o desmatamento do traçado da estrada, que tinha começado. Havia por toda parte pequenos grupos de brancos com roupas rasgadas trabalhando com machados.[45] As máquinas grandes ainda não tinham chegado.

As palavras a respeito da estrada que eu conseguia compreender naquele tempo me assustavam também por uma outra razão além das doenças. Eu tinha ouvido gente da Funai contar que, para abrir o trecho que liga Manaus a Boa Vista, os soldados tinham atirado nos Waimiri-Atroari e jogado bombas em sua floresta.[46] Eles eram guerreiros valorosos. Não queriam que a estrada atravessasse suas terras. Atacaram os postos da Funai para que os brancos não entrassem onde eles viviam. Foi isso que deixou os militares enfurecidos. Ouvindo essa história, comecei a temer que os soldados resolvessem nos tratar do mesmo jeito! Porém, por sorte, isso nunca aconteceu.[47] Muitos foram, porém, as mulheres, crianças e velhos que morreram entre nós por causa da estrada.[48] Não foram mortos pelos soldados, é verdade. Mas foram as fumaças de epidemia trazidas pelos operários que os devoraram. E, mais uma vez, ver morrer os meus daquele modo me revoltou. As coisas só faziam se repetir, desde a minha infância. Então, a dor da morte dos meus, outrora, em Toototobi, voltou. A raiva do luto invadiu novamente o meu pensamento: "Esse caminho dos brancos é muito ruim! Os seres da epidemia *xawarari* vêm seguindo por ele, atrás das máquinas e dos caminhões. Será que sua fome de carne humana vai nos matar a todos, um depois do outro? Terão aberto a estrada para silenciar a floresta de nossa presença? Para aqui construir suas casas, sobre os rastros das nossas? Serão eles realmente seres maléficos, já que continuam nos maltratando assim?".

Nossos antigos não tinham essas preocupações, porque não sabiam de nada quanto à estrada. Os homens do governo não os reuniram para ouvir a voz deles. Não perguntaram a eles: "Podemos abrir esse caminho nas suas terras? O que acham? Vocês não vão ficar com medo?". Os poucos brancos que tinham falado do seu traçado não explicaram quase nada. Nem o pessoal da Funai nem o de *Teosi* os tinham preparado para o que estava por vir. A mim, que falo a língua dos brancos, tinham mandado trabalhar bem longe, em Iauaretê. De modo que, certo dia, as máquinas chegaram à floresta sem que nenhuma palavra as tivesse precedido. Então, nossos grandes homens, mantidos na ignorância, não se mostraram hostis com os brancos da estrada. Nem os do rio Ajarani, nem os do Catrimani, do Mapulaú ou do Aracá disseram nada.[49] Pensaram que, acontecesse o que acontecesse, a floresta nunca iria desaparecer e continuariam vivendo nela como sempre tinham feito. Pensaram também que poderiam conseguir muito alimento e mercadorias dos brancos. Sabiam que o pessoal da estrada jogava essas coisas de seus aviões e distribuía tudo generosamente.[50] Ignoravam completamente as verdadeiras intenções dos brancos. E eu, no Mapulaú, era jovem demais para convencê-los da ameaça que pairava sobre eles. Então, desci o rio para Manaus sozinho, guardando no peito minha preocupação e minha tristeza.

Mais tarde, os primeiros operários que eu tinha visto derrubando as árvores no traçado da estrada a machadadas foram embora. Outros, muito mais numerosos, chegaram em seguida. Começaram a rasgar a terra da floresta com enormes tratores amarelos. Dessa vez, a gente de *Werihi sihipi u* entendeu que a estrada ameaçava chegar muito perto deles. Eles tinham sido convidados a uma festa *reahu* na casa dos habitantes de *Hewë nahipi*, no rio Jundiá. Os brancos estavam trabalhando a menos de um dia de caminhada a jusante, às margens do rio Catrimani.[51] Foi quando meu futuro sogro e os seus ouviram pela primeira vez o zumbido contínuo de suas máquinas. Se espantaram, mas seus anfitriões explicaram: "São os brancos, rio abaixo, que estão abrindo um caminho e arrancando o chão da floresta!". Ficaram perplexos, mas pouco falaram do assunto. Voltaram para casa com aquelas palavras guardadas no pensamento.

Pouco tempo depois, eles próprios também começaram a ouvir de sua casa a voz dos grandes tratores que remexiam a terra. Jamais tinham escutado um ruído assim na floresta. No começo, parecia estar longe. Mas foi se aproximando e tornou-se mais distinto dia após dia. Sua inquietação aumentou e eles se perguntaram o que poderia estar vindo assim em sua direção. Nunca tinham visto as enormes máquinas dos brancos que abrem estradas. Seu zumbido surdo, que não parava, soava para eles como o de seres maléficos devastando tudo em sua passagem. Agora podiam ouvi-lo noite e dia, sem descanso, e se perguntavam, aflitos:[52] "Será que os brancos vão destruir a nossa casa também, rasgando a terra até nós? Ou vão explodi-la e queimar nela todos nós?". Seus temores não davam trégua e as explosões das bombas quebrando a rocha dos morros apavorava-os mais do que tudo. No verão anterior, a fumaça de epidemia do helicóptero tinha devorado a maioria deles. Vários temiam que isso voltasse a ocorrer: "Será que os brancos da estrada vão nos fazer adoecer e morrer de novo? Se isso acontecer, desta vez não vai sobrar ninguém para juntar nossas ossadas e chorar por nós!". Tinham restado tão poucos sobreviventes da gente de *Werihi sihipi u* que se perguntavam se agora a fumaça das máquinas acabaria com eles de vez. Todos tinham muito medo, tanto os mais velhos quanto os mais jovens. Mesmo assim, alguns adolescentes estavam curiosos para ver mais de perto o que acontecia. Às vezes exclamavam: "Vamos até o caminho dos brancos! Pediremos espingardas e cartuchos a eles!". Apesar de seus receios, estavam tomados pelo desejo de mercadorias. Então, um grupo pequeno se reunia e se punha a caminho, guiado pelo rugido longínquo dos tratores. Mas sempre davam meia-volta antes de chegar à estrada. O medo era mais forte e os fazia mudar de opinião. No último momento, sempre diziam a si mesmos: "Se formos até lá, vamos morrer!", e nunca ousaram se arriscar até o lugar onde as máquinas dos brancos rasgavam a terra da floresta.

Então, a época das chuvas chegou e as obras da estrada pararam de repente. Todos os brancos e seus tratores e caminhões foram embora. Mais tranquilos, o pai de minha futura esposa e os seus ficaram perto do posto Mapulaú. O resto do grupo voltou para sua antiga casa de *Hapakara hi*, no alto rio Lobo d'Almada. A floresta tinha voltado a ficar silenciosa. Mas foi então que a epidemia *xawara* retornou, de repente. Todos os habitantes das casas do Lobo d'Almada estavam reunidos para uma festa *reahu* numa delas, chamada *Hʷaya u*. Havia lá também gente de *Hero u*, vinda do alto rio Mucajaí, onde, na época, ainda não havia nenhum branco. Quase não possuíam objetos manufaturados naquela época. Assim, durante a festa, dedidiram descer o rio, até os padres da missão Catrimani, para obter terçados, miçangas e panelas. Ao cabo de alguns dias de trabalho, voltaram para *Hʷaya u* com as coisas que desejavam. Contudo, sem que soubessem, como tinha ocorrido antes em Toototobi, os missionários do Catrimani tinham trazido da cidade uma criança doente de sarampo.[53] De modo que os homens de *Hero u* carregaram essa epidemia *xawara* com suas mercadorias até a casa onde acontecia a festa *reahu*. Dessa vez, ninguém viu explodir fumaça. No entanto, os mais velhos que sobreviveram se lembraram de que um padre da missão os tinha visitado no Lobo d'Almada pouco antes, e que alguns deles tinham roubado mercadorias suas. Pensaram que ele podia ter feito queimar aquela epidemia por vingança. Por isso, chamaram essa doença de "fumaça de epidemia do padre", *patere xawara a wakixi*.

Eu mesmo não sei o que realmente aconteceu. Foi o que ouvi dizer. Seja como for, perto do final da festa, todos os que estavam reunidos em *H^waya u* começaram a arder em febre. Então, tomados de pânico, os convidados fugiram, tentando escapar da voracidade dos seres da epidemia, que chamamos *xawarari*. Não adiantou! Foram atrás deles, até a sua casa, e os devoraram a todos. E assim, em pouco tempo, todas as aldeias do rio Lobo d'Almada ficaram esvaziadas da maioria de seus habitantes.[54] Os convidados de *Hero u* moravam a vários dias de caminhada. Por isso, só eles não levaram a doença até os seus. Muitos morreram no caminho, na floresta. Outros mal conseguiram sobreviver. Um deles ficou estendido no chão, inconsciente, durante vários dias. As formigas comeram-lhe os olhos e ele ficou cego, mas não morreu. O sarampo era muito perigoso para os mais velhos, cuja carne jamais havia conhecido tal doença. Era o mesmo mal que tinha devorado todos os meus parentes em Toototobi quando eu era criança. Hoje, os poucos idosos das casas do rio Lobo d'Almada e da do pai de minha esposa, *Watoriki*, onde vivo agora, são sobreviventes dessas epidemias do tempo da estrada. Desde então, os brancos abandonaram seu caminho de cascalho ao silêncio. Está quase todo coberto de mato denso. Mas a floresta já foi suja por doenças que não vão mais sair dela.

Os brancos da estrada não queimaram fumaça de epidemia como a de Oswaldo em *Marakana* e a do helicóptero em *Werihi sihipi u*. Dessa vez, os seres da epidemia *xawarari* só escoltaram suas máquinas e caminhões até nós. Costumam acompanhar os brancos por onde forem, porque estes são seus sogros.[55] Mantêm os olhos fixos neles e se deslocam seguindo seus rastros. É assim que conseguem nos encontrar na floresta. São seres maléficos ávidos de gordura humana. Apenas os xamãs podem vê-los. Os *xapiri* tentam expulsá-los assim que se aproximam de nós. Porém, quando não conseguem afugentá-los, os *xawarari* instalam suas redes nas nossas casas e vão nos devorando à vontade, sem pressa. Não matam todo mundo de uma só vez, não. Comem primeiro um grupo de gente, e voltam em seguida para devorar uma parte dos sobreviventes. Caso alguns homens e mulheres consigam escapar deles, mais tarde irão atacar seus filhos. É assim que esses seres maléficos vão aos poucos esvaziando a floresta de seus habitantes.

As fumaças das máquinas e dos motores são perigosas para os habitantes da floresta. Trata-se também de fumaça de metal, fumaça de epidemia. Jamais tínhamos cheirado tal coisa antes da chegada dos brancos. Nós somos outros. Nossa carne não tem marcas de vacina e não temos remédio contra as epidemias *xawara*. Nossos antigos sempre foram protegidos das doenças pelo frescor da floresta. Somos de outro sangue. Nunca vivemos, como os brancos, em terras ardentes e sem árvores, percorridas por máquinas em todo lugar. No primeiro tempo, nossos maiores viviam sozinhos na floresta, longe das mercadorias e dos motores. Essas fumaças de epidemia têm um cheiro ruim que cortou o sopro de vida deles. Desde que as respiraram, morreram todos, uns após os outros. E, ainda hoje, as gentes das terras altas continuam morrendo disso.[56] Eu gostaria de ter dito aos brancos, já na época da estrada: "Não voltem à nossa floresta! Suas epidemias *xawara* já devoraram aqui o suficiente de nossos pais e avós! Não queremos sentir tamanha tristeza de novo! Abram os caminhos para seus caminhões longe da nossa terra!". Mas não ousei me dirigir a eles. Eu ainda era jovem demais e tinha pouco conhecimento. Não sabia o que é defender a floresta. Não sabia como fazer ouvir minha voz nas cidades. Foi apenas mais tarde, depois de a estrada ter rasgado a floresta, que comecei a pensar com mais firmeza. Comecei a sonhar cada vez mais com a floresta que *Omama* criou para nós e, pouco a pouco, suas palavras aumentaram e se fortaleceram dentro de mim.

14. Sonhar a floresta

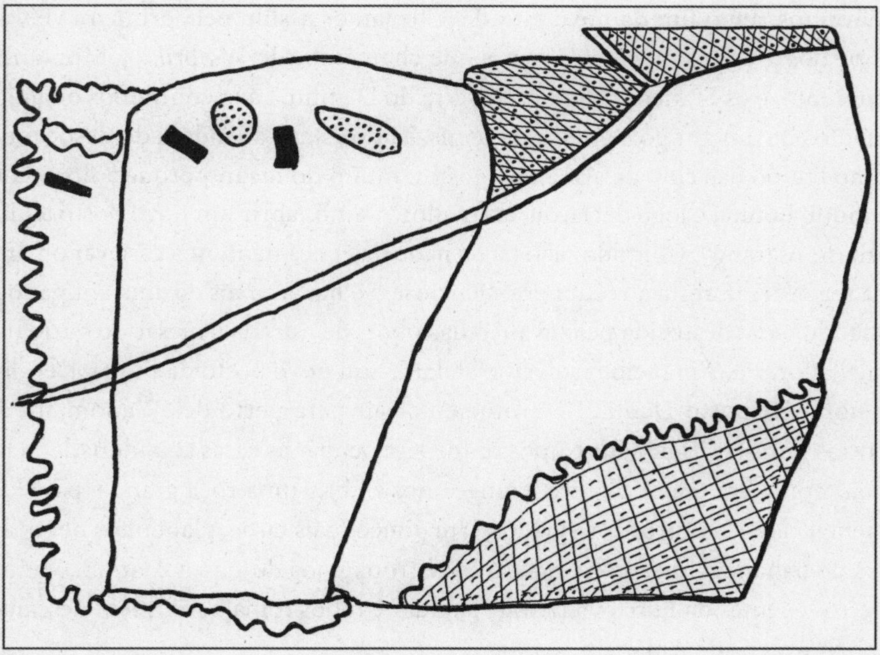

A floresta retalhada.

O índio Davi Xiriana Yanomami, que fala e compreende o português, chamou nossa atenção [...]. *Nós conversamos com ele por um bom tempo e ele demonstrou plena consciência do mundo para além da região à sua volta, assim como da necessidade de estudar.*

A. M. da Paixão, 1977
Antropóloga da Funai

Um dia fui de caminhonete com Amâncio do posto Ajarani, onde trabalhávamos, até o fim da nova estrada. Chegamos assim, pela primeira vez, ao sopé dos grandes morros de pedra que chamamos de *Watorikɨ*, a Montanha do Vento, e os brancos chamam de serra do Demini. Lá encontramos os alojamentos de um antigo canteiro de obras. Tudo estava abandonado desde o último tempo das chuvas. Amâncio gostou muito do lugar, porque a floresta lá é muito bonita, e logo declarou, animado: "Vamos abrir um novo posto aqui e sair do Ajarani!". Contudo, não havia naquela época nenhuma casa yanomami na região. A floresta ao redor era silenciosa. Só havia sinais de uma antiga roça abandonada, destruída pelo avanço das obras da estrada. Apesar do vazio daquela floresta, Amâncio resolveu instalar lá um novo posto da Funai. Deu-lhe o nome de posto Demini[1] e prometeu atrair para perto dele Yanomami de outras florestas. Então limpamos tudo, para ocupar as casas abandonadas. Depois, como era época de seca, começamos a abrir uma roça grande, para alimentar nossos futuros convidados. Um pouco mais tarde, plantamos nela brotos de bananeira e cana-de-açúcar, que trouxemos do posto Ajarani. Muitos outros agentes da Funai vieram nos ajudar e todos trabalharam sem descanso sob as ordens de Amâncio.[2]

Passado um certo tempo, gentes dos rios Catrimani, Ajarani e Toototobi começaram a fazer visitas regulares ao novo posto. Mas essas visitas não bastavam para Amâncio. Ele queria mesmo é que um desses grupos mudasse para a região do Demini. Assim, acabou me pedindo para chamar primeiro o pessoal de uma aldeia muito longe dali, perto da missão dos Padres, no rio Catrimani, os *Opikɨ tʰëri*.[3] Apesar da distância, aceitaram o convite e vieram construir uma nova casa perto do posto. Prometeram se instalar lá definitivamente, apesar de, no final, não terem feito nada disso! Na verdade, eles nunca pararam de ir e vir entre o Demini e sua antiga casa do Catrimani. A nova floresta na qual tinham vindo se instalar os deixava inquietos, pois era de fato muito distante da sua.

Temiam as gentes dos rios Toototobi e Mapulaú, que lhes eram hostis e moravam a poucos dias de caminhada. A desconfiança não era infundada: algum tempo depois de terem se estabelecido no Demini, guerreiros de Toototobi conduziram uma incursão até o posto, para vingar a morte de um dos seus. O homem tinha adoecido na volta de uma festa *reahu* na casa de *Hewë nahipi*, no rio Jundiá, para a qual os *Opikɨ tʰëri* também tinham sido convidados. Os do Toototobi logo os acusaram de tê-lo matado com uma substância de feitiçaria *paxo uku* espalhada numa das cabaças de mingau de banana que ele bebeu.[4] Por pouco esses guerreiros de tocaia na floresta não flecharam os *Opikɨ tʰëri* bem no meio do posto Demini! Só desistiram por causa da presença dos brancos ao lado dos Yanomami que pretendiam atingir.

Mas além disso outra coisa não ia bem com eles. O grande homem dos *Opikɨ tʰëri* era muito velho e tinha várias mulheres.[5] Era muito ciumento e costumava ficar bravo por causa da mais nova. Quando isso acontecia, ele às vezes saía do posto com os seus por algum tempo. Assim, certo dia, ao amanhecer, vários de seus filhos vieram a mim com palavras feias. Estavam todos exaltados, me acusando de namorar com a jovem esposa do pai deles, que tinha se mudado, na véspera, para um dos alojamentos da Funai: "Você trabalha com os brancos, mas seu pensamento está cheio de esquecimento! Você está comendo a vulva dessa mulher, por isso a está escondendo! Você é ruim!". Foi o que me disseram. Mas era tudo mentira. A verdade é que ela queria largar do marido velho e só tinha se refugiado no quarto dos seus dois irmãos que trabalhavam no posto Demini. Os filhos de seu esposo, no entanto, pensavam que eu a tinha atraído lá para mim! Depois disso, eu também fiquei irritado e respondi: "Tudo isso não passa de mentira! Os irmãos dessa mulher estão cuidando dela. Não pensem que ela veio para o posto por minha causa!". Mas eles estavam tão tomados pela raiva que foram embora pouco tempo depois, com o pai e toda a sua gente, de volta para sua antiga floresta do rio Catrimani. Nunca mais voltaram.

Após a partida dos *Opikɨ tʰëri*, foi a vez de o grupo dos sobreviventes de *Werihi sihipi u* se aproximar do posto Demini. Era o pessoal de meu futuro sogro. Eles me conheciam bem, do tempo em que eu estava com Chico no posto do rio Mapulaú. Os outros, aqueles que tinham queimado o posto da

Funai, ficaram na sua antiga casa de *Hapakara hi*, lá onde a epidemia *xawara* os tinha atingido um pouco antes, na região do alto Lobo d'Almada. Havíamos visto passar duas estações de chuvas desde que os brancos tinham parado de traballhar na estrada. Homens de Toototobi voltando do posto Demini tinham informado os de *Werihi sihipi u* de que eu tinha começado a trabalhar com a gente da Funai. Eles nunca tinham chegado perto do antigo canteiro de obras da estrada quando os brancos estavam trabalhando. Mas, como a floresta tinha recuperado seu silêncio, decidiram vir me visitar. O irmão mais novo de minha futura esposa foi seu primeiro emissário. Viu que os *Opikɨ tʰëri* tinham deixado o lugar e que só moravam no posto o pessoal da Funai e alguns Yanomami que trabalhavam lá como eu. Eu disse a ele que o chefe do posto, Amâncio, gostaria que seu pessoal viesse se instalar na região. Então, ele retornou com essas palavras para casa.

Pouco tempo depois, foi seu pai que veio até o Demini. Estava acompanhado por dois rapazes. Foi sua primeira visita.[6] Naquele tempo, ele era robusto e ainda viajava muito. Tinha aberto um caminho novo na floresta, desde sua casa de *Werihi sihipi u* até a estrada. Em seguida, viera por ela até a serra *Watorikɨ*. Desde que Chico tinha abandonado o posto Mapulaú, não havia mais brancos naquela floresta, e os de *Werihi sihipi u* não tinham mais mercadorias e se sentiam desprovidos. Por isso, meu futuro sogro tinha vindo buscar sal, anzóis e ferramentas no novo posto da Funai. Ele também estava muito preocupado, porque os visitantes de outras casas andavam levando para a casa dele muitas doenças de branco.[7] Declarou para mim: "Não queremos mais viver sozinhos na floresta, precisados de tudo. Também não paramos de ser atacados pela epidemia *xawara*. Agora queremos mudar para perto dos medicamentos dos brancos". Respondi a ele: "Essas são palavras sábias! Venham se instalar perto daqui, poderemos tratar e ajudar a sua gente!".

Foi assim que aconteceu. É verdade que Amâncio tinha pedido que eu o convidasse para se aproximar do posto Demini. Mas ele só concordou porque já tinha decidido vir para mais perto! Agora era o grande homem de sua casa. Seu irmão mais velho e quase todos os seus tinham sido devorados pela epidemia do helicóptero e depois pela do padre da missão Catrimani. Achava que toda aquela mortandade tinha de parar. Não queria que sua floresta envelhecesse só, vazia e silenciosa, coberta de ossadas perdidas de seus parentes. Por isso tinha decidido abandonar sua roça do rio Mapulaú e se acercar da Funai, perto da serra *Watorikɨ*. Mas não se estabeleceu logo perto do posto. Primeiro se instalou com os seus a um dia de caminhada, na margem do rio *Haranari u*, onde o traçado da estrada termina. Abriram lá uma nova roça e começaram a construir uma casa pequena. Contudo, antes mesmo de comerem as bananas que tinham plantado,[8] abandonaram essa casa e construíram uma nova, um pouco mais perto de *Watorikɨ*. Depois de algum tempo, avançaram mais em direção ao posto e, dessa vez, construíram uma casa muito maior, e depois outra e outra ainda, cada vez mais perto. Por fim, tornaram-se, desde então, os *Watorikɨ tʰëri*, a gente da Montanha do Vento.[9]

Mas, antes de deixar o rio Mapulaú, o grande homem da gente de *Werihi sihipi u* já tinha me prometido uma de suas filhas em casamento. Quando fazia algum tempo que eu estava trabalhando no posto Demini, decidi tirar uma folga para ir visitar meus parentes em Toototobi. Sentia saudade de minha irmã, que ainda morava lá, e, apesar de estar órfão, ainda tinha lá umas tias maternas que eu chamava de mãe e de quem também tinha saudades.[10] E assim me pus a caminho para essa longa viagem. Andei vários dias e dormi várias noites na floresta. Então fiz uma parada na casa do rio Mapulaú, onde ainda vivia meu futuro sogro. Mas ele não estava. Tinha viajado fazia algum tempo para as terras altas, convidado para uma festa *reahu* oferecida pelos seus que ainda moravam na antiga casa de *Hapakara hi*, no alto rio Lobo d'Almada. Apenas sua mulher e seus cunhados tinham ficado em *Werihi sihipi u*. Dormi lá e segui viagem no dia seguinte. No final, depois de mais uma noite na floresta, cheguei a Toototobi. Lá também estavam acontecendo preparativos para uma festa *reahu*, dessa vez numa das casas do pessoal de *Sina tʰa*. Emissários acabavam de ser despachados para convidar os habitantes de *Hewë nahipi*, no rio Jundiá, e os de *Hapakara hi*, que tinham acabado de terminar seu próprio *reahu*, entre os quais se encontrava meu futuro sogro. Foi assim que, finalmente, eu o vi chegar a Toototobi, depois de ter me desencontrado dele por pouco em *Werihi sihipi u*! Ele fez sua dança de apresentação com os demais convidados e se instalou na casa de seus anfitriões, na qual eu mesmo estava morando havia pouco.

Agora éramos muitos ali, e todos estavam eufóricos. Bananas-da-terra e pupunhas tinham sido reunidas em abundância. Os caçadores da casa tinham posto para moquear grandes quantidades de macacos-aranha e queixadas. Na noite seguinte, as mulheres começaram a entoar seus cantos *heri* com muita alegria. Então, um dos grandes homens da casa começou a incentivar os rapazes: "Não sejam covardes! Imitem os modos de nossos antigos! Peguem as moças pelo punho e cantem com elas! Façam *hakɨmuu*".[11] Desafiados por essas palavras, vários convidados aceitaram. Eu era um deles. Peguei a filha adolescente do grande homem de *Werihi sihipi u* pelo braço e dançamos assim durante toda aquela primeira noite. Depois recomeçamos nas duas noites seguintes! Era uma moça bonita, que ainda tinha os seios pontudos.[12] Enquanto se faz *hakɨmuu*, quando as fogueiras da casa se apagam no meio da noite, muitas vezes os rapazes aproveitam a escuridão para se esgueirar para fora da casa e copular com a parceira. Mas não foi o meu caso, pois a ideia de me tornar pai cedo demais me assustava. Só fiz essas coisas com minha futura esposa bem mais tarde, depois de o pai dela tê-la mandado amarrar sua rede ao lado da minha, quando nos aproximamos de verdade.

Ao cabo de alguns dias, os alimentos do *reahu* de Toototobi acabaram. A festa estava por terminar e se aproximava a hora de partir. Os de *Sina tʰa* então entabularam um diálogo *yãɨmuu* com seus convidados, antes de trocarem com eles flechas, algodão, miçangas, panelas e facões. Depois entregaram a cada um deles uma provisão de beiju e carne moqueada, para a volta. Os de *Hewë nahipi* e de *Hapakara hi* se prepararam para retornar ao rio Catrimani. Minha folga também tinha terminado e eu decidi ir junto com eles até o posto Demini, onde fariam uma parada antes de voltarem para suas casas. Todos os convidados já tinham desamarrado suas redes e empacotado os objetos de troca que tinham acabado de conseguir. Começamos a sair da casa de nossos anfitriões, um após o outro. Porém, no instante em que a contornávamos para pegar um caminho em direção à floresta, meu futuro sogro me chamou: "Davi, você está indo embora?". Respondi: "*Awei!* Estou voltando para Demini, trabalhar para a Funai!". Ele prosseguiu: "Estou pensando em lhe dar minha filha em casamento. Por que você não a quereria como esposa?". Surpreso, não consegui pronunciar uma só palavra. Os meus, em Toototobi, jamais haviam me dado uma esposa. Ele foi o primeiro a me fazer essa proposta. E insistiu: "Pegue-a! Leve-a consigo. Irei ter com vocês mais tarde!". Então fiquei parado, muito envergonhado, sem saber o que dizer. No fim, consegui responder apenas: "Não sei bem. Aceito ser marido dela, mas só se eu lhe agradar e ela me quiser. Mas talvez já haja um outro homem no pensamento dela? Com certeza há rapazes de sua casa que a desejam como esposa, não é? Se eu a pegar como esposa no lugar deles, não vão gostar. Recolherão a terra da minha pegada com raiva e a darão a inimigos distantes, para que estes a esfreguem com plantas de feitiçaria!".[13] Ele me tranquilizou sorrindo: "*Ma!* Ninguém vai fazer isso! Ela não tem nenhum marido em vista. Está realmente solteira!". Eu não sabia mais o que dizer. Sem responder, segui em frente, me juntando aos outros convidados. Fizemos uma última parada na floresta, não longe da casa que tínhamos acabado de deixar, antes de começarmos nossa longa viagem pela mata.

Eu nunca tinha pensado em declarar a meu futuro sogro: "Eu desejo sua filha![14] Quero-a como esposa!". Eu não a conhecia nem um pouco. Nunca tinha sequer chegado perto dela antes dessas noites de festa. No entanto, já sentia sua falta. Eu tinha me apegado a ela quando dançamos juntos. E também tinha amizade pelo pai dela. Além disso, ele tinha acabado de ser muito generoso comigo. Tinha me dado a filha por iniciativa própria, sem que eu pedisse nada. Então, eu disse a mim mesmo: "*Hou!* Se eu não responder à oferta dele agora, ele vai ficar bravo comigo e não vou poder revê-lo tão cedo. E se, mais tarde, eu resolver ir até ele pedir a filha, é ele que não vai responder!". Eu também temia que, diante de minha recusa, começassem a falar mal de mim: "Demos uma esposa ao Davi, mas ele ficou com medo de aceitar! É covarde mesmo! Dá dó de ver!". Por outro lado, também me preocupava a ideia de que Amâncio, quando eu voltasse ao posto Demini, pudesse me mandar trabalhar longe, nas terras altas ou alhures. Eu não queria tomar esposa e abandoná-la em seguida, como costumam fazer os jovens que pedem uma mulher cedo demais. Não queria tratá-la mal, deixando-a só o tempo todo. Meu pensamento estava mesmo confuso!

Porém, de repente, resolvi dar meia-volta. Voltei então sozinho à casa dos *Sina tʰa* e declarei a meu futuro sogro: "Se você quer mesmo me dar sua filha, eu a aceito!". Não me respondeu nada, mas assim que a noite começou a cair, mandou-a amarrar sua rede junto da minha. Então, um dos homens mais velhos da casa dos de *Sina tʰa* me encorajou: "Não tenha medo de tomar essa moça por esposa!". Respondi-lhe: "*Awei!* Não sei o que é estar casado, mas vou tentar!". Ele retorquiu: "*Ma!* O pai dela a deu mesmo a você, não tema! Você não é um fraco, não deve agir como um medroso! Precisa desposá-la de verdade, não apenas tentar!". Repliquei: "Não tenho medo! Mas estou preocupado, pois se ficar aqui tempo demais, a Funai vai me despedir! Os brancos me deram um tempo de folga, como fazem para eles mesmos. Esse tempo acabou, é isso que me deixa ansioso!". Ele continuou me tranquilizando: "Não fique impaciente! Não tenha medo dos brancos! Você voltará para eles depois! Eles esperarão por você, azar deles!". Ao escutar tais palavras, refleti com calma e meu pensamento ficou sereno. É verdade. Eu era jovem e nunca tinha pensado em me casar. Isso me deixava um pouco apreensivo. De fato, desde que eu me tornara adolescente, tinha um pouco de medo das mulheres. Minha mãe e meu padrasto costumavam me prevenir contra elas: "*Ma!* Não fique olhando para as moças, é sujo! Se você copular cedo demais, será um mau caçador e jamais poderá se tornar xamã! Espere até ser adulto, e então poderá se casar de verdade!". Por causa disso, eu ainda não tinha me aproximado das moças. Até tentava fugir delas, aliás! Mas então tinha realmente chegado a hora de eu ter uma esposa![15]

Enquanto ainda estávamos na casa do pessoal de *Sina tʰa*, emissários dos *Xamatʰari* do rio Jutaí vieram convidá-los, por sua vez, para uma festa *reahu*. Meu recém-sogro e os seus então desistiram de voltar para casa e resolveram acompanhar seus anfitriões até essa nova festa. Recém-casado, eu não podia não me juntar a eles, e assim, pusemo-nos a caminho, todos juntos. Os homens mais velhos de *Sina tʰa* pretendiam enfrentar os *Xamatʰari* numa luta de socos no peito, para aplacar sua raiva contra eles. Mas não me lembro quais eram as queixas nessa querela. Palavras más a seu respeito lhes tinham sido relatadas? Ou talvez alguém tivesse tentado raptar uma de suas filhas? Já não sei. Porém, no decorrer de nossa viagem, os de *Sina tʰa* desistiram de lutar. Talvez tenham mudado de ideia devido à minha presença? Seja como for, uma vez instalados nos abrigos na mata, nas proximidades da casa de seus anfitriões, só trocaram palavras de amizade com os emissários que vieram lhes trazer cestos de carne moqueada e beiju. No decorrer do diálogo de convite *hiimuu* que travaram com eles, no entanto, mostraram-se irritados e ansiosos por enfrentá-los. Os homens de *Sina tʰa* não reagiram, e inclusive declararam no final, para apaziguá-los: "*Ma!* Não queremos brigar! Viemos para comer suas comidas! Queremos fazer nossa dança de apresentação e demonstrar a vocês nossa amizade! Não viemos para socar seu peito!". Assim, no final, a festa *reahu* transcorreu sem nenhum enfrentamento!

Vistas aéreas da grande casa coletiva de *Watoriki*
(fotos de W. Milliken, 1993).

O sogro de Davi Kopenawa, xamã reconhecido e "grande homem" da comunidade de *Watoriki* (foto de R. Depardon-Palmeraie et désert, 2008).

Caçadores de *Watoriki* (foto de R. Depardon-Palmeraie et désert, 2002).

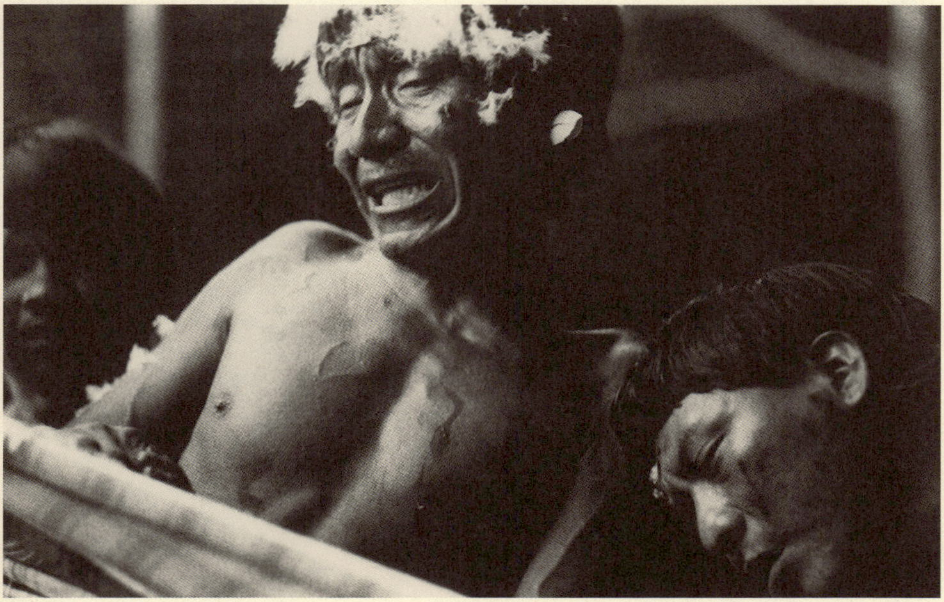

Sessão xamânica em *Watoriki*. Davi Kopenawa
abaixo, à direita (foto de C. Andujar, 1986).

Vista interior da casa coletiva de *Watoriki*
(foto de C. René-Bazin, 2002).

Davi Kopenawa durante uma festa *reahu*
(foto de C. Zacquini, 1995).

Davi Kopenawa e as crianças de *Watorikɨ*
(foto de F. Watson-Survival International, 1990).

Davi Kopenawa durante uma sessão xamânica
(foto de B. Albert, 1993).

Ornamentos xamânicos de Davi Kopenawa
(foto de W. Milliken, 1993).

Davi Kopenawa sopra pó de *yãkoana* nas narinas
de um jovem xamã de *Watorikɨ* (foto de C. René-Bazin, 2002).

Dança de apresentação dos espíritos xamânicos *xapiri*
(desenho de Davi Kopenawa).

A árvore da chuva *Maa hi*
(desenho de Davi Kopenawa).

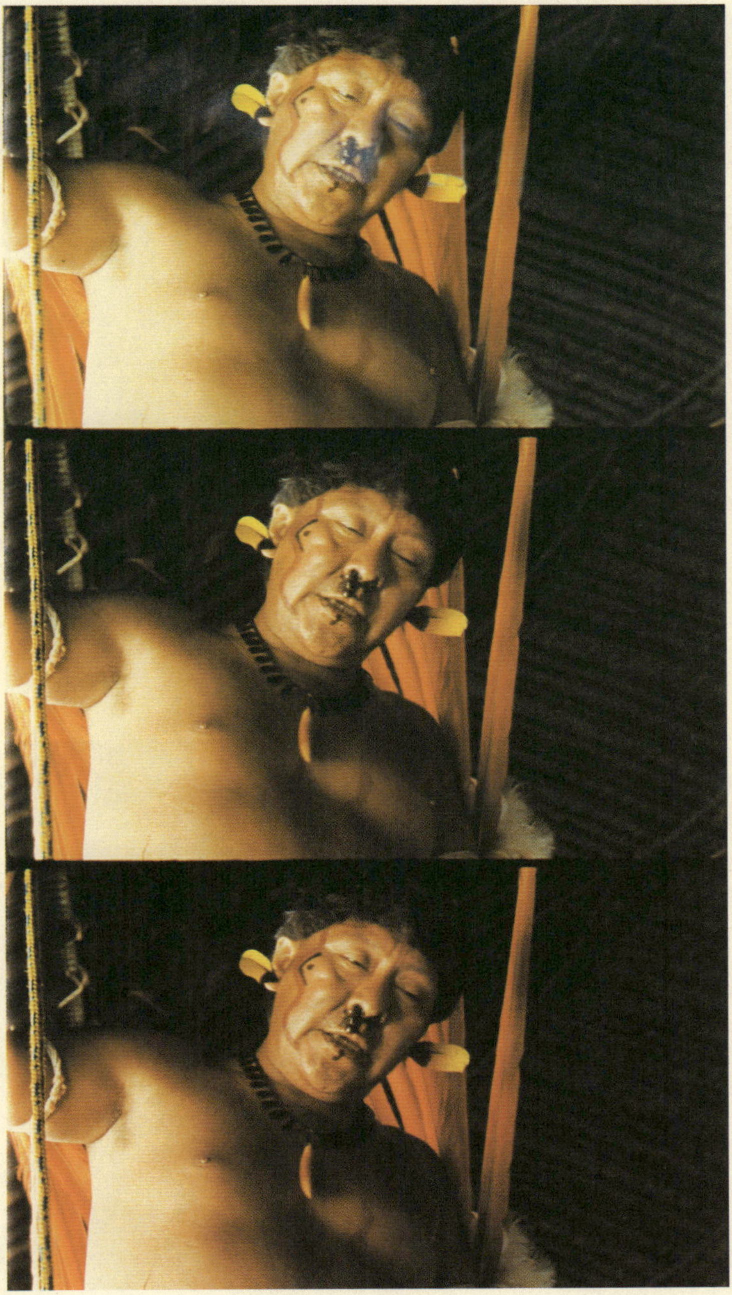

Transe xamânico de Davi Kopenawa
(foto de R. Depardon-Palmeraie et désert, 2002;
extraído do filme *Chasseurs et chamans*, 2003).

Sessão xamânica coletiva em *Watoriki* conduzida por Davi Kopenawa (foto de C. René-Bazin, 2002).

Cura xamânica de um recém-nascido por Davi Kopenawa (foto de C. René-Bazin, 2002).

Visão xamânica da floresta, *urihi a*
(desenho de Davi Kopenawa).

Os autores trabalhando na praça central da casa de *Watoriki* (foto de J.-P. Razon, 1998).

Bruce Albert e Davi Kopenawa: conversas noturnas (foto de A. Rémiche-Martinow-Arquivo B. Albert, 1995).

Bruce Albert sopra pó de *yãkoana* para Davi Kopenawa
(foto de A. Rémiche-Martinow-Arquivo B. Albert, 1995).

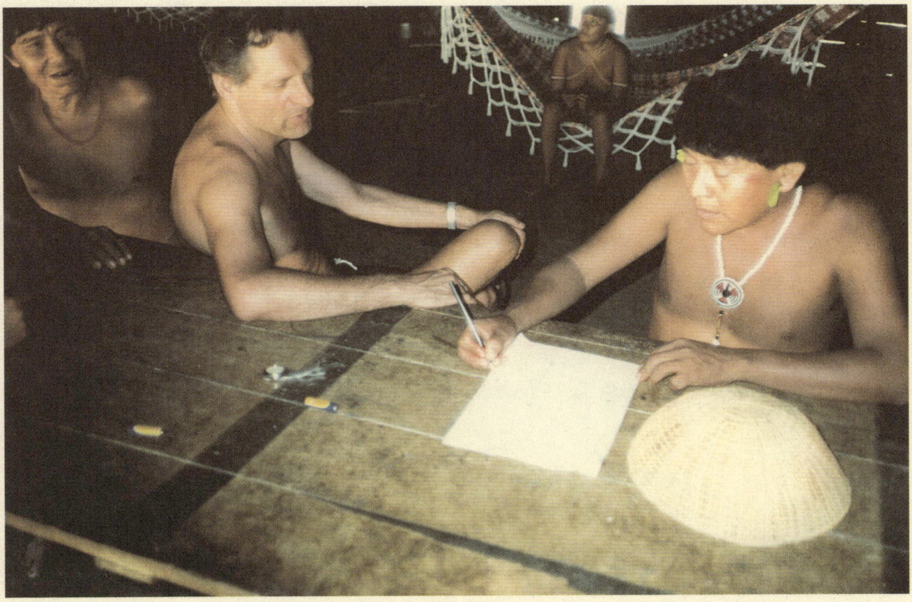

Os autores trabalham sob a supervisão do sogro de Davi Kopenawa,
no alto, à esquerda (foto de J.-P. Razon, 1998).

Bruce Albert e o sogro de Davi Kopenawa
(foto de R. Depardon-Palmeraie et désert, 2008).

Davi Kopenawa discursa com um mapa-múndi durante uma assembleia yanomami em *Watorikɨ*, em dezembro de 2000 (foto de H. Chandès, 2000).

Davi Kopenawa durante a fundação da associação yanomami Hutukara, em novembro de 2004 (foto de K. Bengtson, 2004).

Davi Kopenawa e Bruce Albert: assinatura do contrato da editora Plon/Terre Humaine em São Paulo, em março de 2009. A assinatura ocorreu, simbolicamente, diante de duas obras: *Tristes trópicos* e *Les Derniers Rois de Thulé*, livros inaugurais da coleção Terre Humaine (foto de M. W. de Oliveira, 2009).

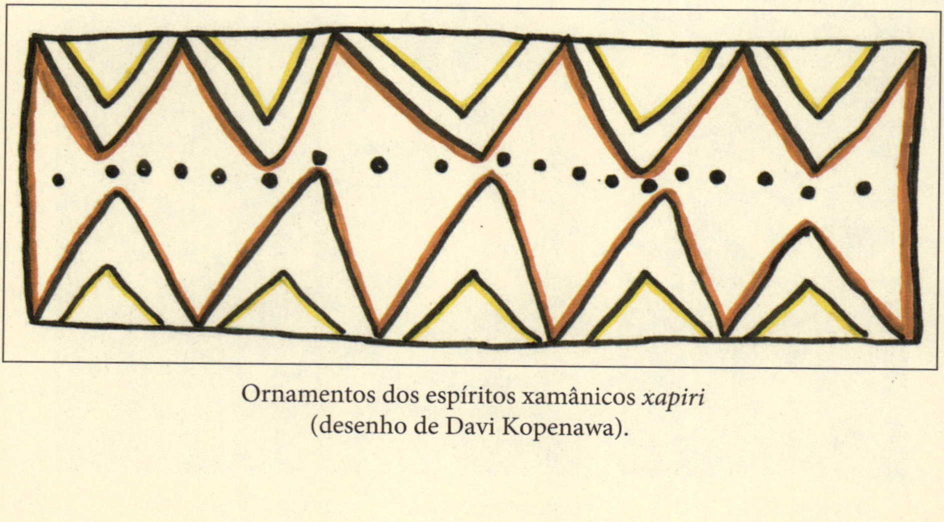

Ornamentos dos espíritos xamânicos *xapiri*
(desenho de Davi Kopenawa).

Expedição da Comissão Brasileira Demarcadora de Limites (CBDL) no alto Demini, no início dos anos 1940 (fotos do arquivo da Primeira CBDL).

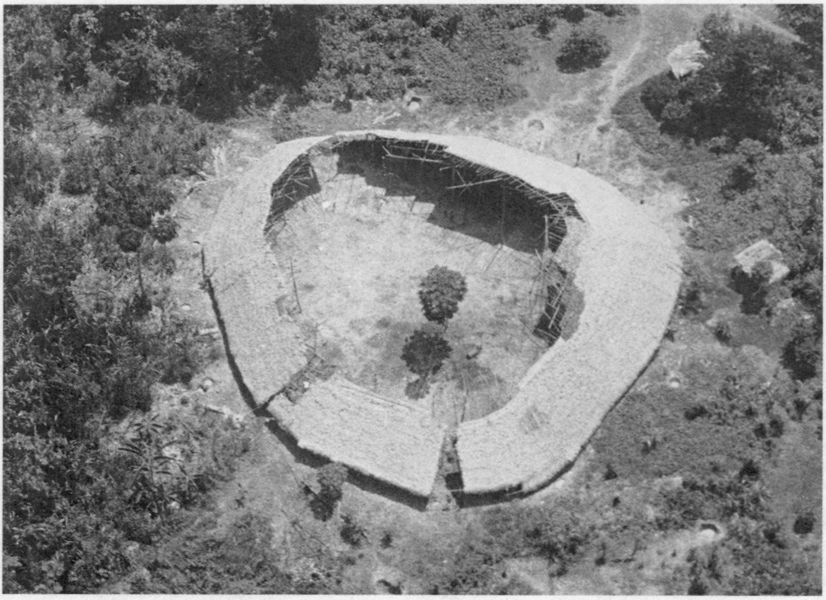

Casa coletiva do grupo de Davi Kopenawa no rio Toototobi, início dos anos 1970 (foto de R. Fuerst, 1972).

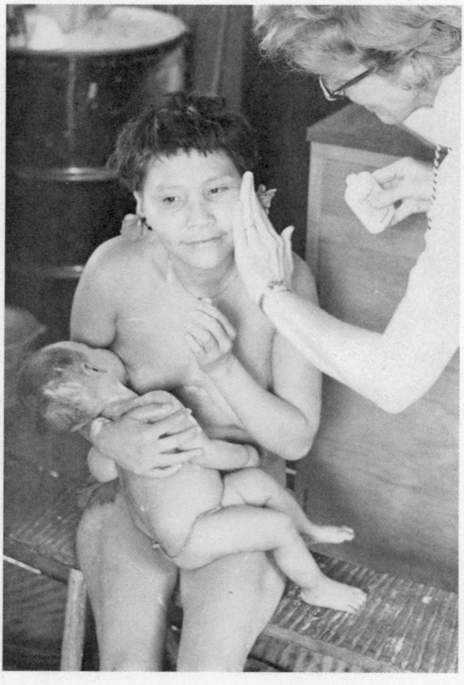

Cuidados dispensados por uma missionária da New Tribes Mission de Toototobi (foto de J. Hemming, 1972).

Davi Kopenawa em visita a Toototobi desde o posto de Ajuricaba, 1972 (arquivo de D. Kopenawa).

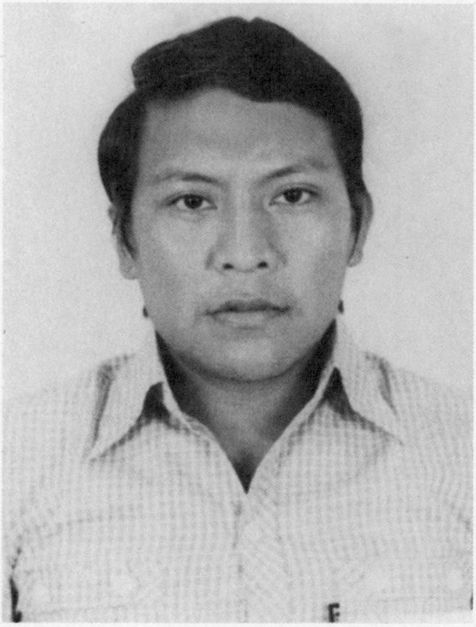

Foto da primeira carteira de identidade de Davi Kopenawa, feita por iniciativa da Funai, em 1975 (arquivo de D. Kopenawa).

Abertura da rodovia Perimetral Norte na região do rio Catrimani (foto de B. Albert, 1975).

Yanomami do alto Catrimani na rodovia Perimetral Norte (foto de B. Albert, 1975).

Davi Kopenawa e sua família
no posto da Funai de Demini
(foto de B. Albert, 1985).

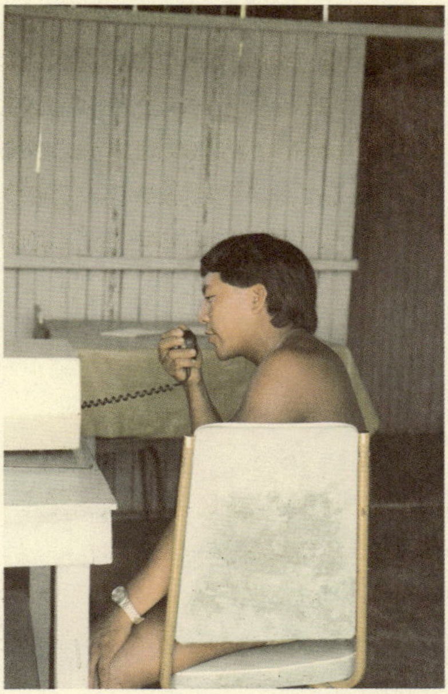

Davi Kopenawa, chefe do posto
da Funai de Demini, no rádio
(foto de B. Albert, 1985).

Davi Kopenawa no posto da Funai de Demini durante
a primeira assembleia yanomami (foto de C. Andujar, 1986).

Garimpo de ouro no alto Mucajaí
(foto de C. Vincent-ISA, 1990).

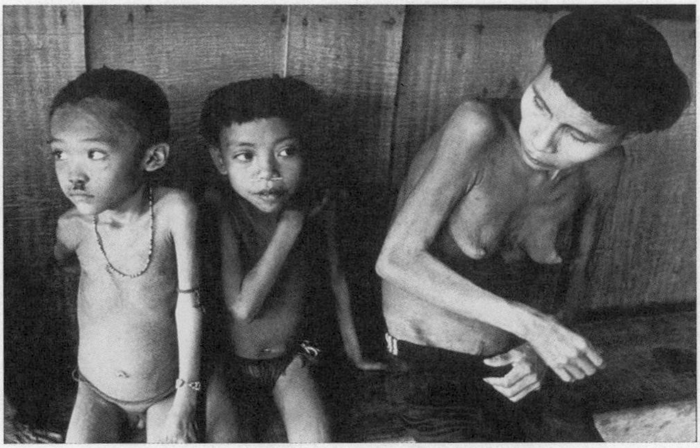

Mulher e crianças yanomami da região de Surucucus vítimas de malária e gripe trazidas pelos garimpeiros (foto de M. Guran, 1991).

Desmatamento e incêndio nos projetos de colonização na fronteira da Terra Indígena Yanomami (foto de R. Honorato-Folhapress, 1998).

Davi Kopenawa em uma manifestação do
Conselho Indígena de Roraima (CIR) contra a invasão das
terras yanomami pelos garimpeiros (foto de C. Zacquini, 1989).

Davi Kopenawa e a Declaração Universal
dos Direitos do Homem durante
uma visita ao Congresso brasileiro
(foto de D. Bentes, 1989).

Davi Kopenawa no posto Demini com um enfermeiro do projeto de saúde da Comissão Pró-Yanomami (CCPY) (foto M. de Guran, 1991).

Davi Kopenawa em uma manifestação indígena diante da porta fechada do Palácio do Planalto em Brasília (foto de L. Marques-Folhapress, 1989).

Davi Kopenawa em uma entrevista com o presidente da República, José Sarney (foto de L. Antonio-Agência O Globo, 1989).

Discurso de Davi Kopenawa no Congresso brasileiro por ocasião do recebimento do prêmio Global 500, atribuído pela ONU (foto de C. Andujar, 1989).

Davi Kopenawa em visita aos sítios megalíticos de Avebury e Stonehenge, no Reino Unido, em 1989 e 1991 (foto de F. Watson-Survival International).

Davi Kopenawa diante do Parlamento britânico (foto de Survival International, 1989).

Davi Kopenawa em Paris, em 1990 (arquivo D. Kopenawa).

Davi Kopenawa no Museu do Homem, no Trocadéro, em Paris (foto de J.-P. Razon, 1990).

Davi Kopenawa no alto do Empire State Building, em Nova York (foto de F. Watson-Survival International, 1991).

Davi Kopenawa sendo recebido pelo secretário-geral das Nações Unidas, Javier Pérez de Cuéllar, em Nova York (foto de J. Daher, 1991).

Davi Kopenawa oferece um arco e flechas ao presidente da República, Fernando Collor, durante a cerimônia de homologação da Terra Indígena Yanomami em Brasília (foto de J. Valera-Agência Estado, 1992).

Entrevista de Davi Kopenawa em Brasília sobre o massacre de Haximu (foto de Beto Ricardo-ISA, 1993).

Davi Kopenawa na tribuna das Nações Unidas em Nova York na abertura do Ano Internacional dos Povos Indígenas, em dezembro de 1993 (arquivo D. Kopenawa).

Davi Kopenawa em viagem na Noruega, organizada pela ONG Rainforest Foundation Norway (foto de A. C. Eek, Museu de História Cultural, Universidade de Oslo, 1999).

Davi Kopenawa, presidente da Hutukara Associação Yanomami (HAY), durante uma assembleia do Conselho Indígena de Roraima (CIR) (foto de D. Gomes Macário, 2009).

Davi Kopenawa e o presidente da República, Luiz Inácio Lula da Silva, durante uma visita oficial a Boa Vista (foto de M. Léna, 2009).

Terminada essa festa entre os *Xamat^h^ari*, retornamos a Toototobi. Preocupado com minha longa ausência, agora eu queria realmente voltar para o posto Demini. Então, meu sogro declarou: "Leve minha filha com você. Irei me juntar a vocês mais tarde!". Assim, tomei o caminho de volta com minha mulher, acompanhado por um dos irmãos dela e alguns moradores de Toototobi curiosos para conhecer o lugar onde eu trabalhava. Naquela época, o pessoal da Funai me mandava de um lado para o outro de nossa floresta, eu não parava de viajar! Meu sogro tinha me oferecido a filha para eu parar de me deslocar tanto. Tinha me dito: "Agora que eu lhe dei uma esposa, você tem de morar conosco!". Sua intenção era mesmo me manter perto dele. Pouco depois, ele deixou sua casa do rio Mapulaú e começou a se aproximar do posto Demini, no rio *Haranari u*. O fato de ter ganhado uma esposa, porém, não fez minhas idas e vindas acabarem. Quando cheguei a Demini, Amâncio não ficou bravo comigo pelo atraso, pois sabia que eu estava com os meus, na floresta. Mas precisava que eu fosse outra vez trabalhar algum tempo no posto Ajarani, no começo da estrada. Então fui e, dessa vez, minha jovem esposa me acompanhou. Naquela época, ela não conhecia nada dos costumes dos brancos. Era como antigamente as filhas de nossos maiores eram. Muito jovenzinha, uma *moko*, e muito acanhada. Sempre fugia assim que um forasteiro tentava falar com ela! Para que ela pudesse ficar no posto da Funai, ensinei-a a se cobrir com um vestido e a comer com garfo. Assim, ficamos juntos no Ajarani por algum tempo. Depois, acabei tendo de levá-la de volta para junto dos seus, pois o pessoal da Funai me mandou de novo para outra região, mais longe.

Naquele tempo, eu ainda atuava como intérprete. Era empregado do posto Demini e sempre voltava para lá. Mas a Funai de Boa Vista sempre me chamava e pedia que eu fosse ajudar brancos que queriam trabalhar na nossa floresta e tinham medo de ficar lá sozinhos. Eram pessoas que nada sabiam dos Yanomami, tinham até medo de ser flechados![16] Assim, eu me deslocava muitas vezes para acompanhá-los. Trabalhava duro, mas não me queixava. Como intérprete, eu pensava em ajudar mais aos meus do que aos brancos. Dizia para mim mesmo: "Os habitantes da floresta que eu visito em minhas viagens são Yanomami como eu. Devo ficar ao lado deles, ajudando, porque não falam nenhuma outra língua a não ser a nossa. Eles não sabem o que fazer quando brancos chegam às suas casas. Além disso, os médicos não podem tratá-los sem entender o que dizem. De modo que devo continuar esse trabalho!". Todas essas viagens por nossa floresta e pelas cidades acabaram fazendo com que eu entendesse melhor o que estava ocorrendo com a nossa terra. Graças a essa experiência, pouco a pouco, fui me tornando adulto e ganhando sabedoria. Foi por causa dessas viagens que comecei a pensar: "Você deve proteger sua gente! Precisa defender a floresta!". Antes disso, eu não passava de uma criança e estava muito longe de pensar direito!

Enquanto eu ia e vinha, minha esposa ficava sozinha com o pai. Ele a tinha dado para mim pensando em me fixar, mas eu ainda me ausentava com bastante frequência. Apesar disso, ele não me fazia nenhuma crítica. Pelo contrário, pensava: "Os brancos o escolheram para trabalhar com eles. É por isso que ele viaja muito. Assim seja!". Eu lhe havia explicado meu trabalho: "Eu fiz papéis com o pessoal da Funai. E agora, se não me apresentar quando me chamarem, não me darão mais dinheiro. Aí, quando vocês me pedirem mercadorias, nem eu nem vocês teremos nada!". Em vez de abrir roças e caçar para ele em compensação por meu casamento, eu lhe dava objetos de troca que comprava na cidade.[17] Naquela época, comprei muitas redes, panelas e ferramentas para ele e para meus cunhados! Também o presenteei com uma espingarda novinha. Mas nem ele nem os filhos eram exigentes. Contentavam-se com pouco. Trazia presentes para eles de cada viagem e eles nunca reclamavam de mim. Se eu tivesse voltado de mãos vazias, porém, suas palavras poderiam ter mudado! Meu sogro teria ficado irritado e com certeza teria dito: "Pare de viajar se não é capaz de voltar com mercadorias! Onde estão as lâminas de machado, os facões, facas, anzóis e linha de pesca dos brancos? Você acha mesmo que é bom ficar perambulando pelas cidades deles para nada? Dá dó você deixar seu sogro em estado de fantasma, sem tabaco!".

Contudo, passado algum tempo, minhas viagens começaram a rarear. Os brancos estavam começando a nos conhecer melhor. Tinham menos medo de nós. Tinham se dado conta de que na verdade eram os Yanomami que os temiam! Devem ter começado a pensar: "Achávamos que esses índios eram ferozes, mas são eles que têm medo de nós! Não precisamos mais do Davi, podemos viajar sozinhos!". E foi isso mesmo que começaram a fazer. Então pude viver mais tranquilo com a gente do pai de minha esposa, os habitantes da Montanha do Vento, em *Watoriki*. Meu sogro tinha deixado o rio *Haranari u* havia já algum tempo, e queria se aproximar um pouco mais do posto, para eu

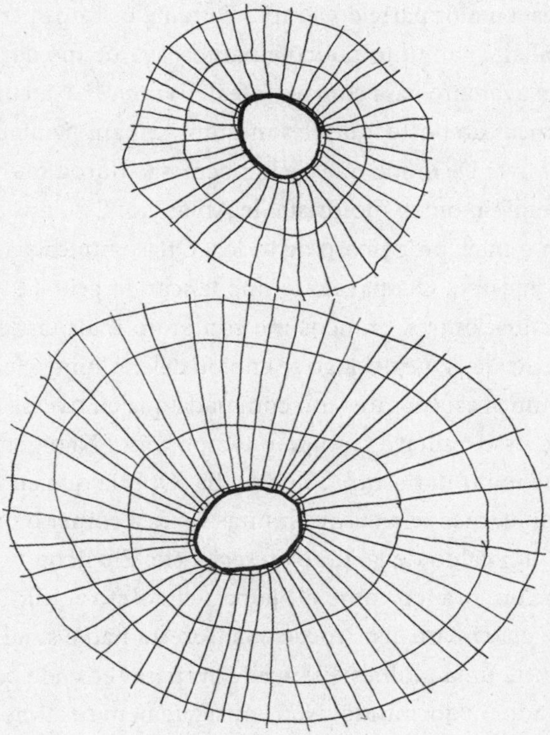

poder ir morar com ele de fato. Como os brancos me deixavam um pouco mais folgado, dessa vez trabalhei bastante na construção de sua nova casa.[18]

Passaram-se várias secas e várias chuvas sem que eu tivesse de viajar muito pela Funai. Amâncio tinha deixado Demini havia tempos e outros brancos de Boa Vista tinham vindo, um atrás do outro, para substituí-lo como chefe do posto.[19] Eram todos gente de pensamento curto, que detestavam os habitantes da floresta. Passavam seu tempo com raiva e só faziam repetir que éramos ruins e preguiçosos. Na verdade, só pensavam em fugir para a cidade com qualquer desculpa. O primeiro deles era um garimpeiro que tinha sido expulso das terras altas no tempo da estrada.[20] Era trabalhador, mas não gostava de viver na floresta. Só estava interessado no dinheiro da Funai.[21] E sentia falta da mulher. Pensava muito nela, ficava triste e sempre estava ansioso para ir ao encontro dela. Não permaneceu muito tempo no posto Demini. Depois dele, veio um outro homem que tinha dirigido a caminhonete de Amâncio anteriormente. Esse motorista também não queria morar na floresta. Ficava voltando para Boa Vista logo que podia, e lá passava a maior parte do tempo. Durante os raros períodos que passava conosco, trabalhava muito pouco e não parava de me dar ordens. Além disso, se mostrava avarento para com a gente de *Watoriki*. Não lhes dava sequer a mandioca das roças do posto, que eles mesmos tinham plantado! Isso os deixava com muita raiva! De modo que ele também não durou muito no Demini!

O seguinte era um outro motorista de Amâncio. Esse nos detestava mesmo! Era também o mais preguiçoso de todos. Quase nunca saía da rede. Não fazia nada por si mesmo. Ocupava o tempo lançando gritos e injúrias contra nós. Ainda por cima, outros brancos me contaram mais tarde que ele tinha tuberculose! A gente de *Watoriki* logo se enojou dele. A mim, ele fazia trabalhar sem descanso e nunca estava satisfeito com nada que eu tivesse feito. Por mais que eu lhe obedecesse, ralhava comigo o tempo todo. Não gostava de mim e não parava de me maltratar sempre que podia. Queria que eu fosse seu cozinheiro, por exemplo, mas se recusava muitas vezes a comer o que eu preparava. Certa vez, fiz um caldo de jabuti e ofereci a ele. Ele ficou furioso, dizendo que era sujo e que um branco como ele jamais engoliria aquilo. Essas palavras me revoltaram, e gritei para ele: "A caça da floresta não é suja! Cozinhe você mesmo, ou encontre uma mulher que aceite preparar comida para você! Você só sabe ficar sentado ou dormindo! Não consegue nem se alimentar por conta própria! Se você trabalhasse, eu continuaria cozinhando. Mas você não passa de um preguiçoso. Nunca mais farei nada para você! Pare de enganar o pessoal da Funai fingindo que você trabalha aqui! Você mente só para ficar com o dinheiro deles! Acha que pode dar uma de chefe, mas você não é um grande homem. Não passa de um ignorante!". Tais palavras o encheram de raiva. Começou a me insultar e a me ameaçar: "Se você continuar, vou matá-lo!". Furioso eu também, retruquei: "Não tenho medo de você! Sou um Yanomami! Se você ficar alardeando que quer me matar, vou flechá-lo!". Daquela vez, chegamos bem perto de nos matar! Mas ele, surpreso diante da minha reação, acalmou-se, e eu acabei não precisando flechá-lo. Mais tarde, queixei-me dele ao delegado da Funai em Boa Vista. Era um homem que tinha amizade por nós.[22] Escutou-me e convocou aquele chefe de posto ruim para falar com ele, também com severidade: "Você não faz nada! Só fica dormindo de barriga cheia e berrando o tempo todo contra os Yanomami! Não quero mais você no posto Demini!". Ele nunca mais voltou.

Veio outro homem em seu lugar, um gordo, que também era mau e muito violento. Esse também não gostava de nós, e até parecia ter medo de nós! Desde que chegou, andava sempre com um revólver na cintura. Devia pensar que o pessoal de *Watoriki* iria atacá-lo e que poderia se defender com ele! E além disso gostava de mostrar para nossas filhas e mulheres aquelas imagens em que os brancos copulam mostrando seus pênis e vulvas. Isso me deixou com muita raiva. Disse a ele: "Pare de mostrar essas porcarias!". Então, ele também começou a me detestar. Proibiu-me inclusive de tocar nas provisões do posto. Isso me irritava porque não era certo, e protestei: "Não esconda sua comida assim! Devemos comer juntos. Faço parte do pessoal da Funai tanto quanto você!". Ele nem quis saber. Isso me chateou de novo, e além disso eu não gostava que ele carregasse uma arma entre nós. Então, eu disse a ele: "Se quiser viver conosco, esconda esse revólver! Aqui não é casa de soldados, você não precisa dele! Os Yanomami não gostam disso. Você não vai atrás de feiticeiros inimigos na floresta com essa arma, então guarde-a! Além disso, você não passa de um sovina! Se continuar assim, não vamos mais querer você aqui!". Ele então retrucou, rindo de mim: "Entendi! É você, Davi, o chefe de posto! Está me mandando embora da Funai, é isso?". Respondi: "Não, não sou nem chefe nem um homem mais velho. Mas apesar de ainda ser jovem, não vou aceitar o que você está fazendo aqui! Ninguém é agressivo com você. Ninguém o ameaçou! Você fica mostrando esse revólver a todos porque é contra nós! Seu medo é que é mentira! Você é que é violento e quer nos matar, não o contrário!".[23]

Algum tempo depois dessa briga, o tal chefe de posto voltou de repente para Boa Vista. O delegado da Funai tinha se mudado e Amâncio tinha tomado o lugar dele.[24] Ordenou ao homem gordo que parasse de se comportar mal conosco. Ele tentou se defender, alegando que era falta de comida o que tinha provocado nossa briga. Acrescentou que só voltaria para a floresta com novas provisões. Amâncio as prometeu e mandou-o voltar sem demora para Demini. Apesar disso, o homem recusou. Aí Amâncio ficou contrariado mesmo, e o ameaçou: "Se você recusar, não vai mais ser chefe de posto!". E como ele continuava tendo amizade por mim, acrescentou: "Está certo: a partir de agora é o Davi quem vai substituí-lo!". Então aquele branco me detestou ainda mais. Como o que tinha sido mandado embora antes dele, ficou furioso com o fato de o delegado ter me dado razão! Ambos acabaram ficando na cidade, com a raiva deles guardada no peito. Nunca mais retornaram a *Watoriki* e eu continuo trabalhando lá até hoje! Certa vez, um presidente da Funai até tentou me mandar embora, mas mudou de ideia em seguida.[25] Fiquei firme no meu lugar e nunca mais houve chefes de posto brancos maus em Demini.

Quando comecei a trabalhar na estrada, ouvi pela primeira vez o pessoal da Funai falar em fechar nossa floresta. Chamavam isso de demarcação. Diziam-me às vezes: "Vamos cercar a terra dos Yanomami e defendê-la. Se garimpeiros, colonos ou fazendeiros invadirem a floresta, vamos mandá-los de volta para o lugar de onde vieram![26] Se caçadores vierem roubar peles de ariranha, jaguatirica ou onça, ou flechar tartarugas, vamos expulsá-los! Aqui é uma terra indígena. Depois da demarcação, eles nunca mais vão poder entrar!". Gostei muito dessas palavras. Disse a mim mesmo: "Isso é bom! Também eu quero que nossa floresta seja fechada, como dizem eles. Haverá uma barreira onde começa a terra dos brancos.[27] Vai impedir a entrada de quem não queremos e deixará passar quem nós convidarmos. O caminho da floresta vai ser nosso!". Mais tarde entendi, porém, que aquelas palavras eram tortas e que o pessoal da Funai não dizia tudo o que pensava. Diziam que iam fechar nossa floresta, é verdade. Mas o que queriam mesmo, e isso nos esconderam, era dividi-la em pedacinhos para nos prender neles.[28]

Apesar dessas mentiras, guardei em mim os dizeres da Funai sobre a demarcação de nossa terra e, pouco a pouco, eles foram fazendo seu caminho em meu pensamento. Viajando pela estrada, pude observar o rastro de destruição que os brancos deixavam atrás de si. Observava a floresta ferida e, no fundo de mim, pensava: "Por que as máquinas deles arrancaram todas essas árvores e essa terra, com tanto esforço? Para nos deixar esse caminho de cascalho abandonado debaixo do sol? Para que gastar seu dinheiro desse jeito, quando em suas cidades há tantas crianças dormindo no chão, como cachorros?". Ao longo de toda a estrada espalhavam-se enormes manchas de floresta incendiada pelos colonos e fazendeiros. O sol queimava e a terra tinha sido desnudada. Eu me dizia também: "Esses brancos são realmente inimigos da floresta! Não sabem comer o que vem dela. Só conseguem arrasá-la, como as saúvas *koyo*. E tudo isso para não cultivar nada! Só para semear capim, que abandonam assim que mirra e o gado começa a emagrecer!". Tempos depois, viajei de ônibus de Boa Vista até Manaus, por outra estrada, a que atravessa a terra dos Waimiri-

-Atroari. Pensei mais uma vez naqueles habitantes da floresta, que foram muito corajosos, negando-se a ceder o território de seus antepassados. Mesmo assim, no final a estrada acabou atravessando a terra deles e os brancos, de raiva, fizeram-nos morrer quase todos.[29] A floresta deles foi picotada por todos os lados. Esses pensamentos me deixavam triste. Dizia a mim mesmo: "Os brancos não possuem sabedoria nenhuma. Dizem que o Brasil é muito grande. Então, por que ficam vindo de todas as partes para ocupar nossa floresta e devastá-la? Cada um deles não tem sua própria terra, onde sua mãe o fez nascer?". Pensava também, com tristeza, em nossos antigos, que desde a infância eu tinha visto serem devorados um a um pelas epidemias, e em todos os nossos que não tinham parado de morrer desde a abertura da estrada.

Naquela época, outros brancos também tinham começado a falar em defender nossa floresta. Não eram gente do governo. Chamavam-se CCPY.[30] Vindos de longe, eles trabalhavam sozinhos, no canto deles. No começo, ainda não tínhamos amizade e não falavam comigo. Só nos olhávamos de longe, desconfiados. Eu trabalhava em Demini com a Funai e eles deviam pensar que eu me opunha a eles. Eu não tinha nada contra eles, mas o chefe de posto do Demini, Amâncio, não gostava deles e vivia dizendo coisas ruins a seu respeito. Não queria que eu fosse visitá-los. Repetia muitas vezes: "Não vá escutar essa gente! Eles são estrangeiros. Desconfie deles! Querem roubar sua floresta. É por isso que fingem defendê-la!".[31] No começo, o pessoal da CCPY só tinha falado de seus projetos aos habitantes do rio Catrimani, onde tinham começado seu trabalho. Mostraram a eles mapas em que tinham desenhado a imagem de nossa terra. Mas os Yanomami daquela região ainda não entendiam bem as coisas de branco. Devem ter se perguntado o que eram aquelas grandes peles de papel que aquela gente agitava diante deles falando em fechar a floresta!

Só fui conversar com o pessoal da CCPY muito tempo mais tarde, depois de Amâncio ter deixado o posto Demini. Às vezes eu cruzava com um deles, Carlo, que morava em Boa Vista, porque a casa deles não era muito longe da Funai. Ele sempre se mostrava amigável. Então, por fim, resolvi lhes fazer uma visita, para escutar suas verdadeiras palavras.[32] Primeiro, eu disse a eles: "Vocês querem proteger nossa floresta sem falar comigo? O que têm a me dizer a respeito disso? Não quero que meu pensamento fique no esquecimento!". Eles me responderam: "Davi, você tem de defender a sua floresta, porque se não o fizer você mesmo, cada vez mais brancos virão trabalhar aqui e muitos dos seus ainda vão morrer!". Isso me espantou. O pessoal da Funai de fato já tinha falado comigo em fechar nossa floresta. Mas nunca me disseram que eu mesmo deveria lutar por isso! Então, compreendi que essas novas palavras eram direitas. Expliquei a eles meu próprio pensamento: "Seus dizeres são sensatos. É verdade. Mas se vocês sozinhos falarem em proteger nossa floresta, os outros brancos não vão lhes dar ouvidos. Vão chamá-los de mentirosos. E se os Yanomami não puderem escutá-los na língua deles, permanecerão surdos também!". Foi depois dessa conversa que o pessoal da CCPY começou a me ajudar a viajar até as cidades para defender nossa terra.[33]

Naquela época, bandos de garimpeiros estavam começando a invadir os rios Uraricaá e Apiaú.[34] Então, tive de deixar novamente minha casa em *Watoriki*. Agora, porém, não se tratava mais de ir ajudar o pessoal da Funai. Comecei a viajar para contar a todos os brancos de longe como os garimpeiros transformavam nossos rios em lodaçais e sujavam a floresta com fumaças de epidemia. Nessas viagens, ouvi pela primeira vez outros índios defendendo suas terras com palavras firmes. Ao escutá-los, compreendi que não podia ficar mudo esperando que outros lutassem em meu lugar para proteger os meus. Meu pensamento ganhou firmeza e minhas palavras aumentaram. Resolvi falar como eles. De modo que foi ao ouvi-los que realmente aprendi a defender minha floresta. Os brancos que tinham se tornado meus amigos me incentivaram a falar, é verdade. Mas nunca me ensinaram como fazê-lo! Entre nós, são os grandes homens que, com seus discursos *hereamuu*, nos inculcam desde a infância o modo de proferir palavras direitas e sábias. Porém, não foram nem meus parentes nem os brancos que me ensinaram a falar para proteger a floresta. Eu me virei sozinho, apesar de no começo não ter a menor ideia de como fazer isso.

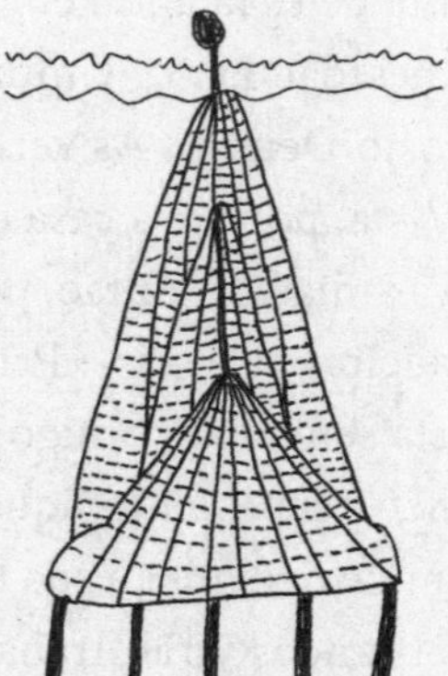

Mas antes de os garimpeiros chegarem em grande número à nossa floresta e antes de eu começar a falar para os brancos, eu tinha me tornado xamã. Minhas viagens pela Funai tinham diminuído. Meu pensamento tinha recuperado a calma. Eu tinha pedido a meu sogro que me fizesse beber o pó de *yãkoana*. Ele tinha aberto os caminhos dos *xapiri* para mim e tinha dito a eles para construírem para mim uma casa de espíritos no peito do céu. Eles então tinham começado a vir se instalar nela, em número cada vez maior, e assim eu tinha me tornado um xamã mais experiente. Isso foi depois do nascimento de meu primeiro filho. Eu tinha ficado mais firme e mais esperto.[35] Eu já tinha dado atenção às palavras sobre nossa terra que ouvira da boca do pessoal da Funai e depois da CCPY. Elas tinham começado a fazer seu caminho em mim. Para dizer a verdade, não deixavam mais o meu pensamento. Tornado fantasma, no tempo do sonho ou sob efeito da *yãkoana*, eu costumava ver os brancos retalhando nossa terra, como fazem com a deles. Isso me deixava muito aflito e logo a imagem de *Omama* chegava a mim. Eu me dizia então: "Mas o que os brancos querem? Por que maltratam tanto a floresta? Não era essa a vontade de *Omama*, que a criou! Se, depois de tê-los criado, eles os mandou viver tão longe, era mesmo para que não devastassem nossa floresta! Não podemos aceitar que voltem para desenhá-la e recortá-la desse modo! Talvez seja essa a vontade dos grandes homens deles. Mas, se cedermos, morreremos todos!". Com nossas palavras, dizemos que os antigos brancos desenharam sua terra para retalhá-la. Primeiro cobriram-na de traços entrecruzados, formando recortes, e, no meio deles, pintaram manchas redondas.[36] É assim que os xamãs podem vê-la. Esse traçado de linhas e pontos, como manchas de onça, parece deixá-la muito mais bonita. Porém, esses desenhos são em seguida colados num livro e aqueles que querem plantar sua comida nesses pedaços têm de devolver seu valor. Assim, os brancos alegam que esses desenhos de terra têm um preço, e é por isso que os trocam por dinheiro.

Omama não quis, no entanto, que o mesmo ocorresse com nossa floresta. Disse aos ancestrais dos brancos, quando os criou: "A terra das gentes da floresta não será desenhada. Permanecerá inteira. De outro modo, eles não poderão mais abrir nela suas roças ou caçar como quiserem e acabarão todos morrendo. Vocês podem dividir a terra que dei a vocês, mas fiquem longe da deles!". Apesar dessas antigas palavras, o pensamento dos brancos permanece cheio de esquecimento. Eles não sabem sonhar e não sabem como fazer dançar as imagens de seus antepassados. Se as escutassem, elas os impediriam de invadir nossa terra. Seus chefes, ao contrário, não param de dizer: "Somos poderosos! Somos donos de toda a floresta. Que morram seus habitantes! Estão morando nela à toa, num solo que nos pertence!". Esses brancos só pensam em cobrir a terra com seus desenhos, para fatiá-la e acabar nos dando apenas uns poucos pedaços, cercados por seus garimpos e plantações. Depois disso, satisfeitos, vão declarar: "Eis a sua terra. Fiquem satisfeitos, nós a estamos dando a vocês!".

Nossa floresta está sempre bela e fresca, mesmo quando a chuva rareia. O poder de sua fertilidade *në rope* mantém suas árvores vivas. Ela está situada no centro do antigo céu *Hutukara*, onde está enterrado o metal de *Omama*, nas nascentes dos rios. Para além de seus limites, no território dos brancos à nossa volta, há somente terras feridas, de onde vêm todas as fumaças de epidemia.[37] Viajei bastante de avião por cima da floresta e em suas beiras só vi árvores mortas, de que o fogo matou até as sementes, escondidas no chão. Vi a terra dos brancos se estendendo ao longe, retalhada por todos os lados e coberta de capim ralo. Não há mais nenhuma folhagem e o solo desses lugares logo vai ser só areia.

Mas os brancos não querem ouvir nossas palavras. Só pensam em tornar nossa terra tão nua e ardente quanto o descampado em volta de sua cidade de Boa Vista. Esse é o único pensamento deles quando olham para a floresta. Devem achar que nada pode acabar com ela. Estão enganados. Ela não é tão grande quanto lhes parece. Aos olhos dos *xapiri*, que voam além das costas do céu, ela parece estreita e coberta de cicatrizes. Traz nas bordas as marcas de queimadas dos colonos e dos fazendeiros e, no centro, as manchas da lama dos garimpeiros. Todos a devastam com avidez, como se quisessem devorá-la. Os xamãs estão vendo que ela sofre e que está doente. Tanta destruição nos deixa muito preocupados. Tememos que a floresta acabe revertendo ao caos e aniquilando os humanos, como ocorreu no primeiro tempo.[38] Nossos espíritos *xapiri* ficam muito apreensivos ao observar a terra machucada e tornada fantasma. Retornam de seus voos ao longe chorando suas feridas em seus cantos. Ouvi muitas vezes suas vozes lamentarem, enquanto eles levavam minha imagem às lonjuras para me mostrar a devastação.

Meu sogro não viajou tão longe quanto eu na terra dos brancos. No entanto, é um xamã antigo e seus espíritos já conhecem todas essas coisas. Quando conto a ele minhas viagens, declara apenas: "Você diz palavras verdadeiras! O pensamento dos brancos é cheio de ignorância. Eles não param de devastar a terra em que vivem e de transformar as águas que bebem em lodaçal!". Foi ele quem me deu sabedoria, me propiciando contemplar o que os *xapiri* veem. Costumava me chamar e dizer: "Venha cá! Vou alargar seu pensamento. Você não deve envelhecer sem se tornar um verdadeiro homem espírito. Senão, jamais poderá ver a imagem da floresta com os olhos dos *xapiri*!".[39] Então, eu me agachava e bebia *yãkoana* com ele durante um longo tempo. Aos poucos, meus olhos morriam sob a potência de seu pó. Era assim que, depois de eu ter virado fantasma, os espíritos de meu sogro me carregavam até o peito do céu. Voavam em alta velocidade com minha imagem e meu sopro vital. Minha pele permanecia no chão da casa, enquanto meu interior atravessava as alturas. Então, de repente, eu era capaz de ver do mesmo modo que os *xapiri* e, assim, tudo se esclarecia. Eu via, de um lado, a beleza de nossa floresta e, do outro, a terra dos brancos, devastada e coberta de desenhos e recortes, como uma velha pele de papel rasgada. Na escuridão, *Titiri*, o espírito da noite, fazia cintilar as cicatrizes como fachos de luz dispersos. Conseguia ver até as montanhas, bem longe, recortadas no primeiro tempo pelos ancestrais dos brancos, para edificar suas casas de pedra.[40] Os espíritos de *Omama*[41] e os espíritos do céu contemplavam a terra como uma vastidão de imagem e me diziam: "A floresta só não parece ter fim aos olhos de fantasma dos humanos. De onde a vemos, porém, não passa de uma manchinha na terra. Fiquem atentos, os brancos ameaçam acabar com ela depressa! Vão derrubar todas as suas árvores e, uma vez desnudada, será deles!".

Com meu sogro, eu fazia também dançar os espíritos dos antigos brancos, os *napënapëri*, que nos mostravam a imagem das peles de papel com as quais os de hoje pretendem dividir nossa terra.[42] As imagens dos *napënapëri* e as de *Omama* caminham juntas. São do mesmo tipo, pois foi *Omama* que criou esses ancestrais dos brancos. Na língua de fantasma deles, os espíritos nos diziam: "Retornamos de terras longínquas que os brancos desenharam e desmataram. Fiquem atentos! Sua floresta já está coberta por esses mesmos desenhos. Eles querem se apoderar dela. Já estão bem perto e vão comendo suas beiradas sem trégua. Se continuarem avançando, ela vai acabar retornando ao caos e vocês vão morrer com ela. Defendam sua terra, cercando-a com nossas estacas de metal. Assim, os que querem destruí-la não poderão entrar!". Os *napënapëri* também nos falavam dos lugares onde os brancos fabricam suas máquinas e motores, em terras de águas sujas, cheias de barulho e enevoadas de fumaças de epidemia.

O espírito zangão *Remori*, que, no primeiro tempo, deu a esses forasteiros sua língua emaranhada, também dançava para nós. Quando voltava de outras áreas devastadas, avisava: "A jusante, a floresta está muito doente, os brancos não param de maltratá-la! Virou outra e muitos deles lá morrem de fome ou são devorados pelos incontáveis seres maléficos que ali moram!". Outras vezes, eram as imagens dos animais dos antigos brancos, bois e cavalos, que desciam a nós e nos davam a ouvir suas palavras aflitas sobre as terras áridas e as queimadas das grandes fazendas na beira das estradas. É desse modo que os *xapiri* contam a seus pais tudo o que viram, venham eles de terras ressecadas e sem árvores, de imensos lagos agitados por constantes tempestades ou do grande vazio para além do céu. Os habitantes de nossas casas, que nada sabem desses lugares, podem então escutar suas palavras através do canto dos xamãs e, assim, conhecê-los por sua vez. O mesmo acontece quando os xamãs fazem ouvir a voz dos ancestrais animais do primeiro tempo. Seus fantasmas estão hoje muito longe de nossa floresta. Mas os *xapiri* são capazes de descer até eles. É por isso que também nos trazem as palavras de suas imagens.[43]

Foi assim que, com os espíritos, compreendi que a floresta não é infinita como eu pensava antes. Vi as marcas calcinadas e os recortes que a cercam de todos os lados. Agora sei que se os brancos continuarem avançando, vão fazê-la desaparecer bem depressa. Já estão dizendo que ela é grande demais para nós. É mentira, claro. Ela não é tão vasta como se pensa e logo será a única floresta ainda viva. Se nada soubéssemos dos *xapiri*, do mesmo modo nada conheceríamos da floresta, e seríamos tão desmemoriados quanto os brancos. Não pensaríamos em defendê-la. Os espíritos receiam que os brancos devastem todas as suas árvores e seus rios. São eles que dão suas palavras aos xamãs. Permanecem sempre ao nosso lado, e são os primeiros a combater para salvaguardar nossa terra. Os espíritos *napënapëri* fixaram lâminas de ferro em todo o seu contorno, para que os garimpeiros, colonos e fazendeiros não se aproximem de nossas casas. Os espíritos de *Omama* plantaram em seu centro a imagem de uma barra de metal cercada de vendavais que derrubam os aviões e helicópteros dos garimpeiros na floresta. É graças a esses *xapiri* que ela ainda não está toda invadida. Mas meu sogro e eu não fazíamos dançar apenas a imagem dos ancestrais *napënapëri* e a de *Omama* para manter os brancos à distância. Quando me via voltar da cidade muito preocupado, também me chamava para beber *yãkoana* para obscurecer o espírito dos políticos que querem retalhar nossa terra. Então fazíamos descer juntos os espíritos da vertigem *mõeri*, para confundir seus olhos e emaranhar os desenhos de suas peles de papel. Assim era. Meu sogro é um grande xamã dono de incontáveis *xapiri* e foi ele quem me ensinou a fazê-los dançar para defender a floresta.

Eu não detenho toda a sabedoria dos nossos antigos. No entanto, desde criança, sempre quis entender as coisas. Depois, uma vez adulto, foram as palavras dos espíritos que me fizeram mais inteligente e sustentaram meu pensamento. Agora sei que nossos ancestrais moraram nesta floresta desde o primeiro tempo e que a deixaram para nós para vivermos nela também. Eles nunca a maltrataram. Suas árvores são belas e sua terra é fértil. O vento e a chuva conservam seu frescor. Nós comemos seus animais, seus peixes, os frutos de suas árvores e seu mel. Bebemos a água de seus rios. Sua umidade faz crescer as bananeiras, a mandioca, a cana-de-açúcar e tudo o que plantamos em nossas roças. Viajamos por ela para comparecer às festas *reahu* a que somos convidados. Nela fazemos nossas expedições de caça e coleta.[44] Os espíritos nela vivem e circulam por toda parte à nossa volta. *Omama* criou esta terra e aqui nos deu a existência. Pôs no seu chão as montanhas, para mantê-la no lugar, e fez delas as casas dos *xapiri*, que deixou para que cuidassem de nós. É nossa terra e essas são palavras verdadeiras.

Ver os brancos rasgarem a floresta com suas máquinas e a sujarem com suas fumaças de epidemia me deixou furioso. Antigamente, eles moravam muito longe de nós, pensando que para além deles só havia um grande vazio. Não é verdade. No primeiro tempo, *Omama* só os manteve afastados de nossa floresta para que não pudessem se aproximar dela. Avisou os ancestrais deles: "Esta é a minha terra. Vocês, gente de *Teosi*, que não têm nenhuma sabedoria, irão viver noutro lugar, bem longe dela, para não devastá-la. Só meus filhos permanecerão aqui, pois têm amizade por ela!". É por isso que os brancos tiveram tanta dificuldade para chegar até nós, mesmo com seus barcos a motor e depois seus aviões. Nossos rios são cortados por inúmeras cachoeiras e nossa floresta é coberta de morros e serras que se interpõem no caminho deles. Queremos continuar vivendo nela sozinhos, com a mente calma, como nossos antepassados antigamente. Não queremos mais morrer antes de envelhecer. Não queremos mais que nossos filhos e nossas mulheres chorem de fome. Quando nos misturamos com os brancos, tudo começa a dar errado. Eles nos prometem mercadorias, quando só pensam em roubar nossa terra. Disparam suas espingardas contra nós quando ficam bravos. Começam a pegar nossas mulheres. Ficamos doentes o tempo todo e não podemos mais caçar nem cultivar nossas roças. No final, morremos quase todos de suas epidemias *xawara*.

Os espíritos de nossos xamãs antigos, que têm amizade pela floresta, não nos permitem deixar seus inimigos se instalarem nela — garimpeiros, fazendeiros e madeireiros. Essa gente só sabe desmatá-la e sujá-la. Querem nos eliminar, para construir cidades no lugar de nossas casas abandonadas. Isso, porém, não nos entristece, pois os *xapiri* estão sempre ao nosso lado para nos dar coragem: "Muitos de vocês morreram, mas se defendem sua floresta, voltarão a ser muitos! Suas mulheres ainda vão lhes dar muitos filhos! Seus maiores se foram, mas as palavras de *Omama* ainda estão em vocês, sempre igualmente novas. Vocês têm sabedoria e, enquanto estiverem vivos, jamais cederão sua terra!". Desde o tempo da estrada, penso muitas vezes em todas essas coisas a respeito de nossa floresta. Tudo isso faz crescer cada vez mais em mim palavras para recusar a abertura de nossa terra para os brancos. Quero que meus filhos, seus filhos e os filhos de seus filhos possam nela viver em paz, como nossos antigos antes de nós. Esse é todo o meu pensamento e meu trabalho. Sou xamã e vejo todas essas coisas bebendo *yãkoana* e no meu sonho. Meus espíritos *xapiri* nunca ficam quietos. Viajam sem descanso para terras distantes, para além do céu e do mundo debaixo da terra. Voltam de lá para me dar suas palavras e me avisar sobre o que viram. É através de suas palavras que sou capaz de compreender todas as coisas da floresta.

Os xamãs, como eu disse, não dormem como os demais homens. De dia, bebem o pó de *yãkoana* e fazem dançar seus espíritos diante de todos. À noite, porém, os *xapiri* continuam dando-lhes a ouvir seus cantos no tempo do sonho. Saciados de *yãkoana*, não param nunca de se deslocar e seus pais, em estado de fantasma, viajam por intermédio deles. É desse modo que os xamãs conseguem sonhar com as terras devastadas que cercam a nossa floresta e com a ebulição das fumaças de epidemia que surgem delas. Só os *xapiri* nos tornam realmente sabidos, porque quando dançam para nós suas imagens ampliam nosso pensamento. De modo que se eu não tivesse me tornado xamã, jamais saberia como fazer para defender a floresta. Gente comum não pensa nessas coisas. Quando vê chegar garimpeiros ou outros brancos, seu espírito permanece vazio. Contenta-se então em sorrir, pedindo comida ou mercadorias. Não se pergunta: "O que devo pensar desses brancos? O que eles vêm fazer na floresta? Serão perigosos? Devo defender minha terra e expulsá-los?". Não, seu pensamento fica plantado em seus pés, sem poder avançar. Só consegue dizer a si mesma: "Para que se preocupar? A floresta é muito grande e não pode ser destruída. Vou é tentar conseguir roupas e cartuchos!". Quando o pensamento dos nossos fica assim confuso, é como uma trilha ruim na floresta. A gente segue por ela com dificuldade no meio da vegetação emaranhada e sombria, tropeçando, e acaba por cair num buraco ou num igarapé, tem os olhos furados por espinhos ou é mordido por uma cobra. Eu, ao contrário, quis tomar um caminho livre, cuja claridade se abre ao longe diante de mim. Esse caminho é o de nossas palavras para defender a floresta.

15. Comedores de terra

Os garimpeiros e o pai do ouro.

A pista do posto de Paapiú parece um cenário da Guerra do Vietnã. Um avião pousa ou decola a cada cinco minutos. Uma ronda incessante de helicópteros sobrevoa a floresta. [...] O posto da Funai está abandonado. Seringas e medicamentos estão amontoados em desordem, misturados a latas de cerveja vazias. O registro dos tratamentos é folheado pelo vento. O rádio desapareceu [...]. Os Yanomami estão abandonados aos garimpeiros. O ronco dos motores só para após o anoitecer. Então — me diz um idoso —, nós escutamos um ruído muito pior: o de nossas crianças chorando de fome.

Senador Severo Gomes
Folha de S.Paulo, 18 jun. 1989

Depois de ter voltado a trabalhar para a Funai, tinha visto os brancos rasgarem o chão da floresta para construir uma estrada. Eu os tinha visto derrubar suas árvores e queimá-las para plantar capim. Eu conhecia o rastro de terras vazias e de doenças que deixam atrás de si. Apesar disso, sabia ainda pouca coisa a respeito deles. Foi quando os garimpeiros chegaram até nós que realmente entendi de que eram capazes os *napë*! Multidões desses forasteiros bravos surgiram de repente, de todos os lados, e cercaram em pouco tempo todas as nossas casas. Buscavam com frenesi uma coisa maléfica da qual jamais tínhamos ouvido falar e cujo nome repetiam sem parar: *oru* — ouro. Começaram a revirar a terra como bandos de queixadas. Sujaram os rios com lamas amareladas e os enfumaçaram com a epidemia *xawara* de seus maquinários.[1] Então, meu peito voltou a se encher de raiva e de angústia, ao vê-los devastar as nascentes dos rios com voracidade de cães famintos. Tudo isso para encontrar ouro, para os outros brancos poderem com ele fazer dentes e enfeites, ou só para esconder em suas casas! Naquela época, eu tinha acabado de aprender a defender os limites de nossa floresta. Ainda não estava acostumado à ideia de que precisava também defender suas árvores, seus animais, seus cursos d'água e seus peixes. Mas entendi logo que os garimpeiros eram verdadeiros comedores de terra e que iam devastar tudo na floresta. Essas novas palavras me vieram aos poucos, durante minhas viagens por nossa terra e entre os brancos. Fixaram-se em mim e aumentaram aos poucos, ligando-se umas às outras, até fazer um longo caminho em minha mente. Foi com elas que comecei a falar nas cidades, embora minha língua parecesse, em português, ainda tão torta como a de um fantasma!

Se deixarmos os garimpeiros cavarem por toda parte, como porcos-do--mato, os rios da floresta logo vão se transformar em poças lamacentas, cheias de óleo de motor e lixo. Eles também lavam o pó de ouro misturando-o com o que chamam de azougue. Os outros brancos chamam isso de mercúrio.[2] Todas essas coisas sujas e perigosas fazem as águas ficarem doentes e tornam a carne dos peixes mole e podre. Quem os come corre o risco de morrer de disenteria, descarnado, com violentas dores de barriga e tonturas. Os donos das águas são os espíritos das arraias, dos poraquês, das sucuris, dos jacarés e dos botos. Eles vivem na casa de *Tëpërësiki*, seu sogro, com o ser do arco-íris, *Hokotori*. Se os garimpeiros sujarem as nascentes dos rios, todos eles morrerão e as águas desaparecerão com eles. Fugirão de volta para dentro da terra. Aí, como poderemos matar nossa sede? Morreremos todos com os lábios ressecados.

Os motores e as espingardas dos garimpeiros espantarão toda a caça e acabarão também por nos deixar esfomeados. Antigamente, eram muitos os queixadas na floresta. Depois da chegada dos garimpeiros, seus bandos desapareceram.[3] Logo os caçadores passaram a não encontrar nenhum em parte alguma, mesmo indo muito longe de suas casas. A floresta tinha ficado ruim e se enchera de fumaças de epidemia *xawara*. Os antigos xamãs que sabiam fazer dançar a imagem dos espíritos queixada foram mortos pelas doenças. Então, os espelhos desses *xapiri* foram quebrados e seus caminhos foram cortados. Os queixadas são ancestrais humanos. Viraram caça ao cair no mundo subterrâneo, quando o céu desabou, no primeiro tempo. Por isso eles têm muita sabedoria. Serem obrigados a viver emagrecidos e doentes, numa floresta devastada, deixou-os enfurecidos. Voltaram para dentro da terra, por onde passa o caminho do sol, e os *xapiri* fecharam de novo o buraco no qual sumiram.[4]

Antigamente, nossos maiores não ficavam morrendo à toa. Desde a chegada dos garimpeiros é diferente. A maior parte de nossos pais e avós foi devorada por suas doenças. Nas terras altas, muitos dos nossos estão agora morando em casas desabadas, cobertas de lonas de plástico velho. Os jovens, órfãos, não abrem mais roças e não vão mais caçar. Ficam na rede o dia todo, ardendo em febre. É por tudo isso que não queremos garimpeiros na floresta em que *Omama* criou nossos ancestrais. O pensamento desses brancos está obscurecido por seu desejo de ouro. São seres maléficos. Em nossa língua, os chamamos de *napë worëri pë*, os "espíritos queixada forasteiros", porque não param de remexer os lamaçais, como porcos-do-mato em busca de minhocas. Por isso também os chamamos de *urihi wapo pë*, os "comedores de terra".[5]

Os garimpeiros primeiro apareceram em nossa floresta no alto rio Apiaú, perto de uma antiga roça dos *Moxi hatëtëma*, a gente que procuramos em vão junto com Chico no tempo da estrada.[6] Foram os habitantes do rio Lobo d'Almada que nos avisaram de sua presença. Um dos homens mais velhos de sua casa tinha acabado de morrer. Eles atribuíram sua morte à mão de feiticeiros dos *Moxi hatëtëma*. Tomados pela raiva do luto, resolveram lançar um reide para vingá-lo. Uma tropa de guerreiros se pôs a caminho, em direção ao alto rio Apiaú. Mas não encontraram nenhuma casa inimiga. Por outro lado, acabaram topando com um grande acampamento de brancos! Um dos nossos, que tinha se casado com uma mulher do rio Lobo d'Almada, veio nos visitar pouco depois e nos deu a notícia: "Encontramos brancos no rio Apiaú, estão escavando a terra e sujando o rio! Já são muitos!". Os grandes homens de nossa casa então fizeram discursos *hereamuu* e resolveram expulsar aqueles comedores de terra da floresta.

Eu, de minha parte, chamei em seguida a Funai pelo rádio, para pedir ajuda a Amâncio, o antigo chefe do posto Demini, que agora era delegado em Boa Vista. Achei que podia contar com ele. Mas ele me respondeu que eu era funcionário da Funai e que devia ir eu mesmo expulsar os garimpeiros do Apiaú![7] Fiquei decepcionado, mas não preocupado demais, porque sabia que não estava sozinho e que meus parentes estariam comigo na expedição. No dia seguinte, todos os homens de *Watoriki* se reuniram, liderados pelos mais velhos. Formamos um grupo, armados de arcos e flechas, e então partimos para o rio Catrimani. Chegamos após dois dias de caminhada pelo antigo traçado da estrada. Na região desse rio, em torno da missão dos Padres, há várias casas amigas. Elas nos hospedaram à noite. Pedimos nelas tropas de guerreiros como reforço. Depois, enquanto subíamos o Catrimani, os homens do Lobo d'Almada que tinham achado o acampamento dos brancos se juntaram a nós. No final, éramos realmente muitos! Mas o alto rio Apiaú ainda estava longe, e tivemos de dormir três noites e andar dias a fio na floresta, até chegarmos lá. Então, fizemos uma parada numa clareira, perto do acampamento dos garimpeiros.

Já descansados, nos pintamos com tinta preta, como fazem os guerreiros antes de atacar.

Depois começamos a cercar o acampamento dos brancos, com os arcos retesados, prontos para disparar nossas flechas.[8] Tudo estava silencioso, a maioria dos garimpeiros estava trabalhando longe dali, chafurdando em seus buracos de ouro.[9] Por debaixo das lonas de plástico azul dos barracos, só ouvimos as vozes de dois deles. Deviam ter começado a beber cachaça havia algum tempo, pois já estavam bêbados e falavam como fantasmas. Avançamos na direção deles, devagar, sem nenhum ruído. Quando finalmente perceberam nossa presença, pareciam aterrorizados. Ficaram imóveis e mudos. Aí, de repente, um deles tentou desajeitadamente pegar sua espingarda. Mirou e chegou perto de atirar, mas seu companheiro, que parecia ser o chefe daquela gente, o impediu: "Não atire! Não atire!". Ele tinha se dado conta de que éramos muitos e de que se um de nós fosse ferido, os dois seriam crivados de flechas em seguida.

Então me aproximei, para falar com eles. Como os demais guerreiros, eu estava pintado de preto dos pés à cabeça. Disse a eles, em português: "Boa tarde!". Surpresos por eu conhecer sua língua e amedrontados, perguntaram-me: "Quem são vocês? O que querem conosco?". Respondi apenas: "Somos habitantes da floresta, Yanomami!". Ainda muito apreensivos, tentaram me amansar: "Estão com fome? Querem algo para comer? Peguem nossa comida!". Recusei logo: "Não, não queremos comer, queremos falar!". Começaram a se acalmar um pouco. Depois, aos poucos, outros garimpeiros foram chegando e eu me dirigi também a eles: "Não viemos para fazer guerra, mas para pedir a vocês que saiam deste lugar. Queremos convencê-los com nossas palavras, não com nossas flechas. Vocês destroem a floresta, pensando que está vazia, mas não está. Há nela muitas de nossas casas e nós bebemos a água desses rios que vocês sujam!".

Um pouco mais sóbrio, o chefe dos garimpeiros começou a mentir para mim: "Não sabíamos que os Yanomami viviam nesta floresta, senão nem teríamos começado a trabalhar aqui!". Retruquei: "É nossa terra. Vocês com certeza viram as roças antigas perto do seu acampamento. Foram plantadas por nossa gente. A floresta que *Omama* nos deu vem até aqui. Foi ela que viu nascer nossos antepassados e é sob o seu abrigo que nascem nossos filhos. Vocês não podem vir devastá-la como bem quiserem. Convoque seus homens e voltem todos para suas casas! *Omama* nunca enviou seus ancestrais para fuçar o solo de nossa floresta como queixadas, para matar os habitantes dela com suas epidemias e suas espingardas! E depois, para que vir trabalhar aqui? Na floresta, vocês passam os dias chafurdando na lama e ficam doentes o tempo todo. Para que sofrer desse jeito? O Brasil é muito grande. Não faltam outras terras para vocês. Parem de cobiçar a da gente da floresta. Vão trabalhar nas suas terras, longe daqui!". Falei firme com eles, durante um bom tempo. Porém, no final, responderam apenas: "Está bem, vamos embora, mas daqui a algum tempo, primeiro precisamos terminar nosso trabalho aqui".

Depois disso, fomos até os buracos de ouro em que estavam trabalhando outros garimpeiros. Então foi a nossa vez de ficarmos surpresos, porque eram de fato muito numerosos, muito mais do que nós! Para acharem a poeira brilhante que ficavam procurando sem parar nos igarapés, tinham cavado por toda parte grandes fossas ladeadas de montes de cascalho. Todos os igarapés estavam cheios de lama amarelada, sujos de óleo de motor e cobertos de peixes mortos. Nas margens, desmatadas, havia máquinas rugindo com um barulho ensurdecedor e sua fumaça empesteava a floresta nos arredores. Era a primeira vez que eu via garimpeiros trabalhando. Pensei: "*Hou!* Isso é péssimo. Esses brancos parecem querer devorar a terra, como tatus-canastra e queixadas! Se deixarmos seu número aumentar, vão devastar a floresta toda, do mesmo jeito que estão fazendo aqui. Precisamos mesmo expulsá-los!". Então, me dirigi aos garimpeiros num tom mais duro: "Parem as máquinas e juntem suas coisas! Vocês têm de ir embora já! Vocês reviram o solo dos rios e sujam as águas, os rastros que vocês deixam na floresta são perigosos para nós!". Porém, mais uma vez, responderam apenas: "Sim, depois, quando tivermos acabado nosso serviço!". E acrescentaram: "Saiba que assim que as notícias deste ouro forem ouvidas na cidade, outros garimpeiros vão vir para cá, e depois outros e mais outros! Pode nos expulsar agora, mas não vai adiantar nada!". Essa resposta me deixou exasperado. Mas eles já eram numerosos demais, e bem armados, para se assustarem com nossas flechas.

Então, guardando minha raiva em mim, pude apenas retrucar que voltaríamos, em maior número, e acompanhados por funcionários da Funai e agentes da Polícia Federal. Finalmente, resolvemos partir, sem termos podido fazer nada. Era final de tarde. Os garimpeiros nos convidaram a passar a noite em seu acampamento. Recusamos, porque temíamos que tentassem nos atacar durante o sono. Resolvemos então nos instalar na floresta, longe deles. Ansiosos, ficamos em alerta até amanhecer, sem conseguir dormir direito. No dia seguinte, tomamos o caminho de volta. Foi assim que, pela primeira vez, tentei, junto com os meus, defender a floresta contra os garimpeiros.

Assim que retornamos a *Watoriki*, chamei pelo rádio o delegado da Funai em Boa Vista, para contar a ele nossa viagem. Expliquei que já havia garimpeiros demais na floresta para podermos expulsá-los sozinhos. Voltei a lhe pedir ajuda, e com urgência, antes que fossem tantos no rio Apiaú que seria impossível expulsá-los de lá. Depois, as luas foram passando, sem eu receber nenhuma palavra da cidade. Eu estava aflito e decepcionado, achava que o delegado não se preocupava conosco. Porém, certo dia fui avisado de surpresa da aterrissagem de um grupo de policiais federais na pista da missão do rio Catrimani. Policiais militares e um funcionário da Funai tinham vindo com eles. A mensagem me alegrou muito. Então eu, de minha parte, juntei os homens de *Watoriki* e nos pusemos em marcha para ir ao encontro daqueles brancos que tinham resolvido nos ajudar. Chegando a Catrimani, voltamos a pedir o reforço dos guerreiros das casas vizinhas da missão e, juntos, começamos a subir novamente o rio em direção ao acampamento dos garimpeiros do Apiaú. Dessa vez, porém, a viagem durou muito mais tempo, porque os brancos não sabem andar na floresta. São muito lentos e se queixam constantemente de cansaço ou de sede! Não param de perguntar se vamos chegar logo ou de se largar pelas beiras do caminho! O chefe dos federais reclamava de dor no joelho e tínhamos de ficar à sua espera muitas vezes. E ainda por cima tínhamos de transportar uma grande quantidade de alimento para eles: carne-seca, feijão, arroz e farinha de mandioca. Disseram-me que pesava quatrocentos quilos. Nós carregávamos tudo, mas eram eles que não avançavam! Já os garimpeiros não são tão fracos! São seres maléficos, espíritos queixada, é por isso que sabem andar tão bem na floresta com cargas enormes, sem sentir dor nem cansaço.

Por fim, uma semana depois, chegamos ao acampamento dos garimpeiros. Estavam instalados no mesmo lugar e eram ainda mais numerosos. Mas, dessa vez, vínhamos na companhia dos federais! Dirigi-me logo aos barracos cobertos de lona de plástico com um jovem policial do sul que, este sim, tinha se mostrado resistente na floresta. Quando me viram, os garimpeiros pensaram que era apenas mais um grupo de Yanomami. Aproximaram-se sem desconfiança. Mas, de repente, distinguiram o uniforme de meu companheiro e as letras amarelas em seu colete: "Polícia Federal". Aí sentiram medo e ficaram paralisados de um momento para o outro. O policial declarou, com firmeza: "Não resistam! Viemos para expulsá-los da terra dos Yanomami!". Os olhos dos garimpeiros se cravaram nele, cheios de surpresa e raiva, mas não ousaram protestar. Então, antes da chegada da noite, os federais instalaram conosco seu acampamento, próximo ao dos garimpeiros. Depois, no dia seguinte, começaram a reuni-los e a mandá-los embora, um por um, a pé pela floresta, de volta para a cidade. Mas esvaziar aquele acampamento de garimpeiros levou muito tempo! Tinham se tornado muitos mesmo! De modo que dormimos noites e noites no rio Apiaú, antes de cessarem os ruídos das máquinas e o rumor dos homens. Mas um dia, finalmente, a floresta voltou a ficar silenciosa e quase já não restava comida. Era hora de partir. Os federais, assustados com o caminho que tínhamos percorrido na vinda, não queriam mais andar na floresta. Ficaram lá mesmo e nós voltamos sozinhos até a missão Catrimani, com uma mensagem pedindo para chamar um helicóptero para transportá-los. Dessa vez, ficamos satisfeitos. Tínhamos conseguido, pela primeira vez, expulsar garimpeiros de nossa terra!

Contudo, o chefe do acampamento do rio Apiaú tinha dito a verdade. Apesar de todos os nossos esforços, os garimpeiros logo voltaram para a floresta e seu número não parou de crescer.[10] Isso foi me deixando cada vez mais preocupado. Perguntava a mim mesmo: "Se aumentarem a ponto de ninguém mais ser capaz de expulsá-los, os habitantes da floresta vão todos desaparecer?". Então tentei, repetidas vezes, pedir à Funai para montar novas expedições para tirar os garimpeiros de nossa terra. Cheguei até a ir a Brasília, para falar com o presidente da Funai.[11] Em vão. Respondeu-me apenas: "Não tenho dinheiro para mandar todos esses garimpeiros de volta para casa, o número deles aumentou demais! Os lugares onde trabalham são como ninhos de vespas. Se tentarmos expulsá-los, vão se jogar para cima dos policiais para se vingar! Estão armados e são muito briguentos!". Então voltei para casa, triste e com o peito cheio de raiva.

Dois dias depois, outras palavras ruins chegaram até mim. Os garimpeiros tinham acabado de assassinar vários parentes da região do rio *Hero u*, perto do posto da Funai de Paapiú.[12] Eles tinham começado por devastar os afluentes do alto rio Apiaú. Depois, começaram a se espalhar a partir de lá, rio acima, para o lado das terras altas. E tinham por fim desembocado no rio *Hero u*, onde subitamente acharam muito ouro. A partir desse momento, foram tomados por um frenesi de urubus esfomeados.[13] Apesar de ser impossível comer ouro, parecia que eles queriam devorar todo o chão da floresta! Foi assim que acabaram matando os habitantes do *Hero u* que atravancavam seu avanço. Estes tinham acabado de aprender a procurar ouro, com os Yanomami do rio Uraricaá, que chamamos *Xiriana*.[14] Os garimpeiros vindos do rio Apiaú eventualmente encontraram o lugar em que eles estavam trabalhando. Ficaram surpresos com a quantidade de ouro que encontraram lá. Então, vieram de todos os lados, em grande número, para cavar o leito dos igarapés vizinhos. A gente do *Hero u* ficou apreensiva e com raiva de ver todos aqueles brancos entrando na sua floresta. Então, certo dia, resolveram expulsá-los.

Instalaram um acampamento de tapiris longe deles, e lá deixaram mulheres e crianças. No dia seguinte, um grupo de guerreiros saiu em direção aos buracos onde os garimpeiros trabalhavam. Um grande homem, que eu chamava de sogro, estava à frente deles. Decerto pensava: "Eu sou valente! Vai ser fácil afugentar esses forasteiros!". Todos sabiam que os *napë* não costumavam se mostrar corajosos e que seria fácil intimidá-los e depois roubar suas armas. Uma vanguarda de quatro guerreiros experientes entrou de repente no acampamento dos garimpeiros, onde havia apenas um pequeno grupo de homens desocupados. Alguns jovens yanomami permaneceram emboscados, no limiar da floresta. Já no local, um dos quatro guerreiros exigiu que um dos garimpeiros lhe desse sua espingarda. Este não se deixou impressionar, e recusou. O guerreiro insistiu e deu-lhe um soco no rosto. O garimpeiro, furioso, não cedeu e empurrou o adversário com força, até fazê-lo cair. Depois, sem soltar a espingarda, pegou com a outra mão um revólver 38 que levava na cintura e atirou nele, à queima-roupa, quando ele estava tentando se levantar. Então, os outros garimpeiros se aproximaram do corpo que jazia na lama, para terem certeza de que estava mesmo morto. Ao ver isso, o genro do guerreiro assassinado, que estava de tocaia na floresta, apoiou a espingarda no ombro e atirou num dos brancos, para vingar o sogro, e o matou.

Os garimpeiros, surpresos, revidaram logo, matando dois outros guerreiros que ainda estavam perto. O último deles, evitando os tiros, jogou-se no chão e rolou para baixo de um talude de cascalho. Mas assim que se levantou, para fugir para dentro da floresta, acabou sendo atingido nas costas por uma bala e caiu, sem movimento. Um grupo de garimpeiros conseguiu chegar até ele e o liquidou a facadas. Em seguida, o rapaz que tinha vingado o sogro deu de cara na floresta com o chefe dos garimpeiros, um grandão barbudo, e também o matou. Por fim, outro guerreiro conseguiu dar um tiro de espingarda num outro garimpeiro que fugia pelo matagal. A essas alturas, assustados com os tiros, a maior parte dos que estavam trabalhando nos buracos de ouro vizinhos abandonou suas máquinas e saiu correndo em todas as direções pela floresta ao redor. Foi o que me contaram os do *Hero u*.

Assim que o delegado da Funai de Boa Vista recebeu a notícia do ocorrido, me mandou para o posto Paapiú. Cheguei lá sozinho. As mulheres ainda tinham as maçãs do rosto negras de lágrimas e pó. Os do *Hero u*, carregando a tristeza do luto, vieram ao meu encontro. Mostraram-me nos dedos, várias vezes, com muita raiva, o número dos que tinham caído: "Um homem, um outro, um outro e mais um outro! Seus cadáveres ainda estão lá na floresta, onde foram mortos! Temos de ir buscá-los!". Eles só tinham achado o cadáver do grande homem que eu chamava de sogro, que fora ferido e liquidado a facadas pelos garimpeiros. Tinham conseguido suspendê-lo numa armação de paus na floresta e começado a chorá-lo, como costumamos fazer. No dia seguinte, um funcionário da Funai e seis federais chegaram a Paapiú para me ajudar. O local onde tinha ocorrido o conflito ficava a várias horas de caminhada do posto. Pusemo-nos a caminho sem tardar. Quando chegamos ao acampamento dos garimpeiros, estava vazio. Os policiais quiseram começar pela busca dos cadáveres dos brancos. O primeiro deles, morto no garimpo, tinha sido enterrado. Só encontramos um outro corpo nas redondezas. Era o do chefe barbudo dos garimpeiros. Não conseguimos recuperar o último cadáver perdido na mata. Em seguida, encontramos o lugar onde os garimpeiros tinham enterrado os três Yanomami que tinham matado. Achamos depressa, porque era uma cova rasa. Não tinham tido tempo de disfarçá-la com cuidado. Então começamos a tirar os corpos da terra.

Os de *Hero u* que tinham vindo conosco nos ajudaram. Pedi também aos federais para montarem guarda, para que os nossos pudessem cuidar de seus mortos sem medo. Havia muitas mulheres. Todos estavam em prantos. Desenterrados os cadáveres, seus próximos os puseram em grandes sacos de folha de palmeira e os amarraram com ripas de madeira. Ergueram-nos na floresta, sobre armações de estacas arrancadas do acampamento dos garimpeiros, e depois todos voltaram para suas casas, rio abaixo. Ao ver os cadáveres sendo arrancados da terra, também eu chorei. Pensei, com tristeza e raiva: "O ouro não passa de poeira brilhante na lama. No entanto, os brancos são capazes de matar por ele! Quantos mais dos nossos vão assassinar assim? E depois, suas fumaças de epidemia vão comer os que restarem, até o último? Querem que desapareçamos todos da floresta?". A partir daquele momento, meu pensamento ficou realmente firme. Entendi a que ponto os brancos que querem nossa terra são seres maléficos. Sem isso, talvez tivesse continuado como muitos dos nossos que, na ignorância, fazem amizade com eles apenas para pedir arroz, biscoitos e cartuchos!

Pouco depois, os garimpeiros começaram a retornar ao acampamento abandonado. Traziam muita carga de equipamento e provisões que tinham escondido na mata. Então, os federais se aproximaram deles. Eu estava com eles, ao passo que os demais Yanomami, desconfiados, ficaram escondidos na floresta ao redor. Os policiais mandaram os garimpeiros se reunirem, depositarem suas cargas e suas armas. Todos eles costumavam trabalhar com suas espingardas de caça ou rifles a tiracolo e um revólver na cintura. Mal disfarçando sua raiva, começaram a obedecer. Não diziam uma palavra, mas seus olhos eram muito hostis. Perguntaram-me, em tom ameaçador: "É você o chefe dos Yanomami? Foi você que chamou os federais?". Eu não me sentia tranquilo no meio de todos aqueles brancos armados, que tinham acabado de matar vários dos nossos. Contudo, minha revolta era maior do que o meu medo. Retruquei logo que os Yanomami não têm chefe e que eles tinham de ir embora de nossa floresta. E acrescentei em seguida, dirigindo-me aos policiais: "Vocês têm de expulsar todos esses comedores de terra, porque se continuarem vindo tantos, morreremos todos, do mesmo modo que os homens que acabamos de tirar do chão da floresta!". Foi assim que aconteceu. Depois de terminarem de juntar as armas dos garimpeiros, os federais montaram um acampamento e ficaram à espera do helicóptero e dos reforços que tinham pedido. Eu não quis ficar naquele lugar. Sabia que, assim que pudessem, os garimpeiros tentariam me matar para se vingar. Então parti com os outros Yanomami e o homem da Funai de volta para o posto Paapiú. Não tínhamos comido nada e estávamos exaustos. No dia seguinte, um avião pequeno me levou de volta para casa, em *Watoriki*, com toda a tristeza e o tormento do que acabara de ver.

Algum tempo depois, os garimpeiros voltaram para Paapiú e penetraram em massa nas terras altas de nossa floresta. Desmataram por toda parte para abrir pistas para seus aviões e helicópteros, que cruzavam o céu constantemente. Numerosos como saúvas *koyo*, passavam em colunas cerradas ao redor das casas yanomami. As mulheres tinham medo de sair até para pegar água! A floresta ficou vazia de caça e os maridos pararam de caçar. Todos permaneciam prostrados em suas redes, derrubados por febres incessantes. Sem poderem cultivar suas roças, pensaram que fossem morrer de fome. Os grandes homens, que antes falavam com sabedoria, tinham sido assassinados por ter enfrentado com bravura os garimpeiros ou então tinham morrido de malária e pneumonia. Apenas alguns órfãos com o pensamento perdido tinham sobrevivido, e mendigavam comida e roupas junto aos garimpeiros. Todos os caminhos tinham virado lodaçais de queixadas e os rios tinham sido reduzidos a poças de água barrenta. Um sem-número de brancos escavava freneticamente a terra da floresta empesteada pela fumaça de epidemia *xawara* de seus motores. Até o chefe do posto da Funai de Paapiú acabou fugindo, assustado tanto com as ameaças dos garimpeiros quanto com suas doenças.[15]

Na estação seca seguinte, garimpeiros chegaram também à nossa casa de *Watoriki*.[16] Quando surgiram, eu estava no posto de Demini, com minha mulher e meus filhos. Só havia um outro Yanomami trabalhando lá. O pequeno grupo de garimpeiros saiu da floresta, carregando pesados fardos de alimentos e mercadorias. Vieram em nossa direção. Todos vestiam shorts e camisetas rasgadas. Seus pés estavam escondidos em chuteiras. Estavam armados com espingardas de caça e revólveres calibre 38. Quando os vi, logo pensei que talvez nossos cadáveres logo fossem encontrados na terra rasa, como os da gente de *Hero u*. Contudo, apesar de meus temores, não me movi e esperei que falassem comigo. Então eles fingiram amizade por nós: "Estamos aqui para ajudá-los! Vamos ensiná-los a procurar ouro. Assim vocês conseguirão muitas mercadorias. Seremos generosos com vocês!". Interrompi-os para responder que não queria escutar aquelas mentiras. "Acabo de ver o modo como vocês mataram nossos parentes em Paapiú! Vi como vocês comem a terra da floresta e sujam os rios como porcos-do-mato! A verdade é que vocês vão nos fazer passar fome e morrer com suas fumaças de epidemia! Voltem para suas casas!". Contrariados por essas palavras, continuaram mentindo mesmo assim: "Seremos poucos trabalhando aqui! Mandaremos vir alimentos e remédios para vocês!". Retorqui: "Mais mentiras! Vocês vão aumentar sem parar e logo terão esquecido essas palavras de amizade! Vão começar a beber cachaça sem parar. Aí vão começar a pegar nossas mulheres e a nos matar! Depois, nossos jovens vão ficar preguiçosos e ignorantes por causa de sua comida! Vão embora! Não queremos vocês aqui!". Ao ouvirem isso, ficaram ainda mais descontentes, mas, como eram poucos e estavam inquietos diante de minha hostilidade, acabaram indo embora, seguindo caminho em direção ao final da estrada, para o lado do rio *Haranari u*.

Porém, algum tempo depois, outro grupo deles chegou a *Watoriki*. Dessa vez eram mais numerosos, mas as mentiras eram as mesmas: "Queremos procurar ouro aqui com vocês! Somos amigos! Davi, vamos fazer de você um grande chefe!". Ouvir essas palavras tortas repetidas mais uma vez me deixou furioso. Respondi: "Não sei me fazer de chefe e não como ouro! Não me importo com essa poeira brilhante na areia. Não sou jacaré para querer engoli-la! Não quero nada de vocês e não vamos deixá-los trabalhar aqui!". Dessa vez, não tínhamos sido pegos de surpresa por sua chegada. Todos os homens de *Watoriki* tinham se reunido em volta deles, empunhando arcos e flechas, com o corpo pintado de preto, como guerreiros. As mulheres, enquanto isso, gritavam e jogavam nos intrusos suas plantas de feitiçaria *hore kiki*, a fim de torná-los medrosos.[17] Estávamos prontos para nos defender sozinhos, sem a polícia federal. Falei duro de novo com os garimpeiros, para avisá-los de que os flecharíamos se tentassem ficar na nossa floresta. Eles estavam nervosos e hostis, mas não ousaram insistir e acabaram indo embora no rastro dos que os haviam precedido.

Passou-se mais algum tempo. Aí, caçadores de nossa casa encontraram um novo grupo de garimpeiros que acabara de se instalar nas proximidades. Pus-me a caminho logo, com um grupo de guerreiros. Dormimos uma noite na floresta, para pegar os intrusos de surpresa na manhã seguinte. Eles já tinham instalado um acampamento e começado a cavar a terra. Também tinham desmatado uma clareira, para um avião poder jogar provisões para eles. Mais uma vez, comecei a falar com firmeza, para mandá-los embora: "Não queremos que procurem ouro aqui! É nossa terra e vamos defendê-la! Saiam antes de ficarmos bravos e antes de suas mães terem de chorar suas mortes!". Escutaram-me, sem saber o que responder. O avião que esperavam não tinha vindo. Famintos e maltrapilhos, estavam de dar dó. Então, por fim, não disseram nada e foram embora, como os outros, mas, dessa vez, na direção contrária, a da missão do rio Catrimani. Alguns dias depois, o avião deles aterrissou no posto Demini. Era o chefe de todos aqueles garimpeiros que tentavam trabalhar na nossa floresta. Tinha vindo trazer arroz, farinha de mandioca, feijão, leite em pó, biscoitos, café e açúcar. Os outros garimpeiros nos tinham falado dele. Tinham-nos contado que era um homem bravo e destemido. Chamavam-no de Zeca Diabo.[18] Porém, para nós, não passava de mais um garimpeiro como os outros. Então, assim que saiu de seu avião, declarei a ele: "Nem vale a pena descarregar suas provisões! Já expulsamos todo o seu pessoal da nossa floresta!". Contrariado, replicou: "Não é verdade! Quero ouvir isso deles próprios!". Então ele depositou todos os seus sacos de comida no final da pista do posto Demini e em seguida saiu a pé em busca de seus peões. Viera acompanhado por um Yanomami do rio Ajarani que tinha trazido de Boa Vista e com quem eu também falei duro antes de saírem. Dava-me muita raiva um dos nossos ajudar um garimpeiro!

Enquanto isso, foi a vez de um avião da Funai aterrissar no posto Demini. O médico que desceu dele me perguntou o que eram aqueles sacos no final da pista. Contei a ele da chegada de Zeca Diabo. Ele me escutou e disse que eu podia confiscar os víveres e distribuí-los às pessoas de *Watoriki*. Respondi: "Está bem, vamos escondê-los na floresta e os comeremos mais tarde! Assim os garimpeiros não poderão ficar aqui!". No dia seguinte, Zeca Diabo e seu guia yanomami voltaram ao posto Demini. Tinham andado bastante na floresta. O branco dava dó de ver. Ele estava de havaianas e seus pés estavam inchados e cheios de bolhas. O short tinha se esfregado contra a parte interna das coxas e a pele estava em carne viva. Seu guia estava apreensivo por nos ver tão furiosos contra ele. Nem bem chegaram, declarei: "Agora só lhes resta voltar a pé para o lugar de onde vieram! Nenhum avião virá mais buscá-los!".

Os jovens de nossa casa estavam muito exaltados e ameaçadores. Queriam matar o chefe dos garimpeiros. Mas os mais velhos não pretendiam deixar que fizessem isso. Queriam apenas assustar Zeca Diabo. De repente, este se deu conta de que seu carregamento todo tinha desaparecido e seus olhos davam pena de ver. Tínhamos deixado só a rede dele. Todo o restante havia sido escondido, até suas roupas e documentos! Começou a gritar: "Onde estão minhas provisões? Onde vocês esconderam minhas coisas?". Então eu menti a ele, dizendo que a Funai tinha levado tudo e que ele recuperaria suas coisas em Boa Vista. Ele não se deixou enganar, mas foi ficando cada vez mais nervoso, pois começava a ter medo do que poderíamos fazer com ele. Ele estava sozinho entre nós. Não havia mais avião para levá-lo nem rádio para chamar Boa Vista.

Anoiteceu, e ele dormiu no posto Demini. No dia seguinte pela manhã, um avião de garimpeiros sobrevoou a pista várias vezes, cada vez mais baixo. Postamo-nos no meio da pista, com nossos arcos e flechas. O piloto ficou com medo e logo foi embora para Boa Vista. Zeca Diabo ainda dormiu três noites sob nossa guarda. Queríamos pô-lo realmente à prova! Ele ainda tentava mentir para nós, mas estava cada vez mais fraco e amedrontado. Afinal, um outro avião veio sobrevoar o posto Demini. Dessa vez já estávamos cansados do Zeca Diabo, então deixamos o avião aterrissar. Para terminar, o pintamos dos pés à cabeça com pasta de urucum misturada com fuligem.[19] Só deixamos nele o short e foi assim que o despachamos para a cidade, todinho pintado de preto! Nem bem viu o avião na pista, ele que se achava tão terrível, começou a correr afobado em sua direção. O homem que acompanhava o piloto abriu a porta do aparelho sem nem parar o motor. Mal Zeca Diabo teve tempo de subir e o piloto, tão apavorado quanto ele, manobrou na pista para decolar de novo às pressas. Zeca Diabo nunca mais tentou voltar à nossa casa, nem aliás nenhum outro garimpeiro depois dele!

Durante toda essa época da invasão dos garimpeiros, eu não conseguia mais dormir direito. Sozinho no posto Demini, não parava de pensar nos nossos que eles tinham assassinado ou que estavam morrendo de malária.[20] Não parava de pensar na floresta, que tinha ficado tão doente quanto os humanos. Meus pensamentos se seguiam um ao outro, a noite toda, sem trégua, até o amanhecer. Minha esposa e filhos dormiam ainda ao meu lado, tranquilos, quando eu via, afinal, despontar o dia, sem ter fechado os olhos. Eu me sentia muito agitado e o sono sempre fugia para longe de mim. E mesmo quando, às vezes, eu conseguia tirar uma soneca, nunca dormia em paz. Jovem xamã, fazia pouco tempo que eu tinha me tornado outro. Assim, quando sonhava, não parava de ver garimpeiros me atacando. Estavam furiosos porque eu queria tirá-los de nossa terra. Via-os indicando meu nome aos feiticeiros das cidades, os rezadores que, como os nossos xamãs, possuem espíritos perigosos.[21] Para se vingarem, pediam a eles para me enfraquecer e me calar. Diziam: "Precisamos nos livrar desse Davi, que quer nos impedir de trabalhar na floresta! Ele sabe nossa língua e é nosso inimigo. Estamos cheios dele, está nos atrapalhando! Esses Yanomami são sujos e preguiçosos. Têm de desaparecer para podermos procurar ouro em paz! É preciso enfumaçá-los de epidemias!". Então eu via os espíritos maléficos daqueles rezadores vindo de helicóptero em minha direção. Eles me ameaçavam e tentavam me matar. O Exército também estava contra nós naquela época. Queria retalhar nossa terra em pedaços para deixar entrar os garimpeiros.[22] Então via as imagens de espíritos soldados, com seus chapéus de ferro e seus aviões de guerra, tentando me pegar para me trancafiar e me maltratar. Meus espíritos *purusianari*, porém, rechaçavam os agressores com valentia. Esses *xapiri* são as imagens de guerreiros muito valentes, que também possuem armas de brancos.[23] Eles desciam em meu sonho para combater os espíritos soldados. Arrancavam seus caminhos para carregá-los para o peito do céu. Depois os cortavam de repente e todos despencavam no vazio.

Os espíritos que os rezadores possuem se parecem com nossos *xapiri*, mas são outros. Não são, como os nossos, imagens de verdadeiros seres maléficos da floresta ávidos de carne humana, como as do gavião *Koimari*, da onça *Ɨramari* e do sol *Motʰokari*. Tampouco são imagens de ancestrais animais. São mais fracos e se parecem com brancos, com roupas e óculos. Estão armados de facas, espingardas e revólveres. É com essas armas que nos combatem. Eles também são capazes de fazer suas vítimas perderem o juízo ou adoecerem. No entanto, os rezadores só fazem suas rezas para enviar esses espíritos em troca de dinheiro. Nós não fazemos dançar nossos *xapiri* por dinheiro! Nós os chamamos, sem contrapartida, para proteger nossas crianças e nossa floresta. Os rezadores dizem, na sua língua, que podem "estragar outra pessoa". Foi o que tentaram fazer comigo. Enviaram seus espíritos para me machucar e me fazer cair na vertigem. Se tivessem conseguido, minha imagem, enfraquecida e desorientada, teria despencado das alturas do céu para se espatifar no chão. Mas não deu certo, meus *xapiri* estavam atentos e guerrearam com bravura contra seus seres maléficos. Por mais que tentassem me atingir e me fazer perder a coragem, os rezadores nunca conseguiram. Eram fracos demais para resistir à potência de meus espíritos, que, sempre alertas, os repeliam rapidamente. Enquanto meu corpo estava cá embaixo no sono, meus *xapiri* armavam tocaia em inumeráveis caminhos e cuidavam de minha imagem nas alturas do céu. Assim que os espíritos dos rezadores tentavam se aproximar, atacavam-nos de surpresa e os derrotavam num instante. Os espíritos da vertigem *mõeri* os desencaminhavam, depois os espíritos lua os queimavam com seus fogos, enquanto os espíritos do dono do algodão finalmente os esfolavam vivos.

Bem no começo, quando eu ainda não conhecia os malfeitos dos rezadores, seus espíritos maus até conseguiram me confinar numa espécie de prisão, como se fossem policiais. Foram os *xapiri* dos xamãs mais antigos de nossa casa que conseguiram me libertar e depois me vingar. Seus espíritos gavião *koimari* estrangularam os dos rezadores com ataduras de algodão em brasa, enquanto seus espíritos sucuri os sodomizavam para explodir suas entranhas. E por fim os prenderam num tecido de metal que a imagem de *Omama* lhes tinha dado para me proteger.[24] Era uma espécie de roupa muito pesada que os *xapiri* vestem em suas vítimas pela cabeça. Nenhuma chave pode abri-la e ela não tem nenhuma abertura. Cola na pele, e nunca mais é possível se livrar dela. Assim, os espíritos dos rezadores, aterrorizados, acabaram fugindo para longe de mim. Porém voltaram, muitas vezes, para me atacar durante o sono. Não me davam trégua naquela época! Por causa deles, eu me sentia mal com frequência. Faziam tudo o que podiam para me assustar e me acovardar. Queriam mesmo desencaminhar meu pensamento e me tornar medroso, para me calar.

Os brancos dizem que em suas cidades há muitos desses rezadores, e que são potentes. O primeiro que vi foi em Boa Vista. Alguém o apontou, de longe, me dizendo que ele, como eu, era xamã. E acabei encontrando um outro homem que, esse, se gabava de sê-lo. Era um antigo garimpeiro que tinha sido contratado pela Funai para fazer consertos no posto Demini. Certo dia, durante a sua folga, veio visitar nossa casa de *Watoriki*. De repente, enquanto olhava meu sogro fazendo dançar seus *xapiri*, declarou-me: "Eu também sei curar, como ele. Sou um rezador!". Depois disso, voltou a se gabar do mesmo modo diversas vezes. Então, um dia acabei respondendo: "Eu gostaria de ver como você chama os seus espíritos para curar os brancos! Pois nós não fazemos rezas com os olhos fitando peles de papel. Tornamo-nos nós mesmos *xapiri*, bebendo o pó de *yãkoana*. Experimente!". Desconfiado, ele hesitou, mas apesar disso aproximou o nariz para receber o pó. Soprei um pouco em suas narinas. Aí ele ficou com medo logo, pois o poder da *yãkoana* é de fato muito forte. Começou a tremer e cambalear em nossa casa. Por pouco não despencou no chão. De repente, saiu correndo para o posto, gemendo. Com tão pouco pó ele já estava em estado de fantasma! O tal rezador não era xamã, não passava de um branco mentiroso qualquer. Nós xamãs não vemos os *xapiri* com o nariz sem gosto[25] e sem que nossos olhos morram com a *yãkoana*! Cantarolando de olhos fechados, como esses brancos, não se vê nada!

Naquela época, os brancos tinham acabado de matar Chico Mendes, que também defendia a floresta contra os fazendeiros.[26] Então, fiquei precavido. Eu sabia que os garimpeiros, os que eu tinha expulsado da nossa floresta e todos os outros a quem tivessem falado de mim, me detestavam. Tinham dito meu nome em todos os cantos de Boa Vista. Eu costumava cruzar seus olhares hostis na rua. Via que eram olhos de inimigos mesmo e entendia o quanto teriam gostado de me fazer sumir. Eu evitava ir à cidade, porque achava que acabariam me matando. Quando tinha de ir, nunca andava sozinho e não me demorava. Só dormia na casa de meus amigos da CCPY. Zeca Diabo, aquele que eu tinha mandado embora de Demini pintado de preto, esse passou muito tempo me procurando para se vingar! Mas nunca conseguiu me pegar de surpresa e, apesar de sua raiva, deve ter acabado por se cansar. Se eu não fosse tão atento, já não estaria mais vivo há tempos! Outros garimpeiros até me ameaçaram em plena rua: "Não adianta se esconder, vamos encontrá-lo quando estiver sozinho e vamos matá-lo! Estamos cheios de você não nos deixar trabalhar no mato!". Então, respondi com raiva: "Vocês pensam mesmo que os Yanomami são covardes? Para nós, vocês não passam de ladrões de terra. Se vocês são mesmo valentes, não fiquem apenas me ameaçando quando estou sozinho na cidade. Venham então me matar bem no meio da minha casa. Que todos os meus parentes e os *xapiri* possam vê-los e ouvi-los! Não fiquem se achando corajosos só porque exibem espingardas e revólveres para nada! Se nos odeiam tanto e querem mesmo nos eliminar, não fiquem apenas bravateando comigo! Venham matar todos os Yanomami, até o último, com suas mulheres e filhos! Queimem todas as nossas casas com suas bombas! Caso contrário, parem de falar à toa como covardes e vão embora!".

De modo que eu presumia que um dia os garimpeiros viriam me matar na minha casa, na floresta. Naquele tempo, eu vivia no posto da Funai de Demini, com minha mulher e meus filhos. Os nossos moravam perto dali, na grande casa de *Watorikɨ*. À noite, eu costumava me perguntar se os brancos não estariam chegando para arrombar a porta do posto e acabar comigo. Nunca dormia em paz, permanecia sempre alerta. Estava apreensivo pelos meus, mas não tinha realmente medo. Senão, teria me escondido bem longe na floresta, para que ninguém pudesse me encontrar! Apenas pensava que, se viesse a morrer, viveria de novo como um fantasma nas costas do céu, sem mais tormento. Além disso, eu sabia que meus *xapiri* não parariam de dançar em volta de meus ossos, que, mesmo queimados e socados, continuariam valendo para eles mais do que ouro. Sabia, também, que me vingariam dos brancos que tivessem me assassinado. Porém, ao final, os garimpeiros nunca ousaram vir me matar durante o meu sono. O espírito do antigo ser fantasma *Porepatari* deve tê-los feito desistir de se aventurar na floresta à noite![27]

É perigoso se opor aos garimpeiros. Eles são muitos e todos carregam facas, espingardas e revólveres. Também têm dinamite, aviões, helicópteros e rádios. Nós só temos nossos arcos e flechas. Porém, apesar disso, eu nunca vou mudar de opinião, continuarei sempre lutando contra eles! E continuarei a fazê-lo mesmo morto, por intermédio de meus *xapiri* órfãos! Por isso eu replicava aos garimpeiros que me ameaçavam com palavras duras: "Quando vocês tiverem me matado e estiverem em estado de homicida *õnokae*, o espírito *Kamakari* vai devorar seus olhos e deixá-los cegos.[28] Seus intestinos vão se decompor e eu não morrerei sozinho! Não pensem que o seu sopro de vida é mais longo do que o dos habitantes da floresta! Só o das pedras não tem fim. Eu não tenho medo de morrer. Só me atormenta a morte de nossas crianças, que suas epidemias devoram. Mas vocês também deveriam ficar preocupados! Se matarem todos os xamãs, seus espíritos maléficos atacarão seus parentes também e vocês nada poderão fazer. Seus médicos desconhecem o poder da *yãkoana* e a ira dos *xapiri*. Trabalharão à toa e vocês vão chorar tanto quanto nós estamos chorando agora!".

Quando os primeiros garimpeiros chegaram para procurar ouro nos igarapés da floresta, eram poucos e as gentes das terras altas nada sabiam sobre eles. Viviam muito longe dos brancos e possuíam apenas algumas lâminas de faca e de machado quebradas. Sentiam falta dessas coisas dos brancos. Foi isso que as levou a receber os garimpeiros sem desconfiança. O desejo pelas mercadorias e alimentos dos forasteiros encolheu seus espíritos. Não pensaram em nada mais. Foi assim que os garimpeiros conseguiram enganá-las e matá-las quase todas antes mesmo de poderem reagir. Se tivessem sabido o que aqueles brancos iam fazer, nunca teriam deixado que se aproximassem daquele jeito! É o que penso. Aconteceu como há muito tempo, em Toototobi, na minha infância. Os homens das casas das terras altas ficaram contentes com a vinda dos recém-chegados. Por falta de conhecimento, pensaram: "Talvez esses estrangeiros não sejam maus! Sabem ser generosos!". Então começaram a trocar com eles cachos de bananas por arroz e farinha de mandioca. Depois tomaram gosto pelos alimentos dos brancos e ficaram cada vez mais preguiçosos. Os rapazes pararam de carregar flechas e depois até de fabricá-las. Então os garimpeiros começaram a alimentá-los com seus restos. Os jovens não se deram conta de que os *napë* zombavam deles e os chamavam de urubus e de cães. Todos pararam de caçar e, pouco a pouco, foram parando também de cuidar das roças. Ficaram animados com a ideia de que a comida dos brancos nunca lhes faltaria: "Esses forasteiros não são sovinas! Seu arroz e sua carne em estojo de metal são deliciosos. Vejam todos os alimentos que descem sem parar de seus aviões! Não seria bom se eles se instalassem perto de nós e continuassem a nos alimentar assim?". Seu pensamento se tornou obscuro diante da beleza das grandes redes de algodão, das panelas de metal e das espingardas novas dos brancos. Nem prestavam mais atenção nos próprios filhos e deixaram os garimpeiros pegarem suas mulheres. Seu pensamento passava o dia todo tomado só pela palavra das mercadorias. Não paravam de pedir, em língua de fantasma: "Quero uma faca, um facão, uma bermuda, sandálias, cartuchos, biscoitos, sardinhas!". Suas antigas palavras sobre a floresta e as roças encolheram em suas mentes até silenciarem. Nunca mais se ouviu eles dizerem: "Amanhã, ao nascer do sol, vamos flechar guaribas! Vamos às roças, plantar brotos de bananeira!". Pouco a pouco, viravam outros e dava dó ouvi-los. Vê-los secava o pensamento.[29] Depois, de repente, todos foram pegos pela doença da fumaça do ouro. Esfomeados e ardendo em febre, começaram a morrer um depois do outro. As mulheres novas foram ficando cada vez menos numerosas. Logo não havia mais crianças nem velhos nas casas vazias e frias. Os poucos sobreviventes estavam descarnados e cobertos de impetigo. Só então começaram a se preocupar com a chegada dos garimpeiros! Foi nesse estado que encontrei as gentes do *Hero u* quando fui buscar os cadáveres de seus grandes homens enterrados pelos garimpeiros. Sou filho dos antigos que *Omama* criou na floresta no primeiro tempo. Ver tudo o que vi nas terras altas me deixou com muita raiva mesmo. Fiquei arrasado ao ver os meus morrendo assim por causa do seu desconhecimento dos brancos, sem saber se defender. Por isso comecei a viajar para terras distantes para falar contra os garimpeiros e suas fumaças de epidemia. Se a floresta e os Yanomami não estivessem morrendo desse jeito, eu jamais teria feito todas essas viagens! Teria ficado sossegado em minha casa de *Watoriki*, junto aos meus familiares.

Os brancos talvez pensem que pararíamos de defender nossa floresta caso nos dessem montanhas de suas mercadorias. Estão enganados. Desejar suas coisas tanto quanto eles só serviria para emaranhar nosso pensamento. Perderíamos nossas próprias palavras e isso nos levaria à morte. Foi o que sempre ocorreu, desde que nossos antigos cobiçaram as suas ferramentas pela primeira vez, há muito tempo. Essa é a verdade. Recusamo-nos a deixar que destruam nossa floresta porque foi *Omama* que nos fez vir à existência. Queremos apenas continuar vivendo nela do nosso jeito, como fizeram nossos ancestrais antes de nós. Não queremos que ela morra, coberta de feridas e dejetos dos brancos. Ficamos com raiva quando eles queimam árvores, rasgam a terra e sujam os rios. Ficamos com raiva quando nossas mulheres, filhos e idosos morrem sem parar de fumaça de epidemia. Não somos inimigos dos brancos. Mas não queremos que venham trabalhar em nossa floresta porque não têm como nos compensar o valor do que aqui destroem. É o que penso.

Eu não sei fazer contas como eles. Sei apenas que a terra é mais sólida do que nossa vida e que não morre. Sei também que ela nos faz comer e viver. Não é o ouro, nem as mercadorias, que faz crescer as plantas que nos alimentam e que engordam as presas que caçamos! Por isso digo que o valor de nossa floresta é muito alto e muito pesado.[30] Todas as mercadorias dos brancos jamais serão suficientes em troca de todas as suas árvores, frutos, animais e peixes. As peles de papel de seu dinheiro nunca bastarão para compensar o valor de suas árvores queimadas, de seu solo ressequido e de suas águas emporcalhadas. Nada disso jamais poderá ressarcir o valor dos jacarés mortos e dos queixadas desaparecidos. Os rios são caros demais e nada pode pagar o valor dos animais de caça. Tudo o que cresce e se desloca na floresta ou sob as águas e também todos os *xapiri* e os humanos têm um valor importante demais para todas as mercadorias e o dinheiro dos brancos. Nada é forte o bastante para poder restituir o valor da floresta doente. Nenhuma mercadoria poderá comprar todos os Yanomami devorados pelas fumaças de epidemia. Nenhum dinheiro poderá devolver aos espíritos o valor de seus pais mortos!

É por isso que devemos nos recusar a entregar nossa floresta. Não queremos que se torne uma terra nua e árida cortada por córregos lamacentos. Seu valor é alto demais para ser comprada por quem quer que seja. *Omama* disse a nossos ancestrais para viverem nela, comendo seus frutos e seus animais, bebendo a água de seus rios. Nunca disse a eles para trocarem a floresta e os rios por mercadoria ou dinheiro! Nunca os ensinou a mendigar arroz, peixe em lata de ferro ou cartuchos! O sopro de nossa vida vale muito mais! Para saber disso, não preciso ficar com os olhos cravados em peles de imagens, como fazem os brancos. Basta-me beber *yãkoana* e sonhar escutando a voz da floresta e os cantos dos *xapiri*.

16. O ouro canibal

Xawara: *a fumaça do metal.*

Os brancos não entendem que, ao arrancar minérios da terra, eles espalham um veneno que invade o mundo e que, desse modo, ele acabará morrendo.

Davi Kopenawa
BBC Wildlife, 5 maio 1990

As coisas que os brancos extraem das profundezas da terra com tanta avidez, os minérios e o petróleo,[1] não são alimentos. São coisas maléficas e perigosas, impregnadas de tosses e febres,[2] que só *Omama* conhecia. Ele porém decidiu, no começo, escondê-las sob o chão da floresta para que não nos deixassem doentes. Quis que ninguém pudesse tirá-las da terra, para nos proteger. Por isso devem ser mantidas onde ele as deixou enterradas desde sempre. A floresta é a carne e a pele de nossa terra, que é o dorso do antigo céu *Hutukara* caído no primeiro tempo.[3] O metal que *Omama* ocultou nela é seu esqueleto, que ela envolve de frescor úmido. São essas as palavras dos nossos espíritos, que os brancos desconhecem. Eles já possuem mercadorias mais do que suficientes. Apesar disso, continuam cavando o solo sem trégua, como tatus-canastra. Não acham que, fazendo isso, serão tão contaminados quanto nós somos. Estão enganados.

Muitas vezes pensei, durante a noite, nessas coisas debaixo da terra que os brancos cobiçam tanto. Perguntava a mim mesmo: "Como teriam vindo a existir? De que são feitas?". Por fim, os *xapiri* me permitiram ver sua origem no tempo do sonho. O que os brancos chamam de "minério" são as lascas do céu, da lua, do sol e das estrelas que caíram no primeiro tempo.[4] Por isso nossos antigos sempre nomearam o metal brilhante *mareaxi* ou *xitikarixi*, que é também o nome das estrelas.[5] Esse metal debaixo da terra vem do antigo céu *Hutukara* que desabou antigamente sobre os nossos ancestrais.[6] Tornado fantasma durante o sono, eu também vi os brancos trabalhando com esses minérios. Arrancavam e raspavam grandes blocos deles, com suas máquinas, para fazer panelas e utensílios de metal. Porém, não pareciam se dar conta de que esses fragmentos de céu antigo são perigosos. Ignoravam que sai deles uma fumaça de metal densa e amarelada, uma fumaça de epidemia tão poderosa que se lança como uma arma para matar os que dela se aproximam e a respiram.

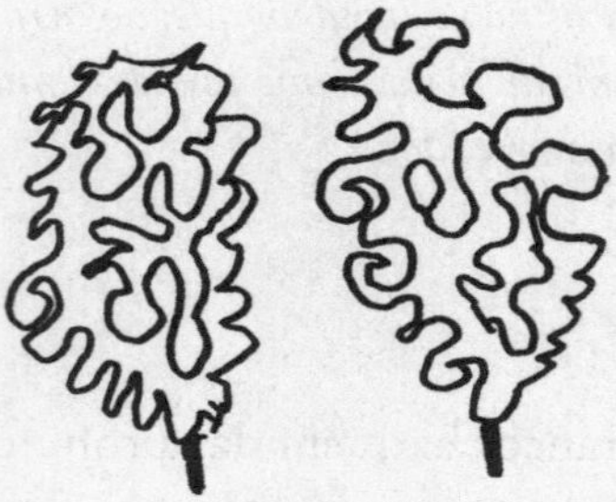

Penso que na verdade não foi *Omama* que criou esse metal.[7] Encontrou-o no solo e com ele escorou a nova terra que acabara de criar, antes de cobri-la com árvores e espalhar os animais de caça pela floresta. Ao descobri-lo, pensou que os humanos poderiam utilizá-lo para abrir suas roças com menos trabalho. Contudo, por precaução, só deixou a nossos ancestrais alguns fragmentos dele depois de torná-los inofensivos. Com eles puderam fabricar machadinhas. *Omama* ocultou sua parte mais dura e maléfica no frescor da terra, debaixo dos rios. Temia que seu irmão *Yoasi* fizesse mau uso dele. De modo que deu a nossos ancestrais o metal menos nocivo, mas também o menos resistente. Disse a eles: "Tomem esses poucos pedaços para trabalhar em suas roças e não desejem mais! Guardarei o restante, que é perigoso! Ele agora pertencerá aos espíritos!". Esse outro metal, o de *Omama*, muito pesado e ardente, é o verdadeiro metal. É o mais sólido, mas também o mais temível. Se ele não o tivesse ocultado desse modo, *Yoasi*, sempre desastrado, logo teria revelado sua existência a todos e desse modo a floresta já teria sido destruída por completo há muito tempo!

Porém, apesar da prudência de *Omama*, *Yoasi* conseguiu assim mesmo fazer chegar a notícia da existência desse metal aos ancestrais dos brancos. Por isso eles acabaram por atravessar as águas para vir à sua procura na terra do Brasil. Não é à toa que os brancos querem hoje escavar o chão de nossa floresta. Eles não sabem, mas as palavras de *Yoasi*, o criador da morte, estão neles. Assim é. Os garimpeiros são filhos e genros de *Yoasi*. Tornados seres maléficos, esses brancos só fazem seguir seus passos. São comedores de terra cheios de fumaças de epidemia. Acham-se todo-poderosos mas seu pensamento é cheio de escuridão. Eles não sabem que *Yoasi* colocou também a morte nesses minérios que tanto buscam. *Omama* os escondeu para que o choro do luto não nos atormentasse sem trégua. Ao contrário, deu-nos os *xapiri*, para podermos nos curar. Nós somos seus genros e filhos. É por isso que tememos arrancar essas coisas ruins da terra. Preferimos caçar e abrir roças na floresta, como ele nos ensinou, em vez de cavar seu solo como tatus e queixadas!

Com suas máquinas, os garimpeiros só conseguiram até agora sugar pó de ouro do fundo dos rios. Mas esses são apenas os filhos do metal. Os brancos ainda não conhecem o pai do ouro,[8] que está escondido bem mais fundo, no centro das terras altas, onde *Omama* veio à existência. Sem que o saibam, é esse verdadeiro metal de *Omama* que os garimpeiros querem atingir. Vi-os muitas vezes em sonho destruir a floresta toda à sua procura. Ficam seguindo a pista de seus destroços em todas as direções. Mas é sempre em vão, porque *Omama* o soterrou no mais fundo da terra e os *xapiri* ficam desviando a atenção deles. Assim que se aproximam, os espíritos da vertigem *mõeri* os desorientam e os espíritos tatu-canastra os envolvem numa fumaça impenetrável. *Omama* enterrou esse metal junto ao ser do caos *Xiwãripo*. Cercado por espíritos do vendaval *Yariporari*, está também sob a guarda dos espíritos guerreiros *napënapëri* dos ancestrais brancos. Se os brancos de hoje conseguirem arrancá-lo com suas bombas e grandes máquinas, do mesmo modo que abriram a estrada em nossa floresta, a terra se rasgará e todos os seus habitantes cairão no mundo de baixo.

Esse metal das profundezas é tão duro que pode cortar pedras sem se estragar. Os outros minérios, como o ouro, a cassiterita ou até o ferro, estão mais próximos da superfície do solo, por isso são mais frágeis. As lâminas de faca perdem o corte e as de machado se quebram. As panelas furam e ficam amassadas. É por isso que os brancos ficam procurando sem trégua esse metal verdadeiro, que não se deteriora. Eles ainda não estão satisfeitos com as mercadorias e máquinas fabricadas até o momento com os minérios que conseguiram arrancar do solo. Agora querem possuir objetos que não envelhecem e jamais se degradam. Porém, tudo isso vai acabar mal, pois, como eu disse, essas coisas do fundo da terra são muito perigosas. Se os brancos um dia chegassem até o metal de *Omama*, a poderosa fumaça amarelada de seu sopro se espalharia por toda parte, como um veneno tão mortal quanto o que eles chamam de bomba atômica.

Os minérios ficam guardados no frescor do solo, debaixo da terra, da floresta e de suas águas. Estão cobertos por grandes rochas duras, pedregulhos ocos, pedras brilhantes, cascalho e areia. Tudo isso contém seu calor, como uma geladeira de vacinas. Já disse: essas coisas caídas do primeiro céu são muito quentes. Se forem todas postas a descoberto, incendiarão a terra. Esfriando no solo elas só exalam um sopro invisível, que se propaga por suas profundezas como uma brisa úmida. Mas quando a floresta se aquece sob o sol, esse sopro pode se tornar perigoso. É por isso que deve permanecer preso no frio do solo, onde as pedras e a areia, como uma tampa de panela, retêm seu vapor maléfico e o impedem de se espalhar.

Não foi portanto à toa que *Omama* soterrou o ferro, o ouro, a cassiterita e o urânio,[9] deixando acima do solo só nossos alimentos. Assim guardados pelo frio dos seres da terra que chamamos *maxitari* e do ser maléfico do tempo chuvoso, *Ruëri*, os minérios não representam perigo. Mas se os brancos os arrancarem todos do solo, afugentarão o vento fresco da floresta e queimarão seus habitantes com sua fumaça de epidemia. Nem as árvores, nem os rios, nem mesmo os *xapiri* poderão conter seu calor. Então, ao ficar sem peixes para comer e sem néctar de flores para beber, o ser sol *Motʰokari*, que é também um ser onça, descerá à terra, enfurecido, para devorar os humanos como se fossem macacos moqueados. Depois, mais tarde, quando os brancos tiverem acabado de extrair todos os minérios, seu calor irá se dissipar e a terra se resfriará pouco a pouco, pois são eles que aquecem suas profundezas. A lâmina dos machados não fica mesmo ardente sob o sol? Assim é. De dia, o sol é muito forte e não deixa o frio do ceú descer à terra. De noite, é o calor que ficou no metal da terra que o empurra para as alturas. Onde o solo é muito quente, é porque no mais fundo dele há pedras e metais. Onde o solo é vazio, faz muito frio, as nuvens são baixas e quase não se vê o sol. Deve ser o caso das terras distantes de onde os ancestrais dos brancos já extraíram todo o minério.

Omama escondeu seu metal lá no meio dos morros das terras altas, onde também fez jorrar os rios. É de lá que surgem os ventos e o frescor da floresta. É de lá que vem sua fertilidade. Quando fazemos dançar a imagem desse pai dos minérios, ela se apresenta a nós como uma montanha de ferro subterrânea, cheia de imensas hastes fincadas em todos os lados. *Omama* a colocou nas profundezas do solo para manter a terra no lugar e impedir que a ira dos trovões e dos raios a faça tremer e a desloque. Cravou-a lá como nós fazemos com os postes de nossas casas, para que elas não balancem durante as tempestades. Assim, esse ferro está enfiado na terra como as raízes das árvores. Ele a mantém firme como espinhas fazem com a carne dos peixes e esqueletos com a de nosso corpo. Torna-a estável e sólida, como nosso pescoço faz nossa cabeça ficar reta. Sem essas raízes de metal, ela começaria a balançar e acabaria desabando sob nossos pés. Isso não acontece em nossa floresta, pois ela está no centro da terra, onde esse metal de *Omama* está soterrado. No entanto, entre os brancos, em seus confins, onde o solo é mais friável, acontece às vezes de ela tremer e se romper, destruindo cidades.

Se os brancos começarem a arrancar o pai do metal das profundezas do chão com seus grandes tratores, como espíritos de tatu-canastra,[10] logo só restarão pedras, cascalho e areia. Ele ficará cada vez mais frágil e acabaremos todos caindo para debaixo da terra. É o que vai ocorrer se atingirem o lugar em que mora *Xiwãripo*, o ser do caos, que, no primeiro tempo, transformou nossos ancestrais em forasteiros.[11] O solo, que não é nada grosso, vai começar a rachar. A chuva não vai mais parar de cair e as águas vão começar a transbordar de suas rachaduras. Então, muitos de nós serão lançados à escuridão do mundo subterrâneo e se afogarão nas águas de seu grande rio, *Moto uri u*. Escavando tanto, os brancos vão acabar até arrancando as raízes do céu, que também são sustentadas pelo metal de *Omama*. Então ele vai se romper novamente e seremos aniquilados, até o último. Esses pensamentos me atormentam muito. Por isso levo em mim as palavras de *Omama* para defender nossa floresta. Os brancos não pensam nessas coisas. Se o fizessem, não arrancariam da terra tudo o que podem, sem se preocupar. É para acabar com isso que quero fazer com que eles ouçam as palavras que os *xapiri* me deram no tempo do sonho.

Meu sogro é um grande xamã, como eu disse. É muito sábio. Ninguém tem mais conhecimento do que ele em *Watoriki*. Foi ele o primeiro a ver a imagem do metal de *Omama* e a fazê-la descer. Desde então, os demais xamãs de nossa casa também a fazem dançar. No meu caso, foi primeiro no sonho que vi o pai do ouro e dos outros minérios. Aconteceu quando, doente de malária, ardendo em febre e tornado fantasma, minha imagem foi levada pelo espírito da terra, *Maxitari*, até o mais profundo do mundo subterrâneo. É por essa razão que posso falar disso! A imagem do pai do ouro é gigantesca e impregnada de fumaça de epidemia. Trata-se de um ser maléfico assustador e feroz, capaz de nos cortar a garganta, de dilacerar nossos pulmões e de secar nosso sangue. Os brancos têm de saber disso e desistir de se apoderar do metal de *Omama*. Talvez seja o mais belo e o mais sólido que eles possam encontrar para fabricar suas máquinas e mercadorias, mas é perigoso demais para os humanos.

Para nossos maiores, o ouro não passava de pontinhos brilhantes na areia dos rios, como o que chamamos *mõhere*.[12] Coletavam-no para fabricar uma substância de feitiçaria com a qual cegavam as pessoas com quem estavam bravos. Antigamente, esse pó de metal[13] era muito temido. Hoje, os rapazes não sabem mais para que serve. Há muito dele no igarapé perto de nossa casa, mas ninguém ousa tocá-lo, com medo de perder a visão. Meu sogro, que é um homem dos tempos antigos, chama-o *hɨpërea*,[14] o pó que cega. Ele também faz descer a imagem do pai de seu metal, *Hipëreri*, que vem de debaixo da terra. É por isso que chamamos os fragmentos de metal brilhante que os garimpeiros tiram do leito dos rios *oru hɨpëre a*, o pó de cegueira do ouro. Quando os brancos arrancam os minérios da terra, trituram-nos com suas máquinas e depois os aquecem em suas fábricas. Ele então exala uma poeira fina, que se propaga como uma brisa invisível em suas cidades. É uma coisa de feitiçaria perigosa, que entra nos olhos e vai estragando a vista. Por isso tantas crianças dos brancos são obrigadas a prender os olhos atrás de cacos de vidro para ler seus desenhos de escrita!

As palavras da imagem de *Omama* nos ensinam a recear o ouro e os demais minérios. Trata-se de coisas maléficas desconhecidas e temíveis, que só provocam doença e morte. O ouro, quando ainda é como uma pedra, é um ser vivo. Só morre quando é derretido no fogo, quando seu sangue evapora nas grandes panelas das fábricas dos brancos. Aí, ao morrer, deixa escapar o perigoso calor de seu sopro,[15] que chamamos de *oru a wakixi*, a fumaça do ouro. Ocorre o mesmo com todos os minérios, quando são queimados. É por isso que a fumaça dos metais, do óleo dos motores, das ferramentas, das panelas e de todos os objetos que os brancos fabricam se misturam e se espalham por suas cidades. Esses vapores, quentes, densos e amarelados como gasolina, colam no cabelo e nas roupas. Entram nos olhos e invadem o peito. É um veneno que suja o corpo dos brancos das cidades, sem que o saibam. Depois, toda essa fumaça maléfica flui para longe e, quando chega até a floresta, rasga nossas gargantas e devora nossos pulmões. Queima-nos com sua febre e nos faz tossir sem trégua, e vai nos enfraquecendo, até nos matar. Antigamente, pensávamos que chegava até nós sem motivo, ao acaso. Mais tarde, porém, nossos espíritos *xapiri* viajaram até as remotas terras dos brancos. Lá viram todas as suas fábricas e nos trouxeram palavras delas.

Agora sabemos de onde provém essa fumaça maléfica. É a fumaça do metal, que também chamamos de fumaça dos minérios. São todas a mesma fumaça de epidemia *xawara*,[16] que é nossa verdadeira inimiga. *Omama* enterrou os minérios para que ficassem debaixo da terra e não pudessem nunca nos contaminar. Foi uma decisão sábia e nenhum de nós jamais teve a ideia de cavar o solo para tirá-los da escuridão! Essas coisas maléficas permaneciam bem enterradas, e nossos maiores não ficavam doentes o tempo todo, como ficamos hoje. Todavia, os brancos, tomados por seu desconhecimento, puseram-se a arrancar os minérios do solo com avidez, para cozê-los em suas fábricas. Não sabem que, fazendo isso, liberam o vapor maléfico de seu sopro. Este sobe então para todas as direções do céu, até chocar-se com seu peito. Depois volta a cair sobre os humanos, e é assim que acaba nos deixando doentes. Seu veneno é terrível. Não sabemos o que fazer para resistir a ele. É por isso que ficamos tão aflitos. Apesar de toda essa fumaça de epidemia não estar ainda tão alta acima de nossa terra, espalha-se e acumula-se sem parar. Já se alastra por toda parte nas cidades em que se encontram as fábricas dos brancos.[17] Agora, os garimpeiros estão empesteando a floresta com os gases de seus motores e os vapores do ouro e do mercúrio que eles queimam juntos.[18] Depois, antes de venderem seu ouro na cidade, guardam-no em caixas de ferro que, aquecidas pelo sol, também exalam eflúvios ruins. Depositam no solo sacos cheios de cassiterita, que também disseminam fumo de doença. Então, todas essas fumaças, levadas pelo vento, caem sobre a floresta e sobre nós. Tudo isso se mistura, para se tornar uma única epidemia *xawara*, que dissemina por toda parte febre, tosse e outras doenças desconhecidas e ferozes que devoram nossas carnes. Essa *xawara* que invade a floresta inteira vai fazer de nós tatus esfumaçados para saírem da toca! Se o pensamento dos brancos não mudar de rumo, tememos morrer todos antes de eles mesmos acabarem se envenenando com ela!

Quando essa fumaça densa e pegajosa nos atinge pela primeira vez, é muito perigosa para nossas crianças, nossas mulheres e nossos idosos. Eles têm uma carne que ainda desconhece sua força maléfica e, assim, ela consegue matá-los quase todos de uma vez. Foi o que aconteceu com meus parentes, no passado, com a epidemia de sarampo de Toototobi, aquela que por pouco não matou a mim também![19] Agora, é a malária dos garimpos, também muito agressiva, que tememos. Assim é. O sopro vital dos habitantes da floresta é frágil diante dessas fumaças de *xawara*. Leva muito tempo até que nossa carne aprenda a endurecer e a resistir a elas. Mas não é à toa. Nossos antigos jamais tinham respirado esses eflúvios de morte. Seu corpo tinha permanecido frio na floresta das terras altas. Quando essas fumaças surgiram, não tiveram forças para se defender. Todos arderam em febre e logo ficaram como fantasmas. Faleceram rapidamente, em grande número, como peixes na pesca com timbó. Foi assim que os primeiros brancos fizeram desaparecer quase todos os nossos antigos.

Antigamente, nossos avós também detinham coisas de feitiçaria, como folhas *oko xi*, *hayakoari* e *parapara hi*, que usavam para enviar fumaças de epidemia famintas de carne humana sobre seus inimigos.[20] Essas plantas eram temidas e poderiam ter dizimado também os brancos se tivessem queimado no meio de suas cidades! Nossos maiores partiam com essas plantas em expedições secretas de feiticeiros *oka* e as jogavam no fogo perto das casas que queriam contaminar. Assim que a fumaça caía sobre seus habitantes, eles não demoravam a morrer, um atrás do outro. Essas fumaças de *xawara* eram mesmo muito temíveis! A da planta *oko xi*, que pertencia às mulheres velhas, por exemplo, atingia primeiro os homens mais vigorosos, antes de liquidar em seguida as moças mais belas. Só escapavam dela alguns velhos e adultos descarnados. Foi o que ouvi contar quando era criança. Os maiores não nos deixaram essas plantas de feitiçaria. Elas se perderam. Não sabemos mais usá-las. Se assim não fosse, eu diria: "É verdade, possuímos plantas ruins que um dia servirão para nos vingar daqueles que nos mataram!". Mas não temos mais nada disso. Apenas ouvimos falar quando éramos novos. Em compensação, o que conhecemos bem, desde a infância, são as fumaças de epidemia dos brancos que devoraram todos os nossos parentes!

Outrora, antes da chegada da estrada e dos garimpeiros, foram os brancos dos rios[21] que primeiro fizeram queimar epidemias *xawara* contra nossos antigos. Por raiva, faziam explodir nos ares ou esquentavam em caixas de metal coisas desconhecidas que logo propagavam uma fumaça de morte. Agora, porém, não é mais assim. Os brancos espalham suas fumaças de epidemia por toda a floresta à toa, sem se dar conta de nada, só arrancando o ouro e os outros minérios da terra. Os vapores que saem desses metais são tão fortes e perigosos que até a fumaça da cremação dos ossos de suas vítimas é envenenada. Assim, as poucas pessoas que sobrevivem a uma epidemia também morrem logo depois de respirar essa fumaça. Mas não somos só nós que sofremos dessa doença do minério. Os brancos também são contaminados e no fim ela os come tanto quanto a nós, pois a epidemia *xawara*, em sua hostilidade, não tem nenhuma preferência! Embora pensem morrer de uma doença comum, não é o caso. São atingidos, como nós, pela fumaça dos minérios e do petróleo escondidos por *Omama* debaixo da terra e das águas. Fazem-na jorrar por toda parte, ao extrair e manipular essas coisas ruins. Chamam isso de poluição. Mas para nós é sempre fumaça de epidemia *xawara*.[22] Apesar de sofrerem também, eles não querem desistir. Seu pensamento está todo fechado. Só se importam em cozinhar o metal e o petróleo para fabricar suas mercadorias. Por isso a *xawara* consegue guerrear sem trégua contra humanos. São esses os dizeres de nossos antigos que, como meu sogro, são grandes xamãs. São as palavras dos *xapiri* que eles nos transmitem. São elas que eu gostaria que os brancos ouvissem.

Hoje, esse mal cresce e se alastra por toda parte, e não paramos de morrer por sua causa. Em todos os lugares onde vivem brancos, a fumaça dos minérios aumenta. Antigamente, eles ficavam bem longe de nós, em suas cidades. Mas hoje se aproximaram e vamos ficando cada vez menos numerosos, pois suas fumaças de epidemia estão sempre nos rodeando. Nossos *xapiri* tentam incansavelmente atacá-las e empurrá-las para longe da floresta, mas elas não param de voltar. Para nós, xamãs, é um grande tormento não conseguir repeli-las. Se elas nos matarem todos, ninguém poderá compensar o valor de tantas mortes. Nossos mortos são já muito mais numerosos no dorso do céu do que nós, vivos, na floresta. Nem o dinheiro nem as mercadorias dos brancos os farão descer de novo entre nós! E a floresta devastada tampouco poderá jamais ser curada, ficará ferida e doente para sempre.

O que chamamos de *xawara* são o sarampo, a gripe, a malária, a tuberculose e todas as doenças de brancos que nos matam para devorar nossa carne. Gente comum só conhece delas os eflúvios que as propagam. Porém nós, xamãs, vemos também nelas a imagem dos espíritos da epidemia, que chamamos de *xawarari*. Esses seres maléficos se parecem com os brancos, com roupas, óculos e chapéus, mas estão envoltos numa fumaça densa e têm presas afiadas. Entre eles estão os seres da tosse, *t^hokori*, que rasgam as gargantas e os peitos,[23] ou os seres da disenteria, *xuukari*, que devoram as entranhas,[24] e também os seres do enjoo, *tuhrenari*, os da magreza, *waitarori*, e os da fraqueza, *hayakorari*. Eles não comem caça nem peixe. Só têm fome de gordura humana e sede de nosso sangue, que bebem até secar. Para conseguirem chegar até nós, sabem escutar de longe a algazarra que sobe de nossas aldeias. Então se acercam de nossas casas durante a noite e penduram suas redes ao nosso lado sem que possamos vê-los. Aí, antes de começar a nos matar, fazem-nos beber um líquido gordurento que nos deixa fracos e doentes.

Em seguida, buscam entre os nossos filhos os mais bonitos e mais gordinhos. Capturam-nos e os prendem em grandes sacos, para levá-los para casa. Às vezes cortam logo a garganta de alguns, enfiam-nos em espetos de ferro e os assam para comer ali mesmo. Então, se nossos *xapiri* não reagirem imediatamente para livrá-los, morrem. Depois disso, os *xawarari* atacam os idosos e as mulheres cujo sopro de vida é mais fraco. Começam por degolar um grupo inteiro com seus facões, depois descansam um pouco antes de voltar em busca de novas presas. Vão assim juntando aos poucos grandes quantidades de cadáveres, para moqueá-los como se fossem caça. Só param a matança quando consideram que juntaram carne humana suficiente para satisfazer sua voracidade.

Esses seres maléficos da epidemia são mesmo ferozes e gulosos! Assim que se apoderam das imagens de suas vítimas, decapitam-nas e despedaçam--nas. Devoram em seguida seus corações e engolem seu sopro de vida. Deixam suas vísceras para os cães de caça que trazem consigo.[25] Chupam a medula de seus ossos e os jogam para esses animais esfomeados, que os roem com estalos ruidosos. É por isso que a epidemia *xawara* nos faz sentir tanta dor na barriga, nos braços e nas pernas! Depois, os *xawarari* cozinham os corpos destrinchados de suas presas como um amontoado de macacos-aranha em grandes bacias de metal,[26] borrifando-os com óleo escaldante. É isso que nos faz arder de febre! Uma vez cozidas, guardam essas carnes em grandes caixas de ferro para comer mais tarde. Preparam assim latas de carne humana em grandes quantidades, como os brancos fazem com seus peixes e seus bois. Mais tarde, quando seus víveres começam a acabar, mandam de novo seus empregados[27] caçar as imagens de mais vítimas entre nós. Gritam: "Vão buscar crianças humanas bem gordas para mim! Estou faminto! Comeria uma perna com prazer!". Então, uma vez saciados, nos deixam em paz por algum tempo. Eles não têm pressa. Quando voltam a sentir fome, retornam, mais e mais, para devorar nossos filhos, nossas mulheres e nossos idosos, pois nos consideram sua caça. É desse modo que a epidemia *xawara* vai nos dizimando aos poucos.

Esses seres *xawarari* moram em casas repletas de mercadorias e comida, como os acampamentos de garimpeiros. É lá que cozinham as carnes dos habitantes da floresta. Restos de seus banquetes canibais ficam pendurados por todos os cantos da casa, pois eles guardam os crânios e parte dos ossos dos humanos que devoram, como nós fazemos com a caça que comemos.[28] Suas redes, aliás, são feitas de pele humana. Para fabricá-las, esfolam o corpo inteiro de suas vítimas antes de pô-las para assar. As cordas dessas redes são confeccionadas com a pele dos dedos das mãos e dos pés dos cadáveres, costurada com máquinas. São mesmo seres maléficos! Na juventude, eu ficava apavorado quando minha imagem acompanhava os xamãs mais velhos até as casas desses comedores de homens. Até hoje me lembro do medo que sentia!

A epidemia *xawara* prospera onde os brancos fabricam seus objetos e onde os armazenam. Sua fumaça surge deles e das fábricas em que cozem os minérios de que são feitos. É por isso que a doença e a morte golpeiam os habitantes da floresta assim que estes começam a desejar as mercadorias. O fato de acumular com sofreguidão roupas, panelas, facões, espelhos e redes atrai o olhar dos seres da epidemia, que então pensam: "Essa gente gosta de nossas mercadorias? Ficaram nossos amigos? Vamos lhes fazer uma visita!". Chegam logo seguindo os brancos em suas canoas, aviões e carros, sem que se possa vê-los. Os grandes rios, as estradas e as pistas de pouso são seus caminhos e portas de entrada na floresta.[29] É acompanhando os objetos dos brancos que acabam vindo se instalar em nossas casas, como convidados invisíveis. De modo que, para nós, as mercadorias têm valor de epidemia *xawara*.[30] É por isso que as doenças sempre as seguem. É com peças de metal[31] que esses males nos dilaceram a garganta ou nos furam os olhos e o crânio. Acontece sempre do mesmo modo. Os seres maléficos *xawarari* não tiram os olhos das mercadorias, para onde quer que elas vão, mesmo muito longe das cidades. Quando um avião carregado voa para nossa floresta, eles seguem atentamente o seu trajeto. Depois, nem bem ele aterrissa, começam a buscar humanos para devorar nos arredores. Contudo, suas vítimas não podem vê-los chegar. Só os *xapiri* conseguem.

Quando morremos sob efeito da *yãkoana*, nossos *xapiri* se deslocam para as alturas, no peito do céu. Seu olhar então contempla a floresta como de um avião. Assim, localizam a fumaça de epidemia logo que ela aumenta e vem em nossa direção. Então os espíritos *napënapëri*, imagens dos ancestrais dos brancos, nos alertam: "A epidemia *xawara* está vindo e sua fumaça se avermelha! Está pondo o céu em estado de fantasma e devora todos os humanos ao longo de seu caminho! Devemos rechaçá-la para longe!". Esses *xapiri* são também os primeiros a atacá-la, golpeando-a com suas imensas barras de ferro. Só eles conhecem bem a fumaça do metal e são capazes de lhe arrancar as vítimas. Os *napënapëri* se parecem com os brancos que nos ajudam na defesa da floresta contra os garimpeiros. Levam com eles muitos outros *xapiri* no combate contra os seres *xawarari* da epidemia. Os espíritos os espicaçam com suas flechas venenosas, enquanto os espíritos jacaré os golpeiam com seus pesados facões. Os espíritos das abelhas bravas *xaki* e *pari* os retalham e os das cobras *waroma* os perfuram. Os espíritos guerreiros *Õeõeri* e *Aiamori* acorrem em grande número para crivá-los de flechas. Os espíritos tamanduá e tatu-canastra os estraçalham com suas facas afiadas.[32] Os espíritos urubu os despedaçam. As imagens dos seres maléficos da sucuri e do dono do algodão *Xinarumari* os agarram, para sufocá-los e esfolá-los. Os espíritos das grandes árvores *aro kohi* e *masihanari kohi* os esmagam com a ajuda do espírito pedra *Maamari*. Depois, os espíritos do zangão *remoremo moxi*,[33] do besouro *hõra* e do vendaval *Yariporari* também prendem as cabeleiras de suas fumaças no avião de *Omama*, para arrastá-las para as lonjuras de onde vieram.

Todos os *xapiri* mais valentes descem para lutar contra a epidemia *xawara* e se juntam numa tropa incontável para enfrentá-la. Encaram-na com muita coragem e contra-atacam sem descanso, como verdadeiros soldados, sem nunca recuar. Se tivessem medo, ela não pararia mais de nos devorar, até o último! Porém, ao final, quando ela se torna por demais perigosa, para livrar os seus da morte, os xamãs chegam a fazer dançar a própria imagem dela, que chamam de *Xawarari*. Essa imagem é mesmo a da epidemia *xawara*, mas, tornada espírito *xapiri*, luta valentemente contra ela, juntando-se, assim, aos espíritos *napënapëri* dos antigos brancos em seu combate contra a fumaça do metal.[34] Era desse modo que os grandes xamãs de nossos antigos às vezes conseguiam fazer recuar esse mal perigoso e curar suas vítimas. Então, seus espíritos abelha *repoma* podiam abrir a terra e jogar os cadáveres dos seres da epidemia no mundo subterrâneo, onde se espatifavam e alimentavam os vorazes ancestrais *aõpatari*.

Contudo, o mais frequente é a epidemia *xawara* mostrar-se mais resistente à investida dos xamãs do que os espíritos maléficos da floresta. Quando isso acontece, os esforços dos *xapiri* para destruí-la são inúteis. Por mais que a enfrentem com todas as suas forças, ela não parece ser afetada por seus golpes. Bem no alto do céu, torna-se por demais agressiva e poderosa. Não tem mais medo de nada. As mãos dos espíritos não conseguem agarrá-la e suas armas não são capazes de atingi-la. Por mais que a façam recuar com suas investidas, ela sempre volta ao ataque, cada vez mais forte e resistente. Nem mesmo os seres da chuva *maari* conseguem expulsá-la do céu. A *xawara* é muito difícil de combater, porque é rastro de outras gentes. Ela não vem da nossa floresta. Seus seres maléficos *xawarari* são mais numerosos do que os garimpeiros, até mais do que todos os brancos! É difícil juntar tantos *xapiri* para combatê-los! É por isso que os xamãs os temem e, muitas vezes, não têm coragem de enfrentá-los. Já a epidemia *xawara* não hesita em se voltar contra os espíritos dos xamãs e capturá-los. Destrói suas casas e os prende em caixas de metal ardente. Aí, se outros *xapiri* intrépidos não vierem libertá-los, seu sopro de vida seca e eles falecem. Então, os seres da epidemia moqueiam seus cadáveres antes de devorá-los, como fazem com os humanos. Se isso acontece, seus pais, os xamãs, morrem muito depressa. Os *xapiri*, em compensação, sempre acabam voltando à vida. Eles são imortais.[35] Onde os seres da epidemia vomitam seus ossos, eles eclodem de novo com seus espelhos e voltam a ganhar corpo em seguida.

Hoje, os seres maléficos *xawarari* não param de aumentar. Por isso, a fumaça de epidemia está tão alto no peito do céu. Mas as orelhas dos brancos não escutam as palavras dos espíritos! Eles só prestam atenção no seu próprio discurso e nunca se dão conta de que é a mesma fumaça de epidemia que envenena e devora suas próprias crianças. Seus grandes homens continuam mandando os genros e os filhos arrancarem da escuridão da terra as coisas maléficas que alastram as doenças de que sofremos todos. Assim, o sopro da fumaça dos minérios queimados se espalha por toda parte. O que os brancos chamam de o mundo inteiro[36] fica corrompido pelas fábricas que produzem todas as suas mercadorias, suas máquinas e seus motores. Por mais vastos que sejam a terra e o céu, suas fumaças acabam por se dispersar em todas as direções e todos são atingidos por elas: os humanos, os animais, a floresta. É verdade. Até as árvores ficam doentes. Tornadas fantasmas, perdem as folhas, ficam ressecadas e se quebram sozinhas. Os peixes também morrem pela mesma causa, na água suja dos rios. Com a fumaça dos minérios, do petróleo, das bombas e das coisas atômicas, os brancos vão fazer adoecer a terra e o céu. Então, os ventos e tempestades acabarão entrando também em estado de fantasma. No final, inclusive os *xapiri* e a imagem de *Omama* serão atingidos!

É por isso que nós, xamãs, estamos tão atormentados. Quando a epidemia *xawara* nos ataca ela cozinha nossa imagem em gasolina e petróleo, dentro de suas panelas de ferro. Isso nos faz virar outros e sonhar o tempo todo. Então vemos as imagens de todos os brancos que estão em busca do metal que tanto cobiçam. Vemos as fumaças das inúmeras tropas de seres maléficos *xawarari* que os acompanham por toda parte, e os enfrentamos com firmeza com nossos *xapiri*. Somos habitantes da floresta e não queremos que os nossos morram. Os brancos por acaso pensam que *Teosi* conseguirá fazer a fumaça de suas fábricas desaparecer do céu? Estão equivocados. Levada pelo vento bem alto, até o seu peito, já está começando a sujá-lo e queimá-lo. É verdade, o céu não é tão baixo quanto parece a nossos olhos de fantasma e fica tão doente quanto nós! Se tudo isso continuar, sua imagem vai ser esburacada pelo calor das fumaças de minério. Então derreterá aos poucos, como um saco de plástico jogado na fogueira, e os trovões enfurecidos não pararão mais de vociferar. Isso ainda não está acontecendo porque seus espíritos *hutukarari* não param de jogar água nele para resfriá-lo. Mas essa doença do céu é o que nós, xamãs, mais tememos. Os *xapiri* e todos os outros habitantes da floresta também estão muito aflitos, pois, se o céu acabar pegando fogo, desabará mais uma vez. Então, seremos todos queimados e, como nossos ancestrais do primeiro tempo, arremessados no mundo debaixo da terra.

São essas as palavras de nossos grandes homens, que se tornaram xamãs muito antes de nós. Foi o que eles viram em sonho e é o que relatam os cantos de seus *xapiri*. Nós, xamãs, como eu disse, sonhamos com tudo aquilo que queremos conhecer. Quando bebemos o pó de *yãkoana*, primeiro vemos o pai do ouro e dos minérios no fundo da terra, envolto pelas volutas pegajosas de suas fumaças de epidemia. À noite, tornados fantasma durante o sono, ainda sonhamos muito tempo com isso, através de nossos *xapiri*. Foi assim que, tornando-me espírito com meu sogro e os outros velhos xamãs de nossa casa, aprendi a conhecer a epidemia do ouro, que nomeamos *oru xawara*. Esses grandes homens me ensinaram a pensar longe e foi com eles que a imagem de *Omama* me permitiu ver todas essas coisas. Se eu tivesse ficado só trabalhando para os brancos, se meu sogro não tivesse me chamado para perto dele, meu pensamento teria ficado curto demais. É por isso que agora quero que os brancos, por sua vez, ouçam estas palavras. Trata-se de coisas das quais nós, xamãs, falamos entre nós muitas vezes. Não queremos que extraiam os minérios que *Omama* escondeu debaixo da terra porque não queremos que as fumaças de epidemia *xawara* se alastrem em nossa floresta. Assim, meu sogro costuma me dizer: "Você deve contar isso aos brancos! Eles têm de saber que por causa da fumaça maléfica dessas coisas que eles tiram da terra estamos morrendo todos, um atrás do outro!". É o que agora estou tentando explicar aos brancos que se dispuserem a me escutar. Com isso, talvez fiquem mais sensatos? Porém, se continuarem seguindo esse mesmo caminho, é verdade, acabaremos todos morrendo. Isso já aconteceu com muitos outros habitantes da floresta nesta terra do Brasil, mas desta vez creio que nem mesmo os brancos vão sobreviver.

A QUEDA DO CÉU

17. Falar aos brancos

"O povo de vocês gostaria de receber informações sobre como cultivar a terra?"

"Não. O que eu desejo obter é a demarcação de nosso território."

Diálogo entre o general R. Bayma Denys
e Davi Kopenawa, durante audiência com
o presidente José Sarney, 19 abr. 1989

Pouco antes da alvorada ou no início da noite, nossos grandes homens, que chamamos *pata tʰë pë*,[1] costumam dirigir-se à gente de suas casas em longos discursos. Incentivam-nos a caçar e a trabalhar em suas roças. Evocam o primeiro tempo dos ancestrais tornados animais e se expressam com sabedoria. Damos a esse modo de falar o nome de *hereamuu*.[2] Só os homens de mais idade falam assim. Eu, ao contrário, tive de aprender a discursar diante dos brancos quando era muito jovem. É verdade! Eu já me dirigia com firmeza a eles, enquanto ainda nem ousava falar ao modo dos *pata tʰë pë* em minha própria casa! Minha boca tinha vergonha, pois se eu tivesse me arriscado a exortar os meus, eles teriam zombado de mim com dureza. Teriam declarado, irritados, que um homem jovem não pode mandar[3] nos mais velhos e ninguém teria levado adiante minhas palavras. Teria mesmo dado pena de ver! Por isso, eu não dizia nada, com medo de caçoarem de mim. Apenas me esforçava para me tornar tão sabido quanto meus pais e sogros, e achava que ainda estava longe disso. Dizia a mim mesmo, em silêncio, que, se eu quisesse chegar lá, meu pensamento tinha de permanecer concentrado nos *xapiri* que os nossos grandes xamãs tinham me dado.

Quando se é jovem, ainda não se sabe nada. O pensamento é cheio de olvido. É só muito mais tarde, uma vez adulto, que se pode tomar dentro de si as palavras dos antigos. Isso vai sendo feito aos poucos. As crianças dos brancos têm de aprender a desenhar suas palavras torcendo os dedos desajeitados por muito tempo e com os olhos sempre cravados em peles de imagens. Entre nós, os rapazes que querem conhecer os *xapiri* têm de vencer o medo e deixar que os mais velhos soprem o pó de *yãkoana* em suas narinas. É doloroso, e também demora muito. Depois, eles têm de continuar trabalhando por conta própria, esforçando-se para ligar seus pensamentos um ao outro, o mais longe que puderem. É por isso que, na época em que eu era um jovem xamã, eu estudava com aplicação as coisas que o poder da *yãkoana* me permitia ver. Porém, quando eu queria dar minhas palavras à gente de minha casa, eu não me arriscava a entoar discursos *hereamuu*! Eu me contentava em transmiti-las nos diálogos cantados *wayamuu* da primeira noite de nossas festas *reahu*. É o que deve fazer quem não é ainda um homem mais velho.

Acontece assim. Os jovens — moradores e convidados — começam a cantar respondendo uns aos outros, aos pares, de pé um diante do outro, na praça central da casa. Quando terminam, vão sendo substituídos aos poucos pelos homens mais experientes, que vão se sucedendo sem descanso até o meio da noite. É isso que chamamos de *wayamuu*. As palavras desses diálogos se alongam muito. São como as notícias de rádio dos brancos. Nelas relatamos o que ouvimos em visita a outras casas. É assim que, às vezes, alertamos nossos convidados de que pessoas de longe têm raiva deles e querem desafiá-los com a borduna ou até flechá-los. Nesses diálogos falamos também dos males que afligem os nossos. Evocamos os que foram mordidos por cobra, os que tiveram seu duplo animal *rixi* ferido por caçadores inimigos, aqueles cujos ossos foram quebrados por feiticeiros *oka* e os que foram devorados pela epidemia *xawara*. Depois, no meio da noite, quando findam as palavras do *wayamuu*, os homens mais velhos, anfitriões e visitantes, se agacham cara a cara, muito perto um do outro. Dão então início a um outro diálogo cantado — dizemos fazer *yãɨmuu*.[4] As palavras de *yãɨmuu* são próximas e mais inteligentes. Penetram mais fundo dentro de nós. Enquanto faz *wayamuu*, a pessoa ainda não dá a conhecer o que realmente quer dizer. Ainda fala com uma língua de fantasma. Quando os grandes homens querem mesmo conversar e pôr fim às brigas que os opõem, usam o *yãɨmuu*. Se um visitante contar, irritado, as palavras ruins sobre os seus que boatos atribuem a seus anfitriões, será alertado: "Esqueça essas palavras tortas! Continuemos amigos! Minhas reais palavras são belas! Não dê ouvidos àquelas que essa gente de longe tornou outras! São mentirosos!". Então o visitante se acalma e responde: "*Haixopë!* Bem! Eis aí uma fala direita mesmo! Não quero mais escutar essas palavras feias, que nos fariam dar bordunadas na cabeça ou flechadas uns nos outros! Sejamos amigos!". Quando fazem *yãɨmuu*, os grandes homens da casa também avisam seus convidados de que irão chamá-los para enterrar as cinzas dos ossos de seus mortos. Quando é assim, dizem: "Queremos terminar esta cuia *pora axi* diante de seus olhos! Vamos pô-la em esquecimento juntos! É isso que queremos!". Se não falarmos às claras fazendo *yãɨmuu*, as pessoas podem ficar com raiva, alegando que foram mantidas na ignorância. É também durante o *yãimuu* que se pedem mercadorias numa festa — panelas ou redes, machados, facões e facas, anzóis ou fósforos. É por intermédio do *yãimuu,* ainda, que um rapaz faz o seu pedido por uma esposa e propõe trabalhar para o futuro sogro. Este então responderá: "Venha se instalar ao meu lado e fique com minha filha! Mas não a deseje sem devolver o que vale! Quando você vier morar junto comigo, terá de saciar minha fome de caça e trabalhar na minha roça! Aí sim eu vou lhe dar uma mulher!".

Foi *Titiri*, o espírito da noite, que no primeiro tempo ensinou o uso do *wayamuu* e do *yãimuu.*[5] Fez isso para que pudéssemos fazer entender uns aos outros nossos pensamentos, evitando assim que brigássemos sem medida. Porém, antes disso, *Titiri*, furioso, devorou *Xõemari*, o ser da alvorada, para que ele parasse de voltar sem parar desde a jusante do céu, caminhando à frente de sua trilha de luz.[6] Desde então, o fantasma de *Xõemari* só pode interromper a escuridão uma única vez, no raiar do dia. Então, *Titiri* disse a nossos ancestrais: "Que essa fala da noite fique no fundo de seu pensamento! Graças a ela, vocês serão realmente ouvidos por aqueles que vierem visitá-los". É por isso que continuamos a discursar desse modo em nossas festas *reahu*, do anoitecer até o amanhecer, primeiro fazendo o *wayamuu* e depois o *yãimuu*. Assim, as palavras desses diálogos não pararam de crescer em nós até hoje. *Titiri* as fez se multiplicarem, para que pudéssemos conversar entre as casas e pensar direito. São o âmago de nossa fala. Quando dizemos as coisas só com a boca, durante o dia, não nos entendemos de fato.[7] Escutamos o som das palavras que nos são dirigidas, mas as esquecemos com facilidade. Durante a noite, ao contrário, as palavras ditas em *wayamuu* ou em *yãimuu* vão se acumulando e penetram no fundo de nosso pensamento. Revelam-se com toda a clareza e podem ser efetivamente ouvidas. É por essa razão que, no começo, eu preferia dialogar assim na escuridão, para falar aos nossos grandes homens de coisas de muito longe que eles ainda não conheciam. Desse modo, minha iniciativa não os deixava contrariados. Mesmo quando eu lhes dizia: "Não desejem os alimentos dos brancos! Não são bons para nós! É comida velha, que eles deixam mofando, escondida em suas casas! A riqueza da floresta está aí para nos alimentar! Basta-nos caçar e abrir grandes roças! É daí que vem a comida de verdade!", eles respondiam, sem animosidade: "*Awei!* Você, que defende nossa floresta, quando nos dá assim suas palavras, nos alerta contra as coisas ruins dos brancos. Faz bem de nos manter atentos!".

* * *

Era assim, naquela época. Os meus já sabiam que eu fazia ouvir minhas palavras sobre nossa terra entre os brancos, muito longe de nossa floresta. No entanto, em nossa casa, em *Watoriki*, me diziam: "Mais tarde, quando tiver ficado mais velho, você poderá, se quiser, aconselhar-nos com suas palavras de *hereamuu*. Por enquanto, contente-se em nos fazer ouvi-las durante os diálogos *wayamuu* e *yãimuu*. É bom assim!". Entre nós, acontece desse modo. É depois de ganhar idade e adquirir sabedoria que um homem pode começar a arengar os habitantes de sua casa. No começo, tenta lançar de vez em quando conselhos a respeito da caça ou do trabalho das roças. Se ligar bem suas palavras e os jovens seguirem suas falas, continua tentando. Porém, se ninguém reagir ou alguém o recriminar, para imediatamente e sente vergonha. Diz a si mesmo: "As pessoas recebem minhas palavras com hostilidade. Preferem escutar os discursos dos mais velhos! Devo ter paciência e imitar seus modos!". Depois, com o passar do tempo, se os seus acabarem por levar em consideração suas exortações, sua boca vai aos poucos perdendo o medo. Então ele poderá falar com sabedoria, nas pegadas daqueles que o precederam nessas falas de grande homem. Terá começado a fazer discursos de *hereamuu* ainda jovem adulto e irá continuar até a velhice.

Foi esse o caminho que procurei seguir. Hoje, às vezes tento falar em *hereamuu*.[8] Se as pessoas de minha casa começam a prestar atenção no que digo, continuo. Senão, volto a emudecer e fico quieto na minha rede. Até agora, não falei desse modo muitas vezes. Sempre receio que os homens mais velhos, exasperados, me façam calar: "Você faz esses discursos achando que virou um grande homem, ao que parece! Não é o caso mesmo! Suas palavras nos irritam. Você é jovem demais, trate portanto de trabalhar em silêncio para alimentar sua família em lugar de exortar os outros!". Todavia, meu sogro nunca se mostrou hostil às minhas falas, muito pelo contrário. Isso me dá força. Ele me diz, às vezes: "É bom que você fale assim, porque estou ficando velho. Quando eu não estiver mais aqui, você irá continuar em meu lugar!". Aí, eu respondo: "Sogro, se um dia o senhor se for e a epidemia *xawara* me deixar vivo, então sim, ficarei para falar seguindo seus passos! Faça descer em mim seu espírito gavião *Kãomari*[9] para minha fala ficar tão ágil e firme quanto a sua! Depois, será a minha vez de morrer, pois hoje os brancos não nos deixam mais viver muito tempo!".

Mais tarde, eu com certeza terei vários genros. Quando for a hora, vou mandá-los trabalhar na minha roça e caçar para mim. Então poderei falar em *hereamuu* de verdade, como os homens mais velhos que me precederam. Direi aos maridos de minhas filhas: "Eu vou ficar em casa. Vocês vão derrubar as árvores grandes de minha roça! Vão flechar caça e coletar frutos de palmeira *hoko si* para mim!". Mas não quero ter de lhes dar ordens o tempo todo. Quando são espertos, os genros trabalham por conta própria, sem o sogro precisar falar demais. Eu só lhes darei instruções se não souberem o que fazer. Direi: "Abram uma nova roça e plantem banana, mandioca e cana-de-açúcar, para não passarmos fome. Não quero passar a vergonha de ter de pedir minha comida aos outros!". E quando eu tiver ficado mais velho ainda, será a minha vez de contar aos mais jovens o que conheci desde a infância. Falarei de todos os brancos que encontrei e de tudo o que vi em minhas viagens a lugares distantes. Desse modo, terão mais conhecimento das coisas.

Se eu me contentar em lhes falar com a boca, sem fazer discursos como os dos grandes homens, não vai dar certo. Eles vão ouvir o som de minha voz, mas continuarão procurando seus pensamentos, a se perguntar: "O que vai acontecer conosco? Será que outros brancos mais vão entrar na floresta para tomar nossa terra?". Se eu não os fizer ouvir minha voz em *hereamuu*, minhas palavras não vão entrar em seu pensamento. Eles não vão compreender mesmo as coisas. De modo que, se eu quiser que se ponham a pensar direito, preciso falar com eles desse modo muitas vezes. É por isso que estou começando a fazê-lo agora, dizendo-lhes: "As terras desmatadas que se estendem ao redor de nossa floresta são as de outra gente! Não tentem ir viver lá! Vocês serão maltratados e só conseguirão trazer de volta doenças que devorarão todos os seus familiares! Também não fiquem vagando o tempo todo pelas casas de nossos aliados. Suas visitas vão acabar cansando. Os parentes que os receberem vão ficar com ciúmes de suas esposas e com suspeitas em relação às filhas. Ficarão furiosos com vocês. Vocês vão brigar e eles vão querer bater em vocês! Melhor ficarem tranquilos, trabalhando junto aos seus!".[10] Explico-lhes também que é preciso agora pôr um fim à hostilidade entre nossas casas, e que devemos parar de nos maltratar uns aos outros, com bordunadas na cabeça ou nos flechando por vingança. Bem sei que alguns deles devem pensar que meus dizeres se devem à covardia, mas não é verdade. O que eu quero é que mostremos nossa valentia sobretudo nos defendendo contra os que querem devastar nossa terra. São eles nossos verdadeiros inimigos! Nós, habitantes da floresta, somos a mesma gente, devemos ser amigos! Esse é o começo de minhas falas aos rapazes. Mais tarde, quando for minha vez de me tornar um grande homem, serão mais extensas e mais sábias.

Para ser capaz de proferir discursos em *hereamuu* com firmeza, é preciso conseguir a imagem do gavião *kãokãoma*, que tem uma voz potente. Chamamo-la *Kãomari*. É ela que dá vigor às palavras de nossas exortações. Desce em nós por conta própria, não é preciso ser xamã. Então deixamos que se instale em nosso peito, onde permanece invisível.[11] Ela indica à nossa garganta como falar bem. Faz surgir nela as palavras, umas depois das outras, sem que se misturem ou percam sua força. Permite-nos estender em todas as direções as palavras de um pensamento ágil. Com ela, nossa língua fica firme, não falha e não fica ressecada. Os que não acolhem essa imagem no peito, ao contrário, fazem discursos desajeitados, com falas encolhidas. Seus dizeres são hesitantes e sua voz treme. Exprimem-se como fantasmas e dão pena de ouvir! Os grandes homens, que têm no peito a imagem do gavião *kãokãoma*, ao contrário, sabem proferir exortações longas e potentes. Eles são hábeis em convencer os rapazes a seguir suas palavras. Nunca os chamam de preguiçosos, para não os deixar irados e reticentes. Dizem-lhes, ao contrário: "Estamos todos com fome de carne. Vão flechar caça! Sigam as pegadas de uma anta e todos ficaremos de barriga cheia!", ou então: "Abram grandes roças, vai haver fartura de comida! Seus filhos não vão ficar gemendo, pedindo de comer! Vocês não terão de passar a vergonha de mandar suas mulheres à roça dos outros![12] Poderemos chamar muitos convidados para nossas festas!". Com a mesma habilidade encaminham as mulheres à pesca com timbó, quando os rios estão baixos, e recomendam aos homens que armazenem cachos de bananas verdes, para que amadureçam em suas casas, e os encarregam de preparar as carnes moqueadas e os beijus para as festas *reahu*. Assim é. Os grandes homens arengam as pessoas de suas casas durante a noite e elas, mesmo que permaneçam em silêncio e pareçam estar dormindo, escutam com atenção. Ao nascer do dia, seu espírito desperta e dizem a si mesmas: "*Haixopë!* Aquelas eram boas palavras! Vamos responder seguindo os seus conselhos!".

No entanto, é muito comum os homens mais velhos apenas discorrerem com sabedoria, sem dar nenhuma instrução. Nesse caso falam somente para que seus ouvintes possam ganhar conhecimento. Assim, quando um grande homem acorda, antes do amanhecer, na hora do orvalho, pode enumerar em *hereamuu* as antigas florestas onde seus pais e avós viveram, descendo aos poucos das terras altas.[13] Evoca o lugar onde nasceu e aqueles onde cresceu. Relembra a casa onde começou a caçar lagartos e passarinhos com flechinhas, aquela em que chegou à puberdade e sua garganta imitou o mutum[14] e aquela em que tomou esposa. Relata o que observou da vida dos antigos em sua juventude: suas viagens de uma casa à outra, as festas *reahu* às quais se convidavam, as incursões guerreiras que faziam para se vingar. Explica como eram aqueles tempos distantes, quando as mercadorias dos brancos ainda eram uma raridade. E se estiver um pouco insatisfeito com a preguiça de seus genros, aproveita para acrescentar: "Quando eu era jovem, as coisas não eram como hoje. Eu caçava sem descanso para fartar meus sogros de carne de caça! Flechava muitas antas, queixadas e macacos-aranha! Todos tinham o prazer de esfregar seus dentes com a carne de minhas presas![15] E isso apesar de a floresta das terras altas onde vivíamos ser escarpada e sua vegetação muito emaranhada! Naquele tempo, eu era muito bom caçador! Hoje, os rapazes voltam muitas vezes de mãos vazias. Com certeza comem eles mesmos as poucas presas que conseguem flechar!".

Já os xamãs, em seus discursos de *hereamuu*, falam sobretudo do tempo dos antepassados animais *yarori*. Costumam iniciar assim: "No primeiro tempo, nossos ancestrais viraram outros, transformaram-se em veados, antas, macacos e papagaios". Prosseguem então com o relato das desventuras de alguns deles e narram como se metamorfosearam. Contam também como uma mulher menstruada sentada no chão da floresta virou um rochedo e de que modo os macacos-aranha lhe arrancaram o braço tentando colocá-la de pé.[16] Evocam os choros agudos de *Õeõeri*, o recém-nascido que feiticeiros inimigos abandonaram num ninho de formigas *kaxi* depois de matarem sua mãe.[17] Relatam como o ancestral irara *Hoari* afugentou as abelhas, cujos méis até então era fácil pegar no pé das árvores.[18] Descrevem o modo como o ancestral saúva *koyo* foi abrindo em segredo uma imensa roça de milho na floresta, para fazer a sogra se perder nela.[19] Dão a ouvir ainda palavras sobre os lugares onde seus espíritos desceram, para além do céu, no mundo subterrâneo ou na terra dos brancos. É assim que ensinam as coisas para as pessoas comuns; para as pessoas que não conhecem os ancestrais animais, nem todos os mundos distantes, cujas imagens não são capazes de fazer descer. De modo que, sem saberem o que pensar, só prestam atenção nos cantos dos xamãs, para conhecer o que estes puderam ver depois de beber *yãkoana*.

Meus pais e avós cresceram nas terras altas, muito longe dos brancos, de suas estradas e cidades. Quando estes começaram a subir os rios, bem antes de eu nascer, nossos maiores já eram adultos havia um bom tempo. Suas línguas tinham se endurecido em seu falar próprio e eles tiveram grande dificuldade para imitar o idioma dos forasteiros. Quando os encontravam, pediam mercadorias apenas com gestos e umas poucas palavras enroladas. Nem de longe pensavam em defender sua terra! Nem desconfiavam que um dia os brancos poderiam invadir a floresta para cortar-lhe as árvores, abrir estrada e escavar o leito dos rios em busca de ouro! Perguntavam-se apenas por que aquela gente estranha tinha subido os rios até eles. Conversavam bastante a respeito disso, mas suas palavras nunca saíram da floresta para serem ouvidas.

Muito tempo depois, eu cresci e veio a minha vez de ficar adulto. Vivi e trabalhei bastante com os brancos e, aos poucos, suas palavras foram entrando em mim. Então, quando voltei para a floresta e percebi que os meus ainda não conseguiam entendê-los, pensei: "Eu ainda sou jovem, mas já sei um pouco de português. No primeiro tempo, *Omama* nos deu essa terra. Vivo aqui agora com minha esposa e meus filhos e levo esta floresta em meu pensamento. Cabe a mim defendê-la, não?". Depois, meu espírito prosseguiu nesse caminho: "Somos os filhos e netos de guerreiros que não tinham medo de flechar seus inimigos. As imagens de *Õeõeri* e *Aiamori* ensinaram a valentia a nossos antepassados e continuam presentes entre nós! Não quero me comportar como um covarde diante dos forasteiros que nos maltratam!". Foi assim que, pouco a pouco, resolvi fazer chegar aos brancos os pensamentos dos habitantes da floresta e lhes falar com firmeza, inclusive em suas cidades. Eu estava com muita raiva. Não queria que os meus continuassem morrendo devorados por suas epidemias *xawara*. Minha intenção era dizer a eles o quanto, apesar de seu engenho para fabricar mercadorias, o pensamento de seus grandes homens está cheio de esquecimento. Se assim não fosse, por que iriam eles querer destruir a floresta e nos maltratar desse jeito?

Então, os grandes homens de nossa casa me incentivaram: "*Awei!* Você irá falar em *hereamuu* aos brancos. Nós não podemos ir tão longe, até as casas deles e, além disso, eles não nos entenderiam. Você sabe imitar a língua deles. Irá dar a eles nossas palavras. Não tenha medo deles! Responda-lhes no mesmo tom! Enquanto isso, de longe, estaremos com você defendendo a floresta e seus habitantes, fazendo dançar nossos *xapiri*!". Ouvir essas boas palavras me deixou feliz. De sua parte, meu sogro acrescentou: "Apesar da distância, meus espíritos não vão perdê-lo de vista! Se os brancos se mostrarem hostis, eles o protegerão com bravura!". Ele é mesmo um homem sábio e bom. Sempre cuidou de mim durante as minhas viagens. Por isso, ao partir, eu tranquilizava minha mulher e meus filhos: "Não se preocupem! Os brancos não vão me matar! Se tentarem me atacar, nosso grande homem vai me vingar!". Assim, meu pensamento ficava mais tranquilo. Dizia a mim mesmo: "Está bem! Vou defender a nossa floresta! Falarei aos brancos com força, sem ter medo de fazê-los escutar minhas verdadeiras palavras!".

Naquela época, os espíritos *napënapëri* dos ancestrais brancos me visitavam com frequência. Os grandes xamãs de nossa casa os chamavam a mim me fazendo beber o pó de *yãkoana*. Então eles desciam dançando com a imagem de *Omama*, que é seu criador. Vinham com eles as imagens de *Remori*, o espírito zangão que deu aos forasteiros sua língua de fantasma, e de *Porepatari*, o antigo espectro que, há muito tempo, aprendeu a imitá-los. *Porepatari* costuma trocar com os *napënapëri* peles de felinos por espingardas e cartuchos. É um grande caçador. Desloca-se o tempo todo pela floresta à noite, invisível como um sopro de vento. Dele só se ouve o chamado: "*yãri! yãri! yãri!*".[20] Caça onças que, como ele, são muito agressivas. Às vezes lhe acontece de flechar árvores, ou até humanos, que fere com pontas de curare das quais nunca vão ficar curados. É um grande ancestral, de fato um habitante da floresta. Cuida dela e dos *xapiri* que nela brincam. Alegra-se diante da beleza deles. Se não ouvir seus cantos, fica enfurecido conosco: "Não há mais xamãs entre vocês? Vocês estão dormindo? Seus peitos ficaram sujos demais?". Foram as imagens de *Remori* e *Porepatari* que colocaram em mim suas gargantas de espírito, para eu poder imitar a fala dos brancos. Ensinaram-me a pronunciar suas palavras uma após a outra com mais destreza e firmeza. Introduziram em mim a língua dos antepassados *napënapëri*. Sozinho eu não teria conseguido e jamais teria sido capaz de fazer discursos nessa linguagem outra!

A primeira vez que falei da floresta longe de minha casa foi durante uma assembleia na cidade de Manaus. Mas não foi diante de brancos, e sim de outros índios! Era a época em que os garimpeiros estavam começando a invadir nossas terras, nos rios Apiaú e Uraricaá. Então, Ailton Krenak e Álvaro Tukano, lideranças da União das Nações Indígenas, me convidaram a falar.[21] Disseram-me: "Você deve defender a floresta de seu povo conosco! Precisamos falar juntos contra os que querem se apossar de nossas terras! Senão, vamos acabar todos desaparecendo, como nossos antigos antes de nós!". Mas eu não sabia falar daquele jeito e o sopro de minha palavra ainda era curto demais! Apesar disso, não recuei. Cheio de apreensão, me esforcei por dizer, pela primeira vez, palavras firmes sobre os garimpeiros que sujavam nossos rios e nos matavam com suas fumaças de epidemia. Algum tempo depois, foram os Makuxi que me convidaram a uma de suas grandes assembleias. Foi em Surumu, nas terras deles, nos campos de nosso estado de Roraima.[22] Encorajaram-me de novo a falar: "Venha defender sua floresta entre nós, do mesmo jeito que o fazemos para nossa terra!". Dessa vez era uma reunião bem maior. Havia gente de muitos outros povos e os brancos também eram numerosos. Eu não tinha ideia de como iria conseguir discursar diante de toda aquela gente sentada com os olhos pregados em mim! No começo, apenas prestei atenção no modo como os outros falavam antes de mim. Escutei primeiro os Makuxi e os Wapixana, que falaram um depois do outro contra os fazendeiros, dizendo: "Esses brancos querem nos mandar embora das terras onde os nossos antepassados viviam, dizendo que pertencem a eles! Estamos cercados pelo arame farpado e pelo gado deles. Queimam nossas casas, xingam-nos e batem em nós! Mais tarde vão querer fazer o mesmo com os Yanomami. Mas se juntarmos todas as nossas palavras contra eles, vão recuar, porque não passam de mentirosos!".

Naquela época, eu temia ter de falar diante de um grupo de desconhecidos, longe da minha floresta e, ainda por cima, na linguagem dos brancos! Minhas palavras ainda eram poucas e torcidas. Eu ainda nem tinha ousado discursar em *hereamuu* em minha própria casa! Estava aflito e meu coração batia forte no peito. Ainda não sabia fazer sair as palavras de minha garganta, uma atrás da outra! Dizia a mim mesmo: "Mas como é que eu vou fazer isso? Como é que os brancos falam nessas ocasiões? Por onde começar?". Eu procurava com ansiedade o começo das palavras que podia dar a ouvir. Minha boca estava seca de medo. E, por fim, chegou a minha vez de falar! Fiquei muito envergonhado e devia dar mesmo dó de ver! Então, falei de repente o que tinha em mente naquele instante: "Eu não sei falar como os brancos! Quando tento imitá-los, minhas palavras fogem ou se emaranham na minha boca, mesmo que meu pensamento permaneça reto! Minha língua não seria tão enrolada se eu estivesse falando aos meus, na minha língua! Mas pouco importa: já que vocês me dão ouvidos, vou tentar! Desse modo minhas palavras se fortalecerão e talvez um dia sejam capazes de deixar preocupados os grandes homens dos brancos!". Então prossegui, me esforçando para seguir o modo dos que tinham falado antes de mim. Mas eu disse sobretudo o que realmente achava dos garimpeiros: "São outra gente, comedores de terra, seres maléficos! Seu pensamento é vazio e estão impregnados de epidemia! Precisamos impedi-los de sujar nossos rios e expulsá-los da floresta. Por que eles não trabalham em sua própria terra? Quando eu era criança, quase todos os meus parentes faleceram devido às doenças dos brancos. Não quero que isso continue!". Acho que foram essas as primeiras palavras que eu disse. Depois, fui aos poucos tentanto estendê-las e torná-las mais claras. Com certeza só consegui fazer isso porque a raiva estava em mim! Na verdade, ela me tomava havia muito tempo, desde que os meus tinham morrido em Toototobi e eu mesmo tinha escapado por pouco da epidemia de sarampo dos missionários.[23]

Algum tempo depois, meu sogro e eu convidamos à nossa casa, em *Watoriki*, os moradores de várias outras aldeias yanomami. Queríamos reunir uma primeira assembleia yanomami para falar de nossa terra. Outros índios também vieram de muito longe para se juntar a nós, como Ailton Krenak e Anine Suruí, da União das Nações Indígenas. Havia também lideranças makuxi e alguns brancos nossos amigos.[24] Cada um teve sua vez de falar para defender a nossa floresta. No final, fizemos uma dança de apresentação de festa *reahu* e oferecemos uma grande quantidade de carne de queixada moqueada a nossos convidados.[25] Depois dessa reunião, também fui candidato a deputado no que os brancos chamavam de Constituinte, em Brasília.[26] Naquela época, me dirigi repetidas vezes aos outros índios de Roraima em assembleias e também pelo rádio. Fiz isso para experimentar a política dos brancos, para aprender alguma coisa. Mas isso não durou muito e eu não ganhei![27] Pouco depois, os garimpeiros se tornaram cada vez mais numerosos nas terras altas de nossa floresta, saqueando as nascentes dos rios e destruindo seus habitantes com suas epidemias.[28] Então comecei a viajar muitas vezes para as grandes cidades dos brancos, muito longe de minha casa. Lá eu me juntava com outros habitantes da floresta, vindos de todos os lados, para falar contra os garimpeiros, os fazendeiros e os madeireiros que invadem nossas terras. A partir desse momento, não tive mais de procurar as palavras. Minha raiva aumentava cada vez mais e eu queria que todos os brancos soubessem o que estava acontecendo na floresta. Foi assim que aprendi a fazer longos discursos diante deles e que aumentaram em mim as palavras para lhes falar com firmeza.

Depois de Manaus e Brasília, conheci São Paulo. Foi a primeira vez que viajei tão longe por cima da grande terra do Brasil. Compreendi então o quanto é imenso o território dos brancos para além de nossa floresta e pensei: “Eles ficam agrupados numas poucas cidades espalhadas aqui e ali! Entre elas, no meio, é tudo vazio! Então por que querem tanto tomar nossa floresta?”. Esse pensamento não parou mais de voltar em minha mente. Acabou por fazer sumir o que restava de meu medo de falar! Tornou minhas palavras mais sólidas e lhes permitiu crescer cada vez mais. De modo que eu costumava declarar aos brancos que me escutavam: “Suas terras não são realmente habitadas! Seus grandes homens resguardam-nas com avareza, para mantê-las vazias. Não querem ceder nem um pedaço delas a ninguém. Preferem mandar sua gente esfomeada comer nossa floresta!”. E acrescentava: “No passado, muitos dos nossos morreram por causa das doenças de vocês. Hoje, não quero que nossos filhos e netos morram da fumaça do ouro! Mandem os garimpeiros embora de nossas terras! São seres maléficos, de pensamento obscuro. Não passam de comedores de metal cobertos de epidemia *xawara*. Vamos acabar por flechá-los e, se for assim, muitos ainda vão morrer na floresta!". Era difícil. Eu tinha de dizer tudo isso numa fala que não é a minha! Contudo, movida pela revolta, minha língua ia ficando mais ágil e minhas palavras menos enroladas. Muitos brancos começaram a conhecer meu nome e quiseram me escutar. Incentivaram-me, dizendo que achavam bom que eu defendesse a floresta. Isso me deixou mais confiante. Alegrava-me que eles me entendessem e se tornassem meus amigos. Naquela época, falei muito nas cidades. Achava que se os brancos pudessem me ouvir, acabariam convencendo o governo a não deixar saquear a floresta. Foi com esse único pensamento que comecei a viajar para tão longe de casa.

Desde então, não parei mais de falar aos brancos. Meu coração parou de bater tão rápido quando me olham e minha boca perdeu a vergonha. Meu peito tornou-se mais forte e minha língua perdeu a rigidez. Se as palavras se atrapalhassem em minha garganta, saindo apenas numa voz fina e vacilante, os que tivessem vindo me ouvir diriam a si mesmos: "Por que afinal esse índio quer nos falar? Esperávamos dele palavras de sabedoria, mas ele não diz nada! Tem medo demais!". Por isso eu sempre trato de falar com coragem! Não quero que pensem: "Os Yanomami são tolos e não têm nada a dizer. Nem conseguem falar direito conosco! Só sabem ficar parados, com o olhar perdido, mudos e amedrontados!". Essa ideia bastou para me irritar e me fazer falar com energia! Os brancos bem podem manter os olhos cravados em mim para tentar me intimidar. Não dá em nada! Eu continuo fazendo ressoar minhas palavras assim mesmo! Começo dizendo a eles: "Vocês que me escutam, vocês são para nós estrangeiros que chamamos de *napë*. Eu sou filho da gente que *Omama* criou na floresta no primeiro tempo. Eu nasci de seu esperma e de seu sangue![29] Como meus antepassados, tenho em mim o valor de sua imagem! É por isso que defendo a terra que ele lhes deixou!". Então, prossigo: "Vocês são outra gente. Vocês não dão festas *reahu*. Vocês não sabem fazer dançar os *xapiri*. Nós somos o pouco de habitantes da floresta sobreviventes das fumaças de epidemia de seus pais e avós. É por isso que quero lhes falar. Hoje, não permaneçam surdos a minhas palavras e proíbam os seus de destruir nossa terra e acabar conosco também!".

Falar da morte de meus maiores me entristece, e a ira de seu luto imediatamente volta ao meu peito. Minhas palavras endurecem e os que me escutam são tomados de aflição. Permanecem em silêncio, seus olhos dão dó. Então, insisto com força: "Vocês não entendem por que queremos proteger nossa floresta? Perguntem-me, eu responderei! Nossos antepassados foram criados com ela no primeiro tempo. Desde então, os nossos se alimentam de sua caça e de seus frutos. Queremos que nossos filhos lá cresçam rindo. Queremos voltar a ser muitos e continuar a viver como nossos antigos. Não queremos virar brancos! Olhem para mim! Imito a sua fala como um fantasma e me embrulho em roupas para vir lhes falar. Porém, em minha casa, falo em minha língua, caço na floresta e trabalho em minha roça. Bebo *yãkoana* e faço dançar meus espíritos. Falo a nossos convidados em diálogos *wayamuu e yãimuu*! Sou habitante da floresta e não deixarei de sê-lo! Assim é!".

Antigamente, os brancos falavam de nós à nossa revelia e nossas verdadeiras palavras permaneciam escondidas na floresta. Ninguém além de nós podia escutá-las. Então, comecei a viajar para que as pessoas das cidades por sua vez as ouvissem. Onde podia, espalhei-as por suas orelhas, em suas peles de papel e nas imagens de sua televisão. Elas se propagaram para muito longe de nós e, ainda que acabemos desaparecendo mesmo, continuarão existindo longe da floresta. Ninguém poderá apagá-las. Muitos brancos agora as conhecem. Ao ouvi-las, começaram a pensar: "Foi um filho dos antigos habitantes da floresta que nos falou. Ele viu com seus próprios olhos os seus parentes arderem em febre e seus rios se transformarem em lamaçais! É verdade!".

Nossas palavras para defender a floresta nos foram dadas por *Omama*. Sua força provém da imagem dos ancestrais do primeiro tempo, de quem somos os fantasmas.[30] Foram eles que nos ensinaram a valentia que me permite falar com firmeza aos grandes homens dos brancos. Por isso, ficam preocupados quando minhas palavras invadem seu pensamento: "*Hou!* Essa gente da floresta não tem medo! Suas palavras são duras e eles não recuam!". Na primeira vez em que me dirigi ao presidente do Brasil, pedi a ele que expulsasse os garimpeiros de nossa floresta.[31] Ele me respondeu, com hesitação: "São numerosos demais! Não tenho nem aviões nem helicópteros suficientes para tanto! Não tenho dinheiro!". Repetiu-me essas mentiras como se eu fosse desprovido de pensamento! Eu trazia em mim a revolta de minha floresta destruída e de meus parentes mortos. Retruquei que com aquelas palavras tortas ele só queria nos enganar e deixar que nossa terra fosse invadida. Depois acrescentei que para falar assim ele devia ser um homem fraco com o espírito cheio de esquecimento, de modo que não podia pretender ser um grande homem de verdade.

Quando eu era mais jovem, costumava me perguntar: "Será que os brancos possuem palavras de verdade? Será que podem se tornar nossos amigos?". Desde então, viajei muito entre eles para defender a floresta e aprendi a conhecer um pouco o que eles chamam de política. Isso me fez ficar mais desconfiado! Essa política não passa de falas emaranhadas. São só as palavras retorcidas daqueles que querem nossa morte para se apossar de nossas terras.[32] Em muitas ocasiões, as pessoas que as proferem tentaram me enganar dizendo: "Sejamos amigos! Siga o nosso caminho e nós lhe daremos dinheiro! Você terá uma casa, e poderá viver na cidade, como nós!". Eu nunca lhes dei ouvidos. Não quero me perder entre os brancos. Meu espírito só fica mesmo tranquilo quando estou rodeado pela beleza da floresta, junto dos meus. Na cidade, fico sempre ansioso e impaciente. Os brancos nos chamam de ignorantes apenas porque somos gente diferente deles. Na verdade, é o pensamento deles que se mostra curto e obscuro. Não consegue se expandir e se elevar, porque eles querem ignorar a morte. Ficam tomados de vertigem, pois não param de devorar a carne de seus animais domésticos, que são os genros de *Hayakoari*, o ser anta que faz a gente virar outro.[33] Ficam sempre bebendo cachaça e cerveja, que lhes esquentam e esfumaçam o peito. É por isso que suas palavras ficam tão ruins e emaranhadas. Não queremos mais ouvi-las. Para nós, a política é outra coisa. São as palavras de *Omama* e dos *xapiri* que ele nos deixou. São as palavras que escutamos no tempo dos sonhos e que preferimos, pois são nossas mesmo. Os brancos não sonham tão longe quanto nós. Dormem muito, mas só sonham com eles mesmos. Seu pensamento permanece obstruído e eles dormem como antas ou jabutis. Por isso não conseguem entender nossas palavras.

Não temos leis desenhadas em peles de papel e desconhecemos as palavras de *Teosi*. Em compensação, possuímos a imagem de *Omama* e a de seu filho, o primeiro xamã. Elas são nossa lei e governo. Nossos antigos não tinham livros. As palavras de *Omama* e as dos espíritos penetram em nosso pensamento com a *yãkoana* e o sonho. E assim guardamos nossa lei dentro de nós, desde o primeiro tempo, continuando a seguir o que *Omama* ensinou a nossos antepassados. Somos bons caçadores porque ele fez entrar em nosso sangue as imagens dos gaviões *wakoa* e *kãokãoma*. Não precisamos ensinar nossos filhos a caçar. Bem jovens, começam por flechar lagartos e passarinhos e depois, quando crescem, vão caçar animais maiores. *Omama* nos deu também as plantas de nossas roças, que lhe foram dadas pelo sogro, vindo das profundezas das águas. Ensinou-nos o modo de construir nossas casas e de cortar nossos cabelos. Ensinou-nos a dar nossas festas *reahu* e a pôr em esquecimento as cinzas de nossos mortos. Transmitiu-nos todas as palavras de nosso saber. Já os brancos têm escolas para isso. O que eles chamam de educação, para nós são as palavras de *Omama* e dos *xapiri*, os discursos *hereamuu* de nossos grandes homens, os diálogos *wayamuu* e *yãimuu* de nossas festas. Por isso, enquanto vivermos, a lei de *Omama* permanecerá sempre no fundo de nosso pensamento.

É em virtude dela que não maltratamos a floresta, como fazem os brancos. Sabemos bem que, sem árvores, nada mais crescerá em sua terra endurecida e ardente. Comeremos o quê, então? Quem irá nos alimentar se não tivermos mais roças nem caça? Certamente não os brancos, tão avarentos que vão nos deixar morrer de fome. Devemos defender nossa floresta para podermos comer mandioca e bananas quando temos a barriga vazia, para podermos moquear macacos e antas quando temos fome de carne. Devemos também proteger seus rios, para podermos beber e pescar. Caso contrário, vão nos restar apenas córregos de água lamacenta cobertos de peixes mortos. Antigamente, não éramos obrigados a falar da floresta com raiva, pois não conhecíamos todos esses brancos comedores de terra e de árvores. Nossos pensamentos eram calmos. Escutávamos apenas nossas próprias palavras e os cantos dos *xapiri*. É o que queremos poder voltar a fazer. Não falo da floresta sem saber. Contemplei a imagem da fertilidade de suas árvores e a da gordura de seus animais de caça. Escuto a voz dos espíritos abelha que vivem em suas flores e a dos seres do vento que mandam para longe as fumaças de epidemia. Faço dançar os espíritos dos animais e dos peixes. Faço descer a imagem dos rios e da terra. Defendo a floresta porque a conheço, graças ao poder da *yãkoana*. Seu espírito, *Urihinari*, e o de *Omama* só são visíveis aos olhos dos xamãs. São suas palavras que dou a ouvir agora. Não são coisas que vêm só do meu pensamento.

Quando vou às cidades em visita, não paro de pensar em tudo isso. Eu vi coisas perigosas com meus *xapiri*. Quero alertar os brancos antes que acabem arrancando do solo até as raízes do céu. Se os seus grandes homens conhecessem a fala de nossos diálogos *yãimuu*, eu poderia realmente lhes dizer meu pensamento. Agachados um diante do outro, discutiríamos por muito tempo, nos batendo nos flancos. Minha língua seria mais hábil do que a deles e eu lhes falaria com tanto vigor que eles ficariam esgotados. Acabaria desse modo por atrapalhar suas palavras de inimizade! Porém, os brancos ignoram completamente nossos modos de dialogar. Quando acontece de nos escutarem durante as festas *reahu*, perguntam-se, confusos: "Mas o que são esses cantos? O que eles estão dizendo?". Como se se tratasse de meros cantos *heri*![34] No entanto, se pudessem me compreender, eu lhes diria em *yãimuu*: "Parem de fingir que são grandes homens, vocês dão dó de ver! Farei calar suas más palavras! Se o seu pensamento não estivesse tão fechado, vocês expulsariam os comedores de terra de nossa floresta! Vocês alardeiam que queremos recortar uma parte do Brasil só para nós.[35] São mentiras para roubar nossa terra e nos prender em cercados, como galinhas! Vocês nada sabem da floresta. Só sabem derrubar e queimar suas árvores, cavar buracos e sujar seus rios. Porém, ela não lhes pertence e nenhum de vocês a criou!".

Todas essas palavras se acumularam em mim desde que conheci os brancos. Hoje, contudo, não me contento mais em guardá-las no fundo de meu peito, como fazia quando era mais jovem. Quero que sejam ouvidas em suas cidades, onde quer que isso seja possível. Então, talvez acabem dizendo a si mesmos: "É verdade! Nossos grandes homens não possuem sabedoria alguma! Não os deixemos devastar a floresta!". Sei que seus chefes não aceitarão com facilidade o que digo, pois seu pensamento ficou cravado nos minérios e nas mercadorias por tempo demais. No entanto, os que nasceram depois deles e irão substituí-los talvez me compreendam um dia. Ouvirão minhas palavras ou verão o desenho delas enquanto ainda forem jovens. Elas vão penetrar em suas mentes e eles assim terão muito mais amizade pela floresta. Eis por que eu quero falar aos brancos. Quando eu era criança, não pensava que aprenderia sua língua e menos ainda que poderia discursar entre eles! Não me perguntava como eram suas cidades. Tampouco me questionava quanto a seus pensamentos ou ao que poderiam dizer entre eles. Eu simplesmente os temia e, assim que se aproximavam de mim, fugia gritando! Gostava de estar na floresta, gostava de escutar as palavras dos meus e de conversar com meu padrasto. Ouvi-lo falar de caçadas e de festas *reahu* me alegrava. Eu era feliz assim e se os brancos e suas epidemias não tivessem começado a devorar os meus parentes, talvez ainda o fosse. Uma vez adulto, a chegada repentina dos garimpeiros me fez refletir muito. Disse a mim mesmo: "*Hou!* Eu não sabia, mas os brancos sempre foram os mesmos, bem antes de eu nascer! Eles já queriam arrancar da floresta balata, castanhas-do-pará, cipós *masi* e peles de onça, do mesmo jeito que hoje querem lá achar ouro. É por causa dessa ganância que quase todos os nossos antigos morreram!". Hoje, não falo de tudo isso à toa. Jamais esqueci a tristeza e a raiva que senti diante da morte dos meus parentes quando era criança.

18. Casas de pedra

Sou um índio do Brasil. É a primeira vez que viajo longe do meu país. Meu nome é Davi Kopenawa. Eu vivo numa casa na floresta com os meus parentes. Vim aqui pela primeira vez para falar do meu povo. Os meus estão morrendo de epidemias ou assassinados. São os garimpeiros que causam suas mortes. Eles querem nos destruir. Mas eu não quero que meu povo desapareça.

Davi Kopenawa
Câmara dos Comuns, Londres, 4 dez. 1989
(arquivos Survival International)

As viagens que fiz para defender nossa floresta contra os garimpeiros acabaram me levando para muito além do Brasil. Assim, certo dia, brancos que tinham escutado meu nome me chamaram de uma terra longínqua, da qual eu não sabia nada, a Inglaterra. Eu aceitei o convite, porque tinha curiosidade de conhecer aquela gente distante que parecia ter amizade por nós.[1] Era a primeira vez que eu deixava nossa casa de *Watoriki* para voar num avião por tanto tempo. Era tão longe que eu acabei chegando até a terra dos antigos brancos, que eles chamam de Europa. Então, pude ver com meus próprios olhos os vestígios das casas dos primeiros forasteiros de pele clara, os *napë kraiwa pë*, que *Omama* criou há muito tempo com o sangue da antiga gente de *Hayowari*.[2]

Durante essa viagem, os amigos ingleses que cuidaram de mim me levaram para conhecer um lugar onde os antepassados dos brancos viveram e trabalharam há muito tempo. Vi um círculo de grandes blocos de pedra erguidos no chão.[3] Pensei logo que tinham sido plantados ali por *Omama* em sua fuga em direção ao sol nascente e que o círculo que formavam era o que restava de sua antiga casa.[4] São rochas altas e muito pesadas, como as grandes estacas de uma moradia. Parecem postes de pedra. *Omama* decidiu construir sua morada desse modo porque a pedra não apodrece e, portanto, nunca morre. Mas não fez esse trabalho sozinho. Todos os antigos brancos se juntaram a ele, tanto velhos como jovens. Devem ter sofrido muito para levantar e içar aqueles blocos enormes! Como eram muito numerosos, *Omama* com certeza os ensinou a construir casas de pedra, para não destruir todas as árvores de sua floresta. Foi o que pensei. Aí, depois de ter visto tudo isso, à noite, durante o meu sono, os espíritos levaram minha imagem e me falaram a respeito dessas linhas de rochas. Apresentaram-me a passagem do ser sol *Mot^{h}okari* a jusante do céu e o caminho pelo qual os *xapiri* dessas terras longínquas vêm dançar até nós. Mostraram-me também o lugar do qual o ser vendaval *Yariporari* empurrava as fumaças de epidemia para longe dos antigos brancos e aquele onde aprenderam a morrer e enterrar os ossos dos seus mortos numa fossa tampada por uma imensa rocha.

Ter visto os rastros desses ancestrais, mortos há tanto tempo, me deu dó. Entristeceu-me tanto quanto ver os das antigas roças de nossos avós na floresta. Os que ergueram aquelas grandes pedras foram os primeiros forasteiros criados por *Omama* com a espuma do sangue de nossos antepassados carregados pelas águas do mundo subterrâneo. A terra dos primeiros brancos pode parecer muito distante da nossa, mas não devemos ter dúvida: trata-se da mesma e única terra. Só que se separou no tempo em que os nossos ancestrais de *Hayowari* se tornaram outros. Foi arrancada pela força das águas que jorraram do chão, e depois foi carregada para longe, até se fixar onde está hoje. Então, foi bem longe de nós que nossos antepassados, depois de virarem brancos, fixaram essas grandes pedras no chão. Elas marcam os limites onde sua floresta à deriva parou, nos confins da terra, sustada pelos pés do céu. De modo que essas pedras alinhadas marcam os contornos da antiga terra dos primeiros brancos. Quis *Omama* que fossem assim dispostas para que nem eles nem seus filhos as esquecessem. Essa terra, que chamei *eropa urihi a*, é deles desde que ali foram criados. Ninguém além deles jamais viveu lá.

Agora faz muito tempo que *Omama* se foi. No entanto, essas rochas ficaram de pé até hoje. Foi mesmo por isso que ele, no passado, decidiu utilizar blocos tão imponentes. Quis que permanecessem no lugar após sua morte para os brancos poderem continuar a olhá-los e dizer a si mesmos: "Esses são os rastros de *Omama*, que criou nossos antepassados!". Ele pensou que, sem isso, eles ficariam confusos, perguntando-se em vão como vieram à existência. Todavia, todos os jovens que, hoje, vão ver essas pedras sem temer a ventania que as cerca parecem perdidos. Seus pais perderam as palavras sobre elas e não podem transmiti-las a eles. Então, ficam olhando para elas longamente, sem reconhecê-las. Perguntam-se apenas como os antigos conseguiram levantar tanto peso!

Essas rochas erguidas por *Omama* e pelos antigos brancos não devem ser destruídas. Os fantasmas desses antepassados continuam ali presentes, bem como junto das ossadas enterradas aos pés dessas pedras. Se fossem derrubadas, sua lei seria abolida e esquecida. Essa lei é o saber de seus antepassados. É a memória e o âmago do pensamento dos que nasceram depois deles. É para os brancos o que as palavras de *Omama* são para nós. Se essa lei, essa marca do primeiro tempo deixar de ficar levantada entre eles, perderão para sempre as medidas. Não pararão mais de maltratar a terra e de matar uns aos outros. Os antigos brancos que tanto se esforçaram para erguer essas pedras o fizeram para que pudessem ser contempladas depois de sua morte e sua memória não se perdesse. Trouxeram-nas de muito longe, sem máquinas. Foi assim que inventaram a pena do trabalho. Quanto a nós, habitantes da floresta, foi *Koyori*, o ancestral Saúva, que nos ensinou a dura labuta das roças sob o sol ardente.[5] Se as máquinas dos brancos derrubarem essas grandes pedras de *Omama*, os fantasmas de seus ancestrais ficarão furiosos. Pensarão que aqueles que hoje em dia pretendem ser grandes homens em sua terra já não possuem nenhuma sabedoria.

Depois de ter aceitado partir para a Inglaterra, fiquei preocupado com a ideia de ir para tão longe dos meus e do apoio dos outros xamãs de minha casa. Para dizer a verdade, ter de voar até a terra onde *Omama* criou os antepassados dos brancos me inquietava bastante. Por isso, antes de minha partida, pedi a meu sogro para se manter atento e me ajudar durante a viagem. Ele então começou a me proteger, me dando seus conselhos de xamã antigo. Recomendou-me que só levasse comigo alguns de meus *xapiri* e guardasse todos os outros em sua casa de espíritos, acima de nossa floresta. Em seguida ergueu seus caminhos bem alto no peito do céu, para que não fossem arrancados pelo avião que iria me levar. É verdade. Os espíritos, apesar de sua potência, são tão leves quanto penugem. Sem essa precaução, eles poderiam ter morrido sufocados ou ter sido levados pelos ventos para os confins da terra. E se lá se perdessem ou fossem capturados por seres maléficos, eu poderia ter morrido. Assim, para me protegerem, os grandes xamãs de *Watoriki* trataram de fechar todos os seus espelhos, para que não se afastassem até meu retorno. Depois teceram sobre sua morada um revestimento sólido e cercaram-na com um sopro poderoso, para torná-la inacessível.

Apenas meus espíritos mais sabidos e mais resistentes puderam seguir comigo nessa viagem até a terra dos primeiros brancos. Eram eles a imagem de *Omama*, que sustenta o voo dos aviões com um caminho de metal no céu, e a do antigo espectro caçador, *Porepatari*, que foi o primeiro a trocar com os brancos. Mas outros *xapiri* também me acompanharam para me defender, como o espírito jacaré, com seu grande facão, e o de *Xinarumari*, o do dono do algodão, com sua cauda venenosa. Sem a proteção desses *xapiri*, os espíritos maléficos de longínquos xamãs estrangeiros poderiam ter me enfraquecido e me atordoado de vertigem ou até mesmo provocado a queda do avião em que eu me encontrava. Ao contrário, sabendo que estavam comigo, eu não tinha medo de nada e pude guardar minhas forças para fazer com que minhas palavras fossem ouvidas pelos brancos.

No entanto, os meus *xapiri* que tiveram de permanecer na floresta ficaram apreensivos quando me viram desaparecer nas lonjuras e se preocuparam durante toda a minha viagem! Por isso, o espírito lua, *Poriporiri*, esforçou-se para manter a claridade de seus olhos fixada sobre mim, para que eu não perdesse o caminho de volta. Já os espíritos macaco-aranha emitiram chamados o tempo todo, para terem notícias de meu paradeiro. Durante a noite, tornado fantasma sob o efeito de alimentos desconhecidos, eu costumava ouvir em sonho seus clamores aflitos: "Onde é que foi parar nosso pai? Vai acabar se perdendo! Que volte para nós bem depressa! Esses forasteiros de longe vão maltratá-lo! Ele vai ficar doente!". Então, os *xapiri* que me acompanhavam os tranquilizavam: "*Ma!* Ele está aqui conosco! Passa bem! Não sejam impacientes! Não é tão longe, ele vai voltar logo! Se ouvirem gritar a voz dos trovões, não fiquem assustados! É só porque estão com raiva da morte de outros xamãs!".[6]

Foi assim que eu me preparei, da primeira vez, para ir à terra dos antigos brancos. Antes disso, eu não era tão prudente! Viajava por toda parte, sem me preocupar com o que podia acontecer com meus *xapiri*. Certa vez, quase morri por isso, e não foi durante uma viagem para muito longe de casa, não! Na verdade, ocorreu nas terras altas de nossa floresta, quando de uma visita à gente de *Tëpë xina*, perto do posto da Funai de Surucucus. Eu estava acompanhado por brancos que tinham vindo pegar imagens de nós.[7] Mas me afastei deles, porque meus parentes de lá tinham me convidado a beber o pó de *yãkoana* com eles. Assim, comecei a fazer descer meus espíritos e parei de prestar atenção nos forasteiros que tinham vindo comigo. Então, de repente, eles apontaram para nós uma luz tão intensa que nos cegou a todos. Eu conhecia os brancos, mas ainda não sabia nada de seus modos de capturar imagens para a sua televisão, que também chamamos de *amoa hi*, árvore de cantos.[8] Foi apavorante! Meus espíritos, que ainda dançavam perto do chão, foram imediatamente atraídos na direção da máquina apontada para nós. Foram enganados pela luz ofuscante que a envolvia. Lembrou-lhes a de seus caminhos e de sua casa. Perderam-se seguindo-a e foram logo aspirados para dentro da máquina, onde ficaram presos. Alguns dias depois, retornei a *Watoriki* e, sem meus *xapiri*, adoeci. Fui tomado de vertigens e fiquei muito fraco. Balbuciava como um fantasma. Meu sogro, inquieto, me perguntou: "O que você fez com os seus espíritos? Deu-os para alguém? Fugiram?". Eu estava muito ansioso e achei que não sobreviveria. Sabia que assim que os *xapiri* deixam seu pai, ele fica vazio e corre o risco de morrer em seguida. No entanto, um de meus cunhados — um grande xamã que não vive mais — entendeu que a máquina de televisão os tinha tragado como penugens brilhantes e que eles tinham ficado colados dentro dela. Com muito trabalho, ele conseguiu arrancá-los de lá e levá-los de volta à sua casa de espíritos no peito do céu. Foi muito competente e, assim, eu pude me recuperar sem demora. Depois ele me advertiu contra minha imprudência e, desde então, sempre segui seu conselho: "Nunca mais viaje com seus espíritos junto dos brancos! Eles vão capturá-los de novo e, da próxima vez, você vai morrer!". É por causa de tudo isso que, hoje em dia, somente alguns *xapiri* mais poderosos podem me acompanhar em minhas viagens, para me proteger.

As terras distantes dos antepassados dos brancos são terras de espíritos.[9] Grande parte dos *xapiri* que dançam para nós vem de lá. É o caso dos espíritos forasteiros *napënapëri* e do espírito zangão *Remori*, que lhes ensinou sua língua enrolada, e de vários outros. Por isso é tão perigoso ir de avião para essas regiões, que são o lugar de origem de tantos *xapiri*. Para um xamã, voar em direção à terra-espelho[10] dos espíritos que descem até ele e ver-se de repente cara a cara com eles significa correr o risco de morte imediata. Mas nossos *xapiri* são muito sábios e não permitem que isso aconteça! Ninguém pode ir para o lugar de onde eles vêm! Se um xamã se dirigisse para a terra-espelho deles à sua revelia, eles a esconderiam assim que ele se aproximasse. Então, em vez de atingi-la, ele continuaria avançando no vazio e acabaria passando por ela sem jamais tê-la visto!

Foi o que me aconteceu durante essa primeira viagem à terra dos antigos brancos. No momento de aterrissar lá, vi da janela do avião um enorme espelho com reflexos ofuscantes vindo ao meu encontro em alta velocidade. Foi muito amedrontador, pois na época eu não sabia nada dessas coisas! Meus olhos ficaram cativos daquela intensa luminosidade por muito tempo. Fui tomado de vertigem e um profundo torpor me invadiu. Compreendi então que estava me aproximando de uma terra de espíritos muito poderosos. Aí, senti que desmaiava. Mas, no exato momento em que eu achava que ia atingir o espelho e morrer, ele se virou, para tomar, em outra parte, o lugar da terra de onde eu vinha. É verdade! Os *xapiri*, ao me verem chegar, fizeram-no girar diante de mim, para eu poder passar adiante sem me chocar com ele. E quando o avião estava prestes a pousar, seu caminho já se assentava sobre uma nova terra, que eles tinham estendido à minha frente. O imenso espelho ofuscante sumiu de repente, foi se desvanecendo atrás de mim, enquanto um outro chão tomava seu lugar diante de meus olhos. De modo que, em vez de desmaiar e morrer em seguida, senti apenas uma profunda sonolência. Se os espíritos daquelas regiões distantes não tivessem girado seu espelho para tirá-lo do meu caminho desse modo, meu corpo teria sido levado de volta a *Watoriki* logo depois, para os meus, aos prantos, o amarrarem na floresta e depois queimarem meus ossos!

É por isso que não é nada sensato pensar que não existem *xapiri* na terra dos brancos! Onde vivem? Como na nossa floresta, o vento lá não sopra sem razão e a chuva não cai sozinha! Mas os seres da escuridão e do caos ali estão mais perto. Faz muito frio. A noite cai depressa e dura muito. Os brancos de hoje em dia não sabem nada a respeito dos espíritos que habitam essas regiões e nunca pensam neles. E no entanto eles existem, desde sempre, desde muito antes de esses forasteiros terem sido criados. São muito numerosos. Foi por isso mesmo que fui tomado de vertigem ao me aproximar de sua moradia! Nós, xamãs, conhecemos esses *xapiri* porque os fazemos descer na floresta quando bebemos *yãkoana*. Eles vivem no frescor das terras altas, longe dos brancos e de suas cidades enfumaçadas. Vi com meus próprios olhos as montanhas onde ficam suas casas. Seus topos são cobertos de uma brancura tão brilhante quanto um monte de penugem luminosa. Viajei até lá em sonho quando ardia de malária, e lá descobri a fonte de água pura cercada de vento glacial em que esses *xapiri* se banham e matam a sede. Brincam nela alegremente, apesar do frio, e suas mãos são tão geladas quanto ela. É por isso que sabem tão bem curar as febres! De lá também vêm os embrulhos de água vendidos pelos brancos para matar a sede.[11] É a mesma água que a dos picos rochosos de nossa floresta. Nós a chamamos *mãu krouma u*, a água da rã *krouma*, ou *mãu pora u*, a água das cachoeiras.

Ainda que os brancos atuais da Europa tenham se esquecido disso, os espíritos que vivem em sua terra são as imagens de seus ancestrais, mortos há muito tempo. São as imagens dos primeiros forasteiros de língua de fantasma que os xamãs chamam de *napënapëri*. Foram eles que lhes transmitiram suas palavras. Foram eles que fixaram as pedras altas da casa de *Omama* e que criaram as mercadorias, as peles de papel e os remédios. Quando de minha primeira viagem àquelas terras distantes, muitas vezes vi dançar suas imagens. Desciam em meu sonho na forma de fantasmas, como fazem os *xapiri* na floresta. Chegavam a mim com tanta facilidade porque eu dormia no lugar onde, no primeiro tempo, *Omama* criou os forasteiros com a espuma do sangue dos antigos habitantes de *Hayowari*.

Os espíritos *napënapëri* querem também preservar a beleza de sua terra-espelho e protegê-la das fumaças de epidemia. Contudo, os brancos de hoje não sabem mais cuidar dela e ignoram essas imagens, que são as de seus antepassados. Isso também me preocupa. No tempo antigo, os brancos as conheciam e as faziam dançar como nós. Eles sabiam imitar-lhes os cantos e construir-lhes casas para os jovens poderem por sua vez se tornar xamãs. Mas os que nasceram depois deles acabaram criando as cidades. Aí, foram pouco a pouco deixando de ouvir as palavras desses espíritos antigos. Depois os livros fizeram com que fossem esquecidos e eles por fim as renegaram. *Teosi*, como eu disse, tinha ciúme da beleza das palavras dos *xapiri*. Não parou de falar mal deles: "Não escutem esses espíritos que sujam seu peito! São habitantes da floresta, são ruins! Não passam de bichos! Parem de chamar suas imagens, contentem-se em comê-los! Olhem, em vez delas, minhas palavras coladas em peles de papel!".[12] Assim, as palavras de raiva de *Teosi* se espalharam por toda parte e expulsaram os cantos dos *xapiri* dos pensamentos dos antigos brancos. Suas mentes ficaram confusas e obscurecidas, sempre em busca de novas palavras. No entanto, os espíritos daquelas terras distantes não morreram. Continuam morando nas montanhas que *Omama* lhes deu como moradia e descem de lá apenas para os xamãs capazes de vê-los.

Durante essa viagem, eu muitas vezes dormi em estado de fantasma depois de ter comido alimentos dos brancos que eu não conhecia. Foi assim que sonhando, certo dia, vi a imagem das mulheres abelha do primeiro tempo. Elas mesmas bradavam seus nomes para todos os lados, para chamar a atenção do ancestral irara *Hoari*, que coletava seu mel aqui e ali. Acabaram por deixá-lo atordoado com seus chamados incessantes e ele tropeçou numa raiz. Praguejou com furor contra elas e as pôs para correr para todos os lados da floresta. Suas imagens se refugiaram em todos os lugares onde até hoje os méis se escondem.[13] Por isso agora é tão difícil achar ninhos de abelha no mato! Algumas inclusive fugiram até os brancos, que as guardam desde então em grandes caixas de madeira. Nossos maiores faziam dançar esses espíritos abelha desde sempre. Foram eles que vieram falar comigo no sonho, para me comunicar sua inquietação: "Você, que sabe virar espírito, fale duro com os forasteiros, eles vão escutá-lo! Os brancos não têm mesmo sabedoria nenhuma! Devem parar de maltratar as árvores da floresta! Logo já não haverá nenhuma flor perfumada para nos alimentar e fazer mel. Se continuar assim, será a nossa vez de morrermos todos!". É verdade. As abelhas também são *xapiri*, por isso suas imagens falaram assim comigo durante o sono. No dia seguinte, revelei sua queixa aos que tinham vindo me escutar. Ouvir o sofrimento daqueles espíritos e pensar que os brancos os maltratam tanto me deu dó. Esses ancestrais abelhas se sentem ameaçados e, como nós, querem defender a floresta em que foram criados. As abelhas são muito inteligentes e trabalham sem descanso nas flores que vão procurar longe, de árvore em árvore, para fabricar seus méis. É por isso que eles são tão saborosos e que nós, tanto crianças quanto adultos, os apreciamos tanto. Cortar as árvores é destruir seus caminhos na floresta. Sem árvores em floração, elas não saberão mais onde trabalhar e fugirão para sempre de nossa terra. Por isso eu declarei aos brancos: "Vocês repetem muito que amam o que chamam de natureza. Se é mesmo o caso, parem de só discursar, defendam-na de verdade! Vocês precisam nos ajudar a proteger o que ainda resta da floresta. Todos os seus habitantes já nos falam com medo de desaparecer. Vocês não veem dançar suas imagens e não ouvem seus cantos em seus sonhos. Os xamãs, ao contrário, sabem escutar sua angústia e elas lhes pedem para falar com vocês, para que a sua gente pare de comer a floresta".

Quando retornei dessa longa estadia na terra dos antigos brancos, foi bom reencontrar minha rede em nossa casa de *Watoriki*. Mas assim que me instalei nela senti uma violenta tontura. Depois de ter voado tanto tempo de avião, o solo da floresta girava sem parar sob meus pés. Eu só conseguia ficar com o olhar fixo diante de mim, como um fantasma. Meu pensamento estava completamente obstruído e eu caía no sono o tempo todo. Eu não queria parecer preguiçoso, então tentei ir caçar. Mas não havia o que fazer, eu já não via mais nada à minha volta na floresta e não conseguia distinguir caça alguma. Estava tão fraco que tropeçava a cada passo, e fui obrigado a deitar no chão várias vezes. Voar para aquela terra de espíritos tão distante tinha me feito virar outro e, se os xamãs que haviam me iniciado não tivessem me protegido, eu talvez tivesse falecido!

Pouco antes de meu retorno, os *xapiri* que tinham me escoltado na viagem voltaram à floresta como batedores, para anunciar minha chegada. Depois deitaram em suas redes, para recuperar as forças. Os que eu tinha deixado para trás ficaram felizes ao saber que eu estava perto: "*Haixopë!* Pai está a caminho! Finalmente está voltando para nós! Nada de ruim aconteceu com ele! Está salvo! *Aë! Aë!*". Esperavam-me impacientes, porque estavam famintos. Então, os grandes xamãs de minha casa trabalharam junto comigo. Ajudaram-me a recolocar os caminhos dos meus espíritos no peito do céu, para expulsar o sono que tinha tomado conta de mim. Bebi o pó de *yãkoana* com eles dia após dia, para recomeçar a alimentar os *xapiri* que eu tinha deixado para trás havia tanto tempo. Então, uma vez saciados, não pararam mais de cantar e dançar para mim alegremente. Foi assim que eu pude me restabelecer aos poucos, e é sempre isso que eu faço quando volto para casa após uma longa visita entre os brancos. Sem isso, a vertigem e a tontura não me largariam mais.

Se um xamã não alimentar seus espíritos com *yãkoana* como deve, eles sofrem de fome, como os humanos. Como eu disse, esse pó é a sua comida. Não se pode de jeito nenhum deixá-los abandonados em suas redes, sobretudo os mais jovens! Se seu pai não os fizer dançar e cantar sempre que têm vontade, sentem-se abandonados. Isso os deixa irritados e começam a se queixar dele: "É um preguiçoso com fala de fantasma! Chamou-nos para nada! Na verdade, ele nos esquece e não quer saber de nós! Não vamos nos deixar maltratar assim, voltemos para onde viemos!". Então, se o xamã insistir em não cuidar deles, acabam fugindo mesmo de sua casa de espíritos. Se, ao contrário, beber o pó de *yãkoana* com frequência, eles ficam muito felizes. Entoam seus cantos com tamanha animação que a alegria de suas vozes vai atraindo outros *xapiri* a vir se instalar junto dele.

Os antepassados dos brancos não cuidaram da floresta em que vieram à existência como os nossos. Cortaram quase todas as suas árvores para abrir roças imensas. Vi com meus olhos o pouco que dela resta, como pequenas manchas, aqui e ali. No entanto, *Omama* lhes havia ensinado a construir casas de pedra, para evitar desmatar tudo. Havia dito a eles: "Os postes de madeira apodrecem e devem ser sempre trocados. Cortem grandes rochas e plantem-nas no chão para construir suas habitações. Assim, só trabalharão uma vez e pouparão as árvores que lhes dão seus frutos e cujas flores alimentam as abelhas!". Esses antigos forasteiros começaram a entalhar as rochas com seus machados. Depois de um tempo ficaram mais engenhosos. Fabricaram ferramentas para cortar pedras menores e misturaram um barro que, ao secar, endurece e as cola umas às outras. Conseguiram construir casas de pedra cada vez mais sólidas. Ficaram satisfeitos com elas e então tiveram a ideia de desenhar a terra em torno de cada uma delas. Então descobriram a beleza das mercadorias e puseram-se a fabricá-las sem parar. Aí elas aumentaram tanto que tiveram de construir novas habitações para guardá-las e distribuí-las.[14] Edificaram-nas também para acumular e esconder o alimento de suas roças. Quando essas casas de pedra proliferaram, ligaram umas às outras com caminhos emaranhados e deram a tudo isso o nome de "cidade". Foi assim que a floresta desapareceu aos poucos de sua terra, com os animais que nela moravam. Mantiveram apenas alguns animais vivos e os cercaram de estacas. Guardaram outros, mortos, em caixas de vidro, para que seus filhos pudessem contemplá-los como lembranças.[15] Muito longe de minha casa, era nisso tudo que eu pensava ao andar nas cidades dos antigos brancos. Pela primeira vez, via sua terra com meus próprios olhos. Então, passeava por toda parte, sem dizer uma palavra, observando com atenção as casas e as pessoas. Meus pensamentos se estendiam sem parar em todas as direções. Eu queria muito compreender o que via!

19. Paixão pela mercadoria

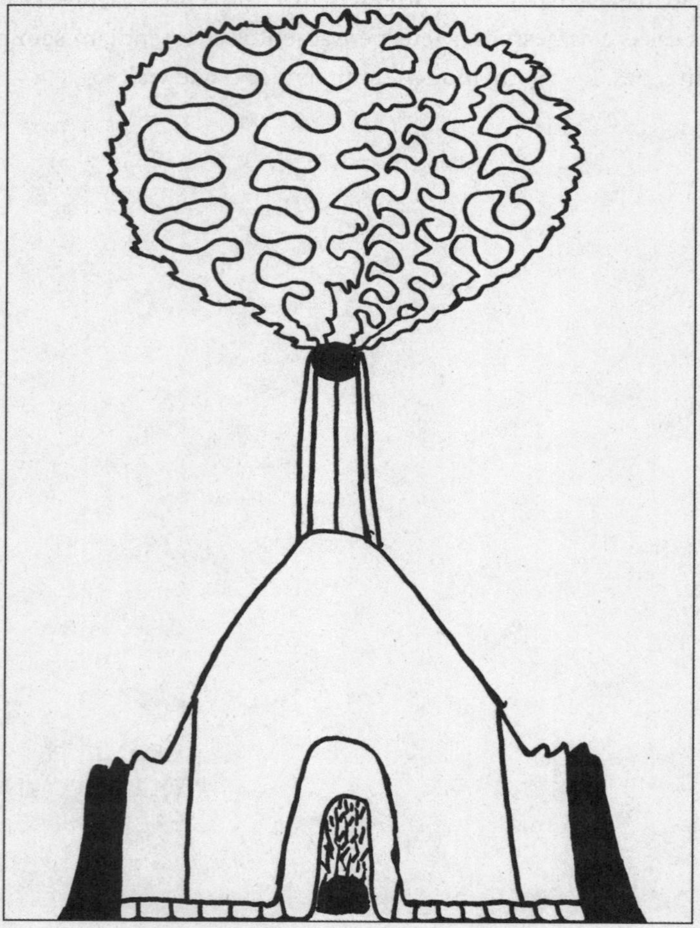

O que fazem os brancos com todo esse ouro? Por acaso, eles o comem?

Davi Kopenawa
Tribunal permanente dos povos sobre
a Amazônia brasileira, Paris, 13 out. 1990

No começo, a terra dos antigos brancos era parecida com a nossa. Lá eram tão poucos quanto nós agora na floresta. Mas seu pensamento foi se perdendo cada vez mais numa trilha escura e emaranhada. Seus antepassados mais sábios, os que *Omama* criou e a quem deu suas palavras, morreram. Depois deles, seus filhos e netos tiveram muitos filhos. Começaram a rejeitar os dizeres de seus antigos como se fossem mentiras e foram aos poucos se esquecendo deles. Derrubaram toda a floresta de sua terra para fazer roças cada vez maiores. *Omama* tinha ensinado a seus pais o uso de algumas ferramentas metálicas. Mas já não se satisfaziam mais com isso. Puseram-se a desejar o metal mais sólido e mais cortante, que ele tinha escondido debaixo da terra e das águas. Aí começaram a arrancar os minérios do solo com voracidade. Construíram fábricas para cozê-los e fabricar mercadorias em grande quantidade. Então, seu pensamento cravou-se nelas e eles se apaixonaram por esses objetos como se fossem belas mulheres. Isso os fez esquecer a beleza da floresta. Pensaram: "*Haixopë!* Nossas mãos são mesmo habilidosas para fazer coisas! Só nós somos tão engenhosos! Somos mesmo o povo da mercadoria![1] Podemos ficar cada vez mais numerosos sem nunca passar necessidade! Vamos criar também peles de papel para trocar!". Então fizeram o papel de dinheiro proliferar por toda parte, assim como as panelas e as caixas de metal, os facões e os machados, facas e tesouras, motores e rádios, espingardas, roupas e telhas de metal.[2] Eles também capturaram a luz dos raios que caem na terra. Ficaram muito satisfeitos consigo mesmos. Visitando uns aos outros entre suas cidades, todos os brancos acabaram por imitar o mesmo jeito. E assim as palavras das mercadorias e do dinheiro se espalharam por toda a terra de seus ancestrais. É o meu pensamento. Por quererem possuir todas as mercadorias, foram tomados de um desejo desmedido.[3] Seu pensamento se esfumaçou e foi invadido pela noite. Fechou-se para todas as outras coisas. Foi com essas palavras da mercadoria que os brancos se puseram a cortar todas as árvores, a maltratar a terra e a sujar os rios. Começaram onde moravam seus antepassados. Hoje já não resta quase nada de floresta em sua terra doente e não podem mais beber a água de seus rios. Agora querem fazer a mesma coisa na nossa terra.

Na nossa língua, demos aos objetos dos brancos o nome de *matihi*.[4] Usamos essa palavra para falar das mercadorias, mas ela existia muito antes de esses forasteiros chegarem até nossa floresta. É uma palavra muito antiga, uma palavra do começo.[5] Antigamente, eram outras coisas que nossos maiores nomeavam com ela. Chamavam de *matihi* todos os adornos com que se arrumavam para as festas *reahu*:[6] os tufos de caudais de arara, os rabos de tucano, as braçadeiras de cristas de mutum e jacamim que ornavam seus braços e as pequenas penas de papagaio e cujubim que enfiavam no lobo das orelhas. Também caçavam pássaros *sei si*, *hëima si* e *wisawisama si*, pela beleza de seus despojos, que também nomeavam *matihi*. Assim, antes de uma festa *reahu*, os grandes homens que convidavam seus aliados nunca deixavam de exortar os rapazes de sua casa, clamando: "Vão flechar *matihi*, para não parecerem feios e maus caçadores em sua dança de apresentação!". As moças, cheias de admiração, diziam dos rapazes que usavam muitos desses adornos de penas: "Como está lindo! Está coberto de *matihi*!". E os outros habitantes da casa aprovavam: "*Awei!* Ele é um ótimo caçador de *matihi*!".[7] Assim era. Para nós, xamãs, essa palavra é também muito valiosa porque nomeia bens que pertencem a *Omama* e aos *xapiri* que ele criou. A visão desses enfeites torna nosso pensamento claro e forte. Por essa razão, a palavra que os designa também tem valor de espírito: ela evoca a beleza dos *xapiri* que são seus donos e nos faz pensar neles.[8]

Contudo, quando um de nós morre, também chamamos *matihi* os ossos que recolhemos de suas carnes putrefatas para queimar. Depois, suas cinzas são moídas num pilão e guardadas numa pequena cabaça *pora axi*. Também essa cabaça de cinzas tem o mesmo nome: *matihi*. Os ossos dos mortos e suas cinzas são coisas que não se pode destratar! Por isso a força dessa palavra, *matihi*, está associada desde sempre a eles. Se um convidado descartar as cinzas funerárias que lhe foram confiadas, enfrentará em seguida a vingança dos familiares do morto.[9] Se disser: "Joguei na floresta o resto das cinzas de sua cabaça *pora axi*; não era muito seu amigo!" e alguém for contar isso aos parentes do falecido, eles vão ficar enfurecidos e logo vão querer brigar! Também vão ficar furiosos se a pessoa encarregada de enterrar as cinzas ao lado de sua fogueira durante uma festa *reahu* as despejar no fogo por descuido. Ninguém destrata as cinzas dos ossos de um morto sem consequência! E quando são as de um homem valente e trabalhador, ou de um antigo xamã que sabia mesmo mandar para longe os seres maléficos, tomamos mais cuidado ainda! Não é à toa que chamamos as cinzas e os ossos de nossos mortos de *matihi*! Nossos antepassados nos deram essa palavra poderosa, porque o valor que damos a essas coisas é maior até do que o que os brancos dão ao ouro que tanto cobiçam.

Quando viram a profusão de objetos estranhos que eram guardados nos acampamentos dos brancos, nossos antigos, que nunca tinham visto nada parecido, ficaram muito excitados.[10] Foi então que, pela primeira vez, puderam ver facões e machados novos, panelas de metal brilhante, grandes espelhos, peças de pano vermelho, redes enormes de algodão colorido e espingardas barulhentas como trovões. Então pensaram: "Todas essas coisas são realmente lindas! Esses forasteiros devem ser mesmo muito habilidosos, já que tudo o que tocam fica tão bonito! Devem ser mesmo engenhosos, para possuírem tantos objetos valiosos!". Foi assim que começaram a desejar muito as mercadorias dos brancos e deram a elas também o nome de *matihi*, como se fossem adornos de plumas ou cinzas dos ossos dos mortos. Depois, conforme as foram conhecendo melhor, deram um nome a cada uma delas, para poderem pedi-las aos forasteiros.[11] Estavam muito empolgados, e ainda nem imaginavam que esses objetos novos traziam em si as epidemias *xawara* e a morte.

Os objetos que fabricamos, e mais ainda os dos brancos, podem durar muito além do tempo que vivemos. Eles não se decompõem como as carnes de nosso corpo. Os humanos adoecem, envelhecem e morrem com facilidade. Já o metal dos facões, dos machados e das facas fica coberto de ferrugem e sujeira de cupim, mas não desaparece tão depressa! Assim é. As mercadorias não morrem. É por isso que não as juntamos durante nossa vida e nunca deixamos de dá-las a quem as pede. Se não as déssemos, continuariam existindo após nossa morte, mofando sozinhas, largadas no chão de nossas casas. Só serviriam para causar tristeza nos que nos sobrevivem e choram nossa morte. Sabemos que vamos morrer, por isso cedemos nossos bens sem dificuldade. Já que somos mortais, achamos feio agarrar-se demais aos objetos que podemos vir a ter. Não queremos morrer grudados a eles por avareza. Por isso eles nunca ficam muito tempo em nossas mãos! Nem bem acabamos de consegui-los e logo os damos a outros que, por sua vez, os querem. E assim as mercadorias se afastam de nós depressa e vão se perder nas lonjuras da floresta, carregadas pelos convidados de nossas festas *reahu* ou por outros visitantes. Desse modo, tudo está bem. Seguimos as palavras de nossos ancestrais, que nunca possuíram todos esses bens trazidos pelos brancos.

Quando um xamã morre, seu fantasma não leva nenhuma das suas coisas para as costas do céu, mesmo que seja muito avarento! Os objetos que tinha fabricado ou conseguido por troca são abandonados na terra e só fazem atormentar os vivos, atiçando a saudade. Então dizemos que esses objetos estão órfãos e que nos causam pesar, porque estão marcados pelo toque do falecido.[12] Por isso, se um de meus filhos ou minha mulher morressem, as coisas em que costumavam mexer guardariam o rastro de seus dedos. Eu teria de queimá-las chorando, para acabarem para sempre. Como eu disse, as mercadorias duram muito tempo, ao contrário dos humanos. Por isso devem ser destruídas quando morre o dono, mesmo que seus familiares precisem delas. Assim é. Nunca guardamos objetos que trazem a marca dos dedos de uma pessoa morta que os possuía!

Somos diferentes dos brancos e temos outro pensamento. Entre eles, quando morre um pai, seus filhos pensam, satisfeitos: "Vamos dividir as mercadorias e o dinheiro dele e ficar com tudo para nós!". Os brancos não destroem os bens de seus defuntos, porque seu pensamento é cheio de esquecimento. Eu não diria a meu filho: "Quando eu morrer, fique com os machados, as panelas e os facões que eu juntei!". Digo-lhe apenas: "Quando eu não estiver mais aqui, queime as minhas coisas e viva nesta floresta que deixo para você. Vá caçar e abrir roças nela, para alimentar seus filhos e netos. Só ela não vai morrer nunca!". É verdade. Achamos ruim ficar com os pertences de um morto. Nos causa pesar. Nossos verdadeiros bens são as coisas da floresta: suas águas, seus peixes, sua caça, suas árvores e frutos. Não são as mercadorias! É por isso que quando alguém morre logo damos um fim em todos os seus objetos. Trituramos seus colares de miçangas, queimamos sua rede, suas flechas, sua aljava, suas cabaças e adornos de plumas. Amassamos suas panelas e as jogamos no rio. Quebramos seu facão contra uma pedra e depois escondemos os estilhaços num cupinzeiro. Tratamos de não deixar sobrar nenhum rastro seu. Raspamos o chão onde ele se acocorava e o lugar onde amarrava as cordas de sua rede nos esteios da casa. Foi o que as palavras de *Omama* ensinaram a nossos antepassados e nós seguimos o caminho deles. Não é coisa recente, não! É desse modo que os vivos conseguem estancar a tristeza que sentem quando veem objetos e rastros deixados pelos que não estão mais na terra. Assim, sua dor vai passando e seu pensamento pode ir se acalmando aos poucos. Caso contrário, a saudade dos mortos e a raiva de seu luto nunca mais teriam fim.

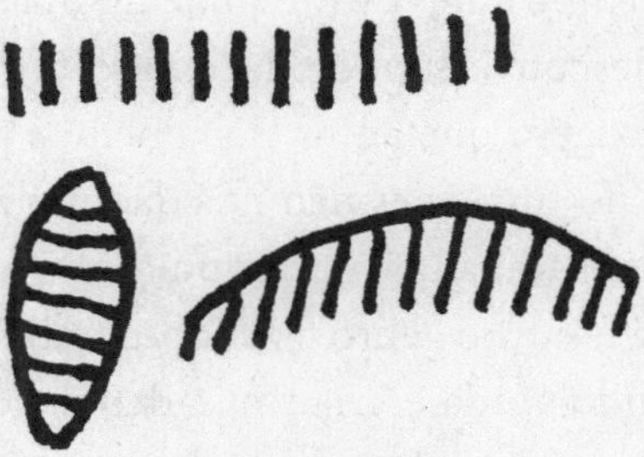

As pedras, as águas, a terra, as montanhas, o céu e o sol nunca morrem, como também os *xapiri*. São seres que não podem ser destruídos e que dizemos *parimi*, eternos.[13] O sopro de vida dos humanos, ao contrário, é muito curto. Vivemos pouco tempo. Epidemias *xawara*, espíritos maléficos e feiticeiros inimigos nos devoram facilmente. Por isso pensamos em nossos próximos e nas pessoas de quem somos amigos. Pensamos que se eles morressem, iríamos nos arrepender de não termos sido generosos o bastante com eles. Dizemos a nós mesmos: "*Hou!* Por falta de sabedoria fui tão sovina! Não satisfiz seus pedidos e agora essa lembrança me entristece!". E depois, sabendo que nós mesmos não vamos demorar a morrer, não queremos também deixar para trás objetos cuja visão só vai deixar os nossos aflitos.

É por isso que, quando um visitante de uma casa amiga nos pede mercadorias, não recusamos. Ao contrário, dizemos a ele: "*Awei!* Pegue esse facão e fique com ele! Assim, se eu me for, você vai fazer luto por mim? Vai mesmo lamentar por mim?". E ele então responde: "*Ma!* Você é generoso! Vou ser de todos aquele que vai chorá-lo com mais pesar!". E, por fim, acrescentamos: "Se uma picada de cobra me matar, quebre a coisa que acabo de lhe dar e esconda os pedaços no lodo do fundo do rio!". Não pedimos nada em troca. Deixamos isso para outra ocasião, depois.[14] Só no caso de o convidado querer nosso arco é que podemos pedir o dele em troca na hora. Nessas conversas, os grandes homens também podem dizer: "Meus cabelos já estão brancos e os forasteiros estão perto de nós. Suas fumaças de epidemia não tardarão a me devorar e vou deixar os meus tristes. Estou velho e já causo dó de ver! A morte logo vai me fazer largar minhas posses, por isso lhe dou estas mercadorias!". São palavras como essas que costumamos usar para falar de nossos bens. Os brancos são outra gente. Eles acumulam muitas mercadorias e sempre as guardam junto de si, enfileiradas em tábuas de madeira no fundo de suas casas. Deixam que envelheçam por bastante tempo antes de minguar algumas a contragosto. Quando as pedimos, ficam desconversando e fazendo promessas para não ter de entregá-las. Ou então exigem que antes trabalhemos para eles por um bom tempo. De todo modo, no final, eles não nos dão nada ou então só coisas já gastas, exigindo ainda mais trabalho em retribuição! Comportam-se como um mau sogro que engana seu futuro genro fazendo-o trabalhar sem nunca lhe dar a filha. Promete-a quando ainda é criança, e depois, quando ela fica moça, começa a achar desculpas para adiar a hora de mandá-la ir amarrar sua rede perto do genro ou, pior, acaba por dá-la a outro homem!

Como eu disse, nós, Yanomami, nunca guardamos os objetos que fabricamos ou que recebemos, mesmo que nos façam falta depois. Damos logo a quem os pede e, assim, eles se afastam depressa de nós e vão passando de mão em mão sem parar, até longe. Por isso não temos realmente bens próprios. Quando conseguimos um facão novo dos brancos, logo depois o entregamos a algum convidado que o deseja numa festa *reahu*. Então dizemos a ele: "Sou um habitante da floresta, não quero ter muitas mercadorias como um branco! Tome esta velha peça de metal que nos vem de *Omama*. Já a usei o suficiente! Não vou negá-la a você! Leve-a consigo! Vai poder abrir uma roça nova com ela! E depois irá dá-la a outra pessoa! Então, fale de mim para quem ficar com ela e seus parentes. Quero que tenham amizade por mim longe de minha casa! Mais tarde, será minha vez de lhe pedir algo!". Depois, o convidado, uma vez de volta entre os seus, não vai demorar para dar o mesmo facão a outro visitante. E assim, de mão em mão, ele vai acabar chegando até desconhecidos numa floresta distante. É assim que nossos facões com cabos envoltos em fio de ferro enrolado vão do Brasil até os *Xamat^hari* do rio Siapa, na Venezuela, e que, por outro lado, muitos de seus facões de pontas largas e curvadas chegam até nós.

Acontece o mesmo quando conseguimos miçangas com os brancos. Ficamos com elas muito pouco tempo antes de escaparem para longe de nós! Primeiro as repartimos entre o pessoal de casa. Depois, basta sermos convidados a uma festa *reahu* por nossos aliados do rio Toototobi para as trocarmos com eles por outros objetos. Em seguida o pessoal do Toototobi vai visitar os *Weyuku t^{h}ëri* do alto Demini, com quem por sua vez fazem outras trocas. E depois são os *Weyuku t^{h}ëri* que vão levar nossas miçangas mais longe ainda, rio acima, para outros *Xamat^{h}ari* das terras altas que são seus aliados. Elas acabam chegando assim até a gente do rio Siapa, como nossos facões! No final, elas terão viajado para bem longe de nós, acompanhadas de boas palavras a nosso respeito: "*Awei!* São gente generosa mesmo, são amigos! Eles são muito valentes, é por isso que demonstram tanta largueza!".[15] Quando os moradores dessas casas distantes ouvem essas belas palavras, logo pensam que seria bom abrir uma senda nova na floresta para vir visitar nossa casa e obter os bens que desejam de nossas mãos. Dão-lhe então o nome de "caminho de pessoas generosas".[16] Então, satisfeitos, podem declarar, apontando para a entrada de sua casa: "Essa é uma porta de generosidade! Abre-se para uma trilha de mercadorias!".[17]

Esse é o nosso costume, tanto com os objetos que fabricamos como com as mercadorias que nos vêm dos brancos. Eles, no entanto, costumam pensar que queremos muito os seus bens só porque os pedimos constantemente. Mas não é verdade! Nenhum de nós deseja suas mercadorias só para empilhá-las em casa e vê-las ficando velhas e empoeiradas! Ao contrário, não paramos de trocá-las entre nós, para que nunca se detenham em suas jornadas. São os brancos que são sovinas e fazem as pessoas sofrerem no trabalho para estender suas cidades e juntar mercadorias, não nós! Para eles, essas coisas são mesmo como namoradas! Seu pensamento está tão preso a elas que se as estragam quando ainda são novas ficam com raiva a ponto de chorar! São de fato apaixonados por elas! Dormem pensando nelas, como quem dorme com a lembrança saudosa de uma bela mulher. Elas ocupam seu pensamento por muito tempo, até vir o sono. E depois ainda sonham com seu carro, sua casa, seu dinheiro e todos os seus outros bens — os que já possuem e os que desejam ainda possuir. Assim é. As mercadorias deixam os brancos eufóricos e esfumaçam todo o resto em suas mentes. Nós não somos como eles. Mais do que nos objetos que queremos possuir, é nos *xapiri* que nosso pensamento fica concentrado, pois só eles são capazes de proteger nossa terra e de afastar para longe de nós tudo o que é perigoso.[18] Se os brancos pudessem, como nós, escutar outras palavras que não as da mercadoria, saberiam ser generosos e seriam menos hostis conosco. Também não teriam tanta gana de comer nossa floresta.

Trocamos bens entre nós generosamente para estender a nossa amizade. Se não fosse assim, seríamos como os brancos, que maltratam uns aos outros sem parar por causa de suas mercadorias. Quando visitantes querem os objetos que temos, dá dó vê-los se lamentando por não os terem e desejá-los tanto. Então, logo os damos a eles, para conquistar sua afeição. Dizemos: "*Awei!* Leve estas mercadorias e sejamos amigos! Consegui-as com outra gente. Não são restos da minha mão.[19] Não importa, leve-as assim mesmo e, mais tarde, não deixe de dá-las por sua vez aos que vierem visitar sua casa!". Nossa boca teme recusar os pedidos de nossos convidados. Não temos mãos estreitas como os brancos![20] Quando temos dois facões, damos um deles tão logo alguém pede. Se só temos um, lamentamos: "*Ma!* Estou tão necessitado quanto você! Não posso dá-lo agora porque não teria com que trabalhar em minha roça e os meus acabariam passando fome!". Mas prometemos conseguir outro logo para poder dá-lo numa próxima visita. Se respondemos aos pedidos de nossos convidados com falas sovinas, vão embora chateados e cheios de palavras ruins, e isso nos deixa tristes.

Quando o caminho que leva a uma outra casa não é para nós uma trilha de mercadorias, dizemos que tem valor de inimizade.[21] Nesse caso, podemos guerrear contra as gentes às quais ele leva, se acharmos que uma das nossas mulheres ou velhos pode ter sido morto por seus feiticeiros *oka*. Ao contrário, quando entramos pela primeira vez em contato com os habitantes de uma casa desconhecida para fazer amizade, trocamos com eles tudo o que temos. Chamamos isso de *rimimuu*.[22] Se agirmos de outro modo, vão pensar que estamos escondendo nossa hostilidade. Se for o caso, eles logo fogem, com medo de que nossa única intenção seja pegar a terra de suas pegadas para esfregá-las com plantas de feitiçaria. Quando eu era criança, em *Marakana*, meus pais e avós fizeram contato com os *Weyuku tʰëri* do alto Demini, que nunca tinham visto antes. Encontraram-se por acaso na floresta e fizeram amizade com eles dando-lhes a maior parte dos objetos que levavam consigo. É o nosso costume. Achamos que é assim, ganhando o rastro de outra pessoa, que ficamos amigos dela.[23] Nossos maiores, antigamente, pensaram que os brancos agiriam desse modo com eles. Estavam muito enganados! Ao contrário, foi sem dizer uma palavra que os grandes homens desses forasteiros despacharam seus genros e filhos para a nossa floresta, para pegar balata, peles de onça e ouro. Nós somos diferentes. Nós nunca pensamos em mandar os nossos para a terra dos brancos sem dizer nada, só para tirar dela tudo o que tem!

Quando somos generosos, visitantes e convidados voltam para suas casas satisfeitos e alegres. Se, ao contrário, ficamos avarentos, eles partem com o peito cheio de raiva, porque recusar-lhes bens equivale a uma declaração de inimizade. Então, tomados pelo rancor, vão querer se vingar, com substâncias de feitiçaria *h^w^ërit*. Pensarão, irritados: "Se esse homem é sovina, não vamos mais amarrar nossas redes em sua casa! Só queremos visitar homens generosos! O que é que ele está pensando? Sua avareza não vai poder evitar que ele morra! E quando seu fantasma o tiver deixado, não vamos chorá-lo! Não portaremos a ira e a tristeza de seu luto! Que morra sozinho com suas mercadorias!". Ou então, se estiverem muito furiosos mesmo: "Que homem pão-duro e ruim! Não vai ficar muito tempo vivo junto aos seus! Vai morrer logo, porque algum guerreiro enfurecido vai acabar por flechá-lo!". Então, com raiva, entregam o avarento aos seres maléficos, ao espírito da noite, *Titiri*, e ao da morte, *Nomasiri*: "Mais tarde, quando você morrer, vai se calar, não vai se mexer e não será mais nada!". Ao contrário, se um grande homem da casa demonstra largueza em relação às mercadorias que conseguiu juntar, dizemos que ele sabe manter um verdadeiro caminho de homem generoso. Assim, as pessoas que receberam seus bens o elogiam junto àqueles a quem por sua vez os dão. E estes de novo irão dá-los a outros visitantes, levando ainda mais longe a reputação de sua generosidade.

Desse modo, palavras elogiosas a respeito desse grande homem vão se espalhando pela floresta. Acompanham os pensamentos de muitos homens e mulheres, mesmo muito distantes de sua casa. Ficam com ele em mente como se estivessem apaixonados por ele! E costumam dizer dele: "*Awei!* Ele é um homem generoso! Sabe distribuir os objetos logo que chegam até ele. Nunca dá apenas coisas estragadas! Ele sabe mesmo se desfazer daquilo que suas mãos tocam!". Ou então: "É um grande homem! Sabe dar generosamente! Muitos pedem o que ele possui, mas ele nunca responde com palavras ruins de avareza! Ele só para de dar quando não tem mais nada e fica realmente desprovido!". Diz-se que a imagem de vida *nõreme* desses grandes homens que sabem tão bem agradar aos outros com sua generosidade é poderosa. Diz-se também que ela os torna inteligentes e valentes.[24] Quando um deles se mostra desinteressado a ponto de abrir mão de todos os seus bens, até os mais belos e os mais novos, as pessoas quase ficam assustadas. Exclamam: "Esse homem não sabe mesmo o que é a avareza! É um verdadeiro filho de *Omama!* Deve haver um motivo para tanta generosidade! Deve ser sua bravura que o torna tão generoso. Sua imagem de vida é muito forte! Deve ser um guerreiro muito corajoso!".[25] E até se perguntam se toda aquela generosidade não esconderia intenções agressivas, fazendo brincadeiras: "Aquele homem mete medo! Será que não está tentando nos enganar? Essa generosidade toda não seria um engodo, para ganhar nossa confiança e depois nos flechar?".

Quando morre um sovina, nem uma pessoa sequer faz luto por ele. É verdade. Ninguém pode ter amizade ou saudade de alguém que sempre ignorou o sofrimento dos que passam necessidade. As pessoas só comentam sua morte, dizendo: "É bom assim! Ele não parava de nos encher de raiva com suas recusas. Não vamos ficar tristes! Ele não tinha nenhuma generosidade e não se preocupava conosco!". E então os bens que deixou são destruídos e jogados fora, sem saudade da sua ausência. Ao contrário, se é um homem generoso que morre, todos ficam muito comovidos e muitos são os que choram com dor mesmo. Se tiver sido morto por flechas ou zarabatanas inimigas, muitos também estarão dispostos a vingá-lo! Quando se lembram de sua generosidade, seus parentes e seus amigos ficam atormentados de tristeza. Lamentam-se durante muito tempo, exclamando toda a saudade que sentem. Quando o sofrimento é grande demais, aos prantos batem as palmas das mãos ou dão batidinhas na testa e nas mãos do defunto. Se for um xamã, seus espíritos choram do mesmo modo.

Logo depois que uma pessoa morre, como eu disse, seus próximos começam a destruir tudo o que ela possuía ou tocava quando em vida. As plantas de sua roça são cortadas e arrancadas, as árvores em que subiu são derrubadas. A casca dos postes da casa onde pendurava a rede e a terra em que pisava na sua casa são raspadas. As folhas *paa hana* do telhado acima de sua fogueira são retiradas e queimadas. Os cabelos de sua esposa e filhos são cortados. Apenas algumas de suas coisas são guardadas: pontas de flecha, adornos de plumas, uma aljava de bambu. Todas serão destruídas mais tarde, durante as lamentações das festas *reahu* em que suas cinzas serão postas em esquecimento. Assim, todos os rastros do que tocou devem ser apagados.[26] Porém, aqueles que costumam chorá-lo podem, se quiserem, guardar os bens que o defunto lhes deu antes de morrer. Diz-se então que são objetos orfãos, *hamihi*.[27] Quem os detém deve cuidar bem deles e não dá-los a ninguém, sobretudo não a visitantes de longe. Deve conservá-los por muito tempo, até estragarem ou, às vezes, até ele mesmo morrer. Depois serão queimados por seus próximos. De modo que se um amigo me der uma espingarda numa festa *reahu* e morrer logo depois, ficarei com ela porque ainda estou vivo. Mas, se eu morrer, minha mulher e meu cunhado a destruirão. E, do mesmo modo, se eu morrer antes de meu sogro ele poderá ficar com o que eu dei a ele para ter sua filha em casamento. Em compensação, minha esposa destruirá todas as coisas que toquei e que ficaram em nosso lar. É assim que deve ser.

Quando queimamos os ossos de um homem pródigo, qualquer que tenha sido a causa de seu falecimento, somos especialmente cuidadosos com os ossos de suas mãos. São para nós objetos preciosos, pois era com elas que ele distribuía com generosidade alimentos e bens. Olhar para os ossos de seus dedos após sua morte nos enche de tristeza e saudade. Por isso prestamos muita atenção para não perder nenhum pedacinho durante a cremação. Homens e mulheres reunidos lamentam em torno da pira falando deles, enquanto queimam os bens do defunto: "*Osema*,[28] suas mãos nos causam muita dor! Sentimos tanta falta de sua generosidade!". Chamamos esses lamentos de *pokoomuu*.[29] Os familiares próximos do morto choram lembrando seus gestos passados e louvando sua generosidade, sua valentia e sua alegria. Então, às vezes, convidados de casas amigas comem um pouco das cinzas de seus ossos ainda quentes, tiradas do fundo do pilão em que acabaram de ser moídas.[30] Misturam numa panela de mingau de banana e bebem tudo com muito cuidado, até a última gota.[31] São sobretudo os *Xamat^{h}ari* que fazem isso. Nós achamos que é perigoso engolir cinzas frescas dos mortos. Eles fazem isso para trazer a si a imagem do sopro de vida do defunto e, assim, poder pegar a imitação de seu princípio de vida *nõreme*.[32] Nossos antigos preferiam esfregar as cinzas dos ossos dos homens valentes com urucum na testa e no peito dos rapazes jovens. Chamavam a imagem da bravura guerreira do falecido para contagiar os jovens e torná-los corajosos. Fizeram isso em mim muitas vezes quando era novo, eu me lembro. Assim é. Em seguida, após a cremação, os amigos do morto que vieram de outras casas pedem a seus familiares cabaças de suas cinzas, para poder enterrá-las mais tarde em suas casas, durante suas próprias festas *reahu*.

Levam também alguns de seus pertences, para queimá-los chorando, porque tinham afeto por ele. Esses são nossos costumes quando morre um homem muito amado, porque era valente, bom e generoso.

Todos levam no pensamento os homens sempre dispostos a dar sem avareza o que possuem. Sejam brancos ou Yanomami, não gostamos de avarentos! Eu mesmo não sinto vontade de possuir mercadorias. Meu pensamento não consegue se fixar nelas. No começo, são atraentes, mas se estragam depressa e então começamos a sentir falta delas. Não quero pensar em coisas assim! Só a floresta é um bem de alto valor! As facas gastam, os facões ficam desbeiçados, as panelas ficam pretas, as redes furam e as peles de papel do dinheiro derretem na chuva. Já as folhas das árvores podem murchar e cair, porém sempre voltam a crescer, bonitas e brilhantes como eram antes! As poucas mercadorias que tenho me bastam e não desejo ter mais. Além disso, depois de consegui-las na cidade, no final sempre as distribuo às gentes das casas amigas que vêm dos rios Toototobi, Demini e Catrimani nos visitar. Tanto que, depois, minha mulher e meus filhos chegam a ficar sem nada! Os visitantes então me dizem: "Pedimos estes objetos a você porque sabemos que é generoso. Se fosse sovina, teríamos ficado em casa sem dizer uma palavra!". E eu lhes respondo: "*Awei!* Dou-lhes facões e machados para abrirem roças, fósforos para enfumaçar tatus, anzóis para pescar e panelas para cozinhar a caça, porque nos falta argila desde que nossos antigos saíram das terras altas! Os brancos agora estão perto de nós, mas são avarentos. Por isso, não falem mal de mim — dou a vocês o pouco que consigo tirar deles, com muito esforço!". Assim é. Só penso nas mercadorias para distribuí-las. Se tivesse um montão delas, como os brancos têm, iria dá-las a todos os que me pedissem, dizendo: "São suas! Peguem e alegrem-se! É para distribuí-las à larga que fabrico tantas!".

Mas os brancos são gente diferente de nós. Devem se achar muito espertos porque sabem fabricar multidões de coisas sem parar. Cansaram de andar e, para ir mais depressa, inventaram a bicicleta. Depois acharam que ainda era lento demais. Então inventaram as motos e depois os carros. Aí acharam que ainda não estava rápido o bastante e inventaram o avião. Agora eles têm muitas e muitas máquinas e fábricas. Mas nem isso é o bastante para eles. Seu pensamento está concentrado em seus objetos o tempo todo. Não param de fabricar e sempre querem coisas novas. E assim, não devem ser tão inteligentes quanto pensam que são. Temo que sua excitação pela mercadoria não tenha fim e eles acabem enredados nela até o caos. Já começaram há tempos a matar uns aos outros por dinheiro, em suas cidades, e a brigar por minérios ou petróleo que arrancam do chão. Também não parecem preocupados por nos matar a todos com as fumaças de epidemia que saem de tudo isso.[33] Não pensam que assim estão estragando a terra e o céu e que nunca vão poder recriar outros.

Suas cidades estão cheias de casas em que um sem-número de mercadorias fica amontoado, mas seus grandes homens nunca as dão a ninguém. Se fossem mesmo sábios, deveriam pensar que seria bom distribuir tudo aquilo antes de começar a fabricar um monte de outras coisas, não é? Mas nunca é assim! Quando os visitamos na cidade, quando é que os ouvimos dizer: "Levem todos os facões e panelas que estão vendo! Não quero deixá-los aqui envelhecendo por mais tempo! Distribuam entre os seus de graça e falem a eles de mim!"? Ao contrário, os brancos costumam empilhar seus bens de modo mesquinho e guardá-los trancados. Por sinal, sempre levam com eles muitas chaves, que são as das casas em que escondem seus pertences. Vivem com medo de ser roubados. E, ao final, só os dão com muita má vontade, ou sobretudo os trocam por peles de papel que também acumulam, pensando em se tornar grandes homens. Devem pensar, com satisfação: "Faço parte do povo da mercadoria e das fábricas![34] Só eu possuo todas essas coisas! Sou inteligente! Sou um homem importante, sou rico!".

Quando eu era jovem e visitei pela primeira vez a cidade de Manaus e depois Boa Vista, aqueles amontoados de mercadorias empoeiradas me deixavam confuso. Perguntava a mim mesmo por que razão tamanha quantidade de ferros de machado e redes, fabricados havia tanto tempo, ficavam envelhecendo assim, atulhados sobre tábuas até mofar, sem ser distribuídos para ninguém. Só bem mais tarde entendi que os brancos tratam suas mercadorias como se fossem mulheres por quem estão apaixonados. Só querem pegá-las para depois ficar de olho nelas com ciúme. Acontece a mesma coisa com seus alimentos, que sempre empilham em suas casas. Quando pedimos, nunca os dão sem antes nos fazer trabalhar para eles. Nós não somos gente que recusa comida a visitantes! Quando nossas roças estão cheias de mandioca e de bananas, moqueamos bastante caça e convidamos os moradores das casas vizinhas para saciar sua fome numa festa *reahu*. Assim que se instalam em suas redes, depois de sua dança de apresentação, oferecemos a eles, sem sovinice, grandes quantias de mingau de banana-da-terra, num tronco de árvore escavado no centro da casa.[35] Nós os fazemos beber até ficar com a barriga inchada e acabar vomitando![36] Decerto não dizemos a eles: "*Ma!* Não me peçam nada para comer! Primeiro trabalhem nas nossas roças! Tragam caça! Vão buscar água e lenha para nós! O valor de nossas bananas é muito alto! São caras!".[37]

A comida dos brancos não tem um valor tão grande quanto eles pretendem! Como a nossa, ela desaparece assim que é engolida e acaba virando fezes! Suas mercadorias também não são tão preciosas quanto eles dizem. É só o pavor que eles têm de sentir falta delas que os faz aumentar seu valor. Uma vez velhos e cegos, dará mesmo dó vê-los ainda agarrados a elas! Mas, quando morrerem, vão ter de largar todos esses objetos de qualquer jeito! Aí vão abandoná-los quer queiram quer não e seus parentes não vão parar de se desentender para pegá-los. Isso tudo é ruim! Fabricando e manuseando tantas mercadorias, os brancos devem pensar que ganham muito renome. Mas não é nada disso. Para que assim fosse, teriam de ser menos mesquinhos! Aí, quem sabe, gente distante, como nós, acabaria falando deles com contentamento e os guardaria no pensamento.

Nós, habitantes da floresta, só gostamos de lembrar dos homens generosos. Por isso temos poucos bens e estamos satisfeitos assim. Não queremos possuir grandes quantidades de mercadoria. Isso confundiria nossa mente. Ficaríamos como os brancos. Estaríamos sempre preocupados: "*Awei!* Quero ter aquele objeto! E também quero aquele outro, e o outro, e mais aquele!". Não acabaria nunca! Então, a nós basta o pouco que temos. Não queremos arrancar os minérios da terra, nem que suas fumaças de epidemia acabem caindo sobre nós! Queremos que a floresta continue silenciosa e que o céu continue claro, para podermos avistar as estrelas quando a noite cai. Os brancos já têm metal suficiente para fabricar suas mercadorias e máquinas; terra para plantar sua comida; tecidos para se cobrir; carros e aviões para se deslocar. Apesar disso, agora cobiçam o metal de nossa floresta, para fabricar ainda mais coisas, e o sopro maléfico de suas fábricas está se espalhando por toda parte. Os espíritos do céu que chamamos *hutukarari* ainda estão segurando seu peito longe de nós. Porém, mais adiante, depois que eu e os outros xamãs morrermos, talvez sua escuridão desça sobre nossas casas e, então, os filhos de nossos filhos não verão mais o sol.

20. Na cidade

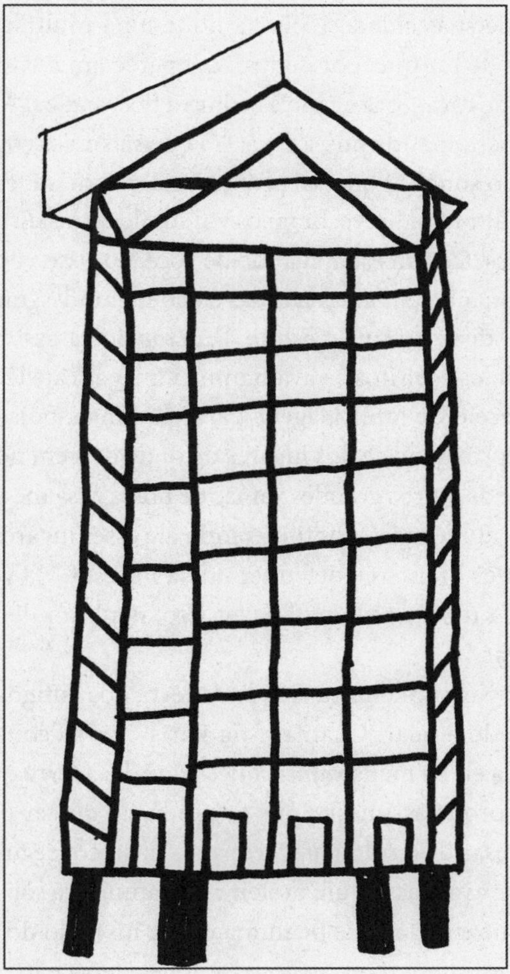

São como formigas. Andam para um lado, viram de repente e continuam para outro. Olham sempre para o chão e nunca veem o céu.

Davi Kopenawa
Newsweek, 29 abr. 1991, sobre
os habitantes de Nova York

Antes de conhecer a terra dos antigos brancos, viajei algumas vezes até ela em sonho, para muito longe da floresta, e pude assim contemplar durante o sono a imagem de suas cidades. Via na noite uma multidão de casas muito altas e cintilantes de luz que, por dentro, me pareciam ser todas revestidas de peles de animais de caça, lisas e macias como a dos veados. Ao acordar, confuso, perguntava aos xamãs de nossa casa: "O que são essas coisas estranhas que me apareceram no sono? O que vai acontecer comigo?". Eles me respondiam: "*Ma!* Não fique aflito! Em breve, brancos vindos de terras distantes irão chamá-lo para perto deles. Devem estar falando de você, por isso você viu suas casas!". Bem mais tarde, quando afinal visitei suas cidades grandes, me lembrei de meus antigos sonhos e disse a mim mesmo: "*Haixopë!* Era assim mesmo que me apareciam quando os espíritos levavam minha imagem até lá!". Naquela época, eu ainda tinha receio de fazer viagens para tão longe, pois, como eu disse, é muito perigoso aproximar-se dos lugares de onde descem nossos *xapiri*. Contudo, meu sogro e os outros grandes xamãs de nossa casa me protegiam. Assim, apesar de minhas apreensões, continuei indo até esses lugares longínquos para melhor conhecer os brancos e defender nossa floresta. Na verdade, se eu não tivesse baixado da minha rede para fazer isso, nenhum de nós poderia tê-lo feito em meu lugar.

Assim, parti para uma outra cidade da terra dos antigos brancos onde tinha sido convidado a falar. Chamam-na Paris.[1] Eu só conheço o lugar pelo nome que deram a ele os meus *xapiri*: *kawëhei urihi*, a terra que treme. Deram-lhe esse nome porque assim que pus os pés lá, ao descer do avião, me senti cambaleante. Apesar de o solo parecer firme, eu só conseguia andar de modo vacilante, como se avançasse num atoleiro que afundava sob cada um de meus passos. Parecia que eu estava de pé numa canoa no meio do rio! Assim, desde a minha chegada, me perguntei, ansioso, se aquela terra não ia mesmo me fazer virar outro! É verdade. Deve ser estável para os que lá cresceram desde a infância, mas para a gente da floresta que faz descer espíritos *xapiri* de lá, parece balançar o tempo todo. Por sinal, foi certamente sua imagem trêmula que seus habitantes imitaram para fabricar os caminhos escorregadios em que se deslocam.[2] Acima dela, o céu é baixo e sempre coberto de nuvens. A chuva e o frio parecem não terminar nunca. Fica perto das beiradas do nível terrestre, e os seres subterrâneos da noite e do caos, *Titiri* e *Xiwãripo*, não devem estar longe.[3] Os brancos talvez não saibam disso, mas os *xapiri* sabem.

Nessa cidade de Paris, multidões de carros e ônibus corriam o dia todo, fazendo um barulho ensurdecedor, apertados no meio das casas. A terra de lá é toda escavada de túneis sem fim, como se fossem de grandes minhocas. Longos trens de metal não paravam de andar por eles com grande estrondo, deslizando em barras de ferro há muito arrancadas das profundezas do chão. É também por isso que me parecia que o chão tremia o tempo todo, mesmo durante a noite. Para quem sempre dormiu no silêncio da floresta, essas vibrações são muito inquietantes. Os brancos não parecem percebê-las, porque estão acostumados a nunca deixar sua terra em paz. Mas eu não parava de pensar que ela devia virar outra por causa do barulho e da agitação que a maltratavam sem trégua. Por isso virei fantasma tantas vezes durante aquela viagem! À noite, quase não dormia e, durante o dia, tinha de me encontrar com um monte de desconhecidos e lhes falar durante muito tempo. Fazia um frio horrível e eu cochilava o tempo todo. Mas nunca me queixei. Durante essas longas viagens, quando fico ansioso, muito longe de casa, não falo com ninguém a respeito de minhas aflições, pois meus *xapiri* me tornaram prudente. Apenas penso dentro de mim mesmo: "É uma terra distante e são gente diferente, não se deve reclamar!".

Porém, certa noite, me senti ainda mais estranho. Pouco antes de viajar, tinha pegado malária e a febre me queimava novamente. Fiquei encolhido na cama, num quarto de hotel, no alto de um prédio grande. Eu tinha conseguido adormecer havia pouco quando, de repente, tive a impressão de ser tragado por um imenso vazio. Em seguida, grandes pedaços de terra abaixo de mim desmoronaram e a casa onde eu estava se desmontou inteira com grande estardalhaço. Aí, começei a cair sem parar. Era apavorante! Mas, por fim, os *xapiri* que me acompanhavam conseguiram segurar minha imagem. Fizeram explodir acima de mim um paraquedas de luz, que me desacelerou, e o fantasma de *Omama* me agarrou logo antes de eu desaparecer no mundo subterrâneo. Então, de súbito, despertei no meio da noite. Não sabia mais onde estava e quase gritei de pavor. Porém, consegui manter a calma. Levantei-me com dificuldade, sem dizer uma palavra, e depois, aos poucos, acordei de fato. Voltei a distinguir as coisas ao meu redor. Então, pensei: "*Oae!* Ainda estou vivo! Os espíritos *napënapëri* dos antigos brancos quiseram testar minha força e meu conhecimento! Foi a partir desta terra que nossos antigos abriram seus caminhos para poder vir dançar em nossa floresta!". Esses espíritos forasteiros examinaram com curiosidade meu rosto, meus olhos e meus cabelos, que são diferentes daqueles dos brancos. Observaram também com atenção os adornos dos *xapiri* que me acompanhavam. Disseram a si mesmos: "*Hou!* Será que são habitantes da floresta, filhos de *Omama*?". Por isso vieram me visitar e me puseram à prova.

Durante as noites seguintes, pude percorrer em sonho o lugar onde vivem esses espíritos dos ancestrais brancos, escondidos no frescor das altas montanhas. Assim eu pude conhecer muitos desses *xapiri* estrangeiros de danças magníficas, que se refugiaram nas alturas depois de os brancos terem passado muito tempo sem chamá-los. Também pude ver as árvores *amoa hi*, imaculadas e brilhantes, onde colhem seus cantos. São *xapiri* poderosos, que *Omama* nos manda só de vez em quando. Eles sabem arrancar e regurgitar as doenças tão bem como nossos espíritos japim *ayokorari*. São melhores do que qualquer outro para derrotar os seres maléficos da epidemia. Suas imagens me encorajaram muitas vezes, durante o sono, a falar com os brancos com energia e coragem. Diziam-me: "Fique atento! Dê a eles suas palavras numa voz firme, e não se deixe enganar por vagas mentiras! Eles têm de defender a floresta de fato! Se todas as suas árvores grandes forem derrubadas e queimadas, não voltarão a crescer. Por mais que os brancos tentem plantar outras, nunca terão a força das que o ser da fertilidade *Në roperi* fez crescer no primeiro tempo. Só elas sabem fazer o vento e a chuva circularem em suas copas, para que os espíritos das plantas e dos animais possam matar a sede e se banhar. Sem elas, a terra morrerá!".

À noite, naquela cidade, os brancos que me acompanhavam me mostraram uma espécie de casa muito alta e pontuda, feita de metal, como uma grande antena coberta de cipós de luz cintilante.[4] Acho que foi construída para ser admirada pelas pessoas que vêm de outras terras, e é exatamente isso que fa-

zem! Durante o dia, olham para ela durante muito tempo e a acham muito bonita. Pegam imagens dela uma atrás da outra. Enquanto isso, a gente do lugar deve pensar: "*Ha!* Como somos espertos e ricos, nós que construímos algo tão lindo!". É só. Ninguém pensa além disso. No entanto, apesar de ninguém saber, essa construção é em tudo semelhante à imagem das casas de nossos *xapiri*, cercada por todos os lados de inúmeros caminhos luminosos. É verdade! Aquela claridade cintilante é a do metal dos espíritos! Os brancos daquela terra devem ter capturado a luz dos seres raio *yãpirari* para prendê-la nessa antena! Ao observá-la, eu pensava: "*Hou!* Esses forasteiros ignoram a palavra dos espíritos, mas, apesar disso, sem querer, imitaram suas casas!". Isso me deixou confuso. Porém, apesar da semelhança, a luz daquela casa de ferro parecia sem vida. Não saía dela nenhum som. Se fosse viva, como uma verdadeira casa de espíritos, ouviríamos brotar de sua luminosidade o sibilar incessante dos cantos de seus habitantes. Seu cintilar propagaria as vozes ao longe. Mas não era o caso. Ela ficava inerte e silenciosa. Foi apenas durante o tempo do sonho, fazendo dançar sua imagem, que pude ouvir a voz dos espíritos dos antigos brancos e das mulheres estrangeiras *waikayoma*, cobertas de miçangas, que moram em sua terra.

Num outro dia, meus amigos brancos também me mostraram, passando de carro, uma grande pedra enfiada no chão, no meio da cidade. Disseram-me que os antigos daquela terra a tinham trazido de um outro país distante, onde foram guerrear antigamente.[5] Então, sem responder, pensei apenas: "*Hou!* Os brancos de longe também não têm tanta sabedoria quanto pretendem! Não param de repetir que é ruim nos flecharmos uns aos outros por vingança. E no entanto, seus próprios antepassados eram belicosos a ponto de ir até lugares muito remotos só para saquear a terra de gente que não tinha feito nada a eles! Digam o que disserem, o sangue e o fantasma do ser da guerra *Aiamori* se dividiram e se espalharam pela terra deles tanto quanto pela nossa!". Em outra ocasião, levaram-me para visitar uma grande casa que os brancos chamam de museu.[6] É um lugar onde guardam trancados os rastros de ancestrais dos habitantes da floresta que se foram há muito tempo. Vi lá uma grande quantidade de cerâmicas, de cabaças e de cestos; muitos arcos, flechas, zarabatanas, bordunas e lanças; e também machados de pedra, agulhas de osso, colares de sementes, flautas de taquara e uma profusão de adornos de penas e de miçangas. Esses bens, que imitam os dos *xapiri*,[7] são mesmo muito antigos e os fantasmas dos que os possuíram estão presos neles. Pertenceram um dia a grandes xamãs que morreram há muito tempo. As imagens desses antepassados foram capturadas ao mesmo tempo que esses objetos foram roubados pelos brancos, em suas guerras. Por isso digo que são posses dos espíritos. No entanto, as imagens desses ancestrais, retidas há tanto tempo nessas casas distantes, não podem mais vir até nós para dançar. Não somos mais capazes de fazer ouvir suas palavras na floresta, pois seus caminhos até nós foram cortados há tempo demais. Na barulheira de suas cidades, os brancos não sabem mais sonhar com os espíritos.[8] Por isso ignoram todas essas coisas. Mas eu reconheci logo aqueles bens preciosos dos antigos e fiquei muito preocupado. Pensei: "*Hou!* Trancando-os para expô-los ao olhar de todos, os brancos demonstram falta de respeito para com esses objetos que pertenciam a ancestrais mortos. Não se pode destratar assim bens ligados aos *xapiri* e à imagem de *Omama!*".

Em caixas de vidro colocadas lado a lado, via-se uma profusão de adornos de rabo de tucano, junto com despojos sarapintados de pássaros *hëima si* e *wisawisama si*, que a gente das águas, grandes caçadores, flecha sem trégua com suas zarabatanas de taquara branca.[9] Havia também muitos adornos de contas de vidro coloridas, pertencentes às imagens das mulheres estrangeiras *waikayoma*. Eram elas que teciam as braçadeiras, cintos e saias de miçanga vindos de longe, que nossos antigos também chamavam de objetos preciosos *matihi*.[10] Para juntar essas contas de olhos vermelhos, brancos, azuis e amarelos, as mulheres espírito tinham de furar suas imagens com flechinhas *ruhu masi*.[11] Já os brancos as fabricam hoje em dia com máquinas, em grandes quantidades. As que as *waikayoma* flechavam eram bem diferentes, pois se tratava de bens dos espíritos. Eram vivas e pareciam criancinhas. Logo que as flechinhas das mulheres espírito as atingiam, gemiam de dor e choravam como recém-nascidos: "*Õe, õe, õe!*". Então, as *waikayoma* as enfiavam uma por uma num barbante que passavam por suas feridas. Formavam assim longos colares, que usavam no pescoço e cruzavam sobre o peito, para exibi-los em suas danças de apresentação. Possuíam grandes quantidades dessas crianças-miçanga, com as quais fabricavam vários tipos de enfeites magníficos, brilhantes e lisos. Foram essas mulheres espírito *waikayoma* que ensinaram o nome das contas de vidro para nossos ancestrais. Assim, quando nossos antigos xamãs lhes perguntavam de onde vinham, respondiam apenas: "Nós as chamamos de *õha kɨki, topë kɨki!*[12] São bens dos *xapiri*! Nós os flechamos numa terra distante de onde descemos para vir até vocês!".

Também pude ver, no museu daquela cidade, machados de pedra com os quais os antigos habitantes da floresta abriam suas roças, anzóis de ossos de animais que usavam para pescar, os arcos com os quais caçavam, as panelas de barro em que cozinhavam sua caça e braçadeiras de algodão que teciam. Deu-me muita pena ver todos aqueles objetos abandonados por antigos que se foram há tanto tempo. Mas sobretudo vi lá, em outras caixas de vidro, cadáveres de crianças com a pele enrugada. Tudo isso acabou me deixando furioso. Pensei: "De onde vêm esses mortos? Não seriam os antepassados do primeiro tempo? Sua pele e ossos ressecados dão dó de ver! Os brancos só tinham inimizade com eles. Mataram-nos com suas fumaças de epidemia e suas espingardas para tomar suas terras. Depois guardaram seus despojos e agora os expõem aos olhos de todos![13] Que pensamento de ignorância!". Aí, de repente, comecei a falar de modo duro com os brancos que me acompanhavam: "É preciso queimar esses corpos! Seus rastros devem desaparecer! É mau pedir dinheiro para mostrar tais coisas! Se os brancos querem mostrar mortos, que moqueiem seus pais, mães, mulheres ou filhos, para expô-los aqui, em lugar de nossos ancestrais! O que eles pensariam se vissem seus defuntos exibidos assim diante de forasteiros?". Surpresos com o tom de minha voz, meus guias me perguntaram se eu estava mesmo com muita raiva. Então expliquei meu pensamento: "*Awei!* Ver tudo isso me deixa muito triste! Os brancos não deviam tratar tão mal esses antigos mortos, colocando-os assim à vista de todos, cercados dos objetos que deixaram ao morrer. O mesmo vale para todos esses despojos e ossadas de animais. São ancestrais animais cujas imagens os xamãs faziam dançar. Eles também não devem ser maltratados assim. Se os brancos quiserem, que ponham no lugar ossos de galinhas, cavalos, carneiros ou bois!". No final, os que me escutavam, constrangidos, tentando me acalmar, responderam: "Não fique tão chateado! Tudo isso está exposto apenas para todos poderem conhecer!".

Mas eu não estava de acordo, e continuei: "É ruim guardar trancados nesta casa longínqua os bens dos habitantes da floresta que foram mortos no passado pelas doenças e armas dos brancos! Essas pessoas foram criadas no primeiro tempo. São, desde sempre, os verdadeiros donos da floresta. Seus objetos pertencem aos *xapiri* e a *Omama*. Fico muito aflito de vê-los expostos desse modo! Quero olhar só coisas bonitas, não coisas da morte. Prefiro ver imagens do céu, do sol, das montanhas, da chuva, do dia e da noite — tudo o que não morre nunca. Os humanos somem muito depressa e, assim que seu sopro de vida é cortado, só inspiram tristeza e saudade. Os brancos podem mostrar o que quiserem em seus museus, mas não coisas vindas de fantasmas. Enquanto estamos vivos, podem expor nossas imagens e objetos em suas cidades à vontade, para explicar a seus filhos como vivemos e, assim, ajudar a proteger nossa floresta. Mas exibir dessa maneira cadáveres ressecados e objetos órfãos dos primeiros habitantes da floresta só pode me deixar infeliz e me atormentar. É algo muito ruim para mim!".

Antigamente, toda a terra do Brasil era ocupada por povos como o nosso. Hoje, está quase vazia de nossa gente e o mesmo acontece no mundo inteiro. Quase todos os povos da floresta desapareceram. Os que ainda existem, aqui e ali, são apenas o resto dos muitos que os brancos mataram antigamente para roubar suas terras. Depois, com a testa ainda cheia da gordura desses mortos,[14] esses mesmos brancos se apaixonaram pelos objetos cujos donos tinham matado como se fossem inimigos! E desde então, guardam-nos fechados no vidro de seus museus, para mostrar a seus filhos o que resta daqueles que seus antigos fizeram morrer! Mas essas crianças, quando crescerem, vão acabar perguntando para seus pais: "*Hou!* Esses objetos são muito bonitos, mas por que vocês destruíram seus donos?". Então, eles só poderão responder: "*Ma!* Se essa gente ainda estivesse viva, estaríamos pobres! Estavam atrapalhando! Se não tivéssemos tomado sua floresta, não teríamos ouro!". Porém, apesar de tudo isso, os brancos não se incomodam nem um pouco em exibir os despojos daqueles que mataram! Nós nunca faríamos uma coisa dessas!

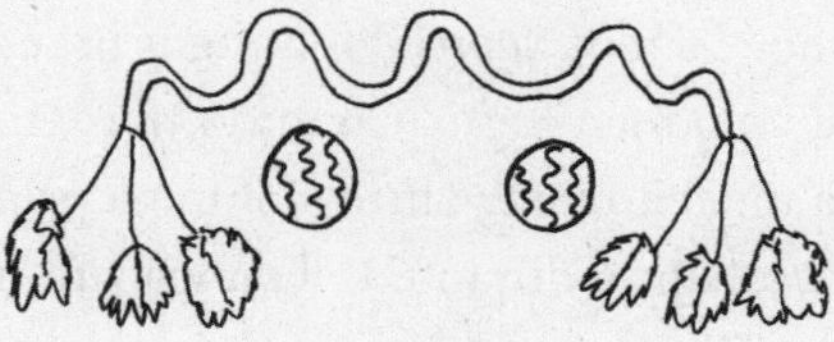

Afinal, depois de ver todas as coisas daquele museu, acabei me perguntando se os brancos já não teriam começado a adquirir também tantas de nossas coisas só porque nós, Yanomami, já estamos começando também a desaparecer. Por que ficam nos pedindo nossos cestos, nossos arcos e nossos adornos de penas, enquanto os garimpeiros e fazendeiros invadem nossa terra? Será que querem conseguir essas coisas antecipando a nossa morte? Será que depois vão querer levar também nossas ossadas para suas cidades? Uma vez mortos, vamos nós ser expostos do mesmo modo, em caixas de vidro de algum museu? Foi o que tudo aquilo me fez pensar. Disse a mim mesmo que se damos aos brancos nossas braçadeiras de mutum e nossos adornos de rabos de tucano, nossa tinta de urucum, nossas aljavas e nossas flechas, para deixar que tudo isso seja trancado nas suas casas ou nos seus museus, aos poucos perderemos nossa beleza e nos tornaremos maus caçadores. Nossos ornamentos de penas de arara, de papagaio e de cujubim, nossos despojos de galo-da-serra e de pássaros *sei si* são bens preciosos, que pertencem à gente das águas.[15] Quando os levam embora consigo, os brancos capturam também as imagens desses animais e as guardam presas bem longe da floresta. É isso que vai acabar nos fazendo ficar feios e panema.

Mais tarde, quando retornei dessa viagem a Paris, assim que cheguei à minha casa de *Watorikɨ*, achei realmente que logo fosse morrer. Eu estava muito fraco e tinha tonturas e sono o tempo todo. Não conseguia mais acordar direito. Depois, comecei a sentir que minhas pernas ficavam pesadas e adormecidas também. Mesmo me beslicando, não sentia mais nada. Ficava deitado na rede e ia perdendo consciência aos poucos. Não enxergava mais minha mulher e meus filhos, que estavam bem perto, nem minha própria rede! Tinha entrado em estado de fantasma e, de repente, minhas pernas ficaram paralisadas por completo. Eu estava de volta à floresta, mas minha imagem continuava dormindo no peito do céu. Tudo isso estava acontecendo, eu sabia, porque tinha pisado nas terras de onde vêm os *xapiri* dos antigos brancos. Eu os conhecia e já os tinha feito dançar com meu sogro. Contudo, aproximar-me tanto de seus locais de origem tinha me feito virar outro, como na primeira vez. A imagem de *Omama* tinha me protegido durante toda a viagem, mas foi na volta que fiquei todo entorpecido. Tive de passar vários dias em casa, prostrado perto do fogo, para secar minhas carnes encharcadas do frio úmido daquelas terras distantes. Depois, fui aos poucos recomeçando a beber o pó de *yãkoana*. Então, os meus *xapiri* que tinham me acompanhado na viagem despertaram e se aqueceram. Descansados, recuperaram a energia e comecei eu também a me restabelecer.

Agora eu realmente sabia o quanto tais viagens são perigosas para os xamãs! No entanto, passadas algumas luas, no final do tempo da seca, amigos brancos me chamaram novamente para longe da floresta. Todos os meus estavam morrendo de malária e, perto de onde moramos, a maioria dos brancos parecia não escutar minhas queixas. Por isso aceitei, mais uma vez, sair de casa para ir falar diante dos grandes homens de uma outra cidade, bem maior do que todas as que eu tinha conhecido até então. Seus habitantes a nomeiam Nova York. Eu queria obter o apoio deles, para que convencessem o governo de nossa terra do Brasil a impedir os garimpeiros de saquear nossa floresta e exterminar todos os seus habitantes.[16] Quando cheguei a Nova York, fiquei surpreso, pois aquela cidade parece um amontoado de montanhas de pedra onde os brancos vivem empilhados uns sobre os outros! E a seus pés, multidões de pessoas andavam muito depressa, em todos os sentidos, tão numerosas como formigas! Disse a mim mesmo que aqueles brancos deviam ter construído suas casas como penhascos depois de terem derrubado todas as suas florestas e começado a fabricar, pela primeira vez, mercadorias em enormes quantidades. Com certeza pensaram: "Somos muitos, sabemos guerrear com valentia e temos muitas máquinas! Vamos construir casas gigantes para enchê-las de mercadorias que todos os outros povos vão cobiçar!".

No entanto, se no centro dessa cidade as casas são altas e belas, nas bordas, estão todas em ruínas. As pessoas que vivem nesses lugares afastados não têm comida e suas roupas são sujas e rasgadas. Quando andei entre eles, olharam para mim com olhos tristes.[17] Isso me deu dó. Os brancos que criaram as mercadorias pensam que são espertos e valentes. Mas eles são avarentos e não cuidam dos que entre eles não têm nada. Como é que podem pensar que são grandes homens e se achar tão inteligentes? Não querem nem saber daquelas pessoas miseráveis, embora elas façam parte do seu povo. Rejeitam-nas e deixam que sofram sozinhas. Nem olham para elas e, de longe, apenas as chamam de pobres. Chegam até a tirar delas suas casas desmoronadas. Obrigam-nas a ficar fora, na chuva, com seus filhos. Devem pensar: "Moram em nossa terra, mas são outra gente. Que vivam longe de nós, catando sua comida no chão, como cães! Nós, enquanto isso, vamos aumentar nossos bens e nossas armas, sozinhos!". Fiquei assustado de ver aquilo!

Durante essa viagem, voltei a ter crises de malária.[18] Além disso, perto do lugar onde me hospedaram, havia muito barulho. As pessoas do outro lado da rua costumavam cantar e gritar durante a noite. Isso me deixava apreensivo e agitado. Eu dormia em estado de fantasma e frequentemente tinha tonturas e a visão embaçada. Então, como nas outras cidades grandes que eu tinha visitado, vi descer no meu sono os espíritos dessas terras dos antigos brancos. Vinham um atrás do outro no meu sonho, cada vez mais numerosos. Primeiro eu via dançar as imagens dos seres trovão, depois a dos seres raio e dos ancestrais onça. Também costumava ver uma multidão barulhenta de espíritos japim *ayokorari* que vinha até mim de suas montanhas distantes. Esses *xapiri* sabem tirar as doenças e trabalham ao lado dos médicos. Por isso costumam aparecer durante os sonhos dos xamãs que ardem em febre.

Certa noite, foi a imagem de uma moça das águas, uma irmã de *Tʰuëyoma*, a esposa que *Omama* pescou no primeiro tempo, que me apareceu. Seus olhos e cabelos negros eram muito bonitos. Eu via com clareza seus jovens seios despontando, mas a parte de baixo de seu corpo era como de peixe. Ela derramava água com delicadeza sobre minha testa febril e assim me fazia voltar à vida. Há muito tempo, essa moça dos rios deixou nossa floresta e se perdeu muito longe, nos confins das águas. É por isso que sua imagem vive hoje debaixo de uma grande ponte desta cidade de Nova York.[19] Vi que os brancos sabem desenhá-la e me disseram que lhe dão o nome de sereia. Ela ficou lá onde a grande enchente que carregou nossos ancestrais de *Hayowari* parou para formar o oceano.[20] É o lugar onde hoje se encontra o ponto de amarração de todos os rios, que chamamos *u monapë*. Se os cursos d'água não fossem presos desse modo, voltariam para as profundezas da terra, que secaria para sempre.

Naquela cidade, na verdade não foi a altura dos prédios o que mais me assustou. Foram outras coisas, que se revelaram durante os meus sonhos. Assim, certa noite, vi também o céu ser incendiado pelo calor da fumaça das fábricas. Os trovões, os seres raios e os fantasmas dos antigos mortos estavam cercados de chamas imensas. Depois, o céu começou a desmoronar sobre a terra com grande estrondo. Isso sim era mesmo assustador! Onde os brancos vivem, o céu é baixo e eles não param de cozer grandes quantidades de minério e de petróleo. Por isso as fumaças de suas fábricas sobem sem trégua para o peito do céu. Isso o torna muito seco, quebradiço e inflamável como gasolina. Ressecado pelo calor, torna-se frágil e se desfaz em pedaços, como uma roupa velha. Tudo isso preocupa muito os *xapiri*. Em meu sonho, eles tentavam curar o céu doente, fazendo girar a chave da chuva, para afastar a raiva do braseiro que o devorava. Exaltados, despejando torrentes de água sobre as chamas, gritavam para os brancos: "Se vocês destruírem o céu, vão todos morrer com ele!". Mas estes não davam nenhuma atenção a seus gritos de alerta. E eu não falei desse sonho a ninguém, porque estava longe de minha casa e dos meus. Assim é. Se os espíritos não continuarem inundando o céu daquele jeito, ele vai acabar queimando por inteiro. Meu sogro me falou desse trabalho deles assim que começou a me fazer beber *yãkoana*, antes mesmo de eu me tornar xamã de fato.

Noutra ocasião, em Nova York, fui espantado durante o sono pelos estalos e estrondos surdos do céu, que parecia começar a se mover pesadamente sobre a cidade. Então, acordei sobressaltado e me levantei. Fiquei um tempo sem me mover, de pé, me segurando para não gritar de pavor. Mais uma vez, pensei: "*Hou!* Esta é uma outra terra, não posso me deixar levar pelo medo, ou os brancos vão achar que enlouqueci!". Aos poucos, fui tentando me acalmar. Depois, o barulho do céu parou, mas eu comecei a ouvir a voz de sua imagem, que os xamãs nomeiam *Hutukarari*. Ela me dizia: "*Ma!* Não é nada! Fiz isso para testar sua vigilância! Às vezes faço o mesmo para que os brancos me ouçam, mas não adianta nada! Só os habitantes da floresta mantêm os ouvidos abertos, pois sabem virar espíritos com a *yãkoana*. Os dos brancos ficam sempre fechados. Por mais que eu tente assustá-los para alertá-los, eles permanecem surdos como troncos de árvore! Mas você me ouviu, isso é bom!".

Naquele tempo, pensei que a cidade de Nova York devia ser o lugar onde os brancos começaram, antigamente, a arrancar o metal da terra, a encher suas casas de mercadorias e a inventar as peles de papel do dinheiro. Ouvi dizer que é lá que fabricam aquelas coisas de ferro brilhante que passam no céu como cometas e que chamam de satélites. Vi também que os olhos das pessoas daquela terra estão mais estragados do que em outros lugares pela fumaça do metal e seu pó de cegueira.[21] Na floresta, não temos nem fábricas nem carros e nossos olhos são límpidos. Em Nova York, tanta gente parecia ter a vista ruim! Até mesmo as crianças e os jovens tinham os olhos cobertos por vidros para ver melhor! Também pensei, naquela cidade, que os brancos que a construíram maltrataram os primeiros habitantes daquelas regiões do mesmo modo que os do Brasil nos maltratam hoje. Sua terra era bela, fértil e cheia de caça. Os brancos chegaram e logo quiseram tomar posse dela. Pensavam que aquelas pessoas estavam atrapalhando, então as consideraram seus inimigos e começaram a destruí-las. Os antigos brancos dos Estados Unidos eram de fato maus e muito belicosos, vi isso num livro![22] Foi para mim um tormento pensar em todos aqueles humanos parecidos conosco que morreram naquele país. Pensei que muitos deles deviam morar naquela terra de Nova York antes de sua floresta ser arrasada para dar lugar a todas essas casas de pedra. Os brancos de lá deviam detestá-los tanto quanto nos odeiam os garimpeiros e fazendeiros no Brasil. Devem ter pensado: "Vamos acabar com esses índios sujos e preguiçosos! Vamos tomar o lugar deles nesta terra! Seremos os verdadeiros americanos, porque somos brancos! Somos mesmo espertos, trabalhadores e poderosos!". Seu fascínio pelas mercadorias, estradas, trens e depois aviões não parou de aumentar. Foi com esses pensamentos de mentira que começaram a fazer morrer as gentes da floresta, antes de roubarem sua terra e dar a ela um nome seu: *America*. É com as mesmas palavras que os garimpeiros e fazendeiros querem se livrar de nós no Brasil: "Os Yanomami são apenas seres da floresta, não são humanos! Pouco importa que morram, eles são inúteis e nós vamos trabalhar de verdade no lugar deles!".

Fora da cidade de Nova York, levaram-me para visitar o que resta do povo que os antigos brancos mataram outrora naquela terra para tomar seu lugar. Seu nome é *Onondaga*.[23] Chamo-os de *Yanomae tʰë pë*, como nós, não só porque se parecem conosco, mas também porque são a gente que foi criada no primeiro tempo nessa terra dos Estados Unidos, como nós mesmos o fomos em nossa floresta. Em suas casas, vi muitos adornos de penas. São gente que ainda tem *xapiri* e sabe fazê-los dançar. Quando fui visitá-los, os homens me chamaram e eu me sentei com eles para ouvir suas palavras. Afastaram as mulheres e as crianças. Queimaram tabaco e fizeram descer seus espíritos. Seus antigos eram caçadores de grandes águias que voam alto no céu, como o temível gavião-real *mohuma* em nossa terra. Fabricavam cocares magníficos com suas penas. Também caçavam outros animais, que eu nem sabia que existiam, como os ursos e os bisões. Seus xamãs até hoje fazem dançar a imagem desses ancestrais animais. Os *Onondaga* também bebem o suco doce das árvores de sua floresta,[24] como nós bebemos o mel das abelhas. Antigamente, a terra em que viviam seus antepassados era muito vasta, mas a que os brancos deixaram para eles é estreita e fica bem ao lado de uma cidadezinha. Levaram-me com eles para andar por ela. Deu-me muita pena! Estão ilhados num pedacinho de terra de nada! Os colonos, os fazendeiros e os mineiros mataram seus ancestrais. Eles bem que tentaram mandá-los embora, mas só tinham flechas e não conseguiram se defender contra tantas espingardas dos brancos. Uma vez dizimados e vencidos, receberam apenas aquele bocado de terra. Então, pensei: "*Hou!* É assim que os brancos querem tratar também todos os habitantes da floresta no Brasil! É só isso que eles fazem desde sempre! Vão matar toda a caça, os peixes e as árvores. Vão sujar todos os rios e os lagos, e no final tomarão posse do que resta de nossas terras. Não vão deixar nada vivo! Pensam que não somos humanos e nos detestam igualmente a todos! No entanto, mesmo sendo gente diferente dos brancos, temos boca e olhos, sangue e ossos, como eles! Todos vemos a mesma luz. Todos temos fome e sede. Todos temos a mesma dobra atrás dos joelhos para poder andar! De onde vem essa brutal vontade deles de destruir a floresta e seus habitantes?".

Eram todas essas coisas que me acordavam durante a noite, em Nova York, e, assim, meus pensamentos ficavam passando de uma para outra sem trégua, até o amanhecer. Eu também dizia a mim mesmo: "Os antigos brancos desenharam o que chamam de suas leis em peles de papel, mas para eles parece que não passam de mentiras! Na verdade, eles só escutam as palavras da mercadoria!". Eu ficava atormentado e não conseguia voltar a dormir. A trilha de minhas ideias se afastava e se desdobrava sem parar, em todas as direções, em viagens cada vez mais distantes. É assim a cada vez que sou obrigado a dormir numa cidade grande para falar aos brancos. Estou sempre em busca de outras palavras; palavras que eles ainda não conhecem. Quero que se surpreendam e que prestem atenção. Penso em nossos ancestrais e no modo como viviam, penso nas palavras de *Omama* e nas dos espíritos. Busco palavras muito antigas. Nem sempre são as que ouvi da boca de meus pais e avós. São palavras que vêm do primeiro tempo, mas que, apesar disso, vou buscar no fundo de mim. No começo, não conhecíamos os brancos e menos ainda suas cidades. Porém, desde que eu era criança, eles não param de aumentar e de se aproximar de nós para destruir nossa terra. Há tempos os garimpeiros reviram o leito de nossos rios e logo as mineradoras vão querer escavar as profundezas do chão da floresta. Os fazendeiros e colonos não param de incendiar suas bordas. Por isso hoje eu busco palavras poderosas, para dizer o quanto tudo isso me deixa com raiva. Não quero nada além da floresta e sua caça, os rios e seus peixes, as árvores, seus frutos e seus méis. Quero tudo isso para meus filhos e os filhos deles poderem continuar vivendo bem depois de minha morte. Só isso.

Ter conhecido as terras dos antigos brancos durante minhas viagens me deixou pensativo. Com certeza, suas cidades são belas de ver, mas, por outro lado, a agitação de seus habitantes é assustadora. Trens correm o tempo todo debaixo da terra, carros no chão coberto de cimento e aviões atravessam sem trégua o céu encoberto. As pessoas vivem amontoadas umas em cima das outras e apertadas, excitadas como vespas no ninho. Tudo isso causa tontura e obscurece o pensamento. O barulho contínuo e a fumaça que cobre tudo impedem de pensar direito. Deve ser mesmo por isso que os brancos não conseguem nos ouvir! Assim que lhes dirigimos a palavra, a maioria deles responde: "Os habitantes da floresta não passam de mentirosos! Vamos continuar mandando nossas máquinas para a frente! Arrancaremos minério da terra o quanto quisermos!". Contudo, nossos dizeres sobre a terra e o céu não são mentiras. São palavras verdadeiras que os xamãs receberam da imagem de *Omama* e dos *xapiri*. Os brancos, com suas mentes fincadas nas mercadorias, não querem saber de nada. Continuam a estragar a terra em todos os lugares onde vivem, mesmo debaixo das cidades onde moram! Nunca passa pela cabeça deles que se a maltratarem demais, ela vai acabar revertendo ao caos. Seu pensamento está cheio de esquecimento e vertigem. Por isso eles não têm medo de nada e acham que estão a salvo de tudo. Quando visitei a terra de seus ancestrais, entendi que era o lugar onde todas essas coisas começaram. Foi daquelas regiões distantes que eles se aproximaram pouco a pouco da nossa floresta, para continuar destratando a terra e instalando nela suas fábricas.

Para mim, não é nada agradável viver na cidade. Meu pensamento lá fica irrequieto e meu peito apertado. Não durmo bem, só como coisas estranhas e vivo com medo de ser atropelado por um carro! Nunca consigo pensar com calma. É um lugar que realmente provoca muita aflição. Os brancos pedem dinheiro para tudo o tempo todo, até para beber água e urinar! Aonde quer que se vá, há uma multidão de gente que se apressa para todos os lados sem que se saiba por quê. Anda-se depressa no meio de desconhecidos, sem parar e sem falar, de um lugar para outro. A vida dos brancos que se agitam assim o dia todo como formigas *xiri na* parece triste. Eles estão sempre impacientes e temerosos de não chegar a tempo a seus empregos ou de serem despedidos. Quase não dormem e correm sonolentos durante o dia todo. Só falam de trabalho e do dinheiro que lhes falta. Vivem sem alegria e envelhecem depressa, sempre atarefados, com o pensamento vazio e sempre desejando adquirir novas mercadorias. Então, quando seus cabelos ficam brancos, eles se vão e o trabalho, que não morre nunca, sobrevive sempre a todos. Depois, seus filhos e netos continuam fazendo a mesma coisa.

Omama com certeza não quis nos maltratar desse jeito! Para os habitantes da floresta, as cidades dos brancos são empesteadas por um cheiro ruim de queimado e de epidemia *xawara*.[25] Lá as pessoas trabalham em estado de fantasma e não param de engolir o vento das fumaças das fábricas e das máquinas. Elas entram no nariz, na boca e nos olhos; colam nos cabelos de todos. Assim seu peito fica enegrecido. Por isso os brancos ficam doentes com tanta frequência, apesar de todos os seus remédios. Mesmo que os médicos abram seu peito, barriga e olhos, nada resolve. O esperma dos pais cuja carne está impregnada dessa fumaça de epidemia adoece e, por isso, seus filhos nascem com defeitos. É a fumaça do metal que causa tudo isso. Na cidade, nunca é possível ouvir com clareza as palavras que nos são dirigidas. As pessoas precisam ficar coladas uma na outra para poderem se ouvir. O zumbido das máquinas e dos motores atrapalha todos os outros sons; a algazarra das rádios e televisões confunde todas as outras vozes. É por causa de toda essa barulheira na qual eles se apressam durante o dia que os brancos estão sempre preocupados. Seu coração bate depressa demais, seu pensamento fica emaranhado de tonturas e seus olhos estão sempre em alerta. Acho que esse ruído contínuo impede seus pensamentos de se juntarem um ao outro. Acabam lá parados, espalhados a seus pés, e é assim que se fica bobo. Mas talvez os brancos gostem desse barulho que os acompanha desde a infância? Para os que cresceram no silêncio da floresta, ao contrário, a barulheira das cidades é dolorosa. É por isso que, quando fico lá muito tempo, minha mente fica tampada e vai se enchendo de escuridão. Fico ansioso e não consigo mais sonhar, porque meu espírito não volta à calma.

Eu nasci na floresta, e por isso prefiro viver nela. Só posso ouvir os cantos dos *xapiri* e sonhar com eles cercado de sua tranquilidade. Gosto do silêncio dela, apenas quebrado pelos chamados fortes dos pássaros *hwãihwãiyama*, os gritos roucos das araras, o choro dos tucanos, os berros dos bandos de macacos *iro* ou o trinado dos papagaios. Essas vozes agradam a meus ouvidos. Quando volto de minhas viagens entre os brancos, depois de algum tempo a tontura deixa meus olhos e meu pensamento volta à claridade. Não ouço mais os carros, nem as máquinas, nem os aviões. Só escuto os sapos *tooro* e as rãs *krouma* chamando a chuva na floresta. Só escuto o sussurro das folhas no vento e o estrondo dos trovões no céu. As palavras sem sabedoria dos políticos da cidade vão aos poucos desaparecendo no sossego de meu sono. Fico calmo de novo, caçando e fazendo dançar meus espíritos. A floresta é muito bonita de ver. É fresca e cheirosa. Quando andamos por ela para caçar ou viajar, sentimo-nos alegres, com o espírito calmo. Escutamos ao longe o chiado das cigarras, as lamúrias dos mutuns e jacamins e os gritos dos macacos-aranha nas árvores. Nossa preocupação é aquietada. Então nossos pensamentos podem seguir um ao outro sem se atrapalhar.

É por tudo isso que quero viver na floresta, como fizeram meus antepassados antes de mim. Sou neto deles e quero seguir suas pegadas. Às vezes imito a língua dos brancos e até possuo algumas de suas mercadorias. Não tenho, porém, desejo algum de me tornar um deles. Em suas cidades não é possível conhecer as coisas do sonho. Nelas não conseguem ver as imagens dos espíritos da floresta e dos ancestrais animais. Seu olhar está preso no que os cerca: as mercadorias, a televisão e o dinheiro. Por isso eles nos ignoram e ficam tão pouco preocupados se morremos de suas fumaças de epidemia. Nós, contudo, temos pena dos brancos. Suas cidades são muito grandes e eles vivem desejando um monte de objetos bonitos, mas, quando ficam velhos ou enfraquecidos pela doença, de repente têm de abandonar todos eles, que logo se apagam de suas mentes. Só lhes resta então morrer sós e vazios. Mas eles nunca querem pensar nisso, como se não fossem deixar de existir eles também! Se pensassem, talvez não fossem tão ávidos das coisas de nossa terra e tão hostis para conosco. São esses os pensamentos que ocupam minhas noites nas cidades, onde nunca consigo dormir direito.

21. De uma guerra a outra

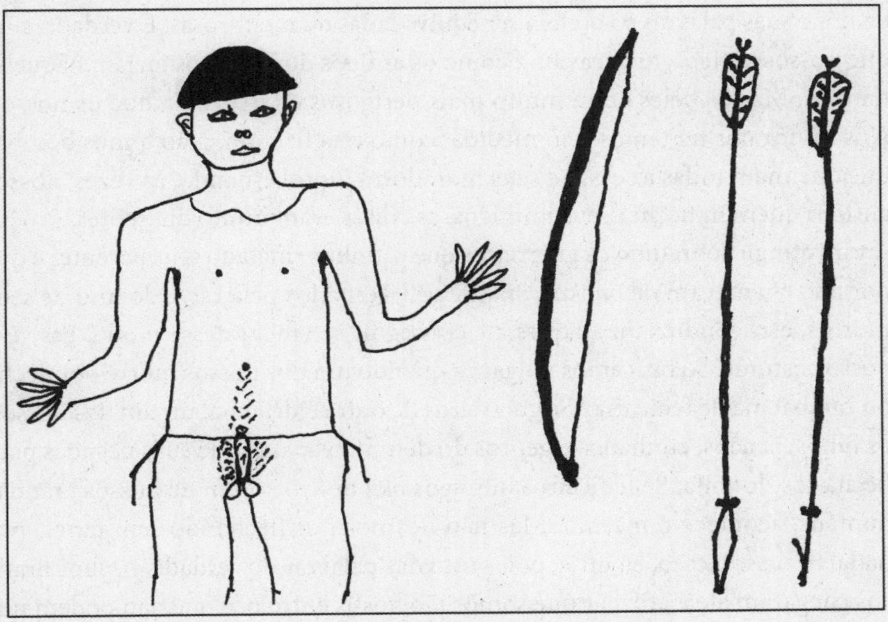

Descrevo os Yanomami como "o povo feroz" pois é a única expressão que pode representá-los com precisão. É a imagem que eles têm de si mesmos e é assim que gostariam de ser lembrados pelos outros povos.

Napoleon A. Chagnon, 1968, p. 1.

Durante minhas viagens às distantes terras dos brancos, ouvi alguns deles declararem que nós, Yanomami, gostamos de guerra e passamos nosso tempo flechando uns aos outros. Porém os que dizem essas coisas não conhecem nada de nós e suas palavras só podem ser equivocadas ou mentirosas. É verdade, sim, que nossos antigos guerreavam,[1] como os antigos dos brancos faziam naqueles tempos. Mas os deles eram muito mais perigosos e ferozes do que os nossos. Nós nunca nos matamos sem medida, como eles fizeram. Não temos bombas que queimam todas as casas e seus moradores junto! Quando, às vezes, nossos antigos queriam flechar seus inimigos, as coisas eram muito diferentes. Procuravam atingir sobretudo os guerreiros que já tinham matado seus parentes e que por isso chamavam de *õnokaerima tʰë pë*.[2] Tomados pela raiva do luto de seus mortos, eles conduziam ataques até conseguir se vingar desse modo. Esse é o nosso costume. Só buscamos vingança quando um dos nossos morre por flecha ou zarabatana de feitiçaria.[3] Se guerreiros de outra aldeia matam um dos nossos, os filhos, irmãos, cunhados e genros do defunto vão atrás de suas pegadas para flechá-los de volta. Se feiticeiros inimigos *oka* destroem um de nossos grandes homens, acontece o mesmo. Mas não ficamos nos flechando sem parar, por nada! Se fosse o caso, eu diria, pois gosto das palavras de verdade. Alguns brancos chegaram até a afirmar que somos tão hostis entre nós que não podem nos deixar viver juntos na mesma terra![4] Mais outra grande mentira! Nossos ancestrais viviam na mesma floresta havia muito tempo, muito antes de ouvirem falar dos brancos. Essa gente mentirosa acredita mesmo que somos tão perigosos quanto os soldados dos brancos em suas guerras? Não. Só quer espalhar más palavras sobre nós porque precisa da ajuda delas para conseguir se apoderar de nossa terra. Mas não é pela beleza de suas árvores, animais e peixes que os brancos a desejam. Não. Eles não têm mais amizade pela floresta do que pelos seres que a habitam. O que querem mesmo é derrubá-la, para engordar seu gado e arrancar tudo o que podem tirar do seu chão.

A valentia guerreira, que chamamos *wait^{h}iri*, veio a existir há muito tempo. Surgiu na floresta, bem antes de os brancos nos conhecerem, e não foi por acaso.[5] Foram o menino guerreiro *Õeõeri*, *Arowë*, o valente, e o temível espírito *Aiamori* que a deram a conhecer no primeiro tempo.[6] Desde então, as imagens desses ancestrais descem até nós desde onde um dia viveram, na terra dos *Xamat^{h}ari*.[7] *Õeõeri* era um recém-nascido.[8] Feiticeiros inimigos mataram sua mãe logo depois de ela ter dado à luz no chão da floresta. Abandonaram o bebê órfão sobre um ninho de formigas *kaxi*. Então, aos poucos, por causa da dor de suas queimaduras e no desespero de seu choro, o menino começou a virar outro. Cresceu muito depressa e logo se tornou um guerreiro valente. Atacou então a casa dos *Xamat^{h}ari* matadores de sua mãe tantas vezes seguidas que acabou com eles todos e, por isso, adoeceu depois de ter comido tantos inimigos. Por fim, os fantasmas dos xamãs da casa de suas vítimas, a pretexto de curá-lo, por sua vez o mataram. Desde então, os ataques continuaram entre as casas de nossos ancestrais, e os guerreiros mais agressivos foram tomados pela exaltação de flechar uns aos outros como caça. No tempo dos nossos antigos, é verdade que os *Xamat^{h}ari* guerreavam muito entre si. Matavam primeiro um ou dois homens numa casa vizinha. Então, os habitantes daquela casa choravam seus mortos e depois atacavam seus agressores para se vingar, e assim os reides entre uns e outros não tinham fim. Depois, o esperma e o sangue dos guerreiros belicosos eram transmitidos para seus filhos. Assim, estes seguiam os passos dos pais e cresciam com a mesma agressividade dentro deles. Por isso eram chamados *Niyayopa t^{h}ëri*, a Gente da Guerra. Esse era o nome que os antigos davam aos *Xamat^{h}ari* que habitavam os campos além das nascentes do *Hwara u*,[9] lá onde ficou o fantasma de *Õeõeri*. Não lhe deram esse nome à toa! Eram gente belicosa mesmo! Eram guerreiros que ficavam animados para matar, pensando nos choros de luto de seus inimigos, como caçadores alegres por terem matado suas presas. Foram eles que ensinaram nossos ancestrais a se flechar uns aos outros e, a partir de então, eles continuaram. A imagem dessa Gente da Guerra continua existindo nas terras altas de nossa floresta, onde seus filhos continuam brigando entre si, seguindo o rastro de seus antepassados. Foi a partir desses primeiros guerreiros que se espalhou entre nós o costume de se atacar entre uma casa e outra. A imagem dessa gente se dividiu e se espalhou por toda parte. Foi assim que o fantasma da agressividade e da valentia guerreira *wait^{h}iri* se alastrou por nossa floresta e mais além, entre os *xapiri* que chamamos *purusianari*,[10] bem como entre os brancos. É por isso que, desde então, todos conhecem a raiva e a guerra.

Porém, o que os brancos chamam de "guerra" em sua língua é algo de que não gostamos. Eles afirmam que os Yanomami não param de se flechar, mas são eles que realmente fazem guerra! Nós, com certeza, não combatemos uns aos outros com a mesma dureza que eles. Se um dos nossos é morto pelas flechas ou pela zarabatana de feitiçaria de um inimigo, apenas revidamos do mesmo jeito, procurando matar o culpado que se encontra em estado de homicida *õnokae*. É muito diferente das guerras nas quais os brancos não param de fazer sofrer uns aos outros! Eles combatem em grandes grupos, com balas e bombas que queimam todas as casas que encontram. Matam até mulheres e crianças![11] E não é para vingar seus mortos, pois eles não sabem chorá-los do nosso modo. Movem suas guerras só por terem ouvido palavras de afronta, por terras que cobiçam ou das quais querem arrancar minério e petróleo. Não é assim com os garimpeiros? Brigam o tempo todo por seu ouro, bebem muita cachaça e, virando fantasmas, se enfrentam como galinhas ou cães famintos, até se matarem. Fazem tudo isso por cobiça do ouro e nunca choram seus mortos: abandonam-nos embaixo do chão da floresta! Porém, no primeiro tempo, não foi por causa de terra, de ouro ou de petróleo que *Õeõeri* fez surgir a valentia guerreira *wait^h^iri*! Não foi por cobiça dessas coisas que os *Niyayopa t^h^ëri* ensinaram nossos ancestrais a se flechar! Nós, habitantes da floresta, guerreamos apenas para nos vingar, por raiva do luto que sentimos quando alguém mata um dos nossos. Não ficamos nos flechando a torto e a direito, sem boas razões! Choramos nossos mortos por muito tempo, durante várias luas, pois carregamos sua dor no fundo de nós e não paramos de querer vingá-los. Por isso nossos ancestrais apreciavam a bravura guerreira tanto quanto os dos brancos amavam suas mercadorias!

Embora os brancos se achem espertos, seu pensamento fica cravado nas coisas ruins que querem possuir,[12] e é por causa delas que roubam, insultam, combatem e por fim matam uns aos outros. É também por causa delas que maltratam tanto todos os que atrapalham sua ganância. É por isso que, no final, o povo realmente feroz são eles! Quando fazem guerra uns contra os outros, jogam bombas por toda parte e não hesitam em incendiar a terra e o céu. Eu os vi, pela televisão, combatendo com seus aviões por petróleo.[13] Diante daqueles fogaréus, de onde saíam imensas colunas de fumaça preta, pensei, apreensivo, que elas poderiam um dia chegar até nossa floresta e que os *xapiri* não conseguiriam dispersá-las. Mais tarde, revi muitas vezes essa mesma guerra no tempo do sonho. Isso me preocupou muito, porque pensava: "*Hou!* Esse povo é mesmo muito agressivo e perigoso! Se nos atacasse desse modo, iria nos reduzir a nada, e a fumaça de epidemia de suas bombas[14] logo acabaria com os poucos sobreviventes!".

Os brancos escondem o corpo de seus mortos debaixo da terra, em lugares que chamam de cemitério. Eu os vi com meus próprios olhos. Já nossos maiores, desde o primeiro tempo, enterravam ou bebiam as cinzas dos ossos de nossos mortos. Os brancos não fazem guerra por seus cemitérios. Nós, ao contrário, só guerreamos pelo valor das cabaças de cinza de nossos defuntos mortos por inimigos.[15] Essas são as únicas palavras de guerra verdadeiras para nós. Somos outra gente. Só nos flechamos quando queremos resgatar o valor do sangue de um dos nossos; só quando queremos tornar recíproco o estado de homicida *õnokae*[16] daqueles que o mataram. Isso não acontece o tempo todo e não atacamos gente de outras casas por nenhuma outra razão. Mas quando os parentes de um morto sabem onde moram os guerreiros que o flecharam, lançam em seguida um ataque para vingá-lo.[17] E quando se trata de feiticeiros *oka* que quebraram os ossos de um grande homem, acontece o mesmo. Assim que visitantes trazem notícias sobre a casa de onde podem ter vindo, um grupo de guerreiros parte imediatamente em busca de vingança.[18]

Então choramos o falecido com muita raiva. Seus próximos queimam suas pontas de flecha enquanto se lamentam com muita dor. Seus ossos também são queimados e suas cinzas são guardadas, para encher várias cabaças *pora axi*. Mas parte dessas cinzas novas é esfregada no chão pelos guerreiros que querem vingá-lo, enquanto imitam a imagem da onça. Fazem isso para poder enganar os que o mataram, para poderem pegá-los de surpresa e revidar.[19] Depois, cobertos de tintura preta,[20] eles se juntam no centro da casa com seus arcos e flechas. Então, agora imitando a imagem do urubu, começam a jogar no chão pacotes de ossos de caça que tinham presos na boca com um cipó.[21] Para afastarem o medo que poderia enfraquecê-los, os xamãs em seguida fazem descer para junto deles a imagem dos ancestrais que, no primeiro tempo, fizeram chegar a bravura guerreira à floresta e, depois, as dos espíritos macaco-prego, para torná-los vigilantes em combate.[22] Chamam também as imagens de guerra *wainama* e *õkaranama*, que irão na frente deles durante suas incursões.[23] Depois fazem dançar as imagens de comedores de gente que chegarão a seu lado para devorar seus inimigos, como as do urubu, da onça e do gavião *herama*,[24] e também as das moscas e dos vermes, e ainda das abelhas *xaki*, *õi* e *wakopo*, que se alimentam de sangue e carne putrefata.[25] Por fim, fazem também descer a eles as imagens de seres de morte que os precederão até seus inimigos, como as dos espíritos funerários *yorohiyoma* e *hixãkari*, espíritos de mau agouro *õrihiari* e espíritos da fome de carne humana *naikiari*.[26] Depois de tudo isso, antes de se porem a caminho, os guerreiros treinam flechando cupinzeiros ou pacotes de folhas de palmeira *hoko si* representando inimigos, para testar sua habilidade.[27] É o que faziam nossos antigos antes de partir para um reide. Enviavam todas essas imagens funestas para a casa da gente que iriam atacar, para matá-la mais facilmente. Seus *xapiri* também destruíam as casas de espíritos dos xamãs inimigos que poderiam se opor a eles e depois, com a chegada de todas essas imagens de morte, os guerreiros mais valentes dentre seus adversários ficavam enfraquecidos e não podiam mais combater.

Mais tarde, depois do primeiro ataque lançado na cremação dos ossos do falecido, seus filhos, sua mulher e seus cunhados choram-no de novo durante um *reahu* no qual as cinzas do alto de sua cabaça funerária são enterradas à beira do fogo de sua viúva.[28] Então são convidados homens de outras aldeias, a quem se pede, num diálogo de convite *hiimuu*, que se juntem aos guerreiros da casa que sairão num novo ataque para vingar o defunto. Se não conseguirem flechar nenhum inimigo nessas primeiras tentativas, tudo recomeça do mesmo modo durante vários *reahu*, com as cinzas do meio e depois do fundo da cabaça funerária.[29] E por fim, quando ela fica vazia, quando a raiva do luto passa, as incursões guerreiras também cessam.[30] É assim que acontece. Quando uma morte se deve a um rastro de flecha, as cinzas do defunto nunca são sepultadas enquanto ele não estiver realmente vingado. Mas isso pode demorar um certo tempo. Muitas vezes, os atacantes não encontram os inimigos que procuram, porque mudaram de casa ou se refugiaram em acampamentos na floresta. E mesmo quando conseguem localizá-los, nem sempre conseguem atingir os guerreiros reputados que querem flechar para aplacar sua vingança. Pode também acontecer de os habitantes da casa atacada estarem atentos e repelirem seus agressores com saraivadas de flechas assim que os avistam! Assim é. Enquanto suas mãos não atingem quem procuram, enquanto não tiverem flechado um homem em estado de homicida *õnokae*, os parentes do defunto partem em novos ataques depois de cada *reahu*.[31]

As pessoas guardam mesmo o rancor[32] das cabaças cinerárias dos ossos de seus mortos. É por isso que querem tanto que seus inimigos sintam o mesmo. Os guerreiros valentes são incitados à vingança pelas lágrimas dos órfãos, pelos lamentos das mulheres, pelo sofrimento de todos os parentes dos falecidos. A dor e o choro do luto duram várias luas, enquanto as cinzas funerárias não forem postas em esquecimento. Para nós, essas palavras sobre as cabaças de cinzas *pora axi* são de fato fortes e de muito valor. Nossos maiores as mantinham desde o primeiro tempo. São ainda guardadas pela Gente da Guerra, que continua vivendo nas terras altas da nossa floresta. Assim, quando um homem de idade, um grande homem, é flechado por inimigos, ou quando seus ossos são quebrados por feiticeiros *oka*, seus parentes logo partem para a guerra movidos pelo rancor de suas cinzas. Seus filhos, irmãos, cunhados e sogros choram-no com grande tristeza e querem resgatar o valor de seu sangue. Nisso imitam o que nos ensinou *Õeõeri*, o menino guerreiro que, no primeiro tempo, vingou sua mãe, morta por feiticeiros *xamat^{h}ari*. Nossos ancestrais seguiram suas pegadas e nossos avós e pais depois deles. Nada disso é de hoje!

No entanto, nossos antigos não lançavam ataques guerreiros todos os dias! Eu os vi partir em guerra apenas algumas vezes quando era criança. Só iam por raiva de luto e para vingar seus mortos. Tentavam flechar inimigos depois de sepultar as cinzas de seus parentes mortos, querendo tornar recíproco o estado de homicida *õnokae*. Procuravam flechar os guerreiros que tinham matado seus parentes e só. Não flechavam qualquer um! Os brancos não podem dizer que somos maus e ferozes apenas porque queremos vingar nossos mortos! Não matamos ninguém por mercadorias, por terra ou por petróleo, como eles fazem! Brigamos por seres humanos. Guerreamos pela dor que sentimos por nossos parentes recém-falecidos.

Nossos antigos podiam se mostrar belicosos, é verdade, mas depois de algum tempo, quando os guerreiros mais agressivos tinham sido mortos de ambos os lados, faziam chegar a seus inimigos palavras de paz, por intermédio de outras casas. Avisavam que não iriam mais atacar e os incitavam a fazer amizade. Então estes, cansados dos contínuos ataques, ousavam fazer-lhes uma visita para tentar se reconciliar. Chamamos isso de fazer *rimimuu.*[33] Apesar da desconfiança, os ânimos voltavam a se acalmar e as pessoas conseguiam se entender. Porém, acontecia às vezes, passadas várias luas, de palavras más serem novamente trocadas e de outra pessoa ser flechada.[34] Então as incursões recomeçavam por algum tempo, antes de cessarem outra vez, do mesmo modo. Assim, uma vez mortos os poucos grandes guerreiros em estado de homicida *õnokae*,[35] os outros homens, menos briguentos, sempre acabavam querendo fazer as pazes. Então, eram as mulheres mais velhas que tomavam a dianteira para proteger as pessoas de sua casa, pois as mulheres não levam flechas. Elas chegavam perto da casa dos inimigos e gritavam: "Não tenham medo, não fujam! *Aë!* Somos mulheres, não nos flechem! *Aë!* Viemos como amigas! *Aë!*". Desse modo, elas restabeleciam o contato e os homens podiam vir algum tempo depois para entabular um diálogo de convite *hiimuu* com seus antigos adversários.[36] Então pronunciavam palavras de amizade e reafirmavam o fim das hostilidades: "*Awei!* Vamos parar de atacar! Vamos parar de nos maltratar! Sejamos amigos! Estamos cansados de chorar os nossos! Não queremos mais guerrear sem trégua! Chega! Dá dó não podermos nem abrir nossas roças, nem caçar, nem pegar água sem medo de sermos flechados! Queremos que nossos filhos parem de chorar de fome e de sede!".

Então o medo acabava de ambos os lados e as pessoas começavam a pensar: "*Awei!* É uma boa coisa! Vou poder conseguir bens deles e vamos ficar amigos!". E se punham a trocar redes, panelas, facões e machados, facas, miçangas, algodão, tabaco e cães. Após esse primeiro contato, eles continuavam se visitando e dando objetos uns aos outros com generosidade. Isso durava algum tempo, e aí acabavam se casando entre eles e não deixavam mais de ser amigos. Era isso que faziam nossos maiores quando estavam fartos de se flechar, porque se nunca tivessem posto um fim a suas vinganças, teriam continuado a guerrear sem trégua e teriam todos morrido! Há muito tempo, a gente do pai de minha esposa fez amizade com meus avós desse modo. Naquela época, moravam no rio Catrimani e de lá costumavam lançar incursões guerreiras contra nossas casas do alto rio Toototobi.[37] Isso durou bastante tempo, mas, por fim, retomaram contatos pacíficos e nós, que crescemos depois deles, continuamos amigos até hoje. Foi por isso que eu pude vir a me casar com uma de suas filhas!

Antigamente, nossos guerreiros se flechavam desse modo, é verdade. Inclusive lançaram muitos reides naqueles tempos em que eu não tinha nascido. Porém, era uma época em que os maiores dos brancos também faziam guerras, e muito grandes. Nossos antigos apenas se maltratavam com plantas de feitiçaria *h*ʷ*ëri* e só combatiam com flechas de suas roças e pontas de curare dos cipós da floresta. Não atacavam queimando multidões de pessoas com foguetes e bombas! Com certeza, não somos nós o povo feroz! Nossos antepassados e, ainda hoje, as gentes nossas das terras altas nunca fariam incursões guerreiras para matar muitas pessoas de uma vez.[38] Quando nossos guerreiros lançam vários ataques seguidos para vingar um morto, é porque costuma demorar bastante tempo até que consigam flechar seus inimigos, que estão sempre alertas! No final, a duras penas, chegam a matar um ou dois guerreiros renomados de uma casa, e depois um de outro grupo, que veio em reforço. É só. Uma vez mortos esses homens que estavam em estado de homicida *õnokae* e sepultadas as cinzas de suas vítimas, acaba tudo. Isso basta. A raiva passa, os pensamentos se acalmam. Como eu disse, são de preferência os homens mais agressivos e valentes que são visados. Contudo, tomados pela raiva, os guerreiros que cercam uma casa podem às vezes flechar outros homens, inocentes da morte que querem vingar.[39] Isso pode acontecer. Dito isso, ao contrário dos brancos, jamais irão matar mulheres e crianças, como fizeram os garimpeiros que massacraram os habitantes de *H*ʷ*axima u*.[40]

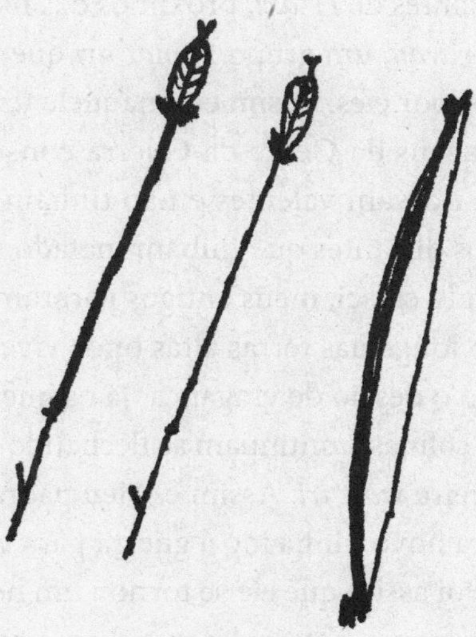

Antigamente, há muito tempo mesmo, meus avós viviam nas terras altas, perto das nascentes do Orinoco. Eles ainda não conheciam as epidemias *xawara*; eram muito numerosos e suas casas eram próximas umas das outras. Naquela época, guerreavam sobretudo contra os *Hayowa t^hëri*, que eram *Xamat^hari* cujas casas se encontravam a jusante das suas, em direção ao poente.[41] Porém, cansados de serem atacados sem trégua, meus antigos acabaram se afastando e se instalando no alto rio Toototobi, no limite da terra que ocupavam até então.[42] Aí as incursões dos *Xamat^hari* cessaram. Porém, mais tarde, pouco antes de eu nascer, os reides recomeçaram, agora em direção ao nascente, primeiro contra a gente de *Amikoapë*, que vivia nas nascentes do rio Mucajaí, e, depois, contra a gente do alto rio Catrimani, que os nossos chamavam de *Mai koxi*.[43] Foi isso que, criança, eu ouvia meu padrasto, o segundo marido de minha mãe, contar em seus discursos *hereamuu*. No entanto, se esses antigos se flecharam assim, não era de modo algum para tentar se apoderar de regiões da floresta que cobiçavam! Seus reides sempre se deviam, ao contrário, à raiva e à dor causadas pelas cinzas de seus mortos. Os brancos podem dizer que isso é "fazer guerra" como eles fazem, mas nós só chamamos essas incursões de *niyayu*, flechar-se uns aos outros.

Por fim, meus antigos chegaram a *Marakana*, um lugar nas terras baixas do rio Toototobi, onde vivi quando era pequeno. Naquela época, ainda guerreavam bastante, sobretudo contra os *Mai koxi*. Mas às vezes também lançavam ataques contra os habitantes de *H^waxi*, próximos das nascentes do rio Parima, ou contra a gente de *Ariwaa*, um grupo *xamat^hari* que vivia no alto Demini,[44] ou então eram atacados por eles. Assim era, naquele tempo! Os xamãs faziam descer e dançar as imagens da Gente da Guerra constantemente. Assim, os homens de nossa casa ficavam valentes e não tinham medo de ir flechar os guerreiros ou feiticeiros distantes que tinham matado seus próximos. No entanto, mais tarde, quando cresci, meus antigos pararam de guerrear.[45] Encontravam-se então muito longe das terras altas onde vive o fantasma de *Õeõeri*, que lhes tinha ensinado o desejo de vingança. Já os que ainda vivem perto das nascentes dos rios, nas colinas, continuam se flechando até hoje, pois foi lá que nasceu a valentia guerreira *wait^hiri*. Assim é. Meu padrasto me contou muitas vezes como, quando era novo, tinha ido à guerra para vingar o pai, morto por guerreiros *xamat^hari*. Foi assim que ele se tornou um homem valente, passando pela reclusão dos guerreiros homicidas que chamamos de *õnokaemuu*. Mais tarde, ele também vingou meu pai, que era seu amigo, e a mãe de minha mãe, cujos ossos foram quebrados por feiticeiros *oka* vindos de *Amikoapë*, quando andava sozinha na floresta. Depois, vingou ainda vários de seus cunhados e sogros, mortos em ataques lançados pelos *Mai koxi*. Lembro-me bem de tê-lo visto, quando era criança, se pôr a caminho para flechar inimigos. Era muito valente mesmo! Mas tudo isso aconteceu há muito tempo. Agora, ele é um homem idoso, parou de guerrear há muito tempo. Vingou-nos suficientemente no passado. Ele me disse que já bastava; que tinha resgatado o valor de todas aquelas mortes e que estavam pagas. Está bem assim.

Não era de modo algum por causa das mulheres que nossos antigos guerreavam, como os brancos às vezes dizem![46] Eles só partiam para atacar, como contei, quando todos estavam tomados pela raiva do luto e queriam flechar os que tinham matado o parente que choravam. Às vezes chamavam guerreiros de casas vizinhas para acompanhá-los em suas incursões. Então matavam alguns inimigos, e seus parentes, enlutados por sua vez, também procuravam se vingar. De modo que esses ataques mútuos duravam um certo tempo, até que, de ambos os lados, as cinzas dos ossos dos defuntos tivessem todas sido postas em esquecimento. Era o que acontecia. Tratava-se de vingar os mortos, não de brigar por mulheres. Vi isso muitas vezes durante a minha infância. Meu padrasto, que era, como disse, um guerreiro muito temido, nunca foi à guerra por causa de histórias de mulheres! Liderou muitos ataques contra inimigos distantes, mas foi sempre por causa da raiva do luto, para vingar os mortos de nossa casa. Ele jamais teria deixado vivos guerreiros em estado de homicida *õnokae* que tivessem matado seus próximos! Não parava de resgatar o sangue de nossos mortos, devorando os inimigos do mesmo modo que eles tinham comido os de nossa casa. Esse era, desde o primeiro tempo, o modo de pensar que a Gente da Guerra tinha ensinado aos nossos maiores.

Quanto às brigas por causa de mulheres, é diferente. Quando um homem tenta pegar a mulher de um de seus anfitriões durante uma visita ou uma festa *reahu*, os adversários — se o marido se dispuser a combater — se revezam para bater um no outro na cabeça, com bordunas compridas que chamamos *anomai*.[47] Não se vai à guerra por causa disso! Causa muitos sangramentos, mas o crânio é duro e a pessoa continua viva.[48] É assim que acabamos com a raiva provocada pelo ciúme, porque a dor é rápida para acalmar os ânimos! É isso que de fato acontece entre nós quando alguém deseja a mulher de outro! Os homens fingem desprezo, declarando que o sexo das mulheres cheira mal, mas isso não os impede de se enfrentarem furiosamente para conservar a esposa! Seu pensamento fica cravado nela e não hesitam em brigar pela mulher com ardor. Os brancos também dizem que somos maus e agressivos porque brigamos para guardar nossas mulheres. No entanto, eles fazem o mesmo em suas cidades! Vi isso diversas vezes! Quando um marido percebe que a mulher faz amizade com outro homem, fica enraivecido. Furioso, xinga o rival e logo quer brigar. E também maltrata a mulher, chega às vezes a matá-la. Por que falam tão mal de nós, afinal?

Quando eu era criança, nossos antigos não costumavam brigar por causa de mulheres. Isso ocorria, é claro, mas demorava muito antes de recomeçar. Lembro-me de que certa vez aconteceu isso por causa de uma de minhas irmãs adolescentes, em *Marakana*. Ela tinha sido dada pelo pai a um genro que tinha trabalhado muito para consegui-la, mas ela preferia um rapaz de uma casa vizinha, que achava bonito e por quem estava apaixonada. Ela o queria de verdade e acabou fugindo com ele. Isso enfureceu o homem a quem ela tinha sido prometida. Então, os próximos da moça seguiram a raiva de seu futuro marido e brigaram com os de seu amante. Bateram forte na cabeça uns dos outros, mas nem por isso se mataram! Bastou causarem essa dor uns aos outros para acalmar sua ira. Não queriam partir para as flechas, pois faziam parte da mesma gente e nossos antigos só lançavam ataques guerreiros contra casas distantes, habitadas por outras gentes.[49] Era isso o que acontecia; mas as pessoas também brigavam com exaltação e se batiam na cabeça com borduna por outros motivos: por bananas ou mercadorias roubadas, por palmeiras *rasa si* cortadas em suas roças, por acampamentos na floresta derrubados ou por provisões de beiju jogadas no mato pelos convidados na volta de uma festa *reahu*. Nesses casos, do mesmo modo, bastava que os adversários cobrissem de sangue o couro cabeludo um do outro e sentissem muita dor para a raiva passar. Então diziam, atordoados e exaustos: "Está bem, chega!".

É verdade que, quando as pessoas brigam por ciúme de uma mulher, pode acontecer de o marido, se for muito agressivo, acabar atirando uma flecha no rival ou até na própria esposa. Nesse caso, seus próximos ficam enfurecidos e querem flechá-lo do mesmo modo. Então, se durante essa troca de flechas alguém vier a morrer, os adversários entram logo em guerra por causa do valor de raiva da flecha que matou.[50] Furiosos contra aquele que se tornou um homicida *õnokae*, os parentes da vítima em seguida decidem matá-lo por vingança. Mas esse tipo de coisa acontece poucas vezes. É preciso que o marido ciumento seja muito agressivo e fique mesmo enfurecido. Foi o que sempre me disseram. Em nossa casa, isso nunca aconteceu, ou pelo menos nunca ouvi os mais velhos contarem tais coisas. Para nós, se uma moça casada fugir com outro homem, as palavras verdadeiras são as do combate de borduna entre gente das casas do marido e do amante. Quando é assim, como ninguém morre, a raiva dos adversários passa. Eles param de se maltratar e os ânimos finalmente se acalmam. Ninguém pensa mesmo em guerrear só por isso!

Às vezes brigamos de outro modo, só para pôr fim a nossa irritação contra gente de casas amigas. Isso acontece quando falam mal de nós e essas más palavras chegam até nossos ouvidos através de algum visitante de passagem, ou de algum dos nossos que se casou ou está trabalhando por lá para ter uma esposa. Então convidamos os maledicentes para uma festa *reahu* e, assim que entabulamos com eles um diálogo *yãɨmuu*, pedimos que confirmem o boato que ouvimos: "É verdade que vocês nos chamaram de medrosos?". Se um deles tiver a coragem de responder "*Awei!* Foi isso mesmo que eu disse! São palavras de verdade! Vocês são covardes e têm medo de nos enfrentar!", ficamos logo tomados de raiva. Aí começamos a maltratá-los, agarrando e torcendo seus pescoços enquanto prosseguimos nosso diálogo cantado.[51] Depois, enfurecido pela troca de provocações, um dos nossos dirá a eles: "*Asi!* Quero pôr seu peito à prova!". Então, aos pares, anfitriões e convidados vão se enfrentar, se revezando para dar socos no torso, ou tapas fortes no flanco um do outro.[52] Além disso, se estiverem com muita raiva mesmo, os adversários podem colocar uma pedra dentro do punho cerrado ou então propõem bater no peito um do outro com a parte chata de seus facões, para causar bastante sofrimento. É assim que acontece, é verdade. Porém, nesse caso também, ninguém morre! Brigamos desse jeito só para que as pessoas de outras casas parem de espalhar mentiras a nosso respeito. É nosso costume, desde sempre. Quando a raiva se finca em nosso peito, as imagens da onça e dos quatis dançam em nós e nos tornam agressivos e destemidos.[53] Exaltados, ficamos logo prontos para pegar nossas bordunas ou bater no peito de nossos adversários. Maltratamos assim uns aos outros porque só a dor pode aplacar nossa ira. Era esse o modo de nossos ancestrais e continua sendo o nosso, porque, se ficarmos apenas repetindo palavras ruins com rancor, a raiva nunca desaparece de verdade de dentro de nós.

Se nossos maiores tivessem mesmo matado uns aos outros como alegam alguns brancos, seus ataques guerreiros nunca teriam acabado desde o primeiro tempo e todos teriam morrido! Não é o caso. Nossos pais e avós eram muito numerosos no passado. Não foram suas próprias flechas que os mataram quase todos, foram as fumaças de epidemia dos brancos! Desde que esses forasteiros chegaram à floresta, paramos de nos flechar em quase todos os lugares.[54] Todos os grandes guerreiros de antigamente faleceram, devorados um atrás do outro pelas epidemias *xawara*. É claro que ainda existem homens valentes entre nós, mas eles perderam a vontade de guerrear. É o que acontece conosco, em nossa casa de *Watoriki*. As palavras da guerra não desapareceram de nossa mente, mas, hoje, não queremos mais nos maltratar uns aos outros desse modo.[55] Preferimos conversar para tentar conter nossa raiva. Ninguém mais tenta nos flechar e nós fazemos o mesmo. Assim, quando, às vezes, suspeitamos que um de nós pode ter sido atacado por feiticeiros *oka*, ficamos apenas pensando: "Que inimigos distantes poderiam ter vindo até aqui para soprar suas feitiçarias sobre um de nós?". Não passa disso, não atacamos ninguém. Aqueles que, como eu, cresceram após a morte de nossos antigos, não querem mais mortes por flecha entre nós. Os brancos nos cercaram e, desde então, não param de nos destruir com suas doenças e suas armas. Por isso penso que não devemos mais fazer sofrer a nós mesmos como faziam nossos maiores, quando estavam sozinhos na floresta.

Eu nunca participei de um reide guerreiro. É verdade. Não sei o que é flechar um ser humano, nem como é ficar deitado na rede sem comer, como fazem os guerreiros *õnokae* depois de terem matado. Prefiro que não vivamos mais assim. Nossos maiores possuíam as palavras sobre a guerra e a reclusão dos matadores *õnokaemuu* desde sempre. Tinham o costume de se vingar de seus inimigos muito antes de os brancos se aproximarem de nós. Mas hoje nossos verdadeiros inimigos são os garimpeiros, os fazendeiros e todos os que querem se apoderar de nossa terra. É contra eles que devemos dirigir nossa raiva.[56] É o que eu acho. No presente, é mais sensato pensar em nossos rios cheios de lama e em nossa floresta incendiada do que em nos flechar uns aos outros! Devemos pensar: "*Awei!* A fumaça de epidemia *xawara* é nosso verdadeiro inimigo! É ela que nos faz virar fantasmas e devora casas inteiras da nossa gente! Que nossos desejos de vingança se fixem nela! Vamos esquecer as coisas da guerra!". Alguns de nós, nas terras altas, ainda gostam de se flechar, é verdade. Mas eu, que viajo para falar duro aos brancos para defender nossa terra e nossa vida, não quero mais isso. Digo às pessoas de todas as casas que visito em nossa floresta: "Se estiverem com raiva, briguem com palavras! Deem socos no peito uns dos outros! Façam sangrar o crânio de seus desafetos com bordunas! Mas não pensem mais em se flechar e se matar! Só a epidemia *xawara* dos brancos nos odeia a ponto de querer nos destruir. Vamos parar de guerrear entre nós e fixar nosso pensamento neles e na sua hostilidade contra nós!". São estas as minhas palavras.

22. As flores do sonho

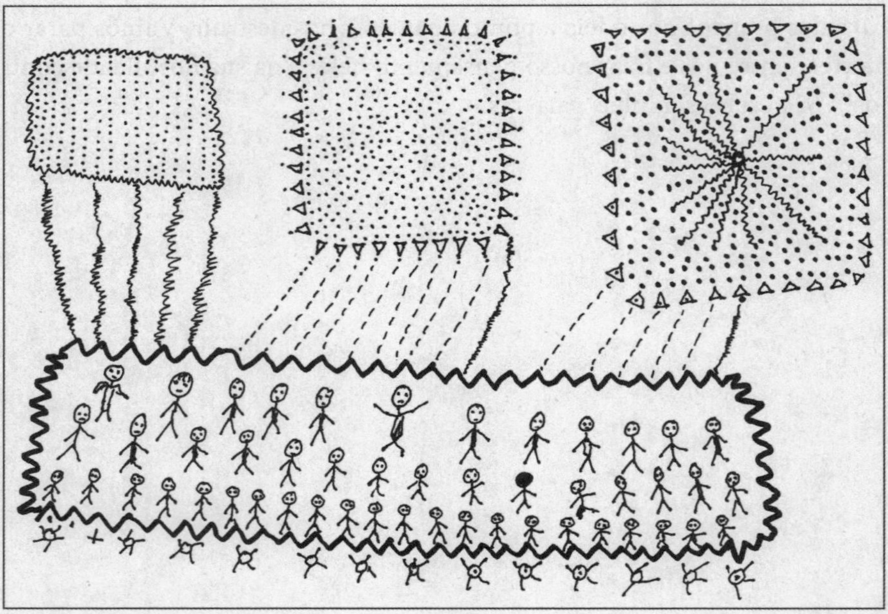

Espelhos e caminhos dos espíritos.

Eu não vi as coisas de que eu falo no papel dos livros nem em peles de imagens. Meu papel está dentro de mim e me foi transmitido pelas palavras dos meus maiores.

Davi Kopenawa
Survival International Public Meeting, 5 dez. 1989,
em Londres (arquivos Survival International)

A força do pó de *yãkoana* vem das árvores da floresta. Quando os olhos dos xamãs morrem sob seu efeito, descem para eles os espíritos da mata, que chamamos *urihinari*,[1] os das águas, que chamamos *mãu unari*, bem como os dos ancestrais animais *yarori*. Por isso, apenas quem toma *yãkoana* pode de fato conhecer a floresta. Nossos antigos faziam dançar todos esses espíritos desde o primeiro tempo. Eles nada sabiam do costume dos brancos de desenhar suas palavras.[2] Estes, por sua vez, ignoram tudo das coisas da floresta, pois não são capazes de realmente vê-las.[3] Só sabem dela as linhas de palavras que vêm de sua própria mente. Por isso só têm pensamentos errados a seu respeito. Já os xamãs não desenham nenhum dizer sobre ela, nem rabiscam traçados da terra.[4] Com sabedoria, não as tratam tão mal quanto os brancos. Bebem *yãkoana* para poder contemplar suas imagens, em vez de reduzi-las a alinhamentos de traços tortuosos. Seu pensamento guarda as palavras do que viram sem ter de escrevê-las. Os brancos, ao contrário, não param de fixar seu olhar sobre os desenhos de suas falas colados em peles de papel e de fazê-los circular entre eles. Desse modo, estudam apenas seu próprio pensamento e, assim, só conhecem o que já está dentro deles mesmos. Mas suas peles de papel não falam nem pensam. Só ficam ali, inertes, com seus desenhos negros e suas mentiras. Prefiro de longe as nossas palavras! São elas que quero ouvir e continuar seguindo. Por manterem a mente cravada em seus próprios rastros, os brancos ignoram os dizeres distantes de outras gentes e lugares. Se tentassem escutar de vez em quando as palavras dos *xapiri*, seu pensamento talvez fosse menos tacanho e obscuro. Não se empenhariam tanto em destruir a floresta enquanto fingem querer defendê-la com leis que desenham sobre peles de árvores derrubadas!

O que os brancos chamam de papel, para nós é *papeo siki*, pele de papel, ou *utupa siki*, pele de imagens, pois é tudo feito da pele das árvores.[5] Ocorre o mesmo com o que chamam de dinheiro. Também não passa de peles de árvores que eles escondem sob uma palavra de mentira só para enganar uns aos outros! Disseram-me que os brancos fabricam seu papel triturando madeira. Com certeza não foi *Omama* quem os ensinou a fazer isso! Seus ancestrais, cansados de desenhar em peles de animais, certo dia, devem ter decidido por conta própria matar as árvores para fazer papel. Desde então, têm de triturar grandes quantidades delas para fabricá-lo. Não se preocupam nem um pouco com o fato de as árvores proverem o alimento dos espíritos das abelhas e de todos os animais com asas! Por isso também chamo seu papel de "pele de floresta", *urihi siki*.

O líquido que os brancos chamam de tinta e que utilizam para traçar seus desenhos de palavras, acho que deve ser outra coisa que, há muito tempo, seus antigos começaram a tirar da floresta. Vermelho ou preto, vem das tinturas de urucum dos espíritos, parecidas com as que usamos em nossa pele, mas que são outras, e muito mais bonitas. Foi *Omama* que as introduziu dentro das árvores, no primeiro tempo.[6] Primeiro ensinou seu uso aos *xapiri* que tinha acabado de criar, para poderem se pintar e se perfumar para suas danças de apresentação. Assim, fazem parte dos bens preciosos dos *xapiri*. Em seguida, ensinou nossos antepassados a enfeitar seus corpos nas festas *reahu*, para imitarem a beleza dos ancestrais animais e não mais exporem a feiura de uma pele cinzenta.[7] Desde aquele tempo, esses desenhos de urucum são os que preferimos.

Mais tarde, *Omama* também distribuiu a beleza dessas tinturas pelas árvores da terra dos antigos brancos. Eles, porém, não demoraram a estragá-las, desviando seu uso. Foi assim que começaram a cozinhá-las em fábricas, para pintar peles de imagens e desenhar suas palavras em peles de papel. Nós somos outra gente. Só desenhamos em nosso corpo, como nos ensinaram *Omama* e nossos antepassados.[8] Foi *Yoasi*, por inveja do irmão, que desajeitou essas antigas palavras antes de colocá-las na mente dos brancos. Então eles pararam de pintar a própria pele e passaram a só usar as tinturas na pele de seu papel. Acho que *Yoasi* é quem os ancestrais dos brancos nomearam *Teosi*.[9] Sim, é verdade. Os brancos são mesmo gente de *Yoasi!* Nós, ao contrário, somos os filhos de *Omama* e por isso seguimos a retidão de suas palavras. Assim, nas festas *reahu* e quando fazemos dançar nossos espíritos, enfeitamos nossos corpos com pinturas de urucum vermelho e preto, cobrimos os cabelos com penugem branca, prendemos caudais de arara em nossas braçadeiras e penas de papagaio no lóbulo das orelhas.

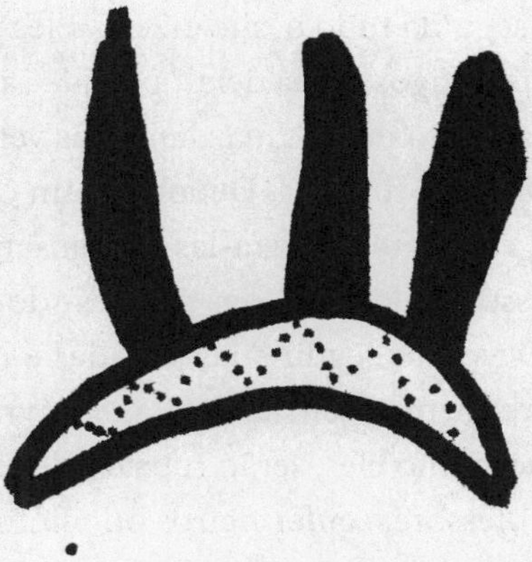

Os dizeres de nossos ancestrais nunca foram desenhados. São muito antigos, mas continuam sempre presentes em nosso pensamento, até hoje. Continuamos a revelá-los a nossos filhos, que, depois da nossa morte, farão o mesmo com os seus. As crianças não conhecem os *xapiri*. No entanto, prestam atenção nos cantos dos xamãs que os fazem dançar em nossas casas. É desse modo que, aos poucos, as palavras dos maiores vão fazendo seu caminho nos pequenos. Depois, quando ficam adultos, tornam-se por sua vez capazes de dá-las a ouvir. É assim que transmitimos nossa história,[10] sem desenhar nossas palavras. Elas vivem no fundo de nós. Não deixamos que desapareçam. Desse modo, quando um rapaz quer por sua vez virar espírito, pede aos xamãs renomados de sua casa para lhe darem seus *xapiri*. Estes então lhe transmitem antigas palavras, que se instalam nele e vão se renovando e aumentando com o passar do tempo.

Os brancos, por outro lado, não param de querer desenhar suas palavras. Essa também não é coisa que lhes foi ensinada por *Omama!* Deve ser porque suas mentes são mesmo muito esquecidas! Seus ancestrais devem ter criado esses desenhos para poder seguir seus pensamentos. Talvez tenham pensado, outrora: "Vamos desenhar o que dizemos, e assim talvez nossas palavras não fujam mais para longe de nós". É verdade. Suas palavras não parecem se firmar por muito tempo em suas mentes. Se escutarem muitas delas sem marcar seu traçado, elas logo desaparecem de seu pensamento. Quando guardam uns desenhos delas, ao contrário, no dia seguinte, depois de as terem esquecido, podem lembrar de repente: "*Oae!* É isso! As coisas são mesmo como eu as pintei nessa pele de papel!". É o costume deles. Fazem isso o tempo todo; senão, esqueceriam em seguida tudo o que dizem! Eles gostam muito das peles de imagens, como seus antigos antes deles, porque são outra gente. Deve ser algo bom para o pensamento deles. Guardam suas velhas palavras desenhando-as e dão a elas o nome de história. Depois, ficam olhando por muito tempo para elas e acabam conseguindo fixá-las no pensamento. Então dizem a si mesmos: "*Haixopë!* Esse é o desenho das palavras de nossos maiores e o que eles nos ensinaram! Devemos seguir suas pegadas e imitá-los!". É assim que os jovens brancos aprendem a pensar com as palavras que lhes deram seus pais. Assim acham que, como eles, serão capazes de fabricar máquinas e motores, ou que serão professores, enfermeiros ou pilotos de avião. É assim que eles começam a estudar.

Nós somos habitantes da floresta. Nosso estudo é outro. Aprendemos as coisas bebendo o pó de *yãkoana* com nossos xamãs mais antigos. Nos fazem virar espírito e levam nossa imagem muito longe, para combater os espíritos maléficos ou para consertar o peito do céu. É assim que os antigos xamãs nos fazem conhecer os *xapiri*, abrem seus caminhos até nós e os mandam construir nossas casas de espíritos. Nos ensinam também a palavra de seus cantos e a fazem crescer em nosso pensamento.[11] Sem o apoio desses grandes xamãs, nós nos perderíamos no vazio ou despencaríamos na fogueira de *mõruxi wakë*.[12] É assim que aprendemos a pensar direito com os *xapiri*. É esse o nosso modo de estudar e, assim, não precisamos de peles de papel. O poder da *yãkoana* nos basta! É ela que faz morrer nossos olhos e abre nosso pensamento. É verdade. Com olhos de vivente, não é possível ver realmente as coisas. As palavras que contam como os humanos vieram a existir pertencem a *Omama*. São muito numerosas. Os grandes homens as revelam a nós em seus discursos, falando dos lugares onde seus pais e avós viveram no passado. Quando se tornam espíritos, os xamãs também as dão para nós em seus cantos. Na verdade, nunca paramos de escutá-las! É desse modo que elas se fixam firmemente dentro de nós e nunca se perdem. Os jovens que as ouviram muitas vezes desde pequenos acabam por guardá-las. Quando se tornam adultos, fazem com que se multipliquem neles e as transmitem por sua vez aos mais novos; e isso se repete sempre, sem fim.

Apesar disso, os brancos acham que não sabemos nada, apenas porque não temos traços para desenhar nossas palavras em linhas.[13] Outra grande mentira! Nós só ficaríamos ignorantes mesmo se não tivéssemos mais xamãs. Não é porque nossos maiores não tinham escolas que eles não estudavam. Somos outra gente. É com a *yãkoana* e com os espíritos da floresta que aprendemos. Morremos bebendo o pó da árvore *yãkoana hi*, para que os *xapiri* levem nossa imagem para longe. Assim podemos ver terras muito distantes, subir para o peito do céu ou descer ao mundo subterrâneo. Trazemos palavras desconhecidas desses lugares, para que os habitantes de nossa casa possam ouvi-las. Esse é nosso modo de ficar sabedor, desde sempre. Não é possível desenhar as palavras dos espíritos para ensiná-las, pois são inumeráveis e não têm fim. Não daria em nada querer escrevê-las todas. Quando os brancos estudam, cravam seu olhar em velhos desenhos de palavras. Depois relatam seu conteúdo uns aos outros. Não veem nem ouvem eles mesmos as imagens dos seres do primeiro tempo, por isso não podem conhecê-las de fato. Nós, ao contrário, sem caneta nem peles de papel, viramos fantasmas com a *yãkoana* para ir muito longe, contemplar a imagem dos seres no tempo do sonho. Então, os *xapiri* nos ensinam suas palavras e é desse modo que nosso pensamento pode se expandir em todas as direções. Sem nos juntarmos com nossos antigos para beber *yãkoana* e sem fazermos descer os espíritos da floresta, não poderíamos aprender nada.

Com o pó que sopram em nossas narinas, nossos xamãs mais velhos nos dão o sopro de vida de seus espíritos e este se apodera de nós.[14] É assim que podemos acompanhá-los quando eles mesmos se tornam *xapiri* e nos fazem conhecer muitos lugares desconhecidos. Aí, felizes por nos encontrarem, os outros espíritos se aproximam com alegria para construir suas casas junto de nós. Seus cantos penetram em nós e vão se tornando cada vez mais numerosos. Mesmo que, às vezes, os espíritos sabiá *yõrixiamari* e japim *ayokorari* devam escondê-los nas alturas do céu para protegê-los da temível inveja dos xamãs inimigos. Sem a palavra dos *xapiri*, não teríamos nenhum conhecimento e não poderíamos dizer coisa alguma. Poderíamos até fingir imitá-los, sem nunca os termos visto, mas isso não daria em nada. Um jovem xamã não pode evocar as terras distantes dos espíritos se sua imagem já não tiver sido levada até elas pelos *xapiri* de seus antigos. Quando isso ocorre de verdade, ao escutarem seus cantos, as pessoas comuns dirão: "Essas são palavras verdadeiras! Ele viu aquilo de que fala! As palavras de seus cantos vêm de muito longe! São mesmo dizeres outros! Como gostaríamos de conhecer esses lugares de onde vêm os *xapiri*, como ele!". Os mais velhos que o iniciaram também irão escutá-lo, deitados em suas redes, e dirão satisfeitos: "*Awei!* Essas são palavras claras e belas! Agora você conhece de fato as coisas!". E quando o jovem xamã escutar essas palavras, ficará feliz também! Porém, se tiver bebido *yãkoana* à toa, só para mentir e enganar seus ouvintes, só conseguirá pronunciar palavras feias e confusas. Nesse caso, os mais velhos, muito desgostosos, se queixarão dele com raiva: "*Ma!* Sua língua ainda é língua de fantasma e seu pensamento é só mentira! Ele não conhece nenhuma palavra verdadeira e não é capaz de falar das terras distantes de onde descem os espíritos. Ele não viu nada!".

Os *xapiri* vêm de muito longe e seu número não para de aumentar enquanto vêm vindo em nossa direção. Seus cantos nos ensinam as palavras dos lugares desconhecidos de onde vêm. Se quisermos conseguir essas palavras de sabedoria, temos de responder aos espíritos assim que ouvimos seus cantos se aproximando. É desse modo que eles nos tornam inteligentes. Estudando sob a orientação de nossos xamãs mais velhos, não temos a menor necessidade de olhar para peles de papel! É dentro de nossa cabeça, em nosso pensamento,[15] que essas palavras de espírito se ligam uma à outra e se estendem sem parar, até muito longe. As pessoas comuns não são assim. Elas apenas vivem, dormem e comem; e só. Preparam as penas de suas flechas e vão caçar. Plantam brotos de bananeira em suas roças e nada mais. Nunca pensam nas palavras dos *xapiri*. Temem a *yãkoana* e acham que, se viessem a inalá-la, morreriam. Seu pensamento é fechado e curto. O mesmo acontece com os brancos que não estudam.

Os brancos não se tornam xamãs. Sua imagem de vida *nõreme* é cheia de vertigem. Os perfumes que passam e o álcool que bebem tornam seu peito demasiado odorante e quente. É por isso que ele fica vazio.[16] Eles não têm nem casa nem cantos de espíritos. Nenhum adorno de penas ou miçangas pertencente aos *xapiri* foi colocado em suas imagens por seus antigos. Quando dormem, só veem no sonho o que os cerca durante o dia. Eles não sabem sonhar de verdade, pois os espíritos não levam sua imagem durante o sono. Nós, xamãs, ao contrário, somos capazes de sonhar muito longe. As cordas de nossas redes são como antenas por onde o sonho dos *xapiri* desce até nós diretamente. Sem elas, ele deslizaria para longe, e não poderia entrar em nós. Por isso nosso sonho é rápido, como imagens de televisão vindas de terras distantes. Nós sonhamos desse jeito desde sempre, porque somos caçadores que cresceram na floresta. *Omama* pôs o sonho dentro de nós quando nos criou. Somos seus filhos, e por isso nossos sonhos são tão distantes e inesgotáveis.

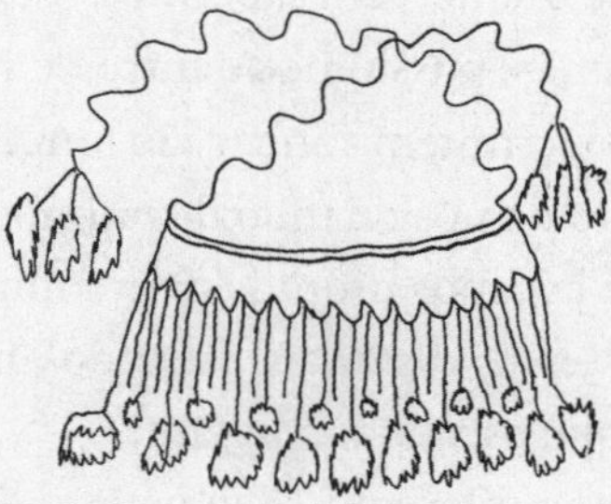

Os brancos dormem deitados perto do chão, em camas, nas quais se agitam com desconforto. Seu sono é ruim e seu sonho tarda a vir. E quando afinal chega, nunca vai longe e acaba muito depressa. Não há dúvida de que eles têm muitas antenas e rádios em suas cidades, mas estes servem apenas para escutar a si mesmos. Seu saber não vai além das palavras que dirigem uns aos outros em todos os lugares onde vivem. As palavras dos xamãs são diferentes. Elas vêm de muito longe e falam de coisas desconhecidas pelas pessoas comuns. Os brancos, que não bebem *yãkoana* e não fazem dançar os espíritos, as ignoram. Não são capazes de ver *Hutukarari*, o espírito do céu, nem *Xiwãripo*, o do caos. Tampouco veem as imagens dos ancestrais animais *yarori*, nem as dos espíritos da floresta, *urihinari*. *Omama* não lhes ensinou nada disso. Seu pensamento fica esfumaçado porque eles dormem amontoados uns em cima dos outros em seus prédios, no meio dos motores e das máquinas.

Nós somos outros. Quando nossos olhos, durante o dia, morrem com o pó de *yãkoana*, à noite dormimos em estado de fantasma. Assim que adormecemos, os *xapiri* começam a descer em nossa direção. Não é preciso beber *yãkoana* de novo. Seus cantos misturados ressoam de repente na noite, como os gritos estridentes dos bandos de papagaios nas árvores. E logo percebemos, na escuridão, seus inúmeros caminhos luminosos enredados se aproximando, cintilantes como o brilho da lua. Então começamos a responder a seus chamados e, assim, seu valor de sonho chega a nós.[17] Nosso corpo permanece deitado na rede, mas nossa imagem e nosso sopro de vida voam com eles. A floresta se afasta rapidamente. Logo não vemos mais suas árvores e nos sentimos flutuando sobre um enorme vazio, como num avião. Voamos em sonho, para muito longe de nossa casa e de nossa terra, pelos caminhos de luz dos *xapiri*. De lá pode-se ver todas as coisas do céu, da floresta e das águas que os nossos antigos viram antes de nós. O dia dos espíritos é nossa noite, é por isso que eles se apossam de nós durante o sono, sem sabermos. É esse, como eu disse, nosso modo de estudar. Nós, xamãs, possuímos dentro de nós o valor de sonho dos espíritos. São eles que nos permitem sonhar tão longe.[18] Por isso suas imagens não param de dançar perto de nós quando dormimos. Bebendo *yãkoana*, não cochilamos à toa. Sempre estamos prontos para sonhar. Tornados fantasmas, percorremos sem trégua terras distantes, fazendo amizade com os *xapiri* de seus habitantes. É assim que os xamãs sonham!

Os homens comuns são diferentes. Seu pensamento costuma ficar cravado nas mulheres, e de tanto inalar o perfume de seus adornos de penas *puu hana* o peito deles acaba cheirando a pênis! Então, os espíritos, com raiva, nunca olham para eles. Por isso sonham pouco, apenas com coisas muito próximas e, mesmo assim, esquecem-nas assim que acordam. Veem apenas suas caçadas e pescarias na floresta e seu trabalho nas roças. Sonham com onças, cobras ou seres maléficos *në wãri*. Reveem suas danças de apresentação ou seus combates durante as festas *reahu*. Pensam nos reides guerreiros de que participaram ou em seus feitiços amorosos.[19] Sonham com as mulheres que desejam, com pessoas de outras aldeias de quem são amigos ou então com os mortos de quem têm saudade. Dormem em estado de fantasma e sua imagem sai deles, como a dos xamãs. Mas nunca se afasta muito. Entre eles, apenas os bons caçadores podem sonhar um pouco mais longe.

Os brancos, quando dormem, só devem ver suas esposas, seus filhos e suas mercadorias. Devem pensar com preocupação em seu trabalho e em suas viagens. Com certeza não podem ver a floresta como nós a vemos! Nós, xamãs, somos diferentes. Não nos contentamos em dormir. Durante o nosso sono, os *xapiri* estão sempre olhando para nós e querendo falar conosco. Por isso nós também os vemos e podemos sonhar com eles. Eles nos chamam: "Pai, está nos escutando? Seus ouvidos estão tampados? Responda!". Aí começamos a sonhar e eles chegam até nós envoltos em sua luz intensa. Sem eles, jamais poderíamos sonhar desse modo! Muitas vezes nos acordam para nos alertar: "Pai! Um desconhecido se aproxima! Será que é um ser maléfico?". Respondemos: "O que está acontecendo? *Haixopë!* É verdade! O ser da seca *Omoari* está chegando perto de nossa casa!". Em seguida partem ao seu encontro para combatê-lo. Muitas vezes também nos chamam apenas porque querem que escutemos seus cantos. O pai deles, o xamã, está dormindo, mas eles estão acordados e querem trabalhar. Pensam: "*Hou!* É ruim dormir assim! Não queremos essa preguiça! Temos de fazer nossa dança de apresentação!". É verdade! Se os *xapiri* não tivessem o olhar fixado em nós, não poderíamos sonhar tão longe. Apenas dormiríamos como lâminas de machado no chão da casa.

Nós, habitantes da floresta, viemos do esperma e do sangue de *Omama*, que era um verdadeiro sonhador.[20] Foi ele que, no primeiro tempo, plantou na terra que acabara de criar a árvore dos sonhos, que chamamos *Mari hi*. Desde então, assim que as flores de seus galhos desabrocham, elas nos enviam o sonho.[21] Foi assim que ele o pôs em nós, permitindo que nossa imagem se desloque enquanto dormimos. Nós o possuímos através do sangue de nossos maiores. Quando somos crianças, muitas vezes exageramos bebendo mel selvagem ou mingau quente de banana. Aí, empanturrados, adormecemos em estado de fantasma e começamos a sonhar, vendo coisas desconhecidas. Na adolescência, passamos nosso tempo andando na floresta, onde seguimos as pistas da caça sem descanso. É então que nosso pensamento pouco a pouco se concentra nos *xapiri*. Vamos nos apaixonando por eles, como se fossem moças! Começamos a ver em sonho as imagens dos ancestrais animais que acompanham nossas caminhadas pela floresta. Primeiro são as dos gaviões *wakoa* e *kãokãoma*,[22] e também as da gente das águas que, como eles, são grandes caçadores. Depois vemos aparecer espíritos onça, queixada, macaco-aranha e anta, bem como muitas outras imagens de animais de caça que ainda não conhecíamos. Quando os *xapiri* se interessam por nós desse modo, assim que adormecemos os vemos dançar e os ouvimos cantar. Eles se juntam, inúmeros, bem alto no peito do céu, à nossa volta. É assim que temos nossos primeiros sonhos na companhia deles. Mais tarde, adultos, bebemos *yãkoana* com os grandes xamãs que realmente os conhecem, para que abram os seus caminhos para nós. Essas trilhas são brilhantes, finas e transparentes como fios de aranha ou linha de pesca. Elas se prendem ao longo de nossos braços e pernas. Os *xapiri* descem por elas e então rasgam nosso peito, para abrir nele uma grande clareira onde farão sua dança de apresentação.[23] É assim que nossa imagem pode segui-los no tempo do sonho, até para além da terra dos ancestrais dos brancos.

Quando eu era criança, não parava de voar sonhando, bem alto no peito do céu ou no mais fundo das águas. Por isso, mais tarde, pedi a meu sogro que me fizesse beber *yãkoana*. Não me tornei xamã à toa. Meu pensamento nunca se fixou em mulheres ou mercadorias! Ao contrário, sempre tive curiosidade de conhecer melhor os espíritos, pois as imagens e cantos do sonho que eles nos enviam são de uma beleza muito grande. Esses foram meus estudos, desde sempre. Os xamãs que usam os adornos dos *xapiri* e possuem seus cantos sonham com muita sabedoria. Tomados pelo poder das árvores da floresta, acompanham-nos em seus voos mais distantes, até terras vazias e planas onde só moram espíritos magníficos. Podem ver as imagens de nossos ancestrais que se tornaram animais no primeiro tempo, bem como as de *Omama* e dos seus. Localizam ao longe as fumaças de epidemia e os seres maléficos que se aproximam para nos devorar. Podem também ir até a terra dos antigos brancos e fazer dançar seus espíritos *napënapëri*.

Enquanto os *xapiri* se apoderavam de minha imagem, eu também pude contemplar na noite tudo o que meus antepassados conheceram antes de mim. Vi *Omama* furar a terra com sua barra de ferro comprida para fazer surgir os rios e todos os seus peixes, jacarés e sucuris.[24] Vi-o pescar sua mulher *Tʰuëyoma* e receber as plantas cultivadas de seu sogro, vindo do fundo das águas. Vi dançar a imagem de seu filho, quando se tornou o primeiro de nossos xamãs. Vi, quando a noite ainda não existia, nossos antepassados acenderem grandes fogueiras de folhas verdes, para poder copular ocultos pela fumaça. Vi os ancestrais animais fazendo Jacaré rir, para roubar o fogo que caiu de sua boca. Vi Formiga perder a sogra em sua imensa roça de milho. Vi a floresta queimar no primeiro tempo, até sobrarem apenas campos onde as árvores não nascem mais. Também entrei várias vezes, desconfiado, nas casas abarrotadas de seres maléficos da floresta. Voei, apavorado, no grande vazio *wawëwawë a* que fica além da terra e do céu. Pude ver o espírito macaco-aranha, que chamamos de genro do sol, comer seus frutos de calor sem queimar a boca. Vi-o conter a queda do céu e jogar picos rochosos uns contra os outros para testar sua solidez. Vislumbrei na escuridão os espíritos morcego tremendo de frio enquanto roíam as beiras do céu e soprando em suas zarabatanas de feitiçaria. Vi o espírito do grande escaravelho *simotori* recortar o topo das montanhas para abrir suas roças. Ouvi os espíritos abelha tagarelando sem parar nas árvores, para defender a floresta. E vi também, na terra dos brancos, muito antes de ir até lá, as máquinas que correm sem pés de que me falavam os meus pais e avós.[25]

Voando desse modo na companhia dos *xapiri*, meus sonhos nunca têm fim. Percorrem sem trégua a floresta, as montanhas, as águas e todas as direções do céu e da terra. O sopro de vida dos espíritos está em mim, é o que me permite ver todas essas coisas. Eles me chamam durante a noite, e então eu não paro de imitar seus cantos enquanto me desloco com eles. No entanto, quando estou longe de casa, me contento em contemplar a beleza deles em silêncio, pois minha voz poderia atrair a maldade de feiticeiros ou espíritos inimigos. É assim que eu costumo sonhar. Hoje, porém, muitas vezes são também os espíritos da epidemia *xawarari* que levam minha imagem no tempo do sonho. Então, ardendo em febre e tornado fantasma, combato durante o sono os brancos e seus soldados, que não param de atiçar minha raiva. Meus *xapiri*, muito valentes, atacam-nos sem trégua com seus facões e flechas, para vingar os maus-tratos a que sujeitam os habitantes da floresta.

Nós, Yanomami, quando queremos conhecer as coisas, esforçamo-nos para vê-las no sonho. Esse é o modo nosso de ganhar conhecimento. Foi, portanto, seguindo esse costume que também eu aprendi a ver. Meus antigos não me fizeram apenas repetir suas palavras. Fizeram-me beber *yãkoana* e permitiram que eu mesmo contemplasse a dança dos espíritos no tempo do sonho. Deram-me seus próprios *xapiri* e me disseram: "Olhe! Admire a beleza dos espíritos! Quando estivermos mortos, você continuará a fazê-los descer, como nós fazemos hoje. Sem eles, seu pensamento não poderá entender as coisas. Continuará na escuridão e no esquecimento!". Foi assim que eles me abriram os caminhos dos *xapiri* e fizeram crescer meu pensamento. Agora, vou envelhecendo e, por minha vez, trato de transmitir essas palavras aos jovens, para que elas não se percam e jamais sejam esquecidas. Se eu não tivesse conhecido os espíritos, teria permanecido ignorante e falaria sem saber algum. Graças a eles, ao contrário, minhas palavras podem seguir uma à outra e se estender por todas as partes onde se deslocam. Podem falar de todas as terras desconhecidas de onde descem. É esse nosso modo de ficar sabido. Nós, habitantes da floresta, nunca esquecemos os lugares distantes que visitamos em sonho. De manhã, quando acordamos, suas imagens permanecem vivas em nossa mente. Ao evocá-las, pensamos, satisfeitos: "Essa é a beleza dos *xapiri* que os antigos conheceram antes de nós! É assim que, desde o primeiro tempo, eles dão a ouvir seus cantos e dançam para se apresentar!". Essas imagens permanecem nítidas e sempre voltam em nosso pensamento. As palavras dos espíritos que as acompanham também ficam dentro de nós. Não se perdem jamais. Esse é nosso histórico. É a partir delas que podemos pensar com retidão. É por isso que eu digo que nosso pensamento é parecido com as peles de imagens nas quais os brancos guardam os desenhos das falas de seus maiores.

Depois, fazemos com que essas palavras vindas do valor de sonho dos espíritos sejam ouvidas pelas pessoas de nossas casas. Nós não as enganamos, como fizeram no passado os de *Teosi*, que ficavam repetindo: "*Sesusi* vai descer na floresta! Se ele quiser, hoje ou amanhã, vai chegar entre nós!". Mas o tempo passou e nada aconteceu. Nós, xamãs, nunca falamos desse modo. Jamais iludimos os nossos só olhando desenhos de palavras para poder falar. Não precisamos cravar o nosso olhar em peles de papel para nos lembrarmos das palavras dos *xapiri*! Elas estão coladas em nosso pensamento e surgem em nossos lábios, sem fim, assim que viramos espíritos. É por isso que somos capazes de revelá-las em seguida aos que nos escutam. São essas palavras sobre as coisas que vi em sonho que eu tento explicar aos brancos para defender a floresta. Se eu não tivesse nenhuma casa de espíritos e fosse incapaz de ver qualquer coisa, não teria nada a dizer. Meus olhos dariam dó de ver, minha voz seria hesitante e quem me escutasse logo perceberia a ignorância e o medo entorpecendo minha boca.

23. O espírito da floresta

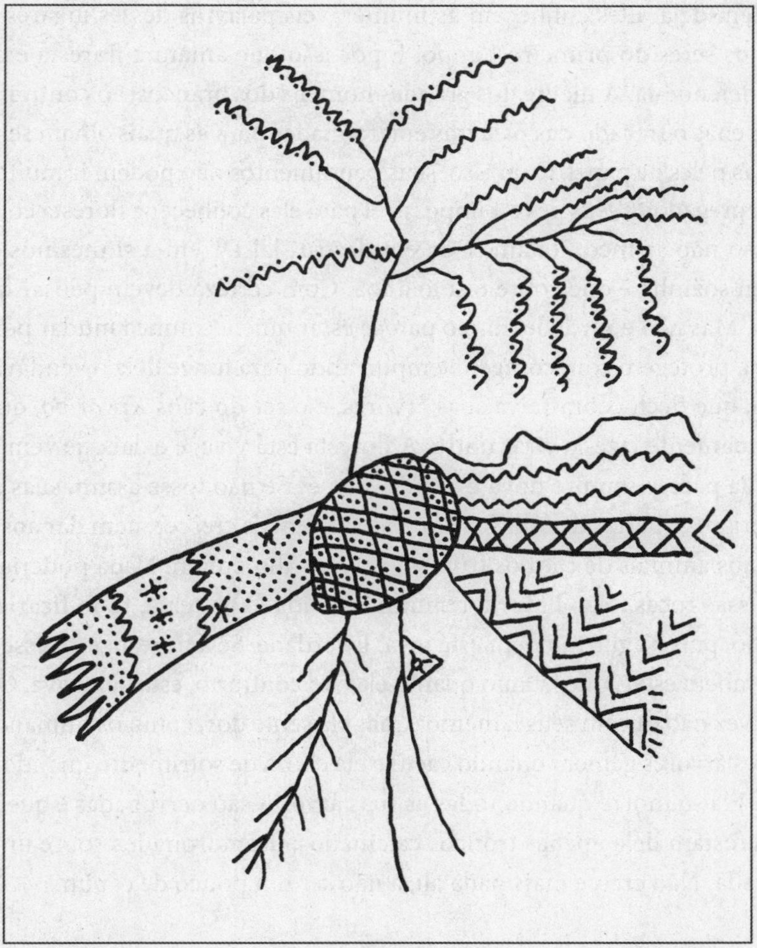

Urihi a, *a terra-floresta.*

Acho que vocês deveriam sonhar a terra, pois ela tem coração e respira.

Davi Kopenawa
Entrevista a F. Watson (Survival International),
Boa Vista, jul. 1992

Como eu disse, o pensamento dos xamãs se estende por toda parte, debaixo da terra e das águas, para além do céu e nas regiões mais distantes da floresta e além dela. Eles conhecem as inumeráveis palavras desses lugares e as de todos os seres do primeiro tempo. É por isso que amam a floresta e querem tanto defendê-la. A mente dos grandes homens dos brancos, ao contrário, contém apenas o traçado das palavras emaranhadas para as quais olham sem parar em suas peles de papel. Com isso, seus pensamentos não podem ir muito longe. Ficam pregados a seus pés e é impossível para eles conhecer a floresta como nós. Por isso não se incomodam nada em destruí-la! Dizem a si mesmos que ela cresceu sozinha e que cobre o solo à toa. Com certeza devem pensar que está morta. Mas não é verdade. Ela só parece estar quieta e nunca mudar porque os *xapiri* a protegem com coragem, empurrando para longe dela o vendaval *Yariporari*, que flecha com raiva suas árvores, e o ser do caos *Xiwãripo*, que tenta continuamente fazê-la virar outra. A floresta está viva, e é daí que vem sua beleza. Ela parece sempre nova e úmida, não é? Se não fosse assim, suas árvores não seriam cobertas de folhas. Não poderiam mais crescer, nem dar aos humanos e aos animais de caça os frutos de que se alimentam. Nada poderia nascer em nossas roças. Não haveria nenhuma umidade na terra, tudo ficaria seco e murcho, pois a água também está viva. É verdade. Se a floresta estivesse morta, nós também estaríamos, tanto quanto ela! Ao contrário, está bem viva. Os brancos talvez não ouçam seus lamentos, mas ela sente dor, como os humanos. Suas grandes árvores gemem quando caem e ela chora de sofrimento quando é queimada. Ela só morre quando todas as suas árvores são derrubadas e queimadas. Então restam dela apenas troncos calcinados, desmoronados sobre uma terra ressecada. Não cresce mais nada ali, a não ser um pouco de capim.

Os brancos não se perguntam de onde vem o valor de fertilidade da floresta. Nós o chamamos *në rope*.[1] Devem pensar que as plantas crescem sozinhas, à toa. Ou então acham mesmo que são tão grandes trabalhadores que poderiam fazê-las crescer apenas com o próprio esforço! Enquanto isso, chegam a nos chamar de preguiçosos, porque não destruímos tantas árvores quanto eles! Essas palavras ruins me deixam com raiva. Não somos nem um pouco preguiçosos! As imagens da saúva *koyo* e do lagarto *waima aka* moram dentro de nós[2] e sabemos trabalhar sem descanso em nossas roças, debaixo do sol. Mas não fazemos isso do mesmo modo que os brancos. Preocupamo-nos com a floresta e pensamos que desbastá-la sem medida só vai matá-la. A imagem de *Omama* nos diz, ao contrário: "Abram suas roças sem avançar longe demais. Com a madeira dos troncos já caídos façam lenha para as fogueiras que os aquecem e cozinham seus alimentos. Não maltratem as árvores só para comer seus frutos. Não estraguem a floresta à toa. Se for destruída, nenhuma outra virá tomar seu lugar! Sua riqueza irá embora para sempre e vocês não poderão mais viver nela!".

Já os grandes homens dos brancos pensam diferente: "A floresta está aqui sem razão, então podemos estragá-la o quanto quisermos! Ela pertence ao governo!".[3] Contudo, não foram eles que a plantaram e, se a deixarmos nas mãos deles, farão apenas coisas ruins. Vão derrubar suas árvores grandes e vendê-las nas cidades. Vão queimar as que sobrarem e sujarão todas as águas. A terra logo ficará nua e ardente. Seu valor de fertilidade irá deixá-la para sempre. Não crescerá mais nada nela e os animais que vinham se alimentar dos frutos de suas árvores também irão embora. Foi o que aconteceu quando abriram a estrada na floresta da gente do rio Ajarani[4] e de novo quando os garimpeiros invadiram a dos habitantes das terras altas. Escavando o leito dos rios, desmatando as margens e esfumaçando as árvores com seus motores, eles expulsaram a riqueza da floresta e a fizeram ficar doente, a ponto de o ser da fome, *Ohinari*, ter se instalado nela. A caça morreu ou fugiu para bem longe, nas serras. Em seus igarapés já não se acham peixes, nem camarões, nem caranguejos, nem arraias, nem poraquês, nem jacarés.[5] As imagens desses bichos, enfurecidas, fugiram para longe de lá, chamadas de volta pelos outros *xapiri*. Assim é. Desde que fiquei adulto, vi muitas vezes os rastros ruins dos brancos na floresta. Eles não se preocupam em nada que suas árvores sejam trocadas por capim e seus rios, por córregos lamacentos! Com certeza devem pensar que tanto faz, mais tarde poderão cobrir seu solo com o cimento de suas cidades!

Nós nascemos na mata, crescemos nela e nela nos tornamos xamãs. Ao contrário dos brancos, cuidamos dela, como nossos maiores antes de nós, porque sem ela não poderíamos viver. Por isso o espírito da fome sempre esteve longe dela. Queremos que nossos filhos e netos possam também se alimentar da floresta. Desmatamos pouco, só para abrir nossas roças. Nelas plantamos mandioca, macaxeira, bananeiras, cará, batata-doce, cana-de-açúcar, mamoeiros e pupunheiras. Depois, passado algum tempo, deixamos que cresça de novo. Então um matagal emaranhado invade nossas antigas roças e, depois, as árvores vão aos poucos crescendo de novo. Se plantarmos sempre no mesmo lugar, as plantas não dão mais. Ficam quentes demais, como a terra desmatada que perdeu seu perfume de floresta. Ficam mirradas e ressecadas. Logo nada mais brota. Por isso nossos antigos se deslocavam na floresta, de roça em roça, quando suas plantações se enfraqueciam e a caça rareava perto de suas casas.

Mas nós não abrimos nossas roças em qualquer lugar na floresta. Sempre escolhemos um lugar onde mora a imagem da fertilidade *në rope*, onde a terra é bela, onde o solo é seco e um pouco elevado, a salvo de inundações. Evitamos os locais demasiado baixos e úmidos, invadidos por cipós ou palmeiras, onde as plantas que nos alimentam têm dificuldade de crescer. Escolhemos os locais onde vemos que há uma roça posta no solo da floresta.[6] Assim, preferimos os lugares onde crescem cacaueiros *poroa unahi* e *himara amohi*, sumaúmas *wari mahi*, arbustos *mahekoma hi*, árvores *krepu uhi* e *mani hi*, e também grandes folhas *ruru asi* e *irokoma si*. Quando abrimos neles um roçado pequeno, dá muito alimento. Assim, a fertilidade *në rope* continua presente no chão da floresta, como era para nossos maiores. Só irá embora para sempre se os brancos não pararem de remexer a terra com suas máquinas e destruírem todos os humanos que moram embaixo de suas árvores.

A terra profunda é vermelha e ruim. As plantas não podem se fortalecer nela. O valor de fertilidade da floresta está na parte do solo que fica na superfície. Sai dela um sopro de vida úmido que chamamos *wahari*.[7] Esse ar frio vem da escuridão do mundo de baixo, de seu grande rio, *Motu uri u*, e do ser do caos *Xiwãripo*. Seu dono é o espírito da floresta, *Urihinari*. Seu frescor se espalha sobretudo durante a noite; durante o dia, assim que o sol fica mais quente, ele retorna para o chão. Esse sopro persiste porque as costas da terra estão cobertas de folhas e protegidas pelas árvores. Dizemos que isso é a pele da floresta. Assim, quando os brancos a arrancam com seus tratores, logo só resta pedregulho e areia nas profundezas da terra, e a umidade vai embora. Esse orvalho fresco é um líquido como o esperma. Ele emprenha as árvores, penetrando em suas raízes e em suas sementes. É ele que as faz crescer e florescer. Se vier a acabar, a terra perderá seu cheiro de fertilidade e ficará estéril. Não dará mais nenhum alimento. Quando ele a impregna, ao contrário, ela fica preta e bonita. Exala um forte perfume de floresta. Esse líquido também é um alimento, e por isso as plantas que comemos crescem graças a ele. É a imagem do ancestral saúva *Koyori* que coloca as roças no solo da floresta. Elas pegam a fecundidade dessa umidade e as plantas que comemos crescem fortes. Assim é. Os alimentos que plantamos só crescem bem onde dança a imagem da fertilidade; onde os espíritos saúva *koyo*, os espíritos morcego e os espíritos tatu-canastra brincam. Quando a floresta é ruim, não há roça, dizemos que é uma floresta que virou outra.[8]

A floresta não cresceu por si só, à toa, como eu disse. É seu valor de fertilidade *në rope* que a torna viva e lhe propicia sua abundância. Os nossos grandes xamãs me falaram a respeito disso muitas vezes e, desde que meus olhos sabem morrer sob o poder da *yãkoana*, eu também posso ver sua imagem, que chamamos *në roperi*. Ela é o verdadeiro dono da floresta e sabe ser generosa. No entanto, se resolver ir embora, nada mais crescerá, o solo ficará quente demais e a floresta logo passará a ter valor de fome. A pele da floresta é bela e cheirosa, mas se suas árvores forem queimadas ela resseca. Então, a terra se desfaz aos pedaços e as minhocas desaparecem. Os brancos sabem disso? Os espíritos das grandes minhocas são os donos do chão da floresta. Se forem destruídos, ele fica árido. Por baixo dele, aparece então uma terra vermelha, da qual só podem sair brotos de plantas ruins e capim ralo. Nós não arrancamos a pele da terra. Cultivamos apenas sua superfície, pois é nela que está a sua riqueza. Seguimos nisso as palavras de nossos ancestrais.

As folhas e as flores das árvores caem e se amontoam no solo sem parar. É isso que dá à floresta seu cheiro e seu valor de fertilidade. Mas esse perfume desaparece assim que a terra ressecada volta a esconder os igarapés em suas profundezas. Assim é. Quando as grandes árvores da floresta, como as sumaúmas *wari mahi* e as castanheiras *hawari hi*, são cortadas, a terra a seu redor fica dura e ardente. São elas que atraem a água da chuva e a guardam no chão.[9] As árvores que os brancos plantam, mangueiras, coqueiros, laranjeiras e cajueiros, não sabem chamar a chuva. Elas crescem mal, espalhadas pela cidade em estado de fantasma. Por isso só há água na floresta quando ela está saudável.

Assim que seu solo é desnudado, o espírito do sol *Mot^h^okari* queima todos os seus rios e igarapés. Seca-os com sua língua ardente antes de engolir seus peixes e jacarés. Depois, quando seus pés se aproximam da terra, ela começa a assar e fica cada vez mais dura. As rochas das montanhas esquentam a ponto de rachar e explodir. Nenhum broto de árvore pode mais surgir do chão, pois não há mais umidade para manter frescas as sementes e as raízes. As águas retornam para o mundo subterrâneo e a terra ressecada se desfaz em poeira. O ser do vento, que nos segue na floresta para nos refrescar como um abano, também vai embora. Suas filhas e sobrinhas já não podem ser vistas brincando na copa das árvores. Um calor sufocante se instala por toda parte. As folhas e flores amontoadas no solo secam e se contorcem. O odor fresco da terra desaparece aos poucos. Mais nenhuma planta cresce, não importa o que se faça. A imagem de fertilidade da floresta, com raiva, vai embora para longe. Volta para o lugar onde veio à existência. Vai para outras terras, outras gentes, ou até mesmo para as costas do céu, junto dos fantasmas. Por isso, onde os brancos comeram toda a floresta, eles mesmos acabam sofrendo de calor, de fome e de sede. Seus ancestrais não lhes transmitiram nenhuma palavra de sabedoria sobre ela. Por isso, no final, eles só sabem fugir para longe dela, de volta para a cidade.

A floresta é de *Omama*, e por isso tem um sopro de vida muito longo, que chamamos *urihi wixia*. É a sua respiração. O sopro dos humanos, ao contrário, é muito breve. Vivemos pouco tempo e morremos depressa. Já a floresta, se não for destruída sem razão, não morre nunca. Não é como o corpo dos humanos. Ela não apodrece para depois desaparecer. Sempre se renova. É graças à sua respiração que as plantas que nos alimentam podem crescer. Então, quando estamos doentes, às vezes tomamos seu sopro de vida emprestado, para que nos sustente e nos cure. É o que os xamãs fazem. A floresta respira, mas os brancos não percebem. Não acham que ela esteja viva. No entanto, basta olhar para suas árvores, com as folhas sempre brilhantes. Se ela não respirasse, estariam secas. Esse sopro de vida vem do centro da terra, que é o antigo céu *Hutukara*.[10] Ele se espalha por toda a sua extensão e também ao longo de seus rios e igarapés. Por onde esse frescor da imagem da terra *Maxitari* se espalha, a floresta é bela, as chuvas são abundantes e o vento é forte.[11] Os *xapiri* também vivem nela, pois foram criados juntos. Os brancos que desmatam a floresta por acaso acham que sua beleza não tem motivo? Mas não é verdade! Eles só a devastam sem nenhuma preocupação porque não podem vê-la com os olhos dos xamãs. Ela permaneceu bela até hoje apenas porque nossos ancestrais desde sempre conhecem as palavras que estou dando aqui. Nos lugares que os brancos ocuparam, ao contrário, só restam descampados e uma terra sem sopro de vida. Mas isso não vai acontecer com a nossa floresta enquanto vivermos nela!

No primeiro tempo, não havia caça nenhuma na floresta. Existiam apenas os ancestrais com nomes de animais, os *yarori*. Mas a floresta não demorou a entrar em caos e todos eles viraram outros. Adornaram-se com pinturas de urucum e foram pouco a pouco se transformando em caça.[12] Desde então, nós, que viemos à existência depois deles, os comemos. No entanto, no primeiro tempo, todos fazíamos parte da mesma gente. As antas, os queixadas e as araras que caçamos na floresta também eram humanos. É por isso que hoje continuamos a ser os mesmos que aqueles que chamamos de caça, *yaro pë*.[13] Os coatás, que chamamos *paxo*, são gente, como nós. São humanos cuatás: *yanomae tʰë pë paxo*, mas nós os flechamos e moqueamos para servir de comida em nossas festas *reahu*! Apesar disso, aos olhos deles, continuamos sendo dos deles. Embora sejamos humanos, eles nos chamam pelo mesmo nome que dão a si mesmos. Por isso acho que nosso interior é igual ao da caça, mesmo se atribuímos a nós mesmos o nome de humanos, fingindo sê-lo. Já os animais nos consideram seus semelhantes que moram em casas, ao passo que eles se veem gente da floresta. Por isso dizem de nós que somos "humanos caça moradores de casa!".[14]

Eles são realmente espertos! É por isso que são capazes de nos entender e se escondem quando nos aproximamos. Eles nos acham assustadores e pensam: "*Hou!* Esses humanos são dos nossos e, apesar disso, têm tanta fome de nossa carne! Parecem seres maléficos! No entanto, são gente como nós!". Os tatus, os jabutis e os veados são outros humanos, mas mesmo assim nós os devoramos. É verdade! Nós, que não viramos caça, comemos os nossos, nossos irmãos animais: antas, queixadas e todos os outros! No primeiro tempo, nossos antepassados viviam com fome de carne e se devoravam entre si. Por isso tornaram-se outros. Metamorfosearam-se em caça para que pudéssemos comê-los.[15] Foi assim.

Os animais, quando nos veem caçando na floresta, também nos chamam *kõaa pë*. Nos dão esse nome porque muitas vezes comemos nossas próprias presas, embora seja muito ruim fazer isso.[16] Quando tentamos nos aproximar deles, eles nos avistam de longe e pensam: "*Hou!* Os *kõaa pë* estão chegando para nos flechar! Que gente nojenta! Eles devoram as presas que eles mesmos acabaram de matar! Têm a boca suja!". E depois fogem, antes de podermos vê-los. É verdade! De tanto comerem as próprias sobras, os maus caçadores andam pela floresta cochilando. Apesar de terem os olhos abertos, não enxergam nada. Tampouco escutam as vozes da caça. Sentem tonturas o tempo todo e perdem a vontade de andar na mata e até de fabricar flechas. Um cheiro insosso e enjoativo emana de sua pele.[17] Os animais temem se sujar pelo contato com eles. Por isso nunca se mostram para eles. Ficam afastados e os observam de longe, enquanto eles andam sem rumo pela floresta. Esses maus caçadores só querem ficar na rede e dormir! Mesmo se acabam indo para a floresta de vez em quando, nunca matam caça alguma. Suas flechas se perdem no topo das árvores e, por preguiça, eles as deixam lá. Não conhecem mais a mata e os animais não gostam deles.

Ao contrário, assim que a caça avista um homem generoso, que dá todas as suas presas aos outros, apaixona-se por ele e vai ao seu encontro exclamando com alegria: "*Pei! pei! pei! pei!* Eis o espírito gavião *Kãomari*! Vem vindo um ser das águas! É nosso amigo *Urihinamari*, o ser da floresta! Olhem! Um grande caçador se aproxima!".[18] É por isso que a caça se deixa ver tão facilmente aos olhos dos bons caçadores. Eles não precisam avistar os animais de longe para flechá-los. Estes vêm ao seu encontro e se apresentam a seus olhos por conta própria! Sentem saudade deles como um homem sente falta da mulher pela qual está apaixonado. Por isso deixam-se flechar sem esforço e ficam felizes por isso. Não pensam: "*Hou!* Vou ser morto, vou sentir dor!". Porém, quando são feridos por um caçador desajeitado e têm de fugir sofrendo, ficam furiosos! Assim é. Um grande caçador sempre é acompanhado pelas imagens do gavião *kãokãoma* e da gente das águas. Elas jamais o deixam sozinho. Ele adormece sonhando com elas e acorda feliz por estar pensando nelas. Elas não moram no peito dele. Seguem-no de longe, nas alturas, sem o seu conhecimento. São elas que guiam suas flechas, sem que ele saiba. Por isso, ele sempre volta das caçadas carregado de presas.

Os animais também podem ficar desgostosos conosco, os humanos, se depois de os termos comido jogarmos seus ossos no mato e o suco de seu cozimento nos igarapés de modo desrespeitoso. Sua saudade de nós acaba e, a partir de então, sempre voltamos da caçada de mãos vazias. Nossos antigos eram muito mais sábios do que nós. Suas esposas conservavam com zelo grandes quantidades de ossos de caça penduradas em suas casas — ossos de braço de macaco, mandíbulas de queixadas e esternos de mutuns e de inhambuaçu. Não é mais assim. Hoje em dia, estamos esquecidos desses costumes e isso nos torna caçadores muito ruins em comparação com nossos pais. É isso. Essas palavras são o pouco que sei a respeito da caça. São as que ouvi contar por meus mais velhos quando bebiam *yãkoana*, e as que eu, por minha vez, faço ouvir a meus filhos: "Se vocês não comerem a própria caça, os animais serão seus amigos. Se vocês não tiverem respeito por eles, eles tampouco irão gostar de vocês e vocês sempre ficarão panema!". Elas estão em nós desde sempre. É por isso que não matamos caça sem medida. Os brancos, ao contrário, não conhecem essas palavras e seus maiores acabaram com toda a caça que havia em sua terra.

O que eles chamam de natureza é, na nossa língua antiga, *Urihi a*, a terra-floresta, e também sua imagem, visível apenas para os xamãs, que nomeamos *Urihinari*, o espírito da floresta. É graças a ela que as árvores estão vivas. Assim, o que chamamos de espírito da floresta são as inumeráveis imagens das árvores, as das folhas que são seus cabelos e as dos cipós. São também as dos animais e dos peixes, das abelhas, dos jabutis, dos lagartos, das minhocas e até mesmo as dos grandes caracóis *warama aka*.[19] A imagem do valor de fertilidade *në roperi* da floresta também é o que os brancos chamam de natureza. Foi criada com ela e lhe dá a sua riqueza. De modo que, para nós, os espíritos *xapiri* são os verdadeiros donos da natureza, e não os humanos. Os espíritos sapo, os espíritos jacaré e os espíritos peixe são os donos dos rios, assim como os espíritos arara, papagaio, anta e veado e todos os outros espíritos animais são os donos da floresta. Assim é. Os *xapiri* estão constantemente circulando por toda a mata, sem sabermos. São eles que, vindo das montanhas, fazem surgir os ventos com suas corridas e brincadeiras, tanto a brisa do tempo seco, *iproko*, como o vento da época das cheias, *yari*.[20] São os espíritos da chuva *maari* que descem do céu para refrescar a terra com suas águas e mandar embora o tempo de epidemia.[21] Por isso, se os *xapiri* ficassem longe de nós, sem que os xamãs os fizessem dançar, a floresta ficaria quente demais para podermos continuar vivos nela por muito tempo. Seus seres maléficos *në wãri* e os espíritos da epidemia *xawarari* viriam morar perto de nossas casas e não parariam mais de nos devorar.

Os *xapiri* têm amizade pela floresta porque ela lhes pertence e os faz felizes. Os brancos acham bonita a natureza que veem, sem saber por quê. Nós, ao contrário, sabemos que a verdadeira natureza é tanto a floresta como as multidões de *xapiri* seus habitantes. *Omama* criou nela seus caminhos e suas casas. Quis que os protegêssemos. Os espíritos abelha abrem suas trilhas nas árvores da floresta, em busca das flores de seus méis. Nela, os espíritos animais brincam com alegria, abrigados por seu frescor. As antas, os macacos-aranha, os queixadas e os veados aproveitam a sombra da folhagem e a brisa que corre em sua vegetação rasteira. Gostam de matar a sede em seus igarapés. Quando o calor é intenso demais, as imagens dos animais também sofrem. Se os brancos devastarem a floresta e destruírem seus morros e suas serras, os *xapiri* perderão suas casas. Aí, furiosos, irão fugir para longe de nossa terra e os humanos ficarão à mercê de todos os males. Os brancos não poderão fazer nada, mesmo com seus médicos e suas máquinas. Os espíritos temem os lugares muito quentes, como os lavrados distantes que cercam nossa floresta, onde mora o ser maléfico do sol, *Mot^h^okari.* Temem também as cidades, empesteadas pela fumaça dos carros, aviões e helicópteros.[22] Gostam de andar pela floresta, onde se divertem e cujo perfume fresco e úmido apreciam. Amam sua beleza e sua fertilidade. Nela vivem e se alimentam, por isso, como os humanos, querem defendê-la. Mas os brancos não os conhecem. Derrubam e queimam todas as árvores da mata para alimentar seu gado. Estragam o leito dos rios e escavam os morros para procurar ouro. Explodem as grandes pedras que ficam no caminho de suas estradas. No entanto, colinas e serras não estão apenas colocadas no solo, como eu disse. São moradas de espíritos criadas por *Omama!*[23] Mas essas são palavras que os brancos não compreendem. Pensam que a floresta está morta e vazia, que a natureza está aí sem motivo e que é muda. Então dizem para si mesmos que podem se apoderar dela para saquear as casas, os caminhos e o alimento dos *xapiri* como bem quiserem! Não querem ouvir nossas palavras nem as dos espíritos. Preferem permanecer surdos.

No entanto, até mesmo os seres maléficos *në wãri* querem defender a floresta! Suas casas estão em lugares da mata aonde nossos caminhos nunca vão e no fundo dos rios e dos lagos. São tão numerosos quanto os *xapiri* e ficam tanto quanto eles com raiva dos brancos que devastam seus caminhos e acabam com os animais de que se alimentam. É verdade! Quando não atacam os humanos, os seres maléficos da floresta comem carne de caça. Abrem a barriga de suas presas, devoram suas tripas e recolhem sua gordura em cabaças *horokoto*. Por isso, quando caçamos, às vezes encontramos macacos e antas muito magros e doentes. Já o ser do tempo seco, *Omoari*, gosta dos méis, que são abundantes na estação seca. Além disso, moqueia grandes quantidades de peixes e jacarés que pega dos igarapés secos, para comer.[24] De modo que ele também vai querer se vingar dos brancos que cortam as árvores da mata e sujam seus rios. A estação seca não chega à toa, como eu disse. Ela começa com a chegada de *Omoari*, que vem pôr fogo em *Toorori*, o ser sapo do tempo úmido.[25] Passadas várias luas, quando este consegue umedecer aos poucos sua pele queimada e enrugada, volta novamente à vida. Espalha suas águas pela floresta, para revidar e castigar *Omoari*. Este, assustado com o frio e a umidade, foge com suas filhas e genros, os seres borboleta, cigarra e lagarto. Assim, a época das chuvas começa com a vingança de *Toorori*, que, retomando força, gira a chave das águas para expulsar *Omoari* e tornar a floresta mais fresca e bonita. Ele manda embora o calor da epidemia *xawara* e, então, as plantas começam a crescer nas roças. As árvores e os animais se recuperam da seca e os humanos se sentem reanimados. Isso é o que sabem os xamãs. É por isso que, se os brancos acabarem destruindo a floresta, *Omoari*, esfomeado e enfurecido, não irá mais embora. A terra árida e ardente passará a ser só dele, para sempre.

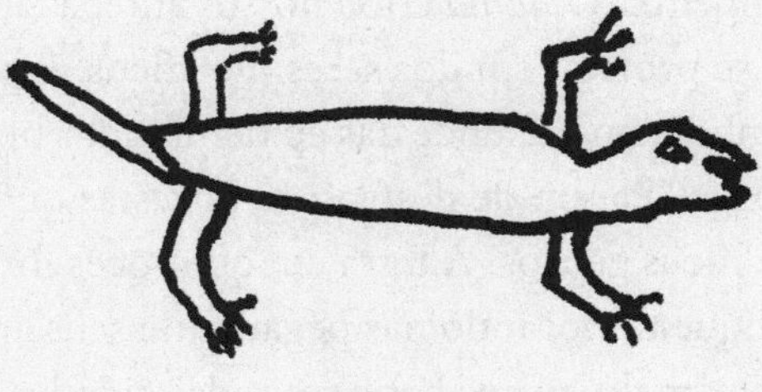

Nossos antigos sabiam chamar a imagem de *Omama* e a do metal que ele tinha no primeiro tempo. Por isso continuamos a fazê-las dançar para defender a floresta.[26] Na sua língua, os brancos falam em proteger a natureza. Na nossa, que é a dos espíritos, falamos do poder do metal de *Omama*, pois, sem ele, a terra desapareceria, e seus habitantes com ela. Quando fazemos dançar a imagem desse metal do céu, desse metal da natureza,[27] ele nos aparece como uma enorme massa de ferro, lisa e brilhante, alta como uma montanha. É com ela que *Omama* derrota os seres maléficos da floresta e os seres da epidemia. Os facões afiados dos *xapiri* são feitos desse mesmo metal,[28] como os dos espíritos arara, papagaio e jacaré. É uma arma poderosa para os xamãs, pois se trata do poder da natureza. É ao mesmo tempo o espírito da floresta, *Urihinari*, do céu, *Hutukari*, e do vendaval, *Yariporari*. Está envolto em turbilhões de vento que repelem as fumaças perigosas e desorientam o pensamento dos brancos comedores de terra. Por isso, quando os xamãs de uma casa não sabem como fazer descer a imagem do metal de *Omama*, seus habitantes não param de adoecer e acabam todos morrendo.

Quando acham que sua terra está ficando doente, os brancos falam de poluição. Quando a doença[29] se alastra em nossa floresta, dizemos que está tomada por fumaças de epidemia e que entrou em estado de fantasma. Quando é assim, os xamãs têm de trabalhar todos juntos, com a ajuda do espírito de *Omama*, para trocar sua imagem. Começam por arrancar seu chão apodrecido e lançar os pedaços aos confins da terra. Depois fazem descer a imagem de uma nova terra, limpa e sã, para colocar no lugar da outra. Então estendem pelo solo uma nova mata, coberta de pinturas brilhantes e perfumadas dos *xapiri*.[30] Essa renovação também deve ser feita quando morre um grande xamã, quando o espírito de seu fantasma *Poreporeri*, para vingar sua morte, torna a terra podre e fedorenta ao redor de sua antiga casa. Com meu sogro, várias vezes fiz dançar a imagem de *Omama* para rasgar e renovar assim nossa terra, doente por culpa dos garimpeiros. *Omama* criou nossos antepassados na floresta e lhes deu os *xapiri* para se protegerem dos seres maléficos. É por isso que hoje em dia sua imagem também nos defende das epidemias dos brancos e se irrita com sua falta de sabedoria: "Parem de destruir as florestas onde vivem meus espíritos, meus filhos e meus genros! A terra em que vocês foram criados também é vasta! Portanto, fiquem morando nas pegadas de seus ancestrais!".

Essas palavras vêm do que os habitantes das cidades chamam de natureza. Contudo, eles não lhes dão a menor importância. Seus ouvidos continuam tampados e seu pensamento, enfumaçado. Preferem achar que os Yanomami são ignorantes e mentirosos. Preferem ficar olhando o tempo todo para os desenhos de palavras de todas as mercadorias que querem ter. A beleza da floresta os deixa indiferentes. Sempre nos dizem: "Sua floresta é escura e fechada! É ruim e cheia de coisas perigosas. Não lamentem por ela! Quando tivermos desmatado tudo, vamos dar gado para vocês comerem! Vai ser muito melhor! Vocês serão felizes!". Mas nós respondemos: "Nossos maiores não conheciam os animais que vocês criam. Não queremos comer animais de criação. Achamos nojento e nos dá tonturas! Não queremos seus bois, não saberíamos o que fazer com eles na mata. É nossa floresta que cria desde sempre os animais e peixes que comemos. Ela alimenta seus filhotes e os faz crescer com os frutos de suas árvores. Ficamos felizes que seja assim. Eles não precisam de roças para viver, como os humanos. O valor de fertilidade da terra basta para fazer crescer e amadurecer seu alimento!". Os brancos exterminam os animais com suas espingardas ou os afugentam com suas máquinas. Em seguida queimam as árvores para plantar capim. Depois, quando a riqueza da floresta já desapareceu e nem o capim cresce mais, têm de ir para outro lugar para dar de comer a seu gado faminto.

No primeiro tempo, nossos ancestrais ainda eram pouco numerosos. *Omama* deu a eles as plantas das roças, que acabara de receber de seu sogro do fundo das águas.[31] Então passaram a cultivá-las, cuidando da floresta. Não pensaram: "Vamos desmatar tudo para plantar capim e vamos cavar o chão para arrancar dele o metal!". Ao contrário, começaram a se alimentar do que crescia na terra e dos frutos da mata. É o que continuamos fazendo até hoje. Afastados de nós, os ancestrais dos brancos se tornaram muito numerosos e viveram com *Yoasi*, que lhes ensinou a destruir tudo. Já nossos ancestrais ficaram na floresta, junto com *Omama*, que nunca disse a eles que deviam queimar suas árvores, revirar seu solo ou sujar seus rios! Longe disso, entregou-lhes uma terra e rios bonitos e limpos. Ensinou-os a cultivar as plantas das roças para saciar a fome de seus filhos. Furou o chão para fazer jorrar as águas do mundo subterrâneo, para poderem matar a sede. Disse a eles: "Comam a caça, os peixes e os frutos da floresta! Alimentem-se do que suas roças produzirem: bananas, mandioca, batata-doce, macaxeira, cará e cana!". Assim é. *Omama* deu-lhes boas palavras e os fez pensar com retidão. Ensinou-os a serem cuidadosos com a floresta, para não afugentar seu valor de fertilidade. Foi assim que sua beleza pôde continuar se mantendo até hoje.

Omama tem sido, desde o primeiro tempo, o centro das palavras que os brancos chamam de ecologia. É verdade! Muito antes de essas palavras existirem entre eles e de começarem a repeti-las tantas vezes, já estavam em nós, embora não as chamássemos do mesmo jeito.[32] Eram, desde sempre, para os xamãs, palavras vindas dos espíritos, para defender a floresta.[33] Se tivéssemos livros, os brancos entenderiam o quanto são antigas entre nós! Na floresta, a ecologia somos nós, os humanos. Mas são também, tanto quanto nós, os *xapiri*, os animais, as árvores, os rios, os peixes, o céu, a chuva, o vento e o sol! É tudo o que veio à existência na floresta, longe dos brancos; tudo o que ainda não tem cerca. As palavras da ecologia são nossas antigas palavras, as que *Omama* deu a nossos ancestrais. Os *xapiri* defendem a floresta desde que ela existe.[34] Sempre estiveram do lado de nossos antepassados, que por isso nunca a devastaram. Ela continua bem viva, não é? Os brancos, que antigamente ignoravam essas coisas, estão agora começando a entender. É por isso que alguns deles inventaram novas palavras para proteger a floresta. Agora dizem que são a gente da ecologia[35] porque estão preocupados, porque sua terra está ficando cada vez mais quente.

Nossos antepassados nunca tiveram a ideia de desmatar a floresta ou escavar a terra de modo desmedido. Só achavam que era bonita, e que devia permanecer assim para sempre. As palavras da ecologia, para eles, eram achar que *Omama* tinha criado a floresta para os humanos viverem nela sem maltratá-la. E só. Somos habitantes da floresta. Nascemos no centro da ecologia e lá crescemos. Ouvimos sua voz desde sempre, pois é a dos *xapiri*, que descem de suas serras e morros. É por isso que quando essas novas palavras dos brancos chegaram até nós, nós as entendemos imediatamente. Expliquei-as aos meus parentes e eles pensaram: "*Haixopë!* Muito bem! Os brancos chamam essas coisas de ecologia! Nós falamos de *urihi a*, a terra-floresta, e também dos *xapiri*, pois sem eles, sem ecologia, a terra esquenta e permite que epidemias e seres maléficos se aproximem de nós!".

Nossos pais e avós não puderam fazer os brancos ouvirem suas palavras sobre a floresta, porque não sabiam sua língua. E eles, quando começaram a chegar às casas dos nossos antigos, ainda não falavam de ecologia! Estavam mais ansiosos para pedir peles de onça, queixada e veado a eles! Naquela época, os brancos não possuíam nenhuma dessas palavras para proteger a floresta. Elas surgiram nas cidades há pouco tempo. Finalmente, seus habitantes devem ter pensado: "*Hou!* Sujamos nossa terra e nossos rios, e nossa floresta está diminuindo! É preciso proteger o pouco que nos resta dando-lhe o nome de ecologia!". Acho que eles ficaram com medo por terem devastado tanto os lugares em que vivem. No começo, quando eu era bem jovem, nunca ouvi os brancos falarem em proteger a natureza. Foi muito mais tarde, quando fiquei bravo e comecei a discursar contra os garimpeiros e suas epidemias, que essas novas palavras chegaram de repente a meus ouvidos. Acho que, no Brasil, foi Chico Mendes[36] que as espalhou por toda parte, pois as ouvi pela primeira vez quando os brancos começaram a falar muito dele. Naquela época, mostraram-me muitas vezes sua imagem em peles de papel. Então, pensei: "Deve ter sido esse branco que refletiu com sabedoria e revelou essas novas palavras da ecologia!". Antes, a gente das cidades não se preocupava com a floresta. Nunca falavam nela e não temiam que ela pudesse ser destruída.

Chico Mendes era branco, mas cresceu, como nós, no meio da floresta. Ele se recusava a derrubar e queimar todas as árvores. Para viver, apenas tirava um pouco de sua seiva. Tinha se tornado amigo da floresta e amava sua beleza. Queria que ela ficasse tal como havia sido criada. Sonhava com ela sem parar e se afligia ao vê-la sendo devorada pelos grandes fazendeiros. Com certeza foi assim que acabaram vindo a ele novas palavras para defendê-la. Quem sabe a imagem de *Omama* as colocou em seu sonho? Deitado na rede, à noite, deve ter pensado: "*Haixopë!* A floresta nos dá comida em seus frutos, seus peixes, sua caça e as plantas de suas roças. Tenho de falar duro com os outros brancos e impedir que eles a destruam! Vou me opor à gente que quer desmatá-la e queimá-la; vou lutar com as palavras da ecologia!". Quando me contaram pela primeira vez o que ele dizia, logo pensei: "Esse homem é mesmo sábio! Seu sopro de vida e seu sangue se parecem com os nossos. Será que ele é genro de *Omama* como nós?". Então, tive vontade de falar com ele, mas logo antes de poder encontrá-lo, os brancos comedores de floresta o assassinaram numa emboscada. Eu mal tinha escutado suas palavras e ele já estava morto por causa delas! Eu nunca tinha ouvido um branco dizer coisas como aquelas. O que ele afirmava a respeito da floresta era verdadeiro e bonito. Meu pensamento estava pronto para receber suas palavras e logo respondeu a elas. Graças a elas entendi melhor como me dirigir aos habitantes das cidades para defender nossa terra. Acho que as palavras de sabedoria de Chico Mendes não desaparecerão, pois após a sua morte elas se propagaram no pensamento de muitas outras pessoas, assim como no meu.

Antes daquela época, eu só tinha encontrado uns poucos brancos que se preocupavam com a floresta e queriam proteger seus animais. Tinha acabado de começar a trabalhar no posto Demini e o pessoal da Funai me pediu para acompanhá-lo ao rio Catrimani.[37] Eu era muito jovem então. Aqueles brancos queriam proteger os queixadas, os jacarés, as ariranhas e as onças contra os caçadores que os matavam sem medida para juntar suas peles. Aquelas eram palavras novas para mim, pois desde que eu era menino, o SPI sempre tinha pedido peles de animais a nossos pais e avós! Por isso, naquele tempo eles caçaram demais, só para trocar com os brancos. Mas com o pessoal da Funai as coisas tinham mudado. Desde que eu comecei a trabalhar com eles no rio Mapulaú,[38] ouvi-os dizer muitas vezes que era preciso expulsar de nossa terra os brancos que matam os animais pelas peles e os que exterminam tartarugas e botos com seus arpões.[39]

Quando subi o rio Catrimani, vi, a jusante, os lugares onde se instalaram os caçadores e pescadores brancos que também não param de invadir nossa floresta. Com a Funai e a Polícia Federal, várias vezes paramos as canoas deles no rio, para confiscar peles de onça e de ariranha. Também os obrigamos a jogar na água todas as tartarugas que tinham capturado. Seus olhos ficavam furiosos, mas eles não protestavam, porque tinham medo da polícia. Eu ainda não conhecia bem os brancos naquela época. Mas entendi que aqueles que eu acompanhava queriam mesmo proteger os animais e as árvores da floresta. Era a primeira vez que eu ouvia aquelas palavras. Elas me fizeram refletir. Comecei a pensar: "*Haixopë!* Vou eu também defender os animais, para que não desapareçam! Eles são, como nós, habitantes da floresta, e não são tão numerosos assim. Se deixarmos os brancos caçarem em nossa terra, nossos filhos logo estarão chorando de fome de carne![40] Eles estão dizendo a verdade! As árvores da floresta são bonitas e seus frutos são nosso alimento. Dá dó vê-las sendo derrubadas de modo desmesurado!". Após essa viagem, o tempo passou e eu me tornei um homem adulto. Minhas ideias sobre a floresta continuaram caminhando, até eu ouvir, bem mais tarde, as palavras de Chico Mendes. Foi assim que eu aprendi a conhecer as palavras dos brancos sobre o que chamam de natureza. Meu pensamento tornou-se mais claro e mais elevado. Ele se ampliou. Entendi então que não bastava proteger apenas o lugarzinho onde moramos. Por isso decidi falar para defender toda a floresta, inclusive a que os humanos não habitam[41] e até a terra dos brancos, muito longe de nós. Tudo isso, em nossa língua, é *urihi a pree* — a grande terra-floresta. Acho que é o que os brancos chamam de mundo inteiro.[42]

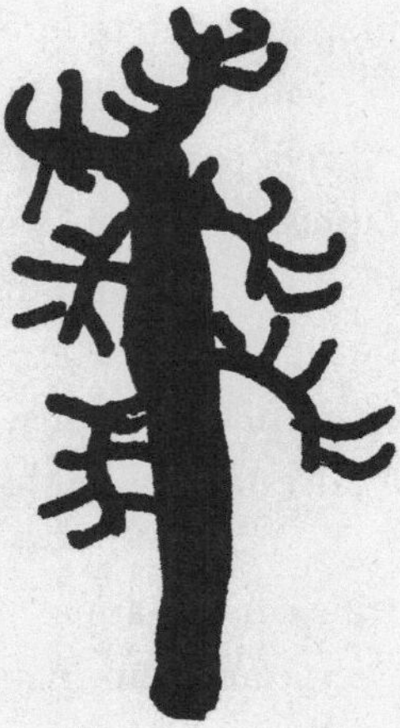

Depois de os relatos da ecologia terem surgido nas cidades, nossas palavras sobre a floresta puderam ser ouvidas pela primeira vez. Os brancos começaram a me escutar e a dizer e pensar: "*Haixopë!* Então é verdade: os ancestrais dos habitantes da floresta já possuíam a ecologia!". Depois disso, nossas falas puderam se espalhar muito longe de nossas casas, desenhadas em peles de imagens ou capturadas nas da televisão. Por isso nossos pensamentos já não estão tão escondidos como antes. Antigamente éramos tão invisíveis para os brancos quanto os jabutis no solo da floresta. Não tinham nem ouvido nosso nome. Agora não é mais assim. Ainda jovem, decidi partir para longe de casa, para fazer nossas palavras saírem do silêncio da floresta. No começo, não sabia grande coisa. Contudo, bebendo o pó de *yãkoana* e me tornando xamã, minha imagem viajou com os espíritos da floresta e, assim, adquiri mais conhecimento. Com eles, entendi que nossa terra pode ser destruída pelos brancos. Então, decidi defendê-la e pensei: "Bem! Agora que os brancos inventaram suas palavras de ecologia, não devem se contentar em repeti-las à toa para fazer delas novas mentiras. É preciso proteger de fato a floresta e todos os que nela vivem: os animais, os peixes, os espíritos e os humanos!". Sou filho dos primeiros habitantes da floresta, e essas palavras tornaram-se minhas. Agora quero dá-las a ouvir aos brancos, para que também sejam impregnados por elas.

Antigamente, nossos maiores não diziam: "Vamos proteger a floresta!". Pensavam numa coisa apenas: "Os espíritos que *Omama* e seu filho nos deixaram cuidam de nós!". Era bom assim. Os *xapiri* já possuíam a ecologia quando os brancos ainda não falavam nisso. São eles que, desde sempre, combatem os seres maléficos *në wãri*, afugentam o ser do tempo chuvoso *Ruëri*, acalmam os seres trovão, impedem a terra de cair no caos e o céu de desabar. Também são eles que chamam os seres da chuva para limpar a floresta quando o calor é tanto que os humanos viram fantasmas e que os mandam para o peito do céu quando o tempo seco atrasa ao ponto de as mulheres e crianças ficarem com fome de carne. São eles ainda que, debaixo da terra, abrem a porta do vendaval para empurrar as fumaças de epidemia para longe da floresta. Os seres da chuva e do vento, bem como os da floresta e do céu, são todos pais da ecologia, do mesmo jeito.

Assim era. Nossos ancestrais conheciam as palavras dos *xapiri*, mas não as da ecologia, que os brancos criaram bem mais tarde, por conta própria e longe de nós. Eu tampouco as tinha ouvido. Mas como os espíritos conheciam a ecologia antes de os brancos lhe darem esse nome, eu as entendi logo, pois nossos antigos xamãs sempre souberam essas coisas. De modo que quando escutei falar de ecologia pela primeira vez, pensei: "Os brancos que agora usam essas palavras não as teriam também recebido da boca de *Omama*? Não seriam eles a imagem dos verdadeiros forasteiros que ele criou a partir do sangue de nossos ancestrais? Não seriam eles genros de *Omama*?".

Quando falam da floresta, os brancos muitas vezes usam uma outra palavra: meio ambiente. Essa palavra também não é uma das nossas e nós a desconhecíamos até pouco tempo atrás. Para nós, o que os brancos chamam assim é o que resta da terra e da floresta feridas por suas máquinas.[43] É o que resta de tudo o que eles destruíram até agora. Não gosto dessa palavra meio. A terra não deve ser recortada pelo meio.[44] Somos habitantes da floresta, e se a dividirmos assim, sabemos que morreremos com ela. Prefiro que os brancos falem de natureza ou de ecologia inteira. Se defendermos a floresta por inteiro, ela continuará viva. Se a retalharmos para proteger pedacinhos que não passam da sobra do que foi devastado, não vai dar em nada de bom. Com um resto das árvores e dos rios, um resto dos animais, peixes e humanos que nela vivem, seu sopro de vida ficará curto demais. Por isso estamos tão apreensivos. Os brancos se puseram hoje em dia a falar em proteger a natureza, mas que não venham mentir para nós mais uma vez, como fizeram seus pais e seus avós.

Nós, xamãs, dizemos apenas que protegemos a natureza por inteiro. Defendemos suas árvores, seus morros, suas montanhas e seus rios; seus peixes, animais, espíritos *xapiri* e habitantes humanos. Defendemos inclusive, para além dela, a terra dos brancos e todos os que nela vivem. Essas são as palavras de nossos espíritos e as nossas. Os *xapiri* são os verdadeiros defensores da floresta e eles nos dão sua sabedoria. Fazendo-os descer e dançar, nossos antigos sempre protegeram a natureza inteira. E nós, que somos seus filhos e netos, não queremos viver num resto de floresta. Os brancos já desmataram quase toda a sua terra. Mantiveram apenas alguns retalhos de sua floresta e puseram cercas em volta deles. Acho que agora pretendem fazer o mesmo com a nossa. Isso nos entristece e nos deixa muito preocupados. Não queremos que nossa floresta seja destruída e que os brancos acabem nos cedendo apenas pequenos pedaços dispersos do que irá sobrar de nossa própria terra! Nessas sobras de floresta doente com rios lamacentos, logo não vai haver caça nem peixes, nem vento nem frescor. Todo o valor de fertilidade da floresta terá ido embora. Os *xapiri* não querem nos ver vivendo em cacos de floresta, e sim numa grande floresta inteira. Não quero que os meus morem num resto de floresta, nem que nos tornemos restos de seres humanos.

Ao contrário dos brancos, não é a floresta e sua terra que comemos. Nós nos alimentamos de sua caça, seus peixes, dos frutos de suas árvores, do mel de suas abelhas, das plantas de suas roças. É desse modo que saciamos a fome de nossas mulheres e crianças. Está muito bem assim. Não é desmatando e queimando a mata que se pode ficar de barriga cheia. Assim só se atrai *Ohinari*, o espírito da fome, e os seres canibais das epidemias. E só. Se maltratarmos a floresta, ela se tornará nossa inimiga. Os antigos brancos já destruíram grande parte dela, dando ouvidos a *Yoasi*, que pôs a morte em nosso sopro. Agora seus filhos e netos deveriam finalmente escutar as palavras claras de *Omama*, que criou a floresta e os *xapiri* para defendê-la. A proteção da natureza, como dizem os brancos, são os habitantes da floresta, aqueles que, desde o primeiro tempo, vivem abrigados por suas árvores. O pensamento dos garimpeiros e fazendeiros, em compensação, é o de seres maléficos. Eles nos chamam de ignorantes o tempo todo, mas, ao contrário do que pensam, nós com certeza somos menos ignorantes do que eles. Temos amizade pela floresta, pois sabemos que os espíritos *xapiri* são seus donos. Os brancos só sabem maltratá-la e depredá-la. Destroem tudo, a terra, as árvores, os morros e os rios, até deixarem o solo nu e ardente, até ficarem eles próprios sem ter o que comer. Nós nunca morremos de fome na floresta. Só morremos da fumaça de suas epidemias.

Quando eu de fato comecei a defender a floresta, amigos brancos me convidaram a ir a Brasília, para me dar o que chamam de prêmio.[45] Eram muitos a me olhar e escutar, pois queriam ouvir as palavras de um filho de seus primeiros habitantes. Sabiam que eu estava com raiva dos garimpeiros que estavam comendo nossa terra. Disseram-me que tinham gostado de me ouvir. Assim, tornaram minhas palavras mais sólidas e as ajudaram a se propagar para mais longe do que tinham ido até então. Pensaram também que, com o prêmio, talvez os garimpeiros hesitassem antes de me matar. Protegeram-me da morte. Naquela época, meu caminho fora da floresta ainda era estreito. Eles o alargaram e me deram coragem para lutar. Desde então minhas palavras não pararam de se multiplicar e se tornaram mais fortes. Começaram a ser ouvidas por brancos moradores de terras cada vez mais distantes. Então, falei aos que tinham me dado o prêmio que estava feliz em recebê-lo, mas que, ao mesmo tempo, estava triste, porque os meus estavam morrendo. Disse a eles também que ainda que o prêmio tivesse muito valor para os habitantes da floresta, cabia sobretudo aos brancos fazer esse valor entrar em seu peito.

Contudo, muitos são os brancos que continuam ignorando nossas palavras. Mesmo que elas cheguem aos seus ouvidos, seu pensamento continua fechado. Seus filhos e netos talvez as escutem um dia. Então pensarão que são palavras de verdade, claras e direitas. Perceberão como é bela a floresta e entenderão que seus habitantes querem viver nela como seus ancestrais antes deles. Irão se dar conta do fato de que não foram os brancos que a criaram, nem ela nem seus habitantes, e que, uma vez destruídos, seus governos não poderão fazer com que voltem à existência. Se, por fim, os brancos ficassem mais sensatos, meu pensamento poderia recuperar a calma e a alegria. Eu diria a mim mesmo: "Que bom! Os brancos acabaram ganhando sabedoria. Eles começam a ter amizade pela floresta, pelos humanos e pelos *xapiri*". Minhas viagens acabariam. Eu já teria passado tempo demais longe de casa a discursar para eles e a encher suas peles de papel com o desenho de minhas palavras. Passaria a visitar a terra dos brancos só de vez em quando. Diria então a meus amigos de lá: "Parem de me convidar tanto! Quero me tornar espírito e continuar estudando com os *xapiri*. Só quero adquirir mais conhecimento!”. Então eu me esconderia na floresta com os xamãs mais antigos, para beber o pó de *yãkoana* até ficar bem magro e esquecer a cidade.

24. A morte dos xamãs

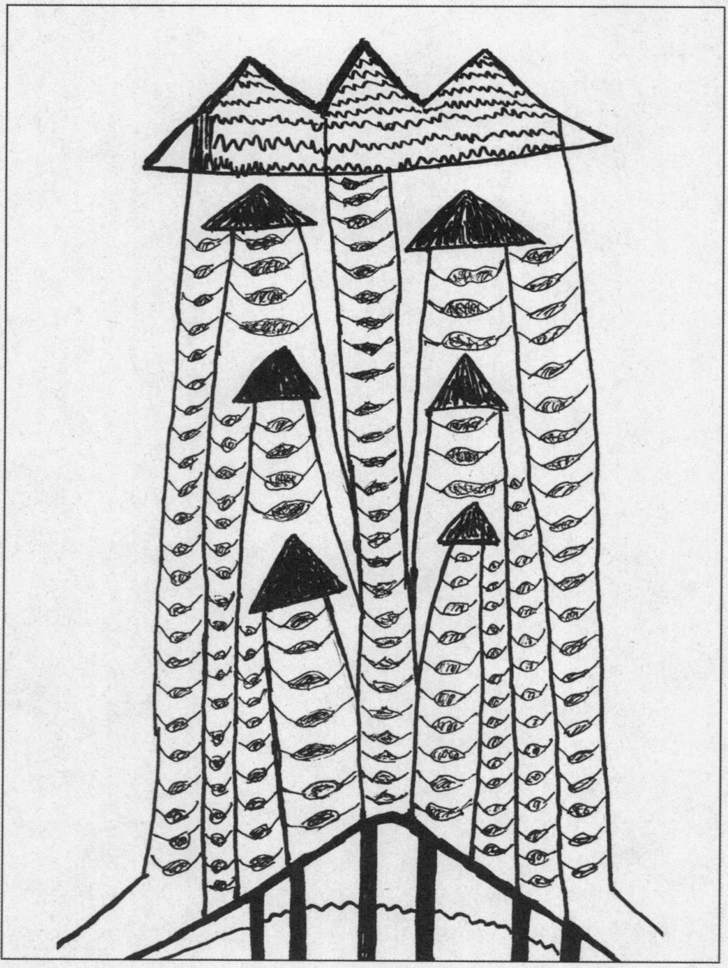

Casa de espíritos.

Enquanto os xamãs ainda estiverem vivos, eles poderão evitar a queda do céu, mesmo que ele fique muito doente.

Davi Kopenawa
Ação pela Cidadania, 1990, p.13

Quando um xamã fica muito velho e não quer mais viver, ou quando está muito doente e perto de morrer, seus *xapiri* se afastam dele. Ele então fica sozinho e vazio, antes de se apagar como uma brasa de fogueira. Depois, uma vez abandonada, sua casa de espíritos desaba por si mesma. É assim que acontece. Os *xapiri* de um xamã vão embora quando seu pai morre. Voltam para onde viveram antes, nos morros e montanhas da floresta e nas costas do céu. Só voltam para os humanos muito tempo depois, para dançar para um outro xamã, muitas vezes filho do xamã que deixaram.[1] No entanto, nem todos os *xapiri* se afastam do pai agonizante com a mesma rapidez. Alguns permanecem a seu lado até o último suspiro. Só partem, tomados pela raiva, no instante de sua morte. Esses espíritos mais teimosos são o da onça, que apoia o moribundo e lhe dá coragem, o da lua, que, com os olhos bem abertos, o mantém ainda atento, e *Aiamori*, o espírito da bravura guerreira, que só o abandona no último momento.

Porém, outros *xapiri* se recusam a ir embora até mesmo após a partida do fantasma de seu pai para o peito do céu. São espíritos maléficos muito poderosos e perigosos. Assim, o do tempo seco, *Omoari*, defende com suas flechas o tabaco de seu pai morto, reclamando de seus parentes enlutados que querem destruir suas plantações: "Não! Não queimem esse tabaco! Ele me pertence! Não se vinguem em mim, não fui eu que causei sua morte!". Há também os *xapiri* dos gaviões *Koimari*, dos fantasmas *poreporeri*, dos seres sol *Mot^h^okari*, dos seres da noite *Titiri* e ainda muitos outros.[2] Esses *xapiri* são muito agressivos e determinados a permanecer perto dos rastros de seu pai defunto. É por isso que, quando um xamã morre, abandonamos e queimamos a casa onde as cinzas de seus ossos foram enterradas. Construímos outra afastada dela, para continuar vivendo nela sem perigo.

Se não fizéssemos isso, não poderíamos evitar os ataques dos espíritos maléficos do morto. É assim. Quando procuramos afugentá-los, esses *xapiri* protestam com muita raiva: "*Ma!* Não queimem nossa casa! Não somos culpados por essa morte! Vão embora! Queremos continuar vivendo aqui no silêncio!". Então, eles tentam reconstruir suas próprias casas nas vizinhanças e, quando recuperam as forças, atacam sem trégua os humanos que andam pelas roças. É isso que fazem o espírito *Omoari*, que flecha o peito das crianças, os espíritos sucuri, que copulam com as mulheres para fazê-las morrer no parto, os espíritos zangão *remori*, que arrancam nossas línguas ou fazem inchar nossos olhos, os espíritos da tontura *mõeri*, que nos golpeiam a nuca com suas bordunas, ou os espíritos das águas subterrâneas *motu uri*, que nos afogam nos rios.

Também é preciso muito esforço para convencer o fantasma de um xamã que acaba de morrer a não voltar aos rastros de seu pai morto e fazer mal aos humanos. É por isso que, pouco depois do falecimento, despejamos as cinzas dos ossos do defunto num buraco cavado no chão ao pé de um dos postes da casa, perto do fogo onde se esquentava. Em cima jogamos também tabaco, mingau de banana e *yãkoana*, para aplacar a ira de seu fantasma. Depois fechamos o buraco com uma pedra e a cobrimos com terra, amassando-a bem com o calcanhar. Aí os xamãs da casa tratam de desviar os olhos do fantasma para longe dos parentes do falecido. Dizem a ele: "Olhe para longe e vá embora! É para lá, entre nossos inimigos, que você vai encontrar o que comer e mulheres para copular! É lá que estão os culpados por sua morte!". Se não fizéssemos isso, os vivos não ficariam saudáveis por muito tempo! É verdade. Os fantasmas dos grandes xamãs, que possuem casas de espíritos muito altas, são muito agressivos. Temos muito medo deles. Isso não acontece com os fantasmas de gente comum. Eles apenas vão para as costas do céu, sem mais. Sua morte não pode ser vingada pelos *xapiri*, só por seus parentes.

Não se deve achar que nossos antigos se extinguiram na floresta só de velhice! Foram devorados, um a um, pelas doenças dos brancos. Desde a minha infância, a maior parte dos meus parentes se foi assim, e minha raiva por todos esses lutos nunca diminuiu. Hoje em dia, a maioria dos nossos grandes xamãs desapareceu. Os seres maléficos da epidemia destruíram suas casas de espíritos uma atrás da outra, sem que eles pudessem se vingar. Foi o que os fez morrer. Antigamente, nossos maiores nunca pensaram que algo assim pudesse acontecer! Logo que os garimpeiros invadiram a floresta, nossos xamãs mais experientes tentaram sem trégua rechaçar suas fumaças de epidemia. Mas falharam. Elas devoraram com voracidade nossas mulheres e nossas crianças. Por fim, foram os seres canibais da epidemia que, enfurecidos por seus ataques, acabaram por devorar os xamãs que os combatiam. É por isso que os velhos xamãs, antes tão numerosos, são hoje tão raros. Os jovens continuam fazendo dançar os espíritos, aqui e acolá, mas já não se ouvem na floresta os cantos de nossos xamãs mais antigos, sobretudo nas terras altas. Por isso nos sentimos tão aflitos e desamparados.

Hoje os *xapiri* maléficos dos xamãs mortos tornam-se cada vez mais numerosos, furiosos por ver as casas dos espíritos de seus pais destruídas pela ignorância dos brancos. Não param de perguntar aos xamãs sobreviventes: "Quem comeu nosso pai? Digam! Não tenham medo!". Para desviar sua vingança, respondem: "*Ma!* Não se voltem contra os habitantes da floresta, que são dos nossos! Nenhum deles matou seu pai! Vão devorar os brancos! São eles os matadores em estado de *õnokae*!". É por isso que os *xapiri* maléficos irados derrubam árvores em cima dos garimpeiros, enchem as águas para afogá-los ou provocam deslizamentos de terra para sepultá-los. Inclusive derrubam seus aviões na floresta. É verdade! O espírito do antigo espectro *Porepatari* surge de repente em seu caminho no céu e os faz despencar no vazio. Isso aconteceu no alto rio Mucajaí, quando um grande xamã da casa do rio *Hero u* morreu de malária.[3] Vários aviões de garimpeiros se espatifaram no topo das árvores. Naquela época, vi com meus próprios olhos as carcaças abandonadas na mata!

Se continuarem se mostrando tão hostis para conosco, os brancos vão acabar matando o pouco que resta de nossos xamãs mais antigos. E no entanto esses homens que sabem se tornar espíritos desde um tempo remoto têm um valor muito alto. Bebem o pó de *yãkoana* continuamente, para nos curar e proteger. Repelem os espíritos maléficos, impedem a floresta de se desfazer e reforçam o céu quando ameaça desabar. No primeiro tempo, *Omama* ensinou-os a virar espírito com o seu próprio filho, antes de fugir para a foz de todos os rios. Muito tempo depois, os brancos que ele criou com a espuma do sangue de nossos ancestrais voltaram à floresta onde vivemos. Foram se tornando cada vez mais numerosos e começaram a destruir seus habitantes com suas armas e epidemias *xawara*. Então, quase todos os nossos grandes xamãs morreram. Isso é muito assustador, porque, se desaparecerem todos, a terra e o céu vão despencar no caos. É por isso que eu gostaria que os brancos escutassem nossas palavras e pudessem sonhar eles mesmos com tudo isso, porque, se os cantos dos xamãs deixarem de ser ouvidos na floresta, eles não serão mais poupados do que nós.

É verdade. Os xamãs não afastam as coisas perigosas somente para defender os habitantes da floresta. Também trabalham para proteger os brancos, que vivem embaixo do mesmo céu. É por isso que, se todos os que fazem dançar os *xapiri* morrerem, os brancos vão ficar sós e desamparados em sua terra, devastada e invadida por multidões de seres maléficos que os devorarão sem trégua. Por mais que sejam numerosos e sabidos, seus médicos não poderão fazer nada. Serão destruídos aos poucos, como nós teremos sido, antes deles. Se insistirem em saquear a floresta, todos os seres desconhecidos e perigosos que nela habitam e a defendem irão vingar-se. Vão devorá-los, com tanta voracidade quanto suas fumaças de epidemia devoraram os nossos. Vão incendiar as suas terras, derrubar suas casas com vendavais ou afogá-los em enxurradas de água e lama. É isso que pode acontecer um dia se morrerem todos os xamãs e se os *xapiri*, enfurecidos pela morte de seus pais, fugirem para longe dos humanos. Então, só sobrarão na mata, na natureza, os seres maléficos *në wãri*, que já estão avisando e ameaçando: "*Ma!* Se os Yanomami[4] desaparecerem, nós vamos ficar aqui para vingá-los! Não deixaremos sobreviver os brancos que os devoraram!". Isso me contam às vezes meus *xapiri* durante o sono, depois de ter bebido *yãkoana* o dia todo. Então, penso: "*Haixopë!* Se os seres da epidemia *xawara* nos matarem a todos, talvez nossa morte acabe sendo vingada pelos seres maléficos da floresta!". Pode ser que os brancos duvidem do que eu digo. "Será que ele ouve mesmo essas palavras de espíritos que diz repetir?" Mas é verdade! Sou xamã, como meus antigos, e os *xapiri* ficam vindo a mim no tempo do sonho. Aí, eu contemplo sua beleza e escuto seus cantos no silêncio da noite, deitado em minha rede, e é assim que meu pensamento se expande e se firma.

Sem xamãs, a floresta é frágil e não consegue ficar de pé sozinha. As águas do mundo subterrâneo amolecem seu solo e sempre ameaçam irromper e rasgá-lo. Seu centro, firmado pelo peso das montanhas, é estável. Mas suas bordas não param de balançar com estrondo no vazio, sacudidas por grandes vendavais. Se os seres da epidemia continuarem proliferando, os xamãs acabarão todos morrendo e ninguém mais poderá impedir a chegada do caos. *Maxitari*, o ser da terra, *Ruëri*, o do tempo encoberto, e *Titiri*, o da noite, ficarão furiosos. Chorarão a morte dos xamãs e a floresta vai virar outra. O céu ficará coberto de nuvens escuras e não haverá mais dia. Choverá sem parar. Um vento de furacão vai começar a soprar sem jamais parar. Não vai mais haver silêncio na mata. A voz furiosa dos trovões ressoará nela sem trégua, enquanto os seres dos raios pousarão seus pés na terra a todo momento. Depois, o solo vai se rasgar aos poucos, e todas as árvores vão cair umas sobre as outras. Nas cidades, os edifícios e os aviões também vão cair. Isso já aconteceu, mas os brancos nunca se perguntam por quê. Não se preocupam nem um pouco. Só querem saber de continuar escavando a terra em busca de minérios, até um dia encontrarem *Xiwãripo*, o ser do caos! Se conseguirem, aí não vai haver mais nenhum xamã para rechaçar os seres da noite. A mata vai ficar escura e fria, para sempre. Não terá mais nenhuma amizade por nós. Marimbondos gigantes vão atacar os humanos e suas picadas irão transformá-los em queixadas.[5] Todos os garimpeiros vão morrer, mordidos por cobras caídas do céu ou devorados por onças, que vão aparecer de todos os lados na floresta. Seus aviões vão se despedaçar nas árvores grandes. A terra vai se encharcar e vai começar a apodrecer. Depois será pouco a pouco coberta pelas águas, e os humanos vão virar outros, como aconteceu no primeiro tempo.[6]

Quando os brancos arrancam minérios perigosos do fundo da terra, nosso sopro torna-se curto demais e morremos muito depressa. Não ficamos somente doentes, como antes, quando estávamos sozinhos na floresta. Agora, toda a nossa carne e até o nosso fantasma estão contaminados pela fumaça de epidemia *xawara* que nos consome. Por isso nossos xamãs mortos estão furiosos e querem nos proteger. Se nosso sopro de vida se apagar, a floresta vai ficar vazia e silenciosa. Nossos fantasmas então irão juntar-se aos muitos outros que já vivem nas costas do céu. Então, o céu, tão doente quanto nós por causa da fumaça dos brancos, vai começar a gemer e se rasgar. Todos os espíritos órfãos dos antigos xamãs vão cortá-lo a machadadas.[7] Vão retalhá-lo por inteiro, com muita raiva, e vão jogar os pedaços na terra, para vingar seus pais falecidos. Aos poucos cortarão todas as amarras do céu e ele vai despencar totalmente; e dessa vez não vai haver nenhum xamã para segurá-lo. Vai ser muito assustador mesmo! As costas do céu sustentam uma floresta tão grande quanto a nossa, e seu peso enorme vai nos esmagar de repente com toda a sua força. Toda a terra na qual andamos será empurrada para o mundo subterrâneo, onde nossos fantasmas vão, por sua vez, virar vorazes ancestrais *aõpatari*. Vamos morrer antes mesmo de perceber. Ninguém vai ter tempo de gritar nem de chorar.

Depois, os *xapiri* em fúria vão acabar atirando na terra também o sol, a lua e as estrelas. Então o céu vai ficar escuro para sempre.

Os *xapiri* já estão nos anunciando tudo isso, embora os brancos achem que são mentiras. Com a imagem de *Omama,* repetem para eles a mesma coisa: "Se destruírem a floresta, o céu vai quebrar de novo e vai cair na terra!". Mas os brancos não ouvem. Sem ver as coisas com a *yãkoana*, a engenhosidade deles com as máquinas não vai torná-los capazes de segurar o céu e consolidar a floresta. Mas eles não têm medo de desaparecer, porque são muitos. Contudo, se nós deixarmos de existir na floresta, jamais poderão viver nela; nunca poderão ocupar os rastros de nossas casas e roças abandonadas. Irão morrer também eles, esmagados pela queda do céu. Não vai restar mais nada. Assim é. Enquanto existirem xamãs vivos, eles conseguirão conter a queda do céu. Se morrerem todos, ele vai desabar sem que nada possa ser feito, pois só os *xapiri* são capazes de reforçá-lo e torná-lo silencioso quando ameaça se quebrar. É dessas coisas que nós, xamãs, falamos entre nós. O que os brancos chamam de futuro, para nós, é um céu protegido das fumaças de epidemia *xawara* e amarrado com firmeza acima de nós!

Mais tarde, na floresta, talvez morramos todos. Mas não pensem os brancos que vamos morrer sozinhos. Se nós nos formos, eles não vão viver muito tempo depois de nós. Mesmo sendo muitos, também não são feitos de pedra. Seu sopro de vida é tão curto quanto o nosso. Eles podem acabar conosco agora, porém, depois, quando quiserem se instalar nos lugares onde nós vivemos, vai ser sua vez de serem devorados por todos os tipos de seres maléficos perigosos. Assim que tiverem destruído os espelhos dos *xapiri* dos nossos grandes xamãs, devastando a terra da floresta, esses espíritos vão se vingar. Já estão nos avisando, como eu disse: "Não temam! Não tenham medo de morrer! Por mais que os brancos acreditem que podem aumentar sem limites, vamos colocá-los à prova! Veremos se são tão poderosos quanto pensam! Vamos mergulhá-los na escuridão e na tempestade! Vamos quebrar o céu, e eles serão esmagados por sua queda!". É isso que nos dizem os *xapiri* quando suas imagens falam conosco durante o tempo do sonho. Eles não mentem. São guerreiros valentes, que nunca nos alertam à toa. A morte dos xamãs, que são seus pais, os deixa enfurecidos e atiça seu desejo de vingança.

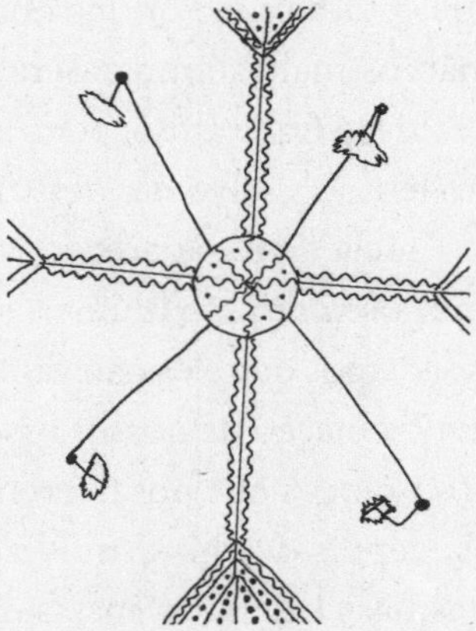

Os *xapiri* maléficos dos grandes xamãs nunca param de querer devorar os humanos. É assim, ainda que os brancos não desconfiem. É por isso que tratamos de preveni-los: "Sejam sensatos! Desistam de saquear nossas terras, porque quando suas fumaças de epidemia tiverem matado a todos nós e vocês construírem cidades sobre nossas pegadas esquecidas na floresta, vão destruir a si mesmos. Os espíritos dos xamãs que vocês tiverem matado vão se vingar e irão devorá-los. Aí, vocês vão ficar procurando a causa de seus tormentos em vão. Mas seu pensamento ficará confuso e perdido!". Meu sogro, que é um desses grandes xamãs, costuma me falar essas coisas e suas palavras me fazem pensar direito. Acho que tudo isso pode mesmo acontecer um dia se não se ouvirem mais subir de nossas casas os cantos dos espíritos.

É por isso que, como todos os xamãs, eu não tenho medo de morrer. Não tenho medo das armas dos garimpeiros nem das dos fazendeiros.[8] Sei que depois que eu morrer meus *xapiri* saberão encontrar aquele que me matou. Aí, seus parentes terão de colocar seu corpo numa caixa de madeira fechada e enterrá-lo. Sua morte lhes causará muita dor. Meu fantasma, ao contrário, não vai ser esmagado pelo peso da terra. Vai chegar até as costas do céu, onde poderá viver novamente. Meus ossos não vão ficar abandonados na umidade da floresta. Meus parentes irão queimá-los e porão as cinzas em esquecimento no chão de nossa casa, rodeados por seus convidados. Então, só meus *xapiri* mais perigosos continuarão perto delas para me vingar. É isso o que acontece, como eu disse, quando morre um xamã.

Costumo escutar as palavras de meus espíritos, que se perguntam, irados:

"Por que os brancos são tão hostis a nós? Por que querem nossa morte? O que têm eles contra nós, que não os maltratamos? Será só porque somos gentes outras, habitantes da floresta? Não fique aflito, pode ser que o matem, mas eles mesmos não vão ficar muito tempo a salvo das destruições que alastram!". Assim é. Ficamos tristes com a ideia de desaparecer. Mas nosso pensamento se acalma quando pensamos que os *xapiri* são inúmeros e não vão morrer nunca. Nós estamos sofrendo, mas sabemos que eles não vão abandonar nossos rastros ao relento e que a fumaça da cremação de nossos ossos vai se transformar numa epidemia *xawara* para os brancos que nos tiverem matado. É por isso que, quando morrem os nossos, depois de chorarmos muito, nossa dor se torna menor assim que seus fantasmas chegam às costas do céu. Então, nosso pensamento recupera a calma e a força. Podemos novamente rir e brincar.

Hoje restam poucos grandes xamãs vivos na floresta, mas os espíritos órfãos dos xamãs mortos vão aumentando e estão cada vez mais bravos. É por isso, também, que não queremos que os brancos continuem maltratando nossa terra. Isso nos deixa com raiva, mas nem por isso nós os flechamos. Eles se acham inteligentes e poderosos, com suas peles de imagens, suas máquinas e suas mercadorias. No entanto, quando os espíritos maléficos dos xamãs antigos começarem a atacar suas cidades, vão dar dó, por terem ignorado nossos avisos. Não vão entender o que está acontecendo! Com estas palavras, só quero avisá-los de que as coisas maléficas que tiram da terra não vão deixá-los ricos por muito tempo! O valor de nossos mortos vai ser muito alto, e eles com certeza não vão conseguir compensá-lo com suas peles de papel. Nenhum valor, como eu disse, pode comprar a terra, a floresta, os morros e os rios. O dinheiro dos brancos não vai valer nada diante do valor dos xamãs e dos *xapiri*. Eles têm de entender isso! Desde que *Omama* as deu aos nossos ancestrais, conservamos as palavras dos espíritos para nos proteger. É por isso que, se os brancos não nos fizerem todos morrer, continuaremos a chamá-los para reforçar a floresta e prevenir uma nova queda do céu.

Os fantasmas dos antigos xamãs e seus espíritos maléficos já começaram a se vingar em terras distantes, provocando secas e inundações constantes. Os espíritos do céu, *Hutukarari*, do vendaval, *Yariporari*, do sol, *Mot^h^okari*, da chuva, *Maari*, dos raios, *Yãpirari*, dos trovões, *Yãrimari*, e do caos, *Xiwãripo*, estão furiosos com os brancos que maltratam a floresta. Assim é. A floresta é inteligente, ela tem um pensamento igual ao nosso. Por isso ela sabe como se defender, com seus *xapiri* e seus seres maléficos. Ela só não retorna ao caos porque alguns xamãs ainda fazem dançar seus espíritos para protegê-la. Mas hoje em dia, como eu disse, há nela cada vez mais *xapiri* furiosos, conforme seus pais vão sendo devorados pela epidemia *xawara*. Por enquanto, os espíritos dos xamãs vivos ainda estão conseguindo contê-los. Mas sem o trabalho deles, a floresta e o céu não vão mais conseguir ficar muito tempo no lugar e continuar silenciosos e tranquilos como estamos vendo agora!

Faz algum tempo, um grande xamã, que eu chamava de pai, morreu em Ajuricaba, no rio Demini. Assim que ele se foi, seus espíritos enlutados começaram a retalhar o céu com furor. Pedaços inteiros de seu peito começaram a ceder e a balançar com grande estrondo, prestes a se desprender e a despencar na terra. Dava para ouvir os estalos surdos, ecoando em série, acima da floresta. Todos os moradores da casa do defunto choravam de pavor. Logo, eu me pus a trabalhar, com meu sogro e dois xamãs de lá. Bebemos o pó de *yãkoana* e chamamos em reforço uma multidão de *xapiri*, que vieram de todos os lados. Nós os enviamos em seguida até as costas do céu, para firmar os pedaços quebrados com cipós de metal. Foi apavorante mesmo! Daquela vez, eu achei mesmo que ele iria nos carregar na queda! Para conseguirmos consertá-lo, acabamos tendo de chamar a imagem do ser do caos *Xiwãripo* e a do metal de *Omama*.

Na época em que meu sogro me fez beber o pó de *yãkoana* pela primeira vez, eu já tinha visto a imagem do céu se quebrando e tinha ouvido suas queixas: "Mais tarde, se não houver mais xamãs na floresta para me segurar, vou cair de novo na terra, como no primeiro tempo! Mas dessa vez vou fazer viver em minhas costas gentes diferentes desses brancos comedores de terra tão hostis a vocês!". Desde então, muitas vezes escuto em sonho o céu lançando estalos apavorantes e ameaçando quebrar. Os espíritos órfãos dos antigos xamãs mortos estão a cortá-lo há tanto tempo! Ele está coberto de feridas e repleto de placas desajustadas. E se todos os xamãs sobreviventes até hoje forem por sua vez devorados pela epidemia *xawara*, ele com certeza vai desmoronar como antigamente, quando era ainda novo e pouco resistente. Pode levar muito tempo, mas penso que vai acabar acontecendo. Por enquanto, quando os brancos esquentam o peito dele com a fumaça do metal que arrancam da terra, os *xapiri* ainda estão conseguindo curá-lo, despejando nele enxurradas de água de suas montanhas.[9] Mas se não houver mais xamãs na floresta, ele vai queimar aos poucos até ficar cego. Vai acabar sufocando e, reduzido ao estado de fantasma, vai despencar de repente na terra. Aí seremos todos arrastados para a escuridão do mundo subterrâneo, os brancos tanto quanto nós.

Pode ser que então, depois de muito tempo, outras gentes venham à existência em nosso lugar. Mas serão outros habitantes da floresta, outros brancos. São essas as palavras de nossos antigos sobre o futuro. Os brancos também deveriam sonhar pensando em tudo isso. Talvez acabassem entendendo as coisas de que os xamãs costumam falar entre si. Mas não devem pensar que estamos preocupados somente com nossas casas e nossa floresta ou com os garimpeiros e fazendeiros que querem destruí-la. Estamos apreensivos, para além de nossa própria vida, com a da terra inteira, que corre o risco de entrar em caos. Os brancos não temem, como nós, ser esmagados pela queda do céu. Mas um dia talvez tenham tanto medo disso quanto nós! Os xamãs sabem das coisas más que ameaçam os humanos. Só existe um céu e é preciso cuidar dele, porque, se ficar doente, tudo vai se acabar. Talvez não aconteça agora, mas pode acontecer mais tarde. Então, vão ser nossos filhos, seus filhos e os filhos de seus filhos a morrer. É por isso que eu quero transmitir aos brancos essas palavras de alerta que recebi de nossos grandes xamãs. Através delas, quero fazer com que compreendam que deviam sonhar mais longe e prestar atenção na voz dos espíritos da floresta. Mas bem sei que a maioria deles vai continuar surda às minhas falas. São gente outra. Não nos entendem ou não querem nos escutar. Pensam que esse aviso é pura mentira. Não é. Nossas palavras são muito antigas. Se fôssemos ignorantes, ficaríamos calados. Temos certeza, ao contrário, de que o pensamento dos brancos, que não sabem nada dos *xapiri* e da floresta, está cheio de esquecimento. De todo modo, mesmo que não escutem minhas palavras enquanto ainda estou vivo, deixo aqui estes desenhos delas, para que seus filhos e os que nascerem depois deles possam um dia vê-las. Então eles vão descobrir o pensamento dos xamãs yanomami e vão saber que quisemos defender a floresta.

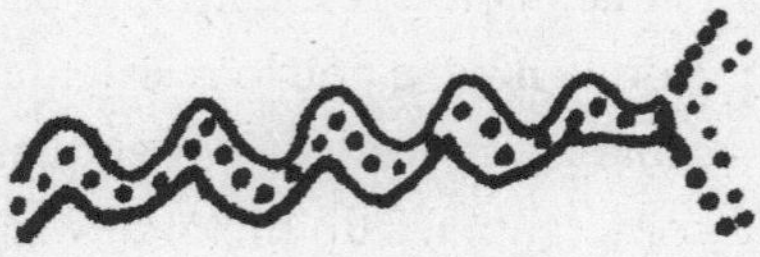

Palavras de *Omama*

Por que continuo a lutar? Porque estou vivo!
Davi Kopenawa, depoimento à
American Anthropological Association
(Turner & Kopenawa, 1991, p. 63)

Quando eu era jovem e ainda não era xamã, eu não sabia sonhar. Era ignorante e dormia como uma pedra jogada no chão. Era incapaz de ver as coisas da floresta durante o meu sono. Mais tarde, entendi que não devia esquecer as palavras de *Omama* que nos vêm do primeiro tempo. Então, pedi aos xamãs mais velhos de minha casa para me transmitirem os cantos dos *xapiri*, para assim poder sonhar de verdade. Antes, quando eu dormia, só via coisas muito próximas. Ainda não tinha em mim o sonho dos espíritos, que permite que a imagem dos xamãs viaje longe. Não conseguia contemplar as coisas do tempo de nossos ancestrais, nem ver o que eram de fato o trovão, o céu, a lua, o sol, a chuva, a escuridão e a luz. Eu ainda era ignorante. Foi só depois de ter bebido pó de *yãkoana* por muito tempo que pude conhecer a imagem de todas essas coisas. É desse modo, como eu disse, que os habitantes da floresta estudam, virando espíritos. Os brancos são outra gente. A *yãkoana* não é boa para eles. Se começarem a beber sozinhos, os *xapiri*, chateados, só vão emaranhar seus pensamentos e a barriga deles vai cair de medo. A imagem da *yãkoana* só tem amizade por quem nasceu na floresta.

Depois de ter me tornado xamã, comecei a conhecer melhor os *xapiri* e, assim, a ampliar meu pensamento. Desde então, não paro de chamá-los e de fazer descer suas imagens. Quase nunca durmo sem responder a seus cantos à noite. Sempre os vejo dançar com gritos de alegria em meu sonho. Quando eu era adolescente e ainda não sabia nada dos espíritos, às vezes pensava que os xamãs talvez cantassem à toa. Até perguntava a mim mesmo se não estariam mentindo sob efeito da *yãkoana*! Mas depois de ter eu mesmo conhecido o seu poder, entendi que não era nada disso e que eles realmente respondem aos cantos dos *xapiri*. Aí, pensei: "Se eles só fingissem que viam os espíritos, acabariam ficando com medo do poder da *yãkoana* e parariam de bebê-la! Mas é o contrário: eles trazem mesmo as palavras das terras distantes de onde baixam seus espíritos! É verdade!".

Os xamãs mais antigos abrem os caminhos dos *xapiri* e os mandam construir suas casas de espíritos para nós, como eu disse. Então, se nosso peito não estiver sujo e se respondermos bem a seus cantos, eles ficam felizes e se instalam. É assim desde o tempo em que nossos ancestrais foram criados; desde que começaram a imitar o filho de *Omama*, o primeiro xamã. Soprando o pó de *yãkoana* nas narinas dos mais jovens, continuaram a lançar neles o sopro de seus *xapiri*. É por isso que somos capazes de vê-los, desde aquele tempo. De modo que um grande xamã que tem muitos espíritos não pode ser ciumento. Se um jovem os pedir a ele, não pode recusar. Deve abrir seus caminhos e transmitir ao jovem o sopro de vida dos *xapiri*. Foi assim que, quando eu quis me tornar xamã, pude obter os *xapiri* do pai de minha esposa. Ele foi generoso comigo, porque seus espíritos são muito numerosos e a casa deles é mais alta do que o céu.

Adultos, vivemos um longo tempo durante o qual ainda somos jovens. Depois, vamos aos poucos ganhando idade e, a menos que feiticeiros inimigos nos quebrem os ossos ou que a epidemia *xawara* nos devore, envelhecemos com retidão. Não morremos tão cedo! Durante todo esse tempo, os *xapiri* nos protegem e nos curam de todos os nossos males. É por isso que costumo repetir a meus parentes mais velhos: "Deem-me os seus espíritos, para que eu possa curar as pessoas de nossa casa quando vocês não estiverem mais aqui! Vocês são grandes xamãs, não sejam avarentos! Se não forem generosos, todos vão pensar que são mentirosos! Os *xapiri* não são como nós, eles não morrem nunca. Vocês não podem se recusar a dá-los!".

Desde que o pai de minha esposa começou a me dar seus *xapiri*, aprendi as palavras deles tanto quanto pude. No entanto, ainda tenho muito a aprender, pois os *xapiri* são inúmeros e seus cantos não têm fim. Por isso, mais tarde, vou

voltar a estudar com meu sogro.[1] Vários outros xamãs farão isso comigo. Logo vai nos chamar para beber *yãkoana* com ele. Então irá nos dar outros espíritos, para não ficarmos desamparados depois que ele morrer. Hoje, já não restam muitos grandes xamãs como ele na floresta. A fumaça do ouro a deixou quase toda desabitada. Mesmo em nossa casa de *Watoriki*, meu sogro é o único xamã antigo que sobreviveu. É por isso que estou ansioso para continuar a tomar *yãkoana* com ele. Assim que puder viajar um pouco menos pelas terras dos brancos para defender nossa floresta, vou pedir a ele para me transmitir muitos outros dos seus *xapiri*.

Por enquanto, ele me diz: "Você é jovem, espere um pouco! Você ainda é fraco e tem fome de carne demais. Pensar muito nas maldades dos brancos confunde o seu pensamento. Não seja impaciente! Mais tarde, os *xapiri* mais antigos poderão chegar até você e, assim, sua casa de espíritos irá crescendo aos poucos. Então, você poderá fazer dançar os *xapiri* do céu, das montanhas de pedra e do trovão, bem como os dos insetos *warusinari* do céu novo e os dos gaviões maléficos *Koimari*!". Aí, respondo: "*Haixopë!* Essas são boas palavras! Pedirei outros *xapiri* quando a calma tiver voltado ao meu pensamento!". Por enquanto, os brancos ainda não pararam de invadir nossa terra. Preciso viajar e falar duro com eles em suas cidades, em todos os lugares onde puder. Mas se eu fosse como os outros habitantes da floresta e não conhecesse a língua de fantasma desses forasteiros, preferiria muito ficar em minha casa para tomar *yãkoana* e fazer dançar os espíritos!

Meu sogro e outros xamãs de *Watoriki* me dizem também: "Não nos peça novos *xapiri* agora! Se você receber espíritos maléficos, vai querer mandá-los atacar os brancos. Não vai ser bom. Seu pensamento está agitado e, se ficar com raiva, vai ficar agressivo demais. Se esses forasteiros lhe disserem palavras ruins, você vai mandar seus *xapiri* devorá-los e os parentes de suas vítimas vão querer se vingar!". São palavras sábias, reconheço. Se eu chamar novos *xapiri* sem poder responder a seus cantos como se deve, eles vão ficar descontentes e vão se voltar contra mim. E depois, é verdade, se eu ficar constantemente zangado, meus *xapiri* maléficos podem agredir os brancos à minha revelia. É por isso que por ora evito pedir novos espíritos aos grandes xamãs de minha casa. Farei isso mais tarde, quando parar de viajar o tempo todo. Por enquanto, é raro eu ficar tranquilo em casa. Os brancos meus amigos ficam me chamando para defender a floresta, muito longe de minha casa de *Watoriki*. Às vezes eu fico preocupado, pensando que posso envelhecer sem ter aprendido nada de novo. Meu pensamento ainda está procurando. Para conhecer de fato os espíritos, ainda vou precisar estudar muito com a *yãkoana*.[2] Mas vou fazer isso mais adiante, quando minha mente tiver se acalmado; quando não estiver mais obscurecida pelas palavras tortas dos garimpeiros e fazendeiros; quando eles finalmente pararem de sujar os rios, de derrubar as árvores e de espalhar fumaças de epidemia, vou voltar a beber pó de *yãkoana* na floresta, silenciosa de novo, e, então, minha atenção poderá enfim se fixar nas palavras dos espíritos.

Apesar de minhas viagens a terras distantes, os *xapiri* de minha casa de espíritos não estão bravos. Eles continuam dançando para mim. Porém, alguns deles, que moravam na parte mais alta da casa, para além do céu, acabaram me deixando. Devem ter fugido por causa dos alimentos que os brancos me deram, comidas gordurosas e salgadas que enfraquecem o peito e afugentam os espíritos com seu cheiro. Até a água de suas cidades, apesar de ser tão clara, tem um sabor estranho. Além disso, de tanto viajar para tão longe, outros dos meus *xapiri*, leves como penugem, foram carregados pelo sopro dos motores de avião.

Mas o que me preocupa é que eu ainda não consegui fazer descer até mim os *xapiri* que nossos antepassados mais apreciavam dentre todos — os dos japins *ayokora*.[3] Eles são os espíritos mais experientes na cura, como eu disse. Eles veem dentro dos doentes e sabem tirar o mal deles sem cortar seus corpos, ao contrário dos médicos dos brancos. Assim que um ser maléfico coloca seus objetos de febre e dor dentro de uma de suas vítimas, os espíritos *ayokorari* são capazes de arrancá-los e fazer com que sejam regurgitados por seu pai, o xamã. No tempo em que os remédios dos brancos não existiam na floresta, esses *xapiri* eram os preferidos por nossos antigos. É por isso que eu, seguindo-os, quero consegui-los também. Não quero ser xamã para enganar os meus parentes! Vi muitas vezes nossos antigos curarem com esses espíritos poderosos, e quero mesmo seguir seus passos!

Contudo, meu pai, que era um homem comum, não sabia fazer dançar os *xapiri*. De modo que eles nunca vieram me visitar por conta própria. Tive de pedi-los ao meu padrasto de Toototobi.[4] Ele foi muito generoso e logo os chamou e os deu para mim. Para isso, ele me fez beber *yãkoana* durante vários dias sem parar. Então, eu pude ver, no tempo do sonho, *xapiri* amarrando suas redes em minha casa de espíritos. Porém, alguns dias depois, antes mesmo de eu ter recuperado todas as minhas forças, os brancos me chamaram. Na viagem até a cidade, fiquei mais uma vez sentado num avião muito tempo. Aí, sem que eu me desse conta, foram destruídos os caminhos dos espíritos *ayokorari* que eu tinha acabado de conseguir. Quando retornei, meu sogro bem que tentou fazê-los voltar para perto de mim. Não adiantou. Eu não tinha sido prudente como deveria. O efeito da *yãkoana* era recente e eu ainda estava fraco. Voando tão alto e tão longe, os caminhos daqueles *xapiri* não resistiram. Se não fosse por isso, eu os teria guardados até hoje.

Algum tempo depois, um xamã de Toototobi que chamo de cunhado veio me fazer uma visita em *Watoriki*. É um amigo de infância, e ele mesmo tem muitos desses espíritos dos japins *ayokora*. Bebemos o pó de *yãkoana* juntos, para curar um homem doente de feitiçaria *h*^{w}*ëri*. Aí eu quis arrancar do corpo dele a planta maléfica que estava queimando a sua imagem no interior do corpo. Para fazer isso, tentei chamar a mim os espíritos *ayokorari* que tinha ganhado antes de minha viagem aos brancos. Meu cunhado estava do meu lado e me guiava. Eu fiz muito esforço, mas, mesmo assim, não consegui cuspir a feitiçaria no chão de nossa casa. Deve ter caído em outro lugar, longe de nossas vistas. Eu achava que ainda possuía aqueles espíritos curadores. Mas eles já tinham ido embora. Minha boca tinha ficado estéril. Deles só restava comigo um espírito desajeitado, que chamamos *ayokorari xapokori a*.[5] Esse *xapiri* também cospe os objetos maléficos, mas ele os faz cair longe do xamã, sem que ninguém jamais possa vê-los aparecer. O tubo de sua garganta[6] é torcido, e ele cospe para trás, em seu próprio espelho, e não pela boca de seu pai, que não pode, portanto, torná-los visíveis. Com os verdadeiros espíritos *ayokorari* é muito diferente! São eles que eu queria ter na minha casa de espíritos. Muitas vezes, no tempo do sonho, eu os vi chegar para amarrar suas redes. No entanto, sempre acordei antes que eles pudessem se instalar. Acho que xamãs inimigos devem ter me mandado de propósito *xapiri* estéreis, para atrapalhá-los e tomar seu lugar. Se for isso, os xamãs de minha casa vão ter de expulsar esses intrusos para eu um dia poder fazer dançar verdadeiros espíritos *ayokorari*.

Os *xapiri* do japim *ayokora* só vêm morar na casa de espíritos de um xamã se sua boca não estiver salgada nem queimada por carne de caça. E é muito difícil ficarem de fato, porque são muito ariscos. Assim é. Eles se aproximaram de mim, mas acabaram mudando de opinião e voltaram para as lonjuras de onde vieram. Seus caminhos se romperam como fios de teia de aranha e foram levados pelo vento. Fico triste, e por mais que fique de ouvidos abertos, não ouço mais seus cantos. Visitei muitas vezes os lugares onde viveram os ancestrais dos brancos, nos confins da terra, a jusante de todos os rios. É dali que os espíritos *ayokorari* descem até nós. Para chegar lá, fiz longas viagens de avião, muito alto no peito do céu. Acho que foi isso que acabou destruindo os caminhos pelos quais esses *xapiri* magníficos vinham até mim. Resolveram parar de me visitar. Pensaram: "*Hou!* Os brancos destruíram nossas pegadas! Não podemos mais voltar à casa de nosso pai!". Aí deram meia-volta e eu os perdi. Meu cunhado de Toototobi continua tendo os seus espíritos *ayokorari*, porque não saiu da floresta desde que éramos crianças. Ele nunca visitou os brancos.

Meu sogro, em *Watorikɨ*, bem que tinha me avisado: "Não fique indo tanto para essas terras distantes! E se tiver mesmo de ir, não coma de modo algum a comida desses forasteiros! Fede a cebola, alho[7] e gordura queimada! Se você continuar viajando assim, vai acabar afugentando todos os seus *xapiri*!". Porém, apesar de suas recomendações, eu tive de continuar indo muitas vezes para as cidades e comer coisas estranhas por lá. O cheiro adocicado dos sabões e tecidos dos brancos penetrou minha pele, que também ficou impregnada da fumaça de seus cigarros e carros. Os espíritos *ayokorari* fogem de todos esses cheiros, que acham enojantes. Na floresta, os ninhos dos japins *ayokora* ficam bem alto nas árvores, longe de nossas fogueiras e das folhas de mel de nossas mulheres, não é? Eles só cheiram e comem coisas da floresta. Por isso seus espíritos temem tanto os cheiros das cidades. Foi isso também que os afastou de mim.

São os *xapiri* que eu mais queria e, agora que me deixaram, me sinto desamparado e isso me entristece. Porém, vou tentar chamá-los de novo mais adiante, com a ajuda de meu padrasto de Toototobi e outros grandes xamãs que, como ele, conhecem de fato esses *xapiri*. Vou estudar durante muito tempo com a *yãkoana* e vou mais uma vez fixar meu pensamento neles. Vou também visitar os xamãs dos *Xamat^h^ari*, no alto rio Demini, que sabem ser generosos com seus mais belos espíritos. Ficarei entre eles por uma ou duas luas, num tempo de fartura de comida das roças e de mel das árvores da floresta. Eles vão soprar em minhas narinas o pó muito forte que tiram das sementes enrugadas da árvore *paara hi*. Vou ficar magro e muito fraco, como da primeira vez. Assim, quem sabe os espíritos *ayokorari* vêm novamente dançar para mim e me permitem curar como os grandes xamãs de nossos antigos? É isso que eu quero! Gosto acima de tudo de contemplar a beleza dos espíritos e aprender por meio de suas palavras. Grandes xamãs já sopraram pó de *yãkoana* no meu nariz quando eu era mais jovem.[8] Mas não quero ser preguiçoso. Vou voltar a apresentar minhas narinas muitas vezes. Então, as coisas da floresta vão se revelar para mim de verdade. Por enquanto, ainda não as vejo com suficiente clareza. Preciso ainda beber muito pó de *yãkoana* para chegar lá. Se eu não continuar por esse caminho, temo que meu pensamento se obscureça. Preciso me proteger. De tanto ir até os brancos, vou acabar ficando ignorante. Quero, ao contrário, ficar tão sábio quanto meus parentes mais velhos e nossos antepassados antes deles.

Os *xapiri* dançam para nós desde sempre, e acho suas imagens e seus cantos magníficos. Por isso eu quis fazê-los descer também. Se, quando bebemos *yãkoana*, mentíssemos e não conseguíssemos ver nada, não seríamos xamãs. Ao contrário, fazemos mesmo descer as imagens dos espíritos. Cuidamos de suas casas e estudamos suas palavras incansavelmente. Era assim com nossos antigos e nós seguimos suas pegadas. Esse é o modo de ser da gente da floresta desde o primeiro tempo. Não devemos esquecer isso. Como eu já disse, se não alimentamos os *xapiri* com pó de *yãkoana*, eles ficam dormindo em silêncio e nosso pensamento permanece fechado. Ficamos incapazes de ver. É por isso que eu carrego sempre as palavras dos *xapiri* em meu pensamento. Elas se estendem ao longe, uma após a outra, e não acabam nunca. Os brancos se espantam quando nos veem virando espírito com a *yãkoana*. Acham que ficamos doidos e cantamos sem motivo, como eles, quando viram fantasmas com sua cachaça. No entanto, se entendessem nossa língua e se se dessem ao trabalho de se perguntar "O que esses cantos querem dizer? De que florestas falam?", quem sabe acabariam entendendo as palavras que os *xapiri* nos trazem de onde vêm, dos confins da terra, das costas do céu e do mundo subterrâneo. Mas, como sempre, os brancos preferem ficar surdos, porque se acham muito espertos com suas peles de papel, suas máquinas e suas mercadorias. Para nós xamãs, ao contrário, o valor desses objetos é curto demais para fixar nosso pensamento. O que os espíritos nos ensinam tem muito mais peso e força do que todo o dinheiro dos brancos. O valor de seus cantos é realmente muito alto. Somos capazes de levantar a terra e o céu? Não? Pois essa é a medida de seu peso! São as antigas palavras de *Omama*. O que vocês chamam de futuro, para nós, é isso. É pensar que nossos filhos e genros, e depois seus filhos e seus netos, irão se tornar xamãs em nosso lugar e caberá a eles fazer com que as palavras dos *xapiri* sejam ouvidas na floresta. Continuando a fazer com que sejam sempre renovadas, vão impedir que elas desapareçam e, se os brancos não nos matarem todos e não emaranharem nosso pensamento para valer, vão continuar a se estender sem fim.

Nós conhecemos a valentia dos *xapiri*. Antes de os remédios da cidade chegarem até nós, foram eles que sempre nos curaram. Os xamãs morrem um atrás do outro, mas os espíritos não, eles não morrem nunca. É por isso que eu defendo suas palavras contra a hostilidade dos brancos. Se nossos xamãs antigos tivessem morrido sem transmitir suas imagens para seus filhos e genros, nossa ignorância daria dó. E se hoje a voz dos *xapiri* fosse silenciada, o pensamento dos que viverão depois de nós iria se encher de esquecimento. Não podendo mais virar espíritos, iriam viver à toa. Não seriam mais capazes de cuidar dos doentes, nem de evitar que a floresta recaia no caos, nem de conter a queda do céu. Se esquecermos os *xapiri* e seus cantos, vamos perder também a nossa língua. No fundo de nós, vamos virar estrangeiros. De tanto tentarmos imitar os brancos, só vamos conseguir ficar tão ignorantes e submissos como seus cachorros. É o que eu penso. Sem os *xapiri*, vamos acabar desaparecendo. Por isso, enquanto estivermos vivos, não vamos parar de fazer dançar suas imagens.

Nossos antepassados, quando ainda estavam sozinhos na floresta, tinham muita sabedoria. Preferiam as palavras do canto dos espíritos a qualquer outro pensamento. Hoje, as falas que não param de chegar da cidade abafam a voz de nossos ancestrais. As palavras dos *xapiri* se enfraqueceram na mente dos jovens. Temo que estejam interessados demais nas coisas dos brancos. Vários deles têm medo do poder da *yãkoana* e de virar xamãs. Ficam apreensivos com a ideia de ver os *xapiri* e temem sua agressividade. Então eu me empenho para evitar que seu pensamento se feche antes que fiquem adultos. Digo a eles: "Não sejam covardes! Mais tarde, vocês terão esposas e seus filhos nascerão. Sem fazer dançar os *xapiri*, como é que vocês vão tratar deles? Tornem-se xamãs, como os seus antigos! Se vocês agirem com retidão, os *xapiri* virão a vocês com facilidade. Eles são belos e poderosos! Não tenham medo deles!".

Antes da chegada dos brancos à floresta, havia no peito do céu muitas casas de espíritos. Hoje, muitas delas estão vazias e reduzidas a cinzas. Os seres da epidemia *xawarari* devoraram tantos de nossos xamãs mais antigos! Então, às vezes, quando minha mente fica tomada de tristeza, me pergunto se, mais tarde, ainda vão existir xamãs entre nós. Será que os brancos vão conseguir obscurecer o pensamento de nossos filhos e netos a ponto de eles pararem de ver os *xapiri* e de escutar seus cantos? Então, sem xamãs, eles vão viver no desamparo e seu pensamento vai se perder. Vão passar o tempo todo vagando pelas estradas e cidades. Lá serão contaminados por doenças, que transmitirão a suas mulheres e filhos. Não vão mais nem pensar em defender sua terra. Às vezes, à noite, esses pensamentos me atomentam até de madrugada. Contudo, acabo sempre dizendo a mim mesmo que enquanto houver xamãs vivos, como eu e outros filhos de nossos antigos, enquanto os *xapiri* protegerem nossa floresta, não vamos desaparecer. Vamos nos empenhar sem descanso para fazer nossos filhos e genros beberem *yãkoana*. Com isso eles vão poder fazer dançar os espíritos, como fizeram nossos pais e avós antes de nós. Desse modo, suas palavras nunca vão se perder.[9]

Os *xapiri* não viriam fazer sua dança de apresentação sem a *yãkoana*. Por isso os velhos xamãs sempre estão fazendo os jovens beber seu pó. Assim transmitem a eles o sopro de vida e o caminho de seus espíritos, para que possam vê-los e, por sua vez, chamá-los. Então, os *xapiri* continuam descendo até eles, assim como desciam até nossos antepassados, desde o primeiro tempo. Nada mudou. É por isso que as palavras dos *xapiri* não têm fim. São muito antigas, mas estão sempre novas. São palavras sólidas, que não envelhecem nunca; palavras de bravura que nos vingam sem descanso. Antes de morrerem, os xamãs mais velhos cedem seus espíritos a seus filhos e genros. Depois, estes fazem o mesmo antes de falecer por sua vez. Tem sido assim desde sempre. Os cantos dos *xapiri* passam sem interrupção de um xamã para outro ao longo do tempo.

Por isso hoje nós ainda viramos espíritos, do mesmo modo que nossos antepassados, muito antes de nós.

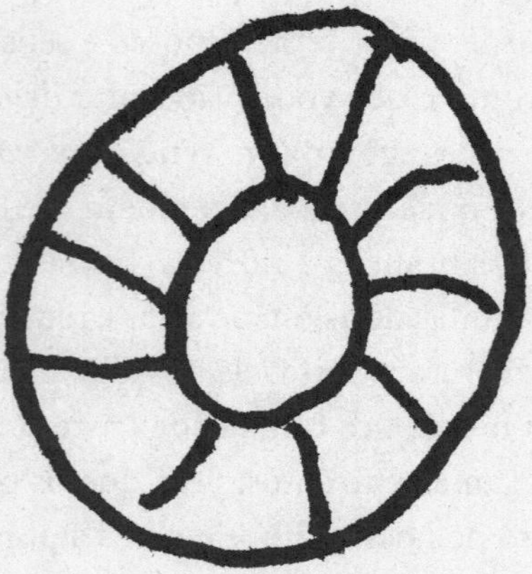

As palavras dos *xapiri* são tão incontáveis quanto eles mesmos, e nós as transmitimos entre nós desde que *Omama* criou os habitantes da floresta. Antigamente, eram meus pais e avós que as possuíam. Eu as escutei durante toda a infância e hoje, tendo me tornado xamã, é minha vez de fazê-las crescer em mim. Mais tarde, vou dá-las a meus filhos, se quiserem, e eles vão continuar fazendo o mesmo depois que eu morrer. Desse modo, as palavras dos *xapiri* não param de se renovar e não podem ser esquecidas. Só fazem aumentar de xamã em xamã. Sua história não tem fim. Seguimos hoje o que *Omama* ensinou a nossos antepassados no primeiro tempo. Suas palavras e as dos espíritos que ele nos deixou continuam conosco. Elas vêm de uma era muito remota, mas nunca morrem. Ao contrário, crescem e vão se fixando uma atrás da outra dentro de nós, de modo que não temos necessidade de desenhá-las para lembrá-las. Seu papel é o nosso pensamento, que desde tempos muito antigos se tornou extenso como um grande livro que nunca acaba.[10]

Para nós não existe nenhuma palavra a não ser a dos *xapiri* que nos defenda contra os males que nos afligem. Tememos as fumaças de epidemia, os seres maléficos da floresta e os feiticeiros inimigos. Ficamos apreensivos com a fragilidade do céu e a proximidade do ser do caos *Xiwãripo*. Receamos que a floresta seja rasgada pelas grandes cheias ou que seja queimada pelas chamas do tempo seco. Temos medo das onças, das cobras e dos escorpiões. Se todas essas coisas não existissem, não estaríamos tão preocupados. No entanto, elas nos ameaçam o tempo todo e só os *xapiri* são capazes de contê-las com valentia. É por isso que os xamãs trabalham tanto pela gente de suas casas.[11] Mas não se deve achar que eles se importam só com seus parentes e com a floresta em que vivem. Não é verdade! Os *xapiri* se esforçam para defender os brancos tanto quanto a nós. Se o sol escurecer e a terra ficar toda alagada, eles não vão poder mais ficar empoleirados em seus prédios nem correr no peito do céu sentados em seus aviões! Se *Omoari*, o ser do tempo seco, se instalar de vez perto deles, eles só terão fios de água para beber e assim vão morrer de sede. É bem possível que isso aconteça mesmo! No entanto, os *xapiri* continuam lutando com valentia para nos defender a todos, por mais numerosos que sejamos. Fazem isso porque os humanos lhes parecem sós e desamparados. Nós somos mortais e essa fraqueza lhes causa pesar. Eles já nos veem como fantasmas enquanto ainda estamos vivos.[12]

O próprio *Omama* não era xamã. No entanto, foi ele que criou os *xapiri* e fez de seu filho o primeiro xamã. Por isso não queremos esquecer suas palavras. São as que nossos maiores nos deixaram e queremos guardá-las para sempre. Só elas se deixam ouvir com clareza. Não entendemos muito bem as palavras dos brancos. Sempre nos parecem estranhas e inquietantes. Quando tentamos imitá-las, mal a boca começa a se entortar para pronunciá-las, o pensamento já se perde no caminho em busca do que querem dizer. O que é bonito mesmo de conhecer, para nós, são as imagens e os cantos dos *xapiri*. São coisas magníficas e muito antigas, que vemos e escutamos quando bebemos pó de *yãkoana*. Nós as recebemos de nossos antepassados, que, por sua vez, as tinham obtido de *Omama* e de seu filho, no tempo em que viviam sozinhos na floresta, longe dos brancos. Esses forasteiros possuem dentro deles outras palavras, palavras sobre *Teosi* e as mercadorias. Por isso ignoram nossas falas e inventam tantas mentiras a nosso respeito.

Quando viramos espíritos, primeiro vem até nós a imagem de *Omama*, para fazer sua dança de apresentação. Em seguida vêm todos os outros *xapiri*. A imagem de *Omama* nos transmite as palavras que fazem crescer nosso pensamento. Basta escutar os cantos dos xamãs antigos para ouvir sua voz. É assim que *Omama* continua cuidando de nós e nos prevenindo contra os pensamentos obscuros dos brancos: "Quando os *napë* chegam, carregados com todas as suas mercadorias, podem parecer engenhosos e generosos. Mas fiquem atentos! Eles logo se tornam egoístas e ignorantes! Mostram-se impacientes e começam a nos maltratar. Se quisessem mesmo fazer amizade conosco, não se comportariam desse jeito!".

Quando um jovem xamã ainda não conhece a imagem de *Omama*, os xamãs mais velhos de sua casa abrem seu caminho até ele e a fazem descer pela primeira vez. Assim que ele a vê chegando, fica deslumbrado por sua beleza e seu pensamento logo se abre. Então pensa, admirado: "*Haixopë!* É mesmo *Omama*, de quem eu só sabia o nome! Como é belo, com seus fartos cabelos negros realçados com uma faixa de rabo de macaco cuxiú-negro e enfeitados de penugem de um branco resplandecente! Como sua pele coberta de pinturas de urucum brilha na luz! Como são esplêndidos os peitos azuis de pássaros *hëima si* nos lóbulos de suas orelhas e as caudais de arara-vermelha presas a suas braçadeiras! Somos bem feios comparados a ele, e como nosso corpo parece cinzento!".

Alguém só se torna xamã mesmo quando o espírito de *Omama* desce até ele. Sem isso, os outros *xapiri* não teriam vontade de se aproximar dos jovens novatos. Mas quando a imagem de *Omama* manda na frente as mulheres espíritos, de quem é pai e sogro, todos os outros *xapiri*, apaixonados, saem correndo atrás delas, para dançar e construir com alegria sua casa. Foi o que aconteceu quando meu sogro me fez beber *yãkoana* pela primeira vez. Fiquei logo em estado de fantasma. Tinha tomado tanto pó que já estava a ponto de virar outro. Tinha morrido sob o efeito do sopro dos *xapiri* que os xamãs mais velhos tinham me dado com o seu pó de *yãkoana*. Foi nesse momento que a imagem de *Omama* se revelou a mim. Então, logo eu mesmo me tornei espírito, como seu filho, antigamente. Assim é. Se não viramos outro com o pó de *yãkoana*, só podemos viver na ignorância. Passamos então o tempo só comendo, rindo, copulando, falando à toa e dormindo sem sonhar muito. Sem o poder da *yãkoana* as pessoas não se perguntam sobre as coisas do primeiro tempo. Nunca pensam: "Quem eram mesmo nossos ancestrais que viraram animais? Como foi que o céu caiu antigamente? De que modo *Omama* criou a floresta? O que dizem mesmo os cantos e as palavras dos *xapiri*?". Ao contrário, quando bebemos o pó de *yãkoana* como *Omama* nos ensinou a fazer, nossos pensamentos nunca ficam ocos. Podem crescer, caminhar e se multiplicar ao longe, em todas as direções. Para nós, é esse o verdadeiro modo de conseguir sabedoria.

Apesar de tudo isso, os brancos já nos ameaçaram muitas vezes para nos obrigar a abandonar os *xapiri*.[13] Nessas ocasiões, só sabiam dizer: "Seus espíritos estão mentindo! São fracos e estão enganando vocês! São de Satanás!". No começo, quando eu ainda era muito jovem, tinha medo da fala desses forasteiros e, por causa delas, cheguei a duvidar dos *xapiri*. Por algum tempo, me deixei enganar por essas más palavras e até tentei, com muito esforço, responder às palavras de *Teosi*. Mas isso acabou mesmo! Faz muito tempo que eu não deixo mais as mentiras dos brancos me confundirem e que não me pergunto mais: "Por que eu não tento virar um deles?". Tornei-me homem, meus filhos cresceram e tiveram seus próprios filhos. Agora, nunca mais quero ouvir más palavras sobre os *xapiri*! *Omama* os criou depois de ter desenhado nossa floresta e, desde então, eles continuaram cuidando de nós. Eles são muito valentes e muito bonitos. Seus cantos fazem nossos pensamentos aumentar em todas as direções e ficar firmes. E por isso vamos continuar fazendo dançar suas imagens e defendendo suas casas, enquanto estivermos vivos. Somos habitantes da floresta. É esse o nosso modo de ser e são estas as palavras que quero fazer os brancos entenderem.

Omama criou os morros. Plantou as montanhas no chão.
Com o peso delas prendeu a terra Hutukara
de todos os lados, para ela não tremer.

Postscriptum
Quando eu é um outro (e vice-versa)

Toda carreira etnográfica principia em "confissões", expressas ou caladas.

C. Lévi-Strauss (1973, p. 48)

Basta viver para se convencer de que os acontecimentos vividos são a chave dos acontecimentos observados.

G. Tillion, 2009, p. 276

Minha formação na escrita etnográfica ocorreu numa época (início da década de 1970) e num lugar (a Universidade de Paris x-Nanterre) em que era regra considerar o eu detestável e julgar qualquer consideração subjetiva ou reflexiva como um extravasamento estéril e até inconveniente.[1] Assim, é com um resto de constrangimento mesclado de alívio que vou infringir aqui — com moderação — essa velha convenção positivista; convenção tanto mais arbitrária quando se sabe o quanto o acesso ao conhecimento etnográfico é profundamente tributário da singularidade de relações interpessoais e dos imponderáveis de uma experiência de desestabilização interior.

Essa confissão preliminar não significa, de modo algum, que eu pretenda me entregar, tardiamente, aos excessos introspectivos de um pós-modernismo que, a pretexto de desconstrução, acaba por abafar a voz de seus interlocutores sob um cansativo falatório crítico-narcísico.[2] Porém, por outro lado, tampouco considero aceitável, sob alegação de objetividade durkheimiana, praticar a escamotagem subjetiva a ponto de fazer dela outro modo de "mascarar os métodos de acesso"[3] ao que costumamos chamar de "campo". De modo que tratarei aqui de evocar as origens e os primeiros passos de meu itinerário de etnólogo, tendo por objetivo principal destacar o contexto em que foi registrado e redigido o depoimento excepcional de Davi Kopenawa. Espero que esses modestos fragmentos de "ego-história"[4] contribuam para esclarecer, tanto quanto possível, as situações e peripécias que levaram ao nosso encontro, as afinidades que condicionaram a escuta apaixonada que devotei a suas palavras e ainda as escolhas que orientaram sua restituição na forma escrita. Essa volta a meus antecedentes, às circunstâncias que me moldaram e aos acontecimentos em que me vi envolvido constitui, além disso, uma mínima retribuição minha à confiança que Davi Kopenawa depositou em mim ao desvelar com tamanha intensidade as lembranças de sua vida e suas reflexões mais íntimas.

DO ALHURES AO OUTRO

Desde muito cedo, como tantas outras crianças europeias na época (início dos anos 1960), apaixonei-me pelo exotismo simplório dos relatos de "viagens extraordinárias" e expedições aventurescas na Amazônia. Lembro-me, por exemplo, da leitura cativante de edições de papel pesado e amarelado de *O soberbo Orinoco*, ou de *A jangada*: *Oitocentas léguas pelo Amazonas*, de Júlio Verne, e, ainda com mais nitidez, de *A expedição Orinoco-Amazonas*, devorada numa edição do ano de meu nascimento.[5] Só muitos anos mais tarde eu viria a perceber que essa expedição, realizada entre 1948 e 1950, tinha sido a primeira a atravessar a serra Parima, passando pelo norte do território yanomami. Eu tinha então por volta de dez anos e morava com meus pais nas montanhas do Rif oriental, no Marrocos, sob os cuidados de uma moça berbere de língua tarifit, com tatuagens no rosto e pesadas joias de prata.

A adolescência e a volta à França em nada apagaram minha cândida e improvável inclinação pelo imaginário antiquado das explorações amazônicas. Ao contrário, essa paixão foi imperceptível e paulatinamente tomando a forma de um desejo de conhecimento que se deslocou de um alhures mítico para uma alteridade cultural com a qual eu havia longamente convivido na infância, sem ainda realmente percebê-la enquanto tal. A essas alturas, estava acabando o ensino médio e cursava filosofia no liceu Hoche, em Versalhes. Foi então que, sob o efeito da leitura de *Tristes trópicos*, revelação transformadora, e em seguida de outros volumes da prestigiosa coleção Terre Humaine, essa curiosidade etnográfica incipiente, intelectual e estética, foi aos poucos tomando conta de mim. A coleção contava então com dezesseis volumes, de *Os últimos reis de Thulé*, de J. Malaurie, a *Piegan*, de R. Lancaster, passando por *Sol hopi* (Don C. Talayesa), *Afáveis selvagens* (F. Huxley), *O exótico é cotidiano* (G. Condominas), *A morte sara* (R. Jaulin), *Os quatro sóis* (J. Soustelle), *Ishi* (T. Kroeber) e, claro, *Yanoama* (E. Biocca). Li com avidez febril, um após o outro, cada um desses livros, com que minha mãe me presenteava nas grandes ocasiões, muitas vezes junto com um volume da Pléiade, como se intuísse que os primeiros estavam para a etnologia como os últimos para a literatura.[6] Foi, assim, por intermédio desse gosto precoce pela aventura erudita que, de modo bastante clássico — a partir do desenraizamento e dos devaneios exóticos infantis —, se desenvolveu boa parte de minha vocação de etnógrafo americanista.

Depois de começar uma graduação em sociologia (maio de 1968 e a militância no liceu não estavam longe), um desejo irresistível de confrontar meu imaginário com o campo me levou, aos vinte anos, para os *llanos* colombianos. No verão de 1972, em Bogotá, uma das filhas do antropólogo colombiano Gerardo Reichel-Dolmatoff, que eu tinha conhecido em Paris, indicou-me um amigo médico que trabalhava numa cidadezinha perto da Sierra Macarena. De lá subi de barco a motor um rio largo e barrento, empoleirado em pilhas de caixas de refrigerantes, até um vilarejo amazônico, San José del Guaviare, situado a quatrocentos quilômetros a sudeste da capital colombiana. Lá me falaram dos índios Guayabero nas proximidades.[7] Alguns dias mais tarde, vendedores ambulantes me deixaram perto de uma de suas aldeias, às margens do rio Guaviare. Foi meu primeiro encontro com "os índios da Amazônia", ou melhor, o primeiro choque entre os vestígios de minha imaginação juvenil e a realidade amazônica.

À primeira vista, nada distinguia os Guayabero dos camponeses mais pobres da região, e minha chegada inesperada não parecia provocar neles nada além da mais profunda indiferença. Um homem idoso coberto de andrajos barrentos apenas apontou, sem dizer uma palavra, uma pequena construção de cimento com paredes baixas e teto de zinco, no centro de um oval de casas de palha. Deixou-me na edícula, usada para descascar arroz, e em seguida desapareceu, aliviado por ter resolvido com relativa facilidade o problema de minha anômala aparição. Desapontado, pendurei desajeitadamente minha rede e, sem víveres nem objetos de troca, meditei com apreensão — durante uma noite de insônia regada por uma violenta tempestade tropical — a respeito das consequências imprevisíveis de minha visita improvisada.

Ao amanhecer, um outro ancião em trapos, com o rosto coberto por uma máscara de desenhos vermelho-vivos, apareceu de repente do meu lado. Com um sorriso tranquilo, ofereceu-me uma cabaça de peixe cozido e beiju de mandioca. O gesto de generosidade muda e a magnífica elegância daquele rosto pintado, resistindo acima da roupa rasgada que fazia esquecer, tocaram-me profundamente. O fascinante enigma que tudo aquilo representava logo gravou-se em mim como desafio de um outro saber, ao mesmo tempo próximo e dolorosamente inacessível, imagem que eu quase podia tocar mas não podia compreender.[8] Alguns dias depois, voltei para San José numa demorada viagem de canoa, acompanhando um homem que buscava atendimento médico para a filha pequena, cuja febre minhas últimas aspirinas já mal conseguiam aplacar. Transtornado pela intensidade da breve visita aos Guayabero e pelo espetáculo angustiante do que acabara de ser batizado de etnocídio,[9] estava agora firmemente decidido a providenciar os recursos intelectuais e materiais para empreender um verdadeiro campo de etnólogo e a me engajar de modo duradouro do lado dos índios.

Quando voltei para a França, em março de 1973, após uma breve passagem pelo Brasil, terminei rapidamente a graduação em sociologia e, no ano seguinte, defendi uma dissertação de mestrado em etnologia na Universidade de Paris x, baseada em documentos históricos sobre o Peru antigo. A extraordinária criatividade das ciências humanas em Paris naquele início dos anos 1970 me fez mergulhar avidamente em leituras teóricas, de modo insaciável e desordenado. Mas sentia aversão pela agitação mundana dos seminários parisienses e não conseguia esquecer o sorriso indecifrável do velho índio guayabero. Os discursos inflamados contra o cientificismo antropológico e o Ocidente etnocida, por outro lado, poderiam ter me seduzido. Não foi o caso. A indianidade iluminista veiculada pelos escritos de seus principais autores disfarçava mal um etnocentrismo subliminar que não me convinha em nada. Além disso, suas denúncias genéricas, carecendo de verdadeiro engajamento local, pareciam-me em geral complacentes e cegas para as reais implicações políticas das situações que relatavam. Em suma, eu vivia como que numa "terceira margem" do rio etnológico.[10] Descobri, com interesse, a antropologia anglo-americana e devorava a obra de Lévi-Strauss, cujos avanços teóricos a maioria dos amazonistas franceses da época parecia ignorar ou rejeitar, prestigiando apenas seu tom elegíaco.[11] Eu só queria uma coisa: encontrar finalmente o "meu" campo e meu próprio caminho na Amazônia indígena.

PRIMEIRO CAMPO

Um dos primeiros cursos de etnologia que fiz em Paris x foi ministrado por Patrick Menget, que tinha estudado nos Estados Unidos com David Maybury-Lewis, iniciador do famoso Projeto Harvard-Brasil Central, e trabalhava desde o final da década de 1960 entre os Ikpeng (Txicão) do rio Xingu.[12] Professor fascinante e muito preocupado com o destino de seus estudantes, em 1974 ele me propiciou uma oportunidade inesperada, recomendando-me a colegas da Universidade de Brasília que buscavam doutorandos dispostos a integrar um projeto de pesquisa-ação entre os Yanomami, recém-atingidos por um trecho da rodovia Perimetral Norte.[13] Foi também ele que me introduziu na leitura dos pioneiros "anglo-estruturalistas"[14] da moderna etnografia ameríndia (D. Maybury-Lewis e Peter Rivière) e da sociologia brasileira do contato interétnico (principalmente Darcy Ribeiro e Roberto Cardoso de Oliveira[15]), leituras que me permitiram, aliviado, contornar o amazonismo parisiense daquele começo dos anos 1970.

Nem os rumores acerca da belicosidade dos Yanomami que animavam o círculo dos americanistas nem a notícia da presença de oncocercose em seu território[16] abalaram meu entusiasmo diante da promessa inesperada de uma ida a campo. De modo que, sem demora, mergulhei nas leituras etnográficas de praxe. A literatura mais difundida na época a respeito dos Yanomami, nos Estados Unidos e na França, tratava essencialmente dos grupos da Venezuela.[17] De saída, fiquei profundamente surpreso ao constatar o quanto tais textos eram atravessados pela secular ambivalência dos estereótipos europeus do Selvagem, ora edênico, ora sanguinário.[18] Os Yanomami, na França, eram vistos da perspectiva idílica de suas "Histórias de amor índias" (Lizot, 1974), ao passo que nos Estados Unidos tinham ficado famosos como "povo feroz" (Chagnon, 1968), imersos numa guerra quase hobbesiana. Mas esse não era o único ponto desconcertante daquelas etnografias. Além disso, remetiam aos mesmos conceitos sociológicos africanistas, inadaptados à Amazônia indígena, e de modo idêntico limitavam sua abordagem da cosmologia yanomami a alguns registros esparsos, como se fossem meros apêndices imaginários de uma organização sociogenealógica reificada.[19]

Para financiar o primeiro campo, na falta de meios próprios e sem acesso a subsídios universitários franceses, tive a ousadia de candidatar-me a uma bolsa junto à embaixada brasileira em Paris, que me permitiria chegar à UnB. Fiz bem, pois meu pedido foi generosamente aceito e pude muito rápido me pôr a caminho, começando por Brasília, e de lá para Boa Vista (Roraima). Meu primeiro campo começou, portanto, em março de 1975, no alto rio Catrimani, afluente da margem direita do rio Branco, no extremo norte do Brasil, próximo da fronteira com a Venezuela. A base que me foi alocada no quadro do projeto Perimetral Yanoama da UnB,[20] para o qual comecei a trabalhar, era a missão Catrimani, então nas mãos de um jovem padre italiano da ordem da Consolata, particularmente hiperativo e falante.[21] A missão não praticava nenhuma evangelização, concentrando-se em prestar serviços sanitários e sociais aos índios.[22] Quando cheguei, tinham acabado de ser atingidos pelo avanço da Perimetral Norte. A frequentação dos canteiros de obras tinha espalhado doenças e trapos nos três grupos yanomami mais próximos do posto missionário. Apesar dos esforços da missão, dezenove índios já tinham morrido numa primeira epidemia de sarampo.[23]

Minha primeira visão dos Yanomami à beira da estrada, pouco antes de chegar à missão Catrimani, mergulhou o pouco que restava de meus devaneios exotizantes no banho de ácido derradeiro. Meio vestidos com camisetas publicitárias ou de campanhas eleitorais, sujas e rasgadas, um grupinho de homens e mulheres caminhava em fila na lama vermelha. Esgueiravam-se no barulho ensurdecedor de caminhões e escavadeiras, para pedir aos operários, com sorrisos imperturbáveis, comida, roupas, latas e sacos plásticos usados. Eu viria a saber depois que aqueles eram sobreviventes do pequeno grupo dos Yawari, Yanomami da região do rio Ajarani, o primeiro a ser atingido pela abertura da Perimetral Norte. Boa parte deles ficou vagando assim, a partir de 1973, pelo traçado da estrada, tanto que o missionário os tinha apelidado, numa mistura de português e yanomami, de os *Estrada t^hëri pë* ("os habitantes da estrada"[24]).

Ainda abalado pelo barroquismo turbulento daquele trágico cenário transamazônico, cheguei finalmente à missão, no quilômetro 145 do traçado da estrada. Lá, o oposto: entre coqueiros e goiabeiras, viveiros e galinheiros, reinava uma paz de fazendola tropical, tão bucólica quanto insólita. Assim que cheguei, meu olhar foi atraído por um grupo de mulheres yanomami sentadas no chão com os filhos, na periferia de meu campo de visão. Com os corpos pintados de urucum e braçadeiras enfeitadas com buquês de folhas frescas, conversavam alegremente sob a sombra ameaçadora do enorme caminhão militar Saurer Berna da missão. De repente, um pequeno grupo de homens curiosos, agitando alegremente arcos e flechas muito maiores do que eles, interrompeu minha desconcertada contemplação. Fiquei logo cercado pelos breves crescendos hiperagudos de seu riso mordaz, provocado, como eu viria a saber mais tarde, pelo exercício da arte consumada da caricatura onomástica que realizavam às minhas custas.[25]

Quando me vi no centro das atenções, plantado diante da enfermaria da missão, desengonçado jovem aprendiz de etnógrafo submetido ao crivo de um humor que eu suspeitava ser alegremente cáustico, senti-me muito só e completamente ridículo. Minha primeira visita à grande casa coletiva cônica, a algumas centenas de metros dali, não foi mais gloriosa. Tive literalmente de me dobrar ao meio para passar pela porta baixa da entrada, e adentrei a casa com passos hesitantes. Latidos furiosos vindos de todos os lados me imobilizaram, já cegado pela escuridão e quase asfixiado pela fumaça das fogueiras. Uma poderosa mordida em meu joelho direito me fez voltar à realidade. As sombras de meus futuros anfitriões então vieram se agitar em torno de mim aos gritos e, tição em punho, conseguiram dispersar os animais raivosos. Quando tudo se acalmou, sem a menor preocupação em disfarçar o quanto se divertiam com a cena ridícula que eu inesperadamente acabara de lhes proporcionar, conduziram-me com gentileza ao local onde os jovens solteiros penduravam suas redes.

Dias depois, acompanhei os moradores da casa numa longa expedição de caça, destinada à preparação de uma cerimônia funerária e de aliança, um *reahu*. Meu "batismo de campo" começou, portanto, com intermináveis caminhadas pela floresta, dias a fio, no auge da estação seca; esbaforido e trôpego, eu tentava acompanhar caçadores totalmente indiferentes à minha presença, sem entender uma palavra sequer de sua língua, limitado à água lamacenta tirada dos leitos de rio ressecados para matar a sede e algumas bananas à guisa de refeição. Escrevendo hoje, essa lembrança ressurge em mim com uma intensidade quase dolorosa. Nunca se deve esquecer o quanto, em experiências de campo como essa, o acesso ao conhecimento etnográfico é conquistado em primeiro lugar pela provação do corpo e por quanto se faz necessário atingir os limites do próprio pensamento para poder começar a descobrir o dos outros.[26]

Passei meu primeiro mês trabalhando na missão Catrimani, junto com um jovem voluntário inglês que me havia precedido, Nicolas Cape, sob a orientação de uma das antropólogas que dirigiam o projeto Perimetral Yanoama, Alcida Ramos, professora na Universidade de Brasília. Nesse período, servi de assistente e de cobaia na redação de um primeiro manual prático de língua yanomami.[27] Afora essa aprendizagem linguística, minhas atividades se enquadravam numa espécie de assistência social polivalente acompanhada de socorros paramédicos improvisados. Junto com meu colega inglês ou ajudando o missionário italiano, eu tentava minimizar, tanto quanto possível, as desventuras de meus anfitriões yanomami nos canteiros de obra da estrada e, na ausência de assistência sanitária oficial, administrava aqui e ali, como podia, tratamentos contra as doenças respiratórias que assolavam a região. Assim foi durante todo o meu primeiro campo, a cada um de meus retornos esporádicos à missão Catrimani.

Depois desse primeiro mês, o projeto Perimetral Yanoama foi praticamente paralisado pela sabotagem burocrática dos militares da Funai, e eu logo fui deixado por minha conta.[28] Eu já tinha tido a oportunidade de visitar uma casa coletiva situada a uns dois dias de caminhada rio acima, *Makuta asihipi*,[29] acompanhando um caçador que viera buscar ajuda para tratar vários casos de pneumonia. Foi nessa viagem que apliquei as primeiras injeções intramusculares de antibióticos da minha vida, morto de medo mas felizmente com sucesso. Tinha ficado encantado com a casa e seus habitantes, com quem vivi uma semana ao mesmo tempo extenuante e exultante. Resolvi então tornar aquela comunidade isolada o campo de base de minhas futuras pesquisas etnográficas no alto rio Catrimani. Acabei permanecendo lá durante onze meses, interrompidos por algumas breves visitas à missão Catrimani e, em novembro de 1975, pela colaboração numa campanha de vacinação e pelas rondas de uma equipe de vigilância do projeto Perimetral Yanoama pela estrada. Finalmente, em fevereiro de 1976, recebi de repente a notícia de que todos os membros do projeto, então rebatizado Plano Yanoama, haviam sido proibidos de trabalhar no território yanomami pelo governo militar da época. Fui então obrigado a voltar às pressas para Brasília.[30]

Esse primeiro campo colocou-me de novo diante da provação desestabilizante da alteridade cultural e das dúvidas éticas e políticas que a acompanham, as quais me tinham feito recuar temporariamente, na ocasião de meu breve encontro com os Guayabero da Amazônia colombiana. De fato, como conciliar um conhecimento não exotizante do mundo yanomami, uma sociologia do "desenvolvimento" amazônico que o cerca e uma reflexão acerca das implicações de minha presença de ator-observador nessa situação de colonização interna? A partir do caos perturbador dessa nova experiência e através de meus esforços para lhe dar sentido, três imperativos indissociáveis do trabalho etnográfico começaram a se tornar claros. Em primeiro lugar, evidentemente, fazer justiça de modo escrupuloso à imaginação conceitual de meus anfitriões; em seguida, levar em conta com todo o rigor o contexto sociopolítico, local e global, com o qual sua sociedade está confrontada; e, por fim, manter um olhar crítico sobre o quadro da pesquisa etnográfica em si.

Para além dessa imprescindível vigilância epistemológica e ética, porém, parecia-me que algo de mais fundamental caracterizava a intensa "situação etnográfica" na qual me vi engajado. O ponto reapareceria mais tarde, com maior clareza e abrangência, durante minha colaboração com Davi Kopenawa. As breves e convencionais considerações acerca da "adoção" do antropólogo que povoam a literatura etnográfica sempre me pareceram da ordem da ficção complacente. O que pode afinal significar "ser adotado" por seus anfitriões quando estes se veem cada vez mais submetidos à investida de um mundo inquietante e nefasto, do qual o antropólogo é, para eles, de algum modo um emissário, por mais grotesco ou inofensivo que possa parecer à primeira vista?[31] Logo ficou evidente para mim que os Yanomami só tinham aceitado minha incômoda e esquisita presença por precaução, como teriam feito, pelas mesmas razões, com qualquer outro visitante estrangeiro, *napë* ("forasteiro", "inimigo"), pelo menos enquanto este não demonstrasse intenções abertamente hostis.

Os primeiros contatos dos antigos do rio Catrimani haviam trazido a dose costumeira de epidemias letais, recorrentemente imputadas, enquanto feitiçaria canibal, à vingança de visitantes brancos cuja avidez sexual ou econômica fora contrariada. Desde então, sempre que aparecia um *napë*, considerava-se que o melhor era mostrar-se amável e ficar atento. Foi nesse contexto que meus interlocutores, promovidos à revelia ao papel de "informantes" (como se dizia no jargão profissional, um tanto policialesco), aceitaram, com alguma relutância, prestar-se a minhas primeiras tentativas de "investigação" etnográfica. Nada de excepcional: contaram-me apenas, parcimoniosamente, o que eu era capaz de entender de suas respostas, ou seja, bem pouca coisa, e isso por um bom tempo.

O etnógrafo iniciante costuma ser um jovem forasteiro fora do comum. A constância com que suporta as provações físicas, a humildade e a tenacidade de sua vontade de aprender, sem mencionar o estranho distanciamento que exibe em relação ao próprio mundo, acabam por atrair alguma simpatia de seus anfitriões (nunca isenta de um misto sutil de compaixão e ironia). A partir dessas provas de boa vontade amigável, a disponibilidade generosa dos remédios e mercadorias desse visitante incomum, longe das relações paternalistas de exploração da fronteira, acaba convencendo os mais céticos de seu caráter excepcional entre seus congêneres. Ao cabo de um tempo de observação, a natureza das relações que seus supostos "informantes" têm com ele começa a tomar outros contornos. Conforme ganham confiança, começam a avaliar sua aptidão para servir de intermediário, a favor deles, na comunicação entre os dois mundos. Agora com algum crédito, o etnógrafo aprendiz estabelece com eles — sem saber ou sem querer saber — um pacto implícito. O "material etnográfico" registrado a partir de então é ao mesmo tempo o alicerce e o produto desse pacto.

Ao lhe oferecerem seu saber, os anfitriões do etnógrafo aceitam a incumbência de ressocializá-lo numa forma que lhes parece mais adequada à condição humana. Contudo, para além da cumplicidade ou empatia que o estranho noviço possa ter inspirado, a transmissão visa antes de tudo, para além de sua pessoa, o mundo do qual ele jamais deixa de ser um representante, queira ele ou não.[32] De fato, em seus esforços pedagógicos, seus anfitriões têm por objetivo primeiro tentar reverter, tanto quanto possível, a troca desigual subjacente à relação etnográfica. De modo que os ensinamentos de nossos supostos "informantes" são dispensados por razões de ordem principalmente diplomática. Sua paciente educação se aplica, em primeiro lugar, a nos fazer passar da posição de embaixador improvisado de um universo ameaçador ao papel de tradutor benevolente, capaz de fazer ouvir nele sua alteridade e eventualmente possibilitar alianças.

É por isso que, na melhor das hipóteses, o etnógrafo que acredita estar "colhendo dados" está sendo reeducado, por aqueles que aceitaram sua presença, para servir de intérprete a serviço de sua causa. A palavra "truchement" (turgimão, em português) designava, no século XVI, no tempo da França Antártica na Guanabara, os "rapazes deixados, voluntariamente ou não, nas aldeias dos Tupinambá e outras etnias aliadas aos franceses, para aprender a língua e servir de intermediários nas negociações (comerciais, diplomáticas etc.) entre colonos e indígenas".[33] Com esse retrato do etnólogo como *truchement* a serviço dos nativos estamos bem longe, portanto, da ficção etnográfica de praxe, de indígenas ariscos que acabam revelando seus segredos a um etnólogo que conseguiu heroicamente tornar-se seu confidente, transformando seus anfitriões involuntários em "informantes" com os quais pensa poder acertar a dívida apenas mediante algumas linhas de homenagem nos agradecimentos de suas monografias.

Ao contrário, o pacto tácito a que aludi acima assume uma forma complexa, de ambos os lados da relação etnográfica, e implica responsabilidades muito mais sérias para o etnólogo. Para seus interlocutores, trata-se de engajar-se num processo de auto-objetivação pelo prisma da observação etnográfica, mas de um modo que lhes permita adquirir ao mesmo tempo reconhecimento e cidadania no mundo opaco e virulento que se esforça por sujeitá-los. Para o etnógrafo, em compensação, trata-se de assumir com lealdade um papel político e simbólico de *truchement* às avessas,[34] à altura da dívida de conhecimento que contraiu, mas sem por isso abrir mão da singularidade de sua própria curiosidade intelectual (da qual dependem, em grande parte, a qualidade e a eficácia de sua mediação).

Parece-me, portanto, desde o meu primeiro campo, que é graças a esse engajamento mútuo e a esse complexo trabalho cruzado que nossos "dados" etnográficos podem ser decentemente considerados como tais. Em todo caso, foi por intermédio dessa reflexão que se delineou para mim, como contrapartida da doação de seus saberes, o horizonte de um comprometimento a longo prazo com os Yanomami. Nada nessas ponderações éticas e políticas pretende ser outra coisa senão a reinvenção, para uso próprio, de um modo de praticar etnografia — há por certo tantos deles quanto etnólogos. Evoco-as aqui apenas porque permitem lançar alguma luz sobre a gênese de minha colaboração com Davi Kopenawa, a qual, justamente, constitui uma versão radical do "pacto etnográfico" que acabo de descrever. É evidente que nossa colaboração constitui um caso à parte, em mais de um aspecto. As organizações indígenas, no entanto, têm cada vez mais proposto acordos desse tipo aos antropólogos, antes de seu primeiro campo, na forma de contratos explícitos, no Brasil como alhures.[35]

DO "DESENCONTRO" À CUMPLICIDADE

De volta à França em meados de 1976, apesar do melancólico fim do Plano Yanoama e do caráter pouco convidativo da situação política brasileira na época (o governo Geisel), fiz de tudo para voltar a campo. Os primeiros dados de meu trabalho etnográfico me pareciam, evidentemente, ainda muito rudimentares.[36] Porém, sobretudo, eu estava muito preocupado com o destino das comunidades yanomami que tinham me acolhido no alto rio Catrimani. Tinha certeza de que não continuariam longe da Perimetral Norte por muito tempo e sabia que nunca tinham sido vacinadas. No final de 1977, na véspera de ser incorporado ao serviço militar francês, consegui milagrosamente uma transferência ao serviço civil de cooperação internacional e obtive desse modo uma nova filiação ao Departamento de Antropologia da UnB, o que, graças ainda a um financiamento do Laboratório de Etnologia da Universidade de Paris x, me permitiu voltar ao Brasil. Por fim, não sem percalços, acabei chegando ao campo em março de 1978.

A construção da estrada, interrompida na estação das chuvas, não tinha sido retomada desde o final de 1976. Parecia que a tranquilidade havia finalmente voltado à floresta. A aparente calma, contudo, tinha o peso de um luto trágico e da iminência de novas ameaças. Como eu temia, uma epidemia de sarampo havia dizimado a população do alto Catrimani entre dezembro de 1976 e fevereiro de 1977.[37] Por outro lado, a Funai tinha realizado, em julho daquele ano, um reconhecimento aéreo de toda a região ocupada pelos Yanomami. O serviço, feito às pressas, serviu de base para a promulgação de uma saraivada de decretos visando desmembrar o território yanomami num arquipélago de 21 ilhas, cercadas por corredores de cinco a trinta quilômetros de largura, destinados à colonização.[38]

Apesar de minha consternação diante das terríveis notícias, passei seis meses na floresta, entre março e agosto de 1978, na maior parte do tempo outra vez na comunidade de *Makuta asihipi*, que tinha se mudado para a margem do rio Catrimani e trocado de nome para *Hewë nahipi*.[39] As condições de início desse segundo campo foram difíceis em vários aspectos. O novo bispo de Roraima, preocupado em impedir ingerências externas, tentou durante um bom tempo desestimular minha entrada na missão Catrimani, enquanto a Funai local se opunha com virulência à minha volta a campo em qualquer região da terra yanomami. Quando pude finalmente retornar ao rio Catrimani, depois de superar esses obstáculos, aguardavam-me outras provações, físicas e psicológicas. A casa coletiva de *Hewë nahipi* estava em construção, devassada de todos os lados, num local infestado de piuns, e era época das chuvas. Vivíamos entre os andaimes da casa, cobertos de coceiras, na lama e na umidade constante. Porém, pior que tudo, meus censos foram revelando aos poucos que pelo menos 68 habitantes do rio Catrimani, dentre os quais muitos conhecidos e amigos, tinham morrido na epidemia de sarampo do ano anterior. Finalmente, depois de documentar essa tragédia, comecei uma nova pesquisa etnográfica sobre os ritos e a cosmologia yanomami, que tinha projetado enquanto trabalhava no material colhido no primeiro campo. Uma abordagem séria e pormenorizada desses temas me parecia ser o único modo efetivo de remediar a aridez de que então padecia a maior parte dos estudos sobre organizações sociais ameríndias. Os dados resultantes seriam a base do material de minha tese de doutorado, redigida anos mais tarde, depois de várias outras estadias (entre 1979 e 1985) no rio Catrimani e em outras regiões do território yanomami.[40] A curiosidade febril que sustentava meu projeto intelectual e a disciplina diária exigida pelo trabalho etnográfico ajudaram-me a suportar as condições adversas que envolveram esse segundo campo. Passados seis meses, porém, precisei deixar a comunidade de *Makuta asihipi* em razão de uma labirintite[41] muito desconfortável, para a qual certamente contribuíram as tensões e o esgotamento físico.

Assim, voltei em setembro de 1978 para Brasília, onde me hospedou uma amiga, intrépida e rebelde jornalista do *Jornal de Brasília* (e depois da *Folha de S.Paulo*), Memélia Moreira. Lá me encontrei um belo dia com Claudia Andujar, extraordinária fotógrafa, apaixonada pelos povos indígenas, que tinha começado a trabalhar na região do rio Catrimani em 1974. Redigimos juntos um primeiro documento contrário ao projeto militar de desmembramento das terras yanomami. A convite dela, fui encontrá-la em São Paulo, onde, junto com Carlo Zacquini, irmão católico e missionário fora do comum da missão Catrimani, elaboramos o projeto de uma vasta reserva territorial yanomami contínua, antes de lançarmos, no Brasil e no exterior, uma campanha de opinião pública contra a iniciativa etnocida da ditadura militar.[42]

Naquele final de 1978, ocorria em São Paulo uma impressionante mobilização política e midiática contra o projeto, levado a cabo pelo governo Geisel, de espoliação das terras indígenas, projeto esse disfarçado de decreto de "emancipação" dos índios "aculturados".[43] Esse movimento de protesto sem precedentes marcou a conjunção entre o movimento indígena nascente e setores intelectuais (advogados, jornalistas, acadêmicos) engajados na resistência à ditatura militar, então em sua fase de declínio. Foi nesse contexto político que Claudia Andujar, Carlo Zacquini e eu criamos a Comissão Pró-Yanomami (CCPY), com o apoio incansável de Beto Ricardo e vários outros amigos paulistanos, uma ONG que lutaria durante quase três décadas para defender os direitos dos Yanomami, até que estes fundassem sua própria associação, a Hutukara Associação Yanomami, presidida desde a sua criação, em 2004, por Davi Kopenawa.

Em 1975, durante minha primeira estadia no campo, não ouvi falar de Davi Kopenawa. Recém-contratado pela Funai, ele estava trabalhando no alto rio Negro (capítulo 13),[44] muito longe das terras yanomami em Roraima, onde eu estava, na época, a serviço do Plano Yanoama. Nosso encontro data do início de 1978, pouco antes da estadia em São Paulo que acabo de relatar. Aconteceu na casa coletiva dos *Waka* t^h*a u* t^h*ëri*, perto da missão Catrimani, durante uma grande festa *reahu*, para a qual tinham sido excepcionalmente convidados os habitantes do distante rio Toototobi, região onde nasceu Davi Kopenawa. Este, que atuava desde 1977 como intérprete no posto da Funai de Demini, a uns sessenta quilômetros a oeste do rio Catrimani, não perdera a oportunidade de visitar os seus parentes.

Davi Kopenawa tinha então 22 anos. Vestindo camiseta e jeans justos, com os cabelos repartidos de lado e cuidadosamente penteados, taciturno e circunspecto, ele obviamente não se sentia à vontade no território da missão. O chefe do posto da Funai para quem ele trabalhava em Demini, Sebastião Amâncio, era responsável por um Plano Yanomami, criado para tomar o lugar do Plano

Yanoama, cujos membros tinham sido expulsos, com sua aprovação (e contribuição, sem dúvida), no início de 1976.[45] Esse funcionário da Funai estava, aliás, em conflito declarado com os missionários italianos do Catrimani.[46] Na região onde ele tinha aberto o posto Demini, em dezembro de 1976, no local do último canteiro de obras da Perimetral Norte (km 211), não havia nenhum índio. Por isso se empenhava em atrair, por todos os meios, uma das comunidades yanomami próximas da missão Catrimani, cujos responsáveis sonhava em expulsar.

Devidamente doutrinado por esse sertanista xenófobo do posto Demini, Davi Kopenawa me considerava, portanto, na mesma medida que os missionários, como um perigoso estrangeiro cobiçoso das riquezas da Amazônia[47] e tratava de se precaver do perigo mantendo distância:

> Sim, foi na missão Catrimani que eu o vi pela primeira vez. Mas eu o conhecia, porque tinha ouvido falar de você. Amâncio tinha me dito, antes de sair: "Não se aproxime desses estrangeiros, eles são muito perigosos! Eles vão querer se aproveitar de você e roubar as riquezas de sua terra! Eles querem pegar sua imagem e suas palavras para trocá-las por dinheiro. Se você deixar, vão levá-las para longe e depois voltarão para pegar sua floresta! Fique esperto, preste atenção!". Era por isso que eu me afastava e evitava falar com você!

Como ex-membro do Plano Yanoama, expulso dois anos antes pela ditadura militar a que ele servia com zelo,[48] eu tinha evidentemente uma opinião péssima daquele funcionário da Funai conhecido, ademais, por sua famigerada atuação entre os Waimiri-Atroari no início de 1975.[49] Como era de esperar, minha animosidade tinha acabado por incluir Davi Kopenawa, seu intérprete havia pouco mais de um ano, que eu ainda não conhecia pessoalmente. Minha prevenção contra este último via-se favorecida por uma certa ingenuidade exotizante que me fizera dar crédito, desde minha chegada a Boa Vista no início de 1978, aos rumores que circulavam a seu respeito nos meios indigenistas.[50] De modo que, enquanto ele caminhava, tenso e pensativo, para entrar na casa coletiva próxima da missão, eu só conseguia ver naquele rapaz um pouco mais jovem do que eu um índio assimilado a serviço da Funai dos militares:

> Com certeza disseram a você: "Davi virou branco! Não pense que é um verdadeiro Yanomami!". Mas mentiram para você, e você se deixou enganar! Como eu,

naquele tempo, você ainda não sabia grande coisa. Os que mentiram para você, dizendo que eu tinha virado branco, com certeza queriam zombar de mim ou disseram isso porque eram meus inimigos! É verdade que eu usava roupas, sapatos, relógio, óculos. Eu queria imitar os brancos. Mas por dentro eu continuava sendo Yanomami e sonhando com os *xapiri*. Os que falaram a você desse modo o enganaram. Com certeza achavam que se eu fizesse amizade com você nós dois acabaríamos conversando e isso não seria bom.

Quando, alguns instantes depois, me dirigi, por minha vez, até a praça central da casa dos *Waka t*^{h}*a u t*^{h}*ëri*, avistei Davi Kopenawa na penumbra, sentado numa rede, silencioso e sério. Estava assistindo, compenetrado, a uma sessão de cura coletiva, bem perto de um grupo de xamãs de sua região natal. Estes, no auge da exaltação, pareciam fazer tudo para impressionar seus anfitriões com a exuberante teatralidade de sua performance. Fiquei imediatamente impressionado com a beleza fascinante dos cantos, adornos e coreografia da suntuosa ópera xamânica no claro-escuro das fogueiras.[51] Depois de ter discretamente colocado o gravador num local estratégico, peguei a máquina fotográfica e começei a tirar séries de fotos da deslumbrante sessão, a que eu estava assistindo pela primeira vez. Disparava seguidamente o flash e, a cada vez, seus raios ofuscantes pareciam congelar os xamãs em cenas segmentadas na escuridão da casa coletiva. Pouco depois, Davi Kopenawa, que tinha se aproximado de mim sem alarde, me fez tomar consciência da agressividade e inconveniência de meu frenesi de registro com algumas frases definitivas:

> A gente do rio Toototobi tinha sido convidada a uma festa *reahu* pelos *Waka t*^{h}*a u t*^{h}*ëri* e estava instalada na casa deles. Faziam dançar juntos os seus espíritos *xapiri*. Nesse momento, eu o vi e pensei: "*Hou!* Por que ele não para de tirar fotos, com todos esses clarões? Não é nada bom!". Então, cheguei perto de você pela primeira vez e disse: "Pare de pegar a imagem desses homens que estão virando espíritos! Os *xapiri* deles estão aqui, ainda que nem você nem eu possamos vê-los! Você vai emaranhar seus caminhos e eles vão se perder!". Assim foi. Eu ainda era jovem naquele tempo, mas já trazia os espíritos no pensamento. Por isso eu quis proteger os xamãs falando com você daquele jeito.

O choque inesperado dessa intervenção desfez na mesma hora em mim os preconceitos que, até então, turvavam nosso encontro. Davi Kopenawa, intérprete da Funai, índio pretensamente "aculturado", ao mostrar-se tão atento ao trabalho dos xamãs, me relegava, jovem etnólogo aprendiz supostamente defensor da autenticidade cultural ameríndia, ao lugar de mero turista desrespeitoso. A demolição brutal de meus estereótipos dissolveu minha soberba etnográfica e me permitiu perceber, pela primeira vez, o esforço inédito de meu interlocutor para produzir um pensamento que articulasse os dois mundos entre os quais ele transitava sem cessar. Diante de minha reação de constrangimento e de meu interesse por suas palavras, ele então começou a expor, para o meu governo, alguns rudimentos de saber xamânico. A aula improvisada em português, apesar de breve, bastou para que eu vislumbrasse um universo de enorme riqueza e complexidade intelectual, que minhas competências linguísticas em yanomami só me permitiriam começar a abordar anos mais tarde.

Depois disso, cruzei com Davi Kopenawa em campo várias vezes, ao longo da Perimetral Norte (em 1978 e 1979) e em sua região natal, em Toototobi, onde passei seis meses em 1981.[52] Minhas prevenções em relação a ele tinham se desfeito e eu passei, ao contrário, a me empenhar em conquistar sua amizade e confiança. Ele, por sua vez, embora tivesse começado a falar comigo com mais liberdade, mantinha ainda alguma reserva. Seu retraimento foi diminuindo aos poucos, no início da década de 1980, primeiro por influência de vários Yanomami com quem eu mantinha relações de amizade desde 1975, mas também porque ele estava cada vez mais intrigado com o trabalho político da CCPY em prol do reconhecimento legal do território yanomami. Foi assim que, em 1983, durante uma estadia em Boa Vista, ele finalmente resolveu superar com ousadia a conversa xenófoba dos militares da Funai e tomou a iniciativa de visitar a sede da ONG na capital de Roraima (capítulo 14).[53] O gesto, precedido por uma cuidadosa observação de seus futuros interlocutores e amadurecido numa longa reflexão, já permitia pressagiar a enorme sagacidade, ao mesmo tempo audaciosa e ponderada, que sustentaria mais tarde a carreira etnopolítica de Davi Kopenawa. Ele tinha então 27 anos e era pai de um primeiro filho, nascido no ano anterior. Acabara de começar a iniciação xamânica que seu sogro tinha decidido dispensar a ele (capítulo 5). Diante do interesse que demonstrou pelas atividades da CCPY, a ONG apoiou, em julho de 1983, sua participação numa assembleia da primeira organização indígena do Brasil, a União das Nações Indígenas (UNI), fundada alguns anos antes (capítulo 17).

Seguiram-se várias reuniões do mesmo tipo. A associação de Davi Kopenawa à campanha da CCPY pela demarcação e homologação das terras yanomami foi se consolidando, para desembocar numa série de viagens internacionais importantes, a partir de 1989 (capítulos 18 e 20). A CCPY era então coordenada por Claudia Andujar a partir de São Paulo, epicentro da mobilização pró-indígena na época. As atividades dessa ONG, que criamos em 1978, tinham se intensificado ao longo da década de 1980, tanto no plano da defesa legal dos direitos territoriais yanomami como no da denúncia das dramáticas consequências sanitárias da corrida do ouro que devastava a região (capítulos 15 e 16). No entanto, para além de minha participação na ação política da CCPY que o apoiava, foi sobretudo a partir de nossa convivência e trabalhos conjuntos na terra yanomami que minha amizade com Davi Kopenawa se aprofundou nessa época.

Entre 1985 e 1987, passei a hospedar-me regularmente na casa coletiva de seu sogro, perto do posto da Funai de Demini, pelo qual Davi Kopenawa tinha assumido a responsabilidade a partir de 1984 (capítulo 14). Essa comunidade, *Watoriki*, congregava os sobreviventes do mais isolado dos grupos do alto rio Catrimani, que eu tinha encontrado durante meu primeiro campo, em 1975-6.[54] Seus moradores me conheciam bem e até hoje tenho lá meus amigos yanomami mais próximos. Mas além dessas estadias regulares em *Watoriki* no final da década de 1980, junto com Davi Kopenawa, seus parentes e afins, creio que duas situações de engajamento conjunto particularmente intensas reforçaram nossos laços de modo decisivo no início da década de 1990.

A primeira foi nossa estreita colaboração na implementação de um programa de assistência sanitária da CCPY em sua região natal do rio Toototobi, a partir de novembro de 1990, trabalho realizado em paralelo a uma luta contra a influência nefasta dos missionários da New Tribes Mission na região.[55] A segunda foi nossa colaboração com o inquérito da Polícia Federal e do Ministério Público, em 1993, na apuração do "massacre de Haximu", no qual dezesseis Yanomami, na maioria mulheres, crianças e idosos, foram assassinados com selvageria por garimpeiros, entre o alto Orinoco, na Venezuela, e o alto Mucajaí, no Brasil (Anexo IV).[56]

Foi assim, no decorrer de diferentes episódios que marcaram a luta em defesa dos direitos yanomami nas décadas de 1980 e 1990, que se formaram, entre Davi Kopenawa e mim, a estima e a cumplicidade que constituem a base do projeto que desembocou na redação deste livro. Em 1991, numa entrevista concedida a Terry Turner, responsável por uma missão de investigação da

American Anthropological Association (AAA), sobre a situação dos Yanomami no Brasil,[57] ele descrevia sua concepção do papel dos antropólogos assim:

> Só há dois antropólogos [que nos apoiam], um que não é brasileiro, chamado Bruce [Albert] e uma outra, chamada Alcida [Ramos]. Esses antropólogos vieram nos ajudar. Deram-nos seu apoio escrevendo relatórios e divulgando-os. Bruce fala nossa língua e nos ajuda muito. Apreciamos o que ele faz. Ele trabalha para os Yanomami, ajuda os Yanomami e divulga muitas notícias a respeito de sua situação. Bruce visita a nossa região [Yanomami orientais] e Alcida vai para Auaris [Yanomami setentrionais]. Quando eles chegam às comunidades onde ficam, os Yanomami contam a eles o que está acontecendo; aí Bruce e Alcida escrevem o que escutaram e mandam para os jornalistas, para que os outros brancos também fiquem sabendo [...]. Assim é. Para isso são necessárias pessoas valentes, antropólogos corajosos que não se contentam em fazer pesquisa e depois ir embora. Nós, índios, precisamos de antropólogos que tenham coragem, antropólogos que falem nossa língua. Precisamos de antropólogos que venham nos trazer notícias do que os brancos estão fazendo, do que o governo está dizendo, do que os governos estrangeiros estão dizendo [...].

AS AVENTURAS DE UM MANUSCRITO

No final da década de 1980, uma corrida do ouro sem precedentes devastava as terras yanomami.[58] Davi Kopenawa estava profundamente abalado pela verdadeira catástrofe epidemiológica e ecológica de que seu povo era vítima e que lhe parecia anunciar seu iminente desaparecimento. Ele tinha começado a elaborar, com seu sogro e mentor, "grande homem" de *Watorikɨ*, uma profecia xamânica sobre a fumaça do ouro, a morte dos xamãs e a queda do céu. Mas eu ainda não sabia nada a respeito. Minha entrada na área, como a de todos os meus colegas brasileiros, havia sido novamente proibida, entre meados de 1987 e dezembro de 1989, pelos militares favoráveis à invasão garimpeira naquela região de fronteira.[59] Era muito difícil naquele momento me comunicar com Davi Kopenawa.

No entanto, em 24 de dezembro de 1989, ele deixou para mim uma mensagem gravada em três fitas, durante uma rápida visita a Brasília. A gravação foi feita em circunstâncias singulares. Davi Kopenawa estava hospedado na casa de Alcida Ramos. Tinha acabado de assistir a uma reportagem da TV Globo sobre o avanço dos garimpeiros pela floresta yanomami. Os jornalistas mostravam a considerável extensão de suas escavações ao longo dos rios e igarapés das terras altas da região, que desvastavam sistematicamente. Chocado com as imagens de depredação apocalíptica do centro histórico do território de seu povo, Davi Kopenawa permaneceu mudo e pensativo por um bom tempo. Por fim declarou em tom grave, em português: "Os brancos não sabem sonhar, é por isso que destroem a floresta desse jeito". Alcida Ramos, a quem devo esse relato, sob o impacto da afirmação enigmática, propôs a ele que gravasse para mim, em yanomami, suas reflexões acerca do que acabara de ver.

Eu estava então na França, para as festas de fim de ano, e logo voltaria a Brasília, onde morava havia dois anos. Através dessa gravação, Davi Kopenawa quis me transmitir seu testemunho sobre a situação trágica dos Yanomami e me lançar um apelo. Fez, em sua língua, um relato angustiado das doenças e mortes, das violências e estragos provocados pela cobiça desenfreada dos garimpeiros. O relato era entrecortado por reflexões xamânicas, tiradas das sessões realizadas com seu sogro em *Watoriki*. No final, pedia que eu ajudasse a divulgar suas palavras e lhe desse apoio para implantar com urgência um programa de saúde em sua terra. A gravação dessa mensagem me parece ser, retrospectivamente, o evento fundador que selou entre nós o pacto político e "literário" que deu origem a este livro.

A partir de janeiro de 1990, comecei a acompanhar equipes da ONG francesa Médicos do Mundo no alto rio Mucajaí;[60] depois, mais para o final do ano, na região do rio Toototobi, equipes de saúde da CCPY, dessa vez ao lado de Davi Kopenawa. Em fevereiro, tínhamos começado a retrabalhar, em Brasília, ao longo de quatro horas de conversas, os temas de sua mensagem do Natal de 1989. No começo de março, fizemos juntos, em São Paulo, uma entrevista em yanomami, filmada, que condensava esses temas de modo a poder garantir-lhes uma maior divulgação. O texto da entrevista foi traduzido para o português e amplamente difundido no Brasil pelo movimento civil Ação pela Cidadania (APC), mobilizado, na ocasião, em defesa dos Yanomami.[61] Traduzido para o francês, foi mais tarde comentado com eloquência por Claude Lévi-Strauss, no prefácio do número especial da revista *Ethnies* dedicado ao quinto centenário da Conquista.[62] Seus principais assuntos foram igualmente retomados em inglês, na entrevista que Davi Kopenawa deu ao representante da comissão de investigação da AAA, publicada na revista *Cultural Survival Quarterly*.[63]

O impacto da divulgação desses primeiros ensaios político-xamânicos a quatro mãos fez com que ambos nos déssemos conta do potencial dessa colaboração discursiva em prol da causa yanomami. Acarretou também uma profunda modificação na natureza de nossos diálogos etnográficos ocasionais, já que Davi Kopenawa então me pediu para ir além de meus trabalhos de pesquisa costumeiros e ajudá-lo a transformar suas palavras em um livro. No decorrer de 1991, as bases de nossa colaboração já tinham sido acordadas e ele fez questão de torná-la pública em entrevista que deu ao representante da AAA, em Boa Vista: "Eu estou trabalhando com Bruce [Albert] para ele escrever o saber que os xamãs recebem de *Omama* e fazer dele um livro, para que todo mundo possa conhecê-lo".[64]

Seguiram-se numerosas sessões de gravação de conversas, em meio à corrida de obstáculos políticos do início da década de 1990, nos mais variados ambientes, entre escritórios de ONGs e acampamentos na floresta, casas yanomami e corredores de ministérios, Boa Vista, Toototobi, Brasília e *Watoriki*. Terminei no começo de 1993, a toque de caixa, a redação de um primeiro manuscrito, a partir de mais de quinhentas páginas de transcrições (43 horas de gravação). Publiquei um primeiro comentário a respeito desse trabalho inicial num número especial da revista *L'Homme* dedicado à Amazônia.[65] Mas esse primeiro esboço, escrito às pressas e tratando fundamentalmente do choque dos anos da corrida do ouro, me parecia insuficiente para fazer justiça à complexidade do pensamento de Davi Kopenawa e ao caráter excepcional de sua personalidade.

Resolvi então retomar o trabalho sobre esse primeiro manuscrito, para adensar os principais temas dos depoimentos originais de Davi Kopenawa com novas gravações, suprir eventuais lacunas e esclarecer determinados pontos cronológicos, biográficos ou etnográficos. Iniciei ao mesmo tempo pesquisas documentais complementares, que forneceram a matéria de muitas das notas deste livro. Sobretudo, decidi abrir uma nova linha de entrevistas sobre sua vocação e iniciação xamânicas, que estavam evidentemente na base de todas as suas elaborações político-cosmológicas recentes. Para traduzir os novos materiais com a devida precisão, fui levado a retomar uma pesquisa aprofundada sobre o xamanismo yanomami, tema que eu tinha apenas resvalado em meus trabalhos etnográficos anteriores, mais voltados para a organização social e ritual. A partir de então, as gravações se sucederam ano após ano, na medida de minha insaciável curiosidade e de meu gosto provavelmente excessivo pelo detalhe. Enquanto isso, para me manter fiel a nosso acordo de divulgação, durante a segunda metade da década de 1990, continuei publicando, conforme as demandas e os eventos indigenistas, várias traduções de trechos das falas de Davi Kopenawa.

Estando eu ocupado com diversas atividades de consultoria e a realização de um novo projeto de pesquisa,[66] esse material complementar foi registrado ao sabor de nossos encontros e transcrito com o mesmo rigor que o anterior, mas de modo bastante irregular. Resultaram daí — sem contar as notas documentais — mais de seiscentas novas páginas de transcrição (cinquenta horas de gravação) que, juntando-se ao corpus anterior, me obrigaram a reformular completamente o manuscrito inicial. Devo admitir que a imensidão da tarefa começou a me parecer difícil de vencer. Cada vez mais imerso nas sutilezas intelectuais e poéticas da cosmologia yanomami, eu não conseguia mais libertar-me do fascínio que exercia sobre mim a interminável sucessão de minhas conversas xamânicas com Davi Kopenawa a respeito do livro. "Revirado e *reverso* do outro lado das coisas", como dizia Antonin Artaud,[67] estava começando a correr o sério risco de naufragar num inacabamento crônico.

Meu interlocutor e cúmplice suportou, ao longo de todos esses anos, com paciência heroica, confiança inabalável e generosidade fora do comum, todas as minhas dúvidas e perambulações pelos arcanos do manuscrito, que parecia condenado a nunca chegar ao fim. A cada encontro nosso, ele apenas pedia gentilmente informações sobre o andamento de meu trabalho. Ele me havia dito várias vezes que tentar conter em desenhos de escrita a infinita multiplicidade dos espíritos e a força de suas palavras — ainda que fossem poucas as que ele mesmo conhecia, insistia com modéstia — era uma aposta arriscada. Devia estar, de certa maneira, reconhecido por eu ter aceitado fazer com ele aquele estranho experimento intelectual entre nossos mundos. Assim, com um sorriso gentilmente irônico, por vezes apenas recomendava, como que para dar a medida de sua indulgência, que eu tentasse não morrer antes de ter concluído o meu trabalho.

No final de 2000, encontrei em Paris Hervé Chandès, diretor da Fundação Cartier, por intermédio de Claudia Andujar, cujas notáveis fotos dos Yanomami ele havia descoberto em 1998, na Bienal de São Paulo. Pouco depois, viajamos juntos para a terra yanomami, por ocasião de uma grande assembleia na aldeia de Davi Kopenawa. De nossas conversas surgiu o desafio de organizar uma série de encontros entre xamãs e artistas contemporâneos de diversas nacionalidades. Esse cruzamento experimental de perspectivas procurava, em prol da causa yanomami, tirar partido da célebre caracterização lévi-straussiana da arte como último refúgio do pensamento selvagem em nossa sociedade.[68] A exposição que daí resultou, Yanomami. L'Esprit de la Forêt [O espírito da floresta], ficou aberta em Paris entre maio e outubro de 2003. Publiquei no catálogo uma primeira versão do capítulo 4 de meu manuscrito, ainda inacabado.[69] Durante a preparação dessa exposição, Hervé Chandès deu todo o seu incentivo para a finalização do livro, de que falamos várias vezes. E sua generosidade foi além, já que ele teve o gesto amigo de me apresentar, em setembro de 2003, ao diretor da ilustre coleção Terre Humaine, depois de ter lhe enviado dois capítulos de meu texto.

O encontro inesperado com Jean Malaurie na Normandia, em sua casa de Ry, terra de Madame Bovary, entre trenós de cães e a lembrança do enigma xamânico do sítio arqueológico siberiano da *Allée des Baleines*,[70] foi decisivo. De repente, às voltas com um texto que tinha se tornado profuso e inextricável, estava diante de um personagem fora do comum, com trinta anos a mais que eu, que minha leitura febril das obras publicadas na coleção Terre Humaine aureolava de um prestígio quase mítico. Pareceu-me providencial que ele mostrasse tanto interesse por meu manuscrito, e o encontro foi salutar. Retomei em seguida meu trabalho de escrita com dedicação. Já impressionado com a impetuosidade aristocrática daquele homem de ciências, letras e aventuras, fui descobrindo também em nossas conversas subsequentes, em Paris e Dieppe, uma personalidade calorosa e visionária, intimamente transformada pela metafísica dos Inuit e profundamente engajada ao lado deles havia mais de meio século.[71]

A solidão do trabalho de campo, a amizade dos xamãs e um certo gosto pela rebeldia instauraram entre nós uma cumplicidade que para mim assumiu a forma de uma verdadeira maiêutica. Assim, foi graças aos conselhos entusiastas de Jean Malaurie e à sua profunda sagacidade que consegui encontrar o centro de gravidade narrativo de minhas conversas com Davi Kopenawa. Sutil intermediário entre mundos e saberes, ele acabou conseguindo guiar minha aventura de escrita xamânica a bom porto. Meu texto labiríntico pôde assim finalmente encontrar uma forma e uma arquitetura que me satisfazem, se não como texto definitivo, ao menos como uma versão aceitável, pois, como escreveu Jorge Luis Borges: "O conceito de texto *definitivo* só pode decorrer de religião ou de cansaço".[72]

OS BASTIDORES DA PRIMEIRA PESSOA[73]

Como indiquei no prólogo, este livro não é de modo algum a tradução direta de um relato autobiográfico pertencente a um gênero narrativo ou ritual yanomami que seria, enquanto tal, passível de estudo antropológico centrado em análise de discurso. Esse tipo de abordagem, no qual os lugares do narrador e do transcritor/exegeta são claramente distintos no corpo do texto e o englobamento total do enunciado do primeiro pela metalinguagem do segundo é de regra, propiciou pesquisas aprofundadas na Amazônia desde a década de 1990. Os trabalhos de Ellen Basso sobre os Kalapalo e os de Suzanne Oakdale sobre os Kayabi (ambos no Parque do Xingu) e os de Janet Hendricks sobre os Shuar do Equador são referência no assunto.[74]

Jamais foi minha a intenção oposta, também, pedir a um "informante privilegiado" que contasse sua vida, para daí tirar a matéria de um livro composto segundo um projeto documentário completamente alheio a ele e no qual meu trabalho de redator fosse obliterado tanto quanto possível. Esse modelo clássico de etnobiografia em colaboração está na base de vários relatos de vida clássicos, como aqueles analisados por David Brumble, e de muitas autobiografias de aborígenes australianos, como as estudadas por Fany Duthil.[75] Como se sabe, essa convenção do "redator ausente" ou do "escritor-fantasma" procura apresentar a ficção de uma ausência de ficção.[76] Trata, consequentemente, de escamotear o "eu" da enunciação (o do redator) sob o "eu" do enunciado (o do narrador), de modo a tirar daí um efeito literário "hiper-realista", que consiste em fornecer ao leitor a ilusão de um face a face sem mediações com o narrador.

A estratégia de escrita adotada neste livro se contrapõe em vários pontos importantes aos dois estilos que acabo de evocar. Primeiro, foi escrito por iniciativa de seu narrador, Davi Kopenawa, que o assinou como primeiro coautor — já aí se encontra uma diferença primordial. A divisão do trabalho entre narrador e redator foi, além disso, claramente definida e acordada. A redação do texto é produto de uma longa colaboração fundada num contrato de redação explícito, apoiado por relações de amizade e por um esforço de pesquisa de mais de trinta anos. Davi Kopenawa me incumbiu de dar a maior divulgação possível a suas palavras, através do modo da escrita em uso em meu próprio mundo. Isso excluía de saída a produção de uma tradução literal entrecortada por pesadas exegeses etnográficas e linguísticas dirigidas a especialistas. Por fim, este texto é — assumidamente — local de interferência e resultante de projetos culturais e políticos cruzados. É por isso tão tributário da visada xamânica e etnopolítica de Davi Kopenawa quanto de meu próprio desejo de experimentar uma nova forma de escrita etnográfica que tire consequências de minhas reflexões sobre o que chamei de "pacto etnográfico".

No entanto, apesar dessas notáveis diferenças, poderiam objetar-me que a construção do texto não deixa de retomar, de modo enviesado, certos aspectos das duas opções de redação das quais pretende se afastar. A objeção não seria ilegítima, num certo sentido, pois foi de fato referindo-me a elas de modo implícito, para a elas me opor, que defini o caminho intermediário aqui adotado. Consequentemente, será possível perceber, em meu grande respeito pelas palavras pronunciadas por Davi Kopenawa e na importância dada às notas dedicadas a esclarecer detalhes etnolinguísticos e documentais, no final do volume, uma preocupação com a precisão que costuma acompanhar a primeira opção. É igualmente possível que se considere que minha decisão de reservar os traços de minha presença e a explicitação de meu trabalho de redator ao peritexto da obra ("Prólogo", "Palavras dadas" e "*Postscriptum*") se aproxima da estratégia tradicional do "redator-fantasma".

Todavia, a escolha de manter neste livro uma posição de "redator discreto" mais do que ausente não pretende de modo algum simular a inexistência de mediação entre o narrador e o leitor, característica das etnobiografias clássicas. A escolha remete, ao contrário, à intenção de reequilíbrio em favor da vitalidade das palavras recolhidas, que muitas etnografias recentes tendem, inversamente, a soterrar sob a onipresença exegética de seus redatores. Parece-me ser esse o caso tanto de estudos centrados na análise de discurso como de textos etnográficos mais ortodoxos, e também o daqueles que alardeiam pretensões de crítica pós-moderna.[77] Minha própria estratégia de redação foi antes guiada pela busca de um compromisso que atenue, na atual medida do possível (isto é, até que surjam autoetnografias e uma literatura yanomami), a relação hierárquica inerente à "situação etnográfica" e à produção escrita que dela decorre.[78] Escolhendo o menor dos males, tratei de abrir uma brecha nas convenções da escrita etnográfica usual, para dar a ouvir de modo mais direto a voz de Davi Kopenawa. O objetivo primeiro de minha discrição deliberada enquanto redator foi, assim, evitar neutralizar a alteridade singular de suas palavras, afogando sua qualidade poética e seus efeitos conceituais em considerações teóricas perecíveis e em grande parte sem interesse para o leitor comum.[79]

Este livro, composto de relatos autobiográficos e reflexões xamânicas, está escrito na primeira pessoa, a pessoa que com vigor e inspiração carrega a voz de Davi Kopenawa. No entanto, essa primeira pessoa contém assumidamente um duplo "eu". A fala que se faz ouvir no texto, resultante de um vasto corpus de gravações, é a de seu autor, transcrita com a maior fidelidade possível. Contudo, dada a sua pouca familiaridade com a escrita,[80] o "eu" desta narrativa é também o de um outro, um alter ego redator — eu mesmo. De modo que este livro é afinal um "texto escrito/falado a dois".[81] Trata-se de uma obra de colaboração na qual duas pessoas — o autor das palavras transcritas (que precedem e transcendem sua transferência à escrita) e o autor da redação (que recompõe esta produção oral, fixada a um dado momento, para fazê-la texto) — empenham-se em ser um só.

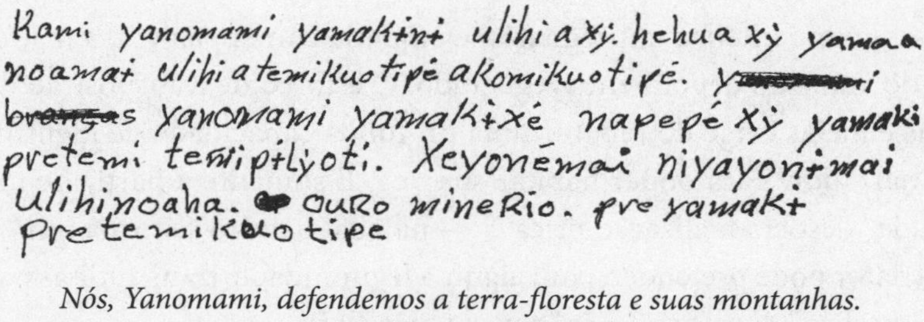

Nós, Yanomami, defendemos a terra-floresta e suas montanhas.
Queremos que continue com saúde e inteira.
Queremos também que Yanomami e brancos vivam sem
brigar nem guerrear por causa da terra, do ouro, dos minérios. Queremos
que todos possam permanecer vivos juntos por muito e muito tempo.

Essa identidade compartilhada, na qual dois autores coabitam no mesmo "eu" (o que fala e o que escreve), pode fazer pairar certas dúvidas quanto à fidelidade do texto à matéria oral de que provém. No caso das narrativas e reflexões apresentadas neste livro, as relações privilegiadas que me ligam a Davi

Kopenawa, bem como minha longa familiaridade com os Yanomami e sua língua, certamente bastariam para satisfazer os mais exigentes requisitos de autenticidade. Mas seria também possível argumentar que a desconfiança em relação ao duplo "eu" das heterobiografias na primeira pessoa[82] não passa de um falso problema, já que pressupõe uma ilusória possibilidade de total transparência entre o "eu" narrador e o "eu" redator. Ora, tal coincidência não se verifica nem mesmo nas autobiografias stricto sensu, em que o "eu" da memória a respeito de quem se escreve e o "eu" presente que escreve sempre estarão inevitavelmente dissociados. De modo que o relato de vida, em colaboração ou não, sempre implica uma certa multiplicidade de "eus", pois, como sublinha com muita justeza Philippe Lejeune, "quem escreve é sempre muitos, mesmo sozinho, mesmo que escreva a respeito da própria vida".[83]

Além disso, seria equivocado pensar que, para que o processo de colaboração etnobiográfica seja bem-sucedido, só o "eu" narrador deva tornar-se outro por intermédio da intervenção do "eu" redator que lhe serve de dublê. Na realidade, o inverso deve ser igualmente verdadeiro. Pois é indispensável que o "eu" do etnógrafo seja capaz de "tornar-se alguém diferente de si por inebriamento de suas faculdades morais",[84] e isso na mesma medida em que seu "modelo" aceitou alhear-se no processo de recriação escrita de seus dizeres. A escuta mobilizada na experiência de redação etnobiográfica deve, portanto, fundar-se numa intensa impregnação e empatia com a palavra, a história e a pessoa do autor do depoimento registrado. O esforço de transposição de suas palavras e ideias exige do redator uma profunda capacidade de identificação com o narrador, para poder habitar sua voz. É somente a partir de uma tal relação de "despersonalização lírica"[85] — na qual o outro se torna um "eu" — que o redator pode pretender, com alguma legitimidade, transmitir as palavras de seu "modelo", escrevendo-as "em seu lugar".

No caso da composição deste livro, é inegável que a velha amizade que me liga a Davi Kopenawa e a admiração que tenho por ele estão na base de uma experiência única de identificação cruzada, na qual me tornei outro no esforço de restituir a riqueza de suas palavras tanto quanto ele próprio concordou em fazê-lo ao confiar na forma escrita que escolhi para essa restituição. Não é justamente esse o movimento que Giorgio Agamben detecta no seio das relações de amizade, quando escreve: "O amigo não é um outro eu, mas uma alteridade imanente no eu, um devir outro de si"?[86]

Finalmente, o "eu" narrador não é apenas duplicado pelo efeito autobiográfico. Pode também ser habitado por uma multiplicidade de vozes que constituem um verdadeiro mosaico narrativo. Esse é particularmente o caso de Davi Kopenawa, como ele mesmo sempre lembra em suas falas. Em primeiro lugar, para além de suas reflexões e lembranças pessoais, suas palavras se referem constantemente aos valores e à história de seu povo, e nos são transmitidas enquanto tais. Nesse caso, o "eu" narrador é indissociável de um "nós" da tradição e da memória do grupo ao qual ele quer dar voz. Portanto, o que ouvimos é um "eu" coletivo tornado autoetnógrafo, movido pelo desejo ao mesmo tempo intelectual, estético e político de revelar o saber cosmológico e a história trágica dos seus aos brancos dispostos a escutá-lo.

Além disso, no interior desse mesmo "eu" narrativo, Davi Kopenawa com frequência remete, em discurso direto ou indireto, aos ensinamentos de dois grandes xamãs que foram seus principais mestres. Em primeiro lugar, o segundo marido de sua mãe, já falecido, que o criou em Toototobi desde o seu nascimento e que foi o primeiro a perceber e incentivar sua vocação (capítulo 3). Seu segundo mentor é o pai de sua esposa, que o iniciou em *Watoriki* e sob cuja orientação ele elaborou toda a sua crítica xamânica ao mundo dos brancos (capítulo 5, Anexo III).[87] Este último, personagem discreto mas recorrente do livro, teve um papel absolutamente determinante no impulso criativo do discurso profético de Davi Kopenawa diante da corrida do ouro em Roraima. No decorrer de suas sessões daquela época, os dois abriram juntos um espaço interpretativo em que se fundiram o saber xamânico de um e as competências etnopolíticas do outro. Essa aliança deu origem a um discurso cosmoecológico cuja potência poética e política sustentou de modo determinante, desde o final da década de 1980, o processo de expulsão dos garimpeiros da terra yanomami, bem como a campanha em favor da sua demarcação e homologação.[88] Nessa medida, o sogro de Davi — a quem também sou ligado por uma amizade de mais de trinta anos — pode ser realmente considerado um dos coautores deste livro. Como ouvinte ou comentador, ele participou da maioria de nossas sessões de gravação em *Watoriki*. Seu olhar, perspicaz e irônico, parecia ver em Davi Kopenawa e em mim duas pessoas simetricamente deslocadas, a meio caminho entre dois mundos. Na verdade, através de uma mescla de curiosidade e humor, ele nos considerava as faces complementares de uma espécie de

Janus tradutor experimental, improváveis intermediários entre o saber xamânico dos antigos e a curiosidade dos brancos.

Por fim, o "eu" que serve de veículo narrativo para o depoimento de Davi Kopenawa congrega também uma multiplicidade de entidades xamânicas, para as quais serve alternadamente de porta-voz no fio de seus relatos e reflexões. Desse modo, ele remete com regularidade a um vasto conjunto de "imagens" de ancestrais animais e entes cosmológicos, seja para adotar seus pontos de vista, seja para transmitir suas palavras. Tamanha proliferação narrativa é em si mesma sintomática do fato de que nossas conversas dedicadas à preparação deste livro nunca se limitaram, para Davi Kopenawa, a meras entrevistas etnográficas. De seu ponto de vista, nossas interlocuções sempre iam sutilmente tomando a forma de polilogos xamânicos interculturais, que pareciam alternar com as sessões tradicionais a respeito dos brancos, realizadas junto com seu sogro e outros xamãs de *Watoriki*. Como observou com muita justiça Eduardo Viveiros de Castro:[89]

> Se o xamanismo é essencialmente uma diplomacia cósmica dedicada à tradução entre pontos de vista ontologicamente heterogêneos, então o discurso de Kopenawa não é apenas uma narrativa sobre certos conteúdos xamânicos — a saber, os espíritos que os xamãs fazem falar e agir; ele é uma forma xamânica em si mesma, um exemplo de xamanismo em ação, no qual um xamã tanto fala sobre os espíritos para os brancos, como sobre os brancos a partir dos espíritos, e ambas estas coisas através de um intermediário, ele mesmo um branco que fala yanomami.

A FABRICAÇÃO DO TEXTO

O trabalho de redação em francês de um depoimento oral tão rico e complexo quanto o de Davi Kopenawa, inteiramente feito em sua língua, em diversos momentos de uma trajetória turbulenta, é uma tarefa delicada e cheia de desafios, como se pode imaginar. O caminho que leva do discurso oral "fonte" ao relato escrito "final" é de fato longo, embora — ou principalmente por isso — o autor se imponha a maior fidelidade às palavras e ao estilo de seu "modelo". O redator de uma "heterobiografia" desse tipo evidentemente está longe de ser mero escrivão de um agenciamento narrativo já constituído. Seu papel não se limita a transcrever e em seguida traduzir um suposto texto virtual preexistente, a ser exposto por partes numa série de entrevistas gravadas. Num caso como este, não existe nenhuma narrativa predefinida a ser atualizada, nenhum quebra-cabeça textual a ser montado. O redator está diante de um vasto e profuso pré-texto oral, ao mesmo tempo multifragmentado e proteiforme, produzido no bojo de um diálogo de longa duração. É nesse imenso e proliferante arquipélago de narrativas e comentários que terá de buscar uma coerência e fazer surgir uma voz escrita. Assim, se o narrador gravado é inquestionavelmente o autor de sua vida e das palavras que confidencia, o redator, por sua vez, é o autor do esforço de composição e de escrita que constitui o depoimento enquanto tal. É esse complexo trabalho de alter ego e *alter auctor* que, ao lhes dar registro escrito, projeta as palavras dadas para além do tempo e do espaço em que foram proferidas. A preocupação estética que orienta a *mise en intrigue*[90] destas palavras lhes permitirá eventualmente ganhar audiência e perenidade. Caberá ao leitor julgar o resultado desta aventura narrativa e a pertinência das escolhas que a orientaram, de que passo agora a falar em maiores detalhes.

Gravações

A matéria-prima deste livro são dois grandes conjuntos de gravações realizadas com Davi Kopenawa, um entre 1989 e 1992, e o outro entre 1993 e 2001. A primeira série de entrevistas adotou como ponto de partida os assuntos evocados no depoimento inaugural registrado em dezembro de 1989, em Brasília, por Alcida Ramos. Essa série inicial se desdobrou em espiral numa sequência de monólogos, nos quais Davi Kopenawa foi retomando com mais vagar suas reflexões xamânicas sobre a fumaça do ouro, a morte dos xamãs e a destruição da floresta pelos garimpeiros. Esse primeiro grupo de relatos constitui o núcleo temático que deu origem a este livro. Compunha boa parte do primeiro manuscrito, redigido em 1993, e está condensado em três longos capítulos na versão atual (15, 16 e 24).

A partir desse corpus e uma vez selado um acordo definitivo entre nós para a redação de um livro, começamos uma nova série de entrevistas. Pedi de início a Davi Kopenawa para comentar e detalhar vários pontos de suas narrativas anteriores, de modo a adensar-lhes a matéria. Em seguida ele começou de maneira espontânea a desenvolver suas falas em duas direções, apenas esboçadas até então, que se revelaram decisivas na construção de seu relato, vindo a constituir um de seus eixos fundamentais. Essas gravações se dedicaram inicialmente à história dos contatos de seu grupo com os brancos, tal como lhe havia sido contada por seus antigos, depois a partir do que ele mesmo testemunhou. Descreveu o avanço ainda incerto dos forasteiros pela floresta, desde a época de seu nascimento até a invasão em massa dos garimpeiros, quando tinha trinta anos de idade. Esses relatos forneceram a matéria-prima para a redação dos capítulos 9 a 14 da segunda parte do livro ("A fumaça do metal"). Em seguida, sempre por derivação do cerne temático de nossas primeiras entrevistas, começou a contar as lembranças e impressões xamânicas de suas primeiras viagens à Inglaterra, França e Estados Unidos, os três primeiros países aos quais tinha sido convidado para defender a causa de seu povo. Agora, tratava-se de uma história pessoal do contato, que invertia aquela, coletiva, de seus pais e avós, descrevendo o avanço dos brancos na floresta. Ele passava a evocar a própria trajetória, de xamã yanomami contemporâneo, viajando para o berço do mundo dos brancos, que estes muitas vezes ainda chamam de Primeiro Mundo. Esse novo material forneceu o essencial da terceira parte do manuscrito ("A queda do céu").

Vieram enfim completar o manuscrito dois conjuntos de reflexões, que tornaram mais evidentes dimensões particularmente originais do depoimento de Davi Kopenawa. O primeiro eixo de desdobramento alimentou uma espécie de contra-antropologia histórica do mundo branco, a partir da comparação de esferas culturais que, em suas viagens, ele percebera como pontos de embate cruciais entre o seu mundo e o nosso (a mercadoria, a guerra, a escrita e a natureza). A dimensão e a originalidade dessas meditações xamânicas permitiram adensar sensivelmente a terceira parte do livro. O segundo tema que sobressaiu nessas novas conversas foi muito mais difícil de tratar que o anterior, decerto porque seus lineamentos já impregnavam em filigrana o conjunto das falas gravadas até então. Para reuni-los e explicitá-los, era necessária uma volta às raízes do pensamento xamânico de Davi Kopenawa. Dessa vez, depois de todo o caminho percorrido, o desafio consistia em retornar ao fundamento tradicional a partir do qual ele tinha produzido suas próprias elaborações, de modo a evidenciar todo o alcance do relato de sua vocação e de sua iniciação xamânica, da descrição do exercício de seu trabalho de xamã e da rica cosmo-ontologia em que se funda.

A complexidade das imagens e dos conceitos que Davi Kopenawa se empenhava em me comunicar durante nossas longas conversas sobre o mundo dos seres-imagens ("espíritos") *xapiri* obrigou-me rapidamente a admitir que a tarefa que tínhamos assumido iria exigir de mim um trabalho bem mais considerável do que eu havia imaginado. Diante do material produzido por essas novas entrevistas, ordenado em alguns capítulos curtos, tive de me curvar modestamente às evidências. Eu ainda estava longe de poder apresentar um apanhado realmente satisfatório daquilo que Davi Kopenawa tinha a intenção de comunicar no livro que tínhamos projetado. Então decidi rever todo o trabalho feito até então. Eu já não podia me contentar em retocar o vasto corpus já reunido. Era preciso que eu desenvolvesse de modo sistemático os motivos xamânicos ali presentes, dando-lhes um lugar muito mais importante no plano do manuscrito.

A segunda leva de conversas que tive com Davi Kopenawa, entre 1993 e 2001, teve por intuito primeiro retomar, nas circunstâncias um tanto caóticas que evoquei acima, a maior parte dos temas que se destacavam na primeira versão do projeto de livro. Recolhendo detalhes e formulações suplementares, procurei adensar-lhes a textura e avivar as cores. Vários trechos de relatos e comentários já registrados, agora organizados em capítulos, foram regravados e rediscutidos. As variantes textuais assim obtidas foram se superpondo, em camadas sucessivas, do mesmo modo que, *per via di porre*, dá-se profundidade e densidade aos motivos e cores de um afresco. Eu já tinha recorrido a essa estratégia de "tradução densa" com os narradores de um vasto conjunto de mitos coletados nas décadas de 1970 e 1980, nos rios Catrimani e Toototobi.[91] A riqueza do resultado obtido tinha me convencido de que o registro aleatório de uma única versão de qualquer narrativa só podia produzir uma imagem empobrecida do saber narrativo de meus interlocutores.

Finalmente, ao longo dessa segunda etapa e sempre com o mesmo método, muitas gravações e anotações se voltaram ao desenvolvimento das partes iniciais do manuscrito de 1993, a respeito da experiência xamânica de Davi Kopenawa. Essa empreitada tomou a forma de uma longa pesquisa etnográfica dialogada, que permitiu ir desenvolvendo paulatinamente o tema, fonte viva de seu testemunho, com todo o espaço que merecia ocupar no texto final.

Esse material, composto de uma série de sequências narrativas e explicações autoetnográficas, veio a fornecer o essencial da primeira parte da obra ("Devir outro"), bem como de trechos de vários outros capítulos.

Transcrição e tradução

As conversas com Davi Kopenawa que deram origem a este livro foram todas realizadas em yanomami. Seu ponto de partida foi, como mencionei, um conjunto de testemunhos espontâneos, desenvolvidos ao longo de vários eixos temáticos, retrabalhados progressivamente em formato de entrevista não dirigida. Transcrevi integralmente as gravações no computador, utilizando um sistema gráfico adaptado ao yanomami que, desde 1996, foi adotado pelo projeto de educação da CCPY.[92]

Antes de serem traduzidos, os dois conjuntos de transcrições do meu vasto corpus de gravações (1989-92 e depois 1993-2001) foram relidos em yanomami na íntegra, enquanto iam sendo indexados. Com essa releitura, foi feita um primeiro desbaste do material transcrito. Comecei por eliminar minhas intervenções visando a retomada de temas e de foco, minhas perguntas visando o detalhamento ou o desenvolvimento de determinados pontos e, obviamente, as digressões que minhas formulações por vezes equivocadas haviam produzido. Também excluí desse material bruto todas as partes repetitivas de menor interesse, os parênteses sobre acontecimentos cotidianos sem relação com o tema, as conversas paralelas com eventuais ouvintes ou, simplesmente, as passagens que, devido à má qualidade da gravação (interrupções ou ruídos externos diversos), não puderam ser aproveitadas.

A tradução justalinear integral de todas as transcrições na ordem das gravações — mais de mil páginas — teria sido tarefa demasiadamente desgastante. Resolvi, portanto, traduzir as sessões temáticas indexadas à medida que se mostravam pertinentes no fluxo de minha redação, fundindo as diferentes versões dos mesmos relatos e comentários, de modo a tornar o texto ao mesmo tempo mais denso e mais conciso. Ao longo desse trabalho de tradução e condensação, respeitei sempre a proposta de me manter o mais próximo possível da fala de Davi Kopenawa. Mas estava fora de questão propor uma tradução palavra por palavra, que, em nome da exatidão, teria desembocado não apenas na produção de um texto totalmente ilegível como também na inadmissível folclorização de sua palavra. Meu conhecimento da língua e da sociedade yanomami já era, na época em que redigi a primeira versão do manuscrito, bastante aceitável para um branco. Progrediu bastante ao longo do trabalho neste livro, e graças a ele. Além de nossas relações de amizade, desenvolvi uma grande familiaridade com o modo de falar característico de Davi Kopenawa, que escutei durante centenas de horas dedicadas à transcrição meticulosa de nossas conversas. Essa bagagem permitiu que eu me considerasse autorizado a propor uma tradução de seu testemunho situada "a meio caminho" entre uma literalidade que poderia tornar-se caricatural e uma transposição literária que se afastaria demais das construções da língua yanomami.[93]

Consequentemente, as frases deste livro acompanham, com a maior exatidão possível, as de Davi Kopenawa. Desbastei-as, contudo, para torná-las mais fluidas, livrando-as de suas hesitações e repetições, bem como de grande parte de suas expressões e interrogações fáticas, interjeições e onomatopeias. Destas, mantive apenas o necessário para conservar marcas da sonoridade narrativa original numa dose compatível com a legibilidade do texto. Em certos pontos, desenvolvi a forma alusiva de algumas descrições etnográficas que meu interlocutor, falando na própria língua e me atribuindo generosamente algum conhecimento do assunto, não julgava necessário explicitar. Do mesmo modo, completei em algumas passagens seus relatos e comentários com pequenos acréscimos, em geral qualificativos, sempre que me pareceu necessário sublinhar o tom de suas observações ou o vigor de sua expressão não verbal. Por fim, manejei nos limites do que seria "natural" em francês os tempos verbais clássicos da narração (que não correspondem necessariamente, como se há de imaginar, aos aspectos marcados pela língua yanomami) de modo a acentuar, quando me parecia desejável, a vivacidade da transposição escrita de suas falas.

Meus esforços para restituir a riqueza conceitual e estética das palavras e expressões mais originais do testemunho de Davi Kopenawa se concentraram na busca não tanto de equivalentes em francês como de formulações que, na medida do que é aceitável nessa língua, permanecessem próximas do sistema de metáforas embutido na trama da língua yanomami. Tentei assim evitar, com alguma coerência, espero, a intrusão de expressões por demais dissonantes, pertencentes a um repertório idiomático alheio ao yanomami de Davi Kopenawa. Dediquei, ademais, um considerável aparato de notas à definição e discussão de conceitos-chave da cosmologia e do sistema ritual yanomami, de forma a evitar, apesar de tudo, sua banalização ou obliteração pelo processo de tradução. Também considerei útil apontar no texto o emprego de palavras ou expressões em português por Davi Kopenawa; emprego que, embora raro, é sempre bastante revelador. Com a mesma intenção de exatidão, mantive inalterados, na falta de equivalentes plausíveis, numerosos termos relativos à etnobiologia, etnogeografia e cosmo-ontologia yanomami. São explicitados pelo contexto e, além disso, comentados em nota ou nos glossários em anexo no livro.

Finalmente, partindo das diretrizes de precisão que me impus, meu trabalho de elaboração "literária" correspondeu fundamentalmente à tentativa de recriação de um tom e de formulações que fizessem justiça ao modo de expressão oral de Davi Kopenawa e às emoções que o impregnam. Nessa perspectiva, não era admissível recorrer a uma imitação de língua falada, familiar e exotizante. Davi Kopenawa é xamã, um intelectual yanomami, portanto, e como tal se expressa em sua língua. Estava da mesma forma descartado, no entanto, o recurso a um estilo especializado e exageradamente pomposo que simulasse nosso discurso acadêmico padrão. Foi tentando esquivar-me desses dois perigos que busquei, na escrita um tanto experimental deste livro, privilegiar na mesma medida rigor etnográfico e cuidado estético. Procurei conciliar nele a exigência de legibilidade do texto, os efeitos poéticos e conceituais do contra-olhar das palavras yanomami e a restituição da voz de seu narrador, alternadamente indignada, jovial ou pungente, tal como tive o privilégio de escutá-la no decorrer de nossas conversas. Cabe agora ao leitor avaliar em que medida fui capaz de encontrar no registro da experiência única de Davi Kopenawa uma escritura cujo "grão" satisfaça a delicada busca por uma justa aliança entre o som de uma voz, a fidelidade documental e o "prazer do texto".[94]

Montagem e composição

Depois de fazer a releitura, desbaste e indexação temática do conjunto de transcrições decorrentes das entrevistas dos anos 1989-92, esbocei as grandes linhas de um possível sumário da primeira versão do livro. Esse esboço inicial tinha como fio condutor o eixo temporal das etapas marcantes da vida de Davi Kopenawa e de seus sucessivos encontros com os protagonistas das frentes de contato (militares da Comissão Brasileira Demarcadora de Limites, missionários evangélicos, agentes da Funai, operários de estrada, garimpeiros e membros de ONGs) tal como ele os tinha relatado. Articulada em 25 capítulos, essa tentativa de composição cronológica esbarrava, porém, na existência de dois conjuntos de conversas temáticas que escapavam inteiramente à sua lógica. Um deles desenvolvia as interpretações proféticas da corrida do ouro, então recém-elaboradas por Davi Kopenawa; o outro, as primeiras evocações da experiência xamânica em que aquelas se assentavam, às quais era preciso dar mais importância no livro.

A transcrição das entrevistas do segundo período de nossas gravações (1993-2001), realizada com base no plano dessa primeira tentativa de ordenação dos capítulos do manuscrito, trouxe um material complementar tão copioso que, como foi mencionado, exigiu a reformulação quase completa do projeto. A amplitude desse novo conjunto de comentários e reflexões xamânicas acabou de subverter o fio temporal que orientava a organização da primeira versão do livro. Nada impedia a transformação radical que se seguiu, já que nem Davi Kopenawa nem eu tínhamos a menor intenção de submetê-lo às convenções etnocêntricas da autobiografia clássica e à sua "trama de predestinação".[95]

Essa retomada em bloco e em detalhe do manuscrito de 1993 me permitiu chegar, bastante tempo depois, a uma organização do texto em três partes, cada uma com oito capítulos, agora concatenados num eixo de sucessão misto, ora cronológico, ora temático. Essa estrutura híbrida foi se tornando cada vez mais complexa, à medida que as unidades do eixo temporal se desdobravam em episódios individuais (como os capítulos 3, 5, 6, 12, 14, 17, 20) ou coletivos (capítulos 9, 10, 11, 13, 15), enquanto os comentários autoetnográficos se repartiam entre evocações da tradição (2, 4, 7, 8, 21 a 23) e recriações pessoais (14, 16, 18, 19, 24). Tanto a composição que rege a organização do livro quanto os títulos das suas partes e capítulos refletem escolhas minhas. Procurei tirar o máximo proveito de expressões empregadas pelo próprio Davi Kopenawa, de modo a anunciar o conteúdo da maneira mais precisa e evocadora possível. É o caso do título do próprio livro, "A queda do céu", inspirado por um mito que conta o cataclismo que acabou com a primeira humanidade e que, para os Yanomami, pode prefigurar o destino de nosso mundo, invadido pelas emanações mortíferas dos minérios e combustíveis.

A estratégia de composição que adotei para a redação de cada um dos capítulos tenta seguir, de modo um tanto fractal, a mesma preocupação de hibridismo cronológico e temático que articula seu encadeamento no livro.

Tentei com esse arranjo compor uma alternância harmoniosa entre sequências puramente narrativas e seções de comentários derivados. Nem é preciso dizer que, também aqui, essa estratégia foi se tornando cada vez mais complexa, na medida em que os relatos e reflexões de Davi Kopenawa pertencem a registros variados de discurso, direto ou indireto. A trama de suas palavras é tecida de lembranças pessoais tanto quanto de narrativas históricas, sonhos, mitos, visões e profecias xamânicas. Do mesmo modo, suas observações sobre sua própria sociedade e seus comentários perspicazes sobre os preocupantes costumes da nossa combinam várias modalidades discursivas, entre explicações autoetnográficas, apanhados de antropologia simétrica ou história conjectural, críticas sociais e exortações políticas.

A montagem progressiva dos fragmentos de transcrição indexados para compor este livro exigiu um trabalho minucioso de seleção e composição que revelou ser ainda mais complexo do que o de tradução, no esforço de fazer ressoar por escrito a voz do narrador. O arranjo nunca foi guiado por critérios arbitrários, externos ao material transcrito. Pelo contrário, foi se alimentando de ordenamentos e ressonâncias virtuais que iam brotando das próprias falas de Davi Kopenawa. Foi, portanto, a partir de uma imersão quase hipnótica nessa vasta galáxia de dizeres, ao longo de inúmeras escutas e releituras, que foram se delineando para mim, intuitivamente, as coerências e harmonias que inspiraram a arquitetura do manuscrito. Além disso, tomei o cuidado de ir apresentando as partes do texto a Davi Kopenawa em diversas etapas de sua redação. Em março de 2008 confirmei com ele, em longas sessões de revisão conjunta em *Watoriki*, que estávamos perfeitamente de acordo quanto à sua versão final e às modalidades de sua publicação. Foi após essas últimas sessões de trabalho que, ao voltar para casa, finalizei o texto em francês.

Finalmente, enquadrei o conjunto formado pelos 24 capítulos com duas "introduções" (meu prólogo e o de Davi Kopenawa, intitulado "Palavras dadas") e duas "conclusões" (a de Davi Kopenawa, "Palavras de *Omama*", e meu "*Postscriptum*"). Esses elementos de peritexto conversam de vários modos. Dispostos em quiasma, fazem eco um ao outro, para ambos os autores, nas duas pontas do livro, e, entre um autor e o outro, por relação de contiguidade antes e depois do conjunto dos capítulos. Procurei, com essa reduplicação cruzada, esgarçar as convenções rigorosamente codificadas do par prefácio/posfácio que baliza ritualmente o acesso aos textos etnográficos, como guia de leitura.[96] Com essa leve insubordinação textual, procurei não apenas fornecer as indicações de praxe quanto à gênese do manuscrito e a relação entre seus coautores, mas também desestabilizar, por pouco que fosse, o viés hierárquico do enquadramento clássico. Como em todo o restante do processo, sempre orientado pela preocupação fundamental de colocar em primeiro plano a personalidade excepcional do narrador, Davi Kopenawa, testemunha exemplar da história recente e do saber xamânico de seu povo, para que ele mesmo pudesse apresentar seu ponto de vista sobre o pacto e o projeto que se encontram na base de nosso trabalho conjunto.

B.A.

ANEXOS

As línguas yanomami

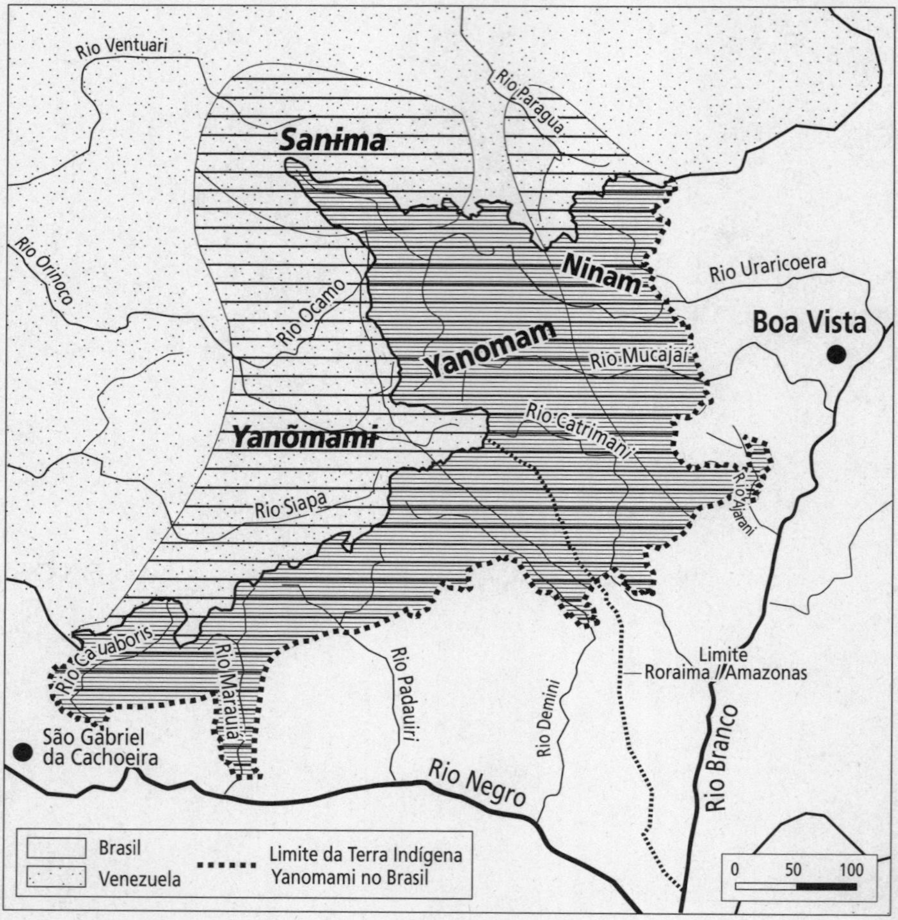

1. Etnônimo, língua e ortografia

"Yanomami" é uma simplificação do etnônimo *Yanõmamɨ tëpë* (que significa "humanos"), utilizado como autodesignação pelos membros do ramo ocidental desse grupo ameríndio. O termo foi inicialmente adotado na Venezuela para nomear o conjunto da etnia. Foi então retomado no Brasil, no final da década de 1970, por antropólogos, ONGs e em seguida pela administração indigenista. Anteriormente, os Yanomami eram conhecidos no Brasil sob nomes diversos, como Waika (Guaica), Xiriana (Xirianã, Shiriana), Xirixana (Shirishana), Yanonami e Sanumá, e por denominações genéricas como Yanomama e Yanoama.

Atualmente, o termo "Yanomami" remete também a uma família linguística amazônica isolada, composta de pelo menos quatro línguas cuja inteligibilidade mútua é bastante variável,[1] cada uma delas subdividida em vários dialetos. A primeira descrição desse conjunto ("família Yanomama") foi apresentada há mais de quarenta anos pelo linguista e ex-missionário americano Ernesto Migliazza.[2] No Brasil, essas línguas estão repartidas do seguinte modo:

1. *Yanomam*: nos rios Parima, Uraricoera, alto Mucajaí, alto Catrimani e Toototobi (estado de Roraima);
2. *Yanomamɨ*: nos rios Demini, Aracá, Padauiri e Cauaboris (estado do Amazonas);
3. *Ninam* (ou *Yanam*): no médio Mucajaí e no rio Uraricaá (estado de Roraima);
4. *Sanɨma*: no rio Auaris (estado de Roraima).

Em estudo mais recente, Henri Ramirez propôs modificar o estatuto dessas quatro línguas ("família Yanomami") como segue:[3]

1. *Yanomam* e *Yanomamɨ* são considerados dois "superdialetos", respectivamente oriental e ocidental, de uma mesma língua ("divisão Y");
2. *Ninam* (*Yanam*) continua sendo classificado como língua à parte ("divisão N");
3. *Sanɨma* continua também sendo classificado como língua à parte ("divisão S");
4. Postula-se a possível existência de uma quarta língua na região dos rios Ajarani e Apiaú e do curso inferior dos rios Mucajaí e Catrimani ("divisão A").[4]

A língua falada por Davi Kopenawa e a do grupo de seus sogros de *Watorikɨ*, a despeito de algumas diferenças entre elas, pertencem ambas ao mesmo dialeto yanomami oriental falado na região dos rios Toototobi, Catrimani e Uraricoera (o dialeto yanomami oriental-c, segundo Ramirez, 1994, p. 35). Esse dialeto é designado localmente como *yanomae* t^h*ë ã*, "a fala *yanomae*", e seus falantes chamam a si mesmos *yanomae* t^h*ë pë* ("os seres humanos").

Essa língua possui sete vogais. Cinco delas são familiares aos falantes de português: a, e, i, o, u. A sexta corresponde ao *e* mudo em francês ou em português europeu (xevá). A sétima é a vogal central não arredondada, *ɨ*, que inexiste como fonema nas línguas indo-europeias, aparecendo nelas apenas enquanto alofone, como o *e* em *roses* em inglês. Todas essas vogais podem ser nasalizadas, caso em que são grafadas com til (como em *mãu u*, "água"). As vogais longas são notadas pela repetição da letra em questão (como em *xaari*, "reto", "direito").

As consoantes são treze:

— oclusivas surdas *p* (bilabial), *t* (palatoalveolar) e *k* (velar); as duas primeiras são em geral pronunciadas de modo muito próximo de suas contrapartes sonoras *b* e *d*;

— oclusiva palatoalveolar aspirada t^h (pronunciada como um *t* seguido de um leve suspiro);[5]

— fricativas *s* (lâmino-alveolar) e *ʃ* (lâmino-pós-alveolar) — esta última é escrita *x* na grafia emprestada ao português e corresponde também ao *ch*: pronuncia-se como em lixa ou chave;

— fricativa glotal labializada h^w, fonema próprio ao dialeto *yanomae*; pronuncia-se como um *h* aspirado com os lábios arredondados;[6]

— vibrante *r* (palatoalveolar), que pode ser pronunciada perto do *l* ou, quando ao lado de uma vogal nasalizada, como *n*;

— nasais *m* (bilabial) e *n* (palatoalveolar);

— aproximantes *w* (bilabial), pronunciada como no inglês *web*, e *j* (dorsopalatal), grafada *y* e pronunciada como *i* em ioga ou iogurte.

As línguas yanomami são de tipo polissintético e aglutinante. Procedem, portanto, por acréscimo de afixos a palavras-base para expressar todas as relações gramaticais. Dispõem, por exemplo, de um sistema de aproximadamente cinquenta sufixos, que podem ser encadeados em numerosas combinações a partir da mesma raiz verbal, em séries de até oito ou nove, para especificar as diversas dimensões da ação expressa.[7] São tradicionalmente línguas não escritas. A primeira convenção de transcrição de uma língua yanomami no Brasil foi introduzida na década de 1960, no bojo de experiências escolares promovidas pelas missões evangélicas (New Tribes Mission, Unevangelized Fields Mission).

A partir da década de 1990, um novo sistema de escrita, baseado ao mesmo tempo no alfabeto fonético internacional e no do português, foi estendido à maior parte do território yanomami no Brasil.[8] A difusão dessa grafia, mais compatível com a que já tinha sido adotada na Venezuela, deveu-se essencialmente ao programa de educação bilíngue da ONG Comissão Pró-Yanomami (CCPY) e ao trabalho dos linguistas e antropólogos que a ela se associaram (dentre os quais o autor destas linhas). A convenção gráfica resultante desse programa encontra-se atualmente em vigor na maioria das escolas yanomami do país e foi adotada pelas instituições oficiais de educação. É também utilizada em meios de comunicação escritos e nos documentos da principal associação yanomami do Brasil, a Hutukara, fundada em 2004. É esse o sistema de transcrição adotado neste livro.

B.A.

11. Os Yanomami no Brasil

Os Yanomami são um dos poucos grupos ameríndios da Amazônia a ter atingido um grau tão alto de notoriedade científica e midiática tanto nos países em que vivem (Venezuela e Brasil) quanto no plano internacional. Os primeiros estudos modernos a seu respeito são alemães e datam, nos dois países, da década de 1950. Na Venezuela, originam-se da expedição organizada pelo Instituto Frobenius de Frankfurt,[1] em 1954-5, sob a direção de Otto Zerries, e, no Brasil, das viagens de Hans Becher.[2]

A notoriedade, contudo, só veio no final dos anos 1960, a partir dos escritos do etnólogo norte-americano N. A. Chagnon, dedicados à organização social e práticas guerreiras dos Yanomami da Venezuela.[3] Por causa desses trabalhos e dos desdobramentos jornalísticos sensacionalistas que tiveram, uma questionável e duradoura fama de povo "selvagem" foi logo atribuída aos Yanomami. A célebre monografia de Chagnon, publicada em 1968, *Yanomamö: The Fierce People* [Yanomamö: o povo feroz], tornou-se um best-seller, com mais de 3 milhões de exemplares vendidos.[4] Poucos anos depois, podia-se ler no *Time Magazine* uma declaração tão infame quanto: "Os trabalhos de Chagnon sugerem uma ideia até o presente momento surpreendente para a antropologia tradicional: a aterradora cultura dos Yanomami faz algum sentido em termos de comportamento animal".[5]

Esse estereótipo racista seria contrabalançado na França, mas com pouco impacto no mundo anglófono, por uma imagem inversa dos Yanomami, de "amáveis selvagens", na obra etnográfica de Jacques Lizot, especialmente em *O círculo dos fogos*, publicado em 1976 e apresentado, na edição inglesa, como um antídoto à etnografia de Chagnon.[6] No entanto, a imagem pejorativa dos Yanomami que este ajudou a construir permaneceu dominante até o final da década de 1980 e só começou a se enfraquecer a partir de então por outras razões. Em 1987-9 a espetacular corrida do ouro em Roraima estava no auge e a atenção da mídia internacional acabou se concentrando sobre os Yanomami no Brasil, que morriam às centenas de malária e pneumonia ou vítimas da violência decorrente da invasão de suas terras por hordas de garimpeiros ilegais.[7] Referência de belicosidade primitiva segundo o neodarwinismo de Chagnon, os Yanomami tornaram-se então, na imprensa internacional, vítimas emblemáticas da devastação da Amazônia, inclusive nas colunas do *Wall Street Journal*.[8] Essa reviravolta midiática atingiu seu ponto culminante em 1993, com a cobertura do "massacre de Haximu" (ver Anexo IV), no qual dezesseis yanomami, na maioria mulheres, crianças e idosos, foram massacrados por pistoleiros a serviço de donos de garimpo.[9]

Os Yanomami finalmente voltaram às manchetes da imprensa internacional no começo da década de 2000, dessa vez em razão de uma intensa polêmica envolvendo a falta de ética profissional por parte dos antropólogos, geneticistas e repórteres que trabalharam com eles nas décadas de 1960-70, na Venezuela. O título do livro que lançou a controvérsia nos Estados Unidos, *Darkness in El Dorado: How Scientists and Journalists Devastated the Amazon*, é eloquente o bastante quanto à gravidade das acusações feitas e ao tom da polêmica. Aqui apenas remeto o leitor ao livro e a seu complemento indispensável, uma coletânea posterior de tom mais ponderado, que avalia e discute seus argumentos: *Yanomami: The Fierce Controversy and What We Can Learn from It*.[10]

Os Yanomami são considerados muito diferentes, nos planos genético, antropométrico e linguístico, de seus vizinhos imediatos, como o grupo caribe dos Ye'kuana.[11] Vários pesquisadores das disciplinas envolvidas avançaram a hipótese de que possam ser descendentes de um antigo grupo ameríndio ("proto-Yanomami") instalado há um milênio nas terras altas (serra Parima) da região de interflúvio entre o alto Orinoco e o alto rio Parima, onde permaneceram isolados durante um longo período. A partir desse refúgio teria se iniciado, há aproximadamente setecentos anos, o processo de diferenciação interna que gerou as línguas e os dialetos yanomami atuais.[12] Segundo a tradição oral yanomami, registrada por vários etnólogos desde as décadas de 1950-60, e de acordo com as fontes escritas mais antigas que mencionam o grupo, a partir do final do século XVIII, o centro histórico de seu território é de fato a serra Parima, maciço montanhoso que culmina a 1700 metros de altitude e define a fronteira entre o Brasil e a Venezuela. Continua sendo a região de povoamento mais denso das terras yanomami.

Apesar da exploração do curso superior do Orinoco e dos rios Branco e Negro durante a segunda metade do século XVIII, a cartografia da região permaneceu por muito tempo imaginária e mostra apenas uma vasta extensão vazia no lugar do território yanomami atual. Contudo, onde o mapa estava em branco, a partir do início do século seguinte, numerosas comunidades yanomami, em guerra com outros grupos próximos ou umas com as outras, tinham começado a se dispersar, por fissão em cadeia, das terras altas da serra Parima para as planícies circundantes. A expansão territorial se intensificou entre meados do século XIX e meados do XX, a partir de um crescimento demográfico atribuído por vários especialistas à adoção de novos cultígenos (como a banana) e à obtenção de ferramentas de metal (ou pelo menos de fragmentos de metal) mediante troca ou ataques aos grupos vizinhos, de língua caribe e aruaque, por sua vez em contato direto com a fronteira colonial. Por outro lado, o declínio progressivo desses grupos, dizimados pela escravidão e por epidemias desde meados do século XVIII, sobretudo durante a colonização do rio Branco, foi progressivamente esvaziando imensos territórios de suas populações, abrindo espaço para a vigorosa dinâmica migratória dos Yanomami.[13] A configuração atual do território do grupo resulta desse longo processo de crescimento demográfico e fissões residenciais de múltiplas comunidades guerreando e migrando para terras livres, bem como de sua interrupção pelo avanço da fronteira branca. Essa expansão em estrela a partir de um território de origem, provavelmente modesto, situado entre os cursos superiores dos rios Parima e Orinoco, foi assim aos poucos sendo contida, entre 1940 e 1960, pela instalação dos primeiros postos do SPI no Brasil e sobretudo, tanto na Venezuela como no Brasil, pela implantação de missões religiosas de diversas denominações.

Os cerca de 21 mil Yanomami que vivem no Brasil ocupam os afluentes do curso superior do rio Branco, no oeste do estado de Roraima, e o curso superior dos afluentes da margem esquerda do rio Negro, no norte do estado do Amazonas. Seu vasto território de 96 650 quilômetros quadrados, homologado por decreto presidencial desde maio de 1992 como Terra Indígena Yanomami, abriga uma grande diversidade de ecossistemas: densas florestas tropicais nas terras baixas, floresta de montanha e campos de altitude. É considerado pela comunidade científica região prioritária em termos de proteção da biodiversidade na Amazônia brasileira,[14] e sua superfície representa quase 1% da floresta tropical ainda existente no planeta.

No final do século XIX, os Yanomami mantinham no Brasil relações de guerra e de troca com uma dezena de grupos ameríndios vizinhos: caribe (Ye'kuana, Purukoto, Sapara, Pauxiana) ou de línguas isoladas (Maku, Awake, Marakana), ao norte e a leste; aruaque ao sul e a oeste (Bahuana, Mandawaka, Yabahana, Kuriobana, Manao, Baré).[15] Seus primeiros contatos esporádicos com os brancos, nas margens de seu território, ocorreram nas primeiras décadas do século XX (1910-40), com coletores de produtos da floresta (balata, piaçava ou castanha-do-pará), militares da Comissão Brasileira Demarcadora de Limites (CBDL), sertanistas do Serviço de Proteção aos Índios (SPI) ou viajantes estrangeiros, como o célebre etnógrafo alemão Koch-Grünberg (1872-1924).

A abertura de postos do SPI nos anos 1940 e 1950, geralmente para servir de apoio para as missões de demarcação de fronteiras com a Venezuela,[16] e em seguida de postos missionários evangélicos americanos (New Tribes Mission, Unevangelized Fields Mission, Baptist Mid-Mission) e católicos italianos (Salesianos, Consolata), foi estabelecendo aos poucos os primeiros pontos de contato permanente no que, a partir de então, passará a ser a periferia do território yanomami. Esses diversos estabelecimentos foram se tornando focos de concentração e sedentarização das populações yanomami das áreas em que se implantaram. Começaram a fornecer-lhes regularmente objetos manufaturados e, em especial, as muito cobiçadas ferramentas de metal. Tornaram-se também a porta de entrada de uma série de epidemias letais de doenças infecciosas (sarampo, gripe, coqueluche etc.), a que os Yanomami, até então muito isolados, eram particularmente vulneráveis. Durante as epidemias, as populações próximas dos postos puderam receber tratamento e limitar suas perdas demográficas. As aldeias isoladas, em compensação, foram devastadas, criando assim um esboço de polinucleação da região, com locais vizinhos dos postos indigenistas ou missionários cada vez mais densamente povoados e, ao redor, vastas regiões vazias ou fracamente povoadas. Desde então, essa multipolaridade caracteriza a estrutura espacial do povoamento das terras yanomami.[17]

Os contatos regulares ou permanentes dos Yanomami no Brasil com coletores de produtos da floresta e postos indigenistas e missionários prosseguem em todo o seu território até o começo da década de 1970. Então, de repente, os projetos geopolíticos de ocupação da Amazônia da ditadura militar lançam os Yanomami numa nova era de contato muito mais intenso com a fronteira econômica regional, particularmente no oeste de Roraima (que ainda era Território Federal).[18] Em 1973, um trecho de 235 quilômetros da rodovia Perimetral Norte (BR-210), paralela à fronteira entre o Brasil e a Venezuela, começou a ser aberto, atravessando o sul das terras yanomami, no bojo do "Plano de Integração Nacional" lançado em 1970, pelo governo do general Médici (1969-74), carro-chefe de uma nova política de controle e povoamento da região de fronteira no norte da Amazônia. Em seguida, no final da década de 1970, programas de colonização agrícola foram implantados no início da estrada, nas cercanias do extremo sudeste do território yanomami, em decorrência da aplicação de um novo projeto federal de desenvolvimento da Amazônia, o "Projeto Polamazônia" do governo do general Geisel (1974-9). A abertura dos canteiros de obras da estrada e o afluxo de pequenos colonos ao longo de seus primeiros cinquenta quilômetros provocaram um choque epidemiológico sem precedentes entre os Yanomami, com graves perdas demográficas. A Perimetral Norte foi brutalmente abandonada em 1976, por falta de financiamento. Deixou na floresta apenas uma pista de cascalho avermelhada que logo foi invadida pela vegetação e, para os Yanomami dos rios Ajarani e Apiaú, onde os trabalhos haviam começado, para lá se estendendo a colonização agrícola, uma situação de degradação social e sanitária cujas consequências são ainda perceptíveis hoje, quarenta anos depois.

Paralelamente à abertura da Perimetral Norte, no começo dos anos 1970, tinha sido iniciado, no âmbito do Projeto Radam,[19] um inventário sistemático dos recursos naturais da região que pôs em evidência o potencial mineral da serra Parima. Pouco depois da conclusão de seus trabalhos em Roraima (1975), uma primeira onda de garimpeiros invadiu a região do alto rio Parima a partir da pista de um posto missionário evangélico próximo ao planalto de Surucucus. A publicidade dada às riquezas minerais das terras altas do território yanomami acabou acarretando, durante a década seguinte, uma série de invasões garimpeiras que a partir de 1987 se transformou repentinamente numa das mais espetaculares corridas do ouro do século XX. Entre 1987 e 1989, nada menos do que noventa pistas de pouso clandestinas foram abertas, principalmente na serra Parima, nas nascentes dos principais afluentes do rio Branco (rios Uraricoera, Parima, Mucajaí e Catrimani). Na época, estimava-se que houvesse na região perto de 40 mil garimpeiros em atividade.[20]

Durante esse período, relações de troca e de conflito com os garimpeiros foram a principal forma de contato dos Yanomami com a fronteira regional. O número de garimpeiros instalados em suas terras representava então, no estado de Roraima, aproximadamente cinco vezes o total de sua própria população. As consequências ecológicas e epidemiológicas de uma invasão tão maciça foram evidentemente catastróficas, numa escala ainda maior do que as dos projetos de estrada e de assentamento agrícola da década de 1970. Em menos de três anos, o alastramento epidêmico da malária e de infecções respiratórias provocou a morte de 13% da população yanomami no Brasil (segundo dados do Ministério da Saúde). A devastação do leito dos formadores do curso superior dos principais rios da região e sua poluição sistemática por resíduos de mercúrio, de óleo diesel e lixo em geral também causaram danos consideráveis ao meio ambiente local, privando os índios da maior parte de seus meios de subsistência.[21]

A partir de 1990, depois do escândalo internacional provocado pelo extermínio dos Yanomami, uma série de operações de desintrusão conduzidas pela Funai e pela Polícia Federal conseguiu conter um pouco o afluxo de garimpeiros a suas terras. Contudo, apesar de tais iniciativas repetidas ao longo das décadas, grupos de garimpeiros nunca deixaram de operar, desde aquela época, em regiões mais remotas da Terra Indígena Yanomami. Esse movimento de reinvasão endêmica permanece até hoje e continua expondo os índios à violência — sendo o caso mais dramático o "massacre de Haximu", em 1993 — e a uma situação de contaminação crônica.[22]

Além do persistente interesse dos garimpeiros pelas terras altas da região central do território yanomami — indexado no mercado mundial de onça-troy de ouro[23] —, outras atividades econômicas existentes ou potenciais (colonização agrícola, atividade agropecuária, exploração florestal ou extração industrial de minérios) podem representar, a médio ou longo prazo, sérias ameaças à integridade dos Yanomami e da floresta tropical em que vivem e que desejam preservar. Assim, apesar de ter sido oficialmente homologada em 1992, quase 55% da Terra Indígena Yanomami já é objeto de mais de seiscentos pedidos ou concessões de prospecção mineral registrados junto ao Ministério de Minas e Energia, feitos por empresas públicas e privadas, nacionais e multinacionais.[24] Ademais, os projetos de colonização agrícola implantados no limite leste do território yanomami a partir de 1978 por agências federais e depois regionais — amplificados por um grande movimento de ocupação espontânea — geraram uma dinâmica de povoamento e desmatamento que já atingiu os limites da terra indígena e ameaça invadi-la.[25] Além do uso predatório dos recursos da floresta ao seu redor (caça, pesca e extração de madeira), os colonos, ao recorrerem a derrubadas e queimadas em grande escala numa região onde as estações secas têm sido cada vez mais acentuadas, podem provocar, como ocorreu em 1998 e em 2003, imensos incêndios que afetam de modo duradouro sua biodiversidade.[26]

B.A.

III. A respeito de *Watorikɨ*

Os grupos locais yanomami são em geral formados por um conjunto de parentes cognáticos reais ou classificatórios corresidentes (*kami tʰëri yamakɨ*), abrigados por uma casa coletiva de forma cônica (ou, se for maior, troncônica), chamada *yano a* ou *xapono a*.[1] Tais coletivos se consideram autônomos política e economicamente, e seus membros se casam preferencialmente entre si, na medida em que a demografia e sua terminologia de parentesco (de tipo dito "dravidiano"[2]) o permitem. Apesar desse ideal autárquico, cada uma dessas entidades locais está associada a várias unidades vizinhas do mesmo tipo por uma rede de intercasamentos e de interações rituais (funerárias e guerreiras). Constituem, assim, conjuntos multicomunitários de estabilidade e composição variáveis, que mantêm em relação às demais redes multipolares de mesma natureza um estado estrutural de hostilidade, declinado de diversos modos (reides, acusações de feitiçaria, xamanismo agressivo).[3] Essas pequenas galáxias de casas aliadas cujas fronteiras fluidas separam amigos (*nohimotima tʰë pë*) e inimigos (*napë tʰë pë*), visitantes (*hʷama pë*) e guerreiros (*wai pë*) se superpõem parcialmente nas margens para formar uma vasta tessitura social, política e ritual que conecta a totalidade das casas ou agrupamentos de casas de uma ponta a outra do território yanomami, a "terra-floresta dos humanos"[4] (*Yanomae tʰë pë urihipë*).

Os "moradores da Montanha do Vento" (*Watoriki tʰëri pë*) constituem um dos cerca de 260 grupos locais yanomami atualmente existentes no Brasil. Nessa comunidade, onde Davi Kopenawa vive com sua família e seus afins desde o final da década de 1970, foi realizada a maior parte do trabalho que deu origem a este livro. *Watoriki* está situada no extremo nordeste do estado do Amazonas, entre a bacia do rio Catrimani (tributário do rio Branco), a leste, e a do rio Demini (afluente do rio Negro), a oeste. Encontra-se, portanto, nas terras baixas que, em direção ao sul, sucedem as elevações da serra Parima, fronteira natural entre a Venezuela e o Brasil. Situada a menos de duzentos metros de altitude, essa casa-aldeia fica encostada num conjunto de colinas escarpadas e de picos rochosos que culmina a mais de setecentos metros, a serra do Demini. A região é coberta de floresta tropical de terras baixas, característica da Amazônia e do planalto das Guianas, formada por uma densa cobertura de árvores de porte médio dominadas por indivíduos esparsos de algumas espécies de tamanho espetacular, como a maçaranduba (*Manikara huberi*), o cedroarana (*Cedrelinga catenaeformis*), a sumaúma (*Ceiba petandra*), o jatobá (*Hymenaea parvifolia*) e a castanheira (*Bertholletia excelsa*). A camada arbustiva é geralmente aberta, exceto nas baixadas, ocupadas por densos agrupamentos de palmeiras de frutos muito apreciados.[5] Nas colinas, a vegetação é mais esparsa e mais baixa, em razão dos declives acentuados, com alguns rochedos e picos totalmente nus. Os solos da região são em geral solos ferralíticos vermelhos ou amarelos, de textura argilosa, comuns em florestas tropicais, que também apresentam zonas arenosas nos locais em que afloram grandes rochedos ou colinas.

A ampla casa coletiva que abriga a comunidade de *Watoriki* instalou-se em sua atual localização em 1993, quando tinha 89 habitantes. Em 2010 eram 174 (54% com menos de vinte anos), dos quais dezesseis xamãs. Sua estrutura e cobertura têm sido regularmente renovadas no mesmo local desde sua fundação. Cercada por cerca de trinta hectares de roças, plantadas essencialmente com bananeiras e mandioca, fica perto do final do trecho da Perimetral Norte aberto no sudeste do território yanomami em 1973 e abandonado em 1976, praticamente retomado pela mata desde então. Um pedaço da estrada, adaptado em pista de pouso (quilômetro 211), constitui o único acesso, aéreo, a partir de Boa Vista (a aproximadamente 280 quilômetros). Na beira dessa pista, a 2,5 quilômetros a leste da casa coletiva de *Watoriki*, encontra-se o posto Demini da Funai, de que Davi Kopenawa foi encarregado na década de 1980 e que abriga hoje principalmente um polo-base da Secretaria Especial de Saúde Indígena (Sesai).

A imponente casa dos *Watoriki tʰëri* tem a forma de uma estrutura anular de cerca de setenta metros de diâmetro.[6] Esse abrigo circular abraça uma grande praça central aberta (*yano a miamo*) e é fechado na parte externa por uma pequena parede de ripas de madeira de aproximadamente 1,25 metro de altura. A casa, coberta de folhas de pequenas palmeiras *Geonoma baculifera*, foi erguida numa clareira (*yano a roxi*) vasta o suficiente para afastar o risco de quedas de árvores grandes da floresta adjacente. Seus moradores estão distribuídos em aproximadamente trinta grupos familiares, instalados um ao lado do outro sob a cobertura circular, cada qual com seu espaço próprio, onde ficam penduradas as redes dos membros da família, ao redor de uma fogueira que não se apaga quase nunca; fogo de cozinha durante o dia, fogo para aquecer, durante a noite.

A grande casa possui quatro entradas principais (*pata yoka*), separadas dos lares contíguos por pequenos corredores de ripas de tronco de palmeira. Essas aberturas são genericamente chamadas "portas de caminho" (*periyo yoka*): "porta de roça" (*hutu yoka*), "porta de caça" (*rama yoka*), "porta de convidado" (*hʷama yoka*), por onde entram os visitantes de aldeias aliadas, e "porta de forasteiro" (*napë yoka*), que leva para o posto de saúde. Outras portas bem menores (*wai yoka*), de uso cotidiano, permitem aos membros dos diversos grupos familiares sair da casa de modo mais discreto e privado.

O chão da casa é de terra batida, e a água da chuva, que pode se acumular em quantidades impressionantes na praça central durante as tempestades tropicais, é conduzida para fora por dois pequenos canais de drenagem. Seu teto circular em marquise é formado por duas partes: um lado maior que cobre o espaço dos lares, inclinado para a clareira externa, e um outro, mais estreito, que dá para a praça central. O teto principal, cuja parte mais alta culmina a cinco metros do solo, ultrapassa ligeiramente o teto secundário com inclinação oposta, para impedir que chova dentro da casa pela junção entre eles, ao mesmo tempo que a fumaça das fogueiras pode escapar livremente.

O espaço coberto pelo teto principal constitui uma faixa circular de uns dez metros de largura, dos quais pouco menos da metade é ocupado como área de moradia stricto sensu. O espaço doméstico é subdividido em três anéis concêntricos. O primeiro (*yano a xikã*), de uso essencialmente feminino, se situa entre o fundo da casa e o local onde ficam amarradas as redes. As mulheres guardam ali lenha, panelas de água e cestos. Lá há também prateleiras de madeira de palmeira, que servem para guardar a comida, os utensílios e as ferramentas. A zona adjacente (*yahi a* ou *nahi a*) constitui o espaço familiar, onde estão amarradas as redes dos casais e as de seus filhos, em torno de uma fogueira. A superfície coberta localizada entre as fogueiras e a praça central da casa (*yano a hehã*) é geralmente reservada para as atividades políticas e rituais (reuniões masculinas, danças de apresentação dos convidados, preparo de alimentos cerimoniais, xamanismo). No dia a dia, todos a utilizam como corredor de circulação entre os lares. Por fim, a praça central, essencialmente dedicada às atividades cerimoniais das festas funerárias de aliança intercomunitária (*reahu*), também é usada, no cotidiano, como lugar de brincar, pelas crianças pequenas.

A parede externa da casa, em geral feita de ripas de paxiúba (*Socratea exorrhiza*), protege seus habitantes do vento e da friagem da noite. A ampla abertura de sua praça central deixa entrar sob a marquise circular uma luz difusa que envolve discretamente os lares familiares, enquanto a altura do telhado de folhas mantém uma temperatura agradável, mesmo nos dias mais quentes. E assim, o interior da casa coletiva de *Watoriki* dá, a seus moradores tanto quanto a seus visitantes, uma sensação harmoniosa de amplidão e intimidade, que faz dela um espaço ao mesmo tempo confortável e acolhedor.

O sogro de Davi Kopenawa, Lourival, decano e xamã mais respeitado de *Watoriki*, conta que quando era criança, provavelmente no fim dos anos 1930, seus parentes ocupavam sobretudo dois conjuntos de roças no alto Mucajaí: *Xioma* e *Mrakapi*. Esses lugares também são lembrados por terem sido o palco das primeiras epidemias (*xawara*) vindas do mundo dos brancos, por intermédio de grupos ameríndios vizinhos de quem obtinham fragmentos de metal. Durante as décadas seguintes (1940-50), os ancestrais dos atuais habitantes de

Watoriki migraram para o sul, atravessando pequenos afluentes do alto rio Catrimani, até chegarem, na década de 1960, ao curso superior de um de seus maiores afluentes da margem direita, o rio Lobo d'Almada, onde viveram até o começo da década de 1970.

Foi de lá, quando ocupavam um local chamado *Hapakara hi*,[7] que uma parte da comunidade resolveu, a convite de missionários da New Tribes Mission, migrar para muito mais ao sul, até um pequeno afluente do rio Mapulaú, o *Werihi sihipi u*.[8] Esse novo deslocamento, de grande amplitude, foi essencialmente motivado pelo desejo de se aproximar da missão evangélica de Toototobi e conseguir assim acesso mais direto a uma nova fonte de mercadorias.

Durante as primeiras décadas do século XX (e certamente antes disso), a partir do alto rio Mucajaí, só era possível adquirir fragmentos de objetos de metal através de complexas cadeias de trocas intercomunitárias ou de longas viagens até outros grupos ameríndios situados ao norte, especialmente no rio Parima. A partir de meados da década de 1960, com a abertura da missão católica do rio Catrimani, as redes de troca do grupo se reorientaram para as casas yanomami localizadas ao sul do rio Lobo d'Almada. Esse movimento facilitou bastante a obtenção de objetos industrializados pelo grupo. No entanto, a localização da comunidade numa órbita bastante periférica da missão Catrimani, a uma distância de quatro casas intermediárias, tornava tal abastecimento politicamente precário. O deslocamento para o rio Mapulaú permitia, ao contrário, aceder a uma posição muito mais favorável: lá havia apenas uma comunidade próxima à missão Toototobi com quem negociar os bens adquiridos dos brancos (a casa dos parentes de Davi Kopenawa).

Embora fosse uma solução hábil do ponto de vista político, a estratégia revelou-se desastrosa do ponto de vista sanitário: em 1973, uma epidemia custou a vida de grande parte dos membros da comunidade, então instalada em sua segunda casa no *Werihi sihipi u*. Depois da tragédia, os sobreviventes voltaram por um tempo a viver em sua antiga casa de *Hapakara hi*, no alto rio Lobo d'Almada. Mas refizeram o trajeto em sentido contrário em 1974, para se instalar perto de um posto provisório da Funai, recém-aberto na região do rio Mapulaú. Apesar disso, suas desventuras prosseguiram. Em 1976, uma epidemia de varíola alastrou-se rio acima a partir da missão Catrimani e foi a vez de parte do grupo que havia permanecido em *Hapakara hi* ser dizimada. Depois, em 1977, a Funai fechou o posto no Mapulaú e abandonou bruscamente os habitantes do *Werihi sihipi u* à própria sorte. A comunidade, então reduzida a duas dezenas de indivíduos, dessa vez ficou sem nenhum acesso aos objetos manufaturados e, num contexto epidemiológico cada vez mais ameaçador, simplesmente ameaçada de extinção.

Na mesma época, Davi Kopenawa, recém-contratado como intérprete, trabalhava em Demini, nova base da Funai aberta ao sul do território yanomami, na ponta da estrada Perimetral Norte. O chefe de posto planejava abrir ali uma colônia agrícola indígena modelo e, com esse intuito, precisava atrair para a região uma população yanomami que não existia no lugar. As comunidades mais próximas, a leste e a oeste, encontravam-se a cinquenta e oitenta quilômetros de distância, respectivamente. O futuro sogro de Davi Kopenawa, Lourival, após a morte de seu irmão mais velho na epidemia de 1973 no *Werihi sihipi u*, havia se tornado o "grande homem" (*pata t^hë*) de sua comunidade. Desde aquela tragédia, ele sabia que era crucial garantir o acesso do grupo tanto aos remédios dos brancos quanto a suas ferramentas de metal.

Quando chegou aos seus ouvidos a notícia da abertura de um novo posto da Funai no quilômetro 211 da Perimetral Norte, onde trabalhava o jovem intérprete yanomami que tinham conhecido em 1973 no *Werihi sihipi u,* compreendeu que se abria uma oportunidade bem mais favorável do que em suas tentativas anteriores de se aproximar dos brancos, sempre perigosos e imprevisíveis. Resolveu então deixar-se atrair pelo novo posto Demini da Funai, mas dessa vez liderando o deslocamento em sua direção de forma mais prudente e progressiva. Em 1978, começou erguendo uma nova casa no rio Ananaliú, afluente da margem direita do Demini, perto do lugar onde a construção da estrada tinha sido interrompida em 1976. Essa primeira aproximação facilitava as visitas ao posto Demini, ao mesmo tempo que permitia ao grupo se precaver contra os riscos de um contato descuidado com os brancos, de que todos tinham dolorosas lembranças. Em seguida, ao longo da década de 1980, quatro locais foram ocupados sucessivamente na região do posto, até a casa de *Watoriki* ser instalada, em 1993, onde se encontra até hoje. Entrementes, Lourival, fino estrategista, tinha dado uma de suas filhas em casamento a Davi Kopenawa, para logo depois começar a iniciação xamânica do genro. Tinha feito dele ao mesmo tempo seu dependente[9] — a relação entre sogro e genro é o pivô da autoridade política yanomami — e seu discípulo.

Foi assim que Lourival, enquanto se aproximava do posto Demini, conseguiu inverter em favor de sua comunidade o papel de intérprete que a Funai esperava de Davi. Essa sutil manobra etnopolítica acabou por minar a prepotência dos chefes de posto não yanomami que se sucederam em Demini. As coisas chegaram a tal ponto que a Funai não teve outra escolha senão nomear o próprio Davi Kopenawa para a posição. Dessa vez, a estratégia de Lourival foi totalmente bem-sucedida. Depois de ter conquistado com paciência o controle dos termos da relação interétnica pelo viés do jogo político tradicional do parentesco, tinha conseguido garantir para seu grupo as vantagens materiais da associação com um posto da Funai, mas neutralizando a estrutura de dependência paternalista que esta costuma implicar.

Além disso, graças à iniciação xamânica que deu a Davi Kopenawa, pôde se envolver com ele numa sofisticada reinterpretação cosmopolítica da situação de contato, notavelmente eficaz na defesa dos direitos dos Yanomami em geral e de sua comunidade em particular. As declarações de Davi Kopenawa contra os garimpeiros, as mineradoras e os fazendeiros, apoiadas tanto em sua experiência dos discursos brancos sobre a indianidade (legalistas, culturalistas e ecológicos) quanto no saber xamânico transmitido por seu sogro, acabaram então sendo difundidas, a partir do final da década de 1980, em todos os grandes meios de comunicação brasileiros e internacionais. Num contexto em que a Amazônia se tornava um dos palcos emblemáticos da crise planetária do desenvolvimento predatório, acabaram obrigando o governo brasileiro a assinar um decreto de demarcação e homologação das terras yanomami, pouco antes da conferência das Nações Unidas sobre o meio ambiente, realizada no Rio de Janeiro, em 1992 (a Eco-92).

B.A.

IV. O massacre de Haximu[1]

A versão original deste texto data de 1993, época em que os contatos dos Yanomami das terras altas com os brancos ainda eram muito recentes. Foi redigida em função da investigação oficial conduzida no Brasil sobre o massacre de dezesseis yanomami por garimpeiros na região do alto Orinoco (Venezuela). Participei do inquérito com Davi Kopenawa na condição de intérprete e assessor antropológico da Polícia Federal e da Procuradoria Geral da República. As fontes diretas deste testemunho são, portanto, os relatos dos sobreviventes, os interrogatórios dos garimpeiros e o relatório dos médicos-legistas. Foi publicado no Brasil no jornal Folha de S.Paulo *de 3 de outubro de 1993, sob o título "Antropólogo revela os detalhes da chacina dos índios Ianomâmis"; e na Venezuela, no jornal* El Nacional, *de 10 e 11 de outubro de 1993.*

A ARMADILHA GARIMPEIRA

Os garimpeiros costumam se infiltrar no território yanomami em pequenos grupos. Poucos e isolados na mata, temem os índios e, quando os encontram, logo tentam comprar sua amizade oferecendo-lhes comida e mercadorias à vontade. Os Yanomami, que de modo geral têm pouca ou nenhuma experiência dos brancos, interpretam tais demonstrações de generosidade como uma tentativa, esperada por parte de um grupo desconhecido, de estabelecer relações de aliança (*rimimuu*). No momento em que nasce esse mal-entendido, ainda desconhecem o impacto ecológico e sanitário das atividades de garimpo. O trabalho dos garimpeiros lhes parece enigmático e sem maiores consequências; para eles, ainda são apenas estranhos "comedores de terra", que comparam condescendentemente aos queixadas que reviram o solo lamacento da floresta.

Em seguida, os garimpeiros, confiantes em suas boas relações com os índios, vão se tornando mais numerosos. Começam a achar cada vez mais dispensável dar-lhes provas de generosidade. Os Yanomami, aparentemente "pacificados" pelos presentes com que se acostumaram, não parecem mais representar uma ameaça. Com o passar do tempo, tornam-se apenas visitantes importunos que irritam com seus pedidos incessantes. Os garimpeiros, cada vez mais enervados com sua presença, começam então a enxotá-los com falsas promessas, gestos impacientes e até ameaças.

Nesse estágio, os índios começam a ser atingidos pelos efeitos da intensificação das atividades de garimpo na floresta. Os rios estão poluídos, a caça rareia, as doenças infecciosas se alastram, paralisando o trabalho nas roças. A malária, agora endêmica, e as pneumonias que acompanham as seguidas epidemias de gripe começam a dizimar a população das comunidades vizinhas dos locais de garimpo. As roupas, ferramentas, munição e comida pedidas aos garimpeiros são cada vez mais consideradas uma compensação indispensável pelos prejuízos causados por sua intrusão. Suas reiteradas recusas soam, portanto, como uma repentina e incompreensível demonstração de hostilidade.

Chega-se a um impasse. Os Yanomami tornaram-se dependentes da economia que gravita em torno dos garimpos no exato momento em que os garimpeiros já não acham necessário comprar a paz com os índios. Esse dilema está na origem da maior parte dos conflitos que ocorreram a partir da década de 1980 entre Yanomami e garimpeiros. Com essa armadilha montada, o menor incidente numa troca pode desandar em violência declarada. Então, a disparidade de forças entre as armas dos brancos e as dos índios sempre faz destes as principais vítimas.

A atividade predatória dos garimpeiros exclui, a longo prazo, qualquer possibilidade de coexistência com as comunidades ameríndias em cujo território se instala, especialmente quando as comunidades atingidas têm pouca experiência de contato. O garimpo amazônico moderno, altamente mecanizado e dispondo de uma mão de obra tão inesgotável quanto motivada, não tem, em geral, nenhum interesse na força de trabalho dos índios. De modo que os garimpeiros consideram os Yanomami, na melhor das hipóteses, um inconveniente e, na pior, uma ameaça. Se os índios não morrerem de malária ou pneumonia, se não for possível mantê-los à distância com presentes e promessas, resta apenas tentar intimidá-los ou, se não funcionar, exterminá-los.

ASSASSINATOS NO ALTO ORINOCO

Em meados de 1993, as relações entre os garimpeiros brasileiros do alto Orinoco (Venezuela) e os Yanomami que vivem num de seus pequenos afluentes, o "rio do inhambuaçu" (*H^{w}axima u*), chegam ao auge da tensão. Passado mais de um ano, as visitas dos índios aos acampamentos dos garimpeiros continuam frequentes e os pedidos de mercadorias e alimento são cada vez mais insistentes. Num desses encontros, dois patrões de um garimpo tinham prometido redes e roupas a uma das lideranças do grupo, para se livrarem deles. Promessa que, como tantas outras, não foi cumprida. Algum tempo depois, já farto das mentiras dos brancos, o jovem chefe foi com seus dois cunhados exigir o que considerava que lhe era devido, no barracão em que ficava um dos dois chefes de garimpo. Ele não estava. Seguiu-se uma violenta discussão com um de seus empregados, que tentou expulsar os índios. Estes o puseram para correr com um tiro de espingarda para o alto e, furiosos, começaram a rasgar a facadas as redes dos garimpeiros, jogaram seus cobertores e o rádio no mato e pegaram as panelas. Então retornaram para sua casa-aldeia.

Por ocasião de um conflito anterior, temendo pela própria segurança, os garimpeiros já tinham recuperado à força algumas espingardas de caça que tinham imprudentemente dado aos Yanomami. Após esse incidente mais recente, resolveram recorrer ao terror para desencorajar os índios de qualquer ousadia e matar, como exemplo, os que voltassem para incomodá-los. Em função dessa decisão dos donos de garimpo, os acontecimentos que levaram ao massacre dos habitantes de *H^{w}axima u* se precipitaram.

No dia 15 de junho, um grupo de seis jovens yanomami se aproxima de um dos barracões do garimpo para pedir comida e roupas, dispostos, caso tivessem a oportunidade, a tentar recuperar as espingardas que os garimpeiros tinham tomado de volta, como haviam sugerido os mais velhos. A contragosto, deram-lhes apenas um pouco de farinha de mandioca e um pedaço de papel, com um recado para os garimpeiros de um outro acampamento rio acima, prometendo que lá receberiam o que queriam. Os rapazes, sem desconfiança, chegam ao barracão indicado, onde um grupo de garimpeiros está jogando dominó. São recebidos por uma cozinheira, que lê silenciosamente a mensagem: "Divirtam-se com esses otários!", e em seguida joga o papel no fogo da cozinha. Então, dá aos yanomami um pouco de açúcar e arroz e umas bermudas, e manda-os embora para casa. Aí os garimpeiros, avisados e encorajados pela cozinheira, se aprontam para assassinar os rapazes assim que estes virarem as costas, conforme haviam premeditado. Mas, com medo de que haja outros índios escondidos nas redondezas, resolvem esperar um pouco, e decidem matá-los quando já estivessem no caminho de casa.

A menos de uma hora do acampamento dos garimpeiros, os rapazes fazem uma parada na floresta para comer parte das provisões que tinham conseguido. De repente, veem-se cercados por seis garimpeiros armados com espingardas, que os convidam a caçar com eles e depois visitar um barracão vizinho. Os rapazes, surpresos e desconfiados com o convite inesperado, recusam. Mas, diante da insistência dos brancos, que parecem amigáveis, acabam cedendo. Saem juntos, em fila, intercalados entre os garimpeiros.

Depois de algum tempo, um dos caçadores yanomami, no final da fila, se afasta do grupo e do caminho para defecar. Como era o único índio com espingarda, deixou a arma com um dos companheiros e, antes de se embrenhar na mata, disse para não esperarem por ele. Apesar disso, os garimpeiros param, cercando os rapazes yanomami, que acabam se agachando na trilha. Ficam assim, em silêncio, por um bom tempo. De repente, um dos garimpeiros agarra o braço do rapaz que segurava a arma de fogo e atira nele à queima-roupa, no abdômen, com uma espingarda de cano serrado. Três outros jovens caçadores são assassinados em seguida. Um deles, com as mãos sobre o rosto, suplica: "Garimpeiro, amigo!". É imediatamente executado com um tiro na cabeça. Os dois outros são mortos tentando escapar.

Alertado pelos disparos, o jovem yanomami que tinha se afastado na floresta se joga no alto Orinoco, perto dali, e consegue fugir. O adolescente que estava na frente da fila de caçadores é usado por três garimpeiros num jogo de tiro ao alvo: atiram nele com suas espingardas um de cada vez. Graças à sua agilidade e à mata fechada, consegue esquivar-se dos dois primeiros tiros. Mas o terceiro o atinge no flanco direito. Os matadores recarregam apressadamente as espingardas, para acabar com ele, que aproveita para fugir. Ele também se joga no rio. Em estado de choque, fica escondido perto da margem, só com a cabeça para fora da água. De lá, vê os garimpeiros enterrarem os corpos dos três companheiros assassinados no caminho. Um dos garimpeiros, procurando o quarto cadáver, desce até a beira do rio e de súbito distingue seu rosto. Sai correndo atrás da arma. Enquanto isso, o rapaz ferido consegue fugir. Gravemente ferido, demora vários dias para voltar para casa, no rio *H^{w}axima u*.

Nesse meio-tempo, o outro sobrevivente já tinha chegado em casa com a notícia do ataque dos garimpeiros. Logo parte novamente, com um grupo de parentes das vítimas, em busca dos corpos dos companheiros assassinados. Encontram no caminho o rapaz ferido, que conta a eles como conseguiu fugir e o episódio do enterro dos cadáveres (profanação inadmissível para os Yanomami). O grupo chega ao local do crime, desenterra os três corpos e os leva para mais adiante na floresta, para cremá-los. Não conseguem achar o quarto. Supõem que tenha sido ferido mortalmente e, em fuga, também tenha pulado no rio, onde acabou se afogando; o corpo teria sido levado pela corrente. Finalizada a cremação, os parentes das vítimas recolhem cuidadosamente os ossos calcinados e os colocam em cestos, antes de voltarem para casa.

Nos dias que seguem, organizam uma caçada coletiva, para juntar a carne que será oferecida aos convidados ao rito de preparação das cinzas funerárias. Os pedaços de ossos calcinados serão pilados e as cinzas guardadas em cabaças vedadas com cera de abelha. Quando termina a caçada, depois de uns sete a dez dias, são enviados emissários para convidar três grupos aliados para a cerimônia: *Hoomoxi*, *Makayu* e *T^{h}oumahi*. Mais tarde, com as cabaças cinerárias preparadas, um grupo de guerreiros, composto de gente de *H^{w}axima u* e de aliados, se põe em marcha, como é costume, para vingar os parentes assassinados que acabam de celebrar. As mulheres e crianças de grupos inimigos jamais são visadas nos reides guerreiros yanomami.

Em 26 de julho, após dois dias de caminhada, os guerreiros passam a noite acampados na floresta, perto do local onde estão os garimpos do alto Orinoco. No dia seguinte, debaixo de uma chuva torrencial, conseguem se esgueirar para perto de um puxado usado como cozinha num dos barracões. Dois garimpeiros conversam ao lado do fogo. Um dos Yanomami, de tocaia atrás de uma árvore, atira com a espingarda de caça num deles. Atingido na cabeça, ele desaba no solo e morre instantaneamente. O outro é ferido nas costas por um segundo tiro, tentando fugir. Os guerreiros se juntam no local onde jaz o corpo do garimpeiro morto. Completam sua vingança crivando-o de flechas e abrindo-lhe o crânio com uma machadada. Depois pegam tudo o que encontram no barracão abandonado, especialmente uma espingarda e cartuchos.

OS PREPARATIVOS DO MASSACRE

Esse reide de vingança dos yanomami deixa os garimpeiros absolutamente furiosos. Enterram o corpo do companheiro no abrigo-cozinha do barracão, o qual é logo em seguida abandonado. Então recolhem o ferido, que tinha se escondido na floresta, e o carregam até uma pista de pouso, a dois dias de caminhada. Aí começam a planejar uma revanche que vai atingir um outro patamar de violência e acabará desembocando no horror absoluto. Fazem duas reuniões, com homens de todos os garimpos da região. Decidem pelo terror para pôr fim aos conflitos com os índios e ali mencionam, pela primeira vez, a ideia de exterminar a comunidade de *H^{w}axima u*. Na sequência, a expedição punitiva é meticulosamente preparada. Voluntários são recrutados entre os presentes e junta-se a munição — duzentos cartuchos de espingarda de caça e algumas caixas de balas de revólver.

Toda a operação é apoiada, se não encomendada, pelos quatro principais empresários de garimpo da região, todos bem conhecidos em Boa Vista. Os donos dos garimpos deram folga a seus empregados e lhes forneceram armas e munição. Seus barracões acolheram as reuniões dos matadores e todos os preparativos da expedição. Quinze garimpeiros, armados de espingardas de caça (calibres 12 e 20), de revólveres (calibre 38), terçados e facas, saem para pôr em execução seu projeto de extermínio. Vários deles terão participação direta no massacre, então iminente. Quatro pistoleiros, que trabalham como guarda-costas dos donos de garimpo, conduzem a sinistra tropa.

O pessoal de *H^{w}axima u* está há vários dias acampado na floresta, a uma boa distância de suas duas casas coletivas, para se precaver de um possível contra-ataque dos garimpeiros, depois do reide de seus guerreiros. Porém, como esperam um convite iminente de seus aliados de *Makayu* para uma festa, decidem retroceder, para ficar mais perto da casa destes. Primeiro, passam a noite em casa, *H*^{w}*axima u*, e na manhã seguinte seguem viagem até uma de suas antigas roças, entre *H*^{w}*axima u* e *Makayu*. Montam um grande acampamento na mata e esperam, como é costume, os emissários de seus futuros anfitriões.

Três jovens guerreiros, insatisfeitos com o resultado de sua recente incursão, decidem por conta própria ir atacar um outro grupo de garimpeiros. O homem que os lidera tem boas razões para continuar querendo vingança. O cadáver de seu irmão caçula, assassinado pelos garimpeiros e levado pelas águas do Orinoco, nunca foi encontrado. A raiva e a dor de seu luto não puderam ser aplacadas pelos ritos funerários apropriados. Os três jovens avançam, tomados pelo desejo de vingança. Após dois dias de caminhada, chegam perto dos garimpos. Protegidos pela vegetação e pelo barulho das motobombas, conseguem pegar de surpresa um garimpeiro em pleno trabalho. O homem só percebe sua presença quando já está na mira de um deles. O gatilho trava e a arma falha. Um outro guerreiro se lança ao lado do companheiro e abre fogo em seu lugar. O garimpeiro protege o rosto com o antebraço e consegue escapar, levemente ferido. Os três guerreiros fogem e voltam para junto de seu grupo.

Enquanto ocorria esse ataque improvisado, a coluna dos quinze garimpeiros decididos a exterminar a comunidade yanomami já estava em vias de cumprir seu horrendo projeto. Os três jovens guerreiros voltam para o acampamento de que saíram fazendo longos desvios na floresta, fora das trilhas habituais. Por isso não percebem o avanço da tropa dos garimpeiros, apesar de ela ser grande. Estes chegam finalmente ao rio *H*^{w}*axima u* na manhã de seu terceiro dia de caminhada. As duas grandes casas coletivas yanomami estão vazias. Os garimpeiros acabam achando a picada que leva para a antiga roça onde os moradores estão acampados. Avançam por ela no encalço do grupo que pretendem exterminar.

No dia anterior, os emissários de *Makayu* tinham chegado ao acampamento dos de *H*^{w}*axima u* na mata. Estes, de sobreaviso desde a volta dos três jovens guerreiros, resolveram reduzir sua participação na festa dos aliados. Combinaram que só os homens adultos válidos acompanhariam os mensageiros de *Makayu*. As mulheres, crianças e idosos ficariam no acampamento, para não atrasar a marcha dos homens. Estes achavam que logo estariam de volta e, de acordo com a ética de guerra yanomami, imaginavam que os brancos só podiam buscar vingança nos guerreiros da comunidade.

O MASSACRE DO RIO DO INHAMBUAÇU

Na manhã seguinte, as mulheres, com seus filhos e um velho, vão coletar frutas nas cercanias de uma antiga roça. Por volta do meio-dia, só restam dezenove pessoas no acampamento. Quase todos estão deitados em suas redes, inclusive os três jovens guerreiros que, depois de sua incursão, passam por um ritual de reclusão. Crianças brincam entre os abrigos, mulheres racham lenha. A atmosfera é tranquila. No entanto, os garimpeiros já estão entrando na antiga roça e se põem de tocaia, enfileirados de um dos lados do acampamento. De repente, um deles abre fogo sobre os ocupantes. Os quinze homens começam então a atirar todos ao mesmo tempo sem interrupção, de espingarda e revólver, enquanto se aproximam de suas vítimas.

Os três rapazes, um velho, uma mulher e duas meninas (de seis, sete e dez anos) conseguem escapar desse inferno graças à disposição complexa dos abrigos na mata fechada. Duas das meninas e um dos jovens guerreiros são feridos por chumbo de caça, no rosto, no pescoço, nos braços e nos flancos. A menina de dez anos é atingida por uma bala de revólver no crânio. Morrerá alguns dias depois. De seus esconderijos, os fugitivos ouvem os gritos de terror dos seus, que continuam debaixo da saraivada de balas, que não parou no acampamento. Depois de longos minutos, os disparos cessam. Aí, os garimpeiros, sem piedade, liquidam suas vítimas a golpes de terçado e facão. Massacram os feridos que não tinham conseguido fugir e várias crianças que não tinham sido atingidas.

Doze yanomami foram assim assassinados com selvageria: duas mulheres e um velho, uma moça de *Hoomoxi* de cerca de vinte anos que tinha vindo fazer uma visita, três adolescentes, duas meninas (de um e três anos) e três meninos entre seis e oito anos. Várias das crianças eram órfãos, cujos pais tinham morrido da malária trazida pelos garimpeiros. A moça de *Hoomoxi* foi primeiro atingida por um tiro de espingarda de caça a uns dez metros de distância, depois por um tiro de revólver a menos de dois metros. Uma das velhas, cega, foi liquidada a pontapés. Um bebê, deitado na rede, foi embrulhado num pedaço de pano e atravessado por facadas.

Conscientes de que só tinham massacrado parte do grupo e bem decididos a aterrorizar os sobreviventes, os garimpeiros mutilam ou esquartejam os corpos de suas vítimas. Pegam as espingardas que encontram no acampamento e tomam o caminho de volta, lançando um sinalizador para desencorajar eventuais perseguidores. Algumas horas depois, chegam novamente às casas coletivas do rio *H^{w}axima u*. Sentindo-se mais seguros do que na floresta, decidem passar a noite ali. No dia seguinte, amontoam todos os objetos deixados pelos índios, incluindo quinze panelas de alumínio. Destroem tudo a tiros e golpes de terçado. Depois ateiam fogo nas duas casas e voltam para os barracões do garimpo. Passam-se várias semanas sem que a notícia de seu crime vaze para fora da floresta. Em meados de agosto, contudo, os assassinos ouvem no rádio informações sobre o massacre que cometeram. Resolvem fugir da região imediatamente. Chegam a uma pista de pouso clandestina, localizada a alguns dias de caminhada. Lá ameaçam de morte quem os denunciar e obrigam os pilotos dos monomotores pousados a levá-los para Boa Vista. Assim que chegam à cidade, os assassinos se dispersam pelos quatro cantos do país.

AS CREMAÇÕES

Tão logo cessa o tiroteio no acampamento, um dos três jovens guerreiros sobreviventes corre até o grupo de mulheres que estavam coletando frutas na floresta e diz a elas para se esconderem. Depois passa rapidamente pelos tapiris cobertos de sangue, à procura de sua espingarda. Sem achá-la, desiste de ir atrás dos assassinos, vai ter com as mulheres e manda algumas a *Makayu* para anunciar a tragédia. Três moças apavoradas apertam o passo e chegam lá em algumas horas. Surgem aos prantos e descrevem o horror que reina no acampamento, coberto de corpos de mulheres e crianças mutilados a golpes de terçado e facadas.

Os homens da comunidade, transtornados de dor e de ódio, correm para os tapiris na floresta. Chegam ao cair da noite e se juntam aos sobreviventes do massacre. Mas o cheiro de sangue é tão insuportável que são forçados a abrir um outro acampamento, a meia hora de caminhada. A escuridão obriga a mudar para o dia seguinte a cremação dos cadáveres. A noite é atravessada por lamentos funerários, choros apavorados e discursos enfurecidos das lideranças do grupo. Ao amanhecer, começam a juntar os corpos mutilados. De repente, a menina de dez anos gravemente ferida na cabeça surge de dentro do mato onde tinha se escondido, berrando de pavor. A mãe corre para abraçá-la chorando desesperadamente. Começa a cremação funerária. Cada corpo é colocado em posição fetal em cima de uma fogueira improvisada com os galhos caídos nas redondezas. Os cadáveres dos adultos são cremados no chão do acampamento onde foram mortos; os das crianças são levados para a clareira onde o grupo passou a noite.

As piras crematórias mal se apagaram e já os ossos calcinados, ainda ardentes, são recolhidos às pressas e guardados em cestos ou panelas de alumínio. Todos estão convencidos de que os garimpeiros podem voltar a atacar a qualquer momento, para acabar definitivamente com os sobreviventes do grupo. Apesar do risco, nada os faria deixar de levar na fuga os ossos de seus mortos. As cinzas funerárias são o bem mais precioso dos Yanomami. As mulheres, a quem cabe cuidar delas, guardam-nas sempre perto de seu fogo e as levam consigo quando viajam. Mas, diante da urgência de sair dali, deixam nas fogueiras de cremação vários pedaços de ossos, crivados de chumbo de caça ou fraturados por balas. Só o cadáver desmembrado da jovem visitante de *Hoomoxi*, que não tem nenhum parente entre os de *H^{w}axima u*, é abandonado no local sem cremação. A cabaça funerária de um dos quatro primeiros rapazes assassinados pelos garimpeiros no alto Orinoco foi quebrada durante o ataque ao acampamento. Sua mãe tenta recolher as cinzas espalhadas e embrulhá-las em folhas de bananeira. Na correria da fuga, vários desses pacotes acabam ficando pelo chão da floresta.

O ÊXODO

Começa então um êxodo de várias semanas, ao longo das quais o grupo perseguido anda fora dos caminhos, muitas vezes durante a noite e sem comer, carregando as três meninas feridas. Depois de oito dias, os fugitivos param uma noite numa comunidade amiga, *T^{h}omokoxipi u*. A menina de dez anos ferida na cabeça morre lá, pouco antes do amanhecer. Seus parentes, aos prantos, carregam o corpo durante todo o dia seguinte, até uma outra parada na floresta, onde será cremado. A fuga pela mata continua, sem trégua, por mais duas semanas. O grupo cruza as redes de caminhos de duas outras comunidades, *Waraka u* e *Ayaopë*, mas não perde tempo. Sua primeira parada para descansar só ocorre depois de terem atravessado o Orinoco ao sul, numa quarta casa, *Maamapi*.

Os de *H^{w}axima u*, agora perto da fronteira com o Brasil, vão cruzá-la para descer o rio Toototobi, no estado do Amazonas. Chegam finalmente ao local de uma outra casa coletiva, chamada "de Marcos", onde resolvem se refugiar. É o dia 24 de agosto de 1993. Quase um mês se passou desde o massacre. Os 69 sobreviventes da comunidade escolheram essa região do Brasil por três razões: ainda está livre de garimpeiros, seus habitantes são aliados de longa data e existe ali um posto de saúde que já frequentam ocasionalmente desde o final da década de 1980, em busca de tratamento contra a malária propagada pelos garimpeiros.

Nas paradas que fizeram nas casas de *T^{h}omokoxipi u* e *Maamapi* e assim que chegaram à "de Marcos", os sobreviventes do massacre começaram a pilar os ossos calcinados que trouxeram na fuga e a encher as cabaças funerárias que guardam em pequenos cestos trabalhados. Seu objetivo agora é realizar, com a ajuda dos aliados que os acolheram no Brasil, grandes cerimônias funerárias intercomunitárias, para fazerem o luto por seus parentes mortos. Afins potenciais irão enterrar as cinzas dos adultos perto do fogo de seus próximos e ingerir as das crianças com purê de banana. Depois será a vez de as cabaças e cestos em que estavam guardadas serem queimados. Tudo o que sobra da existência física e social dos mortos deve ser destruído ou obliterado: seus objetos, suas pegadas e marcas, o uso de seus nomes e as cinzas de seus ossos. Esse trabalho ritual tem por objetivo impedir os espectros de quererem retornar das "costas do céu" e representa, portanto, um esforço para garantir a separação, sempre precária, entre o mundo dos mortos e o dos vivos. Ele só acaba, junto com os lamentos funerários que evocam a saudade dos falecidos e louvam suas qualidades, quando suas cinzas, enterradas ou ingeridas, desaparecem, "postas em esquecimento".

Tudo isso explica por que os de *H^{w}axima u*, apesar de expostos aos mais graves perigos e apavorados diante da violência desenfreada dos garimpeiros, sempre puseram a realização dos ritos funerários acima de sua própria segurança. Se falhassem nesse dever básico, os fantasmas de seus próximos ficariam condenados a vagar entre dois mundos, e os vivos, a sofrer o tormento de uma saudade infinita, bem pior do que a própria morte. Agora tentam reconstruir suas vidas devastadas pela inimaginável selvageria dos garimpeiros. Preparam-se para construir uma nova casa coletiva e abrir novas roças. Durante boa parte do ano seguinte, suas vidas ainda gravitarão em torno das cerimônias funerárias que irão organizar para chorar seus parentes assassinados, bem como os que, recentemente, morreram de malária. Seu luto imenso só acabará quando a última cabaça funerária for completamente esvaziada. Então a vida poderá retomar seu curso normal. Eles jamais esquecerão, porém, que os brancos são capazes de massacrar mulheres e crianças de modo bárbaro e sanguinário, algo que até então consideravam exclusividade dos espíritos canibais. Desistiram de se vingar dos garimpeiros. Buscariam vingança se ainda os considerassem inimigos dignos desse nome, seres humanos que compartilham um mesmo código ritual de honra guerreira. Não se trata mais disso. Agora só esperam uma coisa: que esses seres maléficos sejam mantidos presos nas cidades de onde vêm e nunca mais possam voltar à floresta.

Tal esperança, porém, acabará frustrada. Os de H^{w}axima u *voltaram para o alto Orinoco, onde não esperam mais nada dos brancos. Pela matança bárbara que sofreram, foram indiciados nominalmente, com base em provas, 23 garimpeiros. Foi preciso esperar até 1996 para que cinco deles fossem finalmente julgados — e condenados a um total de 98 anos de prisão. Mas não foram presos. Só dois dos assassinos foram finalmente encarcerados, embora o "massacre de Haximu" tenha sido caracterizado e julgado como tentativa de genocídio, fato inédito na história jurídica brasileira em se tratando de um massacre de índios.*

B.A.

Glossário etnobiológico

ESPÉCIES DE VEGETAIS E PEIXES CITADOS EM PORTUGUÊS

PALMEIRAS

Açaí: *Euterpe precatoria* (*mai masi*).
Bacaba: *Oenocarpus bacaba* (*hoko si*).
Buriti: *Mauritia flexuosa* (*rio kosi*).

PEIXES

Curimatã: *Prochilodus* spp. (*maxaka watima a*).
Jaraqui: *Semaprochilodus* spp. (*kohipëma a*).
Surubim: *Pseudoplatystoma fasciatum* (*kurito a*).
Tambaqui: *Colossoma macropomum* (sem nome yanomami).
Tucunaré: *Cichla ocellaris* (*kahiki rapema a*).

ESPÉCIES ANIMAIS CITADAS EM PORTUGUÊS

ABELHAS

Puu naki: nome genérico.

ANTA

Xama a: *Tapirus terrestris.*

ARAÇARI

Miremire koxi: *Pteroglossus aracari*, araçari-de-bico-branco, e *P. pluricinctus*, araçari-de-cinta-dupla.

ARARA

Ara wakërima a: *Ara macao*, arara-vermelha, ararapiranga.

Ara hana: *Ara ararauna*, canindé.

ARIRANHA

Kana a: *Pteronura brasiliensis.*

BORBOLETAS

Xia axi pë: nome genérico.

BOTO

Ehuma a: *Inia geoffrensis*, boto-cor-de-rosa.

CIGARRA

Rõrõ kona: não identificado; espécie comum de cigarra grande.

COBRAS

Oru pë: nome genérico.

CUJUBIM

Maraxi a: *Pipile pipile.*

CUTIA

T^{h}omi a: *Dasyprocta* spp.

CUTIARA

Waxoro a: *Myoprocta acouchy*, cutiaia, cutia-de-rabo.

ENGUIA-ELÉTRICA

Kawahi kɨkɨ: *Electrophorus electricus*, poraquê, peixe-elétrico.

ESCORPIÃO

Sihi a: *Tityus bahiensis*, escorpião-preto.

GALO-DA-SERRA

Ehama ona: *Rupicola rupicola*, galo-da-serra-do-pará, galo-de-rocha.

GIRINOS

Piokõma uxi pë: nome genérico.

INHAMBUAÇU

H^{w}axima a: *Tinamus major*, inhambu-de-cabeça-vermelha, inhambu--galinha.

JABUTI

Totori a: *Geochelone denticulata*, jabutitinga.

JACAMIM

Yãpi a: *Psophia crepitans*.

JACARÉ

Iwa a: *Caiman sclerops*, jacaretinga.

Iwa aurima a (ou *kõekõe a*): *Paleosuchus trigonatus*, jacaré-coroa.

Poapoa a: *Melanosuchus niger*, jacaré-açu, jacaré preto; o maior dos crocodilianos neotropicais, chega a medir mais de seis metros.

JACU

Kurema a: *Penelope jacquacu*, jacu-de-spix, e *Penelope marail*, jacumirim.

JAGUATIRICA

Yao si: *Felis pardalis*.

JAPIM

Ayokora a: *Cacicus cela*, xexéu, japuíra.

JIBOIA

Hetu kɨkɨ: *Constrictor constrictor*.

JURITI-PUPU

Horeto a: *Leptotila verreauxi*, pomba-juriti.

JUPARÁ

Hera a: *Potos flavus*.

LAGARTAS

Oxeoxea pë: nome genérico.

LAGARTIXA

Waima aka: não identificado; pequeno lagarto comum.

MACACO

Iro a: *Alouatta seniculus*, guariba, bugio.

Kusi si: *Saimiri sciureus*, macaco-de-cheiro.

Kuukuu moxi: *Aotus trivirgatus* e *Aotus nigriceps*, macaco-da-noite.

Paxo a: *Ateles belzebuth*, macaco-aranha.

Wixa a: *Chiropotes satanas*, cuxiú-negro.

Yarima a: *Cebus albifrons*, cairara.

Yõkoxi a: *Callicebus torquatus*, zogue-zogue.

MINHOCAS

Horema kɨkɨ: nome genérico.

MORCEGO

Hewë a: nome genérico.

MOSCAS

Prõõ pë: nome genérico.

MUTUCA

Potoma a: não identificado; mutuca (tabanídeo) grande, de cor amarela.

MUTUM

Paari a: *Crax alector*, mutum-poranga.

ONÇA

Tihi a: *Panthera onca*, onça.

Ira a: idem em yanomami ocidental (ou *Xamat*ʰ*ari*).

PACA

*Amot*ʰ*a a*: *Agouti paca*.

PAPAGAIO

Werehe a: *Amazona farinosa*, papagaio-moleiro.

Kurukae si: *Amazona amazonica*, curica, papagaio-do-mangue.

Kuatoma a: *Amazona ochrocephala*, papagaio-de-cabeça-amarela

PIRANHAS

Taki pë: nome genérico.

PIUNS

Ukuxi pë: *Simulium* spp., piuns, borrachudos.

PORCO-DO-MATO

Poxe a (pl. *kiki*): *Tayassu tajacu*, caititu.

Warë a (pl. *kiki*): *Tayassu pecari*, queixada.

PREGUIÇA

Yawere a (ou *Ximi a*): *Bradypus tridactylus*, preguiça-de-bentinho.

Yawere si: *Bradypus variegatus*, preguiça comum.

QUATI

Yarixi a: *Nasua nasua*.

SUÇUARANA

Tihi wakërima a: *Puma concolor*, onça-parda.

Hõõ a: variedade grande de onça-parda.

TAMANDUÁ-BANDEIRA

Tëpë a: *Myrmecophaga tridactyla*.

TARTARUGA

Pisa a: *Podocnemis expansa*, tartaruga-da-amazônia.
Apiari a: *Podocnemis unifilis*, tracajá.
TATU
Opo a: *Dasypus novemcinctus*, tatu-galinha.
TATU-CANASTRA
Waka a: *Priodontes giganteus* ou *Priodontes maximus*.
TUCANO
Mayõpa a: *Ramphastos tucanus*, tucano-grande-de-papo-branco, tucano-de-peito-branco.
Kreõmari a: *Ramphastos vitellinus*, tucano-de-bico-preto.
URUBU
Watupa a: *Coragyps atratus*
URUBU-REI
Watupa aurima a: *Sarcoramphus papa*
VEADO
Haya a: *Mazama americana*, veado-mateiro, veado-pardo.
VESPAS
Kopena nakɨ: nome genérico.

ESPÉCIES ANIMAIS E VEGETAIS CITADAS EM YANOMAMI

Os nomes de entidades xamânicas (*xapiri pë*, sing. *xapiri a*) correspondentes aos animais e plantas listados abaixo são geralmente formados pelo acréscimo do sufixo *-ri a* (pl. *-ri pë*) que denota excesso, monstruosidade ou não humanidade ("sobrenaturalidade"). Por exemplo: a anta caçada é designada como *xama a*, ao passo que a imagem do antepassado humano-animal mítico Anta é chamada *Xamari a*. É essa imagem (*utupë*) do ancestral *Xamari a*, multiplicada ao infinito, que os xamãs "fazem descer" e "fazem dançar" como espíritos auxiliares antas, *xamari pë*.

Ahõrõma asi: não identificado; espécie de grande formiga preta, de mandíbulas poderosas.

Ama hi: *Elizabetha leiogyne*, árvore cuja casca queimada entra na composição do pó alucinógeno *yakõana*.

Amat^{h}a hi: *Duguetia lepidota*, árvore cuja casca queimada entra na composição do pó alucinógeno de *yãkoana*.

Apia hi: *Micropholis melinoniana*, curupixá; árvore de frutos comestíveis.

Apuru uhi: *Cedrelinga catenaeformis*, cedroarana; árvore de grande porte cujo tronco é escavado para fabricar grandes recipientes cerimoniais (*huu tihika*) e cuja casca é usada na fabricação de um veneno de pesca.

Aputuma u (pl. *pë*): não identificado; grande lagarta marrom comestível.

Ara usihi: *Croton matourensis*, coroatá, maravuvuia; árvore oca de madeira macia com cuja casca fibrosa e resistente são fabricados recipientes provisórios e redes.

Aria si: *Xanthosoma* sp., taioba, mangará, orelha-de-elefante; planta cultivada por seus tubérculos comestíveis ricos em amidos.

Aro kohi: *Hymenaea parvifolia*, jatobá; árvore de grande porte, de frutos comestíveis e cuja resina possui propriedades medicinais.

Aroari a (pl. *kiki*): *Cyperus* sp., tiririca; nome genérico de um tipo de planta mágica cultivada.

Aroaroma koxi: *Selenidera culik*, araçari-negro ou araçaripoca-da-guiana (ave).

Ata hi: *Sanchezia* sp., pequena árvore cujas flores vermelhas são usadas como ornamento pelas mulheres e de que os antigos Yanomami das terras altas tiravam um sal vegetal.

Atari hi: *Mouriri* sp., arbusto cujos galhos retos são utilizados na fabricação de hastes de pontas de flecha-arpão do mesmo nome, utilizada para caçar grandes aves.

Ayokora a: *Cacicus cela*, japim, xexéu, japuíra (ave).

Ërama t^{h}ot^{h}o: *Uncaria guianensis*, unha-de-gato; cipó lenhoso de grandes espinhos curvados, dotado de propriedades medicinais.

Ërɨ si: *Astrocaryum aculeatum*, tucumã; palmeira espinhosa de frutos comestíveis.

Ëxama a: *Campephilus rubricollis*, pica-pau-de-barriga-vermelha (ave).

Hai hi: *Pseudolmedia laevigata*, árvore de pequenos frutos vermelhos comestíveis.

Hapakara hi: *Bagassa guianensis*, tatajuba; grande árvore de frutos comestíveis.

Hãtãkua mo: *Ortalis motmot*, aracuã-pequeno (ave).

Hawari hi: *Bertholletia excelsa*, castanha-do-pará.

Hayakoari hana (pl. *kɨ*): *Justicia pectoralis*, variedade cultivada de planta de feitiçaria à qual são atribuídos efeitos de revelação xamânica. Diz-se que suas vítimas perdem o juízo e saem correndo pela floresta até a exaustão, enquanto sua "imagem" é levada pelo ser sobrenatural semelhante a uma anta que dá nome à planta [*Hayakoari a*].

Hëɨma si: *Cotinga cayana*, anambé-azul; ave de peito turquesa e roxo.

Herama a: *Daptrius ater*, gavião-de-anta, cã-cã, cancão-de-anta (ave).

Himara amohi: *Theobroma bicolor*, cacau-tigre; um parente selvagem do cacaueiro cultivado, dotado também de frutas comestíveis.

Hõahõama a (fêmea) ou *wakoxo a* (macho): *Speothos venaticus venaticus*, cachorro-vinagre; pequeno canídeo amazônico.

Hoari a: *Eira barbara*, irara; grande mustelídeo onívoro apreciador de mel.

Hoko mahi: *Licaria aurea*, árvore da família do louro com cujo tronco escavado se fabricam grandes recipientes cerimoniais (*huu tihika*).

Hoko si (ou *hoko masi*): *Oenocarpus bacaba*, bacaba (palmeira).

Hokoto uhi: *Eschweilera coriacea*, matamatá; a casca dessa árvore da família da castanheira é utilizada na fabricação de redes.

Hopë a: *Coendou prehensilis*, ouriço-caixeiro; pequeno porco-espinho semiarborícola de hábitos noturnos.

Hõra a: não identificado; besouro grande.

Hore kɨkɨ: *Maranta arundinacea L.*, araruta; planta de feitiçaria considerada capaz de tornar os inimigos covardes.

Horoma a: *Iriartella setigera*, paxiubinha; pequena palmeira cujo talo é utilizado para fabricar tubos para a inalação da *yãkoana*.

Horomana hi: *Pouteria cladantha*, abiu; árvore de frutos comestíveis.

Hotorea kosihi: *Couratari guianesis*, tauari; com a casca queimada dessa árvore de grande porte da família da castanheira os antigos Yanomami das terras altas preparavam um sal vegetal.

Hrãehrãema a: *Otophryne robusta*; perereca de barriga alaranjada endêmica na floresta das terras altas.

Hutuma a: *Momotus momota*, udu-de-coroa-azul (ave).

Hutureama nakasi: *Capito niger*, capitão-de-bigode-carijó (ave).

H^{w}ãihwãiyama a: *Lipaugus vociferans*, cricrió (ave).

H^{w}at^{h}upa a: *Bufo* sp., espécie de sapo grande.

H^{w}*ëri a* (pl. *kɨkɨ*): nome genérico de plantas de feitiçaria.

Irokoma si: *Heliconia bihai*, bananeira-silvestre, pássaro-de-fogo, caetê--vermelho; planta herbácea de porte arbustivo cujas folhas são utilizadas para embrulhos e para cobrir tapiris.

Ixaro a: *Cacicus haemorrhous*, japim-guaxe (ave).

Ixoa hi: *Osteophloem platyspermum*, ucuubarana; árvore com propriedades medicinais.

Kahu usihi: *Cecropia sciadophylla*, embaúba-da-mata, imbaubão, mata-taúba, pé-de-galinha, sambacuim; árvore pioneira de tronco oco e frutos comestíveis.

Kana a: *Pteronura brasiliensis*, ariranha.

Kãokãoma a: *Micrastur ruficollis*, falcão-caburé; pequena ave de rapina solitária que se esconde empoleirada na vegetação secundária e cujo canto sonoro se assemelha a um latido.

Karihirima kɨkɨ: *Bothrops jararaca*, jararaca; responsável pela maioria dos acidentes ofídicos sérios entre os Yanomami.

Kaxa a (pl. *pë*): lagarta comestível de uma borboleta da subfamília dos brassolíneos.

Kaxi a (pl. *pë*): *Solenopsis* sp., formiga-de-fogo; minúsculas formigas vermelhas cujo ferrão contém um alcaloide de toxicidade moderada, a *piperidina* (também encontrada na pimenta), especialmente irritante para as mucosas, mas que afeta também receptores de temperatura da pele, provocando uma forte sensação de queimadura.

Koa axihana (pl. *kɨ*): *Clibadium sylvestre*, cunani; as folhas dessa planta, cultivada, são utilizadas como veneno de pesca.

Kõanari si: *Oenocarpus bataua*, patauá (palmeira).

Koikoiyoma a: *Herpetotheres cachinnans*, gavião-acauã (ave).

Komatima hi: *Peltogyne gracilipes*, pau-roxo; árvore de grande porte e madeira dura.

Kona a (pl. *pë*): não identificado; pequena formiga preta.

Kõõkata mo (ou *rãkohi a*): *Aramides cajanea*, saracura-três-potes (ave).

Kopari a: *Ibycter americanus*, cancão-grande, gralhão (ave).

Kopena na (pl. *kɨ*): nome genérico para vespas.

Kori a: *Psarocolius decumanus*, japu (ave).

Kõromari a: *Mesembrinibis cayennensis*, corocoró (ave).

Kotopori sihi: *Croton palanostigma*, sangue-de-dragão, balsa-rana, mameleiro; árvore de madeira mole, cuja casca resistente é utilizada para fabricar recipientes provisórios.

Koxoro na (pl. *kɨ*): *Trigona cf. dallatorreana*, abelha alaranjada conhecida por voar alto.

Koyo a (pl. *pë*): *Atta sexdens*, espécie de saúva, formiga-cortadeira.

Kraya a (pl. *kɨkɨ*): não identificado; lagartas comestíveis grandes, amarelas com manchas vermelhas e pelos venenosos. Costumam colonizar as árvores *Vochysia ferruginea*, a quem dão o nome: *kraya nahi*.

Kree mo ou *krëëkrëëma a* (pl. *pë*): não identificado; espécie de cigarra.

Krepu uhi: *Inga edulis*, ingazeiro; seu fruto doce, o ingá, é bastante apreciado.

Krouma a: *Hyla boans* e *H. geographica*, pererecas arborícolas.

Kumi t^{h}ot^{h}o: *Securidaca diversifolia*, grande cipó lenhoso com flores geralmente de cor rosa ou violeta.

Kurira na (pl. *kɨ*): não identificado; pequena vespa papeleira cinza conhecida pela agressividade.

Kurito a: *Pseudoplatystoma fasciatum*, surubim (peixe).

Kusãrã si: não identificado; pássaro preto que vive em bandos barulhentos no topo das árvores. Os Yanomami dizem que essas aves comem em grupo, arrancando freneticamente a comida umas das outras, "como os cachorros".

Kute mo (pl. *pë*): não identificado; espécie de cigarra.

Kuxixima a: não identificado; pequeno passarinho marrom comumente encontrado nas margens de rios.

Mahekoma hi: *Piper aduncum* pariparoba, pimenta-de-macaco; arbusto silvestre do gênero dos pimenteiros com propriedades medicinais, também usado na fabricação do curare.

Maihiteriama a: *Colonia colonus*, viuvinha (ave).

Maika a: não identificado; espécie de besouro.

Mai kohi: *Symphonia globulifera*, anani, ananin; grande árvore cuja resina é usada para revestir cordas de arco.

Mai masi: *Euterpe precatoria*, açaizeiro (palmeira).

Maka watixima a: *Thamnomanes caesius*, ipecuá ou uirapuru-de-bando (ave).

Makina hi: *Endopleura uchi*, uxi ou uxi-amarelo; árvore de frutos comestíveis.

Makoa hi: *Talisia chartacea*, árvore de frutos comestíveis.

Makoa hu: *Myrmornis torquata*, pinto-do-mato-carijó (ave).

Manaka kɨ: *Alstroemeria* sp., alstroeméria; planta de feitiçaria, considerada capaz de tornar as mulheres estéreis.

Manaka si: *Socratea exhorriza*, paxiúba; palmeira com altas raízes aéreas espinhosas, do tronco da qual são retiradas tábuas para fabricar paredes de casas, plataformas e prateleiras com usos diversos.

Maraxi a: *Pipile cumanensis*, jacamim, jacutinga-de-garganta-azul (ave).

Mani hi: *Guarea guidonia*, cedrorana, cedro-branco; árvore de médio porte cujas flores brancas são apreciadas pelas mulheres como brincos.

Marokoaxirioma a: *Ramphocelus carbo*, pipira-vermelha, bico-de-prata; ave que costuma fazer ninho em forma de taça, escondido na copa das pupunheiras (*rasa si*).

Masi a (pl. *kɨ*): *Heteropsis flexuosa*, cipó-titica; usado na cestaria e na amarração de vigas de casas.

Masihanari kohi (pl. *kɨ*): *Tabebuia capitata*, ipê-capitata; grande árvore de madeira muito dura.

Maxara hana (pl.*kɨ*): *Justicia pectoralis* var. *stenophylla*, trevo-do-pará; planta cujas folhas odoríferas, secas e pulverizadas, entram na composição do pó alucinógeno *yãkoana*.

Maxopoma na (pl. *kɨ*): *Melipona* sp., abelha cinza.

Maya a (pl. *kɨkɨ*): não identificado; grande lagarta alaranjada comestível com pelos pretos urticantes.

Mohuma a: *Harpia harpyja*, gavião-real, águia real, gavião-de-penacho (ave).

Momo hi: *Micrandra rossiana*, seringarana; árvore das terras altas de frutos tóxicos que precisam ser torrados para se extrair a casca, deixados a secar e depois imersos no rio por vários dias, antes de se tornarem comestíveis.

Mõra mahi: *Dacryodes peruviana*, árvore de látex com frutos comestíveis.

Moxa a (pl. *pë*): nome genérico para as pequenas larvas de Diptera.

Nãɨ hi: *Micropholis* sp., árvore das terras altas de flores doces comestíveis.

Napore a: *Psarocolius viridis*, japu-verde, e *Gymnostinops yuracares*, japuaçu (aves).

Nara xihi: *Bixa orellana*, urucum.

Õema ahi: *Pourouma bicolor* spp. *digitata*, imbaúba-manga; árvore de frutos comestíveis e folhas ásperas usadas como abrasivo.

Õi na (pl. *kɨ*): *Trigona* sp., uma abelha preta e agressiva.

Okarasi si: *Attalea maripa*, inajá (palmeira).

Okoraxi hi: *Rinorea lindeniana*, pequena árvore de madeira dura usada para fazer rabeiras de flechas.

Oko xi (pl. *kɨ*): *Cyperus* sp., planta de feitiçaria feminina, a que se atribui a capacidade de provocar febres altas e sintomas de icterícia em suas vítimas masculinas.

Õkraheama a: *Piaya cayana*, alma-de-gato, chincoã (ave).

Operema axihi: *Couma macrocarpa*, sorva-grande, sorveira, cumã-uaçu; árvore de frutos comestíveis e látex adocicado e pegajoso.

Oruxi hi: *Anacardium giganteum*, caju-açu.

Paa hana (pl. *kɨ*): *Geonoma baculifera*, ubim; pequena palmeira da vegetação rasteira preferida nas terras baixas para a cobertura das malocas.

Paara hi: *Anadenanthera peregrina*, paricá, angico-branco-do-morro; as sementes dessa árvore são usadas para fazer um potente alucinógeno em pó (*paara a*) que contém triptaminas e bufotenina.

Paari a: *Crax alector*, mutum-poranga (ave).

Pahi hi: *Inga acreana*, espécie de ingazeiro cujos frutos são muito apreciados.

Paho a: não identificado; pequeno roedor arborícola e noturno da família dos cricetídeos que costuma morar nos tetos das casas.

Parapara hi: *Phyllanthus brasiliensis*, planta cultivada cujas folhas são usadas como veneno de pesca.

Pari na (pl. *kɨ*): não identificado; abelha amarela e bastante agressiva.

Piri kona (pl. *pë*): *Azteca chartifex*, caçarema; espécie de formiga que constrói ninhos pendentes com aspecto de papelão.

Pirima ahu t^hot^ho: *Spondias mombin*, cajazeiro.

Pirima ãrixi (pl. *pë*): não identificado; minúsculos carrapatos vermelhos.

Pirima hi (pl. *kɨ*): *Andropogon bicornis*, capim-rabo-de-burro; gramínea com que são confeccionados os bastonetes (de mesmo nome) que as mulheres usam nos cantos dos lábios e sob o lábio inferior.

Piomari namo: *Cyanocorax violaceus*, gralha-violácea (ave).

Pokara a: *Odontophorus gujanensis*, uru-corcovado (ave).

Pooko hi: *Inga sarmentosa*, espécie de ingazeiro cujos frutos são muito apreciados.

Poopoma a: *Myrmothera campanisona*, tovaca-patinho; ave que vive no denso emaranhado da vegetação pioneira.

Pora axi $t^{h}ot^{h}o$: *Posadaea sphaerocarpa*, uma trepadeira da família do pepino da qual são colhidas pequenas cabaças ovais.

Pore hi: *Eugenia flavescens*, árvore de frutos comestíveis e madeira dura cuja casca se descola e se renova continuamente.

Poroa unahi: *Theobroma cacao*, cacaueiro.

Poxe a: *Tayassu tajacu*, caititu.

Prooroma koko: não identificado; espécie de sapo.

Proro a: *Lontra longicaudis*, lontra de rabo comprido.

Purunama usi: *Olyra latifolia*, caniço fino com o qual são fabricadas pequenas flautas.

Purupuru namo: não identificado; espécie de mico, às vezes confundido com *yõkoxi a* (*Callicebus torquatus*, zogue-zogue); talvez outra espécie do gênero *Callicebus* sp.

Puu axi na (pl. *kɨ*): *Scaptotrigona* sp., uma abelha pequena.

Puu hana (pl. *kɨ*): *Justicia* sp., planta cujas folhas perfumadas (literalmente "folhas de mel") são usadas pelas mulheres como enfeite em buquês enfiados nas braçadeiras de algodão.

Puu xapiri na (pl. *kɨ*): não identificado; uma abelha preta.

Raema si (pl. *kɨ*): não identificado; grande lagarta marrom comestível.

Rahaka a (pl. *pë*): *Guadua* spp., taquara utilizada para fabricar as pontas de flecha lanceoladas de mesmo nome, usadas para caçar animais de grande porte.

Rai natihi: *Anaxagorea acuminata*, árvore com cuja casca fibrosa são fabricadas tipoias para crianças e faixas para sustentar cargas com a testa (cestos, caça, bananas, pupunhas etc.)

Rapa hi: *Martiodendron* sp., jutaí; árvore imponente, de madeira dura e casca lisa.

Rasa si: *Bactris gasipaes*, pupunheira.

Remoremo moxi: *Centris* sp., grande abelha solitária.

Repoma na (pl. *kɨ*): *Trigona* sp., abelha amarela que nidifica debaixo da terra.

Rio kosi: *Mauritia flexuosa*, buritizeiro (palmeira).

Roha a: *Gonatodes humeralis*, espécie de lagartixa arborícola.

Rõrõ kona (pl. *pë*): não identificado; espécie de cigarra grande.

Ruapa hi: *Caryocar villosum*, piquiá.

Ruru asi: *Phenakospermum guianense*, falsa bananeira, cujos frutos contêm grãos comestíveis e cujas folhas largas são usadas para cobrir tapiris na mata.

Ruru hi: *Rhodostemonodaphne grandis*, árvore da família das lauráceas, cujo tronco é escavado para fabricar grandes recipientes cerimoniais (*huu tihika*).

Sei si (pl. *kɨ*): nome genérico de um conjunto de passarinhos coloridos de diversos gêneros cujas penas são empregadas na fabricação de ornamentos masculinos: *Atlapetes* sp., *Cyanocompsa* sp., *Ammodramus* sp., *Hylophilus* sp., *Cyanerpes* sp., *Dacnis* sp., *Diglossa* sp., *Tangara* sp., *Thraupis* sp.

Siekekema a: *Hypocnemis cantator*, papa-formiga-cantador (ave).

Simotori a: *Titanus giganteus*, besouro titã; inseto xilófago com grandes mandíbulas que chega a medir mais de quinze centímetros de comprimento.

Sitipari si: *Saltator maximus*, sabiá-pimenta, tempera-viola (ave).

Tãɨtãɨma a (pl. *pë*): não identificado; espécie de cigarra.

Tãrakoma a: *Pipra* sp., espécie de uirapuru (ave).

Taritari axi: *Euphonia xanthogaster*, fim-fim-grande, gaturamo-de-barriga-laranja (ave).

Teateama a: *Gampsonyx swainsonii*, gaviãozinho, cauré, cri-cri (ave).

Tʰooroma asi: outro nome do pica-pau-de-barriga-vermelha, *ëxama a*, *Campephilus rubricollis* (ave).

Tʰora a: *Guadua latifolia*, uma espécie de taboca grande com que os caçadores Yanomami fazem estojos para guardar pontas de flecha.

Tima na (pl. *kɨ*): *Trigona* sp., abelha preta que nidifica entre as raízes das árvores.

Tokori a: *Cecropia peltata* e *C. obtusa*, espécies de embaúba abundantes em capoeiras naturais e antigas roças.

Tooro a: macho de *Bufo marinus*, sapo-boi, sapo-cururu, cururu; um dos maiores sapos da Amazônia, cujo nome é uma onomatopeia de seu ruidoso coaxo noturno, notável na chegada das chuvas. Suas glândulas parótidas secretam uma substância leitosa, densa e tóxica. Ver *yoyo a*.

Ukuxi a (pl. *pë*): pequeno borrachudo hematófago, transmissor de oncocercose, pium.

Wãha a (pl. *akɨ*): *Dioscorea trifida*, cará-doce, cultivado.

Waima aka: não identificado; lagartixa frequente nas roças.

Waka moxi (pl. *kɨ*): *Cyperus* sp., planta de feitiçaria cultivada a que se atribui o poder de provocar violentas convulsões.

Wakoa a: *Leucopternis melanops*, gavião-de-cara-preta (ave).

Wakopo na (pl. *kɨ*): *Trigona* sp., abelha amarela muito agressiva.

Wapo kohi: *Clathrotropis macrocarpa*, cabari, timbó-pau; os frutos venenosos dessa árvore são tornados comestíveis mediante uma sucessão de fervuras e períodos de imersão no rio.

Warama aka: *Megalobulimus oblongus*, grande molusco da mata.

Warapa kohi: *Protium* spp., breu; espécie de árvore cuja seiva, inflamável e dotada de propriedades medicinais, é usada com diversas finalidades.

Warea koxikɨ: *Lycosa* sp., tipo de grande tarântula venenosa.

Wari mahi: *Ceiba pentandra*, sumaúma; árvore de grande porte e altas raízes aéreas triangulares, de madeira mole e leve, no tronco da qual são escavados grandes recipientes cerimoniais para mingau de banana, pupunha e macaxeira (*huu tihika*).

Waroma kɨkɨ: *Corallus caninus*, periquitamboia; grande serpente constritora verde de longas presas; não peçonhenta, arborícola e de hábitos noturnos.

Wãsikara a: *Tupinambis teguixin*, teiú branco e preto; grande lagarto terrestre amazônico (oitenta a cem centímetros de comprimento).

Watupa aurima a: *Sarcoramphus papa*, urubu-rei (ave).

Wayapaxi a: *Sciurus igniventris*, quatipuru roxo; espécie de esquilo amazônico.

Wayawaya a (pl. *apë*): não identificado; lagarta comestível marrom-escuro.

Wayohoma a: *Nyctibius griseus*, urutau (ave).

Werehe a: *Amazona farinosa*, papagaio-moleiro (ave).

Weri nahi: *Posoqueria latifolia*, laranja de macaco, baga de macaco ou bacupari-miúdo; árvore cujas flores brancas são apreciadas pelas mulheres como brincos.

Weto mo: *Primolius maracana*, ararinha, maracanã, maracanã-do-buriti (ave).

Wisawisama si: *Tangara chilensis*, saíra-de-paraíso, saíra-paraíso, saixê, sete-cores (ave).

Witiwitima namo: *Elanoides forficatus*, gavião-das-taperas, gavião-tesoura, tapema, tesourão (ave).

Xaki na (pl. *kɨ*): *Trigona amalthea*, abelha preta muito agressiva cujo mel não é consumido.

Xapo kɨkɨ: *Cyperus* sp., planta de feitiçaria considerada capaz de tornar as mulheres estéreis.

Xaraka ahi: *Manilkara huberi*, maçaranduba; árvore de frutos comestíveis e madeira muito resistente.

Xaraka si: *Gynerium sagittatum*, cana-ubá ou cana-do-rio; planta herbácea cultivada para a fabricação de flechas; chega a seis metros de altura.

Xiho a: *Paraponera clavata*, tocandira; grande formiga preta venenosa de picada extremamente potente e dolorosa.

Xiri na (pl. *pë*): não identificado; espécie de formiga alaranjada que se desloca em grandes bandos.

Xiroxiro a: *Cypseloides* spp., nome de várias espécies de andorinhas.

Xitopari hi: *Jacaranda copaia*, jacarandá; árvore de grande porte, de madeira dura e flores lilás. A fumaça produzida pela queima de suas folhas é usada para afastar mosquitos na mata.

Xõa a: *Caladium bicolor*, tinhorão, caládio; planta bulbosa cultivada, usada na magia amorosa feminina.

Xoapema a: *Cymbilaimus lineatus*, chocão-barrado, choca-zebrada, papa-formigas-barrado (ave).

Xopa hi: *Helicostylis tomentosa*, amora-do-mato; árvore de frutos comestíveis.

Xotokoma a: *Trogon melanurus*, surucuá-de-barriga-vermelha, surucuá-de-cauda-preta, surucuá-tatá, e *T. collaris*, surucuá-de-coleira (aves).

Xotʰetʰema a: *Piculus chrysochloros*, carpinteiro, pica-pau-da-copa, pica-pau-dourado-escuro, pica-pau-verde (ave).

Xoo mosi: *Astrocaryum gynacanthum*, coqueiro-mumbaca; possui tronco espinhoso e frutos comestíveis cor de laranja.

Xuwãri na (pl. *kɨ*): *Stelopolybia* sp., grande vespa preta.

Yãkoana hi ou *Yãkoana a*: *Virola elongata*, ucuuba-vermelha; árvore de cuja resina é fabricado o pó alucinógeno *yãkoana a*, cujo principal princípio ativo é a dimetiltriptamina.

Yãma asi (pl. *kɨ*): planta cultivada da família do abacaxi (*Ananas* sp.) que fornece uma fibra utilizada para a fabricação de cordas e barbantes.

Yamanama na (pl. *kɨ*): *Scaptotrigona* sp., pequena abelha preta.

Yamara aka: *Potamotrygon* sp., arraia-de-água-doce, arraia-fluvial.

Yaraka asi: nome genérico para várias espécies de peixes pequenos da família dos characídeos.

Yaremaxi hi: *Brosimum utile*, amapá-doce, garrote, amapá-mururé, janitá; árvore cuja entrecasca batida serve para fabricar tipoias para os recém-nascidos.

Yaro xi (pl. *kɨ*): nome genérico de feitiços de caça feitos com o bulbo de plantas cultivadas do gênero *Cyperus* sp.

Yawara hi: *Micropholis* sp., curupixá; árvore de frutos comestíveis.

Yipɨ hi: *Sorocea muriculata* ssp. *uaupensis*, a "árvore da menstruação", arbusto com pedúnculos carmesim.

Yoi si: provavelmente *Attalea excelsa*, a palmeira urucuri, que pode atingir uma altura de trinta metros e cujos frutos contêm sementes comestíveis.

Yõkihima usi: *Dendrocincla fuliginosa*, arapaçu-liso, arapaçu-pardo, subideira-marrom (ave).

Yopo una (pl. *kɨ*): *Asplundia* sp., planta epífita com cujas cinzas os antigos Yanomami das terras altas preparavam um condimento salgado.

Yõriama a: *Crypturellus soui*, sovi, turiri, tururi (ave).

Yõrixiama a: *Turdus fumigatus*, sabiá-da-mata, sabiá-verdadeiro, sabiá-vermelho (ave).

Yoropori a: *Manduca sexta*, mandarová-do-fumo; grande lagarta verde da família dos esfingídeos, parasita das folhas de tabaco e imune à nicotina.

Yoyo a: fêmea do *Bufo marinus* (sapo-cururu), que pode atingir 22 centímetros e não coaxa (ver *Tooro a*).

Glossário geográfico

TOPÔNIMOS CITADOS EM PORTUGUÊS

Ajarani (rio): afluente da margem direita do rio Branco que em seu curso superior se aproxima da margem direita do rio Catrimani.

Ajuricaba (posto): posto da Funai situado no médio Demini. Foi aberto pelo Serviço de Proteção aos Índios (SPI) em 1941-2 no rio Demini (cachoeira Auatsinaua, localidade de Genipapo) por ocasião da primeira visita da Comissão Brasileira de Fronteiras à região. Teve várias localizações posteriores: na foz do rio Toototobi (1943) e no rio Mapulaú (1947), antes de ser praticamente abandonado e depois reativado no rio Demini em 1957.

Ananaliú (rio): afluente da margem esquerda do alto rio Demini que corre ao longo da serra do Demini ao norte.

Apiaú (rio): afluente da margem direita do baixo rio Mucajaí.

Aracá (rio): afluente da margem direita do baixo rio Demini.

Barcelos: cidade situada na margem direita do rio Negro a montante de Manaus, diante da foz do rio Demini. Em 1972, Barcelos tinha por volta de 15 mil habitantes; em 2014, eram 27 273.

Boa Vista: capital do estado de Roraima. Cidade de 314 900 habitantes (em 2014) que na década de 1950 tinha apenas 5200 habitantes.

Cachoeira dos Índios: cachoeira do baixo rio Aracá.

Caracaraí: vilarejo a 155 quilômetros ao sul de Boa Vista, na margem da estrada que leva a Manaus, cuja população foi de 2200 habitantes em 1976 para 19 981 em 2014.

Casiquiare (canal): canal natural navegável de duzentos quilômetros que liga o rio Orinoco à bacia do rio Negro.

Castanho (igarapé): pequeno afluente da margem esquerda do baixo rio Catrimani (a jusante da cachoeira Piranteira).

Catrimani (rio): grande afluente do baixo rio Branco.

Catrimani (missão): posto missionário católico estabelecido no rio de mesmo nome por padres italianos da ordem da Consolata (Turim) em 1965.

Cauaboris (rio): afluente da margem esquerda do alto rio Negro que nasce na serra Imeri.

Couto de Magalhães (rio): afluente da margem direita do alto rio Mucajaí.

Cutaíba (rio): afluente da margem direita do alto rio Uraricoera que corre ao sul da serra Uafaranda.

Demini (posto): posto da Funai criado em dezembro de 1976 no sítio de um antigo canteiro de obras da estrada Perimetral Norte, cuja construção havia sido abandonada no ano anterior. O grupo do sogro de Davi Kopenawa começou a entrar em contato com esse posto a partir de 1978.

Demini (rio): grande afluente da margem esquerda do rio Negro.

Iauaretê: povoado (hoje de cerca de 3 mil habitantes) formado em torno de uma missão fundada em 1930 pela ordem dos Salesianos, na confluência dos rios Uaupés e Papuri, na região do alto Rio Negro, próximo à fronteira com a Colômbia. O posto da Funai mencionado no livro foi aberto ali em 1974.

Jundiá (rio): afluente da margem direita do alto rio Catrimani.

Jutaí (rio): afluente da margem direita do rio Demini; a jusante da foz do rio Toototobi.

Lobo d'Almada (rio): afluente da margem direita do alto rio Catrimani.

Maiá (rio): afluente da margem esquerda do rio Cauaboris.

Manaus: capital do estado do Amazonas, cidade de 2 020 301 habitantes (2014) situada a 758 km ao sul de Boa Vista. A população de Manaus era de 279 151 habitantes em 1950 e 343 038 em 1960.

Mapulaú (rio): afluente da margem esquerda do alto rio Demini; a montante do rio Ananaliú.

Mapulaú (posto): posto provisório da Funai aberto em 1974 a jusante do rio de mesmo nome; abandonado em 1975-6 e incendiado pelos Yanomami em 1977.

Mucajaí (rio): grande afluente da margem direita do rio Branco.

Novo (rio): afluente do alto rio Apiaú.

Paapiú (posto): posto da Funai estabelecido em 1981 no rio Couto de Magalhães.

Padauiri (rio): afluente da margem esquerda do rio Negro.

Parima (rio): um dos dois formadores do alto rio Uraricoera.

São Gabriel da Cachoeira: cidade de 42 342 habitantes (2010) situada na região do alto rio Negro, a 860 quilômetros de Manaus, no noroeste do estado do Amazonas. A população de São Gabriel era de 13 420 pessoas em 1970.

Serra de Melo Nunes: cadeia de montanhas situada entre os altos rios Mucajaí, Parima e Uraricoera.

Serra Parima: cadeia montanhosa que forma o divisor de águas entre o alto rio Orinoco e o alto rio Parima.

Serra dos Porcos: cadeia montanhosa situada ao sul da aldeia de Iauaretê, na bacia do alto rio Negro.

Siapa (rio): afluente do canal Casiquiare na Venezuela.

Surucucus (posto): posto da Funai fundado em 1976 na região do alto rio Parima, num planalto (a serra das Surucucus) de aproximadamente mil metros de altitude.

Taraú (rio): afluente da margem direita do alto rio Demini.

Toototobi (rio): afluente da margem esquerda do alto rio Demini.

Toototobi (missão): antigo posto missionário da organização evangélica americana New Tribes Mission (NTM — Missão Novas Tribos), fundada entre 1960 e 1963 no alto rio Toototobi, depois abandonada em 1991. O local é atualmente ocupado por um posto de saúde da Sesai (Secretaria Especial de Saúde Indígena).

Uraricaá (rio): afluente da margem esquerda do médio rio Uraricoera.

Uraricoera (rio): um dos dois grandes formadores do rio Branco.

Apurinã: grupo de língua aruaque que vive na bacia do rio Purus, um dos maiores afluentes da margem direita do alto Amazonas (Solimões), com uma população de 8300 pessoas (2012). Os Apurinã começaram a ter contatos mais intensos com brancos (seringueiros) no final do século XIX.

Bahuana: antigo grupo de língua aruaque do rio Demini, hoje extinto.

Kayapó: grupo de língua jê cujo território está localizado no planalto central, na bacia do rio Xingu. Os sete grupos kayapó atuais são descendentes de comunidades que aceitaram o contato pacífico com os brancos nas décadas de 1950 e 1960; totalizam 8638 pessoas (2010).

Krenak: grupo de língua macro-jê de aproximadamente 350 pessoas (2010), situado no rio Doce, no estado de Minas Gerais, descendentes dos "Botocudos", sistematicamente exterminados desde o período colonial.

Maku: caçadores-coletores de língua isolada que vivem na floresta interfluvial entre os rios Tiquié e Papuri (afluentes do Uaupés, alto rio Negro). São por volta de 2500 no Brasil e setecentos na Colômbia. Em razão da dificuldade de acesso ao seu habitat, os Maku foram relativamente preservados das formas de contato a que foram submetidos ao longo de sua história os povos ribeirinhos do alto rio Negro, como os Tukano, que intermediam grande parte de suas relações com o mundo exterior.

Makuxi: grupo de língua caribe de 29 931 pessoas no Brasil (2010) e cerca de 9500 na Guiana (2001), que ocupam os campos do leste do estado de Roraima. Os Makuxi têm estado em contato com os brancos desde meados do século XVIII, quando expedições coloniais começaram a penetrar na bacia do rio Branco.

Munduruku: grupo de língua tupi de 11 630 (2010) pessoas que hoje ocupam territórios separados, estando os principais na bacia do rio Tapajós, um dos grandes afluentes da margem direita do Amazonas. Após um longo período de guerras, os Munduruku entraram em contato pacífico com os brancos no final do século XVIII.

Pauxiana: antigo grupo de língua caribe, extinto desde o início do século XX, cujo território ia do médio rio Catrimani ao baixo rio Mucajaí.

Sateré-Mawé: grupo de língua tupi com uma população de 10 761 pessoas

(2010) vivendo na região do médio rio Amazonas, na divisa dos estados do Amazonas e do Pará. Os Sateré-Mawé tiveram seus primeiros contatos com missionários jesuítas no final do século XVII.

Suruí (Paiter): grupo de língua tupi-mondé de 1172 pessoas (2010) situado na bacia do rio Branco (afluente do rio Roosevelt, bacia do rio Madeira), no estado de Rondônia. Após uma história de contatos violentos com a fronteira econômica regional desde o final do século XIX, os primeiros contatos oficiais dos Paiter com equipes de "pacificação" da Funai datam de 1969, um ano após a abertura da rodovia BR-364, que liga Cuiabá a Porto Velho.

Tariana: grupo de 12 067 pessoas no Brasil (2010) e cerca de duzentas na Colômbia, originalmente de língua aruaque mas que adotou o tukano oriental. Os Tariana vivem na bacia do alto rio Negro (médio Uaupés, baixo Papuri e alto Iauiari). Os caçadores de escravos do período colonial entraram nessa região já em meados século do XVIII. Os missionários franciscanos e salesianos tiveram enorme influência nela a partir de finais do século XIX.

Taurepang (Pemon): grupo de língua caribe com 673 pessoas no Brasil (2010) e 27 157 (2001) na Venezuela. Habitantes das savanas do rio Branco (campos de Roraima), como os Makuxi e os Wapixana, tiveram seus primeiros contatos com brancos em meados do século XVIII.

Tikuna: maior grupo ameríndio da Amazônia brasileira, cuja língua tonal é considerada "isolada". Os Tikuna são 36 377 no Brasil (2010), ocupando vários afluentes da margem esquerda do alto Solimões. São 6982 no Peru (2007) e 8 mil (2011) na Colômbia. O grupo teve seus primeiros contatos com brancos através de missionários jesuítas espanhóis, no final do século XVII.

Tukano: grupo mais importante da família linguística tukano oriental, com 6241 pessoas no Brasil (2005) e 6330 na Colômbia (1988); ocupam principalmente os rios Tiquié, Papuri e Uaupés (alto rio Negro). Como os Tariana, os antigos Tukano tiveram de enfrentar caçadores de escravos portugueses desde meados do século XVIII, e depois missionários católicos, desde o final do século XIX.

Waiãpi: grupo de língua tupi-guarani com 956 pessoas no Brasil (2010) e 950 na Guiana Francesa (2009), concentrando-se na bacia do rio Amapari (afluente do rio Araguari, estado do Amapá). Os Wajãpi foram oficialmente "contatados" por equipes da Funai em 1973, durante a abertura da rodovia BR-210 (Perimetral Norte).

Waimiri-Atroari: grupo de língua caribe situado na margem esquerda do baixo rio Negro (bacia dos rios Jauaperi e Camanaú) com 1120 pessoas. Após uma longa história de violentos conflitos com a população regional em busca de produtos da floresta, o território dos Waimiri-Atroari foi cortado, entre 1972 e 1977, pela rodovia BR-174, que liga Manaus a Boa Vista. Depois de um dramático período de "pacificação" pela Funai e pelos militares encarregados de abrir a estrada, que praticamente os dizimou, o grupo tem se recuperado demograficamente desde a década de 1980.

Wapixana: grupo de língua aruaque de 7832 pessoas no Brasil (2010) (e 6 mil na Guiana, 1990) que habita os campos do leste do estado de Roraima, especialmente na região da serra da Lua, entre os rios Branco e Tacutu, bem como no baixo rio Uraricoera. Como os Makuxi, seus vizinhos caribe, os Wapixana estão em contato com os brancos desde meados do século XVIII.

Warekena: grupo em contato com os brancos desde o início do século XVIII, originariamente de língua aruaque, mas atualmente falante sobretudo de nheengatu (língua geral), a língua franca baseada no tupi-guarani difundida por missionários carmelitas no período colonial. Os Warekena são 887 pessoas no Brasil (2010) e 513 na Venezuela (2001). Vivem no rio Xié, afluente do alto rio Negro.

Xikrin: subgrupo kayapó (família linguística jê) de 1818 pessoas (2010) que habita a bacia dos rios Itacaiúnas (afluente da margem esquerda do baixo Tocantins) e Bacajá (afluente da margem direita do Xingu), no estado do Pará. Os primeiros contatos dos Xikrin com o SPI datam dos anos 1950.

Ye'kuana: grupo de língua caribe vizinho dos Yanomami setentrionais (*Sanima*), com 471 pessoas no Brasil (2011) (e 6523 na Venezuela, 2001), situado principalmente no rio Auaris (formador do rio Uraricoera). A história do contato dos Ye'kuana foi marcada pela colonização espanhola, no século XVIII, e pela entrada brutal dos seringueiros no seu território no início do século XX.

Fonte: Enciclopédia on-line *Povos indígenas no Brasil*, Instituto Socioambiental, São Paulo. Disponível em: <http://pib.socioambiental.org>. Acesso em: 25 maio 2015.

TOPÔNIMOS E ETNÔNIMOS CITADOS EM YANOMAMI

Amat^{h}a u: pequeno afluente da margem direita das cabeceiras do rio Orinoco; local ocupado pelos antepassados dos Yanomami do rio Toototobi.

Amikoapë t^{h}ëri: grupo localizado no alto rio Mucajaí nas primeiras décadas do século XX.

Arahai t^{h}ëri: grupo ancestral dos atuais habitantes do rio Catrimani estabelecido na região das cabeceiras do rio Mucajaí no começo do século XX.

Ariwaa t^{h}ëri: grupo *xamat^{h}ari* (Yanomami ocidentais) que vivia na região das cabeceiras do rio Demini nos anos 1960, mais tarde conhecido pelo nome de *H^{w}ayasiki t^{h}ëri* (região do rio *Parawa u*).

Hapakara hi: local ocupado no início dos anos 1970 pelo grupo do sogro de Davi Kopenawa, no alto rio Lobo d'Almada.

Haranari u: o rio Ananaliú.

Hayowa t^{h}ëri: grupo *xamat^{h}ari* localizado entre o alto rio Siapa e o alto rio Orinoco no começo do século XX.

Hayowari: colina situada nas cabeceiras dos rios Orinoco e Parima. Lugar mítico da transformação de um grupo de ancestrais Yanomami, os *Hayowari t^{h}ëri*, que deram origem aos brancos.

Hero u: o rio Couto de Magalhães, afluente da margem direita do alto rio Mucajaí.

Hewë nahipi: local ocupado a partir de 1977 no baixo rio Jundiá, afluente da margem direita do rio Catrimani (depois do abandono da casa de *Makuta asihipi*).

H^{w}ara u: o alto curso do rio Orinoco.

H^{w}axi t^{h}ëri: grupo inimigo dos habitantes do alto rio Toototobi no início dos anos 1950, situado nas terras altas das cabeceiras dos rios Orinoco e Parima.

H^{w}axima u: pequeno afluente da margem direita das cabeceiras do rio Orinoco. *H^{w}aya u*: local ocupado no início da década de 1970, no rio de mesmo nome, afluente da margem direita do médio rio Lobo d'Almada.

Iwahikaropë t^{h}ëri: grupo *xamat^{h}ari* do alto rio Padauiri, afluente da margem esquerda do rio Negro no Brasil.

Kapirota u: o rio Jutaí.

Kaxipi u: o rio Jundiá.

Kõana u: pequeno afluente da margem esquerda das cabeceiras do Orinoco, antigamente ocupado pelos ancestrais dos Yanomami do rio Toototobi.

Kokoi u: o rio Demini.

Konapuma t^hëri: grupo *xamat^{h}ari* do alto rio Siapa na Venezuela.

Maharu u: o rio Mapulaú.

Mai koxi (ou *Mai koko*): antiga designação dos habitantes do rio Catrimani por seus inimigos do rio Toototobi.

Maima sikɨ u: pequeno afluente da margem esquerda do rio Mapulaú (a montante do *Werihi sihipi u*).

Mait^{h}a: grupo ameríndio extinto com quem os antigos Yanomami tinham contato até as primeiras décadas do século XX na região da serra *Takai makɨ* (serra de Melo Nunes, ver abaixo) e de quem obtinham ferramentas de metal.

Makuta asihipi: local ocupado na primeira metade dos anos 1970 no rio Jundiá, afluente do rio Catrimani.

Mani hipi: local ocupado na primeira metade dos anos 1970, situado entre o alto rio Jundiá e o médio rio Lobo d'Almada, outro afluente do alto Catrimani.

Manito u: pequeno afluente da margem esquerda da cabeceira do rio Orinoco ocupado pelos ancestrais dos Yanomami do Toototobi.

Marakana: local habitado na década de 1950 pelo grupo dos pais de Davi Kopenawa. A casa coletiva de *Marakana* foi visitada por uma expedição do SPI e de missionários da New Tribes Mission em junho de 1958. Um dos missionários, J. McKnight, descreve-a como uma estrutura oval de 58 por 41 metros, com cerca de duzentos moradores (McKnight, 1958, p. 10).

Mõra mahi araopë: local situado no alto rio Toototobi e ocupado pelos ascendentes de Davi Kopenawa nos anos 1930-40.

Moxi hatëtëma: ver *Yawari*.

Opiki t^hëri: grupo da região do rio Catrimani nos anos 1970.

Parahori: os Yanomami orientais designam com esse termo um conjunto de comunidades das terras altas da margem esquerda do alto rio Parima.

Parawa u: o alto rio Demini.

Puu t^ha u: o rio Cutaíba.

Sina t^ha: local situado no alto rio Toototobi e ocupado pelos aliados do grupo dos ascendentes de Davi Kopenawa (ver *Mõra mahi araopë* e *Yoyo roopë*) no final dos anos 1940.

Takai makɨ: a serra de Melo Nunes.

Tëpë xina hiopë t^hëri: grupo antigamente instalado a uns quinze quilômetros ao norte do posto da Funai da serra das Surucucus (alto rio Parima).

T^hoot^hot^hopi: local no alto rio Toototobi ocupado nos anos 1930 por um grupo desde então desaparecido (os *Xihopi t^hëri*) e reocupado no começo dos anos 1960 pela comunidade dos ascendentes de Davi Kopenawa. O local foi depois escolhido pela New Tribes Mission para a instalação de um de seus postos missionários (1963-91). Esse nome foi transformado pelos brancos em "Toototobi" (missão Toototobi e rio Toototobi).

Uxi u: o rio Lobo d'Almada e nome de local em seu médio curso ocupado na década de 1970.

Waika: designação dos Yanomami orientais pelos Yanomami ocidentais (*Xamat^hari*).

Waka t^ha u: o rio Catrimani.

Waka t^ha u t^hëri: grupo do alto rio Catrimani instalado perto da missão católica de mesmo nome.

Wanapi u: afluente da margem esquerda do alto Demini.

Warëpi u: afluente da margem esquerda do rio Cunha Vilar (*Paxoto u*); seu alto curso, paralelo ao do alto rio Toototobi, foi ocupado nos anos 1950 e 1960 por um grupo aliado ao dos ascendentes de Davi Kopenawa.

Wari mahi: local no alto rio Toototobi, ocupado após o de *Marakana*, no começo dos anos 1960, pelos ascendentes de Davi Kopenawa.

Watata si: grupo ameríndio extinto com quem os antigos Yanomami tinham contato até as primeiras décadas do século XIX na região do alto rio Parima e de quem obtinham ferramentas de metal.

Watorikɨ: a serra do Demini, situada na margem esquerda do alto rio Demini, entre os rios Ananaliú e Filafilaú. Formação rochosa ao pé da qual foi criado o posto da Funai de Demini em 1977.

Wawanawë t^hëri: grupo *xamat^hari* localizado nos rios Cauaboris e Maiá (afluente do anterior).

Weerei kikɨ: pico rochoso da serra do Demini, situado entre os alto cursos do rio Ananaliú e do igarapé Xeriana.

Werihi sihipi: pequeno afluente da margem direita do rio Mapulaú (a jusante do *Maima sikɨ u*).

Weyahana u: o rio Toototobi.

Weyuku tʰëri: grupo *xamatʰari* que, nos anos 1960, morava num tributário do rio Taraú (afluente da margem direita do alto curso do rio Demini).

Xamatʰari: designação dos Yanomami ocidentais pelos Yanomami orientais (*Waika*).

Xama xi pora: grande cachoeira do alto rio Parima.

Xiriana: denominação dos Yanomami de língua Ninam (Yanam) dos rios Mucajaí e Uraricaá pelos Yanomami orientais.

Yawari: denominação dos Yanomami dos rios Ajarani e Apiaú pelos Yanomami orientais.

Yoyo roopë: local situado nas cabeceiras do rio Toototobi e ocupado pelos ascendentes de Davi Kopenawa nos anos 1930-40.

Notas

PRÓLOGO [pp. 43-53]

1. "Yanomami" é uma simplificação do etnônimo *Yanõmamɨ*, termo que, seguido do plural *tëpë*, significa "seres humanos" em yanomami ocidental (para maiores detalhes, ver anexo I).

2. Os Yanomami ocupam também a bacia do Cassiquiare, canal natural entre o Orinoco e o alto rio Negro.

3. São 11341 na Venezuela (segundo o *Censo de comunidades indígenas* de 2011) e 21267 no Brasil (segundo recenseamento da Sesai — Secretaria Especial de Saúde Indígena, de 2013). Fonte: *Mapa Território e Comunidades Yanomami Brasil-Venezuela*, 2014 (ISA — Instituto Socioambiental, São Paulo). Visto que os especialistas locais avaliam que cerca de 30% da população Yanomami na Venezuela não foi atingida pelo censo, a população Yanomami estimada nos dois países seria, na realidade, próxima de 36 mil pessoas (E. Benfica Senra-ISA, comunicação pessoal).

4. Ver Albert, 1985, e Duarte do Pateo, 2005. Os Yanomami setentrionais se afastam dessas características gerais, tanto na organização social como no habitat (Ramos, 1995).

5. Que tinha sucedido ao SPI em 1967.

6. Ver Albert, 1993.

7. *Hutukara* é o nome xamânico do antigo céu que caiu no tempo das origens, formando a atual "terra-floresta" (*urihi a*). Para os fundadores da associação, é um "nome defensor da terra-floresta" (*urihi noamatima a wããha*).

8. Com Claudia Andujar, fotógrafa excepcional, e Carlo Zacquini, religioso atípico, ambos igualmente impactados pelo seu encontro com os Yanomami no Brasil.

9. A partir de 2009, esses programas foram incorporados às atividades do Instituto Socioambiental (<www.socioambiental.org>).

10. Há várias referências a casos de outras moças capturadas pelos Yanomami no alto curso dos afluentes da margem esquerda do rio Negro a partir de 1925 (Albert, 1985, pp. 53-6). Foi publicada, aliás, uma nova versão do relato de Helena Valero, em 1984, na Venezuela, dessa vez em seu nome, compilada por R. Agagliate e editada por E. Fuentes (Valero, 1984; ver Lizot, 1987). Nascida em 1919, Helena Valero faleceu em 2002.

11. Ver, por exemplo, Brumble, 1993.

12. Como os relatos de vocação xamânica (ver capítulo 3) ou as narrativas de itinerários migratórios (ver Albert, 2008).

PALAVRAS DADAS [pp. 63-6]

1. Ter "língua de fantasma" (*aka porepë*) significa falar uma língua não yanomami, expressar-se desajeitadamente, gaguejar, emitir sons inarticulados ou ser mudo.

2. A palavra *napë* (pl. *pë*) significa "forasteiro, inimigo".

3. Todo ente possui uma "imagem" (*utupë a*, pl. *utupa pë*) do tempo das origens, que os xamãs podem "chamar", "fazer descer" e "fazer dançar" enquanto "espírito auxiliar" (*xapiri a*). Esses seres-imagens ("espíritos") primordiais são descritos como humanoides minúsculos paramentados com ornamentos e pinturas corporais extremamente luminosos e coloridos. Entre os Yanomami orientais, o nome desses espíritos (pl. *xapiri pë*) designa também os xamãs (*xapiri tʰë pë*). Praticar o xamanismo é *xapirimuu*, "agir em espírito", tornar-se xamã é *xapiripruu*, "tornar-se espírito". O transe xamânico, consequentemente, põe em cena uma identificação do xamã com os "espíritos auxiliares" por ele convocados.

4. A expressão *pata tʰë pë* designa os líderes de facção ou de grupos locais (os "grandes homens") ou, de modo geral, os "anciãos".

5. *Omama* é o demiurgo da mitologia yanomami. Ver capítulo 2.

6. Os Yanomami chamam as páginas escritas e, de modo mais geral, os documentos impressos contendo ilustrações (revistas, livros, jornais) de *utupa siki* ("peles de imagens"). Para o papel, utilizam a expressão *papeo siki*, "peles de papel". Referem-se à escrita com termos que descrevem certos motivos de sua pintura corporal: *oni* (séries de traços curtos), *turu* (conjunto de pontos grossos) e *yãikano* (sinusoides). Escrever é, assim, "desenhar traços", "desenhar pontos" ou "desenhar sinusoides", e a escrita, *tʰë ã oni*, é um "desenho de palavras".

7. As gravações de onde nasceu este livro foram feitas num gravador de fitas cassete. A expressão *tʰë ã utupë*, "imagem, sombra das palavras", refere-se à gravação sonora.

8. Os Yanomami orientais designam seus antigos por três termos genéricos: *pata tʰë pë* (os "grandes homens", os "anciãos"), *xoae kiki* (o "conjunto dos avós", os antepassados históricos, os maiores) e *në pata pë* (os ancestrais míticos).

9. *Teosi* vem do português "Deus". Essa "gente de "*Teosi*" são os missionários evangélicos fundamentalistas da organização americana New Tribes Mission (NTM), que fizeram sua primeira visita ao alto rio Toototobi (*Weyahana u*) em 1958, quando Davi Kopenawa devia ter dois

ou três anos. A NTM foi fundada nos Estados Unidos, em 1942, por Paul W. Fleming, e tem sede em Sanford, Flórida; é conhecida no Brasil como Missão Novas Tribos (MNTB).

DEVIR OUTRO

1. DESENHOS DE ESCRITA [pp. 69-79]

1. *Yossi* é um nome de origem hebraica, diminutivo de Yossef (Joseph). Davi Kopenawa o associa aos membros da Comissão Brasileira Demarcadora de Limites (CBDL) que percorreu o alto Toototobi com o SPI, em 1958-9. É mais provável que seja de origem missionária: um pastor da New Tribes Mission acompanhava a primeira expedição do SPI ao alto Toototobi, em junho de 1958. Acerca da aldeia de *Marakana* e dos primeiros contatos com os brancos, ver os capítulos 10 e 11.

2. A palavra *yoasi* (pl. *pë*) designa uma micose (*Pityriasis versicolor*) que provoca manchas de despigmentação (pano branco). O ciclo mítico consagrado ao demiurgo yanomami e a seu irmão apresenta invariavelmente este último como um ser colérico, lúbrico e desastrado (ver M 187, 191, 197-8).

3. Fácil de pronunciar e que não lembra nenhuma palavra yanomami. Os "nomes de branco" que a isso se prestam foneticamente são objeto de inesgotáveis deformações humorísticas, como Ivana, tornado *iwa na*, "vagina de jacaré". Aliás, *wãäha yahatuaɨ*, "maltratar", ofender o nome", equivale a "insultar".

4. A sedimentação dos "nomes de branco" (*napë wãäha*) nas aldeias yanomami na esteira da passagem de sucessivos visitantes mereceria um estudo: nomes bíblicos, nomes de agentes da administração indigenista, de médicos e políticos locais, nomes de estados brasileiros, de estrelas do futebol ou de programas de televisão, nomes de personagens de desenho animado e até de marcas publicitárias. Considerados socialmente neutros — contanto que não se aproximem foneticamente de nenhuma palavra yanomami —, os "nomes de branco" são utilizados não apenas em situações de contato mas, cada vez mais, entre os jovens yanomami. Os apelidos tradicionais, que não podem ser pronunciados na presença de seus portadores ou de seus parentes próximos, conservam, entretanto, seu modo de circulação mais confidencial.

5. Sobre a terminologia de parentesco dos Yanomami orientais, ver Albert & Gomez, 1997, pp. 289-98. Note-se que o vocativo *õse!* aplica-se igualmente aos irmãos e irmãs, aos filhos e inclusive aos sobrinhos e sobrinhas, quando pequenos.

6. Davi Kopenawa utilizou aqui esse termo — que não existe em yanomami — em português. Por outro lado, "tio", "tia" e "avós" traduzem os termos de parentesco yanomami *xoae a*, *yae a*, que correspondem respectivamente às posições genealógicas "irmão da mãe", "irmã do pai" e "avô/avó".

7. Os Yanomami designam esses "nomes da infância" pela expressão *wãäha oxe kuowi*.

8. Além de características físicas ou comportamentais ("Pernas longas", "cara fechada", "Chorão"), os nomes yanomami às vezes denotam eventos associados ao nascimento (*Waikama*, nascido após um ataque de um grupo chamado Waika) ou local de nascimento (*Yokoto*, que significa "lago").

9. A “gente de longe” (*praha t^hëri t^hë pë*) ou “outra gente” (*yayo t^hë pë*) são, nesse caso, não parentes e habitantes de outras casas comunais. Os Yanomami opõem aos nomes de infância os apelidos pejorativos da idade adulta, descritos pela expressão *wããha yahatuaɨwi t^hë ã* (“palavras para maltratar, para ofender o nome”).

10. Não se pode, a fortiori, pronunciar o nome de um morto diante de seus parentes. Além disso, perguntar abruptamente seu nome “tradicional” a qualquer Yanomami o deixará constrangido e a resposta, em geral, será “Não tenho nome” ou “Não sei; pergunte a outra pessoa”.

11. A família linguística yanomami se subdivide em pelo menos quatro línguas e vários dialetos (ver Anexo I). “Xiriana” é uma denominação proveniente dos Ye’kuana, vizinhos setentrionais dos Yanomami (Arvello-Jimenez, 1971, p. 22, n. 2). O termo era também utilizado, antigamente, para designar tanto os Yanomami do rio Toototobi (de onde vem Davi Kopenawa) quanto, a jusante, os Aruaque (Bahuana) do rio Demini (Ramirez, 1992, p. 4).

12. Uma certidão de nascimento com esse nome foi emitida pela Funai para Davi Kopenawa em janeiro de 1974 e uma carteira de identidade em julho de 1975. A data de nascimento (presumida) que consta nesses documentos é 15 de fevereiro de 1956.

13. Essa autodenominação xamânica foi finalmente reconhecida pela Justiça brasileira, em março de 2008. “Davi Xiriana” pôde, assim, tornar-se “Davi Kopenawa Yanomami”, nome pelo qual se fez conhecer a partir da década de 1980, no Brasil e fora dele, em sua luta em defesa de seu povo.

14. Esses assassinatos ocorreram em agosto de 1987, na região do posto Paapiú da Funai, no alto rio Couto de Magalhães (*Hero u*). Ver capítulo 16.

15. Davi Kopenawa foi iniciado no xamanismo no início da década de 1980, pelo pai de sua esposa, líder da comunidade onde reside atualmente com a família, *Watorikɨ*. Realizar uma sessão de xamanismo (*xapirimuu*, “agir como espírito”) se diz também *yãkoanamuu*, “agir sob influência do pó de *yãkoana*”. Embora se use a expressão “beber (*koaɨ*) o pó de *yãkoana*”, este é inalado. O pó é fabricado a partir da resina tirada da parte interna da casca da árvore *Virola elongata*, que contém um poderoso alcaloide alucinógeno, a dimetiltriptamina (DMT). A DMT possui uma estrutura química próxima da serotonina, um neurotransmissor, e age fixando-se a alguns dos receptores desta. Seus efeitos psíquicos são semelhantes aos do LSD. O pó de *yãkoana* contém ainda diversos ingredientes que provavelmente intensificam seu efeito: folhas secas e pulverizadas de *maxara hana*, cinzas de cascas das árvores *ama hi* e *amat^ha hi* (ver Albert & Milliken, 2009, pp. 114-6).

16. Diz-se que, ao soprar o pó de *yãkoana* nas narinas de um noviço, o xamã que o inicia lhe transmite seus espíritos *xapiri* com seu “sopro vital” (*wixia* ou *wixi aka*). Davi Kopenawa traduz *wixia*, em português, como “força, riqueza”. Num contexto mais geral, enquanto componente da pessoa, refere-se a ela como “vida” ou “energia”. Além da respiração, *wixia* é associado à abundância de sangue e aos batimentos cardíacos e, portanto, à imagem do corpo/essência vital da pessoa (*utupë*).

17. A dança de apresentação (*praiaɨ*) desses seres-imagens (“espíritos” *xapiri*) reproduz a dos primeiros ancestrais humanos/animais (*yarori*) no mito de origem do fogo (M 50) e constitui o protótipo superlativo da dança dos convidados (*h^wama*) na abertura das grandes cerimônias intercomunitárias *reahu*. Esta é realizada em torno da praça central da casa, individualmente no início, depois em grupo. Batendo no chão com os pés, os homens dançam girando sobre si

mesmos e brandindo suas armas ou objetos de troca. As mulheres agitam galhos novos de palmeira enquanto se movem para a frente e para trás.

18. O "rastro do ensinamento" que remete à origem mítica de um costume se diz *hiramano*, de *hira-*, "nomear, ensinar, criar", *-ma* (passivo), *-no*, "rastro".

19. Para os Yanomami das terras baixas, o epicentro da guerra e do ímpeto guerreiro está situado entre a gente das terras altas, no coração histórico do território yanomami, na serra Parima. Sobre essa "Gente da Guerra" (*Niyayopa tʰëri*), ver o capítulo 21.

20. *Waitʰiri*, a palavra utilizada aqui por Davi Kopenawa, tem ambos os significados.

21. O estado ritual (*õnokae*) do guerreiro homicida (que tem "a testa engordurada") remete ao fato de se considerar que ele tem de digerir ritualmente (*õnokaemuu*) o cadáver ensanguentado e a gordura de sua vítima (ver Albert, 1985, cap. 11).

22. Em outra versão desse mito, narrada pelo sogro de Davi Kopenawa (M 288), *Aro* se transforma em onça. A terminação *-wë*, acrescentada ao nome desse personagem, é um empréstimo à onomástica dos Yanomami ocidentais (*Xamatʰari*).

23. Esses seres maléficos da floresta são designados, genericamente, pela expressão *në wãri pë*: *në* ("valor de"), *wãri* "mal, mau", *pë* (pl.).

24. Para os Yanomami, a carne e o sangue do feto são formados pelo esperma do (ou dos) genitor(es), acumulado por sucessivas relações sexuais durante a gravidez.

25. Os *Titi kɨkɨ* ("noite" seguido de um plural de conjunto) projetam abaixo de si uma mancha de escuridão que se espalha quando são flechados (ver M 80).

26. Acerca da queda do céu, ver M 7. A mitologia yanomami compreende dois conjuntos principais de narrativas. O primeiro descreve a socialidade anômica dos ancestrais humanos/animais (*yarori*) da primeira humanidade, que provocou sua metamorfose em caça (*yaro*) e a de suas "imagens" (*utupë*) em espíritos xamânicos (*xapiri*). O outro desenvolve a gesta do demiurgo *Omama* e de seu irmão, o enganador *Yoasi*, criadores do mundo e da sociedade humana atuais.

27. Os Yanomami cultivam uma centena de variedades de cerca de quarenta espécies vegetais (ver Albert & Milliken, 2009, pp. 32-41).

28. Os Yanomami consideram que as doenças contagiosas se propagam na forma de fumaça, de onde a expressão *xawara wakixi*, "fumaça de epidemia" (ver Albert, 1988, 1993, e Albert & Gomez, 1997, pp. 48, 112-5). *Xawara* designa, genericamente, todas as doenças infecciosas contagiosas. Os Yanomami orientais distinguem dezoito tipos de *xawara* (Albert & Gomez, 1997, pp. 112-5).

29. O *reahu*, grande festa intercomunitária, é ao mesmo tempo uma cerimônia de aliança política e um ritual funerário (ver Albert, 1985).

30. As oposições entre *Teosi* e *Omama* (com uma certa "teologização" deste), entre escrita e oralidade, bem como entre culto cristão e xamanismo, são pilares centrais da "reversão" efetuada por Davi Kopenawa da pregação evangélica a que foi submetido na infância (ver capítulo 11).

31. Alusão ao livro do antropólogo americano N. A. Chagnon sobre os Yanomami da Venezuela, *Yanomamö, The Fierce People*, publicado em 1968. Essa obra (republicada com o mesmo subtítulo em 1977 e 1983) e escritos posteriores do mesmo autor (como Chagnon, 1988) contribuíram para propagar, durante várias décadas, a imagem preconceituosa dos Yanomami como um povo belicoso e violento. Tais escritos têm sido regularmente contestados por outros

especialistas nesse grupo desde a década de 1970 (ver Tierney, 2000; Borofsky, 2005) e, mais recentemente, pelos próprios Yanomami (ver capítulo 21).

32. A geração dos pais de Davi Kopenawa foi dizimada por duas epidemias sucessivas, nas décadas de 1950 e 1960; o grupo do pai de sua esposa, do mesmo modo, em 1973 e em 1977. Ver capítulos 11 e 13.

33. Essa pergunta e a insistência com que é feita deixam os Yanomami ainda mais perplexos na medida em que esse etnônimo é uma adaptação externa de uma expressão que significa "os humanos" (ver anexo I).

34. Entre os Yanomami ocidentais, as cinzas dos ossos dos mortos são ingeridas com o conteúdo de uma cabaça de mingau de banana-da-terra. Entre os Yanomami orientais, apenas as cinzas das crianças são consumidas desse modo, ao passo que as dos adultos são sepultadas na fogueira de seus parentes mais próximos. Em ambos os casos, o serviço funerário fica a cargo dos afins potenciais do morto. A expressão "pôr as cinzas em esquecimento" (*uxi pë nëhë mohotiamãi*) se refere a esse processo de ingestão ou sepultamento (ver Albert, 1985).

2. O PRIMEIRO XAMÃ [pp. 80-7]

1. De *yaro*, (animal de) caça, seguido do sufixo *-ri* (pl. *pë*), que denota o que se refere ao tempo das origens, não humano, superlativo, monstruoso ou de extrema intensidade. Esses ancestrais (*në pata pë*) compunham a primeira humanidade, que foi se transformando paulatinamente em caça, em razão de seu comportamento desregrado. Trata-se, na mitologia yanomami, de seres cuja forma pré-humana, sempre instável, está sujeita a uma irresistível propensão ao "devir animal" (*yaroprai*). De modo geral, os comportamentos que precipitam tais metamorfoses (*xi wãri-*) invertem as normas sociais atuais, particularmente as que regem as relações entre afins. São as imagens (*utupë*) desses seres primordiais que são convocadas como entidades ("espíritos") xamânicas (*xapiri*).

2. Acerca da queda do céu e desses ancestrais ctônicos, ver M 7 e cap. 6 e 7.

3. Placa circular de cerâmica utilizada para assar os beijus de mandioca (*mahe*).

4. Os Yanomami descrevem o nível celeste (*hutu mosi*) como um tipo de abóbada apoiada no nível terrestre (*warõ patarima mosi*) graças a "pés" (estacas) gigantescos.

5. Sobre o poder patogênico do metal que *Omama* escondeu dentro da terra, ver o cap. 16.

6. Sobre *Omama* e a origem dos rios, ver M 202; sobre *Omama* e a origem do metal, ver cap. 9.

7. Sobre o monstro aquático *Tëpërësiki* (às vezes associado à sucuri), a união de sua filha com *Omama* e a origem das plantas cultivadas, ver M 197 e 198.

8. Sobre o nascimento do filho de *Omama*, ver M 22. Davi Kopenawa às vezes chama esse filho de *Pirimari*, que é também o nome da "estrela" que os Yanomami chamam de "genro da lua", o planeta Vênus.

9. A forma desse nome possui um caráter de redobramento do feminino: *tʰuë*, "mulher, esposa", *-yoma*, sufixo feminino (por exemplo, *napëyoma* = "mulher branca (*napë*)". O que expressa bem o quanto se trata da (primeira) Mulher. É uma "mulher-peixe", que Davi Kopenawa costuma comparar a nossa imagem da sereia (ver cap. 20).

10. Esses seres maléficos da floresta também são chamados de *në wãri kiki* (literalmente "valor de mal — plural de conjunto"), e qualificados pela expressão *yanomae tʰë pë rããmomãɨwi*, "os que fazem adoecer os humanos" ou *yanomae watima tʰë pë*, "comedores de seres humanos".

11. As "pessoas comuns", *kuapora tʰë pë* (literalmente "gente que simplesmente existe") são aqui contrapostas aos xamãs, *xapiri tʰë pë* (literalmente "gente espírito"). Estes atribuem àquelas "olhos de fantasma", pois só são capazes de ver a aparência enganosa dos seres e dos fenômenos. A visão xamânica, em compensação, dá acesso à imagem-essência dos entes (*utupë*) no tempo de sua criação mítica. Essa forma-imagem é denotada pelo sufixo *-ri* (pl. *-ri pë*). O conceito de *utupë* designa igualmente a imagem corpórea interior/essência vital dos seres animados atuais.

12. Os xamãs de *Watoriki* dizem que a forma espectral (seu "valor de fantasma") de *Omama* (equivalente à sua imagem, *utupë*) "tem muitos nomes" (*tʰë ã waroho*), tais como o ser sol, *Motʰokari*, o ser onça, *Ɨramari*, e o ser maléfico, *Omamari*.

13. Ver, para uma outra versão desse mito da origem da vida breve, M 191. Entre os Yanomami ocidentais, as mães amarram o cordão umbilical dos recém-nascidos nessas árvores, e giram em torno delas com os bebês no colo, para lhes garantir vida longa (Lizot, 2004, p. 321).

14. O canto choroso dos tucanos é considerado particularmente melancólico. É por isso associado ao luto e à saudade. Ouvir "chorar" os tucanos na floresta prenuncia morte numa casa distante; escutar seus apelos no final do dia inspira nostalgia amorosa.

15. Davi Kopenawa se refere aqui respectivamente ao "pensamento consciente" (*pihi*, que designa também a volição e o olhar) e ao "sopro vital" (*wixia*). A morte é nomeada *noma a*.

16. A ação da cura xamânica é descrita principalmente por três expressões bélicas: *në yuaɨ*, "vingar-se"; *nëhë rëaɨ*, "interpor-se, colocar-se de emboscada"; e *nëhë yaxuu*, "expulsar, afugentar" (ver cap. 6). A cura xamânica é, assim, concebida na forma de uma ação vingativa contra os agentes patogênicos predadores da imagem corpórea/essência vital (*utupë*) do doente.

17. Tubo de sessenta a noventa centímetros, geralmente fabricado com o caule esvaziado de uma pequena palmeira, *horoma a*, ou com a cana de flecha cultivada *xaraka si*.

18. Diz-se que os maiores xamãs yanomami são capazes de expectorar (*kahiki hou*, "cuspir, regurgitar, devolver pela boca") os objetos patogênicos que afetam a imagem corpórea/essência vital (*utupë*) ou o duplo animal (*rixi*) dos doentes. Ver cap. 7.

19. A expressão "agir/entrar em estado de fantasma" (*poremuu*) se refere aos estados de alteração de consciência provocados pelos alucinógenos e pelo sonho (mas também pela dor ou pela doença), durante os quais a imagem corpórea/essência vital (*utupë*) se vê deslocada e/ou afetada. No caso, o fantasma (*pore*), que cada vivente traz em si enquanto componente da pessoa, assume o comando psíquico em detrimento da consciência (*pihi*). "Tornar-se outro" (literalmente "assumir valor de outro") refere-se primeiramente a esse processo.

20. Esses buquês são confeccionados com penas rasgadas longitudinalmente e ligadas num pequeno cabo de madeira. Muitas vezes trata-se de penas verdes de asas de papagaio-moleiro *werehe*, ou de penas pretas e brancas de asas de jacamim *maraxi*. Esse tipo de penacho também pode ser feito com penas ventrais brancas de mutum *paari* ou de gavião *wakoa*.

21. Ornamento usado, como os descritos na nota anterior, tanto pelos xamãs como pelos homens em geral, durante as festas comunitárias *reahu*. Trata-se de penugem de urubu, *watupa aurima a*, ou de aves de rapina, *wakoa a* e *kãokãoma a*.

22. O pelo da cauda desse macaco é denso, bem preto e brilhante.

23. *Ũũxi* ("o interior") designa a sede dos componentes da pessoa, por oposição ao invólucro corporal ("a pele"), *siki*. A expressão *xi wãri-* (literalmente "tornar-se ruim") se refere às transformações míticas e a toda espécie de mudança de forma/identidade ("metamorfosear-se, perder a própria forma, retornar ao caos" e também "perder o juízo, estar fora de si"). Tem por sinônimo *në aipëi*, "tornar-se outro/assumir valor de outro". Significa também, no sentido literal, "enredar-se, tornar-se inextricável, não mais cessar (estado ou ação), ficar bloqueado". Note-se aqui que o xamanismo noturno, associado aos sonhos, é parte fundamental do xamanismo yanomami. A iniciação e o trabalho xamânico parecem dominar a produção onírica dos xamãs, cujos sonhos são, assim, constituídos principalmente de restos alucinatórios do xamanismo diurno (ver cap. 22). Finalmente, o uso do pó de *yãkoana* e os sonhos permitem igualmente aos xamãs ter acesso ao tempo mítico, que continua transcorrendo imutavelmente, num eterno presente das origens, enquanto "outra cena" do tempo histórico (o das migrações e das guerras).

24. Toda forma de agressão letal, humana ou não humana é concebida pelos Yanomami como uma forma de predação (ver Albert, 1985).

25. A atividade xamânica é designada pelo verbo *kiãi*, "mover-se, trabalhar (genérico)".

3. O OLHAR DOS *XAPIRI* [pp. 88-109]

1. O termo *yai tʰë* (pl. *pë*) designa entidades invisíveis (pelo menos aos olhos da "gente comum"), estranhas e ameaçadoras, bem como seres/objetos visíveis porém desconhecidos, não nomeados, ou incomestíveis. O conjunto dos *yai tʰë pë* inclui, entre outros, os fantasmas (*pore pë*), os seres maléficos da floresta (*në wãri pë*) e os espíritos xamânicos (*xapiri pë*). Opõe-se a *yanomae tʰë pë*, os "humanos", e a *yaro pë*, os "animais (comestíveis), caça" (os animais domésticos são chamados *hiima pë*).

2. Na segunda metade dos anos 1950.

3. O sonho (*mari*) é considerado um estado de ausência temporária da imagem corpórea/essência vital (*utupë*) que se destaca do invólucro corporal (*siki*) para ir para longe. O sonho xamânico (designado como "o valor de sonho dos espíritos", *xapiri pë në mari*) ocorre quando os *xapiri* viajam levando a imagem do sonhador.

4. Davi fez sua iniciação xamânica no começo da década de 1980. Ver o relato dessa iniciação no capítulo 5.

5. Ver o relato da fuga de *Omama* e da criação das montanhas no cap. 4.

6. Os *xapiri*, em sua maioria, são as imagens (*utupë*) dos ancestrais animais míticos (*yarori*).

7. A pintura corporal preta dos guerreiros é feita com carvão triturado e látex do tronco da árvore *operema axihi* (ver Albert & Milliken, 2009, pp. 111-2).

8. Essas "mulheres das águas" são por vezes chamadas *tʰuëyoma* (pl. *pë*), como a esposa de *Omama*. Pertencem à gente das águas, associada ao sogro aquático de *Omama*, *Tëpërësiki* (M 198, M 197). São mais comumente designadas como *yawarioma* (pl. *pë*), termo que também designa a gente das águas em geral. Entre os Yanomami ocidentais, entretanto, *yãwãriyõma* só

designa os espíritos femininos, enquanto *yawari* se refere aos seres das águas como um todo (Lizot, 2004, pp. 503-4; Mattéi-Müller, 2007, p. 385).

9. Trata-se do segundo marido da mãe de Davi Kopenawa, xamã e guerreiro de grande reputação, falecido em 1997. O pai de Davi Kopenawa morreu em *Marakana*, quando ele ainda era bem pequeno (ver cap. 10).

10. A montante do céu (*hutu mosi ora*) é o oeste, a jusante do céu (*hutu mosi koro*), o leste.

11. Essa casa situa-se primeiro no peito do iniciando, antes de tornar-se uma casa cuja cumeeira está fincada no "peito do céu". Ver cap. 5.

12. O filho mais velho de Davi Kopenawa (nascido em 1982) tornou-se professor de educação bilíngue em sua comunidade de origem e, mais recentemente (a partir de 2004), um dos quadros da associação yanomami *Hutukara*.

13. Em 1961 o padrasto de Davi Kopenawa separou-se do resto de seu grupo, que permaneceu no alto rio Toototobi (comunicação pessoal, B. Hartman, missionário da Missão Novas Tribos que encontrou Davi Kopenawa menino no final de 1960).

14. É indigno para um caçador yanomami "comer seus restos" (*kanasi wamuu*) ou "trazer de volta a si" (*koãmuu*), isto é, consumir suas próprias presas. Correria o risco de ficar com sono o tempo todo, com a vista embaralhada, e condenado a voltar da caça sempre de mãos vazias (*sira*). Assim, os caçadores costumam trocar suas presas na floresta, antes de voltarem para casa. Caçadores solitários dão o que caçaram a suas esposas e filhos. Ver, acerca disso, o cap. 23.

15. *Na waɨ*, "comer a vulva", é a expressão que designa usualmente uma relação sexual.

16. Atividade favorita dos adolescentes, um tanto arriscada quando pais ou maridos têm o sono leve.

17. Em função dessa preocupação, Davi Kopenawa e seu sogro fizeram de sua comunidade um verdadeiro centro xamânico: no início de 2010, *Watorikɨ* contava com dezesseis xamãs, para uma população de aproximadamente 180 pessoas.

18. Faixa de casca batida da árvore *yaremaxi hi* na qual as mulheres yanomami levam os filhos a tiracolo.

19. As antas costumam passar muito tempo na água (em pequenos lagos e cursos d'água) para se livrar de seus parasitas ou escapar de seus predadores, daí a canoa do espírito tapir.

20. Os bens preciosos, cinzas funerárias e adornos plumários eram designados pelo termo *matihi* (pl. *pë*), que atualmente costuma ser empregado também para as mercadorias dos brancos. Ver cap. 19.

21. Os caçadores de anta gozam de especial prestígio. De fato, são poucos os homens capazes de seguir a complicada pista desse animal; a perseguição de uma anta ferida pode durar dias.

22. Ocasionalmente, moças participam de sessões xamânicas junto com os homens, inalando o pó de *yãkoana*. Uma sessão desse tipo, conduzida por Davi Kopenawa, foi filmada em *Watorikɨ*, em 1996, por uma equipe de televisão belga (RTBF).

23. O mel selvagem diluído (*puu upë eherexi*) é uma bebida de preferência na iniciação xamânica. Ver cap. 5. Diz-se que os *xapiri*, que são "bebedores de néctar de flores" (*horehore u koatima pë*), gostam de descer para quem se alimenta de coisas açucaradas.

24. Davi Kopenawa dá o exemplo de um menino de *Watorikɨ* de oito anos, para situar sua

idade quando de suas primeiras experiências com a *yãkoana*. É bastante comum que meninos particularmente intrépidos se aproximem dos xamãs no início de sua sessão para pedir um pouco de pó de *yãkoana*.

25. No último dia de uma festa *reahu*, é colocada uma placa de cerâmica (*mahe*) com um montículo de pó de *yãkoana*, que todos os homens reunidos, xamãs ou não, inalam aos poucos. Meninos pequenos costumam juntar-se a eles para cheirar umas pitadas. Esse consumo coletivo de alucinógeno é seguido de um diálogo cerimonial (*yãɨmuu*) e da inumação (ou consumo) das cinzas dos ossos do morto em cuja homenagem a festa é realizada. Esses diálogos cantados oferecem geralmente uma ocasião para acertar trocas materiais ou matrimoniais e conflitos políticos intercomunitários, ou para transmitir notícias. Formam-se pares de anfitriões e convidados, agachados. As cinzas funerárias são enterradas na fogueira de um parente do defunto por um pequeno círculo de homens (geralmente afins potenciais do morto) durante esse diálogo (*uxipë yãɨmumãɨ*: "submeter as cinzas funerárias a um diálogo de intercâmbio").

26. O efeito da *yãkoana* é sempre descrito pelo verbo *nomãɨ*, "morrer".

27. Todos os rapazes não xamãs que inalam *yãkoana* no final do *reahu* acabam nesse estado. Apenas os xamãs que passaram por uma longa iniciação são capazes de controlar o poderoso efeito desse alucinógeno.

28. Quando se abusa de determinados alimentos, diz-se que "suas imagens dão-se a ver" (*utupë taamamuu*). O "poder do mingau de pupunha" (*raxa u wai*), por exemplo, faz aparecer as imagens das "mulheres pupunha" (*raxayoma*) e da imagem do pássaro *marokoaxirioma*, personagem de seu mito de origem. O mingau de pupunha é um alimento cerimonial muito apreciado das festas *reahu*, como o mingau de banana-da-terra (*koraha u*).

29. Aqui Davi Kopenawa dá como exemplo um menino de treze anos.

30. Essa espingarda fora obtida pelo padrasto de Davi Kopenawa de agentes do SPI (antes de 1967), em troca de peles de onça, de veado e de queixadas.

31. Esse laço (*h^waraka*) prende os dois pés e permite que se apoiem nos troncos de árvores para subir com a força de pernas e braços.

32. Vocativo do termo de parentesco *xoae a*, que designa o tio materno, o sogro (pai da esposa) ou o avô. Trata-se aqui do segundo marido da mãe de Davi Kopenawa, que seu pai chamava de "cunhado" (*xori a*) e que, por conseguinte, Davi Kopenawa deve classificar como "sogro" (*xoae a*) apesar de ser seu padrasto.

33. O ato de iniciar um xamã é dito *huka horaɨ*, "soprar no nariz". O iniciador é designado como *topuwi*, "o que dá, o que oferece".

34. "Esperma de espírito": *xapiri mõ upë*. Também chamado "penugem de espírito" (*xapiri hõromae pë*).

35. Os Yanomami opõem os jovens caçadores que passam todo o seu tempo na floresta ("habitantes de floresta", *urihi t^hëri pë*) aos rapazes preguiçosos e mais interessados nas mulheres do que na caça, os "moradores de casa" (*yahi t^hëri pë*).

36. Essa breve enumeração de pássaros denota a qualidade de grandes caçadores dessa gente das águas. Flechar tais pássaros é "flechar adornos/bens preciosos" (*matihi pë niyãɨ*), um exercício reservado aos melhores arqueiros dentre os jovens, que exibem suas presas durante as festas *reahu* para impressionar as moças (e seus sogros potenciais).

37. Trata-se do mais antigo xamã de *Watoriki*, que se permite uma certa licença poética no tocante à mitologia correntemente aceita.

38. Os animais (*yaro pë*) retomam, nesse contexto, sua condição mitológica de ancestrais humanos e animais (*yarori pë*).

39. Davi Kopenawa devia ter entre doze e catorze anos na época.

40. Os queixadas constituem uma das presas mais importantes dos caçadores yanomami. Seus bandos podem ter de cinquenta a mais de trezentos indivíduos pesando por volta de trinta quilos. Exalam um cheiro fortíssimo, e o estalido de suas poderosas mandíbulas pode ser ouvido a centenas de metros. Costumam fugir dos humanos, mas podem às vezes passar diante de um caçador sem notá-lo (Emmons, 1990, pp. 76-7). Quando o macho líder é morto, seu bando pode ficar vagando durante semanas numa determinada região (Grenand, 1980, p. 119). As fêmeas têm um ciclo de gestação curto (em torno de cinco meses) e ninhadas de quatro leitões (Sponsel, 1986, p. 76). Os Yanomami às vezes dizem que a quantidade desses animais não diminui nunca porque, quando morrem, seus fantasmas reintegram imediatamente o bando.

41. Uma palavra yanomami designa especificamente a fome de carne: *naiki*.

42. Os xamãs consideram os queixadas *pata tʰë pë yai*, "verdadeiros ancestrais", por causa de sua metamorfose mítica (M 148 e 149).

43. Essa filha de irmão da mãe, esposa (*tʰuë a*) portanto, na classificação de parentesco yanomami, foi "transformada em irmã" (*osemaprarioma*) uma vez que, muito ligada à mãe de Davi Kopenawa, conheceu-o ainda bem pequeno. Esse grupo de mulheres forma um conjunto típico dos coros de lamentações funerárias yanomami.

44. O relato de Davi Kopenawa foi completado aqui com uma gravação direta do relato de seu padrasto, o segundo marido de sua mãe, que o criou no rio Toototobi. Esse testemunho se insere num gênero clássico de narrativa de vocação xamânica atribuída a um rapto pelas mulheres das águas.

45. Estabelece-se assim uma aliança matrimonial com os seres aquáticos, que reproduz — dessa vez por iniciativa deles — a que *Omama* tinha contraído no primeiro tempo ao pescar a filha de *Tëpërësiki* (ver M 197).

46. Os *xapiri* imagens de vegetais são ditos "próximos demais" e dotados de uma "língua de fantasma". São, portanto, considerados os menos potentes. São os primeiros que o aprendiz xamã vê, os que preparam a vinda dos *xapiri* imagens de animais durante a iniciação. Ver cap. 5.

47. O desmembramento e a recomposição do corpo do iniciando pelos *xapiri* constituem a base de sua iniciação. Ver capítulo V.

48. O interdito concernente às relações entre sogra e genro é especialmente severo. O mito yanomami de origem do incesto envolve essa relação (M 42).

49. O sentido das prestações devidas pelo genro aos sogros no casamento yanomami (caça e produtos da floresta) às vezes se inverte, como ocorre aqui. Essas prestações inversas dos sogros para o genro (de produtos cultivados, nesse caso) são designadas pelo mesmo termo, *turahamuu*, "realizar o serviço da noiva". Muitas vezes, quando a esposa é muito jovem e inexperiente, ou está temporariamente incapacitada, a sogra cozinha para o genro e lhe fornece lenha tirada dos troncos derrubados em sua roça. Como a evitação entre sogra e genro é muito estrita, o alimento e a lenha são encaminhados pela jovem esposa, cujas capacidades produtivas são

provisoriamente substituídas pelas da mãe. O serviço da noiva primordial da mitologia yanomami foi instaurado precisamente nessa forma "invertida", pelo ser das águas *Tëpërësiki*, que deu a *Omama* as plantas cultivadas necessárias para alimentar sua filha (ver M 198).

50. Diz-se dos afogados que foram "engolidos" por *Tëpërësiki* no fundo das águas. O espírito auxiliar (*xapiri*) proveniente da imagem (*utupë*) desse sogro subaquático de *Omama* (*Tëpërari*) possui uma imensa boca que engole os seres maléficos mortos pelos outros espíritos, e em seguida cospe as ossadas. Diz-se também que o interior de seu corpo arde como pimenta. Finalmente, *Tëpërësiki* é também associado à sucuri *õkarima thoki*.

51. Os "bens" (*matihi*) dos espíritos xamânicos (*xapiri*) e dos seres maléficos da floresta (*në wãri*) são os objetos patogênicos ou as armas com as quais afetam a imagem (*utupë*) de suas vítimas.

52. As expressões "tornar fraco" (*utitimãi*) e "tornar novo/jovem" (*oxepramãi*) se referem ao trabalho de preparação do iniciando pelos espíritos xamânicos de seu iniciador. Ver cap. 5.

4. OS ANCESTRAIS ANIMAIS [pp. 110-31]

1. Em entrevista a um representante da American Anthropological Association, Davi Kopenawa explicava seu emprego da palavra "espírito", em português, do seguinte modo: "[...] 'espírito' não é uma palavra de minha língua. É uma palavra que aprendi e que utilizo na língua misturada que inventei (para falar dessas coisas aos brancos) [...]" (Turner & Kopenawa, 1991, p. 63).

2. Em Yanomami: *napë pë pore pë*. Os *xapiri* veem os humanos como espectros e diz-se que os não xamãs têm "olhos de fantasma".

3. Os *xapiri* são em geral considerados responsáveis por tempestades e quedas de árvores. Quando morre seu "pai" (o xamã), esses espíritos, enlutados e furiosos, cortam o céu com facões. Ver cap. 6 e 25.

4. Ornamentos de miçangas chamados *topëraki* pelos xamãs. Um dos principais critérios de qualidade das miçangas é, para os Yanomami, a regularidade de sua perfuração.

5. Essa descrição dos *xapiri* enfatiza sua beleza e juventude ideais. Associa sua coreografia à das festas *reahu*, que constituem uma ocasião privilegiada para apresentar uma boa imagem de si, "se fazendo de jovem" (*hiyamuu*) e "exibindo seus ornamentos" (*matihimuu*).

6. *Yõrixiamari*, o ancestral mitológico do sabiá *yõrixiama*, é o criador dos cantos *heri* entoados durante as festas *reahu* (M 41). As "árvores de cantos", *amoa hi* (pl. *ki*), são às vezes chamadas *yõrixiama hi ki*, "árvores sabiá *yõrixiama*". O japim *ayokora* é famoso por sua capacidade de imitar o grito de outros animais e por seus cantos, bem como, em menor medida, os pássaros *sitipari si* e *taritari axi* (sobre os pássaros "poliglotas", ver Dorst, 1996, pp. 61-5).

7. Cestos cilíndricos de largas malhas hexagonais, feitos de arumã (*Ichnosiphon arouma*).

8. Até recentemente, os gravadores eram ainda chamados *amoa hi ki*, "árvores de cantos" (na época dos primeiros contatos, o termo foi também aplicado às gaitas que os brancos costumavam dar de presente). Eram igualmente designados pelos neologismos *amoatoatima hi ki* ("árvores de pegar canto") e, às vezes (antigos xamãs), *yõrixia kiki* ("coisas-sabiá *yõrixiama*").

9. São cantos bem curtos, em geral de uma só frase, repetida por um cantor principal e

retomada por um coro de dançarinos. Homens e mulheres cantando em grupo se alternam, todas as noites do *reahu*. As mulheres cantam e dançam lado a lado e em uma linha, avançando e recuando na praça central. Os homens, em fila, giram em torno da mesma praça. O termo *heri* designa também o chamado de grupos de batráquios e o de bandos de guaribas.

10. O termo *Horepë t*^{h}*ëri* designa os Yanomami "habitantes das terras altas", ao norte do rio Toototobi, e *Xamat*^{h}*ari* os Yanomami ocidentais, a oeste do rio Toototobi.

11. Sobre a família linguística yanomami, ver anexo I.

12. A "terra dos brancos" (*napë pë urihipë*) e a foz dos rios correspondem ao sul e ao leste da terra yanomami (*yanomae t*^{h}*ë pë urihipë*) em território brasileiro.

13. Opõe-se aqui *amoa pë ã sikɨ oni*, "pele de desenho de cantos" (ou *amoa kɨkɨ ã oni*, "desenho de cantos"), a *amoa wãã*, "som do canto".

14. As imagens fotográficas são designadas pelo termo *utupë*, que significa "imagem corpórea, essência vital, forma mítica primordial", e também "reflexo, sombra, eco, miniatura, réplica, reprodução, desenho".

15. A palavra "representante", em português, faz parte do vocabulário político corrente dos líderes indígenas.

16. Assim, sempre que um xamã evoca um *xapiri* no singular, refere-se implicitamente à multiplicidade infinita de suas imagens *utupë*.

17. Portanto, *yarori* (pl. *pë*) designa ao mesmo tempo os ancestrais animais mitológicos (os "pais dos animais", *yaro h*^{w}*ɨɨe pë*) e suas imagens (*utupë*) tornadas entidades xamânicas (*xapiri*). Essa triangulação ontológica entre ancestrais animais (*yarori pë*), animais de caça (*yaro pë*) e imagens xamânicas animais (também *yarori pë*) constitui uma das dimensões fundamentais da cosmologia yanomami.

18. Trata-se aqui da "pele" enquanto "invólucro corporal" (*sikɨ*), oposta à "imagem" (*utupë*) interior, sede da energia e da identidade corporal.

19. A expressão *në porepë*, "valor (forma) de fantasma", aparece aqui, como ocorre com frequência, como sinônimo de *utupë*, a imagem-essência corpórea primordial que os xamãs fazem descer como "espírito auxiliar" *xapiri*.

20. É "morrendo" (*nomãɨ*) sob efeito da *yãkoana* que é possível identificar-se às imagens-espírito *xapiri* e, desse modo, incorporar seus olhares; consequentemente, alguém só pode ver um espírito através dos olhos de um outro espírito ao qual se identificou.

21. Essa onomatopeia ecoa a expressão verbal *si ekekaɨ*, "rasgar a pele, esfolar".

22. Sobre esse personagem mitológico, dono dos ornamentos de algodão e esfolador de humanos, ver M 260.

23. Sobre a fuga de *Omama* e a origem das montanhas, ver M 210 e M 211.

24. Os espelhos industriais são chamados *mirena* (*mire* para os Yanomami ocidentais), um termo que se distingue do que designa os "espelhos" (*mireko, mirexi*) dos *xapiri* — embora partilhe com ele a mesma raiz (*mire*). *Mirexi* designa, além disso, os areais misturados com mica que brilham nas águas dos igarapés de montanha. *Xi* significa "luz, radiação, emanação", como em *wakara xi*, "luz do dia", ou *poripo xi*, "luz do luar". Entre os Yanomami ocidentais, temia-se que os reflexos dos primeiros espelhos industriais, obtidos nos anos 1950, pudessem cegar (Cocco, 1987 (1973), p. 125), e *mireri noku* designa uma tintura que torna os espíritos resplandescentes (Lizot, 2004, p. 222). Os "espelhos" dos *xapiri* são, portanto, concebidos prin-

cipalmente como superfícies que refletem a luz e não, como os dos brancos, superfícies que reproduzem imagens.

25. Motivos geométricos da pintura corporal yanomami.

26. Trata-se aqui dos campos (*purusi*) do alto Orinoco (ver Hubert et al., 1984).

27. Como vimos, os Yanomami ocidentais designam os Yanomami orientais pelo termo *Waika*. Estes, por sua vez, os chamam de *Xamat^{h}ari*.

28. Os *xapiri* "em liberdade" têm suas casas no alto das montanhas e se deslocam sobre os espelhos da floresta. Os *xapiri* que se tornaram espíritos auxiliares de um "pai" xamã residem numa (ou em várias) casa(s) coletiva(s) cuja cumeeira está fincada no "peito do céu" e cuja praça central também é um espelho. Ver o cap. 6.

29. Sobre os *xapiri* da terra dos ancestrais brancos, ver cap. 18 e 20.

30. Os xamãs "chamam", "fazem descer" e "fazem dançar" como espíritos auxiliares *xapiri* as "imagens" (*utupë*) de seres, entidades e objetos os mais diversos (o universo de tais imagens-essências primordiais é, por definição, infinito). Além dos espíritos/ancestrais animais (*yarori*), que dominam largamente (mamíferos, pássaros, peixes, insetos, batráquios, répteis, quelônios e crustáceos), e dos demais espíritos da floresta (árvores, folhas, cipós, méis selvagens, cupinzeiros, pedras, terra, água, corredeiras), incluem-se entre os *xapiri* todos os personagens/entidades (maléficos ou não) da mitologia e da cosmologia yanomami. Somam-se à lista espíritos de todos os tipos, dos mais domésticos (cão, fogo, cerâmica) aos mais exóticos (ancestrais dos estrangeiros/brancos, dos bois, cavalos, carneiros).

31. Esses *xapiri* procedentes de seres maléficos são qualificados de *yai t^{h}ëpë xapiri* ("espíritos seres desconhecidos/maléficos") e *napë pë xapiri* ("espíritos forasteiros/inimigos"), ao passo que os provenientes dos ancestrais mitológicos animais/humanos são designados pelo mesmo termo que estes últimos: *yarori pë*.

32. A pesca com timbó, praticada na estação seca, consiste em mergulhar folhas ou pedaços de cipó pilados, com a propriedade de asfixiar os peixes, em charcos ou pequenos cursos d'água (ver Albert & Milliken, 2009, pp. 69-73). Os peixes mortos nos rios secos são considerados restos de refeição do ser maléfico da seca *Omoari*, que, dizem, ataca os pescadores com timbó no alto verão (fevereiro e março).

33. *Porepatari* é um antigo ser fantasma que ronda pela floresta. É associado, na mitologia, à origem do curare (ver M 124). Sobre o curare entre os Yanomami, ver Albert & Milliken, 2009, pp. 62-3.

34. O nome desse ser maléfico vem daquele do gavião *koikoiyoma*, que é seu "representante". Um verbo derivado (*koiai*) designa genericamente a agressão dos *xapiri* de seres maléficos.

35. O universo é composto, para os Yanomami, de quatro níveis (*mosi*) superpostos, cercados de um grande vazio (*wawëwawë a*): *tukurima mosi* (o "céu novo"), *hutu mosi* (o "céu [atual]"), *warõ patarima mosi* (o "velho céu") e *pëhëtëhamɨ mosi* (o "nível embaixo"). O "novo céu" é uma espécie de céu embrionário destinado a substituir a abóbada celeste após sua queda (sendo a terra atual um céu caído no primeiro tempo, M 7).

36. Na escatologia yanomami, os humanos (*yanomae t^{h}ë pë*) morrem e se tornam fantasmas (*pore pë*) nas costas do céu (*hutu mosi*). Finalmente, esses fantasmas morrerão também e se metamorfosearão em seres moscas (*prõõri*) e urubus (*watupari*) no novo céu (*tukurima mosi*).

Os seres *warusinari* são descritos como enormes formigas saúva *koyo* "tornadas outras"; os seres *h^w^akoh^w^akori*, como urubus gigantes sem penas.

37. Esse espírito ctônico é associado à escuridão, à umidade e à putrefação. É responsável pelo cataclismo que vitimou os ancestrais *Hayowari t^h^ëri* e desembocou na criação dos estrangeiros/brancos (ver cap. 9). Designa igualmente o local onde ocorreu essa transformação. Seu nome vem da expressão verbal *xi wãri-* ("mal devir, metamorfosear-se, transformar-se, retornar ao caos").

38. As imagens dos seres *në wãri* (pl. *pë*) são usadas como "espíritos auxiliares" xamânicos (*xapiri*) para encontrar a imagem das crianças capturadas por esses mesmos seres maléficos da floresta, dos quais são *analogon*. O xamanismo yanomami opera frequentemente através dessa espécie de homeopatia simbólica. Os espíritos do anoitecer (*weyaweyari pë*) são chamados, por exemplo, para combater seu sogro, o ser maléfico *Weyaweyari*, com esse objetivo, e espíritos dos ancestrais brancos (*napënapëri pë*) são convocados para afastar as epidemias vindas dos brancos atuais (*napë pë*).

39. As mulheres espíritos *waikayoma* (pl. *pë*) são imagens de mulheres estrangeiras, habitantes das margens dos grandes rios, cujos corpos — e até as casas — são cobertos de magníficos adornos de miçangas.

40. O termo *hapara pë* designa também os filhos póstumos.

41. Esse termo designa igualmente a mulher aquática de *Omama*, bem como as mulheres e filhas da gente das águas. Ver cap. 2 e 3.

42. As mulheres espíritos quati (*yarixiyoma pë*) são admiradas pela beleza de seus olhos; as mulheres espíritos cipó (*kumirayoma pë*), por seu perfume inebriante. Os quatis são, aliás, famosos por seu olfato excepcional, e a entrecasca perfumada do cipó *kumi* é utilizada pelos homens para preparar feitiços amorosos.

43. Esses adornos femininos, feitos com pedaços de caule de uma gramínea (*pirima hi*), são enfiados nos cantos da boca e sob o lábio inferior.

44. Sobre o conceito de *në rope*, ver o cap. 8.

45. Tais imagens de seres maléficos são mobilizadas como *xapiri* num xamanismo guerreiro dirigido unicamente contra aldeias distantes consideradas inimigas. Ver cap. 6.

46. A brejeira yanomami consiste num rolo de folhas secas de tabaco umedecidas com um pouco de água e passadas em cinzas de fogueira. Costuma ser usada sob o lábio inferior. Ficar sem tabaco é "ter o lábio concupiscente" (*kasi pexi*; *pexi* designa o desejo sexual).

47. *Yoropori*, o ancestral lagarta mitológico, é o primeiro dono do tabaco (M 76). Seu nome deriva do da grande lagarta verde *yoropori*.

48. Os Yanomami dizem que a "língua" (base de reptação) desse grande gastrópode da floresta deixa marcas de "saliva" no solo. É unanimemente considerado algo nojento.

49. As "armas" dos espíritos *xapiri* oriundos dos ancestrais humanos/animais mitológicos (*yarori*) costumam ser associadas às características dos animais correspondentes. Ver Taylor, 1974.

50. *Sipara* é um termo — emprestado dos Yanomami ocidentais — que designa os facões e sabres dos espíritos, por vezes também chamados *sipara mireri*, "sabres espelhos" (Lizot, 2004, p. 367). Davi Kopenawa, comentando tais empréstimos, diz: "São palavras *xamat^h^ari*, mas igualmente palavras dos espíritos".

51. Trata-se de bolas de resina das árvores *mai kohi* utilizadas na cordoaria.

52. Esses "rastros" (*õno*) são deixados na imagem (*utupë*) dos doentes pelas armas/objetos/ substâncias patogênicas dos agressores humanos (feiticeiros) ou não humanos (seres maléficos da floresta, espíritos xamânicos agressivos) tidos como responsáveis pelas doenças.

53. São citadas aqui as seguintes espécies de abelhas: *xaki na* (pl. *kɨ*), *õi na, pari na, maxopoma na, puu xapiri na, tima na* e *puu axi na*; e de formigas: *kona* (pl. *pë*), *kaxi, koyo* e *pirikona*.

54. Os Yanomami orientais das bacias dos rios Toototobi e Catrimani nomeiam *Xamat^ha-ri* todos os Yanomami ocidentais e *Parahori* os das terras altas do rio Parima. Estes últimos grupos chamam àqueles de *Waika*.

55. Esses fragmentos de céu são nomeados *xitikari kɨkɨ* ou *pirimari pë*, termos que, em linguagem xamânica, designam as estrelas.

5. A INICIAÇÃO [pp. 132-55]

1. Davi Kopenawa foi oficialmente empregado como intérprete da Funai em 1976, na frente de atração do rio Demini, durante a construção da Perimetral Norte. Ele tinha vinte anos. A Montanha do Vento (*Watorikɨ*) é chamada, em português, de serra do Demini.

2. O posto Demini da Funai foi aberto em 1977. O grupo daquele que, pouco tempo depois, iria se tornar o sogro de Davi Kopenawa, vindo do rio Ananaliú (afluente do Demini), começou a aproximar-se gradativamente desse posto em 1978 (ver cap. 14 e anexo 3).

3. Trata-se aqui, para o xamã iniciador, de confirmar a natureza do estágio visionário em que se encontra o futuro iniciando, para poder "calibrar" sua iniciação. A atividade onírica intensa constitui, no caso, um estágio menos "avançado" do que os episódios de alucinação diurna.

4. A iniciação de Davi Kopenawa ocorreu durante a estação seca (entre outubro e março), quando seu filho mais velho, nascido em agosto de 1982, "mal começara a ficar de pé", aproximadamente no final de 1983, portanto. Davi Kopenawa tinha então 27 anos.

5. O pó de *yãkoana* guardado há muito tempo é chamado de "mole" (*nosi*), como uma brejeira de tabaco muito gasta; diz-se então que os espíritos retiraram a força perigosa de seu efeito (*wai*).

6. Há aqui uma correspondência entre o peito do xamã (seu "interior", *pei ũũxi*) e sua casa de espíritos colada no "peito do céu" (ver cap. 6), correspondência essa que voltará a aparecer na descrição da chegada dos espíritos no começo da iniciação. De modo que há aí também um processo de identificação entre o xamã e os espíritos: o xamã (sua "pele", *pei siki*) inala a *yãkoana* que é bebida "através dele" (*he tore*) pelos espíritos que, como ele e ao mesmo tempo que ele, "morrem", "tornam-se fantasma", enquanto ele, por sua vez, imita (*uëmãɨ*) seus cantos e coreografias.

7. Acerca dessa variedade de *Virola* sp., ver Albert & Milliken, 2009, pp. 114-6.

8. Essas imagens-espíritos são as do poder alucinógeno (*wai*) da *yãkoana*. Segundo Davi Kopenawa, o primeiro nome só se aplica à *yãkoana* "pura", e o segundo à *yãkoana* misturada com folhas de *maxara hana*. O segundo termo deriva de um empréstimo aos Ye'kuana (vizinhos de língua caribe dos Yanomami setentrionais, os Sanɨma), entre os quais *aiyuuku* designa um alucinógeno xamânico (K. Vieira Andrade, comunicação pessoal).

9. Essa frase traduz a expressão *pariki kõapë* ou *pariki kõakõapë* (literalmente "peito em estado de volta"), na qual se encontra o radical do verbo *kõamuu*, que significa "comer as próprias presas", comportamento que, como vimos, é considerado indigno pelos Yanomami. As imagens nefastas desses restos de carne "incestuosos", particularmente repulsivas para os *xapiri*, são chamadas *yaro pë kõakõari pë*.

10. As fêmeas dos macacos cairara e das ariranhas têm a reputação de serem particularmente dedicadas na amamentação e nos cuidados com seus filhotes.

11. As sementes da árvore *waRi mahi* são recobertas por uma fibra com aspecto de algodão, e a águia *mohuma* é uma ave de rapina de grande porte cujo ventre é coberto de penugem branca.

12. A "montante" de uma fala (*t^hë ã ora*) ou de um canto (*amoa wãã ora*) designa sua última parte (oposta a seu conteúdo inteiro) ou seu aspecto superficial (oposto ao seu sentido pleno).

13. O verbo *reãmuu*, que remete ao canto dos *xapiri*, engloba dois tipos de produção sonora: *areremuu* (verbo formado a partir da onomatopeia "*arerererere!*"), uma espécie de estridulação, e *krititimuu* (verbo formado a partir da onomatopeia "*krii! krii! krii!*"), algo como um rangido. *Reãã t^heri* designa entre os Yanomami ocidentais um espírito xamânico "que faz vibrar a língua, como os xamãs noviços" (Lizot, 2004, p. 352).

14. O princípio do voo dos aviões dos brancos é, contudo, atribuído à imagem do espírito urubu *Watupari*, que os sustenta nos ares.

15. Alusão à dança dos ancestrais animais *yarori* no mito de origem do fogo (M 50).

16. Trata-se aqui das grandes abelhas solitárias que se costuma ver nos bancos de areia dos rios maiores. Seu ancestral mitológico, *Remori*, está na origem da língua dos brancos, "língua de fantasma", associada a seu zumbido inarticulado (ver M 33).

17. Essa "língua afinada" (*aka si yahate*) se opõe à "língua grossa" (*aka si t^het^he*) da elocução atrapalhada.

6. CASAS DE ESPÍRITOS [pp. 156-73]

1. As mulheres yanomami sempre carregam nas costas esses grandes cestos de cipó-titica em forma de sino, sustentados por uma faixa frontal de entrecasca (*wɨɨ*).

2. Trata-se de pequenas flautas-apito (*purunama usi, xere a*) feitas de bambu *Olyra latifolia* e de flautas de três furos em osso de perna de veado (*përa a*).

3. O galo-da-serra, "genro da onça", é uma magnífica ave de crista alaranjado-viva (macho), e sua parada nupcial é bastante espetacular. A pomba de Verreaux emite um chamado sonoro e profundo, que parece interrogativo. Os pássaros *tãrakoma* são conhecidos por suas paradas e pela potência de seu canto, desproporcionais em relação ao seu tamanho.

4. Trata-se aqui de um diálogo cerimonial cantado, realizado para convidar os membros de uma casa aliada a uma festa *reahu* ou a virem se juntar a uma incursão bélica e, também, para pedir a um afim potencial que realize o enterro das cinzas funerárias.

5. Ao chegarem, os convidados ainda devem passar uma noite acampados nas vizinhanças da casa de seus anfitriões (*mat^hot^ho yërë–*), antes de fazerem sua dança de apresentação. Durante a noite, estes entoam cantos (*heri*) que seus hóspedes escutam de seus abrigos na mata.

6. A primeira casa é o *miamo nahi a*, "a habitação centro", e seus anexos, *sipohamɨ nahi*

pë, "as casas de fora". À medida que progridem a experiência xamânica e a aquisição de novos espíritos auxiliares, essas casas secundárias se multiplicam, aumentando a altura da primeira e aglutinando-se em volta dela. Davi Kopenawa descreve em português esses anexos como "apartamentos".

7. Os termos *nahi*, "casa", e *mireko*, "espelho", são aqui utilizados como sinônimos, de modo que *Tihiri mireko* seria o "espelho do espírito onça", e *Tihiri nahi*, a "casa do espírito onça". Davi Kopenawa diz que esses nomes de casas/espelhos dos espíritos são seus "adornos de miçanga" (*pei a në topëpë*).

8. No caso, os Yanomami ocidentais do alto Demini, aliados dos Yanomami orientais do rio Toototobi, região de origem de Davi Kopenawa.

9. Esses espíritos *xapiri* de seres maléficos *në wãri* são convocados para devorar a imagem (*utupë*) das crianças de outras aldeias, geralmente muito distantes. Não há nenhuma acusação de xamanismo agressivo entre comunidades próximas, mesmo hostis, e menos ainda no âmbito de uma casa.

10. Esses animais de estimação do espírito do tempo seco (*Omoari a në hiimari pë*) são, entre outros, os seres lagarta *aputuma, kraya, maya, raema* e *wayawaya*. São associados à entidade *Kamakari*, devoradora dos ossos, dos dentes, dos olhos e dos ouvidos.

11. No decorrer da iniciação, a casa dos espíritos é, em primeiro lugar, associada ao corpo (peito) do iniciando, para depois tornar-se uma habitação autônoma, presa na abóbada celeste.

12. Essa comparação é expressa com o termo *nõreme*, que pode ser traduzido como "semblante". A palavra é utilizada para indicar que a ação em questão é da ordem do parecer (fazer de conta, simular), ou como sinônimo de *utupë*, "imagem corporal/essência vital" e de *nohi*, "amigo, alter ego".

13. Vale lembrar que as montanhas são a moradia dos *xapiri* "livres" na floresta. No xamanismo dos Yanomami ocidentais (*Xamat^h^ari*), é a "casa-montanha" dos espíritos (*pei maki*) que deve ser introduzida no peito do iniciando. É materializada por uma estaca pintada com urucum, recoberta de penugem branca e enfeitada com um buquê de penas de cujubim na ponta, posta diante do iniciando no decorrer da iniciação (ver Mattéi-Müller, 2007, p. 164).

14. Davi Kopenawa encontrou o secretário-geral das Nações Unidas em Nova York, em abril de 1991; ver cap. 20.

15. Acerca dos *xapiri* e da terra dos ancestrais dos brancos, ver especialmente o cap. 18.

16. Diz-se, assim, que os xamãs iniciadores "projetam seu sopro vital" (*wixia horamuu*) ou "dão seu sopro vital" (*wixia hipiamuu*). O sopro penetra com a *yãkoana* e os *xapiri* nas narinas e no peito do iniciando, transmitindo a ele as qualidades pessoais de seu iniciador (coragem, sabedoria, disposição para o trabalho etc.)

7. A IMAGEM E A PELE [pp. 174-92]

1. "Mal" traduz aqui o termo *wai*, que designa o princípio patogênico de uma doença ou o princípio ativo de uma substância (tabaco, pimenta, alucinógeno, planta de feitiçaria, veneno).

2. Assim, diz-se *wai xëi ou wai xurukuu*, "golpear, atacar o mal", *wai nëhë rëmãi*, "ficar de

tocaia contra o mal" (ver cap. 2, nota 17 sobre esse vocabulário bélico da cura). Note-se que o plural de *wai* (*wai pë*) designa os guerreiros num reide.

3. A expressão *në wãri kɨkɨ* designa aqui o conjunto dos seres maléficos e das doenças que provocam.

4. Literalmente, "plantas para curar" (*haro kɨkɨ*). Uma pesquisa etnobotânica permitiu identificar o uso de pelo menos 203 plantas medicinais entre os Yanomami no Brasil (ver Albert & Milliken, 1996, 1997a e 2009). Essa pesquisa foi recentemente revisada e expandida por pesquisadores yanomami (ver Hutukara/ISA, 2015).

5. O corpo/pele do doente (*sikɨ*) é aqui designado pela expressão *në wãri kanasi*, "resto de ser maléfico", sendo a doença, nesse caso, um processo de captura e devoração da imagem (*utupë*) da vítima. Após a cura xamânica, era costume mulheres experientes aplicarem sobre o corpo do paciente diversos remédios, geralmente à base de plantas medicinais (e de alguns insetos). Acerca do sistema de diagnóstico e das terapêuticas yanomami, ver Albert & Gomez, 1997; Albert & Milliken, 2009.

6. Julga-se que a primeira dessas formas de feitiçaria provoca o apodrecimento dos membros inferiores da vítima, ao passo que a segunda faz morrer de disenteria crônica. Acerca dessas substâncias de feitiçaria *h^{w}ërɨ*, ver abaixo, nota 17. Quanto ao veneno *paxo uku*, ver Mattéi-Müller, 2007, p. 227 (*pasho ishikɨ* entre os Yanomami ocidentais).

7. Inversamente, o sufocamento em massa de peixes sob o efeito de venenos como o timbó costuma ser comparado ao efeito de uma epidemia *xawara*.

8. A epidemia (*xawara a*) se propaga no mundo visível na forma de fumaça (*xawara a wakixi*). Aos olhos dos xamãs, aparece como uma coorte de espíritos maléficos canibais (*xawarari*, pl. *pë*) semelhantes a brancos que cozinham e devoram suas vítimas. Ver cap. 16.

9. A intervenção dos espíritos *xapiri* oriundos de imagens dos ancestrais animais/humanos míticos (os *yarori pë*) ocorre em função de características (morfológicas ou etológicas) de seus "representantes" animais (*yaro pë*, caça): dentes dos roedores, cutias e pacas; bicos dos tucanos, araçaris e pássaros *kusãrã si* etc. Um princípio associativo de mesma ordem vale também para os demais tipos de espíritos.

10. O sistema de atribuição de doenças e mortes (feitiçaria, xamanismo agressivo, matança de duplos animais) é o idioma privilegiado das relações políticas intercomunitárias yanomami. Sua imputação aos seres maléficos da floresta constitui, portanto, uma situação de "grau zero" desse sistema.

11. Supõe-se que *Omoari*, ser maléfico associado ao tempo da seca, assa num moquém (febres) as imagens dos humanos que encontra na floresta. Todos os espíritos xamânicos mencionados como seus genros são, naturalmente, os de animais e insetos associados a essa estação.

12. Em sua forma de espírito xamânico, *Porepatari*, o ser maléfico fantasma que fica andando pela floresta, dá suas pontas de flechas aos outros *xapiri* e os protege quando atacam seus adversários. Esvai-se em fumaça assim que alguém tenta atingi-lo. É considerado guardião da floresta e dos espíritos xamânicos.

13. Também nesse caso as armas dos *xapiri* correspondem às "armas" dos animais a que se referem: flechas/dardos das vespas, lâminas dos gaviões-tesoura, borduna/rabo dos quatis, dentes do jaguar, garras do tamanduá-bandeira.

14. O ser maléfico *Moxari* faz crescer os frutos nas árvores da floresta e impede que hu-

manos tenham acesso a elas picando-os ou flechando-os. Quando se comem seus restos, isto é, frutos estragados por vermes (*moxa pë*), corre-se o risco de ver a boca e a garganta apodrecerem, devoradas pelos "animais de estimação de *Moxari*" (*Moaxari a në hiimari pë*).

15. Para designar esses duplos animais, Davi Kopenawa começa utilizando simplesmente a palavra *yaro*, "animais, caça", e depois a palavra *rixi*, que os designa especificamente. Cada yanomami tem um tal *analogon*, animal com o qual mantém uma relação de consubstancialidade que se transmite por filiação paralela, de mãe para filha e de pai para filho. Esse sistema, que lembra o "totemismo sexual" australiano, geralmente associa uma espécie (terrestre/aérea) a um sexo (feminino/masculino). Os duplos animais de uma comunidade vivem nos confins de seu universo social, perto de grupos que ela só conhece por ouvir dizer (as "gentes desconhecidas", *tanomai* t^h*ë pë*). A atribuição de um falecimento à morte de um duplo animal por caçadores distantes constitui o grau mais externo do sistema yanomami de interpretação política das doenças, que associa potência patogênica e distância sociogeográfica (ver Albert, 1985).

16. As pontas de bambu lanceoladas (*rahaka*) destinam-se aos animais terrestres, e as pontas arpão, fabricadas com um osso de macaco preso a uma vara de madeira (*atari hi*), aos voadores.

17. As substâncias h^w*ërɨ* são principalmente (mas não unicamente) fabricadas a partir de plantas (em geral ciperáceas e araceias), ver Albert & Gomez, 1997, pp. 95-100. São esfregadas, lançadas ou sopradas sobre as vítimas de seus detentores. Homens e mulheres possuem arsenais específicos. Seu uso não é exclusivo de nenhum especialista. Essa feitiçaria opera entre grupos aliados, nunca no seio de uma comunidade. Não é tida por letal, contanto que a vítima seja submetida à cura xamânica apropriada. Acerca da feitiçaria yanomami, ver Albert, 1985.

18. A expressão *imino në mo*t^h*a* significa literalmente: "marca/rastro de mão (*imino*) com valor de (*në*) raiva (*mo*t^h*a*, que designa também o aborrecimento)".

19. Diálogo cerimonial de troca de notícias durante a primeira noite da festa intercomunitária *reahu*.

20. Trata-se aqui do princípio patogênico (*wai*) da planta/substância de feitiçaria.

21. Esse termo de parentesco designa o irmão ou a irmã, independente do sexo do locutor. No vocativo (*õse!*), aplica-se igualmente ao filho e à filha de ego. Ver cap. 1, nota 5.

22. Trata-se dos "espíritos abelha *repoma* do espírito terra" (*maxitari a në repomari pë*). Note-se que as abelhas *repoma* fazem ninhos subterrâneos.

23. O verbo intransitivo *hereamuu* descreve o discurso dos líderes de facção e/ou aldeia, os *pata* t^h*ë pë* (os "grandes homens").

24. O termo *mae* designa uma pegada no solo, mas significa igualmente "caminho". Ver, a respeito das substâncias utilizadas nessa feitiçaria de pegada, Albert & Gomez, 1997, pp. 99-100.

25. A tomada de pegada é uma forma de feitiçaria da qual são geralmente acusados afins uxorilocais, que nela têm somente o papel de "coletores", já que a "pegada" (*mae*) recolhida é entregue a inimigos distantes, que lhe garantirão um tratamento maléfico letal. Trata-se, portanto, de homicídio por feitiçaria indireto. Em certos casos, os feiticeiros inimigos *oka* (pl. *pë*) podem também ser acusados de recolher "pegadas" de pessoas isoladas, em suas roças ou na floresta; pegadas que, nesses casos, eles mesmos tratam diretamente. Acerca dessa forma de feitiçaria guerreira "de segundo grau", ver Albert, 1985.

26. Essas flechinhas (*ruhu masi*) são fabricadas de fibra de raques de folhas de palmeira *kõanari si* e *õkarasi si*. São elas que as crianças utilizam para flechar lagartos, passarinhos e peixes.

27. É comum os idosos explicarem um mal-estar dizendo que feiticeiros inimigos "sopraram (neles) com suas zarabatanas" (*horaprai*). O homicídio "por zarabatana" (*horomani*) perpetrado por feiticeiros inimigos (*oka pë*) é equivalente, do ponto de vista da economia ritual da vingança, ao homicídio "por flecha" (*xarakani*) dos guerreiros (*wai pë*). A atribuição de mortes súbitas ou inexplicáveis (como cadáveres encontrados em roças ou na floresta) aos feiticeiros *oka* em geral envolve anciãos socialmente valorizados (*pata tʰë pë*) e, por conseguinte, costuma suscitar retaliações bélicas.

28. *Kamakari* é um ser maléfico celeste (*hutukarari a në kamakari pë*) a quem são atribuídas as dores de dente, de ouvido ou dentro do olho, bem como as dores "nos ossos" (cuja medula é devorada por ele com seus dentes afiados). É, ademais, associado à morte e às cinzas funerárias, particularmente de xamãs.

29. O japim *ayokora* tece ninhos em forma de bolsa, providos de uma entrada (*pëka*) larga e lisa (*si hrakehe*, "escorregadia") como uma laringe. A traqueia-artéria da anta é notável por sua imponente largura. O espírito *xapiri* de que é o "representante" possui, consequentemente, uma "garganta" (*Xamari a në tʰorapë* ou *purunaki*), que pode ser colocada na de um doente, para facilitar sua alimentação, ou na de um iniciando, para lhe conferir aptidão para o canto.

30. Os tucanos engolem os frutos de palmeira (*maima si, hoko si, kõanari si*) e cospem os seus caroços. O bico do urutau *wayohoma* é profundamente fendido nas laterais. São também mencionados aqui os japins *ixaro* e *napore*, os pássaros *taritari axi*, as araras e os queixadas.

31. Esse episódio de paralisia facial ocorreu em março de 1986, pouco antes da realização da primeira assembleia pela defesa dos direitos territoriais yanomami organizada por Davi Kopenawa em *Watoriki*, com a presença de lideranças de vários povos indígenas da Amazônia e de um grupo de parlamentares.

32. Os japins *ayokora* protegem seus ninhos pendurados em galhos construindo-os junto aos de vespas papeleiras *kurira*, famosas por sua agressividade.

33. As mortes de crianças são principalmente atribuídas a esse tipo de ataque xamânico. A expressão utilizada aqui é *xapiri huu*, "deslocar-se em forma de espírito *xapiri*".

34. Trata-se de grupos yanomami ocidentais, muito distantes de *Watoriki* e cujos nomes (bem como os de seus grandes xamãs, *Õina* e *Xereroi*) circulam na vasta rede de rumores intercomunitários.

35. As crianças prematuramente desmamadas em decorrência de um novo nascimento, sofridas e choronas, costumam ser vítimas de subnutrição aguda. São ditas *totixipë*, e consideradas muito mais vulneráveis do que as demais.

36. Essas incursões xamânicas são designadas pela mesma expressão que as incursões guerreiras (*wai huu*).

37. Os bens desses *xapiri* agressivos (armas e objetos diversos) são designados pelo termo *matihi* (pl. *pë*), "bens preciosos, mercadorias", como os dos seres maléficos *në wãri* de que são a imagem. Cabe notar que, nos primeiros tempos do contato, as mercadorias dos brancos eram temidas por suas propriedades patogênicas (Albert, 1988) e que os Yanomami setentrionais (*Sanima*) ainda as chamam de *wani de*, "coisas ruins" (Guimarães, 2005, p. 108).

38. *Herona* é um ser maléfico descrito como uma preguiça gigante que queima com sua urina (comparada ao curare e à gasolina) as casas em que se assa carne de caça à noite.

39. As convulsões e o coma maláricos são frequentemente interpretados pelos Yanomami como ataques de espíritos xamânicos inimigos. Considera-se que a planta de feitiçaria *waka moxi* é capaz de provocar fortes convulsões e de fazer o doente cair na sua própria fogueira.

40. Todo homem que matou ("comeu") um inimigo numa incursão guerreira ou por meios invisíveis (feitiçaria, xamanismo agressivo, caça do duplo animal) entra num estado ritual (*õnokae*) durante o qual se considera que está digerindo as carnes sangrentas de sua vítima. Sujeita-se, por esse motivo, a uma reclusão ritual (*õnokaemuu*) e a uma série de proibições (comportamentos, movimentos, alimentação). "Estar com a testa gordurosa" (*huko wite*) refere-se, nesse contexto, à transpiração da gordura do cadáver submetido ao processo de digestão ritual. A respeito dos rituais guerreiros yanomami, ver Albert, 1985.

41. No primeiro tempo, os mortos voltavam para a terra e retomavam imediatamente seu lugar entre os vivos, até que foram expulsos e o caminho entre o céu e a terra foi cortado (ver M 35).

42. Os *xapiri* falam aqui em nome dos humanos que protegem.

8. O CÉU E A FLORESTA [pp. 193-217]

1. O episódio data de 1974. Davi Kopenawa tinha dezoito anos.

2. A "terra-floresta dos humanos" (*yanomae tʰë pë urihipë*), o território yanomami, ocupa o centro (*miamo*) do nível terrestre (*wãro patarima mosi*), representado como uma chapa para assar beijus de mandioca (*mahe*); centro no qual o demiurgo *Omama* fez jorrar os rios e criou as montanhas (M 202, 210, 211).

3. Acerca da queda do céu e da morte dos xamãs, ver capítulo 24.

4. Os primeiros fragmentos metálicos a circular pelas redes de trocas interétnicas em território yanomami, antes de qualquer contato direto com os brancos, eram atribuídos a *Omama*. Ver cap. 9.

5. As terras altas (*horepë a*) do interflúvio Orinoco-Amazonas (rio Branco/rio Negro) constituem o centro histórico e o centro demográfico do território yanomami. Seu relevo acidentado é atribuído à queda do céu sobre o cacaueiro mítico. Para outra versão do mito da queda do céu, ver M 7.

6. Alusão ao mito de origem dos outros ameríndios e depois dos brancos (M 33), bem como ao grande incêndio na floresta relatado pela tradição oral yanomami (ver mais adiante neste capítulo).

7. Tais manifestações meteorológicas são consideradas o indício sonoro, o "chamado anunciador" (*heã*), da morte de um grande xamã.

8. Acerca do risco de uma nova queda do céu quando morre um grande xamã, ver M 13.

9. É muito difícil pescar durante a cheia dos rios, quando os peixes buscam alimento na floresta inundada.

10. Os homens yanomami têm o pênis preso pelo prepúcio a um cordão de algodão amarrado em volta da cintura.

11. O “representante” (correspondente visível) do espírito *T*^{h}*orumari* é *t*^{h}*oru wakë*, termo que designa, segundo Davi Kopenawa, “uma grande estrela que caiu do céu” (cometa ou meteorito?).

12. As relações entre cunhados potenciais são declaradamente jocosas: jovialidade ostentatória, contato físico, brincadeiras de caráter sexual.

13. Apesar de invocarem *Yãri*, “o” trovão, os Yanomami consideram que há uma multidão deles nas “costas do céu”. Para outra versão desse mito de origem dos trovões, ver M 4.

14. *Yariporari* significa, literalmente, “cachoeira de vento”.

15. O espírito *Toorori* tem como “representante” no mundo visível o sapo *tooro*, cujo canto se ouve na estação chuvosa.

16. Alusão à grande seca e aos incêndios provocados por El Niño durante o verão de 1998 (dezembro a março).

17. Radiofonia do posto local da Funai.

18. Essa tradição oral confirma a importância dos fatores climáticos (e não apenas antrópicos) na origem das savanas das terras altas do território yanomami na Venezuela (ver Alès, 2003).

19. A essa planta de feitiçaria são atribuídos estados de perda de consciência e de intensa agitação, durante os quais a vítima fica correndo freneticamente pela floresta.

20. Os queixadas desapareceram do território yanomami após sua invasão por garimpeiros, no final dos anos 1980. Ver cap. 15.

21. Os pássaros *xotokoma* são considerados “genros dos queixadas” e seu canto é tido como “chamado anunciador” (*heã*) destes últimos na floresta.

22. O canto desses pássaros é considerado “chamado anunciador” (*heã*) das antas. O gavião *herama* se alimenta de carrapatos no lombo desse animal.

23. Literalmente, “cu (seguidor) de anta”. Ver também o cap. 3 a respeito da vocação dos caçadores de anta. Uma outra expressão, nesse caso pejorativa, é construída do mesmo modo: *napë xio*, “cu (seguidor) de branco”, designa os Yanomami excessivamente interessados nos brancos e em suas mercadorias.

24. O vocabulário relativo à caça às antas remete à psicologia amorosa: *pihi kuo* (“estar apaixonado“), *pihi wariprao* (“ter saudade”).

25. A expressão *në rope* significa literalmente “valor de” (*në*) “rapidez” (*rope*). É também utilizada no feminino, *në ropeyoma*. Esse “valor de fertilidade da floresta” (*urihi a në rope*) se opõe ao “valor de fome” da floresta privada de frutos e de caça (*urihi a në ohi*). A expressão *në rope* tem como sinônimo *në wamotimapë*, “valor de alimentos”. É o “valor de fertilidade” da floresta enquanto agente (*në ropenɨ*) que faz as plantas crescerem nela. Tanto o “valor de fertilidade” como o “valor de fome” da floresta podem ser convocados na forma de seres-imagens xamânicas (*xapiri*), tornando-se, respectivamente, *Në roperi*, “imagem-espírito da fertilidade”, e *Ohinari* (ou *Ohiri*), “imagem-espírito da fome”. *Në rope* é um estado/princípio de fertilidade compartilhado por plantas selvagens e cultivadas. *Urihi a*, “floresta”, significa também “terra, território”.

26. São mencionados aqui os frutos das árvores *oruxi hi, xaraka ahi, wapo kohi, krepu uhi, pooko hi, apia hi, õema ahi, horomona hi, hoko mahi, poroa unahi, himara amohi* e *hawara hi*, e das palmeiras *õkorasi si, rio kosi, hoko si* e *mai masi*.

27. São aqui opostos *hutuhamɨ tʰë pë a në rope*, "valor de fertilidade das coisas da roça", e *urihi a në rope*, "valor de fertilidade da floresta".

28. Acerca das riquezas na região de *Watorikɨ*, ver Albert & Le Tourneau, 2007.

29. Essas duas grandes árvores da floresta (a primeira atinge quarenta metros, a segunda, mais de cinquenta) têm folhas compostas: o jatobá (*aro kohi*), de folíolo duplo, e a sumaúma (*wari mahi*), de oito folíolos.

30. Trata-se aqui do ancestral mitológico (o "pai") da saúva ou formiga-cortadeira *koyo*, grande devastadora de roças de mandioca. Na mitologia yanomami, *Koyori* é associado à fertilidade da terra e à riqueza das roças. É um incansável abridor de roças, dono de imensas plantações de milho (M 86). Note-se que, nas roças, o milho é a única planta que essas formigas não atacam (Gourou, 1982, p. 83). A origem das plantas cultivadas é tematizada por dois mitos: o de *Koyori* (M 86), situado no tempo dos primeiros ancestrais animais (*yarori*), e o de *Tëpërësikɨ*, o ser aquático sogro de *Omama* (M 198), no tempo das origens da humanidade atual. Essa aproximação entre *Koyori* (origem das roças) e *Omama* (origem da floresta) efetua, portanto, um cruzamento entre dois ciclos míticos.

31. Segundo a teoria yanomami da concepção, o esperma acumulado ao longo de sucessivas relações sexuais forma progressivamente o feto, transformando-se em fluido sanguíneo e depois em massa carnosa.

32. Os Yanomami associam as qualidades pessoais socialmente valorizadas (generosidade, coragem, oratória, habilidade na caça, empenho no trabalho agrícola etc.) à incorporação e à transmissão (de pai para filho) das imagens (*utupë*) de determinados ancestrais animais (*yarori*) considerados seus arquétipos (ver Albert, 1985, pp. 157-63). Não devem ser confundidas com os espíritos auxiliares *xapiri* que se instalam na casa de espíritos de cada xamã.

33. Os brotos de bananeira são chamados *moko si*, "plantas-moças".

34. As expressões utilizadas, *hewëri/paxori a në roperipë* ("o valor de fertilidade do espírito morcego/macaco-aranha"), dão a entender que *në rope/ në roperi* remetem, aqui, a um princípio genérico que engloba a ação fecundante de um conjunto de espíritos xamânicos que intervêm no crescimento das plantas cultivadas.

35. Essas são folhas embrionárias, ainda enroladas sobre si mesmas (*ako*).

36. O tatu-canastra *waka*, de hábitos noturnos, é um grande apreciador de tubérculos de mandioca.

37. Passarinho que costuma fazer ninho nas pupunheiras *rasa si* e cujo ancestral é um personagem central de seu mito de origem (M 102).

38. Trata-se aqui do japim verde, que se vê frequentemente nas roças. As tipoias em que as mães yanomami carregam seus bebês a tiracolo costumam ser fabricadas com a entrecasca das árvores *rai natihi*, ou com a casca batida das árvores *yaremaxi hi*.

39. Trata-se aqui do cará-inhame, *wãha a*. Vale notar que os Yanomami coletam várias espécies de inhames selvagens (entre os quais *Dioscorea piperifolia* e *Dioscorea triphylla*) e que essa planta é tema de um mito de origem próprio (M 92), no qual entra numa casa yanomami atendendo ao chamado de uma velha faminta.

40. Ver o final do mito M 86. As comidas de festas *reahu* evocadas pelos mitos yanomami são, em geral, o milho e os frutos da árvore *momo hi*.

41. A etiqueta cerimonial do *reahu* determina que se tente fazer os convidados ingurgita-

rem o máximo possível de mingau de banana ou de pupunha, a fim de "matá-los" (jocosamente, porém imitando uma incursão guerreira). Sob efeito da indigestão resultante, entram num estado alterado atribuído ao "efeito perigoso (*wai*) do mingau de banana", *koraha u wai* (ou "do mingau de pupunha", *raxa u wai*).

42. São aqui elencadas as árvores frutíferas *oruxi hi, hai hi, xopa hi, makoa hi, õema ahi, ixoa hi, aro kohi* e *okoraxi hi.*

43. Fala-se de "maturidade do valor de fertilidade" (*në rope a tʰathe*), de seu valor adocicado (*në rope a ketete*).

44. O canto desse pássaro é considerado o "chamado anunciador" (*heã*) do "tempo dos macacos gordos" (*paxo pë wite tëhë*), que corresponde aos meses de junho a agosto.

45. Esse ser "desconhecido/invisível" (*yai tʰë*) é designado pela expressão *hutukarari paxori a në witepë*, aproximadamente: o "ser macaco-aranha do céu com valor de gordura".

46. Os *xapiri* expulsam do útero das mulheres estéreis as concreções (*xapo kiki*) que o obstruem e o limpam. O espírito macaco-aranha em seguida copula com a imagem delas, permitindo assim que seus maridos possam, por sua vez, fecundá-las. Pede-se também aos xamãs que definam o sexo da criança, colocando na imagem da mãe uma tipoia masculina ou feminina.

A FUMAÇA DO METAL

9. IMAGENS DE FORASTEIROS [pp. 221-34]

1. Os antigos Yanomami possuíam facões e cavadeiras de madeira de palmeira, bem como machadinhas de pedra e de casco de tatu-canastra (Albert & Milliken, 2009, pp. 32-4, 101-2).

2. A Comissão Brasileira Demarcadora de Limites (CBDL), que entrou em contato com grupos yanomami isolados no alto rio Mucajaí em 1943, atesta a afirmação: "[...] Verificamos entre eles a presença de ferramentas de metal muito gastas [...] Entre tais objetos, notamos um curioso ferro de machado habilmente amarrado a um pedaço de madeira com fibras enceradas: o anel que um dia servira para encaixar o cabo não existia mais e a lâmina estava reduzida a alguns centímetros de seu tamanho original" (Aguiar, 1946).

3. Literalmente *Omama poo e xiki,* de *poo,* metal, e *xiki* (no plural), que tem aqui o sentido de "matéria de" (*hapaka xi* significa, por exemplo, "argila para cerâmica", *hapaka*). O termo *poo* designa as lâminas de pedra entre os Yanomami ocidentais (Lizot, 2004, p. 319; Mattéi-Müller, 2007, p. 239), ao passo que, entre os Yanomami orientais, designa as lâminas de metal. É provável, portanto, que o metal tenha sido inicialmente designado como "ferramenta (de pedra) de *Omama*", de modo que o termo *poo* teria vindo, paulatinamente, a designar o metal, para os Yanomami orientais.

4. As relações genro/sogro (e mais ainda genro/sogra) são marcadas por estritas proibições entre os Yanomami. Para outra versão desse mito, ver M 198 e a variante M 128.

5. Cavadeira (*sihe enama*) de palmeiras *rasa si, hoko si* ou *kõanari si.*

6. Em 1958, um relatório do SPI observava: "a mandioca para a fabricação de beijus é ralada com cascas de árvores bem ásperas, o que demonstra seu primitivismo" (Andrade Gomes, 1958). O etnólogo alemão Hans Becher notava, na mesma época, a respeito de uma comunida-

de na região do alto Demini: "Eles não possuem sequer ralador de mandioca. Utilizam uma pedra áspera de granito" (Becher, s.d.).

7. De diversas árvores: *rai natihi, ara usihi, hokoto uhi* e *hotorea kosihi.*

8. A malária, em sua forma epidêmica, é designada pela expressão *hura a wai*, "(mal do) baço — perigoso, forte" (o paludismo provoca uma dolorosa esplenomegalia). O paludismo esteve ausente das altas terras yanomami até elas serem invadidas pelos garimpeiros, no final dos anos 1980. Já era conhecido, no entanto, nas baixas terras desde o início do século XX (ver Albert & Milliken, 2009, pp. 135-7).

9. À noite, durante festas *reahu* em que há muita fartura de alimento, convidados e anfitriões em relação de cônjuge potencial às vezes formam casais temporários, o homem cantando e rodando em torno da praça central enquanto segura a parceira pelo pulso (ver Albert, 1985, pp. 463-70). Esse rito enseja frequentemente escapadas amorosas e subsequentes altercações com maridos ciumentos ou pais autoritários.

10. As evacuações sanitárias para Boa Vista (Roraima) são frequentes. Além disso, desde os anos 1980, Davi Kopenawa e posteriormente outros representantes yanomami começaram a participar de vários encontros, nacionais e internacionais, com o objetivo de defender seus direitos territoriais.

11. Alusão à Perimetral Norte, aberta no sul do território yanomami entre 1973 e 1976, aos projetos de colonização e fazendas de gado ao longo dela e ao fato de quase 55% da Terra Indígena Yanomami no Brasil ser objeto de 657 processos de requerimentos de mineradores (Fonte: ISA/DNPM, março de 2013).

12. De *napë*, "inimigo, forasteiro" (e posteriormente "branco"), *-ri*, sufixo que indica não humanidade, monstruosidade ou intensidade extrema (seguido, eventualmente, do plural genérico *pë*).

13. Os brancos eram, naquele tempo, chamados de "forasteiros/inimigos *kraiwa pë*" por oposição aos *napë pë yai* ("verdadeiros forasteiros/inimigos"): os outros ameríndios. Ambas as designações se distinguiam da categoria dos *yanomae t^hë pë napë*, os "forasteiros/inimigos humanos": ou seja, os inimigos yanomami *Kraiwa* vem provavelmente de *karai'wa*, termo do tupi antigo que designa os brancos. É também empregado pelos vizinhos de língua caribe dos Yanomami, os Ye'kuana (Heinen, 1983-4, p. 4). Com o desaparecimento progressivo das etnias circundantes até o início do século XX (com exceção dos Ye'kuana), o termo *napë pë* (forasteiros, inimigos) acabou designando exclusivamente os brancos (Albert, 1988). Do mesmo modo, os "espíritos dos forasteiros" (*napënapëri pë*) tornaram-se "espíritos dos brancos".

14. Em 1943, um grupo yanomami do alto Parima apresentara aos membros de uma equipe de demarcação de fronteiras "objetos interessantes" (facas, facões, tecidos, adornos plumários) "recebidos de civilizados do rio Uatatas (Uatataxi)" "que viajavam de canoa" e "vinham do norte" (Aguiar, 1946). A designação *Watata si* (pl. *pë*), confundida com o nome do curso superior do alto Parima, aplicava-se certamente aos Maku, grupo que, naquela época, ainda tinha uma casa a jusante desse rio (Albert & Kopenawa, 2003, p. 167). Estes já residiam na região em 1912. Mantinham estreitas relações com um grupo yanomami, a quem forneciam objetos manufaturados que obtinham em longas viagens a grupos caribe a leste (Makuxi, Taurepang) (Koch-Grünberg [1924] 1982, t. III, pp. 28, 266).

15. Trata-se aqui de um outro grupo ameríndio, outrora situado na região da montanha

Takai maki (serra de Melo Nunes, entre o alto Uraricoera e o alto Mucajaí). Um grupo de comunidades yanomami designadas por esse nome ocupa atualmente o *Puu* t^{h}*a u* (rio Cutaíba, afluente do Uraricoera), cuja nascente é bem próxima do Parima. Um mito atribui a origem dos piolhos à rede de *Sutuu*, um xamã dos *Mait*^{h}*a* (M 178). A história oral atribui ainda a esse grupo a origem da primeira contaminação de malária (Albert & Milliken, 2009, p. 136). Finalmente, *Mait*^{h}*a* (pl. *pë*) é, segundo os Yanomami ocidentais, o termo pelo qual os espíritos xamânicos designam os humanos (Lizot, 2004, p. 192, e Mattéi-Müller, 2007, p. 163).

16. As espadas, capacetes e couraças dos espíritos dos ancestrais dos brancos, que Davi Kopenawa associa "ao tempo em que Davi matou Golias", remetem, provavelmente, aos cromos bíblicos dos missionários evangélicos da New Tribes Mission ("Biblavision flashcards"). Porém, visto que Davi Kopenawa atribui essas visões aos antigos xamãs da sua infância, também é possível pensar que tais relatos têm raízes mais antigas, nos boatos interétnicos sobre os brancos dos tempos coloniais. Os óculos espelhados e uniformes brancos (médicos e/ou militares) são, evidentemente, de inspiração mais recente.

17. Alusões ao mito de origem dos forasteiros (M 33), ver adiante neste capítulo. Os *napënapëri* (espíritos dos ameríndios não yanomami/dos brancos) são, como os demais *xapiri*, as "imagens" (*utupë*) ou as "formas espectrais" (*në porepë*) de seus ancestrais do primeiro tempo.

18. Davi Kopenawa encontrou alguns desses rezadores nas cidades da região (Manaus e Boa Vista). Ver cap. 15.

19. Sobre *Omama* e a origem dos rios, ver o cap. 2. Para designar esse ponto de origem das águas, Davi Kopenawa utiliza a expressão *mãu upë monapë*, que significa algo como "chave das águas". O termo *monapë* aplica-se ao entalhe de uma flecha e ao gatilho de uma espingarda, bem como a torneiras, interruptores e chaves.

20. Para outra versão do mito de origem dos brancos, ver M 33.

21. O anfitrião principal de uma festa *reahu* é o guardião da cuia funerária (*pora axi*) que contém as cinzas dos ossos de um consanguíneo e o responsável pela carne moqueada (*uxipë h*^{w}*eni*, a "caça das cinzas") necessária para a realização da cerimônia (ver Albert, 1985, p. 440).

22. A inalação coletiva de alucinógenos no último dia do *reahu* precede a execução de diálogos cerimoniais *yãimuu* (em que se negociam diversas trocas e desavenças) e, quando os ânimos ficam exaltados, podem ocorrer duelos cerimoniais, nos quais os parceiros trocam alternadamente socos no peito (*pariki xëyuu*) ou bordunadas na cabeça (*he xëyuu*).

23. Quando as moças se casam antes da puberdade, o marido deve acompanhá-las na reclusão da primeira menstruação.

24. Davi Kopenawa traça no ar uma curva de oeste para leste, delineando aproximadamente o curso do rio Branco (chamado de Parima, e depois Uraricoera, em seu curso superior).

25. Os redemoinhos nos rios são considerados indício da presença desses espíritos (*tëpërësi pë*). Seu pai/protótipo mítico é *Tëpërësiki*, o sogro subaquático de *Omama*.

26. Incorporação xamânica recente de um clássico da antiga iconografia baleeira.

27. Os Pauxiana, grupos de língua caribe, habitavam o médio curso dos rios Catrimani e Mucajaí. Os ameríndios do médio Demini são os Bahuana, grupo aruaque. Acerca dos *Watata si*, ver nota 14 acima. Os últimos representantes desses três grupos desapareceram durante as primeiras décadas do século XX.

28. Trata-se de grupos que Davi Kopenawa conhece bem, ou porque são vizinhos

(Ye'kuana, Makuxi), ou porque trabalhou entre eles para a Funai (Tukano), ou porque os visitou e/ou encontrou muitas vezes em reuniões políticas interétnicas (Wajãpi, Kayapó).

29. As grandes abelhas solitárias (zangões) *remoremo moxi* frequentam os bancos de areia dos rios na vazante.

30. Davi Kopenawa refere-se aqui novamente às noites que seguem as sessões xamânicas diurnas; noites durante as quais, "morto" sob efeito do pó de *yãkoana*, o xamã dorme "em estado de fantasma".

10. PRIMEIROS CONTATOS [pp. 235-53]

1. Vingar um morto é sempre, para os Yanomami, "matar/comer" alguém "em estado [ritual de homicida] *õnokae*".

2. A proibição que incide sobre o emprego dos nomes (na verdade, apelidos, ver cap. 1) é ainda mais inflexível quando se trata de um defunto. São também rigorosamente evitadas menções à sua morte ou referências a qualquer coisa que possa remeter a ela, graças à utilização de um conjunto de perífrases codificadas (ver Albert & Gomez, 1997, pp. 166-70, 240).

3. Esse padrasto vivia num afluente do rio Demini, o *Wanapi u*, a mais de dez dias de caminhada da casa de *Watoriki*, onde mora Davi Kopenawa. Morreu de velhice, no final dos anos 1990.

4. Acerca desses abrigos temporários (*naa nahi pë*), triangulares e cobertos com largas folhas *irokoma si* ou *ruru asi*, ver Albert & Milliken, 2009, p. 73.

5. Essa casa coletiva foi visitada pela primeira vez por uma expedição do SPI, acompanhada de missionários da New Tribes Mission, em junho de 1958. Um deles a descreve como uma estrutura circular de 58 por 41 metros, habitada por cerca de duzentas pessoas (McKnight, 1958). A gente do alto Mapulaú de que se trata aqui (chamada na época de *Mai koko* ou *Mai koxi*) reside atualmente no rio Jundiá (afluente do rio Catrimani).

6. Uma das casas coletivas era ocupada pela "gente de *Yoyo roopë*", outra pela "gente de *Sina tʰa*" e a terceira pelo grupo de um líder chamado Paulino, que permanecera fora do reagrupamento temporário de *Marakana*. Os pais e o padrasto de Davi Kopenawa pertenciam ao primeiro grupo.

7. Um relatório da Comissão Brasileira Demarcadora de Limites (CBDL) descreve o local do seguinte modo, em janeiro de 1959: "No alto Toototobi, um pouco a jusante de seu afluente, o Cunha Vilar, encontra-se um local composto de apenas duas casas e habitado de modo transitório pelos índios Xirianãs [Yanomami]. Esses índios estão concentrados principalmente na casa de *Marakana*, situada a montante do divisor" (Oliveira, 1959, p. 16).

8. Ainda se ia colher pupunhas nas antigas roças de *Marakana* até o início dos anos 1980 (um trajeto de aproximadamente seis horas de caminhada partindo da missão Toototobi).

9. Os Yanomami "isolados" passavam entre um terço e metade do ano nesses acampamentos na floresta (Lizot, 1986, pp. 38-9; Good, 1989, p. 89; 1995, p. 115).

10. Durante esse ritual (*watupamuu*, "agir como urubu"), os guerreiros imitam a imagem (*utupë*) de um certo número de animais carniceiros (entre os quais o urubu) e carnívoros (entre

os quais a onça). Encenam assim a devoração do cadáver dos inimigos que irão atacar. Ver o cap. 21.

11. Alusão à carne de caça ritual moqueada distribuída aos convidados no final da festa *reahu* (*uxi pë h*^{w}*eni*, "a caça das cinzas mortuárias").

12. Ao longo da década de 1950, a guerra contra a gente do Mapulaú (e do alto rio Catrimani) estava no auge. Os raides contra os *Xamat*^{h}*ari* do alto Demini eram mais raros. Acerca dessas guerras, ver o cap. 21.

13. O pai dessas cativas, viúvo, veio posteriormente juntar-se ao grupo liderado pelo raptor e marido de suas filhas (o padrasto de Davi Kopenawa), grupo no qual lhe foi providenciada uma nova esposa. O rapto de mulheres ou crianças não passa de benefício secundário, apreciado mas aleatório, das incursões de guerra yanomami.

14. Acerca desse rito de partida para a guerra, ver igualmente o cap. 21 e Albert, 1985, cap. 11.

15. Esse local foi ocupado da segunda metade da década de 1930 até o início dos anos 1940. O padrasto de Davi Kopenawa, nascido no final da década de 1920, que lá passou a infância, continuava se referindo a si mesmo, já com mais de setenta anos, como "habitante de *Yoyo roopë*".

16. A rede de acesso às ferramentas de metal, orientada no início do século XX para o norte (rio Parima), foi se remanejando progressivamente para o sul, a partir do início da década de 1940 (rio Demini).

17. A balata extraída da árvore *Manilkara bidentata* era antigamente empregada na confecção de botas, isolantes de cabos e bolas de golfe. A piaçava retirada da palmeira *Leopoldina piassaba* serve para fabricar vassouras, capachos e cabos.

18. Os *Xamat*^{h}*ari* do *Kapirota u* começaram a manter contatos pacíficos com os brancos do rio Aracá no início dos anos 1940, pondo fim assim a mais de uma década de conflitos (escaramuças com a população regional nos anos 1930, ataque a um acampamento da CBDL em janeiro de 1941). H. Becher, que visitou a região em 1955-6, relata que durante a estação das chuvas viviam no médio Aracá, na localidade chamada Cachoeira dos Índios, a setenta quilômetros de sua casa coletiva, para trabalharem para coletores de produtos da floresta ou para seu "patrão", um regatão português. Este os explorava com especial crueldade: "[...] a alimentação era largamente insuficiente em relação ao trabalho pesado que deviam fornecer, ao qual não estavam habituados. Seis índios morreram em decorrência disso. O pagamento consistia em algumas facas, machados, panelas etc., coisas baratas e sem valor. Para ele, os índios não passam de escravos" (Becher, 1957). A situação sanitária destes últimos era calamitosa: anemia, gripe, verminose, malária crônica (Avila & Campos, 1959). Becher descreve ainda a visita de aproximadamente vinte guerreiros "Xirianá" (os antigos aqui evocados por Davi Kopenawa), vindos em busca de objetos manufaturados junto aos *Xamat*^{h}*ari*, que, "depois dessas visitas, ficam literalmente sem nada" e dizem que são "obrigados a negociar com os coletores de piaçava pois devem dar todos os objetos obtidos para os Xirianá, já que eles próprios não têm contato com os brancos".

19. "Inspetoria" designa aqui a 1ª Inspetoria do SPI (estado do Amazonas). Os Yanomami designavam os agentes do SPI como *Espeteria t*^{h}*ëri pë*, "a gente da Inspetoria". Os membros da CBDL eram chamados de *Komisõ pë*, de "gente (da) comissão". Após uma primeira visita a *Marakana*, em junho de 1958, o SPI retornou, com membros da CBDL, em outubro do mesmo ano (Relatórios SPI, posto Ajuricaba). Davi Kopenawa devia ter, na época, uns três ou quatro anos (sua data de nascimento oficial, fevereiro de 1956, é aproximada).

20. A CBDL finalizou seus trabalhos na região do rio Toototobi no primeiro semestre de 1959. Sua equipe chegou a *Marakana* em janeiro e teve uma visão positiva dos índios: "Os Xirianãs são índios de constituição robusta, e a julgar pelo tamanho das roças que vimos, cobertas de mandioca e de bananeiras, são também muito trabalhadores. O verão prolongado atrasou, porém, a maturação das bananas e o crescimento dos tubérculos [...]" (Oliveira, 1959, p. 16). Contudo, os Yanomami foram, inicialmente, pouco cooperativos: "Os índios, esfomeados e muito mais numerosos do que nós, se serviram de todas as nossas provisões abertas e, ainda por cima, não quiseram que a tropa seguisse seu caminho [...]" (op. cit., p. 7). Graças a suas grandes demonstrações de generosidade em alimentos e mercadorias, a CBDL acabou conseguindo o apoio de todos e o trabalho prosseguiu sem inconvenientes: "Finalmente, não temos queixas quanto aos índios do rio Toototobi, pois, embora tenham se mostrado irritadiços e exigentes no começo, foram ficando mais mansos pouco a pouco e acabaram nos ajudando em alguns serviços, incluindo o transporte de cargas e a coleta de cipó para os cestos de carga" (op. cit., p. 17).

21. Essa parte da casa (*yano a xikã*), situada atrás do local reservado para as redes, penduradas em torno de uma fogueira, é um espaço essencialmente feminino, onde são armazenados os utensílios de cozinha, os cestos e a lenha da família (ver Albert & Milliken, 2009, p. 76).

22. Essa primeira visita da CBDL ao rio Mapulaú data dos anos 1941-3: "Num pequeno afluente do Mapulaú, surpreendemos um grupo de Uaicá [Yanomami] em sua casa, situada perto de uma ampla clareira onde havia uma roça. Os índios não tiveram tempo de pegar suas armas e, enquanto alguns fugiram pela roça ou subiram nas árvores, outros, talvez os mais corajosos, permaneceram na casa, falando e gesticulando sem parar. Quando os membros de nossa equipe começaram a segurá-los pelos braços, tremeram, mas, uma vez passado esse medo inicial, se acalmaram e os fugitivos, por sua vez, se aproximaram [...]. Os indígenas em seguida retribuíram os presentes de nossa equipe com produtos de sua roça: bananas, mamões, cana... e beijus de mandioca feitos por suas mulheres" (Jovita, 1948, p. 64).

23. Esse grupo foi vítima de ataques dos habitantes do rio Catrimani até o início da década de 1980. Essas duas crianças acabaram crescendo num vilarejo do baixo rio Demini (a montante de Barcelos).

24. Trata-se dos aviões que faziam as fotos aéreas para os trabalhos da CBDL. Ver Le Tourneau, 2010, cap. 1.

25. Como mencionado, a CBDL transportava em canoas caixas de ferramentas de metal, peças de tecido de algodão vermelho e outras mercadorias, que distribuía generosamente na intenção de "pacificar" os índios (ver documentação fotográfica dessas trocas em Albert & Kopenawa, 2003, pp. 168-9): "Mais de uma centena de silvícolas, homens, mulheres e crianças, permaneceram em nosso acampamento por vinte dias, exigindo comida, facões, tesouras, tabaco, anzóis e outros objetos. Com a chegada das lanchas, trazendo um reforço de provisões e de material que tínhamos mandado buscar, os presentes foram distribuídos entre eles e, em troca, recebemos arcos, flechas e bananas" (Oliveira, 1959, p. 16).

26. Certamente para proteger da ferrugem.

27. Os odores perfumados (*ria rieri*) são considerados perigosos, pois podem fazer "virar outro".

28. A "fumaça do metal" (*poo pë wakëxi* ou *poo xiki wakëxi*) é também a "epidemia do metal" (*poo xiki xawara*).

29. A conjuntivite é uma das complicações costumeiras da gripe.

30. Entre as "árvores de epidemia" com que eram tecidos os cortes de tecido vermelho dados pelos brancos quando dos primeiros contatos, distinguem-se as *t^h^oko hi*, "árvores da tosse", as *hipëri hi,* "árvores da cegueira", ou *mamo wai hi,* "árvores da conjuntivite", e as *xuu hi*, "árvores da disenteria". O pai da esposa de Davi Kopenawa conta que a casca das "árvores da tosse" era fervida pelos antigos brancos e a decocção utilizada para embeber os tecidos vermelhos que distribuíam para os Yanomami.

31. "Roupa" se diz *kapixa*, do português "camisa".

32. Que praticamente desapareceram da lista de bens de troca correntes na atualidade. Mas basta reaparecerem para reativar os temores dos primeiros contatos (ver Albert, 1988, p. 168).

33. "[...] no rio Demini, em 1942, alguns membros da equipe acenderam cigarros, sem saberem que provocariam verdadeiro pânico entre os selvagens. Assim que viram a chama dos fósforos e dos isqueiros ficaram apavorados, gesticulavam convulsivamente, gritando de horror, e começaram a fugir" (Jovita, 1948, p. 112).

34. Os Yanomami continuam detestando, até hoje, que os brancos queimem em sua presença objetos manufaturados ou dejetos de origem industrial de qualquer tipo (mas sobretudo papéis, objetos de plástico e tecidos), com medo de que sua combustão espalhe "fumaça de epidemia" sobre eles.

35. Para além da óbvia associação entre fumaça (cheiro) e irritação das vias respiratórias, é possível que a relação entre objetos manufaturados e tosse esteja também fundada na observação de uma relação empírica: o vírus da gripe pode ser transmitido pelos mais diversos tecidos e objetos (Lacorte & Veronesi, 1976, p. 17).

36. Oswaldo de Souza Leal, então com quarenta anos, era na verdade um funcionário subalterno do posto Ajuricaba do SPI (alto rio Demini). "A gente de *Sina t^h^a*" era um dos dois grupos reunidos em *Marakana* no final da década de 1950.

37. A distância em linha reta entre Manaus e Toototobi é de 680 quilômetros. O trajeto, subindo o rio, de barca e barco a motor, pode demorar até três semanas no período da vazante.

38. A raiva decorrente de frustração sexual (*pexi hixio*) é motivo de desprezo e chacota.

39. Trata-se provavelmente de dinamite ou de algum explosivo artesanal à base de pólvora. Lembremos que, na época, o SPI recomendava a suas expedições de "pacificação" dos índios que empregassem, para fins de intimidação, fogos de artifício, explosivos e tiros para o alto (Magalhães, 1943). Existe até hoje um nome yanomami para os fogos de artifício: *hukrixi a*.

40. Esse saco funerário oblongo (*paxara ãhu*), trançado com folhas de palmeira (*mai masi, hoko si* ou *kõanari si*), é levado nas costas, sustentado por uma faixa frontal. Já na floresta, é envolto num invólucro de ripas (*yorohiki*) e fixado a uma estrutura de madeira a meia altura de uma árvore jovem ou sobre uma plataforma. Uma vez decomposto o cadáver, seus ossos são recolhidos e limpos, para então serem guardados durante algum tempo num cesto colocado acima da fogueira doméstica dos próximos do defunto. Os ossos secos serão posteriormente queimados e pilados; as cinzas são armazenadas em cabaças lacradas com cera de abelha (*pora axi*), e o conteúdo será ingerido ou sepultado no decorrer de uma ou várias festas *reahu*.

41. Os sintomas descritos sugerem uma epidemia de doença exantemática (como sarampo, rubéola ou escarlatina). Teria ocorrido em 1959, provavelmente em decorrência da intensa circulação de agentes do SPI e da CBDL na região (1958-9). Uma carta do chefe do posto de Ajuri-

caba do SPI, datada de 7 de junho de 1959, relata o retorno a Manaus, sem autorização, em 30 de maio de 1959, de cinco funcionários do posto, entre os quais Oswaldo Leal. Outros relatórios e telegramas informam que ele esteve no alto Toototobi em janeiro, fevereiro e abril de 1959.

42. A coincidência entre a epidemia e a intimidação pirotécnica de Oswaldo, seguida de sua partida precipitada, reforçou a associação tradicional feita pelos Yanomami entre "fumaça de epidemia" e feitiçaria (ver Albert, 1988).

43. Alusão ao distante posto do SPI instalado a jusante da foz do rio Toototobi, no rio Demini, no local chamado Genipapo (ver capítulo seguinte).

44. Os Yanomami do rio Toototobi, segundo estimativas do SPI, seriam 335 em outubro de 1958 (Andrade Gomes, 1958). Em 1981, a população da região não passava de 230 pessoas (recenseamento B. Albert).

45. Alusão às dinamitagens de rocha durante a abertura da estrada Perimetral Norte, em 1973-5, ao sul do território yanomami no Brasil.

46. O motivo do retorno dos fantasmas é um dos grandes temas da mitologia e do sistema ritual yanomami (ver M 36 e Albert, 1985, cap. 12 e 14). Os missionários evangélicos do rio Toototobi, onde Davi Kopenawa passou a infância, relatam a visita de alguns deles a uma aldeia isolada no alto Orinoco, em 1968: "Uma aldeia, Bocalahudumteri, recebeu-os muito mal. Disseram a R. [o padrasto de Davi Kopenawa] que os forasteiros eram espíritos de yanomami mortos que tinham voltado. B. H. era um yanomami que morrera flechado, cujo corpo Deus teria esfregado de modo misterioso para que voltasse a viver. Eu também sou um espírito. Dizem que isso é evidente, pois não tenho cabelo na cabeça. Francisco também é um espírito. É igualmente evidente, já que é capaz de tirar seus dentes quando quer (eles nunca viram ninguém usar dentadura)" (Wardlaw, K. & M., 1968a). Outros evangélicos, instalados na região vizinha (serra das Surucucus, no alto Parima) no início da década de 1960, relatam a mesma interpretação: "Os missionários [...] foram no começo considerados espíritos de ancestrais mortos e, durante algum tempo, os índios não queriam tocar em nada que viesse da missão. Então, de repente, resolveram que eram reais e o problema passou a ser impedi-los de roubar tudo" (Brooks et al., 1973).

47. Essa expectativa é expressa num comentário sobre o mito de origem dos estrangeiros, coletado em 1979 de um homem que havia vivido os primeiros contatos com a CBDL, em 1941-3, no rio Mapulaú: "Disse a eles [*Omama*, aos brancos]: 'Vocês devem voltar para lá, junto daqueles que lhes deram origem. Devem retornar e levar as mercadorias, é gente como vocês que ficou lá longe! Não sejam avarentos! São sua gente! Carecem das coisas que vocês têm; por isso as querem!'" (M 33, comentário).

48. Davi Kopenawa às vezes emprega o termo "cultura" em português, que explica como "as coisas que *Omama* nos ensinou e que continuamos a fazer", ou então a expressão "ter (uma) cultura", no sentido de "continuar sendo como eram nossos ancestrais".

49. Percebe-se aqui um cruzamento de discursos de diversas origens, em que o que Davi aprendeu do discurso dos brancos a respeito da colonização se mescla à história do contato yanomami e, provavelmente, a antigos boatos interétnicos.

50. Referência, obviamente, ao Pedro Álvares Cabral dos livros escolares.

51. *H^{w}ara u* é o nome do curso d'água, origem de todos os rios, que jorrou quando *Omama* perfurou a terra para saciar a sede de seu filho (M 202). É também o nome que os Yanoma-

mi do Brasil dão ao curso superior do Orinoco. As águas do mundo subterrâneo propriamente dito se chamam *Motu uri u*.

11. A MISSÃO [pp. 254-73]

1. A expressão "gente de *Teosi* (Deus)" designa os missionários da organização evangélica americana New Tribes Mission. Um relatório da CBDL, de 1959, registra a reativação do posto Ajuricaba e a presença desses missionários nas vizinhanças: "No local chamado Genipapo encontra-se o principal sítio habitado por civilizados no rio Demini. O SPI mantém ali um posto de atração, e os índios que lá aparecem, vindos de rio acima, são empregados no cultivo da terra, numa plantação de mandioca, cana, milho etc. Um pouco a jusante do posto encontra-se em franca expansão uma missão americana que tem por objetivo ensinar a religião aos índios" (Oliveira, 1959, p. 15). Nove homens yanomami do alto rio Toototobi fizeram uma primeira visita ao posto Ajuricaba do SPI em maio de 1958, visita durante a qual trabalharam em troca de ferramentas de metal (Andrade Gomes, 1959). Os *Xamatʰari* aqui mencionados (conhecidos pelo SPI com o nome de "Paquidai" ou "Paquidari") se refugiaram junto ao posto do SPI no início de 1943, em decorrência de uma epidemia mortífera ocorrida pouco antes (Jovita, 1948, p. 313). Esse grupo provém dos *Xamatʰari* do *Kapirota u*, mencionados no capítulo anterior. Um relatório de H. Becher no SPI (s.d.) descreve a situação precária do posto Ajuricaba em 1955, infestado de mosquitos e piuns, sem medicamentos, equipamento de rádio ou motores de popa, habitado por doze funcionários que dependiam de algumas roças, da caça e da pesca, mais visitados por regatões (venda de tartarugas) do que pelo SPI (duas vezes por ano). O posto tinha praticamente perdido o contato com os índios desde 1949, e só era visitado esporadicamente por uma família que vivia a dois dias de caminhada. Os Yanomami só foram abrir uma roça ali em abril de 1958, após a reativação do posto, preparando a chegada de uma nova equipe da CBDL.

2. Trata-se aqui de aliados do grupo do rio Mapulaú, mencionado no capítulo anterior.

3. O abandono da casa coletiva em direção a um remoto acampamento na floresta constitui estratégia defensiva costumeira após um ataque inimigo. Em março-abril de 1962, o etnólogo suíço R. Fuerst (1967, p. 103), em visita a Toototobi, assistiu à partida de uma expedição de guerra do grupo do padrasto de Davi Kopenawa, aliado aos "Paquidari", contra grupos *xamatʰari* do alto rio Demini.

4. Essa primeira visita dos missionários da New Tribes Mission a *Marakana* com uma equipe do SPI, partindo do posto de Ajuricaba, data de junho de 1958 (McKnight, 1958).

5. A instalação dos marcos de fronteira pela CBDL no alto rio Toototobi durou de novembro de 1958 a meados de 1959.

6. Após sua curta visita de junho de 1958, os missionários da New Tribes Mission realizaram sua primeira estadia em *Marakana* (um mês) no início de 1960 (Zimmerman, 1960).

7. "K. tentou explicar a eles a mensagem do Evangelho utilizando histórias tiradas da Bíblia traduzida em guaica [yanomami] por Jim Barker, na Venezuela. Utilizamos também discos do Evangelho em guaica, fabricados na Venezuela por Gospel Recordings Incorporated. Mas essa mensagem é nova demais para eles, ao passo que suas práticas ('cantar para os demônios') têm

constituído uma parte vital de sua cultura por gerações. Somente Deus Todo-Poderoso pode livrá-los dessa sujeição à superstição e ao medo" (Zimmerman, 1960).

8. O posto Ajuricaba estava ligado à 1ª Inspetoria Regional do SPI. O primeiro contato dos missionários da New Tribes Mission com o posto data de 1956.

9. Uma carta dos arquivos do SPI-1ª Inspetoria Regional (dezembro de 1958) lembra que: "[...] o responsável pelo posto Ajuricaba, o agente A. de Andrade Gomes, [...] condena veementemente a influência estrangeira junto aos elementos indígenas, quer seja como exploradores ou com a aparência de missionários, sob a qual sempre se dissimulam".

10. Sobre essa epidemia "do Oswaldo", ver o capítulo anterior. Curiosamente, nem o jornal da New Tribes Mission (*Brown Gold*), nem os arquivos do SPI a mencionam, o que torna difícil datá-la com precisão. Como vimos (cap. 10, nota 41), os arquivos do SPI sugerem que poderia ter ocorrido em meados de 1959. O relato de Davi Kopenawa também leva a pensar que teria acontecido antes da visita missionária do começo de 1960.

11. Local ocupado por uma comunidade aliada das nascentes do rio Toototobi, os *Warëpi u tʰëri*.

12. Os missionários começaram a se instalar com suas famílias no local que viria a ser a "missão Toototobi" em junho de 1963. Sua primeira longa estadia ali ocorreu entre junho de 1963 e março de 1964 (Wardlaw, K., 1964).

13. "Jim Barker [o primeiro missionário instalado entre os Yanomami na Venezuela, em 1950] preparou para nós algumas frases na língua dos Guaica [Yanomami] e, graças a elas, podemos transmitir ao grupo algumas verdades simples do Evangelho, tais como 'Deus nos ama. Ele detesta o pecado. O filho de Deus morreu por nossos pecados e reserva um lugar no Paraíso para aqueles que o amam e o obedecem'" (McKnight, 1958).

14. "Fizemos progresso na aprendizagem da língua e realizamos algumas apresentações simples do Evangelho. Empenhamo-nos em explicar o amor de *Teosi* pela humanidade, seu ódio pelo pecado, seu conhecimento do que fazemos e dizemos e, sobretudo, nossa necessidade de um Salvador. [...] Escrevemos também algumas histórias tiradas da Bíblia e dos Cânticos. Apesar de não terem grande aptidão musical, parece que pelo menos compreendem algo da mensagem" (Wardlaw, K., 1964).

15. De *shopari wakë*, o fogo do mundo celeste onde ardem os avarentos após a morte, segundo os Yanomami ocidentais (Lizot, 2004, p. 401; Mattéi-Müller, 2007, p. 305), adaptado pelos missionários à noção de inferno.

16. Do português Satanás.

17. Do português Jesus.

18. "Reunimo-nos todas as manhãs, por volta das 6h15, para as orações, precedidas de aproximadamente cinco minutos de instrução a respeito de uma verdade cristã ajustada a suas necessidades. Ontem, tratava-se de tomar esposa, disciplinar as crianças e repudiar o adultério. [...] Todo mundo reza durante o encontro. Amanhã, vamos nos dividir em dois grupos, porque leva muito tempo e os fiéis mais antigos ficam impacientes quando os novos crentes tentam rezar" (Wardlaw, K. & M., 1968a).

19. Acerca da reelaboração dos mitos cristãos pelos Yanomami de Toototobi, ver Smiljanic, 2003.

20. "B. H. utilizou o projetor com muita eficácia. A história de Noé e da Arca foi uma

verdadeira bênção na outra noite, e quatro pessoas disseram que queriam se converter no dia seguinte. Agora, a maior parte da aldeia já fez sua profissão de fé em Nosso Senhor, 26 ao todo. Vieram ao culto matinal de hoje mais quatro fiéis, mas temos certa desconfiança quanto a suas motivações. Não há dúvida de que alguns deles seguem a massa, mas há uma verdadeira transformação na vida da maioria deles" (Wardlaw, K. & M., 1968a).

21. "Nossos encontros de oração cotidianos, às seis horas da manhã, são uma verdadeira bênção. Inicialmente, B. K. ou C. [os missionários] compartilham algo do Verbo numa ótica bem prática. [...] Passa-se em seguida à reza, durante a qual cada um traz para Deus os fardos de seu coração. Alguém pode ter dormido mal, porque estava ansioso, e pede ao Senhor que jogue longe a sua preocupação. Outro diz ao Senhor que pecou um pouco na véspera, ao ficar bravo, e Lhe pede perdão. Aqueles cujos entes queridos estão doentes admitem que só Deus Pai pode curá-los. Muitos oram longamente pelos seus, cristãos que estão longe, convidados a festas, nomeando-os um a um, mencionando suas fraquezas e pedindo que sejam protegidos delas" (Poulson, 1968).

22. A propósito das orações de caça, relatam os missionários, falando do padrasto de Davi Kopenawa (R.): "Outro dia, R. foi à caça e sua experiência, bem como seu testemunho, foram para nós uma verdadeira bênção. Ele nos disse que havia pedido a Deus para encontrar uma anta, mas não queria demorar muito nem ir longe demais ao seu encalço. De modo que pediu a Deus que lhe enviasse uma nas redondezas e, finalmente, Deus pôs a anta bem no caminho dele! Matou-a e parou para agradecer a Deus. O animal estava tão perto que ouvimos o tiro da missão. Nunca tínhamos visto uma anta de tão perto antes. Os Uaicas [Yanomami] não têm palavra para dizer 'obrigado' em sua língua, de modo que lhes ensinamos a palavra em português, e como utilizá-la. Alguns deles já manejam bem seu uso e foi essa a palavra que R. empregou para agradecer a Deus" (Wardlaw, K. & M., 1968a).

23. Os "americanos" (*merikano pë*) da missão Toototobi (distintos dos brasileiros, *prasirero pë*) eram, na verdade, de diversas nacionalidades anglófonas: americanos, canadenses e ingleses.

24. A construção dessa pista de pouso (seiscentos metros) em Toototobi data de 1964-5. Foi aberta pelos missionários da New Tribes Mission, sob supervisão da Força Aérea Brasileira: "[...] a FAB queria uma pista de pouso naquela região. Ficaria totalmente sob nossa responsabilidade mas, na verdade, seria deles" (Wardlaw, M., 1965). Acerca da política da FAB a respeito das missões americanas nessa época, ver Le Tourneau, 2010, cap. 2.

25. Em 1964 e 1965, vários aviões sobrevoaram a pista, e a 23 de fevereiro de 1965 ocorreu um memorável lançamento de víveres, correio e objetos de troca: "As facas e tesouras incluídas no lançamento são presentes para os índios, como combinado. Eles já ficaram bastante amedrontados com os aviões, quando M. H. veio com E. para uma primeira localização, no verão passado. E antes de deixarmos Toototobi, em novembro passado, chegou a nós um boato vindo de uma aldeia de Uaica do alto Demini que atribuía a eclosão de uma grave doença e várias mortes ao sobrevoo de sua aldeia pelo avião. Pensamos que não faria mal encorajar os índios com presentes e que, assim, associariam algo positivo ao avião" (Wardlaw, Mrs. K., 1965).

26. Referência à associação corrente, que tem origem na que os jesuítas do século XVI fizeram entre seu Deus e a "divindade" Trovão (Tupã) dos antigos Tupi.

27. Acerca desse mito, ver o cap. 8.

28. As ameaças de armadilhas e venenos podiam inquietar os Yanomami, preocupados com a segurança de suas crianças. A bravata canibal, por outro lado, situava as intimidações do missionário no registro familiar dos ritos de guerra (o ritual de homicídio yanomami encena a ingestão da carne ensanguentada dos inimigos flechados; ver Albert, 1985, cap. 13).

29. Essa epidemia ocorreu em setembro de 1967.

30. Essa missão, instalada no alto Parima em 1962-3 (Migliazza, 1972, p. 390), ficava a trinta minutos de voo de Toototobi. Pertencia a uma outra organização evangélica, a Unevangelized Fields Mission. Dez anos após sua fundação, a situação dos missionários ali não tinha ficado mais tranquila: "Em nosso primeiro dia aqui, sofremos um arrombamento em nosso depósito e vários ataques ao posto. Desde então, houve trocas de flechas entre os índios em duas ocasiões, não longe dos limites do perímetro da missão. Mas no dia 27 de junho de 1973, durante três horas, uma verdadeira guerra entre dois grupos uaicá [Yanomami] aconteceu no nosso quintal, na frente e atrás da casa" (Moore, 1973). A mesma missão também foi atacada pelos índios em busca de espingardas de caça, quando de um enfrentamento com garimpeiros, em 1975 (ver Albert & Le Tourneau, 2005). Acabou sendo fechada pela Funai pouco tempo depois.

31. Trata-se, na verdade, de um missionário canadense, um dos fundadores da missão Toototobi.

32. Esse filho, que se chama Tomé, nasceu em 1961, de modo que tinha cinco ou seis anos na época.

33. Dardos talhados na fibra do pecíolo das folhas de palmeira *õkarasi si* e *kõanari si*.

34. Um testemunho do missionário K. Wardlaw sobre essa epidemia está disponível na internet (<www.sil.org/~headlandt/measles3.htm#measles3>). Ele conta que deixou a missão, com destino ao Canadá, em junho de 1967. Sua esposa e filhos juntaram-se a ele para voltar a Manaus em julho, e retornaram todos a Toototobi pouco depois. A filha de dois anos tinha pegado sarampo; o período de incubação dura de dez a doze dias. A origem dessa epidemia, que se propagou para a Venezuela, foi equivocadamente atribuída às vacinações realizadas pelo geneticista J. V. Neel (Tierney, 2000). A acusação desencadeou uma acirrada polêmica no início dos anos 2000; ver Borofsky, org., 2005.

35. A força da interpretação yanomami das epidemias como fumaças de feitiçaria produzidas por vingança dos brancos em decorrência de um conflito (ver Albert, 1988 e 1993) faz com que Davi Kopenawa, apesar de conhecer sua etiologia viral, não deixe de evocar aqui a suposta culpa do missionário (Kixi), assim como a de seu colega brasileiro (Chico), pouco antes. Ambas as hipóteses devem ter tido ampla circulação entre os Yanomami de Toototobi, na época. Continuam ressurgindo invariavelmente nas rememorações desse tempo.

36. Os alimentos cerimoniais distribuídos entre os convidados no final das festas intercomunitárias *reahu* são geralmente beijus de mandioca (ou pacotes de bananas-da-terra fervidas) e pedaços de carne moqueada.

37. Do português "sarampo". O termo *wai*, que significa "perigoso, poderoso" (para tabaco, alucinógenos, pimenta, veneno), entra na composição de todos os nomes de epidemia (ver Albert & Gomez, 1997, pp. 112-5).

38. O tema da queda do céu tem, como vimos (cap. 8), grande importância na cosmologia yanomami. É também o tema privilegiado de seu profetismo xamânico (cap. 24). É declinado aqui no plano individual, na forma de um sonho (ver igualmente o cap. 20).

39. A epidemia se instalou no início de setembro de 1967: "[...] desencadeou-se uma epidemia de sarampo na tribo e três grupos diferentes foram atingidos. Após ter recebido um pedido de socorro urgente de K. W. [...] B. foi novamente para a tribo no dia 12 de setembro. Desde aquele momento até aproximadamente a primeira semana de novembro, os missionários combateram a doença. Ao todo, devem ter tratado uns 130 casos e tiveram por volta de trinta mortos, contando os bebês. Trabalharam dia e noite durante semanas, dando injeções e comida, cortando lenha, indo buscar água e fazendo tudo o que era preciso" (Hartman, 1968). Os missionários foram auxiliados por um piloto e por um médico da organização evangélica Missionary Aviation Fellowship (MAF). Receberam uma doação de seiscentas ampolas de penicilina injetável (contra as infecções secundárias: conjuntivite, pneumonia, encefalite etc.) de um farmacêutico de Boa Vista. Números diferentes de vítimas dessa epidemia (doze mortos, de 150 a duzentos casos) encontram-se em Neel et al., 1970, pp. 421, 425 (segundo o médico da MAF C. Patton) e nos arquivos da missão Toototobi consultados (B. A.) na década de 1980 (dezessete mortos e 165 casos). Estas últimas informações são certamente as mais fidedignas. O número de dezessete mortos é confirmado na página da internet citada na nota 34 acima.

40. A exposição do cadáver na floresta constitui a primeira parte do ritual funerário yanomami (ver Albert, 1985, e cap. 10, nota 42).

41. A ação conjunta dos espíritos xamânicos e a dos medicamentos industrializados são perfeitamente compatíveis na lógica terapêutica yanomami: a primeira remete à etiologia das doenças, a segunda ao tratamento dos sintomas (ver Albert & Gomez, 1997, p. 51).

42. Davi Kopenawa emprega aqui o termo *xoae*, que significa tanto "irmão da mãe" como "pai da esposa" (e ainda "avô"), o tio/sogro ideal para os Yanomami.

43. A morte de um grande homem é quase sempre imputada, em última instância, a remotos feiticeiros inimigos (*oka*, pl. *pë*). A gente de *Amikoapë* vivia então nas terras altas das nascentes do rio Mucajaí. Seu líder, de nome *Naanahi*, era regularmente acusado de tais agressões pelos moradores de Toototobi.

44. O rito cristão de enterro do cadáver é considerado pelos Yanomami uma prática revoltante, na medida em que impede o "pôr em esquecimento" das cinzas dos ossos do defunto que encerra o trabalho de luto, pondo em risco, portanto, a separação entre mortos e vivos (ver Albert, 1985; Smiljanic, 2002).

45. A perda do luto provoca, segundo os Yanomami, uma combinação de angústia (*xuhurumuu)* e raiva (*huxuo*).

46. Os Yanomami de Toototobi organizaram, no início de 1968, uma festa *reahu* para os mortos da epidemia. Nela, os pastores da New Tribes Mission cantaram: "Na segunda noite, introduzimos um canto novo em estilo e música uaica [yanomami] [...] Ele comunicava a verdade da existência de Deus, que Deus está vivo, que não mente, que diz a verdade e que Deus é bom" (Wardlaw, K., 1968). As consequências dessa epidemia devastadora, qualificada de "crise", não parecem ter afetado demasiado os missionários. Ao contrário, viram nela um sinal de encorajamento para seu trabalho de evangelização: "[...] foi difícil nos conformarmos com o fato de que vários de nossos amigos passaram para a eternidade sem conhecer Cristo. Sabemos, contudo, que Deus não comete erros, e agora que a crise passou, podemos constatar o quanto o Senhor trabalha nos corações através do que aconteceu" (Hartman, 1968).

47. “A realidade do Inferno e o meio de escapar dele por intermédio de Jesus Cristo, essa foi a principal mensagem que chegou àquela gente” (Wardlaw, K. & M., 1968a).

48. “[...] às vésperas do Natal [1967], o chefe R. também aceitou Cristo como seu Salvador. Temos dificuldade em acompanhar o que se passa desde então. Deus deu a R. um coração muito aberto e um testemunho muito autêntico e vívido. [...] Começamos a falar de batismo, pois R. e seu genro C. nos pareciam prontos para essa etapa. Ambos aceitaram, e no dia 4 de janeiro [1968] ocorreram os primeiros batizados no rio Toototobi!” (Wardlaw, K. & M., 1968a). E, alguns meses mais tarde: “R., nosso chefe, foi um dos primeiros a se voltar para o Senhor e, pouco depois, toda a sua família fez o mesmo. [...] Desde as primeiras decisões, no fim do ano passado, vieram ao Senhor um atrás do outro, para ‘limpar seu interior’” (Poulson, 1968).

49. Aparentemente, o trauma da epidemia e o retorno ao credo missionário por parte do padrasto de Davi Kopenawa, líder e xamã respeitado, teriam efetivamente suscitado uma onda de conversões no início de 1968, em Toototobi. A missão contabilizava vinte conversos, em janeiro de 1968, e 52 em junho (Wardlaw, K. & M., 1968a e b). Os missionários ficam eufóricos: “[...] Alguns deles foram ganhos ao Senhor através dos outros índios, outros começam a comparecer independentemente às orações matutinas diárias e declaram sua fé em público, outros vêm diretamente a nós, missionários, para nos informar que também querem se juntar ao Senhor. Nunca vimos coisa igual e isso é prova da obra que Deus é capaz de fazer nos corações. [...] O poder de Deus está em ação, e é algo grandioso e maravilhoso de ver — depois de dez anos de trabalho nesta região, por vários missionários e um exército de guerreiros da oração. Que seja louvado!”. Apesar do entusiasmo, transparece uma ponta de questionamento: “Os acontecimentos destas últimas semanas foram certamente incomuns, é o mínimo que se pode dizer. É muito difícil avaliar com precisão o que está acontecendo” (Wardlaw, K. & M., 1968a).

50. Ele estava de volta a Toototobi desde os primeiros meses de 1968. Esse homem tinha um papel importante na estratégia de evangelização das comunidades da região: “Chico, nosso missionário brasileiro, visitou novas aldeias. No presente momento, está fazendo sua terceira viagem com os índios. Ele foi de grande ajuda e uma bênção para os novos crentes que acompanhou nessas viagens” (Wardlaw, K. & M., 1968b).

51. Pequenos presentes e ofertas de alimento constituem a base e o indício de uma nova relação amorosa.

52. Chico, expulso da missão Toototobi, acabou sendo recrutado pela Funai. Em carta à administração da Funai, de 23 de janeiro de 1969, ele escrevia: “[...] Infelizmente, a missão me despediu de meu serviço alegando que eu tinha aceitado uma jovem índia de catorze ou quinze anos como esposa”. Garantia que tinha a anuência do pai da moça e do chefe da comunidade, e pedia ao correspondente, além de uma autorização para ficar com ela (“porque de acordo com o chefe, na cultura deles é legal”), um emprego (Arquivo da Funai, Brasília).

53. Num artigo do início de 1970, de título evocador (“O contra-ataque de Satanás”), os missionários registravam perplexos o recuo da evangelização em Toototobi: “Tempos favoráveis, fartura de alimento e mais alguns outros fatores insidiosos parecem ser nocivos ao crescimento de nossa Igreja e à propagação do Evangelho do Cristo. A preguiça espiritual, a ingratidão e a recusa de nosso maravilhoso Deus e Salvador são as principais marcas destes tempos em Toototobi! [...] Orai! F. tomou uma segunda esposa e virou as costas para o Senhor. [...] G. identificou-se abertamente como não crente e retornou à sua feitiçaria” (Toototobi gang, 1970a).

54. Os Yanomami fabricam, fundindo chumbinhos de linha de pesca, grandes projéteis em forma de bala, que usam em seus cartuchos na caça aos animais de grande porte (anta, veados) e na guerra.

55. O afeto que alguém sente por uma pessoa e a saudade que tem dela estão, para os Yanomami, muito ligados à generosidade que ela demonstrou nos encontros que tiveram. Ver, a propósito disso, o cap. 19.

56. Os missionários relatam um incidente com o padrasto de Davi Kopenawa no início de 1970: "R. veio a uma reunião de oração matinal anunciando que estava feliz de ter chegado à conclusão de que a feitiçaria é o bem, de que Deus não existe, de que os americanos são mentirosos, e nos avisou que retornava a seus antigos costumes e voltaria a ser realmente valente. Concluiu dizendo que achava que agora devíamos todos ir embora. Depois saiu da reunião exortando todos os xamãs a voltarem a suas atividades e anunciou a muitos que queria matar os forasteiros. [...] Um bom número de rapazes e moças também parou de vir às orações" (Toototobi gang, 1970a). Apesar de R. ter ensaiado uma nova aproximação diplomática da missão durante o ano de 1970 (Wardlaw, K., 1970a), o declínio da evangelização é patente: em abril, os índios lançam uma incursão guerreira com espingardas que faz oito vítimas num grupo vizinho (Wardlaw, K., 1970b), e em junho sobram apenas entre dez e dezoito "crentes", "que não conseguem adotar uma posição firme e falar alto e forte contra o mal" (Toototobi gang, 1970b).

12. VIRAR BRANCO? [PP. 274-90]

1. Como foi visto (nota 12, cap. 5), os Yanomami opõem a montante (*t^hë ã ora*) e a jusante (*t^hë ã koro*) de um discurso (direto ou indireto), relato ou conversa. Assim opõem o que para nós seriam seu aspecto superficial (o pouco que foi ouvido) e seu conteúdo completo (seu sentido profundo).

2. O sonho mistura, evidentemente, reminiscências da iconografia bíblica dos missionários evangélicos (ver capítulo anterior) e lembranças do clero católico, com o qual Davi Kopenawa entrou em contato mais tarde, em Boa Vista.

3. O nome desse ser vem de um radical que entra na composição do verbo *wãɨwãimuu*, que pode ser traduzido como "ser sacudido por uma pulsação mole".

4. Sobre a fuga de *Omama* e a criação dos brancos, ver os cap. 4 e 9, respectivamente.

5. Veja-se o cap. 2. Não é nada surpreendente que *Teosi* (Deus) seja assim associado às doenças dos brancos, que surgiram na floresta ao mesmo tempo que suas palavras (*teosi t^hë ã*, as "palavras de Deus"). Nas altas terras do território yanomami no Brasil, *teosi a wai* (a "doença--epidemia de Deus") é às vezes sinônimo de *xawara a wai* ("doença epidêmica"). *Teosi* é assim oposto a *Omama*, o demiurgo yanomami, e associado a *Yoasi*, seu irmão ruim, responsável pela perda da imortalidade humana (M 191).

6. Essa aproximação entre "espíritos" e anjos é igualmente frequente no discurso teológico ocidental. Ver a carta de Leibniz a Rémond sobre a filosofia chinesa (Leibniz, 1987, p. 112), em que ele evoca "o que nossos filósofos chamam de inteligências e formas assistentes".

7. Uma missão de investigação da Aborigenes Protection Society visitou Toototobi em 28 de agosto de 1972. Seu relatório resume uma conversa com os missionários: "Disseram-nos que

os índios locais tinham uma cultura forte e 'difícil de quebrar'; aparentemente, em nove anos, apenas um homem foi convertido. Verificou-se que esse homem era o chefe [o padrasto de Davi Kopenawa], que veio ao nosso encontro vestindo uma camiseta cor de mostarda do Playboy Club; mas disseram-nos que mesmo ele mostrava sinais de retorno à infidelidade. Outra queixa dos missionários dizia respeito à ausência de vontade dos índios de acumular posses materiais por meio do trabalho e da economia. [...] Em resumo, os Yanomami pareciam satisfeitos com sua cultura e provaram ser fortes o bastante para resistir ao zelo dos missionários. Estes aprenderam a lição: 'Ficamos preocupados demais com a urgência de trazer a mensagem de Jesus Cristo a essa gente. É um grande erro subestimar o mundo espiritual. Ele é bem real para os Yanomami'" (Brooks et al., 1973).

8. Os missionários da New Tribes Mission se instalaram em Toototobi em 1963, e a epidemia que levou a mãe de Davi Kopenawa ocorreu em 1967. Esse período de cinco anos, durante o qual Davi Kopenawa tinha entre sete e doze anos, pode ser considerado o período da conversão a que ele alude aqui.

9. Os missionários da New Tribes Mission, como outras organizações evangélicas, utilizam a alfabetização e a tradução da Bíblia nas línguas vernáculas como vetores de seu proselitismo. Em 1965-6, quando Davi Kopenawa tinha por volta de dez anos, a escola da missão tinha em média de quinze a 25 alunos (Smiljanic, 1999, pp. 39-41). Uma observação, alguns anos depois, sobre sua escolaridade: "Davi ainda tem alguns problemas mas continua evidenciando progresso espiritual e suas leituras vão bem" (Toototobi gang, 1970b, p. 3).

10. Os missionários utilizavam em sua pregação uma série de cromos de cenas bíblicas, dispostas num tripé (ver nota 16, cap. 9).

11. Foram eles os primeiros yanomami batizados nas águas do rio Toototobi, em 14 de janeiro de 1968, depois da epidemia de sarampo do final de 1967 (ver capítulo anterior).

12. Tais visitas, dirigidas ao alto rio Demini e ao alto Orinoco, parecem ter sido especialmente frequentes no final dos anos 1960: "Segundo F. [Chico], R. [padrasto de Davi Kopenawa] foi fiel ao transmitir a mensagem de salvação durante o seu 'canto de transmissão das notícias' [diálogo cerimonial *wayamuu*] aos índios das outras aldeias. Em algumas delas foram bem recebidos, em outras não. Uma das aldeias próximas ao norte virá visitar esta dentro de alguns dias. Disseram que estão interessados e querem ouvir mais sobre Deus. Numa outra aldeia, dos Bocalahutumteri, não foram nem um pouco bem recebidos. Disseram a R. que aqueles brancos eram fantasmas de mortos yanomami" (Wardlaw, K. & M., 1968a). Essa campanha de evangelização servia também aos propósitos políticos de R., líder do grupo da missão. Permitia-lhe conquistar uma influência regional inédita, dando-lhe controle sobre o acesso dos grupos do alto Demini e do Orinoco aos bens manufaturados da missão Toototobi (notadamente por intermédio da troca de artesanato por conta dos missionários): "Recentemente, nossos índios contataram um antigo grupo inimigo e, na semana passada, uns 35 homens, mulheres e crianças chegaram em visita, convidados por R. Essas pessoas demonstraram mais interesse pelo Evangelho do que os outros grupos que já estiveram aqui" (Toototobi gang, 1970b).

13. Seis crianças nascidas entre 1961 e 1972.

14. Para os jovens yanomami, fugir de sua comunidade de origem após o falecimento dos pais é um comportamento de luto corriqueiro.

15. Essas trocas eram consideradas pelo SPI, e depois pela Funai (que o substituiu em

1967), ao mesmo tempo como meio de "integração" dos índios e como apoio econômico para seus postos, geralmente desprovidos de recursos. Os relatórios mensais do posto Ajuricaba contêm, consequentemente, uma minuciosa contabilidade dessas trocas com os Yanomami locais (Arquivos Funai, Brasília).

16. Uma mensagem de rádio do posto Ajuricaba de 16 de junho de 1965 noticia, por exemplo, uma viagem a Toototobi da qual foram trazidas 25 peles de queixada, nove peles de veado, duas peles de jaguatirica e uma pele de ariranha.

17. Ao termo "costume", utilizado em português, Davi Kopenawa dá o sentido de "modo de vida" ("caçar, pescar com veneno, preparar nossos alimentos").

18. Ao se tornarem adolescentes, os jovens yanomami passam longos períodos viajando de comunidade em comunidade e de festa em festa, o mais longe que podem de sua aldeia de origem. Suas peregrinações entre os brancos são hoje incluídas no registro das viagens iniciáticas dessa fase.

19. Provavelmente em 1971-2; Davi Kopenawa tinha então quinze ou dezesseis anos.

20. A exploração dos índios em proveito próprio, à margem da instituição, era uma estratégia comum entre os empregados subalternos do SPI (e depois da Funai). Contudo, era malvista pela administração indigenista por competir indevidamente com a utilização oficial da mão de obra indígena. Os chefes de posto eram, assim, os únicos operadores legítimos da economia paternalista do posto indígena, baseada na retribuição do trabalho dos índios com "brindes" e/ou comida.

21. As grandes redes industriais de cores vivas constituem um bem bastante raro e especialmente apreciado pelos Yanomami até hoje. Podemos imaginar que o fossem ainda mais para um adolescente no início dos anos 1970.

22. Essas tartarugas fluviais (*Podocnemis* spp.) são ainda capturadas e comercializadas em grande escala na Amazônia brasileira, a ponto de estarem ameaçadas de extinção.

23. O padrasto de Davi Kopenawa contou-lhe que o rapaz sofria de uma doença de pele de aspecto desagradável, provavelmente provocada pela oncocercose, filariose endêmica na região do Toototobi.

24. Vocativo de "sogro".

25. Ajuricaba fica a uns seis dias de barco de Manaus, na estação das chuvas, quinze dias durante a seca.

26. O antigo aeroporto de Manaus (atual base aérea de Ponta Pelada) localizava-se na margem do rio Negro.

27. Os aviões dos missionários americanos da Missionary Aviation Fellowship que serviam Toototobi eram pequenos Cessna. O aeroporto de Manaus recebia os voos regulares de companhias aéreas nacionais com aviões Boeing de médio porte.

28. O Fusca era o carro mais comum no Brasil nas décadas de 1960 e 1970.

29. Yo Matsumoto, estudante do clube de exploração da universidade do Kansai (Osaka, Japão), que ficou em Ajuricaba durante suas duas viagens pelos rios Demini, Mapulaú e Toototobi, em junho e outubro de 1972 (Matsumoto et al., 1974). Davi Kopenawa tinha por volta de dezesseis anos.

30. O sanatório Adriano Jorge, inaugurado em Manaus em junho de 1953, pela Campanha Nacional contra a Tuberculose, do Ministério da Saúde.

31. É o que faz a maior parte dos Yanomami quando ficam hospitalizados por muito tempo para um tratamento contra a tuberculose.

13. O TEMPO DA ESTRADA [pp. 291-310]

1. Tradução de um termo yanomami que significa "entabular (ou retomar) relações pacíficas com um grupo desconhecido (ou com ex-inimigos)": *rimiai* (transitivo), *rimimuu* (intransitivo).

2. Essa viagem integrava as "frentes de atração" organizadas pela Funai em 1973-4, para "pacificar" os índios no futuro traçado da rodovia Perimetral Norte. Essa estrada de 2480 quilômetros, paralela à Transamazônica ao norte, deveria ligar o Atlântico (Macapá) ao sul da Colômbia (Mitú). O começo das obras no trecho Caracaraí-Padauari, que corta o sul do território yanomami, data de setembro de 1973.

3. O nome vem do modo como os homens desse grupo mantêm o prepúcio do pênis (*moxi*) preso (*hatëtë-*) num fio de algodão amarrado em torno da cintura. Trata-se de algumas comunidades do alto rio Apiaú, provavelmente originárias de uma vaga migratória yanomami muito antiga que teria permanecido isolada naquela região (sua cultura material apresenta diferenças consideráveis em relação à dos demais subgrupos yanomami). Os *Moxi hatëtëma* sofreram ataques dos Yanomami do rio Catrimani das primeiras décadas do século XX até meados dos anos 1980 (o último ataque data de 1985), sem revide nem tentativa de aliança, apesar de várias de suas mulheres e crianças terem sido levadas como cativas ao longo dos anos. Eles teriam flechado dois garimpeiros no alto rio Apiaú, em agosto de 1995 (Verdum, 1995, p. 98, nota 11). Finalmente, sua localização só foi descoberta por um voo de reconhecimento da Funai em 2011. Evitam até hoje qualquer contato com outros grupos yanomami ou estabelecimentos dos brancos (ver Albert & Oliveira, 2010).

4. Voltando de uma incursão entre esses índios em 1975, os guerreiros de uma aldeia do alto Catrimani trouxeram como troféus lâminas de machadinhas de pedra visivelmente gastas.

5. Essa expedição ocorreu provavelmente em setembro de 1973. O relatório do agente da Funai que a menciona (F. Bezerra) data de outubro de 1973. O documento até hoje não foi encontrado nos arquivos do órgão.

6. Trata-se de um pequeno grupo *xamat^hari* aparentado aos do posto Ajuricaba e do rio Jutaí (*Kapirota u*) que tinha se estabelecido na órbita da missão Toototobi.

7. Trata-se, respectivamente, de convidados do alto rio Toototobi e do rio Couto de Magalhães (afluente do alto rio Mucajaí).

8. A cremação dos ossos de um defunto costuma ocorrer algumas semanas após a exposição do cadáver na floresta.

9. A técnica oficial de "atração" e "pacificação" dos "índios isolados" empregada pelos sertanistas do SPI e depois pelos da Funai consistia em pendurar objetos manufaturados na floresta para dar início a um intercâmbio mudo com eles, chamado de "namoro".

10. Esse primeiro contato data provavelmente do início de 1970 (ou do final de 1969): "Um grupo de visitantes da aldeia *Maykoko* [o grupo do sogro de Davi Kopenawa], que tentamos contatar há um ano, chegou há duas semanas. Parecem estar dispostos a esquecer os antigos

conflitos e a restabelecer relações amigáveis com os de R. [grupo do padrasto de Davi Kopenawa em Toototobi]. Tentamos lhes falar a respeito de Deus mas não estavam interessados nisso, e não conseguimos nada" (Toototobi gang, 1970a). Foi depois desse primeiro contato que o grupo se instalou à margem do *Werihi sihipi u*, primeiro a montante, depois próximo de sua foz, no rio Mapulaú. Vinha do alto rio Lobo d'Almada, afluente do rio Catrimani.

11. Tendo se tornado sertanista da Funai, Chico tinha visto em Davi Kopenawa o intermediário ideal para suas expedições de "atração" dos Yanomami, curiosamente bem distantes do traçado da estrada Perimetral Norte; através delas pretendia tornar rentável sua experiência de campo anterior na nova instituição, ao mesmo tempo que levava adiante seus projetos pessoais na região de Toototobi.

12. Chico tomou a iniciativa (como "declarante") de mandar lavrar um certificado de nascimento para Davi Kopenawa, em janeiro de 1974, em Manaus: "Davi Xiriana, nascido a 15 de fevereiro de 1956, no município de Barcelos". Mas não existe contrato da Funai em nome de Davi Kopenawa nesse período. É possível que ele tenha sido empregado pela 10ª Delegacia de Manaus de uma forma precária frequentemente utilizada pela Funai, o "serviço prestado contra recibo".

13. Os Yanomami são explorados sem escrúpulos: "Os índios que encontrei se queixaram de que o comerciante Chiquinho e os caçadores que vêm até aqui não são honestos com eles. [...] Essas pessoas que negociam com os indígenas são aventureiros que pescam e caçam clandestinamente na terra indígena [...] o comerciante Chiquinho foi a pessoa mais acusada de ter levado peles [de ariranhas e jaguatiricas] e outros produtos da floresta prometendo pagar aos índios numa próxima viagem, o que ele nunca fez [...]" (Bezerra de Lima, 1974).

14. Trata-se provavelmente de uma das equipes de prospecção geológica que circulavam pela região na época da abertura da Perimetral Norte. Vários voos de helicóptero dessas equipes saíram da missão Catrimani em março de 1973. É possível que explosivos ou combustível tenham sido deixados para trás e que tenha ocorrido combustão acidental em decorrência da longa exposição ao sol.

15. Como se sabe, o vírus da gripe pode ser transmitido por intermédio de objetos infectados (Lacorte & Veronesi, 1976, p. 17). Contudo, é provável que essa epidemia tenha resultado de contaminação recente por outra doença viral, em decorrência da visita ao posto Ajuricaba de gente de *Werihi sihipi u*, de seus convidados ou de viajantes de passagem. A região desse posto era, na época, muito frequentada por caçadores brancos.

16. A gente de *Werihi sihipi u*, segundo o testemunho de uma expedição japonesa na região em 1972, morava numa grande habitação coletiva "com mais de cinquenta pessoas" (Matsumoto, 1974, p. 25). Essa epidemia provocou a morte de 24 adultos (dos quais dezesseis mulheres) e provavelmente de dez a quinze crianças (genealogias coletadas por B. Albert). Um relatório da Funai faz menção a ela, subestimando o número de vítimas: "Um dos grupos que encontramos é aquele que residia anteriormente no Mapulaú e que fugiu, amedrontado pelo pouso de um helicóptero perto de sua casa coletiva no ano passado. [...] Quinze pessoas desse grupo morreram de 'xawala' ['epidemia'], uma doença perigosa que, segundo dizem, foi trazida pelo helicóptero. Esse grupo teme ainda hoje encontrar brancos e não demonstra nenhuma confiança, pois pensam que são os responsáveis por essa 'xawala'. Tentei convencê-los mais uma vez de que os brancos não possuem essa 'xawala' e não sabem como transportá-la, porque não a conhecem;

mesmo assim, eles ainda têm muitas dúvidas mas, com o tempo, acho que essa história de 'xawala' vai se dissipar" (Bezerra de Lima, 1974).

17. Alusão à tradicional associação yanomami entre fumaça de feitiçaria e contágio epidêmico (Albert, 1988 e 1993). Algumas testemunhas yanomami relatam a passagem, por *Werihi sihipi u*, de visitantes do rio Jundiá (afluente do Catrimani), que teriam surrupiado espingardas dos brancos que viviam a jusante do posto Ajuricaba, e atribuem a irrupção da epidemia à sua vingança por feitiçaria.

18. Depois de saírem da missão Catrimani (a 6 de fevereiro de 1974), os membros da expedição caminharam durante nove dias até o Mapulaú, onde "abriram uma roça para fundar um posto, por se tratar do local acessível pelo rio mais próximo das seis aldeias encontradas ao longo da viagem [...]" (Bezerra de Lima, 1974). Esse novo posto viria a ser, para a Funai, "o subposto Mapulaú".

19. O posto Ajuricaba servia então "de base de apoio para os serviços de atração no Mapulaú e para as frentes de trabalho na estrada Perimetral Norte" (Mont'Alverne Pires, 1974).

20. No início dos anos 1940.

21. Um *Boletim Informativo da Funai* (1973-4, 9/10, p. 4) anunciava em abril de 1974 que esse "posto indígena de atração" estava em processo de instalação.

22. As roças antigas continuam sendo exploradas durante anos. É possível ainda colher nelas pupunhas, taioba, bananas de vários tipos e canas de flecha. Também são tirados delas os brotos de bananeira para futuras plantações.

23. O "delegado" em questão é o chefe da então Delegacia Regional da Funai de Manaus.

24. A cassiterita é o óxido de estanho natural, o principal minério de estanho. Sobre a invasão dessa região por garimpeiros de cassiterita clandestinos, em 1975-6, ver Taylor, 1979, e Albert & Le Tourneau, 2005. Chico chegou à região de Surucucus em janeiro de 1976, em condições das mais precárias: "Esse funcionário foi jogado na região sem nenhum meio de subsistência. Mora num barraco feito de paus cobertos com uma lona plástica emprestada por policiais que estão aqui atualmente [para expulsar os garimpeiros] e nem sequer possui rádio" (Pacheco Rogedo, 1976).

25. Um relatório da Funai de julho de 1977 (Horst, 1977) confirma esse incêndio provocado pelos Yanomami no posto Mapulaú. Um relatório posterior (Melo, 1982) comenta o incidente: "Os índios efetivamente incendiaram o posto [Mapulaú], revoltados com as mortes causadas por uma nova epidemia".

26. A região é habitada por dezessete etnias de língua tukano oriental, mas os Tariana, originariamente de língua aruaque, são majoritários. Davi Kopenawa utiliza aqui a denominação "Tukano" de modo genérico, para designar os índios da região. Trabalhou lá por um breve período, entre o final de 1974 e o começo de 1975.

27. Situação social das mais desconfortáveis para os Yanomami, para os quais, além da comunidade, abre-se o inquietante mundo da alteridade predadora (feitiçaria, guerra, agressões xamânicas, assassinato do duplo animal).

28. A região do noroeste amazônico brasileiro é um mosaico multiétnico de 22 povos (31 625 pessoas em 2000 segundo o site do Instituto Socioambiental), falantes de línguas pertencentes a três famílias linguísticas: aruaque, tukano e maku.

29. Provavelmente em novembro de 1975, pois um documento de outubro de 1975 atesta

que foi o antropólogo K. I. Taylor (Universidade de Brasília), então coordenador do Plano Yanoama da Funai, que recomendou Davi Kopenawa para fazer esse curso: "Gostaríamos de sugerir como candidato ao curso de monitores de saúde deste ano (de Boa Vista ou de Manaus) o índio conhecido como Davi Xiriana, que, segundo informações do prof. Silverwood-Cope, se encontra no posto Iauaretê. Se for aprovado, gostaríamos que fosse aproveitado como um dos monitores mencionados [...] para trabalhar numa comunidade indígena yanoama [yanomami], na região da Perimetral Norte [...]" (Taylor, 1975c). Sobre o projeto Perimetral Yanoama, ver Taylor, 1975a; Ramos & Taylor (orgs.), 1979; Bigio, 2007, cap. 4; e o *Postscriptum* deste livro.

30. "Davi Xiriana Yanomami [...] fala e compreende português, mas não lê nem escreve. Davi é originário do rio Demini e foi alfabetizado em sua língua tribal. Possui conhecimentos sanitários, pois foi enviado a Manaus para fazer um curso de monitor de saúde [...] mas não foi empregado nessa função por não saber ler as bulas dos medicamentos. Davi quer estudar português e se aperfeiçoar no campo paramédico para, como nos disse, poder ajudar o seu grupo, mas para isso vai ser preciso tirá-lo da região e enviá-lo a um centro de formação, e seu desenvolvimento deverá receber acompanhamento constante" (Paixão, 1977).

31. Uma equipe da Sucam, antigo serviço de combate à malária. Toototobi foi o primeiro foco de oncocercose detectado no Brasil. Trata-se de uma filariose transmitida por mosquitos hematófagos. Essa expedição, dirigida pelo dr. A. J. Shelley, passou por Toototobi em dezembro de 1975 (Shelley, 1976).

32. Boa Vista, capital de Roraima, surge pela primeira vez como centro urbano de referência nessa narrativa. Estamos no final de 1975, época da construção da Perimetral Norte. Até então, Davi Kopenawa só tinha se relacionado com o SPI, depois Funai, de Manaus, descendo os rios Demini e Negro. Entre o final da década de 1960 e o começo da década seguinte, passamos da tradicional Amazônia dos rios para a das estradas, cada vez mais urbanizada.

33. Um trecho da Perimetral Norte penetrou no sudeste do território yanomami em 1973; seria definitivamente abandonado no começo de 1976. Sai da estrada Manaus-Boa Vista, em direção a oeste, e acaba depois de 225 quilômetros, em plena floresta, pouco depois da serra do Demini. Uma pista de oito quilômetros continua em seguida até o rio Ananaliú. Apenas os primeiros cinquenta quilômetros dessa estrada são hoje relativamente transitáveis e ocupados por fazendas e pequenos colonos.

34. Referência à condição de menor sob tutela da Funai a que estavam sujeitos os índios pelo Estatuto do Índio, de 1973 (ver Albert, 1997b e 2004).

35. Os Yanomami, que se encontram tanto no estado do Amazonas, a oeste, como no de Roraima, a leste, dependiam na época de duas delegacias diferentes da Funai: a 1ª, em Manaus, e a 10ª, em Boa Vista.

36. Amâncio acabava de assumir a responsabilidade pela área yanomami, após a revogação pelos militares do Plano Yanoama, projeto assistencialista dirigido em 1975-6 por K. I. Taylor (UnB), que o havia demitido de suas funções de chefe do posto de Ajarani em outubro de 1975 (ver Taylor, 1975b, e o *Postscriptum* deste livro). Amâncio contratou Davi Kopenawa como intérprete em dezembro de 1976. Este lhe era indispensável para se afirmar no posto, mais ainda do que era para Chico (que falava yanomami) no início da década de 1970.

37. "Posto de controle" instalado em 1974 no quilômetro 50 da Perimetral Norte: "O

posto de controle Ajarani foi aberto provisoriamente nesse local pois grandes concentrações de indígenas estão localizadas a partir do rio Catrimani, a cem quilômetros do rio Ajarani. Enquanto se aguarda uma definição da área indígena a ser delimitada, o posto foi construído com materiais locais e consiste numa simples barraca de palha, pois se pretendia deslocar os três pequenos grupos [yanomami] da região do rio Ajarani para o rio Catrimani" (Costa, 1976b).

38. Esses garimpeiros clandestinos de cassiterita começaram a invadir as terras altas da região de Surucucus (alto rio Parima) em março de 1975. Só foram expulsos em setembro de 1976, para dar lugar às prospecções oficiais da então estatal Companhia Vale do Rio Doce.

39. Viagem realizada em agosto e setembro de 1977 a grupos isolados, nos quais a chegada da expedição provoca um certo desamparo: "Pegamos esse grupo tribal realmente de surpresa, pois estavam em deslocamento; a maior parte do grupo fugiu, com choro e gritos de mulheres e crianças; outros deitaram no chão falando sem parar; então nossa equipe parou e esperou, nossos guias Ueicoá-Teli [*Weyuku t^hëri*] não tomaram nenhuma iniciativa; [...] coube ao chefe dos Xirroma-Teli [*Xihoma t^hëri*] fazê-lo, ele veio ao nosso encontro, arco e flechas na mão, com uma expressão de desespero, pronto para se defender; nesse instante, nossos intérpretes entraram em ação e a situação foi se normalizando bem lentamente, mas os que tinham entrado em pânico e fugido só voltaram no dia seguinte" (Costa, 1977).

40. Alusão ao projeto de redução e desmembramento das terras yanomami num arquipélago de 21 "ilhas" cercadas de corredores de colonização, que a Funai e os militares tentaram promulgar em 1977-8 (ver CCPY, 1979). Amâncio participou de todas as operações de reconhecimento de terreno preparatórias para esse projeto.

41. Davi Kopenawa tinha providenciado essa carteira de identidade em julho de 1975, numa passagem por Manaus.

42. A partida para o posto Ajarani data do início de 1977. Após ter sido uma "base de atração" em 1973, ano durante o qual teve início a abertura da estrada, Ajarani tornou-se "posto indígena" permanente em agosto de 1974 (Costa, 1976b). A utilidade desse posto à beira da estrada não deixava de suscitar dúvidas, mesmo dentro da Funai: "[sua criação] deixou-nos muito surpresos, já que, como constatamos na região indígena do posto de Ajarani, o difícil é manter os índios longe dos brancos, não atraí-los [para a estrada]" (Pacheco Rogedo, 1976).

43. O território desses índios se situa no extremo sudeste das terras yanomami (rios Ajarani, Repartimiento e Apiaú). Trata-se provavelmente de um quinto subgrupo linguístico yanomami (ver Migliazza, 1972, p. 35). Os outros Yanomami nomeiam-nos *Yawari*, termo que designa os espíritos aquáticos entre os Yanomami ocidentais (Mattéi-Müller, 2007, p. 385). Em 1967, foram vítimas de uma grave epidemia de sarampo, e seu território já era visitado desde a década de 1950 por missionários e madeireiros (Figueiredo Costa, 1967). Estimados em 102 antes da abertura da estrada (mas depois do sarampo de 1967), tinham sido reduzidos, em março 1975, a 79 pessoas (Ramos, 1979). Não passavam de 76, 25 anos mais tarde (recenseamento inédito, N. Farage, jul. 1999).

44. As máquinas em questão eram enormes tratores, escavadeiras, niveladoras e caminhões Caterpillar. Ver também Bigio, 2007, para uma síntese dos testemunhos da época acerca da trágica situação desses índios após a chegada da estrada a suas terras. O canteiro da estrada chegou aos Yanomami do rio Ajarani em novembro de 1973, no quilômetro 32 da Perimetral

Norte (ver o depoimento do jronalista d'*O Estado de S. Paulo*, 29 nov. 1973, citado na epígrafe do capítulo).

45. A abertura do traçado da estrada foi realizada em trechos de cinquenta por quinhentos metros, a cargo de operários (de dois a quatro homens por quilômetro) de uma empresa subcontratada (Nordeste Desmatamentos) pela grande construtora responsável pela obra (Camargo Corrêa).

46. No início da década de 1970, o território dos índios Waimiri-Atroari, que resistiam ao contato, foi invadido por uma frente de atração da Funai apoiada pelo Exército para permitir a passagem da estrada Manaus-Boa Vista (ver Baines, 1991). Menções a operações de intimidação realizadas pelo Exército podem ser encontradas no livro de um antigo delegado da Funai de Manaus (Carvalho, 1982, pp. 74-9, 97-8), que cita, entre outras, estas afirmações inquietantes do general Gentil Nogueira Paes: "A estrada tem de ser terminada, mesmo que para isso seja preciso abrir fogo sobre esses índios assassinos. Já nos desafiaram o bastante e estão atrapalhando as obras".

47. Já os brancos se espantavam com a ausência de hostilidade dos Yanomami: "Os índios contatados até agora são excepcionalmente dóceis, mas nada garante que todos tenham o mesmo comportamento daqui para a frente" (Marcos, 1976). Tal ausência de animosidade persistiu ao longo de toda a obra: "No traçado [...] não há indício de problemas com os silvícolas, a não ser por uma ou outra invasão de acampamento [...] limitando-se a pedidos de comida e mercadorias" (Yssao, 1975).

48. "Desde o início da construção da estrada, em razão da entrada no território indígena de pessoas não autorizadas e de equipes envolvidas em sua construção, e igualmente em razão da falta de precauções mínimas para evitar a transmissão de doenças, a população indígena da região é exposta a sucessivas epidemias de gripe, de sarampo e outras doenças, e mais de 11% de seus efetivos morreram desnecessariamente" (Funai, 1975).

49. Rios atravessados pelo traçado dos 412 quilômetros do trecho Caracaraí-Padauari da Perimetral Norte. No rio Aracá, a casa dos Yanomami do rio Jutaí (*Kapirota u*) ficava a um quilômetro da estrada (km 307). O agente da Funai encarregado de sua "atração" comenta: "Os problemas encontrados são os seguintes: 1) encontrei todos os índios doentes de gripe e paludismo, 2) os índios não queriam que a estrada passasse neste lugar" (Arantes, 1974).

50. As equipes da Funai que acompanhavam os topógrafos recebiam lançamentos aéreos de presentes e alimentos, por conta da construtora Camargo Corrêa (Arantes, 1974). Um missionário instalado no rio Ajarani também registra: "Os funcionários da empresa eram agradáveis com eles, davam-lhes muita comida, pois temiam ser atacados por eles enquanto trabalhavam na estrada, de maneira que quando os índios chegavam a um canteiro de obras, os operários lhes davam grandes quantidades de açúcar, sal, arroz e caixas de doces [...]" (Interview Mission Elim, rio Ajarani, março de 1984, arquivos B. Albert).

51. Esse grupo mantinha contato regular com a missão Catrimani, localizada no quilômetro 145 da estrada. Os topógrafos chegaram à região em janeiro de 1974. O desmatamento do traçado foi feito em março e abril e a terraplenagem propriamente dita em outubro do mesmo ano: "[...] hordas de operários começaram a desembarcar na estrada de avião ou a aparecer na curva do rio. Fascinados, os índios iam até o canteiro de obras da estrada, onde estavam os machados, os tratores, as armas e a cachaça" (*Veja*, 10 ago. 1977).

52. Ver Campbel (1989, pp. 39-42) a respeito da construção da Perimetral Norte entre os Wajãpi do Amapá: "No silêncio da noite, podíamos ouvir, a quilômetros de distância, a estrada vindo em nossa direção. As máquinas gigantes que aplainavam o topo das colinas e preenchiam os vales trabalhavam 24 horas por dia".

53. "Em dezembro de 1976, sem saberem que uma criança internada no hospital de Boa Vista [...] havia contraído sarampo, os missionários a levaram de volta para o seu grupo [...] perto da missão mantida pelo padre S. Apesar das vacinações realizadas, a missão logo se transformou num hospital. Em fevereiro de 1977, a epidemia parecia estar controlada, mas outros grupos que tinham visitado o da missão e contraído a doença chegaram em busca de socorro. Famílias inteiras foram dizimadas. Entre adultos, velhos e crianças, contamos 68 mortes, uma perda terrível para essa pequena tribo. [...] Num dos últimos desenhos do padre S., ele representou a si mesmo atormentado, inquirindo um jovem yanomami que surgia dentre os mortos: 'Por que não vieram me chamar antes que todo mundo morresse?'. E o jovem índio respondia: 'Para quê? Foi você que trouxe a doença. Teria sido melhor se você nunca tivesse vindo viver conosco!'" (*Veja*, 10 ago. 1977).

54. As 68 pessoas levadas por essa epidemia correspondiam a 55% da população das quatro casas do rio Lobo d'Almada. Entre dez e quinze das vítimas eram sobreviventes da epidemia de 1973, no rio Mapulaú (em *Werihi sihipi u*), que se mudaram para o alto Catrimani (*Hapakara hi*) [genealogias coletadas por B. Albert].

55. As relações genro/sogro são marcadas pela subordinação. As relações entre espécies animais próximas, mas de tamanhos diferentes, entre Vênus e a Lua, entre um cão e seu dono, entre patrões e operários (construção, garimpo), são concebidas segundo esse modelo. Acerca dos seres da epidemia, ver cap 16.

56. Os grupos das terras baixas enfrentaram suas primeiras epidemias, em decorrência de contato direto com os brancos, entre as décadas de 1940 e 1970. Os grupos das terras altas, coração histórico e demográfico do território yanomami, permaneceram bastante isolados até a invasão maciça dos garimpeiros, no final da década de 1980; foi a partir dessa época que eles, por sua vez, sofreram um choque epidemiológico devastador.

14. SONHAR A FLORESTA [pp. 311-33]

1. A serra do Demini, no sopé da qual se encontra esse posto, culmina a mais de novecentos metros de altitude. O posto Demini está situado na altura do quilômetro 211 da Perimetral Norte. Esse antigo alojamento do canteiro da empresa Camargo Corrêa tornou-se base de apoio de uma "frente de atração do rio Demini" da Funai a partir de dezembro de 1976.

2. "No dia 12 de janeiro de 1977, foram iniciados os trabalhos de limpeza de vinte hectares para a plantação, de modo a garantir o sustento da equipe de atração e dos grupos tribais contatados que virão visitar" (Costa, 1977). Amâncio sonhava em fazer do posto Demini uma verdadeira "colônia agrícola indígena", cuja produção ele exportaria até Boa Vista.

3. Tratava-se de uma comunidade situada na esfera de influência da missão Catrimani (no quilômetro 145 da estrada), mas que frequentava igualmente o posto Ajarani da Funai (no qui-

lômetro 50). A estratégia de Amâncio, na época, era enfraquecer a missão Catrimani e substituí-la — ou superá-la — por um posto da Funai.

4. Essa incursão abortada ocorreu em 1978. O líder de *Hewë nahipi* tinha convidado os *Opiki tʰëri* porque seu futuro genro pertencia a este grupo. A substância em questão tem por efeito esperado uma diarreia sangrenta rapidamente letal (sobre as plantas e substâncias de feitiçaria yanomami, ver Albert & Gomez, 1997, pp. 45-6, 95-102).

5. "Grande homem" e xamã de seu grupo, falecido em dezembro de 1988; tinha, na época (1977-8), mais de 75 anos e três esposas. A mais jovem tinha por volta de trinta anos e vinha de um grupo do rio Ajarani.

6. Essa primeira visita data do início de 1978.

7. Visitantes dos rios Catrimani, Toototobi e Aracá em contato direto e regular com estabelecimentos brancos (missões, colonos) ligados por via fluvial, estradas e aviões monomotores com as cidades da região (Boa Vista, Caracaraí, Manaus e Barcelos).

8. A maturação das bananeiras leva por volta de um ano.

9. Em meados de 2012, o grupo contava com 173 pessoas, vivendo numa grande casa de setenta metros de diâmetro, situada a 2,5 quilômetros do posto Demini. Mais de 80% de seus habitantes tinham nascido após a epidemia de 1973 (menos de 35 anos). Entre 1978 e 1993, quinze anos terão sido necessários para percorrer, de local em local, os vinte quilômetros que separam *Haranari u* de *Watoriki* (ver Albert & Kopenawa, 2003; Albert & Le Tourneau, 2007).

10. Na terminologia de parentesco yanomami, as irmãs da mãe são "mães".

11. Sobre essa dança de casais mistos anfitriões/convidados que reúne, durante uma noite, rapazes e moças classificados como esposos potenciais, ver o cap. 9.

12. A futura esposa de Davi Kopenawa, Fátima, nascida em 1963, tinha por volta de quinze anos na época; Davi Kopenawa tinha 22 anos.

13. Dar um punhado de terra de uma pegada (*mae*) a inimigos é uma forma de feitiçaria frequentemente utilizada contra genros vindos de outras aldeias, considerados concorrentes e intrusos pelos rapazes locais (ver o cap. 7).

14. Para dirigir-se ao pai da própria esposa é geralmente utilizado, em sinal de deferência, um pronome pessoal da terceira pessoa do plural (*wamaki*).

15. Davi Kopenawa continua casado, quase quarenta anos depois, com a mesma esposa, com quem teve cinco filhos: um rapaz, Dario, nascido em 1982, e depois três moças — Guiomar, Denise e Tuira — nascidas em 1985, 1987 e 1993, respectivamente; seu filho mais novo, Vitório, nasceu em 2001.

16. Davi Kopenawa acompanhou, durante esse período (final da década de 1970), várias expedições de reconhecimento da Funai (inspeção de postos, contato com novos grupos, expulsão de garimpeiros) e também de equipes de saúde, da Polícia Federal e de inspetores do IBDF (Instituto Brasileiro de Desenvolvimento Florestal; substituído, em 1989, pelo Ibama).

17. Os homens yanomami devem prestar ao pai da esposa, antes e depois do casamento, um serviço da noiva (*turahamuu*), que consiste em trabalho agrícola (abertura de roça) e oferta regular de produtos da floresta (caça, frutos de palmeira, mel). Hoje em dia, objetos manufaturados participam cada vez mais dessas prestações matrimoniais. A essas obrigações materiais acrescenta-se o dever de solidariedade política (em caso de brigas, duelos e incursões guerreiras).

O sogro yanomami é a única pessoa de quem se tolera receber ordens para executar um serviço (*nosiamuu*).

18. Essa casa, maior do que as anteriores, foi construída no início dos anos 1980, a sete ou oito quilômetros do posto Demini.

19. Esse sertanista deixou a região yanomami em junho de 1978, em seguida a uma reportagem que o acusava de fazer trabalhar em Demini, em regime de semiescravidão, índios makuxi deportados pela Funai como "agitadores". Ver: "O erro histórico de Krenak se repete: prisão indígena clandestina", *Jornal de Brasília*, 2 abr. 1978.

20. Sobre essa invasão de garimpeiros de cassiterita em Surucucus, em 1975-6, ver o cap. 13.

21. "A maioria dos empregados dos postos indígenas é recrutada entre a população regional. Trata-se geralmente de pessoas de baixa instrução, dispostas a trabalhar com os índios por causa do salário que a Funai oferece, [...] um 'bom salário', em comparação com as outras administrações e empresas locais" (Melo, 1985).

22. Esse delegado seria responsável, na década de 1990, pelas operações de expulsão dos garimpeiros do território yanomami, e se tornaria presidente da Funai.

23. Desde a década de 1980, dois Yanomami foram assassinados por funcionários da Funai armados (postos Ericó e Ajarani, em Roraima).

24. Esse sertanista assumiu como chefe da Delegacia da Funai em Boa Vista em outubro de 1984.

25. A nomeação ocorreu em outubro de 1984. Davi Kopenawa manteve o cargo de intérprete e, no começo, foi apenas "eventual substituto" do chefe de posto. O acúmulo de ambas as funções seria oficializado em maio de 1986. Davi Kopenawa foi destituído delas em janeiro de 1989, devido a seus protestos contra uma nova tentativa de desmembramento das terras yanomami. Foi, porém, reintegrado no mês seguinte, graças à pressão do movimento pró-índio (os anos 1988-9 marcam o apogeu da invasão do território yanomami por garimpeiros e, correlativamente, o da atenção midiática sobre a região).

26. Após a invasão da região de Surucucus por garimpeiros, em 1975-6, Davi Kopenawa foi enviado para o rio Uraricoera, com uma equipe da Funai, para avaliar uma outra invasão de garimpeiros, em dezembro de 1977. Além disso, colonos e pecuaristas começavam a afluir em grande número na esteira da construção da Perimetral Norte.

27. Uma porteira foi efetivamente instalada pela Funai em 1975, no km 50 da estrada, no limite do território yanomami. Um posto (Ajarani) impede a entrada de pessoas não autorizadas. Foi a partir dessa experiência de abertura da estrada Perimetral Norte e do discurso legal da Funai sobre a demarcação das terras indígenas que Davi Kopenawa se familiarizou com a visão cartográfica do território yanomami como um espaço fechado, delimitado por uma "fronteira" interétnica.

28. Davi Kopenawa ouviu falar de "demarcação da terra yanomami" a partir de junho-julho de 1977, quando a Funai começou a estudar no local, à sua revelia, o desmembramento desse território indígena em um arquipélago de 21 reservas separadas (ver cap. 13).

29. Sobre a perda demográfica dos Waimiri-Atroari e a espoliação de seus territórios durante a década de 1970, ver Baines, 1991 e 1994.

30. A CCPY (Comissão Pró-Yanomami), ONG brasileira que, em 1992, obteve o reconhecimento legal de um território yanomami contínuo de 96650 quilômetros quadrados, foi criada,

em 1978, por iniciativa de Claudia Andujar (fotógrafa), Carlo Zacquini (frade católico e indigenista) e Bruce Albert (antropólogo). Pouco depois da criação de uma associação yanomami em 2004 (Hutukara), a CCPY foi dissolvida e transmitiu suas demais atividades ao Instituto Socioambiental, hoje parceiro privilegiado da Hutukara (<www.hutukara.org>).

31. Em 1978-9, a CCPY acabara de lançar uma campanha contra o projeto de desmembramento das terras yanomami, para o qual esse chefe de posto havia contribuído diretamente, sem que Davi Kopenawa soubesse. Vários membros fundadores da CCPY são, aliás, de origem ou nacionalidade europeia. O chefe do posto Demini retomava aqui o conhecido fantasma xenófobo de certos setores militares da época, que associavam a defesa dos direitos dos índios e protestos ecológicos a manobras estrangeiras com o intuito de "internacionalizar a Amazônia".

32. Davi Kopenawa evocou brevemente esse encontro num livro de fotografias que Claudia Andujar publicou há poucos anos na França (2007, p. 167): "Encontrei-me com ela [C.A.] quando conversava com pessoas que queriam nos ajudar: [os antropólogos] Alcida [Ramos], Bruce [Albert] e alguns outros. [...] Ela me disse que queria lutar por meu povo [...]. Acreditei nela e fiquei amigo dela, de Carlo e de Bruce, que já falavam a língua yanomami".

33. A campanha da CCPY pelo reconhecimento dos direitos territoriais dos Yanomami começou em 1978. O engajamento de Davi Kopenawa nela, a partir de 1983, foi fundamental para o seu sucesso. Ver o cap. 17.

34. Depois das primeiras invasões de Surucucus em 1975-6 e do rio Uraricoera em 1977, começou no início da década de 1980 uma segunda onda de invasões de garimpeiros no território yanomami (ver cap. 15 e 16).

35. Davi Kopenawa foi iniciado como xamã em 1983, aos 27 anos (ver o cap. 5). Foi a Manaus, para participar de sua primeira assembleia de líderes indígenas, no mesmo ano.

36. As palavras "desenhos" e "desenhar" traduzem aqui os termos *turu* ("desenho de ponto") e *turumãi* ("desenhar pontos"), que se referem a um motivo de pintura corporal (*turumano*).

37. O centro do território yanomami está situado nas duas vertentes da serra Parima, onde nascem o Orinoco e a maioria dos afluentes da margem direita do rio Branco e da margem esquerda do rio Negro. Ponto de origem dos rios que *Omama* fez jorrar do chão (M 202), essas terras altas e seu sopé, a "floresta dos humanos" (*yanomae* t^h*ë pë urihipë*), são o "centro" (*miamo*) do nível terrestre, e a "terra dos forasteiros" (*napë pë urihipë*) constitui suas "bordas" (*kasiki*). No oeste de Roraima, o território yanomami é cercado pelos campos do rio Branco, a partir dos quais tem avançado na direção dele uma frente de colonização agrária.

38. Alusão ao mito que conta a queda do céu (M 7); ver cap. 8.

39. Ocorre aqui uma troca de perspectiva: o xamã inicialmente "chama", "faz descer" e "faz dançar" os *xapiri*. Em seguida, quando os espíritos levam sua imagem interior (*utupë*), ele mesmo, enquanto "pessoa espírito" (*xapiri* t^h*ë*), passa a agir (*xapirimuu*) e a se deslocar (*xapiri huu*) como espírito, vendo então o que eles veem.

40. Ver o cap. 18 acerca dessas casas de pedra.

41. Trata-se aqui de *Omama*, o demiurgo yanomami, "em forma de imagem" (*a në utupë*) — diz-se também "em forma de fantasma" (*a në porepë*) — tal como é mobilizado (e multiplicado) a título de espírito auxiliar xamânico.

42. Reencontramos aqui a lógica de homeopatia cosmológica do xamanismo yanomami:

os ancestrais mitológicos dos brancos são mobilizados contra os efeitos nefastos dos contatos com os brancos atuais.

43. Os xamãs (*xapiri tʰë*, pl. *pë*) se identificam com seus espíritos auxiliares (*xapiri*, pl. *pë*) para ver as imagens (*utupë*) dos ancestrais animais da primeira humanidade (*yarori*, pl. *pë*) que, por sua vez, são eles mesmos espíritos auxiliares em potencial.

44. Caçadas coletivas para estocar a carne moqueada a ser distribuída aos convidados no final dos ritos funerários das festas *reahu* (*hʷenimuu*) e expedições coletivas de caça e coleta de frutos especialmente apreciados quando se encontram disponíveis em grandes quantidades, em determinadas regiões da floresta (*waima huu*).

15. COMEDORES DE TERRA [pp. 334-55]

1. As motobombas utilizadas nos garimpos para desmanchar as margens dos rios com jatos de água sob alta pressão (bico jato) e para aspirar a areia e o cascalho auríferos (chupadeira).

2. Sobre a contaminação dos Yanomami por mercúrio de garimpo no final da década de 1980, ver APC, 1990, e Castro, Albert e Pfeiffer, 1991.

3. Os queixadas desapareceram do território dos Yanomami no Brasil pelo menos durante uma década a partir da invasão dos garimpeiros, no final dos anos 1980. Esse desaparecimento pode ter sido causado por uma epidemia associada à introdução de porcos domésticos (Fragoso, 1997). Os queixadas são, juntamente com as antas, as presas mais valorizadas pelos caçadores yanomami, em particular para suas grandes festas intercomunitárias *reahu*.

4. Para a mitologia relativa aos queixadas, ver M 148 e 149.

5. Uma série de outras expressões do mesmo tipo é aplicada aos garimpeiros: "comedores de pedras" (*maama pë watima pë*) ou "de metal" (*poo xi watima pë*), "saqueadores de terra-floresta" (*urihi wariatima pë*) ou "tições" (*wakoxo pë*), "pois destroem a terra como o fogo". São mais comumente designados, contudo, pelo neologismo de empréstimo *karipiri pë*, cuja terminação *-ri* (*pë*: plural) conota a sobrenatureza maléfica.

6. Sobre os *Moxi hatëtëma*, ver o cap. 13. A invasão do território yanomami começou progressivamente em 1980-1, a nordeste, na bacia do rio Uraricaá (Santa Rosa), depois, em 1982, a sudeste, na bacia do rio Apiaú (Apiaú Velho). Este último garimpo, que permaneceu relativamente limitado no início, ganhou importância em 1984. A invasão em massa de garimpeiros do território yanomami (e na Amazônia de modo geral) foi provocada por uma brusca alta da cotação do ouro no mercado internacional a partir de 1979 (ver Albert, 1993).

7. Amâncio tinha se tornado chefe da 10ª Delegacia Regional da Funai, em Boa Vista, em outubro de 1984. As tentativas de expulsão dos garimpeiros do alto rio Apiaú descritas neste capítulo datam de janeiro e fevereiro de 1985 (ver Le Tourneau & Albert, 2005, p. 8).

8. Cena certamente impressionante. Eram por volta de cinquenta guerreiros, com o corpo inteiramente coberto de pintura preta, mistura de carvão pilado e de látex da árvore *operema axihi* (ver Albert & Milliken, 2009, pp. 111-2), armados de arcos e flechas com mais de dois metros de comprimento.

9. Os Yanomami chamam os garimpos de "buracos de ouro" (*oru pëka pë*).

10. Após a operação da Polícia Federal aqui descrita (fevereiro de 1985), a Funai instalou

na região um "posto de vigilância" ocupado por cinco policiais militares do estado de Roraima (Melo, 1985, pp. 11-2). Entretanto, os garimpeiros expulsos não demoraram a voltar ao local, subindo em pequenos grupos os rios Mucajaí e Apiaú e contornando o posto da Funai. Em julho de 1985, um novo sítio aurífero foi descoberto no rio Novo, afluente do rio Apiaú, e o contingente de garimpeiros chegou a seiscentas pessoas. No final do ano, tinha dobrado. O posto da Funai, inundado, foi abandonado (ver Albert & Le Tourneau, 2005).

11. Presidente da Funai nomeado pelos militares no final da década de 1980 para desmembrar as terras yanomami e favorecer a invasão dos garimpeiros, no âmbito do projeto Calha Norte, de ocupação e controle da faixa de fronteira do norte amazônico (ver Albert, 1990a; Albert & Le Tourneau, 2005).

12. Alusão ao assassinato de quatro líderes yanomami no garimpo de Novo Cruzado, a 12 de agosto de 1987 (ver CCPY, 1989b; Geffray, 1995, e MacMillan, 1995).

13. Foi por ocasião dessa passagem dos garimpeiros do alto rio Apiaú para a bacia do rio Couto de Magalhães (afluente do Mucajaí) que começou a corrida do ouro de 1987 no oeste de Roraima, com quase 40 mil garimpeiros e noventa pistas de pouso clandestinas (ver MacMillan, 1995). Os dois sítios auríferos-chave nessa progressão foram Cambalacho, no alto Apiaú/alto Catrimani, aberto em 1986, e Novo Cruzado, no rio Couto de Magalhães, em 1987.

14. Os Yanomami da região do rio Couto de Magalhães (*Hero u* em yanomami) tinham sido introduzidos a técnicas artesanais de garimpo pelos Yanomami do rio Mucajaí, que, por sua vez, as tinham aprendido com garimpeiros do rio Uraricaá (ver Ramos, Lazarin & Gomez, 1986). Exploravam de forma esporádica (no molde das atividades de coleta) um garimpo na região de Paapiú, desde o início da década de 1980. Entre agosto e dezembro de 1986, tinham juntado 733 gramas de ouro (Lazarin & Vessani, 1987, p. 60). O chefe do posto da Funai local vendia o ouro em Boa Vista e se encarregava de comprar na cidade, com o produto de sua venda, as encomendas dos índios.

15. Sobre a situação do posto da Funai de Paapiú no final da década de 1980, além do depoimento do senador Severo Gomes ("Paapiú — Campo de extermínio", *Folha de S.Paulo*, 18 jun. 1989), ver também: Albert, 1990a; Albert & Menegola, 1990, e APC, 1989 e 1990, bem como MacMillan, 1995, e O'Connors, 1997. A ajuda do governo — socorro médico e alimentar — só chegou aos Yanomami a partir de janeiro de 1990, quando sua dizimação pelos garimpeiros já tinha se tornado um escândalo midiático internacional.

16. As cenas descritas a seguir referem-se ao ano de 1988.

17. As mulheres yanomami mastigam fragmentos do rizoma dessa planta e os mesclam à tinta de urucum. Com a mistura, besuntam bastonetes e os lançam na direção dos inimigos que querem acovardar.

18. Zeca Diabo é o nome do matador de aluguel arrependido, personagem da telenovela *O Bem-Amado*, retransmitida pela TV Globo na forma de série entre 1980 e 1984.

19. Essa tintura preta é obtida com a fuligem da resina das árvores *aro kohi* ou *warapa kohi*.

20. Entre 1987 e 1990, aproximadamente 13% da população yanomami morreu vítima da violência e, sobretudo, das doenças dos garimpeiros (Albert & Le Tourneau, 2005, p. 11).

21. Sobre os rezadores, curadores de Manaus, ver Schweickardt, 2002.

22. Mais uma alusão aos projetos de desmembramento do território yanomami promovidos pelos governos militares no final da década de 1970 (ver Albert, 1990a e 1992).

23. Sobre esses espíritos das terras desprovidas de floresta (*purusi*), ver o cap. 21.

24. *Omama* é considerado o criador e primeiro detentor do metal (ver cap. 9).

25. Literalmente, o nariz "insípido, sem sabor, sem poder" (*oke*).

26. Chico Mendes, ícone da luta pela preservação da Amazônia, foi assassinado em 22 de dezembro de 1988, em Xapuri.

27. Esse antigo ser espectro, descrito como um humanoide esbranquiçado, é associado à floresta profunda, sem caminhos (*urihi komi*), onde tem a reputação de perseguir os humanos que encontra à noite, flechando-os no estômago com suas pontas com curare. Em 1987-8, Davi Kopenawa começava a ser conhecido no Brasil e no exterior por sua defesa das terras yanomami e da floresta amazônica. Sua crescente notoriedade certamente dissuadiu os garimpeiros de levar a cabo suas ameaças, após o escândalo internacional diante do assassinato de Chico Mendes.

28. O ataque aos olhos e intestinos dos homicidas pelo ser maléfico celeste *Kamakari* remete aqui à inobservância das proibições de contato e das restrições alimentares do ritual de homicídio (*õnokaemuu*). Nesse caso, *Kamakari* (ver cap. 7) é dado como equivalente de *Waxiari*, o ser da contaminação ritual.

29. A expressão yanomami que indica que alguém é feio ou desinteressante é *pihi wehe*, literalmente, tem o "pensar/olhar seco".

30. A noção de valor é expressa em yanomami pela palavra *në* (ou *no*), que entra na composição de expressões como: *në tire/në hute*, "de grande (alto) valor", *në kohipë*, "de valor sólido", ou *në kõamãi*, "retornar o valor", de um objeto obtido numa troca.

16. O OURO CANIBAL [pp. 356-72]

1. O petróleo é designado pelo neologismo *óleo* (do português) *u pë* ("líquido contido").

2. A associação yanomami entre metal (e, de modo geral, objetos manufaturados) e "fumaça de epidemia" é uma constante desde os primeiros contatos (ver Albert, 1988 e 1993).

3. Sobre a queda do céu, ver os cap. 8 e 24. *Hutukara* é o nome xamânico do antigo céu que caiu no primeiro tempo, formando a terra atual.

4. Nesse ponto, Davi Kopenawa acrescenta o seguinte comentário: "A lua que caiu com o primeiro céu morreu. Mas era um ser *yai tʰë* ('sobrenatural') e hoje há no céu uma outra lua, que é a imagem, o fantasma daquela. O mesmo para o sol".

5. *Mareaxi* é o nome que os antigos Yanomami davam às panelas de alumínio. É também o nome dos pingentes triangulares ou redondos adquiridos de seus vizinhos Ye'kuana, fabricados, ao que parece, com fragmentos de tampas dessas panelas. Esses pingentes, comuns aos grupos caribe da região, eram antigamente de prata (ver Koch-Grünberg, 1982, p. 43, para exemplos Taurepang/Pemon). *Xitikari* designa os pingentes de alumínio em forma de crescente, também de origem caribe. O termo significa "estrela" em yanomami ocidental (Lizot, 2004, p. 396). Note-se ainda que o sufixo *-xi* remete à noção de "brilho, emanação", como em *wakaraxi*, "claridade, raio luminoso", ou *poripoxi*, "luminosidade da lua, luar".

6. *Poo xiki* é o metal; *hutukara xiki* é o "metal do antigo céu".

7. Sobre *Omama* e a origem do metal, ver o começo do cap. 9.

8. Os "filhos do metal" (*poo ihirupë e xiki*) e o "pai do ouro" (*oru h*^{w}*ɨɨ e*).

9. Uma jazida de cassiterita foi explorada por mineradores clandestinos nas terras altas do território yanomami em 1975-6 (serra das Surucucus, Roraima). Na mesma região e época, sondagens geológicas revelaram traços de minério radioativo.

10. *Napë wakari pë*, os "espíritos tatu-canastra forasteiros", é uma expressão dos xamãs para designar as companhias mineradoras.

11. Ver o cap. 9 acerca de *Xiwãripo* como ser-imagem do caos e lugar da transformação dos ancestrais *Hayowari* t^h*ëri*.

12. Trata-se provavelmente de fragmentos de mica.

13. Davi Kopenawa utiliza aqui a expressão *poo xi* t^h*aixi*, "lascas de metal", ou *minerio* t^h*aixi*, "lasca de minério".

14. O nome dessa substância de feitiçaria tem a mesma raiz que a expressão *hipëpë*, "ser/estar cego". É fabricada misturando fragmentos de mica (*mõhere pë*) e o pó de um inseto que fica colado nas pedras dos igarapés, de mesmo nome: *hipëre a*.

15. Davi Kopenawa utiliza aqui a expressão *wixia a wakixi*, "sopro vital fumaça".

16. Aqui é estabelecida uma equivalência entre "sopro vital fumaça do ouro" (*oru wixia a wakixi*), "fumaça do metal" (*poo xiki wakixi*), "fumaça dos minérios" (*minerio a wakixi*) e "fumaça de epidemia" (*xawara a wakixi*), retomando e adaptando a antiga figura da "fumaça do metal (dos facões)" (*poo pë wakixi*) dos primeiros contatos. Sobre essa série de associações, ver Albert, 1988 e 1993.

17. Os Yanomami designam as formações de nuvens avermelhadas do poente como *xawara* ("epidemia"). Davi Kopenawa, que esteve várias vezes em São Paulo, conhece a espessa camada de poluição atmosférica que cobre regularmente a cidade.

18. O pó de ouro é misturado com mercúrio e esse amálgama é em seguida queimado, para formar pepitas.

19. *Sarapo a wakixi*, "fumaça de sarampo". Essa foi uma das doenças infecciosas que mais vitimaram os Yanomami durante as primeiras décadas de contato com os brancos. Acerca da epidemia de sarampo de 1967 na missão Toototobi, ver o cap. 11.

20. As epidemias por contágio indireto que atingiram os Yanomami antes de seus primeiros encontros com os brancos foram interpretadas nos moldes da feitiçaria tradicional (ver Albert, 1988 e 1993). Sobre as plantas e substâncias de feitiçaria de epidemia, ver Albert & Gomez, 1997, p. 114.

21. Os *mãu* t^h*ëri pë* são os "forasteiros habitantes dos rios, os ribeirinhos", os primeiros brancos, geralmente exploradores de recursos florestais ou aquáticos, que penetraram em território yanomami (balateiros, coletores de piaçava, caçadores e pescadores).

22. A teoria yanomami tradicional dos eflúvios ("fumaças, vapores") patogênicos do metal e dos objetos manufaturados, derivada da experiência de contaminação nos primeiros contatos com os brancos (Albert, 1988), foi num primeiro tempo estendida à extração mineira (e petrolífera), antes de ser associada à noção de poluição, adotada do discurso ecológico da década de 1980 (Albert, 1993).

23. A tosse é chamada de t^h*oko*, a epidemia de gripe t^h*oko a wai* ("tosse forte-perigosa") ou t^h*okori a wakixi* ("fumaça do espírito-tosse").

24. *Xuukari* é também um espírito maléfico que faz escorrer do céu um líquido patogênico ao qual eram, antes do contato, atribuídas as disenterias (*xuu u pë*) epidêmicas. Esse líquido é designado como "disenteria do espírito do céu": *hutukarari a në xuukari pë* ou *hutukara a në xuukari xuu upë*, "a disenteria do céu".

25. São *xawarari a në hiimari pë*, "animais de criação dos espíritos da epidemia".

26. São *xawarari a në mahepë*, "placas de beiju dos espíritos da epidemia".

27. Esses "empregados" dos xamãs são *xawarari a në naikiari pë*, "seres canibais (*naikiari*) dos espíritos da epidemia", ou *xawarari a në kamakari pë*, "seres devoradores (*kamakari*) dos espíritos da epidemia".

28. Costuma-se guardar cuidadosamente parte das ossadas das presas consumidas pendurando-as no teto, na parte traseira da casa (espaço feminino), para que os animais não se sintam maltratados e não passem a se negar aos caçadores.

29. *Xawarari a mae* é "um caminho de ser da epidemia"; *xawarari a periyoka*, "uma porta de caminho de ser da epidemia".

30. As mercadorias têm "valor de epidemia", *matihipë në xawarapë.*

31. Essas "hastes/espetos de metal da epidemia" que fazem sofrer os doentes são chamadas *xawara a në pooxipë.*

32. Trata-se de dois animais providos de garras impressionantes.

33. Esses espíritos (*remori pë*) estão associados ao ser mítico a quem é atribuída a criação da língua dos forasteiros/brancos (ver M 33).

34. Outro exemplo da lógica "homeopática" do xamanismo yanomami, mobilizando, nesse caso, as imagens primordiais dos ancestrais dos brancos (*napënapëri pë*) e a da epidemia (*Xawarari a*), a título de espíritos auxiliares contra a "fumaça de epidemia" atual (*xawara a wakixi*).

35. Davi Kopenawa emprega aqui o termo *parimi*, "imortal, indestrutível", utilizado pelos Yanomami ocidentais (ver nota 13, cap. 19).

36. Davi Kopenawa utiliza a expressão "mundo inteiro", em português, para traduzir a expressão yanomami *urihi a pree* ou *urihi a pata*, "a grande terra-floresta", que designa o nível terrestre como um todo.

A QUEDA DO CÉU

17. FALAR AOS BRANCOS [pp. 375-93]

1. Os *pata tʰë pë* ("anciãos/grandes homens") são homens influentes, mais do que "chefes". Entretanto, enquanto sogros, sua autoridade sobre os vários genros de sua parentela é claramente marcada.

2. A raiz desse verbo (*-here*) é também a dos termos que designam os pulmões e os movimentos da respiração. As arengas dos *pata tʰë pë* são movidas a fortes expirações e pontuadas por sílabas exclamativas (*-kë, -yë, -xë!*). Nelas "falam com sabedoria" (*mõyamu hʷai*), organizando e comentando as atividades coletivas (econômicas, sociais, políticas e cerimoniais) do grupo ou transmitindo seu saber histórico e mitológico.

3. Davi Kopenawa utiliza aqui o verbo *nosiamuu*, que significa "dar ordens, atribuir tarefas, mandar trabalhar". A relação de autoridade a que o termo remete se efetiva unicamente no âmbito das relações entre sogro e genro.

4. *Hereamuu, wayamuu* e *yãimuu* são verbos intransitivos que aqui empregamos, por comodidade, como se fossem substantivos. O *wayamuu* veicula essencialmente notícias políticas. O *yãimuu*, que cabe aos homens mais maduros, é reservado sobretudo para a negociação de trocas (ou desavenças) econômicas e matrimoniais, ou de relações políticas e cerimoniais. Este é retomado no último dia do *reahu*, logo antes de uma inalação coletiva de pó de *yãkoana* pelos homens, que precede a inumação ou ingestão das cinzas funerárias. Esses dois tipos de diálogo caracterizam-se pelo emprego de longas perífrases cujas complexas figuras de retórica e prosódia ainda não foram estudadas em profundidade por linguistas e musicólogos.

5. Acerca de *Titiri* e a origem dos diálogos cerimoniais entre os Yanomami ocidentais, ver Lizot, 1994, e Carrera Rubio, 2004.

6. *Xõemari*, o "ser da alvorada", é genro de *Harikari*, o "ser do orvalho", que anuncia o dia antes dele.

7. O que é dito meramente "com a boca" (*kahinɨ*) diz respeito ao discurso informal e dos boatos, que assim se contrapõe à palavra pública legítima dos diálogos cerimoniais e dos discursos formais dos "grandes homens" (*hereamuu*). Os diálogos cerimoniais são acessíveis a todos os homens e jovens adultos, contrariamente aos discursos *hereamuu*.

8. Essa afirmação foi feita em 1993. Davi Kopenawa tinha então por volta de 37 anos e seu quarto filho acabara de nascer, a terceira menina, o que começava a fazer dele um interessante futuro sogro e a consolidar suas pretensões de "bancar o grande homem" (*patamuu*).

9. Trata-se aqui da imagem do gavião *kãokãoma*. Seu grito é considerado, na floresta, "indício anunciador" (*heã*) de discursos *hereamuu* longínquos. Quando essa imagem "vem morar" num homem, este adquire habilidade nas exortações (*herea xio*), seu "discurso é próximo" (*t^hë ã ahete*), ele sabe "comandar com retidão" (*nosiamuu xariruu*) e "sua opinião é levada em conta" (*wãã huo*).

10. Os adultos da aldeia de *Watorikɨ* costumam se queixar de que os adolescentes desaparecem por longos períodos para perambular de uma festa *reahu* a outra, multiplicando as conquistas femininas, a fim de escapar dos trabalhos comunitários que estão em idade de assumir.

11. O verbo que descreve a obtenção desse tipo de imagem animal, protótipo das qualidades pessoais socialmente valorizadas, é *yãmapu*: "instalar a rede (*yã-*) — passivo (*-ma-*) — guardar/carregar (*-pu*)".

12. Uma esposa pode se juntar a um grupo de mulheres que vai fazer a colheita na roça de outro homem, com o qual essa combinação (*naremuu*) foi feita. A situação, que denota preguiça, imprevidência ou invalidez do marido, é, evidentemente, bastante humilhante; a não ser que se trate de uma família de refugiados, que ainda não tenha tido tempo de abrir sua própria roça.

13. As aldeias das terras baixas (*yari a*) originaram-se de um movimento de migrações e fissões sucessivas vindo das terras altas (*horepë a*), a partir da serra Parima (interflúvio Orinoco/rio Parima), centro histórico do povoamento yanomami.

14. Alusão ao rito de puberdade masculino associado à mudança de voz (quando "a garganta imita o mutum", *ureme paaripruu*).

15. Para designar as presas de caça, Davi Kopenawa utiliza aqui o termo *kanasi*, que se

refere primariamente às sobras de uma refeição. A palavra é utilizada de modo geral para denotar "o resto" corporal de uma predação. Pode, assim, ser aplicada às presas de um caçador, às vítimas de um ato de feitiçaria e de um ataque guerreiro ou ainda ao corpo de alguém doente ou ferido.

16. Para uma versão desse mito, ver M 305.

17. Para uma versão desse mito, ver M 47.

18. Para uma versão desse mito, ver M 110.

19. Sobre esse mito, ver cap. 8 e M 305.

20. Nas narrativas míticas e nos cantos xamânicos, esse som anuncia a presença ou a aproximação de fantasmas.

21. Essa reunião da União das Nações Indígenas (UNI) foi realizada em julho de 1983, na sede do Conselho Indigenista Missionário (Cimi), em Manaus (ver *A Crítica*, 11 de julho de 1983: "Cacique diz que a Funai está matando os índios"). A UNI foi fundada em 1980 e esteve ativa até o início da década de 1990 (ver Albert, 1997b, p. 188). Davi Kopenawa foi em seguida convidado para outra reunião da UNI, em Brasília, entre 26 e 28 de novembro de 1984.

22. Essa assembleia foi realizada no começo de janeiro de 1985, na missão Surumu, no território dos Makuxi, no estado de Roraima. Participaram dela por volta de 150 pessoas, sobretudo representantes de seis grupos indígenas (Makuxi, Wapixana, Taurepang, Yanomami, Munduruku e Apurinã), os então coordenadores da UNI (Ailton Krenak e Álvaro Tukano) e um grupo de observadores brancos (Igreja, Funai, antropólogos, ONGs indigenistas). Uma tradução em francês da intervenção de Davi Kopenawa encontra-se em Albert, 1985, p. 81.

23. Ver o cap. 11.

24. Essa assembleia ocorreu em março de 1986. Reuniu uma centena de Yanomami de catorze casas, representando a maior parte das regiões do território desse povo indígena no Brasil. A assistência não indígena era, em compensação, relativamente reduzida (alguns representantes da CCPY e da Funai, o chefe de gabinete do Ministério da Justiça, um senador, um representante da Comissão de Direitos Humanos e uma jornalista).

25. As primeiras assembleias políticas yanomami eram sempre inseridas no quadro tradicional da comensalidade ritual das festas *reahu*.

26. Davi Kopenawa foi designado, em julho de 1986, candidato da UNI e do PT no estado de Roraima à Assembleia Constituinte responsável pela elaboração da Constituição de 1988.

27. Nenhum dos nove candidatos indígenas do país foi eleito.

28. Estávamos então em 1988-9, apogeu da corrida do ouro em território yanomami.

29. Sobre a teoria yanomami da concepção, ver nota 24, cap. 1, e nota 31, cap. 8.

30. Assim como os animais atuais (*yaro pë*) são considerados fantasmas (*pore pë*) dos ancestrais animais do tempo das origens (*yarori pë*).

31. Davi Kopenawa foi recebido, com Macsuara Kadiweu, pelo presidente José Sarney, em 19 de abril de 1989, durante o período mais dramático da corrida do ouro em território yanomami (ver CCPY, 1989a).

32. Davi Kopenawa refere-se aqui aos políticos locais, muitos deles diretamente envolvidos em diversas formas de exploração ilegal dos territórios indígenas (garimpo, extração de madeira, agropecuária).

33. Os Yanomami opõem os animais de caça (*yaro pë*) aos animais domésticos (*hiima pë*),

considerados absolutamente incomestíveis. Sobre o ser *Hayakoari*, aqui associado aos bois e carneiros, ver o cap. 8.

34. Os cantos *heri* são destinados a celebrar a alegria da fartura de alimentos numa festa *reahu*.

35. Alusão às teorias conspiratórias de certos setores militares e políticos contrários ao reconhecimento legal das terras indígenas em região de fronteira sob alegação de um suposto separatismo fomentado por organizações estrangeiras.

18. CASAS DE PEDRA [pp. 394-405]

1. Davi Kopenawa foi convidado ao Reino Unido pela Survival International (SI), organização mundial de defesa dos povos indígenas, com sede em Londres. Em dezembro de 1989, o Right Livelihood Award, considerado o "prêmio Nobel alternativo", foi concedido à SI, que o compartilhou com Davi Kopenawa, propiciando-lhe assim uma tribuna para defender seu povo, então ameaçado de extinção pela corrida do ouro em Roraima: "Pedimos a Davi Kopenawa que estivesse ao nosso lado na cerimônia de entrega do Right Livelihood Award. Ele é o porta-voz de 10 mil yanomami e está engajado há anos na luta desses índios pelo direito a suas terras tradicionais. É a primeira vez que ele sai do Brasil" (Right Livelihood Award, Acceptance Speech, S. Corry, Survival International, Estocolmo, 9 de dezembro de 1989). Durante essa primeira viagem à Europa, que durou de novembro a dezembro de 1989, Davi Kopenawa permaneceu em Londres antes de ir brevemente a Estocolmo para a cerimônia de entrega do prêmio. Dessa rápida incursão à Suécia, Davi Kopenawa guarda poucas lembranças, além de seu discurso (*hereamuu*) e de um frio intenso que quase o paralisou.

2. Sobre a criação dos estrangeiros por *Omama*, ver o cap. 9.

3. Durante essa viagem, Davi Kopenawa visitou o conjunto megalítico de Averbury, no sul da Inglaterra. Também visitou Stonehenge, em 1991. Trouxe dessas excursões uma brochura apresentando imagens da reconstituição de vastas estruturas circulares semelhantes às casas coletivas yanomami.

4. Sobre a fuga de *Omama* e a criação das montanhas, ver o cap. 4.

5. Sobre *Koyori* e a origem das roças, ver o cap. 8.

6. As vociferações furiosas dos trovões nas costas do céu são o "sinal/som anunciador" (*heã*) da morte de um xamã; ver cap. 8 e 24.

7. Trata-se de uma equipe de reportagem da TV Globo que acompanhou Davi Kopenawa na região do posto da Funai de Surucucus, certamente em meados da década de 1980.

8. Ver, a respeito das árvores de cantos xamânicos, o cap. 4.

9. A terra dos antepassados dos brancos é uma "terra de espíritos" (*xapiri urihipë*), uma "terra de onde os espíritos descem a nós" (*xapiri pënɨ ware napë it*^{h}*uwi t*^{h}*ë urihi*).

10. Literalmente: *urihi mirekopë*, "terra-floresta-espelho".

11. Em yanomami, *mãu u pesi*, alusão às garrafas de água mineral. Davi Kopenawa recorre aqui às lembranças de outra viagem à Europa, posterior à descrita neste capítulo; viagem durante a qual fez uma breve excursão nos Alpes do norte da Itália.

12. Ver o cap. 11 sobre as prédicas da New Tribes Mission que Davi Kopenawa ouviu quando era criança.

13. Para uma versão desse mito sobre a fuga das abelhas, ver M 110. Os Yanomami consomem mais de quarenta tipos de mel selvagem de diversos sabores, dos mais doces aos mais ácidos.

14. A palavra "loja" é traduzida pelas expressões *matihi pë* t^h*arɨ*, "recipiente/abrigo de mercadorias", ou *matihi pë rurataatima yahi*, "casa para adquirir mercadorias".

15. Alusões, obviamente, aos jardins zoológicos e aos museus de história natural.

19. PAIXÃO PELA MERCADORIA [pp. 406-20]

1. Literalmente "as gentes da mercadoria" (*matihi* t^h*ëri pë*) ou "os donos das mercadorias" (*matihi pë potima* t^h*ë pë*).

2. Essa lista de "mercadorias" é característica dos bens de trocas adquiridos num posto da Funai ou numa missão (cujas edículas são geralmente cobertas de telhas metálicas onduladas que os Yanomami denominam *yano si kɨ*, "peles/folhas de casa").

3. A expressão verbal utilizada aqui, *xi toai*, designa tanto a avidez eufórica como o gozo sexual.

4. No plural *matihi pë* ou *matihi kɨkɨ*.

5. "Palavra do começo" traduz a expressão *hapa* t^h*ë ã*.

6. A palavra *paixi* (pl. *pë* ou *kɨ*), que designa os tufos de penas presos às braçadeiras, costuma ser empregada como sinônimo de *matihi pë* ou *matihi kɨkɨ*, termo que poderia ser traduzido por "adornos, objetos preciosos". Lévi-Strauss (1996, p. 41) compara o valor dos adornos plumários amazônicos ao do ouro em nossa história.

7. Literalmente *matihi xio*, "um 'traseiro'/seguidor (bom caçador) de adornos".

8. Tal palavra "tem valor de espíritos": t^h*ë ã në xapiripë*; "faz ver o valor da beleza dos espíritos": *në taamuu xapiripë totihi*; "faz pensar nos espíritos": *pihi në xapiripë*.

9. As cabaças cinerárias dos mortos costumam ser repartidas entre os membros de várias casas aliadas, que irão promover cerimônias *reahu* em sequência, para "pô-las em esquecimento".

10. Os objetos manufaturados mais apreciados foram os que podiam ser considerados versões superlativas de objetos já existentes (facões de tronco de palmeira *versus* facões de metal, lâminas de taboca *versus* facas, panelas de alumínio *versus* recipientes de cerâmica etc.). Os objetos realmente desconhecidos provocaram apenas temor ou indiferença. Ver, acerca disso, Albert, 1988.

11. *Poo* (pl. *pë*) designa as ferramentas, *mareaxi* (e mais recentemente, *rata*, do português "lata") as panelas de alumínio, *kapixa* (do português "camisa") as roupas, t^h*ooraa si* (e posteriormente t^h*out*^{h}*ou si*) as redes industriais, *mirena* os espelhos, t^h*aimahi* (e depois *moka*) as espingardas de caça etc.

12. Nesse contexto, o "rastro de toque" (*hupa no*) também pode ser designado por *imi si* ("pele da mão/dos dedos"), *imi no* ("rastro da mão/ dos dedos") ou simplesmente *õno* ("rastro") e diz-se que "tem valor de dor/pena" (*në õhotaɨ*). Todos esses termos são considerados sinônimos ("palavra próxima", t^h*ë ã ahete*).

13. Sobre o termo *parimi*, "imortal, indestrutível", emprestado da língua dos Yanomami ocidentais, ver Lizot, 2004, pp. 296-7, e Mattéi-Müller, 2007, pp. 224-5). Grandes xamãs são às vezes designados pelas expressões *xapiri tihi* ("árvore de espírito") ou *parimi tihi*, "árvore de eternidade".

14. A maior parte das "trocas" é feita nesse modo diferido bastante aberto. Mais do que "trocar", trata-se sobretudo de demonstrar a disposição de abrir mão dos bens pedidos sem se preocupar muito com a retribuição. De fato, os verbos que designam a operação remetem à ideia de cessão mais do que à de troca (*hipɨɨ*, "dar"; *topɨɨ*, "ofertar"; *weyëɨ*, "distribuir"). Obter um bem cobiçado em troca de uma contrapartida definida se diz *ruraɨ* (termo que hoje em dia também designa a compra), e a troca direta é designada pelo verbo *nomihiaɨ*, que denota reciprocidade imediata (como no caso da troca de arcos evocada por Davi Kopenawa).

15. Os Yanomami associam fortemente valentia, humor e generosidade.

16. Em Yanomami "caminho de pessoas generosas" diz-se: *xi iheterima* t^h*ë pë mãe*. Pode dizer-se também: "caminho pelo qual são trazidas mercadorias" (*matihi pë hirapraiwi* t^h*ë mãe*). No caso oposto, fala-se em "caminho de pessoas avarentas" (*xi imi* t^h*ë pë mãe*).

17. "Trilha de mercadorias" traduz aqui a expressão (*matihi pë mãe*).

18. "O que é perigoso" traduz aqui a expressão *waiwai a*, de *wai*, "perigoso, potente, nocivo".

19. Os objetos tradicionais costumam ser designados como "resto, sobra" (*kanasi*) de quem os fabricou.

20. A expressão *imi kɨ yãkete* alude às mãos estreitas do porco-espinho *hopë*, avarento dono mitológico das flores doces comestíveis da árvore *nãɨ hi* (ver M 153).

21. Trata-se aqui de uma contraposição entre *matihi pë mãe* ("caminho de mercadorias") ou *matihi pë toayuwi yo* ("caminho de troca de mercadorias") e *poriyo në napë* ("caminho com valor de inimizade") ou *në napëowi* t^h*ë pë mãe* ("caminho de gentes inimigas").

22. Verbo intransitivo que designa o fato de entrar em contato com um grupo desconhecido durante uma migração ou de (re)estabelecer contato pacífico com um grupo outrora inimigo. As mulheres idosas de ambas as comunidades servem, nesse caso, como mensageiras durante as primeiras etapas das operações de paz. Ver cap. 21.

23. Aqui o "rastro", *õno* (ou o "resto, sobra", *kanasi*) de uma pessoa se refere aos objetos fabricados por ela ou pelo menos possuídos por ela durante bastante tempo, e que por isso serão queimados quando ela vier a morrer.

24. Os termos *nõreme* ("princípio/imagem de vida") e *utupë* ("imagem corporal") estão estreitamente associados e são geralmente intercambiáveis no uso. Esses componentes da pessoa são relacionados ao sopro (*wixia, wixiaka*) e ao sangue (*iyë*). Constituem a fonte do *animatio corporis* e da energia vital.

25. O qualificativo usado aqui não deixa de carregar uma certa ambivalência: *wait*^{h}*iri* significa ao mesmo tempo "valente, corajoso, estoico" e "agressivo, violento, briguento".

26. Esse procedimento de apagamento ritual é descrito pela expressão *õno ki wãriai*, "destruir os rastros".

27. São também objetos *hapara pë*, termo que qualifica os espíritos *xapiri* dos xamãs mortos e os filhos póstumos.

28. *Osema* é um termo de parentesco vocativo que designa filhos, irmãos e irmãs. Aqui ele faz alusão aos lamentos entoados por irmãs e mães.

29. Depois do choro coletivo (*ikii*) de todos os corresidentes, os parentes próximos retomam seus lamentos (*pokoomuu*) a cada momento em que se lembram do morto com saudade no decorrer das várias etapas das cerimônias fúnebres, desde a exposição do cadáver na floresta até o enterro do conteúdo das cabaças cinerárias, e também em decorrência de sonhos ou durante as tempestades (pois dizem que são os trovões que recebem os fantasmas nas costas do céu).

30. Os morteiros funerários costumam ser feitos com madeira da árvore *hoko mahi*.

31. O restante das cinzas dos ossos do morto será guardado em cabaças (*pora axi*), para ser bebido ou enterrado posteriormente, em sucessivas festas *reahu*, por seus afins potenciais.

32. O objetivo das cerimônias funerárias yanomami é, como mencionado, "pôr em esquecimento" as cinzas dos ossos dos mortos, para permitir que seu espectro chegue às costas do céu, moradia dos fantasmas. A incorporação das qualidades do defunto (como a generosidade e a valentia) por intermédio da "imagem de seu sopro" (*wixia utupë*) ou a imitação de seu "princípio vital" (*nõreme uëpuu*) é meramente um aspecto secundário e eventual do ritual.

33. Davi Kopenawa assistiu, em 1991, a reportagens da TV Globo sobre a Guerra do Golfo e ficou muito impressionado com os poços de petróleo em chamas no Kuait.

34. "Gente das fábricas" traduz a expressão *haprika* (do português "fábrica") *tʰëri pë* ("gente de, habitantes de").

35. Esses recipientes cerimoniais são geralmente talhados no tronco das árvores *oruxi hi, wari mahi, apuru uhi, hoko mahi* e *ruru hi*.

36. A generosidade ostentatória exibida nesse episódio ritual é concebida ao modo de uma paródia guerreira (ver Albert, 1985, cap. 12).

37. A expressão yanomami *në kohipë*, "valor forte, duro, sólido", é traduzida em português por "caro". Essa palavra aparece invariavelmente no repertório dos brancos locais (missionários, agentes de saúde, garimpeiros etc.) para justificar a recusa de comida ou de mercadoria (já que seu preço alto na cidade exclui, a seu ver, a possibilidade de serem dadas sem contrapartida).

20. NA CIDADE [PP. 421-38]

1. Após sua primeira viagem à Inglaterra e à Suécia, em 1989 (cap. 13), Davi Kopenawa participou do Tribunal Permanente dos Povos, em sessão dedicada à Amazônia brasileira, realizada em Paris, de 12 a 16 de outubro de 1990 (Ver *Le Monde*, 18 out. 1990: "Brasil acusado de não assistência"). Em yanomami, *kawëhë* significa "instável, vacilante, movediço" e o verbo *kawëkawëmuu*, "andar cambaleando, andar vacilando".

2. Alusão às longas esteiras rolantes do aeroporto Roissy Charles de Gaulle.

3. Para os Yanomami, seu território se situa no "centro" (*miamo*) do disco terrestre: é a "terra-floresta dos humanos" (*yanomae tʰë pë urihipë*), o lugar onde o céu fica mais alto. A terra dos antigos brancos, localizada "na beira" (*kasikiha*) do disco terrestre, é considerada, ao contrário, mais próxima da abóbada celeste.

4. A torre Eiffel.

5. O obelisco da Place de la Concorde, em Paris.

6. Durante sua estadia em Paris, Davi Kopenawa visitou o antigo Museu do Homem, no Trocadéro.

7. Os adornos dos xamãs e aqueles usados durante as festas *reahu*, tanto pelos homens como pelas mulheres, são considerados imitações toscas daqueles usados pelos espíritos. Diz-se, assim: *xapiri yama pë uëmãɨ makii yama pë uëa totihiproimi!*, "Por mais que tentemos imitar os espíritos, jamais conseguimos!".

8. A expressão exata, na voz passiva, é *xapiri pë marimãɨ*: "fazer sonhar os espíritos". Diz-se também: *xapiri pë në mari*, "o valor de sonho dos espíritos", para evocar suas imagens oníricas.

9. Essas taquaras *rihu u* pertencem exclusivamente ao mundo dos espíritos (ver Mattéi-Müller, 2007, p. 267).

10. Esses adornos de miçanga eram especialidade das etnias que antigamente circundavam os Yanomami (Albert, 1985, cap. 1). Estes tinham de obtê-los em longos circuitos de troca entre comunidades ou em perigosas e longínquas expedições de troca.

11. Flechinhas finas tiradas do talo de folhas das palmeiras *õkarasi si* e *kõnarima si*.

12. O primeiro termo é mais usado entre os Yanomami orientais; o segundo, entre os Yanomami ocidentais.

13. Para designar as múmias, Davi Kopenawa emprega a palavra *matihi* (pl. *pë*), que se aplica igualmente às ossadas e cinzas funerárias (e ainda, como se viu no capítulo anterior, aos adornos plumários e às mercadorias dos brancos). Durante um ciclo de incursões guerreiras entre casas ou conjuntos de casas, os combatentes permitem que seus inimigos recuperem os cadáveres de seus mortos, para que suas ossadas possam ser submetidas aos ritos funerários apropriados. Jogar um cadáver no rio, enterrá-lo ou fazer com que desapareça de qualquer outro modo equivale a uma declaração de extrema hostilidade. Conservá-lo para expô-lo publicamente só pode se configurar, portanto, como algo totalmente desumano.

14. Alusão ao rito de homicídio *õnokaemuu*, durante o qual se considera que o matador digere e transpira pela testa a gordura de sua vítima.

15. A sedução das irmãs dessa gente das águas, conhecida por seus eméritos talentos de caçadores, está na origem das vocações xamânicas (ver cap. 3).

16. Davi Kopenawa esteve em Nova York em abril de 1991, mais uma vez com o apoio da Survival International. Lá encontrou-se, entre outros, com o então secretário-geral das Nações Unidas, Javier Pérez de Cuéllar, e vários dirigentes do Banco Mundial, da OEA e do Departamento de Estado norte-americano. Acerca dessa visita de Davi Kopenawa a Nova York, ver especialmente a reportagem de T. Golden (1991) e o livro de G. O'Connor (1997, cap. 21).

17. Davi Kopenawa visitou o South Bronx e encontrou moradores de rua no Southern Boulevard (ver Golden, 1991, B4).

18. Assim como durante sua viagem a Paris, em Nova York, Davi Kopenawa sofreu recorrentes crises de malária do tipo *vivax* (ver O'Connor, 1997, pp. 233-4). Na época, a malária, trazida pelos garimpeiros, tinha atingido proporções epidêmicas no território yanomami.

19. Provavelmente a ponte Triborough, sobre o East River, que liga Manhattan, o Queens e o Bronx, perto da qual Davi Kopenawa ficou hospedado e que chamou sua atenção na chegada a Nova York (ver O'Connor 1997, pp. 236-7).

20. Sobre a "Gente de *Hayowari*" e a criação dos brancos por *Omama*, ver cap. 9.

21. Sobre essa substância de feitiçaria *hiperë a*, ver o cap. 16.

22. Com o amigo que o hospedou em Nova York, Davi Kopenawa folheou o famoso livro de Dee Brown, *Enterrem meu coração na curva do rio* (ver O'Connor, 1997, pp. 237-42).

23. Trata-se dos Onondaga (Povo das Colinas) da Confederação das Seis Nações (Hodenosaunee) ou Confederação Iroquesa, situada no nordeste da América do Norte. Entre 1788 e 1822, a nação Onondaga foi espoliada de 95% de suas terras. Seu atual território se reduz a pouco menos de trinta quilômetros quadrados ao sul de Syracuse, perto de Nedrow, no estado de Nova York. Chateaubriand, que os visitou em 1791, já relatava que "seu primeiro Sachem [...] queixou-se dos americanos, que logo não deixariam para os povos cujos ancestrais os tinham recebido terra suficiente para cobrir-lhes os ossos" (Chateaubriand, 1969, p. 690).

24. Xarope de bordo (*Acer nigrum* e *A. saccharum*).

25. A poluição atmosférica intensa impressionou muito Davi Kopenawa em suas visitas a São Paulo.

21. DE UMA GUERRA A OUTRA [pp. 439-53]

1. As atividades guerreiras são designadas em Yanomami por um verbo, *niyayuu*, que pode ser traduzido por "guerrear", mas que significa literalmente "flechar-se reciprocamente". Do mesmo modo, *niyayotima tʰë*, que pode ser traduzido pelo substantivo "guerra", remete à mesma ideia de flechar-se mutuamente.

2. Literalmente "as pessoas *õnokae*", isto é, os guerreiros que mataram e se submeteram ao rito de reclusão dos homicidas (*õnokaemuu*).

3. Sobre a guerra e a organização social yanomami, ver Albert 1985, 1989 e 1990b. As incursões guerreiras sempre são, de fato, lançadas para vingar um morto, na sequência da realização de uma cerimônia funerária (cremação ou enterro das cinzas dos ossos de um defunto), seja a morte resultado de homicídio por flecha (ou espingarda), em emboscada ou reide, de um ataque secreto de feiticeiros inimigos (zarabatana), ou ainda de um acidente por ocasião de um duelo ritual de borduna (traumatismo craniano) entre casas "aliadas" em conflito.

4. No final da década de 1970, a ditadura militar fez ampla utilização do mito hobbesiano dos Yanomami "povo feroz" para justificar o desmembramento de seu território. Uma versão especialmente racista e delirante dessa propaganda pode ser encontrada num relatório oficial datado de 1977, redigido por um general da Funai (Oliveira, 1977): "Constata-se que [...] o grupo vive em bandos compostos de cinquenta a duzentos índios e que cada um desses grupos se opõe aos demais, o que nos leva a concluir que as relações entre homens e mulheres ocorrem entre irmãos e irmãs, pais e filhas, mães e filhos, e talvez até entre avós e netos e avôs e netas, constituindo um verdadeiro incesto que, ao longo dos séculos, causou a atrofia física e intelectual desse grupo indígena".

5. Como vimos, o termo *waitʰiri* é ambivalente pode, dependendo do contexto, afirmar uma qualidade ("valentia, coragem, resistência") ou denunciar um comportamento ("agressivo, violento").

6. O principal mito de origem da guerra dos Yanomami orientais evoca um órfão (*Õeõeri*) que se torna um guerreiro frenético para vingar a mãe morta por feiticeiros inimigos (M 47).

Arowë é o protótipo mítico da valentia e da agressividade guerreira: agressor incansável e invencível, ele acaba por se transformar em onça sob os golpes repetidos de seus inimigos (ver cap. 1 e M 288). Davi Kopenawa descreve *Aiamori* como a "imagem de um antigo guerreiro", a "imagem da bravura em combate". Para os Yanomami ocidentais, *Aiamori* é um espírito guerreiro maléfico e ávido de sangue (Lizot, 2004, p. 6). De certo modo, todas essas figuras apontam para uma imagem mítica do excesso guerreiro que fundamenta a ambivalência do conceito de *wait*^{h}*iri* (nota 5 acima).

7. Os antigos *Xamat*^{h}*ari* (Yanomami ocidentais) das terras altas ao norte das nascentes do Orinoco, aqui evocados, aparecem em várias narrativas coletadas na região dos rios Catrimani e Toototobi: no mito de origem da guerra (*Õeõeri*, o menino guerreiro, M 47) e no dos feiticeiros inimigos transformados em quatis (M 141) ou caídos num precipício (M 359), ou ainda no mito do mensageiro decapitado (M 362). Sobre o contraste entre os *Xamat*^{h}*ari* e outros subgrupos yanomami ver Albert, 1989.

8. Seu nome vem de uma onomatopeia associada ao choro dos bebês — "*Õe! õe!*" — e do sufixo *-ri*, que caracteriza, entre outros, os personagens míticos, os espíritos xamânicos e os seres maléficos.

9. Campos situados na Venezuela, na região da serra Parima ("Parima B"), ao norte do alto Orinoco. Na década de 1970, ainda havia nessa região um grupo chamado *Niyayoba-teri* (ver Smole, 1976).

10. Esses espíritos xamânicos dos campos (*purusi*) são considerados guerreiros particularmente ferozes. Ver cap. 15.

11. Os ataques yanomami visam unicamente os homens e, entre eles, prioritariamente os grandes guerreiros, renomados por sua valentia e agressividade.

12. As armas e objetos patogênicos dos seres maléficos e dos espíritos xamânicos são igualmente designados pelo termo *matihi* (pl. *pë*), utilizado para as mercadorias. Ver cap. 7, nota 37.

13. Mais uma vez, Davi Kopenawa ficou muito impressionado com as imagens da primeira Guerra do Golfo (1990-1) na televisão. Esses seus comentários foram gravados pouco depois.

14. "Fumaça das bombas" se diz *põpa pë wakixi*.

15. Uma vítima de flecha é designada como *xaraka kanasi*, "resto (de devoração) por flecha"; a morte por flecha é denotada pela expressão *xaraka õno*, "pegada de flecha".

16. "Resgatar/retomar o valor do sangue" é *iyë në kõamaɨ*; "tornar recíproco o rito de homicídio" é *õnokae nomɨhayuu*.

17. Os guerreiros são designados pelo termo *wai pë* (pl.) que, na forma de adjetivo (sing. *wai*), significa "potente, tóxico, venenoso, perigoso" (tempero, alucinógeno, veneno, doença, ponta de flecha). Partir em reide guerreiro se diz *wai it*^{h}*uu* (literalmente, "descer perigoso"), *napë it*^{h}*uu* ("descer inimigo") ou *wai huu* ("ir perigoso").

18. A atribuição de uma morte a feiticeiros *oka* (pl. *pë*) costuma ser objeto de manipulações políticas triangulares. Se a vítima pertence a uma casa A, seus aliados de uma casa B podem afirmar ter ouvido membros de um grupo distante C — com os quais suas relações se degradaram — mencionar sua agressão de feitiçaria contra a casa A. Diz-se então que B "indicou, denunciou" (*nowã waxuu*) C depois de este ter "confessado" seu delito (*noa hekuu*), o que permite a A "endireitar o caminho" (*mãe xariramãɨ*) de C. Tais circuitos de boatos podem desencadear ciclos de hostilidades entre grupos distantes sem interação prévia.

19. Esse ato ritual é designado por duas expressões: *uxipë wariãi* ("destruir as cinzas") ou *uxipë hiprikai* ("esfregar as cinzas"). Tem por efeito esperado exacerbar a raiva do luto dos guerreiros e aturdir suas futuras vítimas (ver Albert, 1985, p. 506).

20. Tintura feita de uma mistura de carvão e de seiva da árvore *operema axihi*.

21. Os guerreiros sacodem essas ossadas movendo a cabeça de um lado para o outro, antes de deixá-las cair no chão ruidosamente. Esse rito de partida para a guerra é descrito pelo verbo *watupamuu*, "fazer como urubu". Sobre os ritos guerreiros yanomami, ver Albert, 1985, cap. 11.

22. O macaco-prego é agitado e agressivo, sempre alerta.

23. *Wainama* ou *waiyoma* é uma imagem xamânica associada aos guerreiros (*wai pë*); *õkaranama* ou *õkorayoma*, aos feiticeiros inimigos (*oka pë*). Os reides guerreiros (*wai huu*) e ataques de feitiçaria (*õkara huu*) são considerados equivalentes. Ademais, *õkara huu* designa também as expedições de reconhecimento dos guerreiros que preparam uma incursão.

24. Esse gavião se alimenta de carrapatos nas antas e, ocasionalmente, de cadáveres de animais ou humanos.

25. Os guerreiros se identificam a essas imagens ancestrais (*utupë*) de predadores e necrófagos que, no decorrer do rito de homicídio *õnokaemuu*, irão devorar através deles a carne e a gordura dos inimigos que eles mataram.

26. O nome dos espíritos *yorohiyoma* remete ao invólucro funerário de ripas de madeira e cipó dentro do qual os cadáveres são expostos na floresta (*yorohiki*). É provável que os espíritos *hixãkari* estejam associados à limpeza dos ossos tirados das carnes apodrecidas em decorrência da exposição do cadáver, operação descrita metaforicamente pela expressão *imiki hixãmuu*, "limpar as próprias mãos" (esfregando-as, com um bastonete ou outro objeto). *Õrihia* designa os maus presságios (ver Lizot, 2004, p. 288; Mattéi-Müller, 2007, p. 216). O termo *naiki* designa a fome de carne (de caça).

27. Tais figurações de inimigos são nomeadas *në uë*, literalmente "valor de imitação".

28. Por vezes, quando a vítima morreu em decorrência de uma flechada, parte dessas cinzas é novamente espalhada e esfregada no chão para atiçar a raiva da vingança (ver nota 19 acima).

29. Faz-se uma distinção entre a parte superior (*heaka*), o meio (*miamo*) e o fundo (*komosi*) das cinzas (*uxipë*) de uma cabaça funerária *pora axi*. É bastante raro que as incursões yanomami, motivadas por uma vingança concentrada em determinados guerreiros de renome, atinjam seus objetivos na primeira tentativa.

30. O rito funerário visa, como mencionado, eliminar qualquer rastro físico e social do defunto — e, finalmente, de sua ossada, elemento mais duradouro de seus restos mortais. Esforça-se, assim, para despachar seu fantasma para as costas do céu, moradia dos mortos. Um mito (M 35) conta, ao inverso, o constante e desconfortável retorno dos falecidos que ocorria no tempo das origens. Há, no sistema ritual yanomami, uma divisão do trabalho simbólico entre aliados (afins potenciais) e inimigos no tratamento ritual do cadáver: os primeiros consomem (ou enterram embaixo do fogo culinário) as cinzas de seus ossos durante as festas *reahu*, enquanto aos outros cabe digerir suas carnes e gordura cruas no decorrer do rito de homicídio *õnokaemuu* (ver, sobre esse sistema funerário e guerreiro, Albert, 1985).

31. Diz-se literalmente "enquanto a mão ainda não cai" (*imi kɨ keo mão xoao tëhë*). Vimos que as cabaças funerárias podem ser entregues a parentes classificatórios (irmãos e cunhados)

"amigos" do morto em outras casas (cap. 19). Assim, as festas *reahu* podem ser realizadas alternadamente nas diferentes casas dos detentores das cabaças cinerárias pertencentes a um conjunto de casas aliadas, sendo lançadas incursões guerreiras no final de cada uma delas, até que a vingança do defunto seja considerada cumprida.

32. Literalmente "guardar o rastro-palavra (o rancor) da cabaça *pora axi*" (*pora axi nowã t^{h}apu*).

33. Verbo que também designa o estabelecimento de contato amigável com um grupo desconhecido; ver o cap. 19.

34. Durante esse processo de reconciliação, podia também acontecer que a morte inesperada de um idoso fosse de repente atribuída aos feiticeiros *oka* dos ex-inimigos, relançando assim imediatamente o ciclo de vingança.

35. Esses guerreiros renomados, pivôs dos ciclos de reides, são designados por várias expressões afins: "os valentes/belicosos" (*wait^{h}irima t^{h}ë pë*), "gente em estado ritual de homicida" (*õnokaerima t^{h}ë pë*), "os que se fartaram (da carne de seus inimigos)" (*pɨtɨrima t^{h}ë pë*) e "os que fazem a guerra" (literalmente "a coisa perigosa/guerreira") (*wai t^{h}ë t^{h}aiwi t^{h}ë pë*).

36. Podia ainda acontecer, nessa fase, que o papel de emissário de paz confiado às mulheres fosse desviado de seu objetivo por guerreiros *wait^{h}iri* particularmente belicosos, a fim de atrair seus inimigos a uma emboscada.

37. Nas décadas de 1950 e 1960.

38. A respeito das atividades guerreiras recentes nas terras altas do território yanomami no Brasil, ver Duarte do Pateo, 2005. A frequência dos ataques e o número de vítimas variam conforme as regiões, particularmente em função da concentração demográfica, que intensifica os ciclos de vingança dos mortos subsequentes aos ataques (bem como as acusações de feitiçaria guerreira). A recente introdução de espingardas de caça contribui para o aumento do número de vítimas e, portanto, potencializa os ciclos de vingança, já historicamente mais intensos naquela região.

39. Os "que estão em estado de homicida" (*õnokaerima t^{h}ë pë*) são opostos aos "inocentes (literalmente 'esquecidos')" (*mohoti t^{h}ë pë*) ou "secos" (*weherima t^{h}ë pë*), por alusão à "testa engordurada" dos guerreiros em rito de homicídio, que transpiram a gordura do inimigo que "comeram".

40. Alusão ao "massacre de Haximu", de 1993, no qual pistoleiros a mando de donos de garimpo massacraram dezesseis yanomami num acampamento na floresta, na maioria mulheres, crianças e idosos (ver anexo IV).

41. Naquela época (início do século XX), os ancestrais do grupo natal de Davi Kopenawa moravam no rio *Amat^{h}a u*, afluente da margem direita das nascentes do Orinoco, onde sofreram um ataque dos ancestrais dos atuais grupos do Catrimani, então habitantes de *Arahai*, na nascente do rio Mucajaí. Posteriormente desceram para o sul, ocupando sucessivamente vários locais, junto a pequenos afluentes da margem esquerda do alto Orinoco (*Manito u, Kõana u*), onde foram atacados repetidas vezes pelos *Hayowa t^{h}ëri*.

42. Prosseguindo sua descida para o sul, em direção às terras baixas do alto Demini.

43. Os ataques contra a gente de *Amikoapë* (ligados aos ancestrais dos atuais grupos do *Hero u*) e os *Mai koxi* (dos quais vêm os atuais grupos do Catrimani) foram lançados dos locais de *Yoyo roopë* e *Mõra mahi araopë*, no alto rio Toototobi, nas décadas de 1930-40. Os *Mai koxi*

são os descendentes dos antigos habitantes de *Arahai* que migraram em direção ao rio Catrimani. Os mais velhos da comunidade de *Watorikɨ*, onde Davi Kopenawa se casou e onde vive atualmente, são descendentes dos *Mai koxi*.

44. Ver o sonho de Davi Kopenawa criança sobre os guerreiros de *H^{w}axi*, no cap. 3. Os *Ariwaa t^{h}ëri* tornaram-se os *H^{w}aya sikɨ t^{h}ëri*, que se instalaram durante a década de 1990 junto do posto de saúde de Balawaú (então mantido pela CCPY), no curso superior do rio Demini (chamado *Parawa u* em yanomami).

45. Os grupos do rio Toototobi praticamente pararam de guerrear no fim dos anos 1960, em decorrência de seu contato com a New Tribes Mission e das epidemias que os dizimaram nessa época. Contudo, lançaram ainda alguns poucos e últimos reides no começo da década seguinte (1970). Por sua vez, os últimos ataques guerreiros dos grupos do alto rio Catrimani (na maioria devidos a gente de *Watorikɨ*, então localizada no rio Lobo d'Almada) ocorreram no começo dos anos 1980.

46. Mais uma alusão aos escritos de N. A. Chagnon a respeito da guerra yanomami (1966, 1968).

47. Trata-se de uma forma de duelo ritualizado (*he xëyuu*), durante o qual os rivais vão sendo substituídos, de ambos os lados, por uma série de consanguíneos e aliados.

48. Esses duelos de borduna motivados por ciúme (entre membros de casas aliadas ou até de uma mesma casa) podem, contudo, provocar mortes acidentais (traumatismos cranianos), que são então passíveis de desencadear novos ciclos de ataques guerreiros.

49. Distinção entre gentes de mesma origem vivendo em casas aliadas próximas (*kami yamakɨ*, "nós") — que têm o estatuto de visitantes/convidados, *h^{w}ama pë* — e as "outras gentes" (*yayo t^{h}ë pë*), as "gentes distantes" (*praha t^{h}ëri t^{h}ë pë*), de onde provêm os guerreiros (*wai pë*) e os feiticeiros inimigos (*oka pë*).

50. "Devido ao valor de raiva da flecha" é a tradução literal da expressão: *xaraka në wãyapëha*. Nesse caso, é a morte em si mesma (e não o conflito inicial que, ao alastrar-se, a provocou) que será considerada causa do ataque guerreiro lançado para vingá-la. Por outro lado, ainda que as preocupações com mulheres não estejam na origem dos reides yanomami, sempre motivados pela vingança de um morto, isso não impede que os guerreiros, às vezes, tomem cativas para desposá-las. Trata-se então de um benefício secundário do reide — e não de sua causa —, do mesmo modo que o roubo de objetos-troféus (pontas de flechas, cerâmicas etc.) ou rapto de crianças, mais raro.

51. Esse diálogo cerimonial é realizado, como vimos, entre anfitriões e convidados aos pares, agachados um diante do outro e pegando-se pelo pescoço com um dos braços (ver cap. 17). Quando os ânimos se inflamam, os interlocutores enfurecidos procuram apertar e torcer o pescoço um do outro tanto quanto possível (*aikayuu*).

52. Essa forma de duelo cerimonial (*parikɨ xeyuu* e *si payuu*) segue o mesmo sistema de revezamento entre os participantes e seus respectivos parentes que os duelos de borduna (*he xëyuu*), mas é realizada em caso de ofensas menores (insultos, roubos, boatos).

53. Os quatis vivem em bandos barulhentos e são conhecidos pela agressividade.

54. Davi Kopenawa evoca aqui sobretudo a região das terras baixas, onde os contatos com as missões e as epidemias praticamente puseram fim aos ataques guerreiros a partir da década de 1960. Em compensação, as incursões ainda são frequentes na região da serra Parima, centro

histórico e demográfico do território yanomami, muito isolado até o final da década de 1980 (ver nota 38 acima).

55. Alusão ao fato de que tanto os relatos de antigas guerras como o conhecimento dos rituais guerreiros continuam presentes na memória de todos. De modo que é preciso distinguir aqui o "estado de guerra" como dispositivo social e simbólico (o "discurso da guerra", *niyayotima* t^h*ë ã*) das incursões guerreiras propriamente ditas (*wai ithuu*) que o atualizam de tempos em tempos e cuja frequência varia conforme as regiões e as épocas, em função de fatores contingentes, internos e/ou externos.

56. Em 1993, por exemplo, um rito de partida para a guerra (*watupamuu*) foi realizado em *Watorikɨ*, não para atacar uma casa inimiga, como era costume, mas para lançar um ataque contra os garimpeiros, em solidariedade a um grupo yanomami desconhecido (H^w*axima u* t^h*ëri*) que eles tinham acabado de massacrar (ver Albert, 1994; Albert & Milliken, 2009, p. 112, bem como o anexo).

22. AS FLORES DO SONHO [pp. 454-66]

1. Davi Kopenawa às vezes traduz *urihinari* (pl. *pë*) para o português pelas expressões "filhos do mato", "filhos da natureza", "espíritos da floresta".

2. A escrita é designada pela expressão t^h*ë ã oni*, "desenhos de palavras". *Oni* se refere a traços curtos, motivo comum na pintura corporal. De modo geral, as linhas de escrita são ditas *onioni kɨkɨ*, expressão na qual a repetição do motivo *oni* é completada por um plural que denota um conjunto de elementos indissociáveis. T^h*ë ã* significa ao mesmo tempo "dizer(es), palavra(s), dircurso(s), nome(s), notícia(s), boato(s), relato(s)".

3. Em yanomami, os verbos "ver" e "conhecer" são construídos a partir do mesmo radical: *taaɨ* ou *tapraɨ* significam "ver"; "conhecer, saber" se diz *taɨ*, "ensinar, fazer ver" é *taamãɨ* e "mostrar, indicar", *tapramãɨ*.

4. Davi Kopenawa se refere aqui aos mapas, evidentemente.

5. "Pele de papel": *papeo* (do português "papel") *sikɨ* ("pele"); "pele de imagem": *utupa* ("imagem") *sikɨ*; "pele de árvore": *huu tihi* ("árvore") *sikɨ*.

6. Sobre as tinturas vegetais e substâncias odoríferas yanomami, ver Albert & Milliken, 2009, pp. 110-2.

7. Sobre a origem mitológica da pintura corporal e da dança de apresentação do *reahu*, ver o mito de origem do fogo M 50. A pele sem pintura corporal é dita *krokehe*, "cinza", porque está suja das cinzas da fogueira (*yupu uxipë*).

8. Os motivos da pintura corporal yanomami são compostos de elementos gráficos geométricos (mais de quinze) que em geral remetem a características animais.

9. Davi Kopenawa, invertendo as tentativas dos missionários de associar *Omama*, o demiurgo yanomami, ao Deus cristão (*Teosi*, do português "Deus"), identifica-o, ao contrário, ao enganador *Yoasi*, irmão de *Omama*, personagem colérico, invejoso e trapalhão, criador da morte e dos males que afligem a humanidade.

10. Davi Kopenawa utiliza aqui uma expressão em português: "nosso histórico".

11. "Palavra de canto" se diz *amoa* t^h*ë ã* ou *amoa wãã*.

12. Fogo xamânico subterrâneo que Davi Kopenawa associa aos vulcões.

13. Essas declarações foram gravadas antes da criação de um projeto de alfabetização em língua yanomami, em *Watorikɨ*, em 1996, pela CCPY. Davi Kopenawa, preocupado em fazer com que os jovens de sua comunidade dominassem a escrita dos brancos para melhor defender seus direitos, promoveu o projeto, apesar de sua resistência xamânica contra a escrita e seu modo de conhecimento.

14. Aqui é empregado o verbo *ɨra-*, que entra na composição de expressões como *wai ɨra* "contaminar (doença)", *t^hë ã ɨra* "assimilar (uma língua)" e *pihi ɨra-*, literalmente "(pensamento) contaminar", "apaixonar-se".

15. "Pensamento" traduz aqui a palavra *pihi*, componente da pessoa que se refere à consciência reflexiva e à volição, bem como à expressão do olhar. O termo entra na composição de todos os verbos relativos às atividades cognitivas e à expressão das sensações e emoções em yanomami.

16. Ver o cap. 6 acerca da relação entre o peito dos iniciandos e as casas de espíritos.

17. O sonho induzido pela visita noturna dos *xapiri* que levam a imagem dos xamãs se diz *xapiri pë në mari*, literalmente "valor de sonho dos espíritos".

18. O "sonho dos espíritos" (*xapiri pë në mari*), atributo dos xamãs (*xapiri t^hë pë*, "gente espírito"), opõe-se ao "simplesmente sonhar" (*mari pio*) das "pessoas comuns" (*kuapora t^hë pë*). Assim, durante o sonho, a imagem/essência vital (*utupë*) da pessoa se separa do seu corpo ("a pele", *sikɨ*) para se deslocar (*mari huu*), sozinha, no caso das "pessoas comuns" ou na companhia dos espíritos, no caso dos xamãs. Com o pensamento consciente (*pihi*) desativado, diz-se que o sonhador está "em estado de fantasma" (*a në porepë*).

19. A magia amorosa masculina consiste em fazer com que a mulher desejada inale, à sua revelia, enquanto dorme, encantamentos aromáticos vegetais (ver Albert & Milliken, 2009, pp. 138-44).

20. *Omama* é aqui qualificado como *maritima a*, termo que designa uma pessoa com atividade onírica especialmente intensa.

21. Em yanomami, as "flores do sonho" se dizem *mari kɨkɨ hore*.

22. Duas aves de rapina caçadoras de pássaros e de répteis — o primeiro também de pequenos mamíferos.

23. Ver, mais uma vez, o cap. 6 sobre as casas de espíritos.

24. Nesse parágrafo, Davi Kopenawa se refere ao ciclo mítico que narra a gesta de *Omama* (M 202, M 197, M 198) e em seguida a mitos que evocam as desventuras dos ancestrais animais e da primeira humanidade (M 80, M 50, M 86).

25. Alusão aos automóveis que alguns de seus ascendentes viram em Manaus, para onde tinham ido com agentes do SPI nos anos 1950.

23. O ESPÍRITO DA FLORESTA [pp. 467-87]

1. Sobre esse poder de "aumento" e de vitalidade da floresta, ver o cap. 8. É possível, aliás, aproximá-lo da noção maori de *hau* da floresta, finamente revisitada por Geffray, 2001, pp. 149-54.

2. As formigas saúva (*koyo*) e os pequenos lagartos (*waima aka*) são frequentadores assí-

duos das roças. Sobre a relação entre a formiga saúva e o mito de origem da agricultura, ver M 86 e o cap. 8.

3. De acordo com a Constituição de 1988, os índios dispõem de usufruto exclusivo de suas terras, mas elas pertencem à União.

4. Esse grupo yanomami (*Yawari*) foi "contactado" pelos construtores da Perimetral Norte em 1973. Suas terras, desde então em grande parte desmatadas e invadidas por fazendas de gado (ver o cap. 13 e Albert & Le Tourneau, 2004), lhes foram finalmente restituídas em maio de 2014 (<http://www.socioambiental.org/pt-br/noticias-socioambientais/yanomami-comemoram-saida-dos-ultimos-fazendeiros-de-suas-terras-22-anos-apos-a-homologacao>).

5. Sobre o impacto dos garimpos nas terras altas do território yanomami no Brasil (região de Homoxi), ver Milliken & Albert, 2002.

6. Quando uma formação vegetal na floresta indica um local propício à agricultura, costuma-se dizer *hutu a praa*, "uma roça está posta no solo" (ver Albert & Milliken, 2009, pp. 32-7). O termo *hutu* ou *hutu kana* designa, assim, tanto as roças cultivadas quanto os espaços potencialmente cultiváveis na floresta.

7. *Wahari a* designa a emanação fria e úmida da terra da floresta, é *urihi wixia*, o "sopro vital da floresta", *Xiwãripo wixia*, o "sopro vital do espírito do caos" ou *Motu uri u wixia*, o "sopro vital do rio do mundo subterrâneo".

8. Sobre a agricultura e o potencial de fertilidade da floresta (o ancestral Saúva, os espíritos morcego e tatu-canastra), ver igualmente o cap. 8.

9. Aqui se nota um paralelo interessante com uma teoria recente que ressalta a importância climática do "bombeamento" da umidade atmosférica pela floresta tropical (Pearce, 2009).

10. Alusão à queda do antigo céu que, no primeiro tempo, veio a formar o atual nível terrestre (ver cap. 8).

11. A palavra *urihi a* remete à floresta e à terra que a suporta, ao passo que *maxita a* designa o solo, a terra no sentido pedológico (ver Albert, 2008).

12. Sobre a aquisição dos adereços animais pelos ancestrais *yarori*, ver M 130. As pinturas corporais humanas são consideradas "rastro/vestígio dos ancestrais animais" (*yarori pë õno*). A criação dos animais atuais também é, às vezes, atribuída a *Omama*, quando reordenou o mundo após a transformação dos ancestrais animais e a queda do céu.

13. Essa relação de similaridade é expressa pela expressão *ai yama kɨ* h^w*ëtu*, literalmente "(somos) outros semelhantes".

14. Em yanomami: "*yanomae* t^h*ë pë yaro yahi* t^h*ëri* t^h*ë pë!*". São assim opostos *yahi* t^h*ëri yaro pë*, "animais habitantes de casa" (humanos), e *urihi* t^h*ëri yaro pë*, "animais habitantes da floresta" (animais).

15. O canibalismo "selvagem" dos ancestrais humanos/animais do primeiro tempo (*yarori pë*) foi substituído, no mundo instituído pelo demiurgo *Omama*, em relação aos animais, pela caça (com proibição das próprias presas) e pela culinária (com eliminação do sangue), e, do lado humano, pelo exocanibalismo guerreiro ("consumo" do sangue e corpo dos inimigos) e o endocanibalismo funerário (consumo/enterro das cinzas dos ossos dos afins potenciais). Ver Albert, 1985.

16. O desrespeito ao ideal de troca das presas que se impõe aos bons caçadores é denotado por duas expressões: *kanasi wamuu*, "comer seus (próprios) restos", e *kõamuu*, "trazer de volta

a si". É bem provável que o termo *kõaa pë* derive da mesma raiz que esta última expressão (do verbo *kõai*, "trazer de volta"). Com efeito, Davi Kopenawa acrescenta, a respeito desse termo: "Não sei como dizer isso na língua dos brancos. *Kõaa pë* vem de que um caçador que mata uma caça não pode ele mesmo comê-la".

17. Cheiro atribuído também aos ovos e ao peixe cru.

18. *Kãomari* é o espírito do gavião *kãokãoma*, caçador reputado. Os seres das águas (*yarioma*, pl. *pë*) são igualmente considerados grandes caçadores (ver o cap. 5). O ser da floresta *Urihinamari* (correspondente noturno do espírito da floresta *Urihinari*) também conota excelência cinegética. Considera-se que esses seres acompanham os grandes caçadores que percorrem constantemente a floresta em busca de caça. *Urihinamari* está sempre com os que dormem pouco e caçam antes do amanhecer ou no entardecer.

19. Esse grande gastrópode da floresta é considerado especialmente repugnante.

20. É o "vento dos espíritos", *xapiri pë në watoripë*.

21. O "tempo quente" (*tʰë mo yopi*) é associado ao "tempo com valor de epidemia" (*tʰë mo në xawarapë*).

22. Davi Kopenawa parece referir-se aqui mais uma vez a São Paulo, com seu aeroporto no meio da cidade (Congonhas) e suas centenas de helipontos no topo dos prédios.

23. Ver o cap. 4 e M 210 e 211 sobre *Omama*, sua fuga e a criação dos morros e das serras.

24. Considera-se que *Omoari*, o ser do tempo seco, captura a imagem dos humanos para assá-la (provocando fortes febres) antes de devorá-la.

25. *Toorori* é outro ser maléfico que captura as imagens das crianças pequenas como peixes, num cesto de ponto aberto, para assá-las numa placa de cerâmica. Sobre a alternância entre *Omoari* e *Toorori*, ver o cap. 8.

26. Sobre *Omama* e o metal, ver especialmente os cap. 9 e 16.

27. O "metal de *Omama*" é *Omama poo e xiki*; o "metal da natureza" é *natureza poo e xiki*, e o "metal do céu" é *hutukara poo e xiki* (ver cap. 16).

28. Armas "imagens" xamânicas, que remetem aos bicos robustos e à cauda poderosa dos animais correspondentes.

29. A doença é aqui denotada pela palavra *waiwai a*, redobramento da palavra *wai*, que significa "patogênico, tóxico, venenoso, potente, perigoso, guerreiro".

30. Desenhos de pontos (*turu*) e de traços curtos (*oni*) do repertório gráfico das pinturas corporais.

31. Ver, sobre *Omama* e a aquisição das plantas cultivadas, M 198 e cap. 9.

32. As "palavras da ecologia" são, em yanomami: *ekoroxia tʰë ã*.

33. As "palavras para defender a floresta": *urihi noamatima tʰë ã*.

34. Eles são os "defensores da floresta", *urihi noamatima pë*.

35. Ecologistas são a "gente da ecologia": *ekoroxia tʰëri pë*.

36. Célebre líder dos seringueiros em luta contra a devastação da floresta amazônica pelos fazendeiros do Acre, assassinado em 22 de dezembro de 1988 em Xapuri, Chico Mendes recebeu o prêmio Global 500 do Programa das Nações Unidas para o Meio Ambiente (PNUE) em 1987, dois anos antes de Davi Kopenawa.

37. No início de abril de 1977, Davi Kopenawa participou, com a Funai, o IBDF (Ibama a partir de 1989) e a Polícia Federal, de uma expedição contra a caça clandestina no rio Catrima-

ni, em Roraima. Durante essa viagem foram devolvidas ao rio quinhentas tartarugas e destruída meia centena de peles de ariranha (Monteiro Caltaneão, 1977). Segundo registros da Funai, membros de uma comunidade yanomami atraídos para o baixo Catrimani pelos brancos "comerciam balata, castanha-do-pará e peles de animais da floresta. Eles são explorados pelos comerciantes locais de forma inescrupulosa. Quanto à saúde desses grupos, há ocorrências de tuberculose, sarampo, gripe, disenteria e muitos casos de malária" (Costa, 1977).

38. Ver cap. 13 e 14.

39. A tartaruga-da-Amazônia e o boto são espécies protegidas.

40. Diferencia-se em yanomami a "fome de carne de caça" (*naiki*) da "fome de comida vegetal" (*ohi*).

41. Em yanomami, *urihi a komi*, literalmente a "floresta tampada", domínio por excelência dos seres maléficos *në wãri*.

42. Também *urihi a pata* (a "grande/antiga terra-floresta") ou *urihi a prauku* (a "vasta terra-floresta"). Sobre a polissemia do conceito de *urihi a*, ver Albert, 2008.

43. Literalmente, *urihi a xee hëaiwi*, o "resto da floresta" (*urihi a xee*) "que ainda existe" (*hëaiwi*).

44. Aqui Davi Kopenawa joga com o duplo sentido da palavra "meio" a partir da expressão "meio ambiente". Esse jogo de palavras põe em evidência crítica a lógica implícita que, historicamente, levou o Ocidente da noção de "natureza", enquanto totalidade selvagem envolvendo ilhas de civilização, a seu inverso, o "meio ambiente", onde o que resta da antiga "natureza" não passa de espaços residuais ("parques naturais", "reservas de biodiversidade" e demais "espaços verdes") ilhados num espaço industrializado englobante. Ver, a esse respeito, Albert, 1993, p. 366.

45. Alusão ao prêmio Global 500 do Programa das Nações Unidas para o Meio Ambiente (PNUE), conferido a Davi Kopenawa em 1989. A cerimônia de entrega foi realizada em 1º de fevereiro de 1989, e o discurso de Davi Kopenawa foi transcrito na íntegra n'*O Estado de S. Paulo* de 14 de fevereiro de 1989.

24. A MORTE DOS XAMÃS [pp. 488-98]

1. Esses espíritos, como vimos, são designados pelo mesmo termo que os filhos póstumos: *hapara pë* (ver cap. 4).

2. Sobre esses espíritos imagens de seres maléficos, ver o cap. 7. Davi Kopenawa menciona aqui igualmente os espíritos *xuukari* (líquido/diarreia celeste), *riori* (enchentes), *ruëri* (tempo encoberto), *xinarumari* (dono do algodão) e *krayari* (lagarta venenosa).

3. Esse xamã e grande homem (*pata t^hë*) morreu no final de 1989, durante o período mais intenso da corrida do ouro nas terras yanomami. Conforme um relatório da época, a região vivia um verdadeiro "faroeste aéreo": eram bastante comuns as colisões e quedas de monomotores nas áreas de garimpo (ver: senador Severo Gomes, "Paapiú — Campo de extermínio", *Folha de S.Paulo*, 18 jun. 1989).

4. "Yanomami" traduz aqui a expressão *yanomae t^hë pë*, "humanos".

5. Ver o mito de origem dos queixadas (M 148), no qual ancestrais perdidos na escuridão

e no frio, assediados por uma nuvem de vespas gigantes (*xi wãri na kɨ*, "vespas de transformação"), acabaram se metamorfoseando em porcos-do-mato.

6. Ver, sobre enchente e "devir outro", o mito de origem dos forasteiros (M 33) e o cap. 9. Ver ainda o cap. 8, sobre as manifestações cosmológicas que acompanham a morte dos xamãs em ataques guerreiros ou por feiticeiros inimigos.

7. Ver o cap. 8 sobre o trabalho dos xamãs para prevenir o desabamento do céu.

8. Davi Kopenawa, que já foi muitas vezes ameaçado de morte pelos garimpeiros nas décadas de 1980-90, voltou a sê-lo em 2007, dessa vez pelos fazendeiros instalados nos limites das terras yanomami, e novamente em 2014, pelos donos de garimpo.

9. Ver o cap. 20 e o sonho do céu em chamas.

PALAVRAS DE *OMAMA* [pp. 499-511]

1. Essas declarações datam do começo da década de 1990. Davi Kopenawa tinha então menos de quarenta anos.

2. Considera-se indispensável refazer várias sessões (duas ou três) de iniciação ao longo dos anos, para se tornar um xamã experiente.

3. Sobre esses espíritos, reservados aos maiores xamãs, ver o cap. 7.

4. Trata-se aqui do segundo marido da mãe de Davi Kopenawa, xamã da região de Toototobi, e não de seu sogro e principal iniciador em Demini. A alta reputação xamânica desse "grande homem" fundava-se, justamente, em sua capacidade de regurgitar objetos patogênicos à vista de todos (pacotes de substâncias de feitiçaria, algodões dos seres maléficos *në wãri*, pontas de flechas de *xapiri* inimigos).

5. *Ayokorari xapokori a* significa literalmente "espírito japim *ayokora* estéril". É também chamado *ayokorari haasipërima a*, "espírito japim *ayokora* da mão esquerda". Opõe-se a *ayokorari yai* t^h*aɨwi a*, "espírito japim *ayokora* que realmente faz", ou *ayokorari kateherima a*, "espírito japim *ayokora* da mão direita" (ou "belo espírito japim *ayokora*", ou ainda *ayokora miamohamɨ a*, "espírito japim *ayokora* do centro").

6. O termo utilizado aqui, *oraka a*, designa o tubo de entrada de um ninho de abelhas ou o gargalo de uma cabaça (*orahi* designa o pescoço).

7. Cheiros que os Yanomami comparam ao dos órgãos genitais.

8. Alusão à primeira fase de sua iniciação, descrita no cap. 5.

9. Essas declarações foram registradas no começo da década de 1990. Desde então, Davi Kopenawa e seu sogro ganharam a batalha da transmissão xamânica. *Watorikɨ* conta hoje com dezesseis xamãs, na maioria homens de menos de trinta anos, para uma população em torno de 180 pessoas.

10. Davi Kopenawa se refere, nessa comparação implícita, à Bíblia, livro "fechado", no qual foi registrado, outrora, o "desenho das palavras de *Teosi*" (*Teosi* t^h*ë ã oni*).

11. Os xamãs são aqui designados como *noamatima* t^h*ë pë*, "gente que protege".

12. Sobre esse ponto, ver o início do cap. 4.

13. Mais uma alusão ao proselitismo dos missionários da New Tribes Mission, com que

Davi Kopenawa foi confrontado na infância, no rio Toototobi, durante a década de 1960. Ver o cap. 11.

POSTSCRIPTUM — QUANDO EU É UM OUTRO (E VICE-VERSA) [pp. 512-49]

1. Ver o testemunho de S. Caratini, 2004.

2. Veja-se Brumble, 1993, pp. 110-5.

3. Retomando a expressão de Lévi-Strauss (1955, p. 38) a respeito dos relatos de exploradores.

4. Nesse ponto, os historiadores foram mais ousados do que os etnólogos (Agulhon et al., 1987). Ver, porém, Descola, 1994, e Caratini, 2004, bem como as coletâneas organizadas por Agier, 1997, Ghasarian, 2004, Dhoquois, 2008, Fassin & Bensa, 2008, e Leservoisier & Vidal, 2008.

5. Gheerbrant, 1952.

6. A coleção Terre Humaine, da editora Plon em Paris, foi iniciada em 1955 por Jean Malaurie, com o propósito de estabelecer uma ponte entre ciências sociais e literatura e de dar voz, através de depoimentos singulares, às minorias marginalizadas. Desde *Os últimos reis de Thulé* e *Tristes trópicos*, essa coleção publicou, em sessenta anos, mais de 110 títulos. A Pléiade, por sua vez editada pela Gallimard desde 1933, foi criada por Jacques Schiffrin, para oferecer obras completas de autores em edições cuidadas em formato de bolso — conhecidas pela encadernação em couro e pelo papel-bíblia. Tornou-se coleção de referência ao incorporar edições preparadas por grandes especialistas, com farto aparato crítico.

7. Os Guayabero são um grupo de língua guahibo, habitantes da mata de galeria ao longo do rio Guaviare, a montante de San José del Guaviare, pequeno vilarejo na época (1972). Sua população é de aproximadamente 1100 pessoas. Foram visitados também pela Expedição Orinoco-Amazonas, em 1948 (Gheerbrant, 1952, pp. 38-9). San José del Guaviare foi fundado em 1938 por seringueiros; é atualmente uma base do Exército colombiano contra as Farc. O rio Guaviare é um afluente da margem esquerda do médio Orinoco, com nascente na Cordilheira Oriental colombiana.

8. Peço licença para ecoar aqui a célebre frase de *Tristes trópicos* a respeito dos Tupi-Kawahib: "Tão perto de mim quanto uma imagem no espelho, eu podia tocá-los, mas não compreendê-los" (Lévi-Strauss, 1955, p. 397).

9. O termo acabara de despontar no discurso americanista francês, após a publicação do livro de R. Jaulin *La Paix blanche* (1970).

10. "A terceira margem do rio", conto de Guimarães Rosa.

11. Paradoxalmente, apesar do foco americanista das *Mitológicas*, os aportes teóricos da obra de Lévi-Strauss só teriam realmente efeito sobre o amazonismo a partir da década de 1980. Ver, a esse respeito, Taylor, 2004.

12. Grupo de língua caribe habitante do Parque Indígena do Xingu (PIX), com 504 indivíduos (Recenseamento IBGE, 2010).

13. O convite a que respondi em abril de 1974 mencionava originalmente a possibilidade de pesquisa entre os Yanomami setentrionais, os Sanima (Ramos & Taylor, 1973). Alcida Ramos e Kenneth Taylor foram os primeiros antropólogos a trabalhar com os Yanomami no Brasil.

Acabavam de defender suas teses de Ph.D. sobre os Sanɨma na Universidade de Wisconsin, em 1972. Alguns meses após o convite, o contexto do trabalho mudou, passando a ser o do projeto Perimetral Yanoama, organizado por esses dois antropólogos, sob os auspícios da Funai. Ver, a respeito, Taylor 1975a, e Ramos & Taylor (orgs.), 1979.

14. Ver Bloch, 2004, p. 353; Maybury-Lewis, 1967; Rivière, 1969.

15. Ver Ribeiro, 1970, e Cardoso de Oliveira, 1964.

16. A oncocercose (ou "cegueira dos rios"), doença parasitária causada por um nematódeo. Em carta de 6 de novembro de 1974, Kenneth Taylor me escrevia: "Tenho plena consciência de que a oncocercose é uma doença horrível e compreenderei perfeitamente se você preferir evitar esse risco"; e a 1º de dezembro: "Tenho muita esperança de que você decida juntar-se a nós, a doença é horrível, mas a perspectiva de um trabalho realmente importante em favor dos índios é muito motivadora" (arquivo pessoal).

17. Ver, a respeito, o artigo de Ramos, 1992.

18. Sobre essa dupla face do *Wild Man*, símbolo do estado de natureza desde a Idade Média, ver White, 1978, cap. 7.

19. A literatura sobre os Yanomami no Brasil era muito recente, e ainda de difícil acesso. A tese de Kenneth Taylor dedicada às classificações animais e proibições alimentares *sanɨma* tinha acabado de ser publicada na Venezuela (Taylor, 1974). As de Alcida Ramos (retomada em Ramos, 1995) e de Judith Shapiro (1972, sobre os *Yanomae/Yanomama* das terras altas), dedicadas à organização social, bem como a do missionário evangélico Peters, a respeito da mudança social (1973, sobre os *Yanam/Ninam*), permaneciam inéditas. Só pude consultar esses trabalhos depois de chegar ao Brasil.

20. Sobre a distribuição das tarefas pela equipe do projeto instalada na missão Catrimani, de que eu fazia parte, ver Taylor, 1975d: aprendizagem da língua, estudo da organização social e econômica das comunidades yanomami da região, estudo das relações entre a missão e os índios, vigilância dos canteiros de obras da estrada.

21. Nossa Senhora da Consolata é a padroeira da cidade de Turim. A congregação católica de mesmo nome foi fundada em 1901. Esse padre posteriormente estudou antropologia nos Estados Unidos e defendeu uma dissertação de mestrado sobre o impacto das obras da estrada na região de sua antiga missão (Saffirio, 1980).

22. Ver Saffirio, 1976.

23. Vale lembrar que as equipes de topografia da empresa encarregada da construção da estrada chegaram à missão Catrimani em janeiro de 1974. Alguns meses mais tarde, os operários da estrada já eram bem mais numerosos na região do que todos os Yanomami situados na órbita da Missão (por volta de trezentas pessoas distribuídas em oito grupos locais; Saffirio, 1976). Uma carta de Kenneth Taylor, datada de 27 de fevereiro de 1976, logo antes de minha chegada a campo, descrevia assim a conjuntura local: "A situação no sul de Roraima, na região da construção da estrada, é extremamente grave no que concerne aos interesses e ao bem-estar dos índios. Suas dificuldades no plano sanitário são permanentes em razão de seus contatos com os operários da estrada, e sua vida econômica foi consideravelmente perturbada em decorrência desses problemas de saúde, de seu fascínio pela estrada e da lamentável tendência dos operários de dar a eles, 'de coração', alimentos e roupas usadas. Na missão Catrimani, por exemplo, a es-

tação seca já está acabando e nenhum dos índios fez absolutamente nada para abrir roças que garantam a produção de comida para o ano que vem".

24. Em maio de 1975, o chefe do posto Ajarani da Funai descrevia assim a situação: "[...] segurar os índios em casa seria muito difícil já que ninguém da Funai ofereceu nada a eles em sinal de fraternidade, confiança e amizade. [...] Basta nos ausentarmos para algum serviço e eles vão para os barracões das construtoras da estrada pedindo de tudo, roupas, panelas, facões etc." (Castro, 1975). Sem aldeias nem roças, os índios ali estavam condenados a vagar pela estrada, onde mendigavam, se prostituíam ou iam trabalhar nas serrarias vizinhas (ver Ramos, 1979).

25. Durante o meu primeiro campo, recebi vários apelidos, derivados de meu nome (Bruce), que virou *purusi* ("terra sem árvore, descampado" em yanomami), *purunama usi* (um tipo de bambu fino, *Olyra latifolia*) e ainda *prosi siki* (uma cobra muito comprida, *Pseutes sulphureus*), os dois últimos remetendo a minha altura e magreza. É muito provável que, como é comum, outros apelidos, bem menos caridosos, nunca me tenham sido revelados. Com a idade, meus amigos da comunidade de *Watoriki* passaram a me apelidar de *Horepë tʰëri a*, "habitante das terras altas", não por razões geográficas, mas provavelmente em alusão irônica à minha insistência em prol da manutenção das tradições yanomami — "os das terras altas" continuam sendo, de modo geral, os que têm menos contato com os brancos.

26. Tomo a expressão "batismo de campo" de Caratini (2004, p. 25), que mostrou com grande fineza o quanto a qualidade da escuta etnográfica é tributária do grau de "fissura interna" e de alheamento de si em termos culturais que a experiência de campo produz.

27. Ramos, 1975.

28. O projeto, proposto em junho de 1974 e oficialmente aprovado em dezembro de 1974, só funcionou realmente entre outubro de 1975 e janeiro de 1976, com o nome de Plano Yanoama.

29. *Makuta asihi* é uma árvore (*Bombacopsis* cf. *quinata*) coberta de espinhos grandes e cujas flores brancas filamentosas são muito apreciadas pelas mulheres yanomami como brincos.

30. Para uma apresentação detalhada do Plano Yanoama, ver Bigio, 2007, cap. 4.

31. Minha reflexão sobre a desconfortável ambiguidade da "situação etnográfica", tão marcada durante meu primeiro campo, beneficiou-se mais tarde pela leitura de um artigo pioneiro de A. Zempléni, de quem tomo emprestada a expressão (1984, p. 110).

32. Meus "informantes" costumavam pontuar desse modo suas explicações ou reivindicações, pedindo que eu transmitisse seu teor aos "grandes homens dos brancos" (*napë pata pëha*).

33. Ver Navet, 1994-5.

34. Mas que afinal segue nas pegadas de *truchements* franceses antigos, que contrariam imagens correntes. Ver Perrone-Moisés, 2013.

35. Ver Albert, 1997a, sobre o campo "pós-malinowskiano".

36. Parte desse primeiro material sobre o parentesco foi apresentada no Congresso dos Americanistas realizado em Paris em setembro de 1976 (ver Ramos & Albert, 1977).

37. Ver o cap. 13. Antes de minhas viagens de 1975, os grupos do alto Catrimani só tinham sido visitados uma vez, até onde sei, pelo padre Calleri, fundador da missão Catrimani, no final da década de 1960. Em 23 de maio de 1977, ainda sem informações sobre a epidemia do começo do ano, contatei, de Paris, a ONG Survival International em Londres, para o financiamento de um projeto de saúde na região do rio Catrimani; a 5 de julho, escrevi ao então responsável pela missão do Catrimani para obter sua anuência. Essa carta ficou sem resposta. No dia 8 de agosto,

procurei Claudia Andujar, fotógrafa com quem eu fundaria a associação CCPY em São Paulo no ano seguinte, pedindo que me ajudasse a convencer a missão Catrimani a fazer as vacinações. Ela, na época proibida de ingressar em área indígena pelo Conselho de Segurança Nacional, fez o que pôde para comunicar meu projeto (cartas de 14 de setembro, 14 de outubro e 11 de novembro); porém, mais uma vez, a proposta não deu em nada.

38. Ver CCPY, 1979, e Bigio, 2007, cap. 5.

39. *Hewë nahi* designa a árvore *Centrolobium paraense*, cuja madeira resistente é muito utilizada na construção das casas coletivas yanomami.

40. Albert, 1985.

41. Doença inflamatória ou infecciosa do ouvido interno que afeta o equilíbrio.

42. Ver Andujar, 2007, p. 168.

43. Ver Albert, 1997b, p. 187.

44. Num documento de outubro de 1975, o coordenador do Plano Yanoama registra a presença de Davi Kopenawa no posto Funai de Iauaretê, no alto rio Negro (Taylor, 1975c).

45. Chefe do posto Ajarani, no quilômetro 50 da Perimetral Norte, que tinha sido demitido de suas funções, em outubro de 1975, pelo coordenador do Plano Yanoama, que considerava seus supostos talentos de sertanista desnecessários no território yanomami (Taylor, 1975b).

46. Em 1978, ele escreveu num de seus relatórios: "Os Yanomami da missão Catrimani são submetidos a uma opressão que os empurra cada vez mais para o primitivismo, sem terem o direito de decidir o próprio destino [...]" (Costa, 1978).

47. Ver Costa, 1977, e Andujar, 2007, pp. 166-7.

48. Durante a presidência Geisel (1974-9), que cobre meus dois primeiros campos no Brasil, a Funai foi dirigida pelo general do Exército Ismarth de Araújo Oliveira, em ligação com o Serviço Nacional de Informação (SNI), de triste fama (ver o artigo "Funai espionou missionários na ditadura", *Folha de S.Paulo*, 24 fev. 2009).

49. Nomeado em janeiro de 1975, para substituir um outro sertanista flechado por esses índios, que resistiam à passagem da estrada Manaus-Boa Vista por suas terras, declarou imediatamente à imprensa: "Os Waimiri-Atroari merecem uma lição; precisamos ensinar a eles que cometeram um delito. Usarei uma mão de ferro. Seus chefes serão punidos e, se possível, deportados para bem longe de seu território e de seu povo. Assim aprenderão que é inaceitável massacrar civilizados. Irei com uma patrulha até a aldeia e lá, diante de toda a população, vou dar a eles uma bela demonstração de nosso poder. Vamos lançar rajadas de metralhadora nas árvores e explodir algumas granadas, com o máximo de barulho possível, sem ferir ninguém, até que os Waimiri-Atroari se convençam de que somos mais fortes do que eles" (*O Globo*, 5 jan. 1975). Em decorrência dessas declarações, ele foi subitamente realocado como chefe do posto Ajarani, em território yanomami.

50. Numa reportagem de 1978, lia-se a propósito do posto Demini da Funai: "[...] essa base provoca igualmente a desculturação dos grupos yanomami que vivem na região. Um exemplo típico é o de um dos índios contatados pela Funai, chamado Davi. Atualmente, ele serve de intérprete para uma equipe do serviço geográfico do Exército [...]. Davi já sente vergonha de sua identidade indígena. Sua presença na missão Catrimani, onde fica o acampamento dos militares, mostrou a alguns dos índios da missão as maravilhas do mundo branco: camisas de te-

cido sintético [...], sunga colorida e pente [...]. Davi, em razão de seu novo estatuto, tornou-se muito importante entre os Yanoama" (*Jornal de Brasília*, 2 abr. 1978).

51. Os xamãs do rio Toototobi, muito influenciados pelos Yanomami ocidentais, têm um estilo xamânico muito mais exuberante do que o dos demais Yanomami orientais, com quem mais trabalhei, nos altos rios Catrimani e Mucajaí.

52. Como consultor etnológico para a realização de um livro de fotografias da editora Time-Life (1982).

53. Ver a esse respeito o livro de Claudia Andujar (2007, p. 167), no qual Davi Kopenawa evoca brevemente seus primeiros encontros com os membros da CCPY (Claudia Andujar, Carlo Zacquini e eu) e a longa amizade daí decorrente.

54. Eles tinham sido atingidos por duas epidemias sucessivas de doenças infecciosas, em 1973 e 1976 (cap. 13).

55. Sobre esse plano de saúde concebido por Davi Kopenawa, ver Albert, 1991; Turner & Kopenawa, 1991, p. 61, e Kopenawa, 1992. Os missionários acabaram deixando o rio Toototobi em 1991, concentrando-se a jusante, no rio Demini, onde criaram outro posto, "Novo Demini". Apenas duas comunidades yanomami foram se juntar a eles lá.

56. Sobre esse massacre e nossa participação em sua elucidação, ver Albert, 1994 e 2005; Rocha, 2007, bem como o anexo IV deste livro.

57. Turner & Kopenawa, 1991, p. 60. Sobre esse comitê da American Anthropological Association, ver: <http://www.aaanet.org/cmtes/cfhr/Report-of-the-Special-Commission-to--Investigate-the-Situation-of-the-Brazilian-Yanomami.cfm>.

58. Ver a excelente análise dessa corrida do ouro em Roraima em MacMillan, 1995.

59. A proibição atingia também todos os membros da CCPY e missionários do Catrimani (ver Albert, 1990a, p. 125).

60. Ver Albert & Menegola, 1992.

61. Ver Albert & Kopenawa, 1990, pp. 11-4. A entrevista foi filmada por Beto Ricardo (Cedi/Instituto Socioambiental-ISA). A APC, movimento formado por parlamentares, eclesiásticos, associações científicas e ONGs, que se mobilizou em 1989 e 1990 em favor dos povos indígenas de Roraima (ver APC, 1989 e 1990).

62. Lévi-Strauss, 1993. A epígrafe deste livro foi extraída desse comentário.

63. Turner & Kopenawa, 1991.

64. Ibid., p. 62.

65. Albert, 1993.

66. Em 1985 e 1986, participei da implementação de um projeto piloto de tratamento da oncocercose na região do rio Toototobi, por conta do Ministério da Saúde (Albert et al., 1995); e entre 1996 e 1999, da criação de um sistema de educação bilíngue em *Watoriki* e *Toototobi*, pela CCPY e pelo Ministério da Educação (Albert, 1997c). A partir de 1997, iniciei também um levantamento sobre as organizações indígenas e seus projetos de desenvolvimento sustentável em toda a Amazônia brasileira, com o Instituto Socioambiental (Albert, 1997b, 2001, 2004). Em 1999, participei da fundação, junto com amigos médicos, de uma ONG de assistência à saúde dos Yanomami (Urihi Saúde Yanomami) e, a partir do ano seguinte, exerci a vice-presidência da CCPY.

67. Artaud, 1999, p. 35.

68. Lévi-Strauss, 1962, p. 290. Ver o comentário de Wiseman, 2005, p. 406. Sobre a expo-

sição, ver especialmente os artigos de Breerette, 2003, e de Roux, no mesmo ano, no *Le Monde*, bem como o de Thomas, 2000, na *Newsweek*. Ver também Albert, 2014.

69. Albert & Kopenawa, 2003.

70. Pequeno livro (Malaurie, 2003) cuja amigável dedicatória, redigida na ocasião, foi o sinal de um novo começo para meu manuscrito.

71. As últimas páginas de um texto curto e recente dedicado ao "imaginário da nação inuit" (Malaurie, 2008) são, nesse sentido, de uma intensidade que deixou em mim ecos duradouros.

72. Borges, 1987, p. 240; a propósito de tradução, justamente.

73. Expressão que tomo emprestada de Lejeune, 1980, p. 7.

74. Ver Basso, 1995; Hendricks, 1993; Oakdale, 2005.

75. Ver, sobre etnobiografias de índios norte-americanos, Brumble, 1993, cap. 3, bem como Krupat, 1994, e Wong, 1992. Sobre as etnobiografias de aborígenes australianos, ver Duthil, 2006, cap. 2.

76. Brumble, 1993, p. 97.

77. Todas essas etnobiografias, certamente preocupadas em enfatizar o papel de seus redatores, por oposição ao modelo dos textos clássicos, lançam mão de um quadro exegético que fragmenta e engloba a palavra de seus "sujeitos" a ponto de fagocitá-la completamente, sob o pretexto paradoxal de expressá-la com maior fidelidade. Para as etnobiografias centradas na análise de discurso, ver Hendricks, 1993 (Shuar); para os ensaios em estilo crítico, ver Crapanzano, 1972 (Navaho) e, sobre a Amazônia, Muratorio, 1991 (Quechua amazônicos), e Rubenstein, 2002 (Shuar); para estudos etnográficos mais tradicionais, ver Shostak, 1981 (!Kung do deserto do Kalahari), ou Keesing, 1978 (ilhas Salomão).

78. O que, em matéria de autobiografia em colaboração, Lejeune chama de "corte etnológico"; ver Lejeune, 1980, p. 271.

79. Ver Zempléni, 1984, p. 115.

80. Davi Kopenawa recebeu rudimentos de alfabetização em sua própria língua dos missionários da New Tribes Mission, em Toototobi, nos anos 1960. Sua escolarização parou por aí.

81. Lejeune, 1980, p. 230.

82. Expressão tomada de Lejeune, op. cit., p. 240, n. 1.

83. Sobre a multiplicidade do "eu" autobiográfico, ver Lejeune, op. cit., pp. 235-6; Duthil, 2006, pp. 159-60; e Aurégan, 2001, pp. 51 e 428.

84. Balzac, 1977, p. 1020 (apud Aurégan, 2001, p. 398).

85. Lejeune, 1980, p. 239.

86. Agamben, 2007, p. 34.

87. O leitor talvez tenha notado que evitei ao máximo nomear diretamente esses dois grandes xamãs (o primeiro falecido em 1997), respeitando a etiqueta yanomami (ver cap. 1 e 10).

88. Ver Albert, 1993, pp. 244-6. Davi Kopenawa costuma mencionar seu sogro em suas falas públicas, como neste livro, na condição de inspirador de suas profecias xamânicas, como fez na entrevista que deu ao representante da American Anthropological Association (Turner & Kopenawa, 1991, p. 62): "aprendi isso com o Lourival, que é o chefe de nossa aldeia e meu professor; ele é xamã e também é meu sogro".

89. Viveiros de Castro, 2006, p. 320.

90. Conforme a famosa expressão de P. Ricœur (1983).

91. Esses 63 mitos foram publicados em inglês na compilação de literatura oral yanomami de Albert & Simoneau, 1990. A expressão "tradução densa" foi evidentemente inspirada na "descrição densa" que Geertz (1973) aplica à interpretação etnográfica.

92. Ver anexo I.

93. Para uma discussão dos modos de tradução "mais próxima" e "à meia distância", contrapostas a estratégias de elaboração literária mais distanciada, ver Lejeune, 1980, pp. 290-300.

94. R. Barthes (1973, p. 71) opõe, nesse sentido, a escritura e o "prazer do texto" à "escrevência".

95. Expressão de T. Todorov, 1971, p. 77 (apud Duthil, 2006, p. 132).

96. Ver a esse respeito Lejeune, 1980, pp. 304-7.

ANEXOS

I. ETNÔNIMO, LÍNGUA E ORTOGRAFIA [pp. 553-6]

1. Ver, a respeito, Helder Perri Ferreira (2009, pp. 17-8), que considera a inteligibilidade mútua proporcional à frequência dos contatos entre comunidades vizinhas de língua diferente, mais do que relacionada à ausência ou presença de diferenças fonológicas e morfossintáticas.

2. Migliazza, 1972, p. 4c. Os Yanomami ocidentais (*Yanõmamɨ*), cuja maioria se encontra na Venezuela, constituem 59% da população do grupo; em seguida vêm os Yanomami orientais (*Yanomam*), que correspondem a aproximadamente 21% e estão majoritariamente no Brasil. Os Yanomami setentrionais (*Sanɨma*), na maioria na Venezuela, representam cerca de 17% do grupo, ao passo que os *Ninam*, no Brasil, não chegam a 3%.

3. Ramirez, 1994, p. 25. Uma síntese a respeito das línguas amazônicas publicada por Robert Dixon e Alexandra Aikhenvald em 1999 (cap. 13) considera o yanomami uma única língua, formada por um gradiente de dialetos, mais do que uma família de línguas. A hipótese está longe de ser a mais aceita, no entanto, por falta de estudos comparativos mais aprofundados. Foi inclusive questionada recentemente por Perri Ferreira (2009, p. 17). Esse autor defende uma divisão interna da família em cinco línguas, ao modo de Ramirez (1994), porém não aceitando a junção que este propõe entre *Yanomam* e *Yanomamɨ*.

No Brasil, os estudos linguísticos mais consistentes concentraram-se, até agora, nas línguas *Sanɨma* (Borgman, 1990), *Ninam/Yanam* (Gomez, 1990), *Yanomamɨ* (Ramirez, 1994) e, mais recentemente, *Yanomam* (Perri Ferreira, 2009).

4. Migliazza (1972, p. 35) havia originalmente aventado a possibilidade de existir um dialeto desconhecido do *Yanomam* na região do rio Ajarani, então isolada. Perri Ferreira, por sua vez, concorda com Ramirez (1994) no tocante à existência de uma língua à parte, o *Yãroamë*, da qual ofereceu recentemente o primeiro esboço gramatical. Ver: <http://www.linguasyanomami.com/grm_yrm/grm_yrm.pdf>.

5. Essa unidade fonêmica, aceita por trabalhos como os de Borgman (1990) e Lizot (1996), é no entanto questionada por Ramirez (1994, pp. 61-2).

6. Segundo Ramirez (1994, pp. 35-6), trata-se de um fonema residual de distribuição restrita (jamais acompanha as vogais *i*, *o* e *u*) que corresponde ao *f* da região do alto rio Parima.

7. Ramirez, 1994, pp. 236-7.

8. A grafia dos missionários utilizava, por exemplo, para as vogais centrais *ë* e *ɨ*, respectivamente, os símbolos *e* e *y* com acento grave e a letra *l* para transcrever os *r*.

II. OS YANOMAMI NO BRASIL [pp. 557-63]

1. Ver especialmente Zerries, 1964.

2. Ver especialmente Becher, 1960.

3. Essa imagem de violência foi certamente reforçada pela edição em língua inglesa da obra de Ettore Biocca (1970), originalmente publicada em italiano (1965), que expurgou o relato excepcional de Helena Valero, cativa entre os Yanomami, conservando apenas as cenas de violência mais espetaculares.

4. Borofsky (org.), 2005, pp. 8, 39. O livro tem como base a tese de doutorado de Chagnon, de 1966.

5. *Time Magazine*, 10 maio 1976.

6. Lizot, 1985, p. xiv. As edições mais recentes desse livro em língua inglesa (coleção Canto, 1991 e 1997) trazem, curiosamente, na capa, até onde sei sem a sua autorização, um retrato de Davi Kopenawa.

7. Dorfman & Maier, 1990; Vanhecke, 1990.

8. Ver Chagnon, 1988, e Kamm, 1990.

9. *The New York Times*, 1993, e Guiraut Denis, 1993.

10. Ver Tierney, 2000, bem como Borofsky (org.), 2005, para uma discussão. Em relação à cobertura da imprensa, ver, por exemplo, Wilford & Romero, 2000, Roosevelt, 2000, ou Birnbaum, 2000.

11. Dos mais de dez grupos que viviam em torno dos Yanomami até o final do século XIX, sobreviveram apenas os Ye'kuana.

12. Sobre essas hipóteses, ver Neel et al., 1972; Spielman et al., 1979; Migliazza, 1982; e Holmes, 1995.

13. Sobre a história da expansão territorial yanomami e suas causas, ver: Albert, 1985 e 1990b; Chagnon, 1966 e 1974 a e b; Colchester, 1984; Good, 1995; Hames, 1983; Kunstader, 1979; Lizot, 1984 e 1988; Ramirez, 1994; Smole, 1976.

14. Ver Capobianco (org.), 2001, pp. 398-9.

15. Sobre a história do contato dos Yanomami com seus vizinhos no Brasil, ver Albert, 1985; Ramirez, 1994; e Le Tourneau, 2010.

16. Ver Le Tourneau, 2010 (cap. 1), para um estudo dos trabalhos da CBDL relativos à demarcação da fronteira entre o Brasil e a Venezuela.

17. Partem dessa espacialização em arquipélago tanto a tentativa de desmembramento do território yanomami pelos governos militares na década de 1970 quanto a implantação dos serviços de saúde ao longo dos anos 1990 e, mais recentemente, a distribuição das representações regionais da associação yanomami Hutukara, criada em 2004.

18. Sobre a situação dos Yanomami no Brasil no final da década de 1970, ver Ramos & Taylor, 1979.

19. Projeto do qual resultou uma cartografia temática da Amazônia brasileira (geologia, geomorfologia, vegetação, potencial agrícola).

20. Ver MacMillan, 1995, e Albert & Le Tourneau, 2005.

21. Ver Albert & Le Tourneau, 2005.

22. Entre 1991 e 1998, a Fundação Nacional de Saúde (FNS) registrou o óbito de 1211 yanomami, na maior parte vítimas de malária e pneumonia. Em 2015, a Funai estima ainda em cerca de oitocentos os garimpeiros em atividade na Terra Indígena Yanomami.

23. A onça troy (*Troy ounce*) é a unidade de medida de peso empregada nos países anglófonos para metais preciosos. Equivale a 31 gramas.

24. Ver Rolla & Ricardo, 2013.

25. Ver Le Tourneau, 2003, Albert & Le Tourneau, 2004, e Benfica Serra, 2014.

26. Ver Elvidge et al., 2001, e Barbosa, 2003.

III. A RESPEITO DE *WATORIKɨ* [pp. 564-70]

1. Diversas variantes são possíveis: um conjunto de pequenas casas coletivas, uma casa principal e várias pequenas casas-satélite, ou, mais raramente, um conjunto de pequenas casas retangulares.

2. As terminologias de tipo dravidiano dividem o universo social de qualquer indivíduo em dois conjuntos de parentes (consanguíneos e afins), distintos por gênero (homem/mulher) e geração (−1,0,+1), e incorporam uma regra de casamento entre primos cruzados (filhos de germanos de sexo diferente).

3. Sobre o parentesco e os conjuntos multicomunitários dos Yanomami orientais das terras baixas, ver Albert, 1985; sobre as terras altas, ver Duarte do Pateo, 2005.

4. Sobre essa noção, ver Albert, 2008.

5. Os Yanomami de *Watorikɨ* consomem regularmente os frutos de pelo menos uma dúzia de espécies de palmeira (Albert & Milliken, 2009, pp. 45-57).

6. Sobre a casa coletiva de *Watorikɨ*, ver Milliken & Albert, 1997b; Albert & Kopenawa, 2003; Albert & Le Tourneau, 2007; e Albert & Milliken, 2009, pp. 73-88.

7. Ou *Yãri pora*, a "cachoeira do trovão". *Hapakara hi* designa a árvore tatajuba (*Bagassa guianensis*).

8. *Werihi sihipi u* é o "rio das árvores *werihi sihi*" (*Pradosia surinamensis*).

9. Dependência ainda maior no caso de Davi Kopenawa, na medida em que era um jovem genro em residência uxorilocal. Os "grandes homens" achuar do Equador transformam os jovens professores bilíngues em genros dependentes seguindo a mesma estratégia (Taylor, 1981, p. 661).

IV. O MASSACRE DE HAXIMU [pp. 571-82]

1. "Haximu" é a versão aportuguesada do topônimo yanomami *H^w^axima u*, "rio do inhambuaçu". O grupo local da nascente do Orinoco, os "habitantes de *H^w^axima u*", era composto, antes do massacre, de 85 indivíduos, repartidos em duas casas coletivas.

Agradecimentos

Expresso, em primeiro lugar, minha profunda gratidão a todos aqueles que, em momentos diversos, tornaram possível a redação deste livro, direta ou indiretamente, pela amizade, pelo apoio, pelos conselhos e encorajamentos: Patrick Menget, Alcida Ramos, Hervé Chandès e Jean Malaurie. Seu papel central na gestação e publicação é lembrado no *Postscriptum*. Agradeço também imensamente à minha mulher, Gabriela Levy, que acompanhou os trabalhos e os dias de sua redação com infalível constância e perspicácia.

Agradeço igualmente a Eduardo Viveiros de Castro, Manuela Carneiro da Cunha e François-Michel Le Tourneau, colegas e amigos que releram e comentaram partes ou a íntegra de diversas versões do manuscrito em francês. François-Michel Le Tourneau encarregou-se ainda, paciente e generosamente, de produzir o primeiro esboço dos mapas geográficos incluídos na obra. Gale Goodwin Gomez e Helder Perri Ferreira presentearam-me ainda com comentários utilíssimos no plano linguístico, e este último, bem como Maurice Tomioka Nilsson, forneceram-me importantes observações etnobiológicas.

Agradeço, ainda, a todos os amigos e instituições que generosamente puseram à minha disposição seus arquivos fotográficos: Claudia Andujar, Kristian Bengston, Duda Bentes, Hervé Chandès, Joseane Daher, Raymond Depardon,

Ann Christine Eek e o Museum of Cultural History da Universidade de Oslo, René Fuerst, John Hemming, Dafran Gomes Macário, Milton Guran, Matthieu Léna, Lars Løvold e a Rainforest Foundation Norway (RFN), Dauberson Monteiro da Silva e a Primeira Comissão Brasileira Demarcadora de Limites (CBDL), Jean-Patrick Razon, Anne Rémiche-Martinow (*in memoriam*), Clémence René-Bazin, Beto Ricardo e o Instituto Socioambiental (ISA), William Milliken, Charles Vincent, Fiona Watson e a Survival International (SI), Marcos Wesley de Oliveira e Carlo Zacquini.

Finalmente, quero expressar meu sincero e especial reconhecimento a Beto Ricardo (Instituto Socioambiental) e a Guilherme Leal (Instituto Arapyaú) por terem viabilizado a tradução deste livro para o português, e a Beatriz Perrone-Moisés, a heroica tradutora, por sua competência, paciência e dedicação.

Referências bibliográficas

AÇÃO PELA CIDADANIA (APC). *Roraima, o aviso de morte: Relatório sobre a viagem da Comissão da Ação pela Cidadania ao Estado de Roraima entre 9 e 12 de junho de 1989*. São Paulo: Cedi; CCPY; Cimi; NDI, 1989.

_____. *Yanomami: A todos os povos da Terra — Segundo relatório da ação pela cidadania sobre o caso Yanomami, referente a acontecimentos do período junho de 1989 a maio de 1990*. São Paulo: Cedi; CCPY; Cimi; NDI, 1990.

AGAMBEN, Giorgio. *L'Amitié*. Paris: Payot & Rivages, 2007.

AGIER, Michel (Org.). *Anthropologues en danger: L'engagement sur le terrain*. Paris: Jean-Michel Place, 1997.

AGUIAR, Braz Diaz de. *Relatório: Comissão Brasileira Demarcadora de Limites* (*1ª Divisão*). Belém: CBDL, 1946.

AGULHON, Maurice et al. *Essais d'ego-histoire*. Paris: Gallimard, 1987. (Bibliothèque des Histoires).

ALBERT, Bruce. *Temps du sang, temps des cendres: Représentation de la maladie, espace politique et système rituel chez les Yanomami du sud-est* (*Amazonie brésilienne*). Universidade de Paris x-Nanterre, 1985. Tese (Doutorado em Etnologia).

_____. "La Fumée du métal: Histoire et représentations du contact chez les Yanomami du Brésil". *L'Homme*, v. 28, n. 106/7, pp. 87-119, 1988.

_____. "Yanomami 'Violence': Inclusive Fitness or Ethnographer's Representation". *Current Anthropology*, v. 30, pp. 637-40, 1989.

_____. "Développement amazonien et sécurité nationale: Les Indiens Yanomami face au projet 'Calha Norte'". *Ethnies*, v. 11-12, pp. 116-27, 1990a.

_____. "On Yanomami Warfare: A Rejoinder". *Current Anthropology*, v. 31, pp. 558-62, 1990b.

ALBERT, Bruce. "Situação do garimpo na bacia do rio Demini (Amazonas)" e "Garimpo e malária na área do alto Toototobi (Amazonas)". *Boletim Urihi*, São Paulo, n.14, CCPY, 1991.

_____. "Indian Lands, Environmental Policy, and Military Geopolitics in the Development of the Brazilian Amazon: The Case of the Yanomami". *Development and Change*, v. 23, n. 1, pp. 35-70, 1992.

_____. "L'Or cannibale et la chute du ciel: Une critique chamanique de l'économie politique de la nature". *L'Homme*, v. 33, n. 126/8, pp. 353-82, 1993.

_____. "Indiens Yanomami et chercheurs d'or au Brésil: Le massacre de Haximu", *Journal de la Société des Américanistes*, v. 80, pp. 250-7, 1994.

_____. "Situation ethnographique et mouvements ethniques: Réflexions sur le terrain post malinowskien". In: AGIER, Michel (Org.). *Anthropologues en danger. L'engagement sur le terrain*. Paris: Jean-Michel Place, 1997a. pp. 75-88.

_____. "Territorialité, ethnopolitique et développement: À propos du mouvement indien en Amazonie brésilienne". *Cahiers des Amériques Latines*, n. 23, pp. 177-210, 1997b.

_____. *Palavras escritas para nos curar: Escola dos Watoriki* *tʰëri pë*. São Paulo: CCPY; Ministério da Educação; Programa das Nações Unidas para o Desenvolvimento, 1997c.

_____. "Associations amérindiennes et développement durable en Amazonie brésilienne". *Recherches Amérindiennes au Québec*, v. 31, n. 3, pp. 49-58, 2001.

_____. "Les Indiens et l'État au Brésil". *Problèmes d'Amérique Latine*, n. 52, pp. 63-83, 2004.

_____. "Human Rights and Research Ethics among Indigenous People: Final Comments". In: BOROFSKY, Rob (Org.). *Yanomami the Fierce Controversy and What We Can Learn from It*. Berkeley: University of California Press, 2005. cap. 10, pp. 210-33.

_____. "Terre natale: Vues d'ailleurs". In: DEPARDON, Raymond; VIRILIO, Paul. *Terre natale: Ici commence ailleurs*. Paris: Fondation Cartier pour l'Art Contemporain; Actes Sud, 2008. pp. 146-59.

_____. "Yanomami: Retour sur image(s)". *Fondation Cartier Trente Ans pour l'Art Contemporain*, Paris, Fondation Cartier pour l'Art Contemporain, Actes Sud, v. 2, pp. 237-48, 2014.

ALBERT, Bruce et al. *Projeto piloto de assistência às áreas endêmicas de oncocercose nos polos base de Toototobi e Balawa ú: Relatório final*. Brasília: Ministério da Saúde; Programa das Nações Unidas para o Desenvolvimento, 1995.

ALBERT, Bruce; GOMEZ, Gale G. *Saúde yanomami: Um manual etnolinguístico*. Belém: Museu Paraense Emílio Goeldi, 1997.

ALBERT, Bruce; KOPENAWA, Davi. "Xawara: O ouro canibal e a queda do céu — Depoimento de Davi Kopenawa". In: *Yanomami: A todos os povos da terra*. São Paulo: Ação pela Cidadania, 1990. pp. 11-4.

_____. *Yanomami: L'Esprit de la forêt*. Paris: Fondation Cartier pour l'Art Contemporain; Actes Sud, 2003.

ALBERT, Bruce; LE TOURNEAU, François-Michel. "Florestas nacionais na Terra Indígena Yanomami: Um cavalo de Troia ambiental?" In: *Terras Indígenas & unidades de conservação da natureza*. São Paulo: Instituto Socioambiental, 2004. pp. 372-83.

_____. "Homoxi: Ruée vers l'or chez les Indiens Yanomami du haut Mucajaí, Brésil". *Autrepart*, n. 34, pp. 3-28, 2005.

ALBERT, Bruce; LE TOURNEAU, François-Michel. "Ethnogeography and Resources Use Among the Yanomami Indians: Towards a Model of Reticular Space". *Current Anthropology*, v. 48, n. 4, pp. 584-92, 2007.

ALBERT, Bruce; MENEGOLA, Ivone. "O impacto sanitário dos garimpos em áreas indígenas: o caso Yanomami". Rio de Janeiro: Anais do Simpósio *Forest '90*, Manaus, 7-13 out. 1990. pp. 12-6.

ALBERT, Bruce; MILLIKEN, William. *Urihi a: A terra-floresta yanomami*. São Paulo: Instituto Socioambiental; IRD, 2009.

ALBERT, Bruce; OLIVEIRA, Marcos Wesley de. "Yanomami: Novos 'isolados' ou antigos resistentes?". In: RICARDO, Carlos Alberto; RICARDO, Fany (Orgs.). *Povos Indígenas no Brasil 2006/2010*. São Paulo: Instituto Socioambiental, 2010. pp. 279-83.

ALÈS, Catherine. "La horticultura yanomami y la problemática de los medios de sabanas en la Amazonía venezolana". In: ALÈS, Catherine; CHIAPPINO, Jean (Orgs.). *Caminos cruzados: Ensayos en antropología social, etnoecología y etnoeducación*. Caracas: IRD; Universidades de los Andes (Gial), 2003. pp. 389-421.

ALMEIDA, Mauro. "A fórmula canônica do mito". In: CAIXETA DE QUEIROZ, Rubem; FREIRE NOBRE, Renarde (Orgs.). *Lévi-Strauss: Leituras brasileiras*. Belo Horizonte: Editora da UFMG, 2008. pp. 147-82.

"APPEL de la Destroika", 10 fev. 2015. Disponível em: <paris-luttes.info/appel-de-la-destroika-2628>. Acesso em: 1 jun. 2015. Citado em uma entrevista do Comitê Invisível ao *Die Zeit* em 23 abr. 2015. Disponível em: <lundi.am/Comite-Invisible>. Acesso em: 1 jun. 2015.

ARANTES, J. B. *Relatório*. Manaus: Funai, 1 out. 1974.

ARAUJO, Francisco Xavier Lopes de. *Relatório da Comissão Brasileira Demarcadora de Limites* (*CBDL*). Rio de Janeiro: Itamaraty, 1884.

ARTAUD, Antonin. *Les Tarahumaras*. Paris: Gallimard, 1999. (Coleção Folio Essais).

ARVELLO-JIMÉNEZ, Nelly. *Political Relations in a Tribal Society: A Study of the Ye'kwana Indians of Venezuela*. Ithaca, Nova York: Cornell University Press, 1971.

ASAFU-ADJAYE, John et al. "An Ecomodernist Manifesto", 2015. Disponível em: <www.ecomodernism.org/manifesto/>. Acesso em: 1 jun. 2015.

AURÉGAN, Pierre. *Des Récits et des hommes: Terre humaine — un autre regard sur les sciences de l'homme*. Paris: Nathan; Plon, 2001.

AVILA, José Bastos de; CAMPOS, João de Souza. "Observações de um acampamento de índios Padauari e Paquidari". *Boletim da Sociedade de Geografia de Lisboa*, série 77, n. 7/9, pp. 259-72, 1959.

BAINES, Stephen G. *É a Funai que sabe: A frente de atração Waimiri-Atroari*. Belém: Museu Paraense Emílio Goeldi, 1991.

______. *Epidemics: The Waimiri-Atroari Indians and the Politics of Demography*. Brasília: Universidade de Brasília, 1994. (Série Antropologia, 162).

BALZAC, Honoré de. *Facino Cane*. In: ______. *La Comédie humaine*. Paris: Gallimard, 1977. v. 6: *Études de moeurs: Scènes de la vie parisienne*. (Bibliothèque de la Pléiade).

BARBOSA, Reinaldo Imbrozio. "Incêndios florestais em Roraima: implicações ecológicas e lições para o desenvolvimento sustentado". In: ALBERT, Bruce (Org.). *Fronteira agro-pecuária e*

Terra Indígena Yanomami em Roraima: Documentos Yanomami 3. Brasília: Comissão Pró--Yanomami, 2003. pp. 43-54.

BARTHES, Roland. *Le Plaisir du texte*. Paris: Seuil, 1973. (Coleção Points).

BARTLETT, Vern. "Reaching the Shirianos". *The Amazon Challenge 5*. Woodworth: New Tribes Mission, 1961. pp. 8-11.

BASSO, Ellen B. *The Last Cannibals: A South American Oral History*. Austin: University of Texas Press, 1995.

BECHER, Hans. *Relatório sobre uma viagem de pesquisas no norte do Brasil na região compreendida entre os rios Demini e Aracá*. Rio de Janeiro: SPI; Ministério da Agricultura, s.d.

______. "Die Yanonami: Ein Beitrag zur Frage der Völkergruppierung zwischen Rio Branco, Uraricuéra, Serra Parima und Rio Negro. *Wiener Völkerkundliche Mitteilungen*, v. 5, n. 1, pp. 13-20, 1957.

______. *Die Surara und Pakidai: Zwei Yanonami-Stämme in Nordwest Brasilien. Mitteilungen aus dem Museum für Volkerkunde*, Hamburgo, v. 26, 1960.

BENFICA SERRA, Estevão. *Hutukara e ISA realizam expedição às estradas vicinais no entorno da TI Yanomami (RR)*. Disponível em: <http://www.socioambiental.org/pt-br/noticias--socioambientais/hutukara-e-isa-realizam-expedicao-%C3%A0s-estradas-vicinais-no--entorno-da-ti-yanomami-rr>. Acesso em: 28 mar. 2014.

BIGIO, Elias dos Santos. *Programa(s) de Índio(s): Falas, contradições, ações interinstitucionais e representações sobre índios no Brasil e na Venezuela (1960-1992)*. Brasília: Universidade de Brasília, 2007. Tese (Doutorado).

BIOCCA, Ettore. *Yanoama, dal racconto di una dona rapita degli Indi*. Bari: Leonardo da Vinci, 1965.

______. *Yanoama: The Narrative of a White Girl Kidnapped by Amazonian Indians*. Nova York: Dutton, 1970.

BIRNBAUM, Jean. "Les Indiens Yanomami ont-ils été victimes d'expériences eugéniques?". *Le Monde*, 1 out. 2000.

BLOCH, Maurice. "Lévi-Strauss chez les Britanniques". In: IZARD, Michel (Org.). *L'Herne: Lévi--Strauss*. Paris: Herne, 2004. pp. 349-56.

BORGES, Jorge Luis. *Livre de préfaces*. Paris: Gallimard, 1987. (Coleção Folio).

BORGMAN, Donald. "Sanumá". In: DESBYSHIRE, Desmond Cyril; PULLUM, Geoffrey Keith (Orgs.). *Handbook of Amazonian Languages*. La Haye: Mouton, 1990. 2 v. pp. 17-248.

BOROFSKY, Robert (Org.). *Yanomami: The Fierce Controversy and What We Can Learn from It*. Los Angeles: University of California Press, 2005.

BRASIL, Kátia. "PF desarticula organização criminosa de extração de ouro na reserva Yanomami", 7 maio 2015. Disponível em: <http://amazoniareal.com.br/pf-desarticula-organizacao-criminosa-de-extracao-de-ouro-na-reserva-yanomami/>. Acesso em: 1 jun. 2015.

BREERETTE, Geneviève. "Produire des Oeuvres avec les Indiens Yanomami". *Le Monde*, 30 maio 2003.

BROOKS, Edwin et al. *Tribes of the Amazon Basin 1972*. Londres: C. Knight, 1973.

BRUMBLE, David. H. *Les Autobiographies d'indiens d'Amérique*. Paris: PUF, 1993.

CALAVIA SÁEZ, Oscar. "Do perspectivismo ameríndio ao índio real". *Campos*, v. 13, n. 2, pp. 7-24, 2012.

CAMPBELL, Alan T. *To Square with Genesis: Causal Statements and Shamanic Ideas in Wayãpi*. Edimburgo: Edinburgh University Press, 1989.

CAPIBERIBE, Artionka; BONILLA, Oiara. "L'invasion du Congrès: Contre qui luttent les Indiens". *Les Temps Modernes*, n. 678, pp. 108-21, 2º sem. 2014.

CAPOBIANCO, João Paulo Ribeiro (Org.). *Biodiversidade na Amazônia brasileira*. São Paulo: Estação Liberdade; Instituto Socioambiental, 2001.

CARATINI, Sophie. *Les Non-Dits de l'anthropologie*. Paris: PUF, 2004. (Coleção Libelles).

CARRERA RUBIO, Javier. *The Fertility of Words: Aspects of Language and Sociality among Yanomami People of Venezuela*. Universidade de Saint Andrews, 2004. Tese (Doutorado).

CARVALHO, José P. Fontenele de. *Waimiri Atroari: A história que ainda não foi contada*. Brasília: Edição do Autor, 1982.

CASTRO, Miriam B. et al. "Mercury Levels in Yanomami Indians Hair from Roraima-Brazil". In: FARMER, John G. (Org.). *Heavy Metals in the Environment*. Edimburgo: CEP Consultants, 1991. pp. 367-70.

CASTRO, Oneide de. *Relatório*. Boa Vista: Funai, 4 maio 1975.

CCPY. "Yanomami Indian Park, Proposal and Justification". In: RAMOS, Alcida Rita; TAYLOR, Kenneth I. (Orgs.). *The Yanoama in Brazil 1979*. IWGIA Document 37. Copenhague: IWGIA (Relatório preparado por B. Albert e C. Zacquini, sob a coordenação de C. Andujar), 1979.

______. *Boletim Urihi*, São Paulo, n. 10, 1989a.

______. "Mineração: O esbulho das terras Yanomami — Histórico das invasões 1975-1989". *Boletim Urihi*, São Paulo, n. 11, 1989b.

CHAGNON, Napoleon A. *Yanomamö Warfare, Social Organization and Marriage Alliances*. Michigan: Universidade de Michigan, 1966. Tese (Doutorado).

______. *Yanomamö: The Fierce People*. Nova York: Holt, Rinehart and Winston, 1974a. [Ed. bras.: *Nobres selvagens: Minha vida entre duas tribos perigosas — os Ianomâmis e os antropólogos*. São Paulo: Três Estrelas, 2015.]

______. *Studying the Yanomamö*. Nova York: Holt, Rinehart and Winston, 1974b.

______. "Life Histories, Blood Revenge, and Warfare in a Tribal Population". *Science*, n. 239, pp. 985-92, 1988.

CHATEAUBRIAND, François-René de. *Voyage en Amérique*. Paris: Gallimard, 1969. (Bibliothèque de la Pléiade).

COCCO, Luis. *Iyëwei-teri: Quince años entre los Yanomamos*. 2. ed. Caracas: Escuela Técnica Don Bosco, 1987 [1972].

COLCHESTER, Marcus. "Rethinking Stone Age Economics: Some Speculations Concerning the Pre-Colombian Yanoama economy". *Human Ecology*, v. 12, n. 3, pp. 291-314, 1984.

COSTA, Gilberto Pinto Figueiredo. *Relatório*. Manaus: SPI, 22 ago. 1967.

COSTA, Sebastião Amâncio da. *Relatório*. Boa Vista: Funai, 14 jul. 1976a.

______. *Relatório*. n. 3, FAY, 1976. Boa Vista: Funai, 1976b.

______. *Relatório*. Boa Vista: Funai, 5 dez. 1977.

______. *Relatório*. Boa Vista: Funai, 27 abr. 1978.

CRAPANZANO, Vincent. *The Fifth World of Forster Bennet: A Portrait of a Navaho*. Nova York: Viking, 1972.

DANOWSKI, Déborah; VIVEIROS DE CASTRO, Eduardo. *Há mundo por vir? Ensaio sobre os medos e os fins*. Florianópolis: Cultura e Barbárie; Instituto Socioambiental, 2015.

DEBAENE, Vincent. *L'Adieu au voyage: L'Ethnologie française entre science et littérature*. Paris: Gallimard, 2010.

DELEUZE, Gilles; GUATTARI, Félix. "Tratado de nomadologia". In: ______. *Mil platôs*. São Paulo: Ed. 34, 1997 [1980], v. 5: Capitalismo e esquizofrenia.

DESCOLA, Philippe. "Rétrospections". *Gradhiva*, n. 16, pp. 15-27, 1994.

DHOQUOIS, Anne. *Comment je suis devenu Ethnologue*. Paris: Le Cavalier Bleu, 2008.

DIXON, Robert Malcom W.; AIKHENVALD, Alexandra Y. (Orgs.). *The Amazonian Languages*. Cambridge: Cambridge University Press, 1999.

DORFMAN, Andrea; MAIER, John. "Assault in the Amazon". *Time Magazine*, 5 nov. 1990. Disponível em: http://content.time.com/time/magazine/article/0,9171,971535,00.html. Acesso em: 28 maio 2015.

DORST, Jean. "Les Oiseaux ne sont pas tombés du ciel". In: CHANDÈS, H. (Org.). *Comme un Oiseau*. Paris: Fondation Cartier pour l'Art Contemporain; Gallimard; Électa, 1996. pp. 47-74.

DUARTE DO PATEO, Rogério. *Niyayu: Relações de antagonismo e aliança entre os Yanomam da Serra das Surucucus*. São Paulo: FFLCH-USP, 2005. Tese (Doutorado).

DUTHIL, Fanny. *Histoire de femmes aborigènes*. Paris: Le Monde; PUF, 2006.

ELVIDGE, Cristopher D. et al. "DMSP-OLS Estimation of Tropical Forest Area Impacted by Surface Fires in Roraima, Brazil: 1995 versus 1998". *International Journal of Remote Sensing*, v. 22, n. 14, pp. 2661-73.

EMMONS, Louise H. *Neotropical Rainforest Mammals: A Field Guide*. Chicago: University of Chicago Press, 1990.

FABIAN, Johannes. *Time and the Other: How Anthropology Makes Its Object*. Nova York: Columbia University Press, 1983.

FASSIN, Didier; BENSA, Alban (Orgs.). *Les Politiques de l'enquête: Épreuves ethnographiques*. Paris: La Découverte, 2008.

FRAGOSO, José Manuel V. "Desapariciones locales del baquiro labiado (*Tayassu pecari*) en la Amazonia: migración, sobre-cosecha, o epidemia". In: FANG, T. G. et al. (Orgs.). *Manejo de fauna silvestre en la Amazonia*. Lima: Unap; University of Florida; UNDP; GEF — Universidad Mayor de San Andrés, 1997.

FUERST, René. "Die Gemeinschaftswohnung der Xiriana am Rio Toototobi: Beitrag zur Kenntnis der Yanomami-Indianer in Brasilien". *Zeitschrift für Ethnologie*, v. 92, n. 1, pp. 103-13.

FUNAI. *Relatório: Projeto de Emergência Roraima*. Brasília: Funai, 1975.

GEERTZ, Clifford. *The Interpretation of Cultures*. Nova York: Basic Books, 1973.

GEFFRAY, Christian. *Chroniques de la servitude en Amazonie brésilienne*. Paris: Karthala, 1995.

______. *Trésors: Anthropologie analytique de la valeur*. Estrasburgo: Arcanes, 2001.

GHEERBRANT, Alain. *L'Expédition Orénoque-Amazone*. Paris: Gallimard, 1952.

GOLDEN, Tim. "Talk about Culture Shock: Ant People in Sky-High Huts". *The New York Times*, Nova York, 17 abr. 1991. pp. B1, B4.

GOMES, A. Andrade. *Relatório*. Manaus: SPI-Posto Ajuricaba (*1ª Inspetoria Regional*), 20 nov. 1958.

GOMES, A. Andrade. *Ofício 18*. Manaus: SPI-Posto Ajuricaba (*1ª Inspetoria Regional*), 24 maio 1959.

GOMEZ, Gale G. *The Shiriana Dialect of Yanam* (*Northern Brazil*). Nova York: Universidade Columbia, 1990. Tese (Doutorado).

GOOD, Kenneth. *Yanomami Hunting Patterns: Trekking and Garden Relocation as an Adaptation to Game Availability in Amazonia, Venezuela*. Flórida: Florida University, 1989. Tese (Doutorado).

______. "Yanomami of Venezuela: Foragers or Farmers — Which Came First?". In: SPONSEL, Leslie E. (Org.). *Indigenous Peoples and the Future of Amazonia. An Ecological Anthropology of an Endangered World*. Tucson: The University of Arizona Press, 1995. pp. 113-20.

GOUROU, Pierre. *Terre de bonne espérance: Le monde tropical*. Paris: Plon, 1982. (Coleção Terre Humaine).

GRENAND, Pierre. *Introduction à l'étude de l'univers wayãpi: Ethnoécologie des Indiens Wayãpi du haut Oyapock* (*Guyane*). Paris: Selaf, 1980.

GUIMARÃES, Silvia Maria Ferreira. *Cosmologia Sanumá: O xamã e a constituição do ser*. Brasília: Universidade de Brasília, 2005. Tese (Doutorado).

HAMES, Raymond. "The Settlement Pattern of a Yanomamö Population Block: A Behavioural Ecological Interpretation". In: HAMES, Raymond; VICKERS, William T. (Orgs.). *Adaptive Responses of Native Amazonians*. Nova York: Academic Press, 1983. pp. 393-427.

HARTMAN, Mrs. Bruce. "On Another Planet". *Brown Gold*, v. 25, n. 9, 1968.

HAUTIN-GUIRAUT, Denis. "Brésil: Après le massacre de plusieurs dizaines d'Indiens, les Yanomamis exigent le départ des chercheurs d'or de leur territoire". *Le Monde*, 24 ago. 1993.

HEINEN, Hans Dieter. "Themes in Political Organization: The Caribs and Their Neighbours — Introduction". *Antropológica*, n. 59/62, pp. 1-8, 1983-4.

HENDRICKS, Janet W. *To Drink of Death: The Narrative of a Shuar Warrior*. Tucson: The University of Arizona Press, 1993.

HOLMES, Rebecca B. de "Small is Adaptive: Nutritional Anthropometry of Native Amazonians". In: SPONSEL, Leslie E. (Org.). *Indigenous Peoples and the Future of Amazonia: An Ecological Anthropology of an Endangered World*. Tucson: The University of Arizona Press, 1995. pp. 121-48.

HORST, Célio. *Relatório*. Brasília: Funai, jul. 1977.

HOUAISS, Antônio; VILLAR, Mauro de Salles. *Dicionário Houaiss da Língua Portuguesa*. Rio de Janeiro: Objetiva, 2009.

HUBER, Otto et al. "The Vegetation of the Sierra Parima, Venezuela-Brazil: Some Results of Recent Exploration". *Brittonia*, v. 36, n. 2, pp. 104-39.

HUTUKARA-ISA. *Manual dos remédios tradicionais yanomami: Hwërimamotima tʰë pë ã oni*. São Paulo: Instituto Socioambiental, 2015.

JAULIN, Robert. *La Paix blanche: Introduction à l'ethnocide*. Paris: Seuil, 1970. (Coleção Combats).

JOVITA, Maria de Lourdes. *Roteiro etnográfico, Comissão Brasileira Demarcadora de Limites* (*1ª Divisão*) *1941-1943*. Belém: CBDL, 1948.

KAMM, Thomas. "Amazon Tragedy: White Man's Malaria and Pollution Imperil Remote Tribe in Brazil". *The Wall Street Journal*, Nova York, 22 mar. 1990. pp. A1/A10.

KEESING, Roger M. *Elotas's Story: The Life and Times of a Solomon Islands Big Man*. Santa Lucia: University of Queensland Press, 1978.

KOCH-GRÜNBERG, Theodor. *Del Roraima al Orinoco*. Caracas: Ediciones del Banco Central de Venezuela, 1982. 3 v.

KOPENAWA, Davi. "O projeto de saúde Demini: Mensagem para Bruce Albert gravada por Lucimara Montejane". *Boletim Urihi*, São Paulo, CCPY, n. 16, 1992.

KRENAK, Ailton. *Encontros*. Rio de Janeiro: Azougue, 2015. v. 1.

KRUPAT, Arnold. *Native American Autobiography*. Madison: University of Wisconsin Press, 1994.

KUNSTADTER, Peter. "Démographie". In: *Écosystèmes Forestiers Tropicaux*. Paris: Unesco, 1979. pp. 345-80.

LACORTE, José Guilherme; VERONESI, Ricardo. "Influenza (gripe)". In: VERONESI, Ricardo (Org.). *Doenças infecciosas e parasitárias*. Brasília: Guanabara Koogan, 1976.

LATOUR, Bruno. *Enquête sur les modes d'existence: Une Anthropologie des modernes*. Paris: La Découverte, 2012.

LAZARIN, Marco Antonio; VESSANI, Luiz Antônio. *Xiriana, índios que garimpam: Relatório de pesquisa na área Yanomami (Roraima)*. Universidade Federal de Goiás; CNPq; mimeo, 1987.

LEIBNIZ, Gottfried Wilhelm. *Discours sur la théologie naturelle des Chinois*. Paris: L'Herne, 1987.

LEJEUNE, Philippe. *Je est un autre: L'autobiographie, de la littérature aux médias*. Paris: Seuil, 1980. (Coleção Poétique).

LESERVOISIER, Olivier; VIDAL, Laurent (Orgs.). *L'Anthropologie face à ses objets: Nouveaux contextes ethnographiques*. Paris: Archives Contemporaines, 2008.

LE TOURNEAU, François-Michel. "Colonização agrícola e áreas protegidas no oeste de Roraima". In: ALBERT, B. (Org.). *Fronteira agropecuária e Terra Indígena Yanomami em Roraima: Documentos Yanomami 3*. Brasília: Comissão Pró-Yanomami, 2003. pp. 11-42.

______. *Les Yanomami du Brésil, géographie d'un territoire amérindien*. Paris: Belin, 2010. (Coleção Mappemonde).

LÉVI-STRAUSS, Claude. *Tristes Tropiques*. Paris: Plon, 1955. [Ed. bras.: *Tristes trópicos*. São Paulo: Companhia das Letras, 1996.]

______. *La Pensée sauvage*. Paris: Plon, 1962. [Ed. bras.: *O pensamento selvagem*. São Paulo: Papirus, 1989.]

______. *Anthropologie structurale II*. Paris: Plon, 1973. [Ed. bras.: *Antropologia estrutural II*. São Paulo: Cosac Naify, 2013.]

______. *Le Regard éloigné*. Paris: Plon, 1983.

______. "Présentation". *Chroniques d'une Conquête, Ethnies*, v. 14, pp. 5-7, 1993.

______. "L'Origine de la couleur des oiseaux". In: CHANDÈS, Hervé. (Org.). *Comme un Oiseau*. Paris: Fondation Cartier pour l'Art Contemporain; Gallimard; Électa, 1996. pp. 23-41.

LIMA, Francisco Bezerra de. *Relatório*. Manaus: Funai (*1ª Delegacia Regional*), 1 mar. 1974.

LIZOT, Jacques. "Histoires indiennes d'amour". *Les Temps Modernes*, n. 339, pp. 1-34, 1974.

______. *Le Cercle des feux: Faits et dits des Indiens Yanomami*. Paris: Seuil, 1976.

______. *Les Yanomami centraux*. Paris: Éditions de L'EHESS, 1984. (Cahiers de l'Homme).

______. *Tales of the Yanomami: Daily Life in the Venezuelan Forest*. Cambridge: Cambridge University Press; Paris: Maison des Sciences de l'Homme, 1985.

______. "La recolección y las causas de su fluctuación". *Extracta*, n. 5, pp. 35-40, 1986.

______. "Compte rendu de VALERO, Helena. *Yo soy Napëyoma: Relato de una mujer raptada por los indígenas Yanomami*". *L'Homme*, v. 27, n. 101, pp. 176-8, 1987.

LIZOT, Jacques. "Los Yanõmamɨ". In: LIZOT, Jacques (Org.). *Los aborígenes de Venezuela*. Caracas: Fundación La Salle de Ciencias Naturales; Monte Ávila, 1988. pp. 479-583. v. 3: Etnologia contemporanea.

______. "Words in The Night: The Ceremonial Dialogue — One Expression of Peaceful Relationships among the Yanomami". In: SPONSEL, Leslie E.; GREGOR, Thomas (Orgs.). *The Anthropology of Peace and Nonviolence*. Londres: Lynne Rienner, 1994.

______. *Introducción a la lengua Yãnomamɨ: Morfología*. Puerto Ayacucho: Vicariato Apostólico de Puerto Ayacucho, 1996.

______. *Diccionario enciclopédico de la lengua yãnomãmɨ*. Puerto Ayacucho: Vicariato Apostólico de Puerto Ayacucho, 2004.

MACMILLAN, Gordon. *At the End of the Rainbow: Gold, Land and People in the Brazilian Amazon*. Londres: Earthscan, 1995.

MAGALHÃES, Dorval de. *Normas para atração e pacificação*. Manaus: Serviço de Proteção aos Índios (1ª IR), 1943.

MALAURIE, Jean. *L'Allée des baleines*. Paris: Mille et Une Nuits, 2003.

______. *Terre Mère*. Paris: CNRS, 2008.

MANIGLIER, Patrice. "La Parenté des autres. (À propos de Maurice Godelier, *Métamorphoses de la parenté*)". *Critique*, n. 701, pp. 758-74, out. 2005.

MARCOS, J. J. *Relatório*. Brasília: Funai, 2 jul. 1976.

MATSUMOTO, Yo. et al. *Yanomamutachi*. Osaka: Tankenbu Kansai Daigaku, 1974.

MATTÉI-MÜLLER, Marie-Claude. *Lengua y cultura Yanomamj: Diccionario ilustrado Yanomamɨ-Español/Español-Yanomamɨ*. Caracas: Epsilon Libros, 2007.

MAYBURY-LEWIS, David. *Akwe-Shavante Society*. Oxford: Clarendon Press, 1967.

MCKNIGHT, J. "Tototobi". *Brown Gold*, v. 16, n. 6, 1958.

MEANS, Russel. "For America to Live, Europe Must Die", 1980. Disponível em: <www.blackhawk-productions.com/russelmeans.html>. Acesso em 1 jun. 2015.

MELO, Maria Guimar de. *Relatório*. Brasília: Funai, jan. 1982.

______. *Relatório*. Boa Vista: Funai, 5 jun. 1985.

MENGET, Patrick. *Em nome dos outros: Classificação das relações sociais entre os Txicão do Alto Xingu*. Lisboa: Assírio & Alvim, 2001.

MIGLIAZZA, Ernesto. *Yanomama Grammar and Intelligibility*. Universidade de Indiana, 1972. Tese (Doutorado).

______. "Linguistic Prehistory and the Refuge Model in Amazonia". In: PRANCE, Ghillean T. (Org.). *Biological Diversification in the Tropics*. Nova York: Columbia University Press, 1982. pp. 497-519.

MILLIKEN, William; ALBERT, Bruce. "The Use of Medicinal Plants by the Yanomami Indians of Brazil". *Economic Botany*, v. 50, n. 1, pp. 10-25, 1996.

______. "The Use of Medicinal Plants by the Yanomami Indians of Brazil, part II". *Economic Botany*, v. 51, n. 3, pp. 264-78, 1997a.

______. "The Construction of a New Yanomami Round-House". *Journal of Ethnobiology*, v. 17, n. 2, pp. 215-33, 1997b.

______. (Orgs.). *Homoxi: Degraded Areas in the Yanomami Territory, Roraima, Brazil*. Disponível em: <www.proyanomami.org.br/frame1/noticia.asp?id=1388>. Acesso em: 27 maio 2015.

MONT'ALVERNE PIRES, Francisco. *Relatório*. Manaus: Funai (*1ª Delegacia Regional*), 27 nov. 1974.

MONTEIRO CALTANEÃO, A. C. *Relatório*. Boa Vista: IBDF, RR, 22 abr. 1977.

MOORE, Bill. "Three-Hour War at Surucucu". *Brown Gold*, v. 31, n. 6, 1973.

MURATORIO, Blanca. *The Life and Times of Grandfather Alonso: Culture and History in the Upper Amazon*. New Brunswick, Nova Jersey: Rutgers University Press, 1991.

NANDY, Ashis. "Shamans, Savages and the Wilderness". In: ______. *Bonfire of Creeds: The Essential Ashis Nandy*. Nova Délhi: Oxford University Press; Oxford India Paperbacks, 2004 [1989]. pp. 471-87.

NAVET, Eric. "Le Rôle des truchements dans les relations francoamérindiennes sur la côte du Brésil au XVIe siècle: Documents coloniaux". *Amerindia*, n. 19-20, pp. 39-49.

NEEL, James V. et al. "Notes on the Effects of Measles and Measles Vaccine in a Virgin Soil Population". *American Journal of Epidemiology*, v. 91, n. 4, pp. 418-29.

______. "Studies on the Yanomama Indians". *Proceedings of the Fourth International Congress of Human Genetics*. Amsterdam: Excerpta Medica, 1972. pp. 96-111.

OAKDALE, Suzanne. *I Foresee my Life: The Ritual Performance of Autobiography in an Amazonian Community*. Lincoln: University of Nebraska Press, 2005.

O'CONNORS, Geoffrey. *Amazon Journal: Dispatches from a Vanishing Frontier*. Nova York: Dutton, 1997.

OLIVEIRA, Demócrito. de. Memo n. 202, Conama, 77C. Funai: Brasília, 1977.

OLIVEIRA, L. P. de. *Relatório: Campanha 1958/1959. Rio Toototobi*. Belém: 1ª Comissão Brasileira Demarcadora de Limites, 1959.

OLIVEIRA, Roberto Cardoso de. *O índio e o mundo dos brancos*. São Paulo: Pioneira, 1964.

PACHECO ROGEDO, Isa Maria. *Relatório*. Brasília: Funai, 5 jul. 1976.

PAIXÃO, Ana Maria da. *Relatório*. Brasília: Funai, 1977.

PEARCE, Fred. "Rainforests May Pump Winds Worldwide". *New Scientist*, n. 2072, pp. 6-7.

PERRI FERREIRA, Helder. *Los clasificadores nominales en el Yanomama de Papiu (Brasil)*. México: Centro de Investigaciones y Estudios Superiores en Antropologia Social (Ciesas), 2009. Dissertação (Mestrado).

PERRONE-MOISÉS, Beatriz. "Franceses no Maranhão: Histórias de intérpretes". In: PERRONE-MOISÉS, Leyla (Org.). *Cinco séculos de presença francesa no Brasil*. São Paulo: Edusp, 2013. pp. 37-53.

PETERS, John. *The Effects of Western Material Goods on the Social Structure of the Family among the Shiriana*. Ann Arbor: Universidade do Michigan, 1973. Tese (Doutorado).

PONTES, Jacqueline. "'Mundo está de olho na floresta amazônica', alerta Davi Kopenawa", 19 abr. 2015. Disponível em: <portalamazonia.com/noticias-detalhe/meio-ambiente/mundo-esta-de-olho-na-floresta-amazonica-alerta-indigena-davi-kopenawa/?cHash=e0cecc6e8c3902336856bbb3c3c28449>. Acesso em: 1 jun. 2015.

POULSON, Tony & Marry "Great Things God Hath Done... Among the Uaica". *Brown Gold*, v. 26, n. 2.

"QUEM são os proprietários do Brasil?". Disponível em: <proprietariosdobrasil.org.br/

proprietarios/?whoowns_filters%5B%5D=all&whoowns_search=Pesquisa+por+nome+ou+CNPJ%2FCPF&whoowns_auto_id=>. Acesso em: 20 maio 2015.

RAMIREZ, Henri. "Le Bahuana: Une nouvelle langue de la famille arawak". *Chantiers Amerindia*, v. 17, n. 1, 1992.

______. *Le Parler Yanomami des Xamatauteri*. Universidade de Aix-en-Provence, 1994. Tese (Doutorado).

RAMOS, Alcida Rita. *Manual para treinamento na língua Yanomam*. Brasília: Fundação Universidade de Brasília, 1975. (Trabalhos de Ciências Sociais, Série Antropologia).

______. "Yanoama Indians in Northern Brazil Threatened by Highway". In: RAMOS, Alcida Rita; TAYLOR, Kenneth Iain (Orgs.). *The Yanoama in Brazil 1979*. IWGIA Document 37. Copenhague: IWGIA, 1979. pp. 1-41.

______. "Reflecting on the Yanomami: Ethnographic Images and the Pursuit of the Exotic". In: MARCUS, George E. (Org.). *Rereading Cultural Anthropology*. Durham: Duke University Press, 1992. pp. 48-68.

______. *Sanuma Memories, Yanomami Ethnography in Times of Crisis*. Madison: The University of Wisconsin Press, 1995.

RAMOS, Alcida Rita; ALBERT, Bruce. "Yanoama Descent and Affinity: The Sanuma/Yanomam Contrast". In: *Actes du XLIIe Congrès International des Américanistes*. Paris: Société des Américanistes, 1977, v. II, pp. 71-90.

RAMOS, Alcida Rita; TAYLOR, Kenneth I. *Research Opportunity in North Brazil*. Brasília: Mimeo, 1973.

______. (Orgs.). *The Yanoama in Brazil 1979*. IWGIA Document 37. Copenhague: IWGIA, 1979.

RAMOS, Alcida Rita et al. "Yanomami em tempo de ouro: Relatório de pesquisa". In: *Culturas indígenas de la Amazonia*. Madri: Biblioteca Quinto Centenario, 1986. pp. 73-83.

RIBEIRO, Darcy. *Os índios e a civilização: A integração das populações indígenas no Brasil moderno*. Rio de Janeiro: Civilização Brasileira, 1970.

RICOEUR, Paul. *Temps et récit I: L'intrigue et le récit historique*. Paris: Seuil, 1983. [Ed. bras.: *Tempo e narrativa I: A intriga e a narrativa histórica*. São Paulo: WMF Martins Fontes, 2010.]

RIVERA CUSICANQUI, Silvia. "Indigenous Anarchist Critique of Bolivia's 'Indigenous State'", 7 jun. 2014. Disponível em: <ww4report.com/node/13287>. Acesso em: 1 jun. 2015.

RIVIÈRE, Peter. *Marriage among the Trio: A Principle of Social Organization*. Oxford: Clarendon Press, 1969.

ROCHA, Jan. *Haximu: O massacre dos Yanomami e as suas consequências*. São Paulo: Casa Amarela, 2007.

ROLLA, Alicia; RICARDO, Fany. *Mineração em terras indígenas na Amazônia brasileira 2013*. São Paulo: Instituto Socioambiental, 2013.

ROOSEVELT, Margot. "Yanomami: What Have We Done to Them". *Time Magazine*, 2 out. 2000.

ROSA, João Guimarães. *Primeiras estórias*. Rio de Janeiro: Nova Fronteira, 2001.

ROUX, Emmanuel de. "Comment Artistes et chamans se sont rencontrés". *Le Monde*, 30 maio 2003.

RUBENSTEIN, Steven. *Alejandro Tsakimp: A Shuar Healer in the Margins of History*. Lincoln: University of Nebraska Press, 2002.

SAFFIRIO, Giovanni Battista. "Relatório: Missão Catrimani, outubro 1965-outubro 1975". *Boletim do Cimi* (*Conselho Indigenista Missionário*), n. 25, pp. 15-8.

______. *Some Social and Economic Changes among the Yanomama of Northern Brazil* (*Roraima*): *A Comparison of "Forest" and "Highway" Villages*. Universidade de Pittsburgh, 1980. Dissertação (Mestrado).

SALMON, Gildas. "De la Délégation ontologique: Naissance de l'anthropologie néo-classique." In: Colóquio *Métaphysiques Comparées: La Philosophie à l'Épreuve de l'Anthropologie*. Cerisy: Centre Culturel International de Cerisy, 26 jun.-2 ago. 2013.

SCHWEICKARDT, Júlio Cesar. *Magia e religião na modernidade: Os rezadores em Manaus*. Manaus: Editora da Universidade do Amazonas, 2002.

SHAPIRO, Judith R. *Sex Roles and Social Structure among the Yanomama Indians of Northern Brazil*. Universidade de Columbia, 1972. Tese (Doutorado).

SHELLEY, Anthony John. "Observações preliminares sobre a transmissão da oncocercose no rio Toototobi, Amazonas, Brasil". *Acta Amazonica*, Manaus, v. 6, n. 3, pp. 327-34.

SHOSTAK, Marjorie. *Nisa: The Life and Words of a !Kung Woman*. Cambridge, MA: Harvard University Press, 1981.

SIBERTIN-BLANC, Guillaume. *Politique et État chez Deleuze et Guattari: Essai sur le matérialisme historico-machinique*. Paris: PUF, 2013. (Coleção Actuel Marx).

SMILJANIC, Maria Inês. *O corpo cósmico: O xamanismo entre os Yanomae do alto Toototobi*. Brasília: Universidade de Brasília, 1999. Tese (Doutorado).

______. "Os enviados de Dom Bosco entre os Masiripiwëiteri: O impacto missionário sobre o sistema social e cultural dos Yanomami ocidentais (Amazonas, Brasil)". *Journal de la Société des Américanistes*, n. 88, pp. 137-58.

______. *Cristãos conversos, xamãs professos: Infanticío, cristianismo e contato interétnico entre os Yanomae do alto Toototobi*, ms., 2003.

SMOLE, William J. *The Yanoama Indians: A Cultural Geography*. Austin: University of Texas Press, 1976.

SPIELMAN, Richard S. et al. "The Evolutionary Relationships of two Populations: A Study of the Guaymí and the Yanomama". *Current Anthropology*, v. 20, n. 2, pp. 377-88, 1979.

SPONSEL, Leslie E. "Amazon Ecology and Adaptation". *Annual Review of Anthropology*, n. 15, pp. 67-97, 1986.

STENGERS, Isabelle. *Au Temps des catastrophes: Résister à la barbarie qui vient*. Paris: Les Empêcheurs de Penser en Rond; La Découverte, 2009.

STRATHERN, Marilyn. *O gênero da dádiva*. Trad. de André Villalobos. Campinas: Editora da Unicamp, 2006 [1988].

______. "O efeito etnográfico". In: ______. *O efeito etnográfico*. Trad. de Iracema Dulley, Jamille Pinheiro e Luísa Valentini. São Paulo: Cosac Naify, 2014. pp. 345-405.

TAYLOR, Anne Christine. "God-Wealth: The Achuar and the Missions". In: WHITTEN, Norman E. (Org.). *Transformations and Ethnicity in Modern Ecuador*. Urbana: University of Illinois Press, 1981. pp. 647-67.

______. "Don Quichotte en Amérique: Claude Lévi-Strauss et l'anthropologie américaniste". In: IZARD, Michel (Org.). *L'Herne: Lévi-Strauss*. Paris: L'Herne, 2004, pp. 92-8.

TAYLOR, Kenneth I. *Sanuma Fauna: Prohibitions and Classifications*. Caracas: Fundación La Salle de Ciencias Naturales, 1974.

______. "Descrição sumária do Projeto Yanoama". In: *Política e ação indigenista brasileira*. Brasília: Funai, 1975a.

______. *Memo ao chefe da Coama*. Brasília: Funai, 31 out. 1975.

______. *Memo ao DGO*. Brasília: Funai, 6 out. 1975.

______. *Viagem ao rio Ajarani e à Missão Catrimani* (*TF de Roraima*), *janeiro-maio de 1975 — Memo ao DEP*. Brasília: Funai, 5 jan. 1975.

______. "Development against the Yanoama: The Case of Mining and Agriculture". In: RAMOS, Alcida Rita; TAYLOR, Kenneth I. (Orgs.). *The Yanoama in Brazil 1979*. IWGIA Document 37. Copenhague: IWGIA, 1979.

THE NEW YORK TIMES. "Death in the Rain Forest", 27 ago. 1993, seção A, p. 28.

THOMAS, Dana. "Portrait of a Tribe". *Newsweek*, 14 jul. 2003.

TIERNEY, Patrick. *Darkness in Eldorado: How Scientists and Journalists Devastated the Amazon*. Nova York: W. W. Norton & Company, 2000.

TILLION, Germaine. *Fragments de vie*. Paris: Sevil, 2009.

TIME-LIFE. *Aborigines of the Amazon Rain Forest: The Yanomami*. Amsterdam: Time-Life Books, 1982. (Peoples of the Wild Series).

TIME MAGAZINE. "Beastly or Manly?", 10 maio 1976.

TODOROV, Tzvetan. *Poétique de la prose*. Paris: Seuil, 1971.

TOOTOTOBI GANG, The. "Satan's Counter-Attack". *Brown Gold*, v. 27, n. 10, 1970a.

______. "Latest from Toototobi". *Brown Gold*, v. 28, n. 2, 1970b.

TURNER, Terence; KOPENAWA, Davi. "'I Fight Because I Am Alive': An Interview with Davi Kopenawa Yanomami". *Cultural Survival Quarterly*, n. 91, p. 59-64.

VALERO, Helena. *Yo soy Napëyoma: Relato de una mujer raptada por los indígenas Yanomami*. Caracas: Fundación La Salle de Ciencias Naturales, 1984.

VANHECKE, Charles. "La Détresse des Indiens Yanomami: Malgré les promesses du nouveau gouvernement brésilien, le grand pillage de l'Amazonie continue". *Le Monde*, 2 ago. 1990.

VERDUM, Ricardo. *Os Yawaripë: Contribuição à história do povoamento Yanomami*. Brasília: Universidade de Brasília, 1996. Dissertação (Mestrado).

VIVEIROS DE CASTRO, Eduardo. "Etnologia brasileira". In: MICELI, S. (Org.). *O que ler na ciência social brasileira* (*1970-1995*). São Paulo: Sumaré; Anpocs; Brasília: Capes, 1999. v. I: Antropologia.

______. "A floresta de cristal: Nota sobre a ontologia dos espíritos amazônicos". *Cadernos de Campo*, n. 14/15, pp. 319-38.

______. *Métaphysiques cannibales*. Paris: PUF, 2009.

______. "O intempestivo, ainda". In: CLASTRES, Pierre. *Arqueologia da violência*. Trad. de Paulo Neves. São Paulo: Cosac Naify, 2011. pp. 295-361.

WAGNER, Roy. *A invenção da cultura*. Trad. de M. Coelho de Souza e A. Morales. São Paulo: Cosac Naify, 2010 [1981].

WARDLAW, Keith. "Uaica News". *Brown Gold*, v. 22, n. 4, 1964.

______. "A Far Greater Tragedy". *Brown Gold*, v. 25, n. 10, 1968.

______. "Change of Heart", *Brown Gold*, v. 27, n. 11, p. 5, 1970a.

WARDLAW, Keith. "Trouble at Toototobi". *Brown Gold*, v. 27, n. 11, pp. 6-8, 1970b.

WARDLAW, M. "A Little Progress". *Brown Gold*, v. 22, n. 12, 1965a.

______. "Report on Air Drop February 23". *Brown Gold*, v. 22, n. 12, 1965b.

WARDLAW, Keith & Myrtle "Uaica Breakthrough". *Brown Gold*, v. 25, n. 12, 1968.

______. "Great Things God Hath Done... Among the Uaica (2)". *Brown Gold*, v. 26, n. 2, 1968b.

WHITE, Hayden. *Tropics of Discourse: Essays in Cultural Criticism*. Baltimore: The Johns Hopkins University Press, 1978.

WILBERT, Johannes; SIMONEAU, Karin (Orgs.). *Folk Literature of the Yanomami Indians*. Los Angeles: Ucla Latin American Center Publications, 1990.

WILFORD, John N.; ROMERO, Simon. "Book Seeks to Indict Anthropologists Who Studied Brazil Indians". *The New York Times*, 28 set. 2000.

WISEMAN, Boris. "La Réconciliation". *L'Homme*, n. 175/176, pp. 397-418, 2005.

WISNIK, José Miguel. "Recados", 25 out. 2014. Disponível em: <oglobo.globo.com/cultura/recados-14354100>. Acesso em: 1 jun. 2015.

WONG, Hertha D. *Sending My Heart Back across the Years: Tradition and Innovation in Native American Autobiography*. Nova York: Oxford University Press, 1992.

YSSAO, K. *Relatório de viagem à Rodovia Perimetral Norte BR-210 — Tr. Caracaraí — Rio Padauarí 14 a 15/12/74*. Brasília: Centro de Documentação Memória Camargo Corrêa (CD-MCC), 25 fev. 1975.

ZEMPLÉNI, András. "Secret et sujétion: Pourquoi ses 'informateurs' parlent-ils à l'ethnologue". *Traverses*, n. 30/31, pp. 102-15.

ZERRIES, Otto. *Waika: Die Kulturgeschichtliche Stellung der Waika-Indianer des Oberen Orinoco im Rahmen der Völkerkunde Sudamerikas*. Munique: Klauss Renner Verlag, 1964.

ZIMMERMAN, Paul. "Visit with the Xirianos". *Brown Gold*, v. 18, n. 3, 1960.

Créditos dos mapas

Terra Indígena Yanomami no Brasil
© F.-M. Le Tourneau/Patrick Mérienne

Situação da Terra Indígena Yanomami
© F.-M. Le Tourneau/Patrick Mérienne

Mapa detalhado da Terra Indígena Yanomami
© F.-M. Le Tourneau/Patrick Mérienne

Mapa detalhado dos principais topônimos citados em yanomami
© F.-M. Le Tourneau/Patrick Mérienne

Localização das etnias citadas
© F.-M. Le Tourneau/Patrick Mérienne

As línguas yanomami
© F.-M. Le Tourneau/Patrick Mérienne

ÍNDICES

Índice temático

Índice de entidades xamânicas e cosmológicas

abelha (espírito, imagem: *Õi nari*), 163, 444
abelha (espírito, imagem: *Xaki nari*), 139, 368, 444
abelha (espírito feminino: *Yamanayoma*), 208
abelha (espírito: *Koxorori*), 163
abelha (espírito: *Pari nari*), 368
abelha (espírito: *Repomo nari*), 183, 369
abelha (imagem: *Wakopo nari*), 444
abelha, genérica (espírito: *Puu nari*), 97, 128-30, 140, 180, 391, 402, 456, 465, 475-6
água (espírito: *Mãu unari*), 84, 121, 124, 157, 455
água das montanhas (espíritos: *Mãu krouma u, Mãu pora u*), 401
águia (espírito: *Mohumari*), 142
algodão (personagem mítico, espírito: *Xinarumari*), 119, 125, 189-90, 350, 369, 398
alma-de-gato, pássaro (espírito: *Õkraheamari*), 179
alucinógeno yãkoana (ser sobrenatural, espírito: *Ayukunari*), 137
alucinógeno yãkoana (ser sobrenatural, espírito: *Yãkoanari*), 135-7, 143
ancestrais animais (personagens míticos, espíritos: *Yarori*), 74, 81, 84, 94, 111, 117, 120-1, 124, 151, 163, 167-8, 170, 176, 199, 205, 208-9, 228, 330, 349, 376, 382, 389, 434, 437, 455-6, 461, 464, 473, 475; *ver também* Índice temático: Mitologia
ancestrais animais femininos, genéricos (espíritos: *yarorioma*, por vezes *t*^{h}*uëyoma*), 127, 142, 151
ancestrais brancos (espíritos: *napënapëri*), 126, 158, 177, 227, 229, 234, 253, 329, 330, 358, 368, 384, 396, 400-1, 424, 431, 464; *ver também* Índice temático: Mitologia: Xamanismo
ancestrais subterrâneos (*aõpatari*), 81, 98, 125, 183, 195, 369, 493; *ver também* Índice temático: Cosmologia: Mitologia)
andorinha (espírito: *Xiroxirori*), 130, 201
anoitecer (ser maléfico: *Weyaweyari*), 124, 177

anta (espírito: *Xamari*), 91, 96, 116, 118, 128, 152, 162, 177, 187, 199, 204-5, 475
araçari (espírito: *Miremire koxiri*), 114, 209
araçari-negro (espírito: *Aroaroma koxiri*), 177, 179
aracuã-pequeno, pássaro (espírito: *Hãtãkua mori*), 179
aranha (espírito: *Warea koxiri*), 158
arapaçu-liso, pássaro (espírito: *Yõkihimari*), 196
arara (espírito: *Arari*), 118, 188, 199, 205, 208, 473, 475, 478
arara-azul (espírito: *Ara hanari*), 163
ararinha (espírito: *Weto mori*), 114
arco-íris (espírito feminino: *Hokotoyoma*, masculino: *Hokotori*), 177, 336
ariranha de cauda comprida (espírito feminino: *Proroyoma*), 142, 179
ariranha gigante (espírito: *Kanari*), 179, 205
arma xamânica (*Siparari*), 129-30
arrraia (espírito: *Yamara akari*), 129, 336, 469
árvore das epidemias (ser sobrenatural: *Xawara hi*), 247
árvore de cantos (espírito: *Amoa hiri*), 125-6
árvore de cantos (ser sobrenatural: *Reã hi*), 149
árvore de cantos, genérico (ser sobrenatural: *Amoa hi*), 113-5, 154, 172, 247, 398, 424
árvore dos sonhos (ser sobrenatural: *Mari hi*), 463
árvore, genérico (espírito: *Huu tihiri*), 120-1, 124, 141, 157, 163, 199, 209
aventais pubianos (espírito: *Pesimari*), 157

besouro (espírito: *Hõrari*), 369
boi (espírito: *Poiri*), 330
borboleta (espírito: *Xia axiri*), 129, 163, 169, 179, 199, 477
borboleta (ser e espírito maléfico: *Yãpimari*), 124
boto cor de rosa (espírito: *Ehumari*), 336
brisa (espírito: *Wahariri*), 157
caititu (espírito: *Poxeri*), 178
cajueiro (espírito: *Oruxi hiri*), 180
camarão (espírito: *Xuhuri*), 469
cão (espírito: *Hiimari*), 126, 178, 204
caos (ser subterrâneo: *Xiwãripo*), 125, 162, 195, 201, 216, 232, 359, 361, 423, 461, 468, 470, 493, 496-7, 508
capitão-de-bigode, pássaro (espírito: *Hutureama nakasiri*), 209
caracol (espírito: *Warama akari*), 129, 157, 475
caranguejo (espírito: *Okori*), 469
carrapato (espírito: *Pirima ãrixiri*), 144
cavalo (espírito: *Kaharori*), 330
ced roarana (espírito: *Apuru uhiri*), 180
cerâmica (espírito: *Hapakari*), 126
cesto de carga (espírito: *Wɨɨri*), 157, 167
céu (espírito: *Hutukarari*), 106, 125, 144, 152, 157, 189, 195-6, 204, 329, 420, 432, 461, 478, 484, 496, 501
cheia (ser maléfico: *Riori*), 125, 180, 201
chocão-barrado, pássaro (espírito: *Xoapemari*), 162, 204
chuva (ser celeste, espírito: *Maari*), 124, 197-8, 201, 369, 475, 484, 496
chuva, árvore da (ser sobrenatural: *Maa hi*), 199
cigarra (espírito: *Rõrõ konari*), 154, 163, 179, 197, 199
cinzas (espírito: *Yupu uxiri*), 157
cipó kumi (espírito feminino: *Kumirayoma*), 127
cipó, genérico (espírito: *T*ʰ*oot*ʰ*oxiri*), 120, 124, 141, 157, 163, 209, 475
cobra jararaca (espírito: *Karihimari*), 129, 184
cobra periquitambóia (espírito: *Waromari*), 152, 163, 368
corocoró, pássaro (espírito: *Kõromari*), 199
corredeiras (espírito: *Porari*), 124, 179
cricrió, pássaro (personagem mítico, espírito: *H*ʷ*ãih*ʷ*ãimari*), 200

cupim (espírito: *Arepa kokori*), 106, 122, 157, 167
cutia (espírito: *Tʰomɨri*), 177, 185, 187
cutiara (espírito: *Waxorori*), 177, 185

disenteria (ser maléfico: Xuukari), 366

epidemia (espírito: *Xarawari*), 82, 96, 111, 175-6, 229-30, 245, 249, 305, 309, 366-70, 465, 475, 478, 486, 490, 492, 507; *ver também* Índice temático: Doença e cura xamânica
escaravelho (espírito: *Maikari*), 129
escaravelho gigante (espírito: *Simotoriri*), 179, 465
escorpião (espírito: *Sihiri*), 129
esposa de Omama (imagem: *Tʰuëyoma*, *Paonakare*), 82, 176-7
esquilo (espírito: *Wayapaxiri*), 196
estrela (espírito: *Pirimari*), 180, 189

fantasma (entidade: *Pore*), 79, 82, 97, 190-1, 203, 207, 210, 224, 251, 268, 276, 289, 410, 415, 428, 432, 471, 489, 493, 496, 582
fantasma (ser maléfico: *Porepatari*), 124, 179, 352, 384, 397, 491
fantasma dos antigos xamãs (espírito: *Pore-poreri*), 125, 163, 187, 478
fertilidade (espírito feminino: *Në ropeyoma*), 212
fertilidade (princípio: *Në rope*), 128, 207-8, 210, 214, 328, 468, 470-1
fertilidade (ser sobrenatural, espírito: *Huture*, *Në roperi*), 203, 208-10, 212, 424
fim-fim-grande, pássaro (espírito: *Tarirari axiri*), 113, 188
floresta (espírito noturno: *Urihinamari*), 474
floresta (espírito: *Urihinari*), 391, 470, 475, 478
fogo canibal (ser maléfico: *Naikiari wakë*), 203
fogo celeste (cometa) (espírito: *Tʰorumari*), 199, 227
fogo doméstico (espírito: *Wakëri*), 126
fogo xamânico, inferno dos missionários (ser sobrenatural: *Xupari wakë*), 256-9, 263, 269, 275, 279-80
fogo xamânico, vulcão (ser sobrenatural: *Mõruxi wakë*), 131, 203
folha (espírito: *Yaa hanari*), 106, 120, 122, 124, 141, 157, 163, 167, 199, 209, 475
fome (ser maléfico: *Ohiri*), 208, 210, 469-70, 485
formiga (espírito: *Ahõrõma asiri*), 197
formiga, genérico (espírito: *Konari*), 130
fraqueza (ser maléfico: *Hayakorari*), 366

galo-da-serra (espírito: *Ehama onari*), 118, 159, 169
gavião (espírito maléfico: *Ara poko*), 125, 152, 189
gavião (espírito maléfico: *Koimari*), 124, 128, 152, 162-3, 178, 182, 189, 201, 278, 349-50, 489, 501
gavião (espírito, imagem: *Heramari*), 116, 162, 204, 444
gavião (espírito: *Kopari*), 163
gavião (espírito: *Wakoari*), 116, 391, 463
gavião (espírito: *Witiwitima namori*), 130, 180, 201, 208
gavião (imagem: *Kãomari*), 379, 381, 474
gaviãozinho, pássaro (espírito: *Teateamari*), 130, 201
girino (espírito, ser sobrenatural do oceano: *Piokõmari*), 177, 233
gordura dos espíritos animais (ser sobrenatural: *yarori pë wite*), 215, 391
gralha (espírito: *Piomari namori*), 206, 208, 211
guerreiro (espírito: *Aiamori*), 126, 163, 237, 368, 383, 426, 441, 489
guerreiro (espírito: *Purusianari*), 349, 442
guerreiro (personagem mítico, espírito: *Õeõeri*), 126, 237, 368, 382, 383, 441-2, 445, 448

Hayakoari (ser sobrenatural, associado à planta de feitiçaria: *Hayakoari hana*), 204, 390
Heronari (espírito maléfico), 189

imagem da Gente da Guerra (*Niyayopa tʰëri*), 448
imagem de fome canibal (*Naikiari*), 444
imagem de mau agouro (*Õrihiari*), 444
imagem de morte (*Yorohiyoma, Hixãkari*), 444
imagem dos reides guerreiros (*Waianama, Õkaranama*), 444
inhambuaçu, ave (espírito: *Hʷaximari*), 157
inseto (ser celeste: Warusinari), 125, 501
ipê-capitata (espírito: *Masihanari kohiri*), 177, 369
ipecuá, pássaro (espírito: *Maka watiximari*), 157
irara (espírito: *Hoariri*), 180, 196, 382

jabuti (espírito: *Totoriri*), 114, 475
jacamim (espírito: *Yãpiri*), 128, 157
jacamim, pássaro (espírito: *Maraxiri*), 157
jacaré (espírito, personagem mítico: *Iwari*), 93, 102, 129, 179, 188, 336, 368, 398, 475, 478; *ver também* Índice temático: Mitologia)
jacaré-açu (espírito: *Poapoari*), 152
jaguatirica (espírito: *Yaosiri*), 140, 204
japim (espírito: *Koritʰari*), 198, 206, 208, 211
japim-guaxe, pássaro (espírito: *Ixarori*), 162, 188, 198
japim-xexéu, pássaro (espírito: *Ayokorari*), 85, 93, 108, 113, 118, 121-2, 154, 161, 182, 185, 187-8, 209, 431, 459, 502-4
japu-verde, pássaro (espírito: *Naporeri*), 162, 188, 198-9, 206, 213, 215
jatobá (espírito: *Aro kohiri*), 180, 208, 369
jiboia (espírito: *Heturi*), 158
jupará (espírito: *Herari*), 129, 169, 179, 196

Kamakari (ser maléfico celeste e/ou das cinzas funerárias), 186, 352

lagarta (espírito: *Krayari*), 163
lagarta (espírito: *Yoropori*), 129
lagarto (espírito: *Rohari*), 198
lagarto (espírito: *Waima akari*), 129, 163, 179, 475
lago (espírito: *Yokotori*), 179
lenha (espírito: *Kõa aeri*), 122
lua (espírito: *Poriporiri*), 83, 125, 129-30, 152, 163, 190, 350, 398, 489

macaco cuxiú-preto (espírito: *Wixari*), 163, 183
macaco guariba (espírito: *Irori*), 116, 129, 182, 199
macaco purupuru namo (espírito: *Purupuru namori*), 182
macaco-aranha (espírito: *Paxori*), 118, 128, 130, 152, 157, 163, 182, 196, 212, 215, 465
macaco-da-noite (espírito: *Kuukuu moxiri*), 196
macaco-de-cheiro (espírito: *Kusi siri*), 179
macaco-prego (espírito: *Yarimiri*), 118, 179, 444
magreza (ser maléfico: *Waitarori*), 366
mel (espírito: *Puuri*), 124
metal de Omama (imagem: *Omama poo e xiki a në utupë*), 477
minhoca (espírito: *Horemari*), 163, 199, 471, 475
morcego (espírito: *Hewëri*), 96, 129, 141, 180, 212, 214, 465, 471
morte (espírito: *Wixiari*), 126
mosca (ser celeste, imagem: *Prõõri*), 125, 163, 192, 444
mulher bananeira (espírito: *Korahayoma*), 208, 212
mulher das águas *ver* ser das águas

mulher espírito, genérico *ver* ancestrais animais femininos
mulher forasteira das miçangas (espírito: *Waikayoma*), 125, 171, 177, 425, 427
mulher palmeira (espírito: *Raxayoma*), 213
mutum (espírito: *Paariri*), 128, 208

noite (ser e espírito maléfico: *Titiri*), 125, 163, 199, 201, 251, 329, 378, 415, 423, 489, 492

Omama (imagem: *Omama a në utupë*), 65, 76, 78, 122, 142, 202, 227, 327, 350, 362, 370-1, 384, 390, 397, 426, 430, 435, 469, 477-8, 481, 494, 509-10; *ver também* Índice temático: Mitologia
onça (espírito maléfico: *Ɨramari*), 125, 179, 189-90, 349
onça (espírito: *Tɨhɨri*), 118, 140, 144, 162-3, 177, 180, 196, 443, 451, 489

paca (espírito: *Amot^{h}ari*), 177, 187
pai do ouro, do metal, dos minérios (ser subterrâneo, imagem: *Oru h^{w}ɨɨ e, Poo xi h^{w}ɨɨ e, Hipëreri*), 334, 359, 361, 371
papagaio (espírito: *Wereheri*), 114, 177, 208, 478
paricá (espírito: *Paara hiri*), 146
pássaro kusãrã si (espírito: *Kusãrã siri*), 177
pássaros coloridos diversos (espírito: *Sei siri*), 209
pau-roxo (espírito: *Komatima hiri*), 260
pedra (espírito: *Maamari*), 106, 124, 130, 157, 369, 501
peixe-epidemia (ser sobrenatural do oceano: *Yuri xawarari*), 232
peixe (espírito maléfico: *Yurikori*), 189
peixe, genérico (espírito: *Yuriri*), 93, 102, 391, 469, 475
peixinhos (espírito: *Yaraka asiri*), 130
perdiz (espírito: *Pokarari*), 157, 206
pica-pau (espírito: *Ëxamari, Xot^{h}et^{h}emari*), 196, 198, 204
pinto-do-mato-carijó, pássaro (espírito: *Makoa huri*), 157
pipira-vermelha, pássaro (espírito: *Marokoaxiriomari*), 213-4
poeira (espírito: *Sihesiheri*), 122
pomba (espírito: *Horetori*), 159
poraquê (espírito: *Kawahiri*), 102, 130, 336, 469
preguiça comum (espírito: *Yawere siri*), 179
preguiça-de-bentinho (espírito: *Yawereri*), 129, 158, 169, 179, 197
prisão (arma xamânica), 350

quati (espírito feminino: *Yarixiyoma*, masculino: *Yarixiri*), 127, 179-80, 451
queixada (espírito: *Worëri*), 103, 125, 130, 169, 183, 188, 195, 203, 336

rã (espírito: *Hraehraemari*), 180
raio (ser celeste, espírito: *Yãpirari*), 124, 152, 163, 179, 197, 200, 425, 431-2, 493, 496
raiz (espírito: *Nasɨkɨri*), 106, 157
rato (espírito: *Pahori*), 185
rede de algodão (espírito: *Rio kohiri*), 157
redemoinho (ser sobrenatural do oceano: *Tëpërësiri*), 232, 253
rio do mundo subterrâneo (ser subterrâneo: *Motu uri u*), 82, 125, 198-9, 232-4, 470; *ver também* Índice temático: Cosmologia

sabiá (espírito: *Yõrixiamari*), 113, 149, 154, 161, 459
sabiá-pimenta, pássaro (espírito: *Sitipari siri*), 113, 154, 161
sapo (espírito: *H^{w}atupari*), 179
sapo (espírito: *Prooma kokori*), 179
sapo (espírito: *Yoyori*), 162-3, 177, 179, 475
saracura-três-potes, pássaro (espírito: *Kõõkata mori*), 179
saúva (personagem mítico, espírito: *Koyori*),

211-3, 397, 471; *ver também* Índice temático: Mitologia
ser da alvorada (ser celeste: *Xõemari*), 378
ser da morte (ser sobrenatural: *Nomasiri*), 251, 277, 415
ser das águas (ser sobrenatural feminino, espírito: *Yawarioma*, *Tʰuëyoma*), 101-2, 105-8, 136, 144, 151, 163, 171, 177, 180, 426, 429, 463, 474; *ver também* Índice temático: Xamanismo
ser das águas (ser sobrenatural feminino: *Mãuyoma*), 92
ser das águas subterrâneas (espírito: *Motu uri*) *ver* rio do mundo subterrâneo
ser maléfico da floresta (*Në wãri*), 82, 120, 124-5, 129, 177-8, 180, 189, 224, 244, 475, 484, 492; *ver também* Índice temático: Doença e cura xamânica)
ser sobrenatural desconhecido e perigoso, genérico (*yai tʰë*), 89, 202, 215, 462
sol (espírito: *Omamari*), 163
sol (ser e espírito maléfico: *Motʰokari*), 82, 125, 197, 199, 201-2, 349, 360, 472, 476, 489, 496
soldado dos brancos (espírito: *Sotatori*), 349
suçuarana (espírito: *Hõõri*), 118, 140
sucuri (espírito maléfico: *Õkarimari*), 93, 102, 124-5, 162-3, 189, 350, 369, 490
sumaúma (espírito: Wari mahiri), 142, 180, 208
surucuá-de-barriga-vermelha, pássaro (espírito: *Xotokomari*), 114, 204

tamanduá (espírito: *Tëpëri*), 152, 158, 180, 369
tatu-canastra (espírito: *Wakari*), 86, 114, 177, 183, 200, 213, 359, 361, 369, 471
tatu-galinha (espírito: *Opori*), 162
tecido de metal (arma *xamânica*), 350
teiú (espírito, imagem: *Wãsikarari*), 179
tempo das chuvas (ser maléfico: *Toorori*), 201-2, 477
tempo encoberto, chuvoso (ser maléfico: *Ruëri*), 125, 197, 201, 360, 484, 492
tempo seco (ser maléfico: *Omoari*), 124, 163, 179-80, 186, 197-9, 202, 209, 462, 477, 489-90, 509
Teosi/Deus (imagem, espírito: *Wãiwãiri*), 276
terra (espírito: *Maxitari*), 124, 360-1, 472, 492
tição (espírito: *Wakoxori*), 157
tosse (entidade sobrenatural: *Tʰoko kiki*, ser maléfico: *Tʰokori*), 247, 366
tovaca-patinho, pássaro (personagem mítico, espírito: *Poomari*), 211; *ver também* Índice temático: Mitologia
trovão (ser celeste, personagem mítico e espírito: *Yãri*, *Yãriri*, *Yãrimari*), 129, 162, 184, 196, 202, 210, 431-2, 484, 496; *ver também* Índice temático: Mitologia
tucano (espírito: *Mayõpari*), 83, 114, 128, 169, 187-8, 208
turiri (espírito: *Yõriamari*), 114, 213

udu-de-coroa-azul, pássaro (espírito: *Hutumari*), 215
uirapuru, pássaro (espírito: *Tãrakomari*), 159
urubu (espírito, ser celeste: *Watupari*), 125, 129, 163, 192, 369, 443
urubu gigante (ser celeste: *Hʷakohʷakori*), 125
urutau (espírito: *Wayahomari*), 187

veado (espírito: *Hayari*), 144, 152, 180, 475
vendaval (ser subterrâneo, espírito: *Yariporari*), 86, 118, 125, 157-8, 195, 200-1, 232, 359, 369, 396, 468, 478, 496
ventania (espírito: *Watorinari*), 181
vento (espírito: *Iprokori*), 157
vento, genérico (ser sobrenatural, espírito: *Yariri*), 112, 124, 391, 472, 484
verme de fruta (espírito: *Moxari*), 181, 444
vertigem (espírito maléfico: *Mõeri*), 331, 350, 359, 490

vespa kurira (espírito: *Kurirari*), 187
vespa, genérico (espírito: *Kopenari*), 72-3, 128-9, 139, 180, 195
viuvinha, pássaro (espírito: *Maihiteriamari*), 163
vômito (espírito maléfico: *Tuhrenari*), 366

zangão (espírito, personagem mítico: *Remori*), 126, 154, 162, 179, 233, 330, 369, 384, 400, 490

1ª EDIÇÃO [2015] 19 reimpressões

ESTA OBRA FOI COMPOSTA EM MINION PELO ESTÚDIO O.L.M./ FLAVIO PERALTA
E IMPRESSA EM OFSETE PELA GRÁFICA SANTA MARTA SOBRE PAPEL PÓLEN
DA SUZANO S.A. PARA A EDITORA SCHWARCZ EM JANEIRO DE 2025